普通高等教育“十一五”国家级规划教材
“十三五”江苏省高等学校重点教材

System Analysis Methods for Road Traffic Engineering

道路交通工程系统分析方法

（第3版）

陆 建 王 炜 刘志远 等 编著

U0373927

人民交通出版社
北 京

内 容 提 要

本书为普通高等教育“十一五”国家级规划教材、“十三五”江苏省高等学校重点教材，全书主要介绍系统分析的基本原理、原则和基本方法及其在道路交通工程中的应用，主要内容包括系统工程与系统分析基本概念、线性规划问题、特殊类型的线性规划问题、非线性规划问题、特殊类型规划问题、启发式算法及其应用、图论与网络理论、随机服务系统理论——排队论及其应用、预测方法、决策方法等。

本书在编写时注重理论与实践的紧密结合，书中通过大量例题与实例阐述系统工程的理论及分析方法，具有较强的针对性。本书配有电子书、微课等数字资源，读者可扫描封面二维码获取。

本书可作为高等院校交通工程、交通运输、土木工程专业本科生教材，也可供相关专业的工程技术人员学习参考。

图书在版编目(CIP)数据

道路交通工程系统分析方法 / 陆建等编著. — 3 版
. — 北京 : 人民交通出版社股份有限公司, 2024.6
ISBN 978-7-114-19528-0

Ⅰ.①道… Ⅱ.①陆… Ⅲ.①系统分析—应用—道路工程—交通工程—高等学校—教材 Ⅳ.①U491

中国国家版本馆 CIP 数据核字(2024)第 090764 号

Daolu Jiaotong Gongcheng Xitong Fenxi Fangfa

书　　名：道路交通工程系统分析方法(第 3 版)
著 作 者：陆　建　王　炜　刘志远　等
责任编辑：李　晴
责任校对：赵媛媛　宋佳时
责任印制：刘高彤
出版发行：人民交通出版社
地　　址：(100011)北京市朝阳区安定门外外馆斜街 3 号
网　　址：http://www.ccpcl.com.cn
销售电话：(010)59757973
总 经 销：人民交通出版社发行部
经　　销：各地新华书店
印　　刷：北京市密东印刷有限公司
开　　本：787 × 1092　1/16
印　　张：21
字　　数：531 千
版　　次：2004 年 3 月　第 1 版
2011 年 3 月　第 2 版
2024 年 6 月　第 3 版
印　　次：2024 年 6 月　第 3 版　第 1 次印刷　总第 19 次印刷
书　　号：ISBN 978-7-114-19528-0
定　　价：50.00 元

前　　言

随着科学技术的迅猛发展，各学科之间交叉日趋增强，人们在生产、生活、科研过程中遇到的问题，往往不仅涉及工程技术问题，还涉及社会经济问题、生态环境问题，要解决这些问题必须从结构组成、技术性能、经济效果、社会效果、生态影响等多方面进行综合分析研究。用传统的分析方法来分析这些复杂问题，往往带有很强的片面性，而系统工程分析方法正是从整体上来研究这些问题，使其达到总体最佳的目的。

系统工程学自20世纪50年代产生以来，已被广泛应用于许多领域。现代数学及计算机技术的发展，为系统工程分析提供了强有力的工具。系统工程分析方法的应用推广，无疑对推进中国式现代化具有十分重要的意义。

在当前的道路交通工程规划、设计、建造和管理中，工程师们已广泛应用一些系统工程方法。笔者希望本书对系统工程分析方法的系统论述，能对深入推进系统工程在道路交通工程中的应用有所裨益。

为便于从事道路交通工程相关工作的读者学习，本书在内容安排上着重介绍系统分析方法的基本原理、原则和基本方法；在系统分析方法在道路交通工程中的应用方面，力求浅显易懂，而不过分追求应用的深度。全书共分十章并附有习题，第一章介绍系统工程的基本概念、原则；第二至六章介绍确定型系统的优化分析方法及启发式算法；第七章介绍图论与网络理论；第八章介绍随机服务系统的优化分析方法；第九章、第十章介绍系统预测与决策分析方法。

本书是在王炜教授、陆建教授2011年编著出版的《道路交通工程系统分析方法》一书的基础上修编而成的，入选了普通高等教育"十一五"国家级规划教材、"十三五"江苏省高等学校重点教材。全书由陆建教授统稿，第一、二、八、九章由陆建编著，第三、五章由张健编著，第四、六章由刘志远编著，第七、十章由任刚编著。

限于笔者的理论水平及实践经验，书中不足之处在所难免，恳请读者批评指正。

陆　建

2023年12月

目　　录

第一章　系统工程与系统分析基本概念

第一节　系统与系统工程

一、系统的概念、特征与形态

1. 系统的概念

系统这一概念来源于人类的长期社会实践，但由于受到早年科技发展水平的影响，系统的概念一直没有受到应有的重视，直到 20 世纪 40 年代才开始被应用于工程设计。20 世纪 50 年代以后，人们开始把系统的概念逐步明确化、具体化，并在工程技术系统的研究和管理中广泛应用这一概念。

所谓系统，是指由相互作用、相互依赖而又相互区别的若干组成部分（单元）组合而成的具有特定功能的有机整体。这些特征在交通系统中表现得十分突出，图 1-1 所示的城市道路交通系统就是一个庞大的动态系统，其状态随时间不断变化。

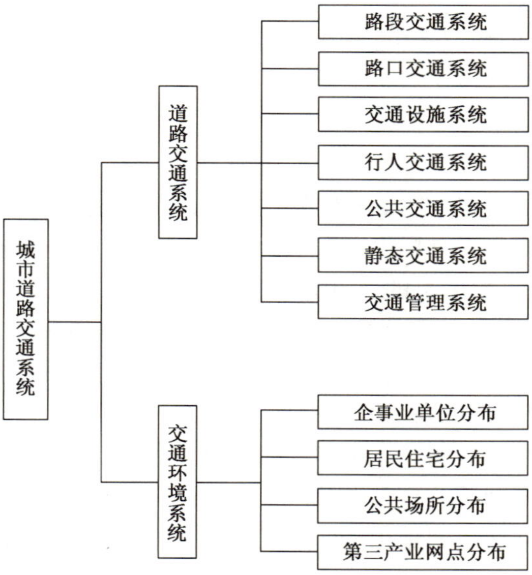

图 1-1　城市道路交通系统结构示意图

2. 系统的特征

一般来说，系统具有以下四个特征。

（1）整体性

系统是由若干个单元组成的，每个单元都具有独立的功能。具有独立功能的单元以及单元之间的相互联系，只有符合逻辑地统一和协调于系统的整体，才能发挥系统的整体功能。因此,即使每个单元并不都很完善,它们也可以综合起来,统一成为具有良好功能的系统。反之,即使每个单元都是良好的,但作为整体却不具有某种良好的功能,也就不能被称为完善的系统。

例如,城市道路交通系统是十分复杂的,它是由人、车、道路、设施、管理、环境等许多子系统组成的综合性整体,各子系统从属于这个整体,而整个城市道路交通系统又是更庞大的城市系统的子系统。

(2)相关性

系统内各单元之间是有机联系、相互作用的,这些单元之间具有某种相互依赖的特定关系。例如,城市道路交通系统是一个大系统,它由道路网、车辆、信号控制系统以及交通规则等单元(或子系统)组成。在交通控制系统的运行中,这些单元(或子系统)是相互关联的,它们之间的协调关系使道路上的车辆有条不紊地行驶。如果各个组成部分各自为政,那么它们就不能组成互相协调的系统,势必造成交通混乱。

(3)目的性

通常,系统都具有一定的目的性,而系统单元正是按照这种目的组织起来的。例如,在某城市进行道路交通规划,那么从规划目标设计、交通状况调查、现状交通分析、交通需求预测、道路交通网络方案设计、规划方案评价到规划方案实施的整个过程就形成了一个城市道路交通规划系统。该系统的目标可以是在一定的道路交通服务水平下使道路交通建设的投资最少,也可以是在一定的道路交通建设投资条件下使建成的道路网络的服务水平最高(或使社会效益最大)。

(4)环境适应性

系统总是存在于一定的环境之中,与环境不断进行物质、能量、信息的交换。系统必须适应外部环境的变化。例如,城市交通系统存在于社会环境之中,受周围环境的制约和干扰,并与周围环境相协调。

总之,城市道路交通系统是由十分复杂的成分和许多子系统组成的动态系统。在这个大系统中,各子系统都具有其特定的功能和结构。交通环境系统是由交通网以外各种复杂的环境因素构成的,它为整个交通系统提供了交通源,同时是各种交通流的集散点、吸引点及目的地。它使得人们可以根据不同的目的,采用不同的交通手段,按照不同的社会要求,令整个交通系统产生不同的交通分布和交通形式。道路交通系统是由很多子系统组成的,这些子系统之间有着极为密切的横向联系。它们的功能就是为人们的交通活动提供必要的物质、技术条件和活动的空间结构。交通环境系统由于本身的集散性、吸引性,势必对道路交通系统的运行状态、道路交通容量产生巨大的制约和影响。而道路交通系统中车辆运行所产生的交通噪声,交通污染,不同程度的交通拥挤、阻塞,以及由交通所产生的社会效益,又势必对环境系统产生很大的影响。由此可见,它们之间是相互作用又相互依赖的。

3. 系统的形态

在自然界和人类社会中,系统是普遍存在的。根据系统的特征,系统形态可分为以下几类。

(1)自然系统与人造系统

自然系统是指以自然物为组成部分,自然形成的系统,如海洋系统、气象系统、矿藏系统等。人造系统是指由人工创造的各种单元所构成的系统,如人类对自然物质进行加工,造出由各种机器构成的各种工程系统等。

(2)实体系统与概念系统

凡是由矿物、生物、机械、能源等实体构成的系统都是实体系统。凡是由概念、原理、原则、方法、制度及程序等概念性的非物质实体所构成的系统都称为概念系统,如管理系统、教育系统等。

(3)动态系统与静态系统

动态系统是指系统状态随时间而变化的系统,即系统的状态变量是时间的函数。静态系统则是指表征系统运动规律的数字模型不含时间因素的系统,即模型中的变量不随时间而变化。静态系统是动态系统的一种极限状态,即处于稳态的动态系统。

(4)控制系统与行为系统

控制就是为了达到某种目的给对象系统施加的必要动作。以控制为目的的系统称为控制系统。行为系统是指以完成目的的行为作为构成单元而形成的系统。

在道路交通工程中,实际上存在的系统大多数是自然系统与人造系统复合而成的实体系统。例如,道路网络系统、交通控制系统、公路运输系统、交通环境保护系统等均属于自然-人造复合系统,并且大都是实体系统。

二、系统工程

1. 系统工程的概念

在分析某一个具体问题时,传统的方法往往是把一个事物分解成许多独立的部分来分别研究,人们可以把问题分得很细,然后进行深入的研究。但是这种研究方法往往容易把事物看成孤立的、静止的,因而所得出的结论只能限制在一定的条件下,只能解决一些简单问题。如果把这些结论放到更大的范围来考查,那么这些结论就可能是片面的甚至是错误的。

近几十年来,由于科学技术的迅猛发展,出现了许多庞大而复杂的系统,如宇宙开发系统、交通运输系统、钢铁化工联合生产系统、生态环境保护系统、军事指挥系统、社会经济系统等。这些大系统不仅涉及科学技术问题,还涉及社会问题。这些系统常常具有综合性的功能和目标,需要从结构组成、技术性能、经济效果、社会效果、生态影响等多方面来研究,用传统的分析方法来分析这些大系统显然是行不通的。而系统工程正是要从整体上来研究这些系统的共同问题。

由于参与研究和发展系统工程学的学者来自不同的领域,各国学者对系统工程有不同的解释。下面列举部分美国学者对系统工程所作的定义。

“系统工程学是应用科学知识设计和制造系统的一门特殊工程学。”(1969 年,美国质量管理学会系统工程委员会)

“系统工程学是研究由许多密切联系的单元组成的复杂系统的设计科学。设计该复杂系统时,应有明确的预定功能和目标,并使得各个组成单元之间以及单元与系统整体之间有机相连、配合协调,使得系统总体能达到最优目标。但在设计时,要同时考虑到参与系统中的人的因素与作用。”(1975 年,美国《科学技术辞典》)

“系统工程学是为了研究由多个子系统构成的整体系统所具有的多种不同目标的相互协调,以期系统功能达到最优,并最大限度地发挥系统组成部分的能力而发展起来的一门科学。”[1967 年,切斯纳(Chestnut)]

系统工程学是一门综合性科学技术,研究的对象是大型复杂系统的设计和运行。它有目的地对新工程对象进行研究与设计,对已有工程对象进行运行、管理与改进,并以达到总体最佳的效果为目标。系统内部的联系是指各种设备与人的有机联系,它们又与环境密切联系、相互作用。在时间领域,系统按照工程的时序综合考虑规划、计划、研究、设计、试验、制造、安装、运行各阶段的相互关系和联系。它既是一门跨专业领域的总体工程学,也是一种思维方法论与工作方法论。它的若干原则也能用于行政管理系统和其他系统,关键在于这些系统能否抽象为一定的模型并求得最优解。

系统工程学是一门不属于某一专业的新科学,是对广泛工程领域的探讨。系统工程虽然是一种工程,但它与其他的工程相比具有如下两个特点:

第一,系统工程的研究对象不同于机械工程、道路工程、交通工程、化工工程、电力工程等。这些工程学都有其特定的工程物质作为对象,如道路工程的研究对象是道路,交通工程的研究对象是人、车、路等。而系统工程的研究对象则不限于某个领域,任何一种物质系统都能成为它的研究对象,而且它的研究对象不限于物质系统,它还可以把各种自然现象、生态、人类、企业和社会等组织体、管理方法和步骤等作为研究对象。因为系统工程处理的对象是信息,所以,在国外有些学者认为它是一种"软科学"。

第二,系统工程不仅涉及工程系统,还涉及非工程系统,不仅涉及技术因素,还涉及社会、生态甚至心理因素,所以它的研究和运用不仅涉及自然科学和技术科学,还涉及社会科学,特别是需要把它们结合起来。

系统工程作为一门独立的学科,具有独特的思想方法、理论基础、程序体系和方法论。但是,当前系统工程还在发展完善当中。系统工程思考方法通常称为系统方法,它是在对系统的概念、系统的基本构成及各种形态作了深入研究的基础上,把对象作为整体系统来考虑、掌握、分析、设计、制造和使用的基本思想方法。系统工程也具有自己独特的工程程序体系,虽然在实际运用时,由于对象不同、运用的人各异,所采用的具体程序步骤会各不相同,但其程序体系遵循的一般原则具有普遍意义。

以图 1-2 所示的人、车、路、环境、管理组成的道路交通安全管理系统工程为例,道路交通安全管理系统是由人(交通参与者)、车(各种交通工具)、路(道路交通基础设施)、环境(道路交通环境)、管理(交通运行管理与控制)等要素构成的动态复合系统。

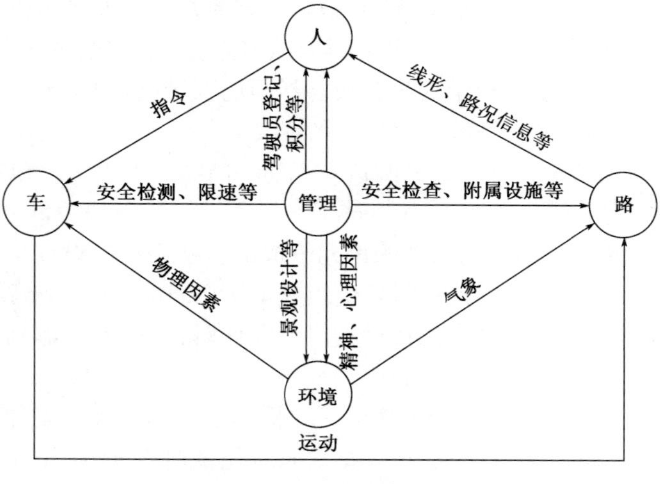

图 1-2 人、车、路、环境、管理组成的道路交通安全管理系统工程

在图 1-2 所示的系统中,驾驶员从道路和环境两个要素中获取信息,这些信息综合到驾驶员的大脑中,在管理行为的约束下,经大脑判断形成动作指令,该指令通过驾驶员的操作行为使汽车在道路上产生相应的运动,运动后汽车的运行状态和道路、环境的变化又作为新的信息

反馈给驾驶员,使驾驶员完成驾驶过程。系统中的"管理"则协调着系统中人、车、路、环境之间的相互关系,并且各要素及其相互间的配合关系会随着时间不断变化。因此可以认定,道路交通系统是由人、车、路、环境、管理等要素构成的动态复合系统,各个要素既具有自身的特性又相互联系、相互作用,构成了完整的道路交通系统。在该系统中,所谓"人"主要包括驾驶员、乘客以及行人;"车"包括机动车和非机动车;"路"包括高速公路、一级公路、二级公路以及各级城市道路等;"环境"包括气候条件、沿途景观等;"管理"包括对人、车、路、环境的管理,它协调着系统中其他要素间的关系,对道路交通系统的安全运行起着至关重要的作用。

系统工程具有自己独特的方法论,其方法体系的基础就是运用各种数学方法、计算机技术和控制理论来实现系统的模型化和最优化,进行系统分析和系统设计。

2. 系统工程方法论的基本特点

系统工程方法论的基本特点如下。

(1)研究方法上的整体性

整体性就是要把系统当作一个整体,不要"见木不见林"。系统既然是由各个单元按一定方式组成的,就不能孤立地只考虑其中一个部分。一个系统可以分成许多个子系统,而这个系统本身又可能是一个更大的系统的组成部分或子系统。常常会有这样的情况:从局部看来是有利的方案,从整体看来可能是不利的;而从整体看来是有利的方案,对于其中某些局部可能是不利的。这就要求有整体观、全局观。上面提到的这种整体性是从空间来看的,而从时间上来看,我们也要把一个系统的研制、建立与使用过程当作一个整体,从全过程来衡量和处理问题,不能只抓住一个片段或阶段,特别是要从发展的角度看问题。由于一个系统从规划到使用经历的时间很长,而科学技术发展得又很快,考虑不周则会在花费很长时间和付出很大代价后因技术陈旧而失去系统的使用价值。因此,在看待任何一个系统时,首先要注意它的整体性。

(2)应用技术上的综合性

当前新的发展趋势是:一个大规模的复杂系统往往不是一个单纯的技术系统,它会涉及许多社会的、经济的因素,构成一个复杂的社会-技术系统或社会-经济系统,促使自然科学、技术科学和社会科学日益紧密地结合在一起。这就是系统工程在解决社会-技术系统问题时所表现出来的一个重要特点。

因此,在看待一个系统时,应该时时想到它是一个综合体,其中不仅有技术问题,还有经济问题、管理问题,甚至社会、生态等问题。技术问题本身也是物流、能流、信息流交织在一起的。各种因素互相制约,有时还会出现矛盾,必须综合地加以考虑。例如技术性能与成本的关系、产品与副产品(包括环境污染)的关系、必要性与可能性等,都必须从各方面综合考虑,在多种方案中选择最优方案。系统工程问题的多样性和综合性要求在处理这些问题时综合使用各种科学技术的理论、方法和工具。系统工程的这个特点也是它成为一门交叉学科的原因之一。

(3)处理问题上的科学性

在处理系统工程问题时,应该尽可能做到科学、严谨。系统工程中的概念和原则是本质,数学方法是手段,为了准确地运用概念和原则,应该尽可能运用数学工具。因此,在建立和优化系统的数学模型时,要充分利用现代数学方法和现代科学技术。

作为工程科学的系统工程,是千百年来人们对生产实践的总结。在人类历史上,人们在进行复杂的工程建设时,已经摸索到了一些系统工程的方法。早在公元前250年,李冰父子带领四川劳动人民修筑都江堰,把分洪、引水、排沙巧妙地结合起来,这种思想便是系统工程方法。

在北宋真宗时期,皇宫失火,丁谓主持修复,其中清理废墟、挖土烧砖、运输建筑材料等工作都很繁重,丁谓提出了一个方案:在皇宫前的大街上挖河取土烧砖,解决取土问题;然后放水入河,用船运输建筑材料,解决运输问题;最后在竣工后将废砖碎瓦回填,修复大街,解决废墟清理问题。这种一举三得的施工方案便是一种系统工程方法。

但是,系统工程作为一门独立的学科,还是在20世纪50年代,在总结了第二次世界大战以来军事、经济以及尖端技术发展中开发系统的经验的基础上建立起来的。阿波罗(Apollo)登月计划的成功,显示了系统工程的巨大威力,现代计算机与信息科学的发展为系统工程的推广提供了有力的工具。近年来,系统工程的研究范围已由传统的工程领域扩大到工农业、交通运输、能源等部门的规划、设计、技术、政策领域,以及城市建设、水利资源利用、生态环境保护、国民经济发展规划等社会经济领域。

三、系统工程的基本处理方法

1. 系统的阶段

一个系统从开始建立到成功投入使用,按时间顺序可分为下述三个阶段。

(1)系统规划阶段

这一阶段的主要任务首先是定义系统的概念,明确建立系统的必要性,在此基础上确定系统的目的和目标;其次是提出系统应具备的环境条件和估计系统所需的各种制约条件;最后是制定系统开发计划书(计划书中除包含上述内容外,还应包含系统建成的期限、系统投资限额等内容)。

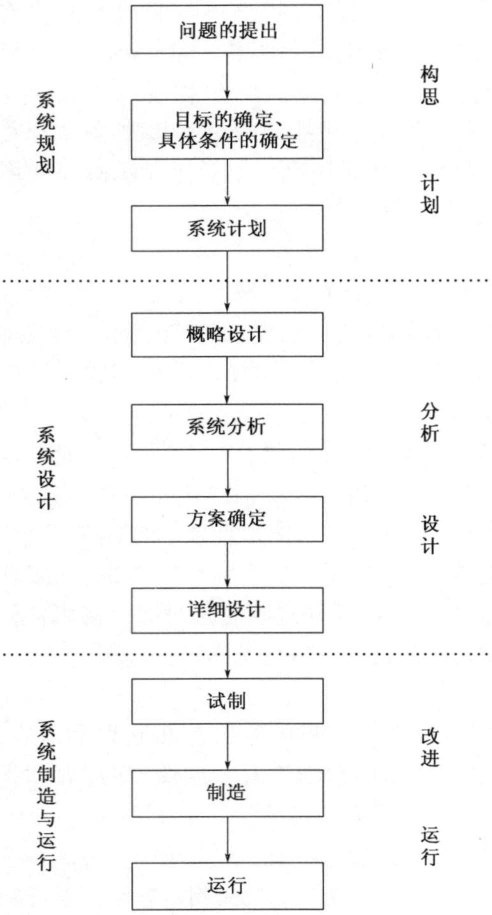

图1-3　系统工程处理步骤

(2)系统设计阶段

在该阶段,首先是对系统进行概略设计,其主要内容是各种替代方案的建立,然后进行系统分析。系统的替代方案是指具有相同功能的、可以相互替换的一组方案。系统分析的内容包括系统的目的、替代方案、费用和效益、模型及评价基准等,在系统分析的基础上确定系统设计方案,据此对系统进行详细设计。

(3)系统制造与运行阶段

在这一阶段,首先是对系统设计中的一些与系统有关的关键项目进行试验和试制,在此基础上进行必要的改进,并进行工艺设计;然后,正式制造、安装、调试,同时讨论系统的运行方法和维护方法;最后,根据已制定的运行、维护方法投入运行,在运行的基础上讨论系统的调整和改进工作。

上述系统工程处理步骤可用图1-3所示的流程图来表示。系统工程的工作步骤是根据多年来系统工程的实践总结出来的,不同领域的系统工程研究人员对系统工程的阶段和步骤的划分有不同的看法,上述步骤仅供参考。

2. 系统工程的处理

所谓系统工程的基本处理方法,就是根据系统的概念与系统的基本组成和性质,把研究对象作为系统来进行分析,对分析结果加以综合,综合后产生的就是系统的设计,然后对这个系统的设计方案进行评价,如图 1-4 所示。如此反复,直到能有效地实现预定目标为止。

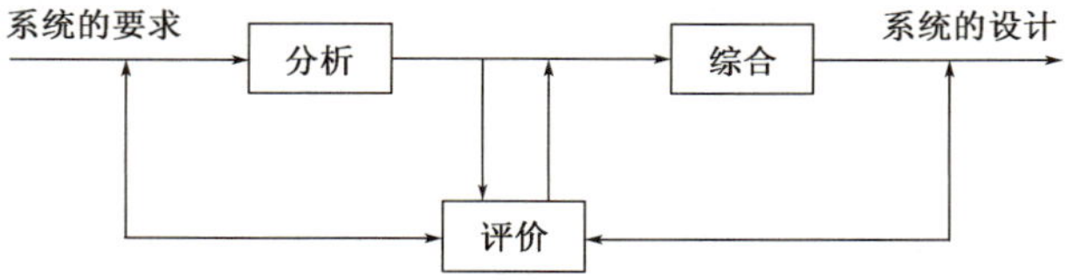

图 1-4 系统工程基本处理方法框图

所谓系统分析,是指为了最优地满足对象系统的要求事项,应用各种分析方法对系统进行模拟、计算,从而获得系统设计所必需的信息的过程。在分析过程中,每次结果都要同部定的评价标准作比较,在考虑环境条件的情况下,对比较后的结果反复进行分析,直到满足评价要求为止,然后转入综合。所谓综合,是指根据分析与评价结果确定系统的构成方式和运作方式,从而作出系统的设计。最好能得到多种设计方案,然后按评价标准用不同的观点,从不同的角度反复进行综合评价。系统综合评价的目的在于从技术和经济两个方面对设计的各个方案进行比较,选出技术先进、经济合理的方案。这种反复过程实际上是一种信息反馈过程。

把上述系统工程的基本处理方法具体化,就是在系统工程中常使用的系统分析、系统设计方法。这种方法不但可以用于系统设计阶段,还可以用于系统规划阶段及系统制造与运行阶段,从而求得系统的合理规划、系统的最优制造方法及系统的最优运行方式。

该方法大致可分为三个步骤,即系统分析、系统设计以及系统的综合评价。

下面以道路设计的系统工程分析过程为例,说明系统工程基本处理方法。

若计划在某两地之间修建一条道路,用系统工程方法分析,其过程大致可用图 1-5 来表示。

在规划阶段,主要任务是进行可行性研究,论证建造道路的必要性。若有必要,则制订道路设计计划。这一工作是在经济调查、交通调查、环境调查的基础上进行的。

在设计阶段,主要任务是选定替代方案,对替代方案进行优化分析,通过对优化分析结果的评价,确定最优设计方案,并制定最优方案的详细说明书。

一组替代方案选定后,对每一替代方案来说,在该替代方案规定的控制条件下,还可以有许多设计方法。例如,要求建造的一条道路是跨越某河流的两城市间的连接干道,通过概略设计,选用 A、B、C 三个方案作为替代方案(图 1-6)。方案 A 直接连接甲、乙两城市,路线最短,但需建一座斜交桥;方案 B 的桥位与河流正交,但路线相应增加;方案 C 利用旧路,需要对原有道路进行改造,其路线最长。对每一替代方案,通过考虑桥位、线形标准、路面结构、附属设施等,还可以提出许多具体方案,而系统优化分析就是通过对这些因素的考虑,使该替代方案达到最优(图 1-5 中的最优解),再通过对这些替代方案最优设计的比较、评价,就可确定系统的最优设计方案。

在制造与运行阶段,主要任务是施工计划、施工管理和竣工通车后的养护及管理,并使之最优化。

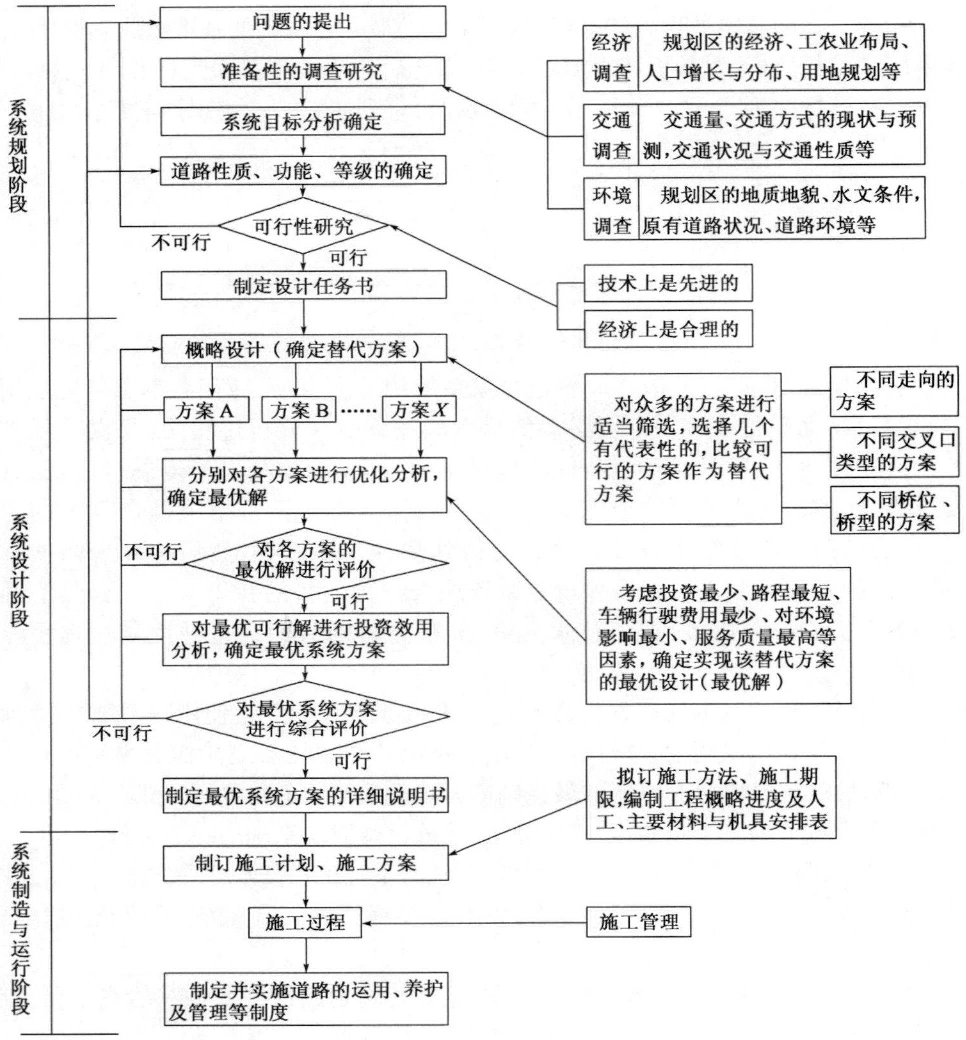

图1-5　道路设计的系统工程分析过程框图

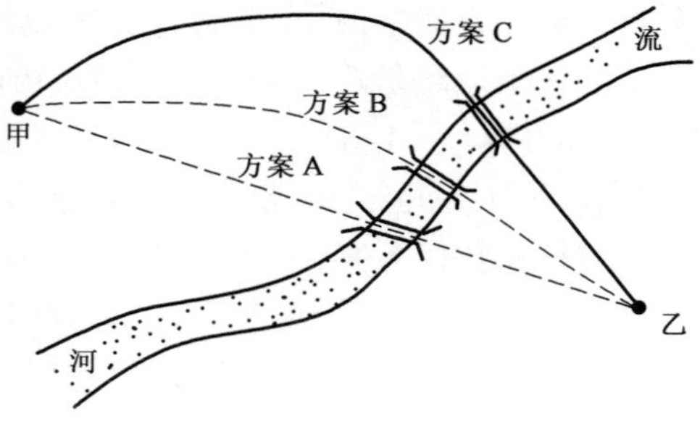

图1-6　替代方案示意图

第二节 系统分析

一、系统分析的基本概念、特点、步骤

1. 系统分析的基本概念

系统工程的研究对象是组织化的复杂的大系统。这种大系统的特征之一就是在系统中存在着许多矛盾的因素和不确定因素。因此,对其应采取相应的措施,确保相关的重大问题能够得到正确解决。实践证明,要最优地进行系统设计,对系统的重大问题作出正确的决策,其关键步骤是系统分析。所以,系统分析在整个系统建立过程中起着极其重要的作用。

本章第一节已经提到,所谓系统分析,就是为了使系统的目的能最好地实现,通过模拟、计算来确定应该如何构成系统。具体地说,系统分析是由步骤和技巧构成的,它的最终目的是为决策者提供作决策的依据。为了给决策者提供判断最优系统方案所需的信息和资料,系统分析人员必须使用科学的分析工具和方法,对系统的目的、功能、所处环境、费用、效益等进行充分的研究,并搜集、分析和处理有关的资料和数据,据此建立若干替代方案和必要的模型,进行仿真试验,把试验、分析、计算的各种结果同已制定的计划进行比较和评价,最后整理成完整、正确与可行的综合资料,作为决策者选择最优系统方案的主要依据。

由此可知,系统分析的目的在于:通过分析比较各种替代方案的费用、效益、功能和可靠性等各项技术经济指标,得出决策者决策所必需的资料和信息,以便最后获得最优系统方案。系统分析的目的可以用图 1-7 表示。

图 1-7 系统分析的目的

系统分析实质上就是在明确系统目的的前提下,分析和确定系统所应具备的功能和相应的环境条件。抓住系统的某些需要解决的关键问题,根据问题的性质和要求,相应地建立有关模型,并根据需要对有关模型进行仿真试验,对所得信息进行反馈,从而使系统设计所需的资料和信息不断完善和充实,以保证最优方案的选择。

2. 系统分析的特点

现以如下的管道运输系统分析为例,说明系统分析的特点。

(1)系统开发对象:原油运输系统。

(2)系统开发目标:每天由阿拉斯加的油田向美国本土运送 200 万桶原油。

(3)系统开发环境:油田处于北极圈内,海湾长年处于冰封状态,陆地更是长年冰冻,最低气温达 -50℃。

(4)提出的问题:应如何设计原油运输系统,才能达到系统的目标?

(5)系统方案设计:

方案 1——由海路用油船运输;

方案 2——用带加温系统的输油管运输。

(6)系统分析:

方案 1 的优点是每天仅需要 4 ~ 5 艘超级油轮即可满足运量的要求,比铺设油管节省费用。存在的问题:第一,要用破冰船引航,这样既不安全又增加费用;第二,起点和终点都要建

造大型油库,这又是一笔巨额花费;第三,考虑到海运可能受到海上风暴的影响,油库的储量应为油田日产量的10倍以上,才能保证供应。归结起来,方案1的主要问题是不安全、费用高、无保证。

方案2的优点是可以利用成熟的管道输油技术。存在的问题:第一,要在沿途设加温站,这样会导致管理复杂,而且要供给燃料,然而,运送燃料本身又是一件相当困难的事情;第二,加温后的输油管不能简单地铺在冻土里,因为冻土层受热后会引起管道变形,甚至造成管道断裂,为避免这种危险,有一半的管道需要用底架支撑,这样,架设管道的成本要比铺设地下油管高出3倍。

是否有其他更好的方案呢?

(7)系统进一步分析,提出第一个竞争方案:

方案3——有人提出将含有10% ~20%氯化钠的海水加到原油中,使低温下的原油变成乳液状,且能畅流,这样就可以用普通的输油管道运输了。这个方案获得了很高的评价,并且取得了专利。其实,这一原理早已用于制作汽车的防冻液,而将其运用到该工程中,是一种有价值的创造。

那么,是否还有其他更好的方案呢?

(8)系统进一步分析,提出第二个竞争方案:

方案4——将天然气转换为甲醇以后加到原油中,以降低原油的熔点,增加其流动性,这样用普通的管道就可以同时输送原油和天然气了。这个方案的提出充分体现了系统工程方法的综合性和与各专业知识的相关性。这个方案是由系统分析人员马斯登和胡克提出的,他们对石油的生成和变化有着丰富的认识。他们注意到,埋在地下的石油最初是油气合一的,这时它们的熔点非常低,经过漫长的年代,油气才逐渐分开。与方案3相比,方案4更好。第一,不需要运送无用的附加混合剂——海水;第二,不需要另外铺设天然气管道,一条管道,既运气又运油,可谓一举两得。

(9)方案的选择:

最后选定的是方案4。由于采用这一方案,仅铺设管道费就节省了近60亿美元,比方案3省了一半的费用。

从这个例子可以看出系统分析工作的重要性以及系统工程的价值。假如不进行系统方案分析,仅在方案1、方案2的基础上进行优化,不追问一系列的“为什么”,不去寻求更好的系统方案,就不可能得到方案4。即使确定了最好的管道直径、管道壁厚、加压泵站的压力和距离等,也得不到方案4所带来的好处。

3. 系统分析的步骤

从以上案例不难发现,系统分析不同于一般的技术经济分析,它必须从系统的总体最优出发,采用各种分析工具和方法,对系统进行定性和定量的分析。它不仅分析技术经济方面的有关问题,而且分析政策、组织体制、信息、物流等各个方面的问题。系统分析没有一组特定的技术方法,它会因分析对象的不同、分析问题的不同而不同。但一般来说,系统分析可概括为以下几个步骤。

(1)系统目的的分析和确定

这个步骤的目的是为模型化收集资料,并为今后的分析工作打下良好的基础。具体地说,就是分析并确定对象系统的目的、目标,分析要求的功能并给出定义,以它们为依据构成概略模型,进行模拟并研究成功的可能性,借以得到模型化所需的概略技术条件。

在系统工程中，目的与目标是两个不同的概念。一般来说，目的是宏观的、定性的，而目标是具体的、定量的，目的由一系列的目标组成，通过目标实现。例如，前面提到的交通控制系统，其目的是使人的移动与车的运行安全、迅速、流畅。这个目的是宏观的、定性的，可以通过一系列具体的、定量的目标来实现，如使主干道路的车辆行驶速度达到某一设计标准，使交叉口的车辆延误减少至某一设计值，使控制区域的交通事故数量减少到规定指标，等等。

(2)系统的模型化

模型化的目的是建立与作为研究对象的目的系统相关的，并且在理论上能够予以处理的模型。按照不同的目的可以建立各种不同的模型。

(3)系统的最优化

系统最优化的目的在于应用最优化的理论和方法，对所建的几个可能的模型进行优化分析，求出每个模型的最优解。

(4)对解的评价

根据最优化所得到的每个模型的解，考虑前提条件、假定条件及约束条件，在经验和知识的基础上决定系统的最优解，从而为选择最优系统设计方案提供足够的信息。

系统分析的具体步骤如图 1-8 所示。

二、系统目的的分析与确定

系统目的的分析与确定是系统分析的最初阶段，其详细步骤与内容如下。

1. 对象系统的定义

掌握并明确作为系统分析对象的系统，分析系统的概念和定义是否确切、完整、合理。

2. 目的和目标的分析与确定

(1)分析和明确建立系统的目的，进而确定系统的目的。在确定系统目的时，必须有全局观和长远观。也就是说，不仅要求系统在技术上是先进的、在经济上是合理的，而且要考虑到与其他系统的兼容性，以及对客观环境条件变更的适应性。一个系统如果具有多个目的，可把目的分为主要目的和次要目的，并可用目的树的形式表示。

(2)在达到目的的前提下，分析围绕系统环境等有关的约束条件(如资金、材料、信息、技术、期限等)对系统的制约，据此提出相应的要求和措施。

(3)分析为达到目的的各种目标。所谓目标，就是为了达到目的所应该完成的具体事项。目标需要具体而定量地表示出来。在确定目标时，必须进一步分析和讨论已经考虑到的各个因素。其中包括确定因素、可预测的不确定因素和不能预测的不确定因素。

3. 技术条件的分析和定义

分析和讨论为了达到目的与目标系统所必须具备的技术条件，在分析讨论的基础上对它们进行整理，归纳成文并进行明确定义。

4. 系统功能的分析与定义

首先，分析为满足系统技术条件所应具备的各种功能，建立系统功能结构图，定义系统的功能技术条件；其次，分析和阐明这种功能的约束条件等；最后，对在一定环境条件下所能达到的功能，用定量指标表明其应达到的程度。

5. 根据概略模型探讨成功的可能性

若不能取得可以成功的技术条件，则采取下述措施之一。

(1)修改概略模型。

(2)重新对功能技术条件进行分析。

(3)重新对目的、目标进行分析。

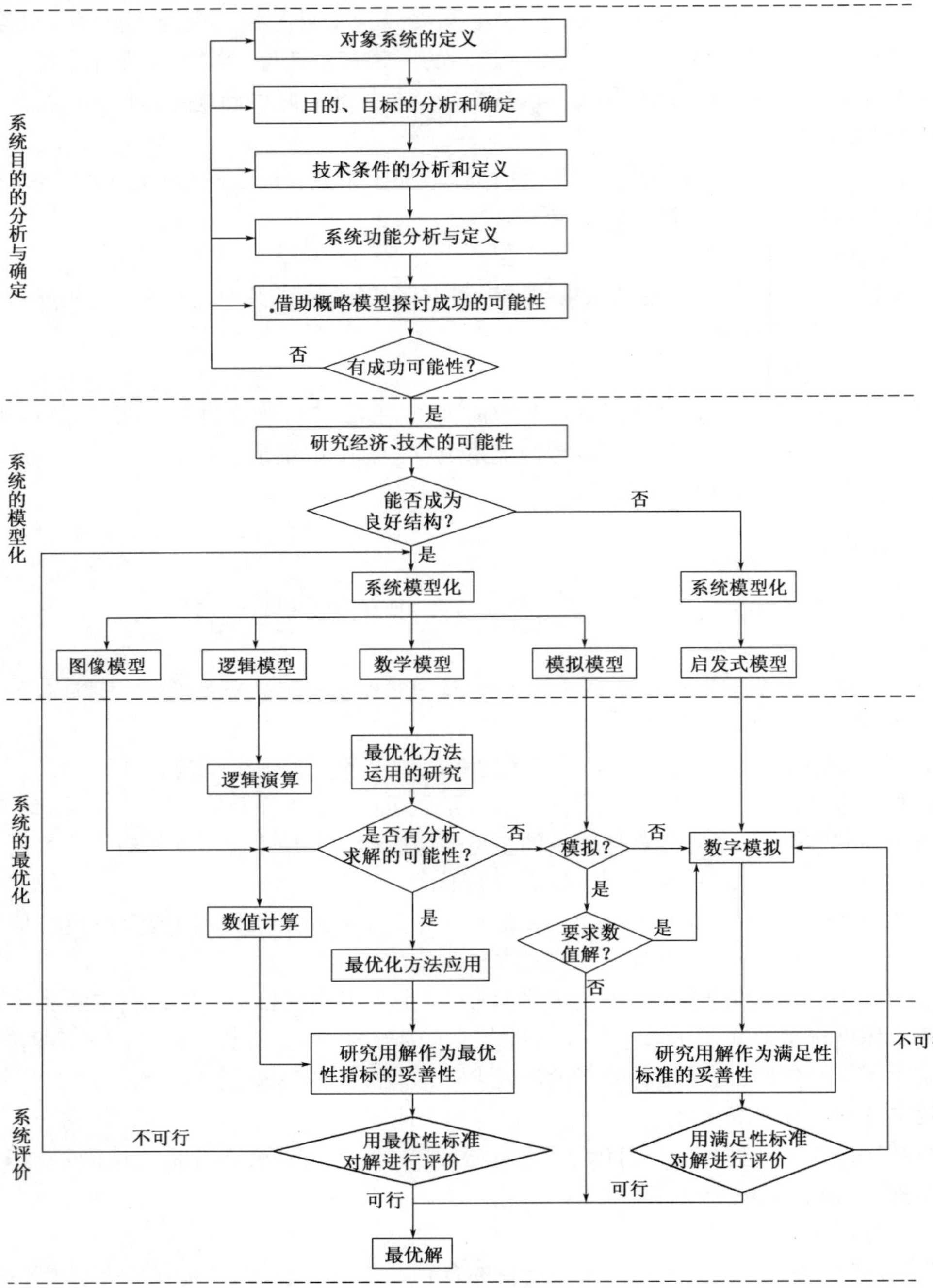

图1-8 系统分析的具体步骤

三、系统的模型化

1.模型的概念

所谓模型,就是把实体系统的各个要素(单元)通过适当的筛选,用一定的表示规则描述出来的简明的映像。也就是说,模型是由实体系统变换而成的映像。因此,所谓模型化,就是通过说明系统的构成和行为,用适当的数学方程、图像甚至是物理的形式来表达系统实体的一种科学方法。

2. 模型的类型

模型是对现实客观事物的表示和体现,因此它必须反映实际,但它又是对现实世界的一种抽象,所以又高于实际。这样就便于研究其共性,从而有助于解决实际问题。根据性质的不同,模型可分为以下几类。

(1)形象模型

改变(缩小或放大)现实物体的尺寸,看起来和实际的物体基本相似的模型称为形象模型,如桥梁振动试验中的桥梁实体模型、力学试验中的有机玻璃体薄壳模型等。

(2)抽象模型

抽象模型是用符号、图表等来描述客观事物所建立的模型。它又分为如下三类:

①模拟模型。它是指用便于控制的一组条件来代表真实事物的特征及其内在联系,通过模仿性的试验来了解实体规律的一种模型,如地图上利用等高线或不同的颜色来表示实际地势的高低,用线路网络图来表示实际的公路交通网等。

②数学模型。它是指用字母、数字及其他数学符号建立起来的等式或不等式以及图表、图像或框图等来描述客观事物的特征及其内在联系的模型,它是对现实世界的一种抽象,如在力学中描述力、质量与加速度之间关系的牛顿第二定律 $F = ma$ 等。

③概念模型。这是一类非常抽象的模型,即在缺乏建立模型资料时,只能去构想一些资料,建立初始模型后,再逐渐扩展。

一般来说,在上述模型中,从前到后模型的复杂性降低,反映实际情况的程度也随之降低,即形象模型最复杂,也最能反映实际情况,而概念模型最简单,其反映实际情况的程度也最低。

在实际工程中,最常用到的是抽象模型,特别是数学模型。

用系统工程方法研究问题时,由于所研究的对象太大或者太复杂,往往无法直接进行分析和试验,故一般利用模型来代替真实系统,通过对模型的分析求得解决问题的方法。同时,由于模型比现实容易操作,建立系统的数学模型后,只要改变模型中的某些参数值就可以计算出系统的某种结果,这比在真实系统中进行试验要容易得多。另外,建立系统的模型可以更清楚地了解系统的主要影响因素。在现实系统中,人们要经过很长时间才能看出有些变量的变化情况,但用模型研究时可以很快看出其变化规律,从而能迅速地抓住其本质特征。所以,系统模型化是系统分析过程的重要一环。

3. 对模型的要求

对模型的一般要求如下:

(1)现实性。在一定程度上能够确切反映系统客观实际情况。

(2)简洁性。在现实性的基础上,尽量使模型简单明了,以节约模型建立和计算的时间。

(3)适应性。要求模型随着建立时具体条件的变化而变化,具有一定的适应能力。

上述对模型所提出的要求中,存在着一些矛盾的因素。如果模型过于复杂,虽然能满足现实性的要求,但建立和求解相当困难、费时,同时影响到适应性的要求,这样的模型就不能算是好模型。为此,模型必须根据具体情况而定,力求达到现实性,在此基础上做到简洁性,最后尽可能满足适应性的要求。

4. 系统模型化的步骤及内容

在系统分析中,模型化之所以起着比较重要的作用,是因为还没有建立实体系统以供观测和试验之前,就可以凭借模型来有效地求得系统的设计参数并确定各种制约条件。因此,对于大规模的复杂系统,模型化尤为重要。

系统模型化的详细步骤与内容如下:

(1)分析模型的使用目的和要求,并确定模型的功能。

(2)根据目的和要求,从时间和空间等方面来明确系统和环境等的边界条件。

(3)确定构成系统功能的最小单位,也就是把系统划分成若干可以模型化的单元(子系统),其可根据模型的使用目的来确定。

(4)分析和掌握模型化对象(单元或子系统)的特点、主要影响因素和逻辑结构,最后建立模型。

(5)应用最优化理论和系统控制理论,分析和明确整个系统的特点,同时讨论适用的最优化方法。

下面用一个简单的实例来说明模型化的方法。

【例 1-1】 某桁架如图 1-9a)所示,桁架受力 $P=1000\text{kN}$ 作用,杆件材料容许拉应力为 100kN/cm^2,容许压应力为 200kN/cm^2,假设所有压杆的横截面面积为 A_1,拉杆的横截面面积为 A_2,现要确定 A_1、A_2的值,使得桁架的总质量最小。

解:由材料力学中的节点法可以方便地算得各杆的受力情况[图 1-9b)],杆 AC、BC、CD 为压杆,截面面积为 A_1,杆 AB、BD 为拉杆,截面面积为 A_2。

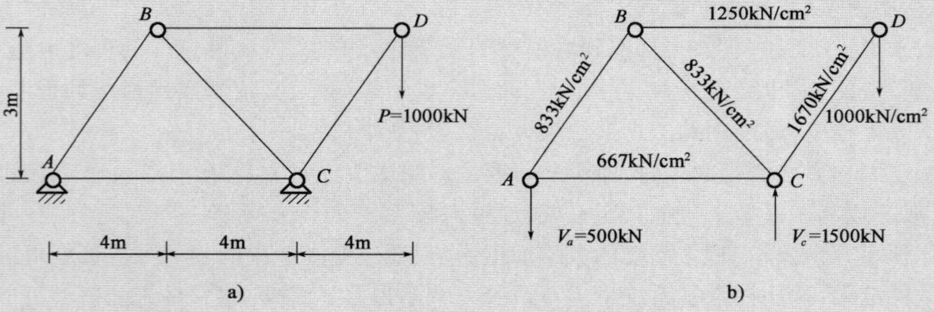

图 1-9 某桁架结构受力示意图

题目的要求是使桁架的总质量最小,即桁架所有杆件的总体积最小,可用数学表达式表示为

$$
\begin{aligned}
\text{总质量 } Z &= \text{密度 } K \times \sum \text{各杆件体积 } V_i \\
&= K \times [\sum(\text{各杆件长度 } L_i \times \text{截面面积 } A_i)] \\
&= K(5A_1 + 8A_1 + 5A_1 + 8A_2 + 5A_2) \\
&= K(18A_1 + 13A_2)
\end{aligned}
$$

$$\text{总体积 } V = 18A_1 + 13A_2$$

使得总质量 Z 或总体积 V 最小。

如果没有其他限制条件,那么杆件越细,总质量就越小,但截面的应力就会越大。由材料力学可知,杆件的应力必须小于容许应力,否则就会发生破坏。

因此，各杆件应满足的条件为

$$\begin{cases}\sigma_{AB}=\dfrac{833}{A_2}\leqslant 200\text{，即 }A_2\geqslant 4.17\\ \sigma_{AC}=\dfrac{667}{A_1}\leqslant 100\text{，即 }A_1\geqslant 6.67\\ \sigma_{BC}=\dfrac{833}{A_1}\leqslant 100\text{，即 }A_1\geqslant 8.33\\ \sigma_{BD}=\dfrac{1250}{A_2}\leqslant 200\text{，即 }A_2\geqslant 6.25\\ \sigma_{CD}=\dfrac{1670}{A_1}\leqslant 100\text{，即 }A_1\geqslant 16.7\end{cases}$$

也就是说，桁架必须在满足上述条件的情况下才能达到总质量最小。所以上述问题可用下述数学模型来表示：

目标函数 $$\min Z = K(18A_1 + 13A_2)$$

或

$$\min V = 18A_1 + 13A_2$$

约束条件

$$\begin{cases}A_2\geqslant 4.17\\ A_1\geqslant 6.67\\ A_1\geqslant 8.33\\ A_2\geqslant 6.25\\ A_1\geqslant 16.7\end{cases}$$

这是一个很简单的线性规划问题，可用线性规划的图解法求解。

系统工程所分析的数学模型多数为优化模型，一般具有如下表达形式。

目标函数

$$\text{opt}: u = f(X_i, Y_j)$$

约束条件

$$\begin{cases}g(X_i, Y_j)\geqslant 0\text{（或}\leqslant 0\text{）}\\ X_a\leqslant X_i\leqslant X_b\end{cases}$$

其中，u 是描述系统功能或目标的值；$\boldsymbol{X}=(X_1, X_2, \cdots, X_i, \cdots, X_n)$ 是一组可控变量，即控制 X_i 的值可以相应得到系统组成单元的某种协调状态，它对系统的功能有影响，如【例 1-1】中的 A_1、A_2；$\boldsymbol{Y}=(Y_1, Y_2, \cdots Y_j, \cdots, Y_m)$ 是一组不可控的参数，即在某种特定的情况下系统运行的特定参数（基本上是外界因素），如【例 1-1】中的应力 σ_{AB}、σ_{AC} 等；X_a、X_b 是 X_i 取值的上、下界限。

在上述系统数学模型中，目标函数 $\text{opt}: u = f(X_i, Y_j)$ 规定系统应达到的目的，一般表达为技术效果和经济效果最优。其中，"opt"代表取最优值，取最大值时为 max，取最小值时为 min。约束条件是规定变量 X_i 所在领域的限制，主要表现为系统环境的限制，如尺寸范围、温度范围、资源限制、产量限制、时间限制等。

系统数学模型的最优化求解，就是在约束条件的限制下使目标函数值 u 达到最大或最小，此时相应的可控制变量 X_i 值就是系统的最优解。

四、系统的最优化

系统最优化是通过模型进行的。在图1-8所示的框图中,分别用数学模型、图像模型等表示了系统最优化的过程。

系统最优化的方法很多,因所建立模型的不同而不同。例如,在道路工程系统中,就有许多最优化问题及其相应的方法,如在路网规划中有最短路问题、最大流问题、最小费用最大流问题;在交通管理系统中,有随机服务系统的优化问题;在道路施工管理中,有材料的最优分配问题等。其他类型的工程系统也不例外。因此,进行系统最优化时,首先必须根据最优化问题的性质,探讨最优化方法的应用。例如,对于一些确定性的问题(确定模型),也就是在有关问题的各种条件已经确知的情况下,可以采用线性规划、非线性规划、动态规划、整数规划等理论和方法对问题进行优化;对于一些非确定性的问题(概率模型),也就是有关问题的某些条件不能确定,只掌握其随机规律或根本无法掌握其随机规律的问题,可以应用马尔可夫过程论、排队论、对策论等方法来进行优化;对于最大流问题、最短路问题、最小费用最大流问题等可用图像模型来表达的问题,可以应用图论和网络理论等来进行优化。

上述最优化方法的具体内容将在第二章至第八章中详细介绍。

五、系统评价

在系统分析时,为实现某一系统的目的或目标,往往可建立多个替代方案,各个替代方案通过模型化、最优化,分别得到相应的最优解。系统评价就是指从技术和经济等多个方面对所设计的各个替代方案的最优解进行评价,通过分析和评价,从中选出在技术上是先进的、在经济上是合理的方案作为最优系统方案。

例如,在进行两城市之间的运输系统规划时,为实现两城市之间的物资运输这一目的,建立的运输系统替代方案可以有以下几个:①道路运输系统;②水路运输系统;③铁路运输系统;④航空运输系统;⑤管道运输系统;⑥综合运输系统。各替代方案通过模型化、最优化,分别得到了相应的最优解,如最佳的道路运输系统、最佳的铁路运输系统、最佳的综合运输系统等。系统评价就是要对各替代方案的最佳结构方式(相应的最优解)进行综合评价,以便选择最佳的运输系统方案。

要对系统进行评价,首先必须确定评价基准,即确定各种替代方案优先选用顺序的标准。评价基准一般根据系统的具体情况而定。例如,在评价系统的费用C和效益E时,评价基准可以从下述三种基准中选用。

(1)以各替代方案效益相同为基准,选择费用最少的方案作为最优方案,即当$E_1=E_2=\cdots=E_n$时,若$C_i \to C_{\min}$,则方案i为最优方案。

(2)以各方案费用相同为基准,选择效益最大的方案作为最优方案,即当$C_1=C_2=\cdots=C_m$时,若$E_i \to E_{\max}$,则方案i为最优方案。

(3)以各方案效益费用比为基准,选择效益费用比最大的方案作为最优方案。一般情况下,为了取得最大效益,其费用也要相应增加,但如果效益增加比费用增加得快,则比率较大,效果就好。因此,若$\frac{E_i}{C_i} \to \max$,则方案i为最优方案。

六、系统决策分析

所谓决策,就是根据客观可能性,借助一定的理论、方法和工具,在进行科学的分析、正确的计算和判断后的一种行动推测。决策是人们生活和工作中普遍存在的一种活动，是为解决当前或未来可能发生的问题，选择最优方案的一种过程。正确的决策产生正确的行动，才能得到良好的结果；反之，错误的决策产生错误的行动，将会得到不良的结果。即使在有利的条件下，如果决策有错误，也会造成失败。反之，在不利的条件下，只要决策正确，就会取得成功。

决策科学是现代科学管理的关键。由于近代科学技术的复杂性和社会-经济系统的庞大，影响决策的因素错综复杂，决策变得越来越困难。特别是要求作出定量的决策分析时，更加需要发展科学的决策理论和方法，应用计算机等先进工具所组成的决策辅助系统。

系统决策分析就是根据系统评价的结果，对多个系统方案进行抉择。人们在确定条件下的情况下容易作出直接判断，进行决策，但对含随机条件及不确定条件的情况，进行决策就比较困难了，这时，必须借助决策理论。决策分析的具体内容将在第十章中详细介绍。

习　　题

1-1　什么是系统工程？怎样理解系统工程与一般工程的区别？

1-2　简述交通系统分析的意义、原则、内容和主要实施步骤。

第二章 线性规划问题

线性规划是运筹学的一个重要分支,从20世纪30年代末期开始应用于生产组织和管理部门。目前,它在军事、工农业生产及交通运输等领域都得到了广泛的应用,是现代管理科学的重要基础和手段之一。本章主要介绍线性规划问题的数学模型、基本性质及其求解方法。

第一节 线性规划问题及其数学模型

第一章已经分析过一个线性规划问题的简单实例,在这里再举一个实例来说明什么是线性规划问题以及线性规划问题的数学表达形式。

【例2-1】 设有甲、乙两个仓库,存有某种货物,分别为7t和9t。现在要把这些货物分送到A、B、C三个商场,三个商场的需要量分别为4t、5t和7t,各仓库到各商场的每吨运费见表2-1。如何将甲、乙两个仓库的货物送给A、B、C三个商场,才能使总运费最少?

各仓库到各商场的每吨运费(单位:元) 表2-1

仓库	商场		
	A	B	C
甲	2	3	4
乙	3	2	1

解:设由仓库甲运送给A、B、C三个商场的货物量分别为x_1、x_2、x_3,由仓库乙运送给A、B、C三个商场的货物量分别为x_4、x_5、x_6(单位:t)。根据仓库库存量及商场需要量的限制,6个变量$x_i(i=1,2,\cdots,6)$必须满足下列条件:

$$\begin{cases} x_1+x_2+x_3\leqslant 7 \\ x_4+x_5+x_6\leqslant 9 \\ x_1+x_4=4 \\ x_2+x_5=5 \\ x_3+x_6=7 \\ x_i\geqslant 0 \quad (i=1,2,\cdots,6) \end{cases}$$

总运费为

$$f(x)=2x_1+3x_2+4x_3+3x_4+2x_5+x_6$$

该问题的要求是求出使总运费最少,且满足上述限制条件的各x_i值。

从【例2-1】中可以看出一些共性:

(1)这类问题都有许多不同的方案可以选择,它的目的是在既定的目标下选取最优的方案,表达这个目标的数学表达式称为目标函数。

(2)这个目标必须满足一定的条件,这些条件称为约束条件。

(3)目标函数及约束条件方程式均为变量的线性表达式。

(4)变量均为非负。

在数学的规划论中,这类问题可以概括为:在一定的约束条件下求目标函数的极值(极大值或极小值)问题。我们称这类问题为线性规划问题。

目标函数

$$\max(\min)\ z = c_1x_1 + c_2x_2 + \cdots + c_nx_n \tag{2-1}$$

约束条件

$$\begin{cases} a_{11}x_1 + a_{12}x_2 + \cdots + a_{1n}x_n \leqslant (\geqslant) b_1 \\ a_{21}x_1 + a_{22}x_2 + \cdots + a_{2n}x_n \leqslant (\geqslant) b_2 \\ \vdots \\ a_{m1}x_1 + a_{m2}x_2 + \cdots + a_{mn}x_n \leqslant (\geqslant) b_m \\ x_1, x_2, \cdots, x_n \geqslant 0 \end{cases} \tag{2-2}$$

式(2-1)、式(2-2)是线性规划问题的数学模型。通常 a_{ij}、b_j、c_j 为已知常数,其中 c_j 为价值系数。

由式(2-1)、式(2-2)可以看出,线性规划问题有不同的形式。对于目标函数,有的要求实现最大化,有的要求实现最小化,约束条件可以是"≥"形式的不等式,也可以是"≤"形式的不等式,还可以是等式。这种多样性给问题的讨论带来了不便。为了便于以后的讨论,我们规定线性规划问题的标准形式(标准型)为

目标函数

$$\max\ z = c_1x_1 + c_2x_2 + \cdots + c_nx_n \tag{2-3}$$

约束条件

$$\begin{cases} a_{11}x_1 + a_{12}x_2 + \cdots + a_{1n}x_n = b_1 \\ a_{21}x_1 + a_{22}x_2 + \cdots + a_{2n}x_n = b_2 \\ \vdots \\ a_{m1}x_1 + a_{m2}x_2 + \cdots + a_{mn}x_n = b_m \\ x_1, x_2, \cdots, x_n \geqslant 0 \end{cases} \tag{2-4}$$

其简缩形式为

$$\max\ z = \sum_{j=1}^{n} c_jx_j \tag{2-5}$$

$$\text{s.t.} \begin{cases} \sum_{j=1}^{n} a_{ij}x_j = b_i & (i = 1, 2, \cdots, m) \\ x_j \geqslant 0 & (j = 1, 2, \cdots, n) \end{cases} \tag{2-6}$$

在式(2-4)、式(2-6)中,我们假设 $b_i \geqslant 0$,否则在等式两端乘以 -1,使 $b_i \geqslant 0$。

用向量和矩阵表示线性规划问题,可以使数学模型很简洁,这时可将标准型表达为如下形式:

$$\max\ z = \boldsymbol{CX} \tag{2-7}$$

$$\text{s.t.} \begin{cases} \boldsymbol{AX} = \boldsymbol{B} \\ \boldsymbol{X} \geqslant \boldsymbol{0} \end{cases} \tag{2-8}$$

其中,

$$C = (c_1, c_2, \cdots, c_n)$$

$$X = (x_1, x_2, \cdots, x_n)^{\mathrm{T}}$$

$$B = (b_1, b_2, \cdots, b_m)^{\mathrm{T}}$$

$$A = \begin{bmatrix} a_{11} & a_{12} & \cdots & a_{1n} \\ a_{21} & a_{22} & \cdots & a_{2n} \\ \vdots & \vdots & & \vdots \\ a_{m1} & a_{m2} & \cdots & a_{mn} \end{bmatrix}$$

对于一些非标准型的线性规划问题,可以通过下面的方法将其化为标准形式。

(1)若问题是求目标函数的极小值,即目标函数为

$$\min z = CX$$

这时只要作如下替换:

$$\min z = -\max(-z)$$

令 $z' = -z$,就可得到

$$\max z' = -\min z = -CX$$

这样就把极小化问题转化成了标准的极大化问题。将求得的最大值乘以 -1 就是原极小化问题的解。

(2)若约束条件中有"≤"不等式约束

$$a_{i1}x_1 + a_{i2}x_2 + \cdots + a_{in}x_n \leqslant b_i$$

则可添加一个新的变量 u_i,用两个约束

$$\begin{cases} a_{i1}x_1 + a_{i2}x_2 + \cdots + a_{in}x_n + u_i = b_i \\ u_i \geqslant 0 \end{cases}$$

来代替原来的不等式约束。u_i称为松弛变量。

(3)若约束条件中有"≥"不等式约束

$$a_{i1}x_1 + a_{i2}x_2 + \cdots + a_{in}x_n \geqslant b_i$$

则可添加一个新的变量 v_j,用两个约束

$$\begin{cases} a_{i1}x_1 + a_{i2}x_2 + \cdots + a_{in}x_n - v_j = b_i \\ v_j \geqslant 0 \end{cases}$$

来代替原来的不等式约束。v_j称为剩余变量。

(4)若原约束条件中无 $x_j \geqslant 0$ 约束,这种 x_j称为自由变量(可正可负),则令

$$x_j = u_j - v_j$$

代入消去 x_j,并增加 $u_j \geqslant 0, v_j \geqslant 0$ 两个约束。

【例 2-2】 把下列线性规划问题化成标准形式。

$$\min s = x_1 + 3x_2$$

$$\text{s.t.} \begin{cases} 6x_1 + 7x_2 \leqslant 8 \\ -x_1 + 3x_2 \leqslant -6 \\ x_1 \geqslant 0 \end{cases}$$

解:先把目标函数标准化。作如下替换:

$$\min s = -\max(-s)$$

目标函数为

$$\max(-s) = -\min s = -x_1 - 3x_2$$

原约束条件中，x_2为自由变量，进行如下变换：

$$\begin{cases} x_2 = x_3 - x_4 \\ x_3 \geqslant 0, x_4 \geqslant 0 \end{cases}$$

第二个不等式右边为负值，故在该式两边乘以 -1，使右边为正值，则第二个不等式为

$$x_1 - 3x_2 \geqslant 6$$

对第一个不等式，引入松弛变量 x_5，第二个不等式引入剩余变量 x_6。那么，原规划问题就转化成如下的标准形式：

$$\max(-s) = -x_1 - 3x_3 + 3x_4$$

$$\text{s.t.} \begin{cases} 6x_1 + 7x_3 - 7x_4 + x_5 = 8 \\ x_1 - 3x_3 + 3x_4 - x_6 = 6 \\ x_1, x_3, x_4, x_5, x_6 \geqslant 0 \end{cases}$$

第二节　线性规划问题的图解法及其几何意义

简单的线性规划问题可以用图解法求最优解，但图解法仅能解决只含两个变量的问题。当变量多于两个时，不能用平面图来描述变量之间的关系，也就无法用图解法求解。下面用一个例题来说明线性规划问题的图解方法。

【例 2-3】 用图解法求解如下线性规划问题。

$$\max z = 4x_1 - 3x_2$$

$$\text{s.t.} \begin{cases} x_1 + 2x_2 \leqslant 10 \\ x_1 \leqslant 6 \\ x_1 \geqslant 1 \\ x_2 \leqslant 4 \\ x_1, x_2 \geqslant 0 \end{cases}$$

解：我们先将约束条件表示在以 x_1、x_2为坐标轴的直角坐标系（图 2-1）中。非负条件 $x_1 \geqslant 0$ 代表 x_2轴及其右侧的半平面；同理，非负条件 $x_2 \geqslant 0$ 代表 x_1轴及其以上的半平面。这两个条件同时存在，即为第一象限。其他每个约束条件也都代表一个半平面。这些非负条件和约束条件构成一个凸多边形（图 2-1 中的阴影部分 $ABCDE$），其中的任一点都同时满足上述约束。

区域 $ABCDE$ 中的每一个点（包括边界点）都是线性规划问题的一个解，称为可行解。因而区域 $ABCDE$ 是【例 2-3】线性规划问题的解集，我们称这个解集为可行域。

下面再来分析一下目标函数 $z = 4x_1 - 3x_2$。在坐标系中，可以把目标函数看成以 z 为变量的一组平行线族（图 2-2）。

令 $z = z_0 = 0$，则目标函数为 $4x_1 - 3x_2 = 0$，在坐标系中为一条直线，直线上的各点都有相同的 z 值（$z = 0$），故称为等值线。等值线与可行域边界的交点为 F、G，线段 F、G 上的每一点

都为【例 2-3】线性规划问题的可行解。从目标函数可以看出,当等值线向左上方移动时,目标函数值减小;当等值线向右下方移动时,目标函数值增大。当等值线向右下方移至 D 点时,z 取最大值,这就是原线性规划问题的最优解。D 点的坐标为(6,0),可得 z 的最大值为

$$\max z = 4 \times 6 - 3 \times 0 = 24$$

即原问题的最优解为

$$x_1 = 6, x_2 = 0, \max z = 24$$

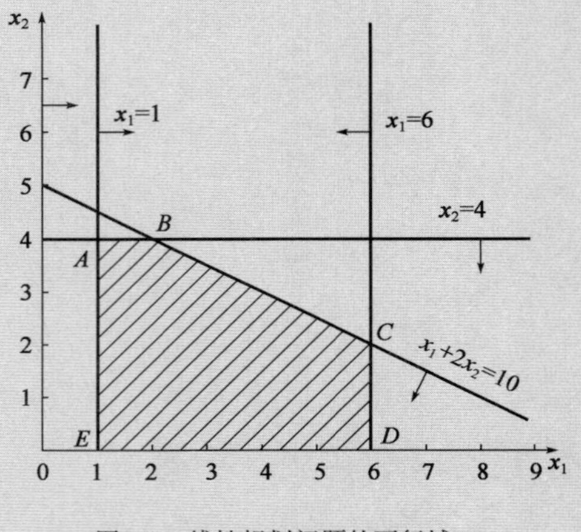

图 2-1 线性规划问题的可行域

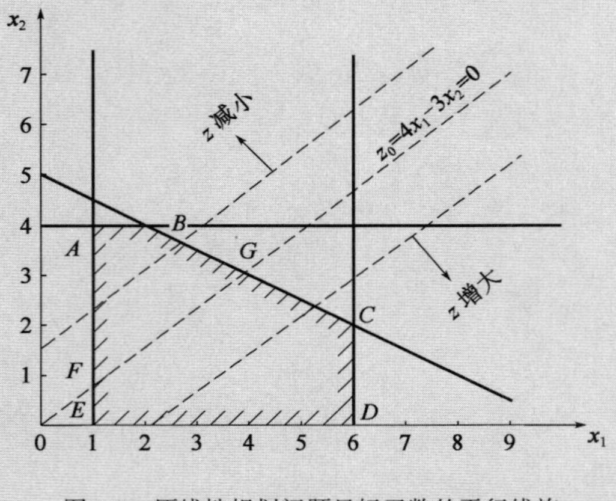

图 2-2 原线性规划问题目标函数的平行线族

在原线性规划问题中,若目标函数是求 z 的最小值而不是最大值,即 $\min z = 4x_1 - 3x_2$,则等值线应向左上方移动,当等值线到达 A 点时,z 取最小值。A 点的坐标为(1,4),则

$$\min z = 4 \times 1 - 3 \times 4 = -8$$

即最优解为

$$x_1 = 1, x_2 = 4, \min z = -8$$

若原线性规划问题的目标函数为 $\max z = 2x_1 + 4x_2$,则等值线平行于边界线 BC(图 2-3),且等值线向右上方移动时,z 值增大。当等值线移到与 BC 线重合时,z 取最大值,BC 线段上任意一点都使目标函数 z 取得相同的最大值。这表明,该线性规划问题有无限多个最优解。

在有些线性规划问题中,约束条件所构成的可行域可能是无界的,这时可能有最优解,也可能无最优解。图 2-4 所示的可行域是无界的,若目标函数为 $\max z = 2x_1 + 3x_2$,则无最优解;若目标函数为 $\max z = 3x_2 - 4x_1$,则目标函数在 A 点达到最大值,即 A 点为最优解。

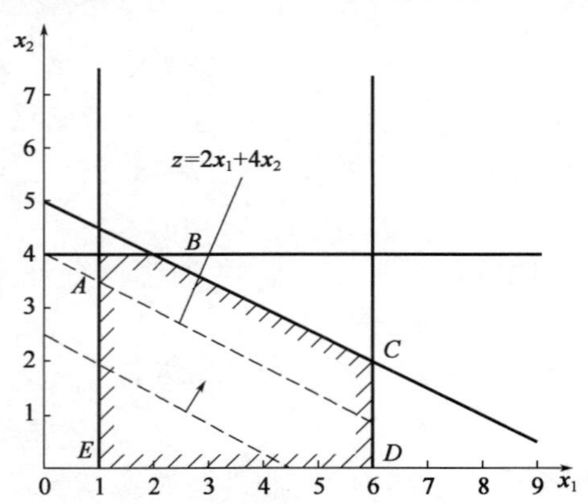

图 2-3 目标函数 $\max z = 2x_1 + 4x_2$ 平行线族

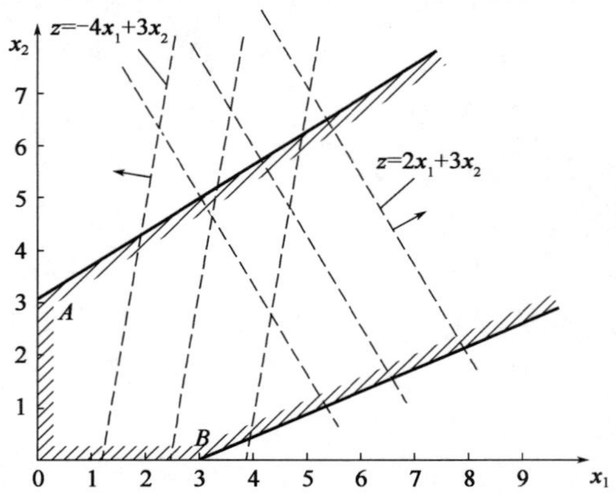

图 2-4 无界可行域中目标函数平行线族

有些线性规划问题，其约束条件是相互矛盾的，约束条件不能构成可行域，即可行域为空集。例如，在【例2-3】中，若再增加一个约束条件 $x_1 \leqslant 0.5$，则可行域为空集。由于约束条件 $x_1 \leqslant 0.5$ 与 $x_1 \geqslant 1$ 是矛盾的，没有一个点能满足所有的约束条件，这时线性规划问题无解。

通过图解法可以看到，两个变量的线性规划问题的所有可行解构成的可行域一般是凸多边形(有时可行域可能是无界的)。若存在最优解，则一定在可行域的某顶点上得到；若在两个顶点上同时得到最优解，则这两个顶点的连线上任一点都是最优解。若可行域无界，则可能会发生最优解无界的情况，这时称最优解不存在或无最优解。

第三节　线性规划问题的基本性质

一、基本概念

在讨论线性规划问题的解析法以前，先介绍一下线性规划问题的解的概念。由本章第一节知，一般线性规划问题的标准型为

$$\max z = \sum_{j=1}^{n} c_j x_j \tag{2-9}$$

$$\text{s. t.} \begin{cases} \sum_{j=1}^{n} a_{ij} x_j = b_i & (i = 1, 2, \cdots, m) \quad (2\text{-}10) \\ x_j \geqslant 0 & (j = 1, 2, \cdots, n) \quad (2\text{-}11) \end{cases}$$

1. 可行解

满足式(2-10)、式(2-11)的解 $\boldsymbol{X} = (x_1, x_2, \cdots, x_n)^{\mathrm{T}}$ 称为线性规划问题的可行解，所有可行解的集合称为可行域。

2. 最优解

满足式(2-9)的可行解称为线性规划问题的最优解(使目标函数达到最大值的可行解为最优解)。

3. 基

设 $\boldsymbol{A}$ 是约束方程组的 $m \times n$ 阶系数矩阵，其秩为 $m(m \leqslant n)$，$\boldsymbol{D}$ 是矩阵 $\boldsymbol{A}$ 中 $m \times m$ 阶非奇异子矩阵($|\boldsymbol{D}| \neq 0$)，则称 $\boldsymbol{D}$ 是线性规划问题的一个基，并且基不是唯一的。

这就是说，矩阵 $\boldsymbol{D}$ 是由 m 个线性独立的列向量组成的。为不失一般性，可设

$$\boldsymbol{D} = \begin{bmatrix} a_{11} & a_{12} & \cdots & a_{1m} \\ a_{21} & a_{22} & \cdots & a_{2m} \\ \vdots & \vdots & \ddots & \vdots \\ a_{m1} & a_{m2} & \cdots & a_{mm} \end{bmatrix} = (\boldsymbol{P}_1, \boldsymbol{P}_2, \cdots, \boldsymbol{P}_m)$$

称 $\boldsymbol{P}_j (j = 1, 2, \cdots, m)$ 为基向量，与基向量 $\boldsymbol{P}_j$ 相对应的变量 $x_j (j = 1, 2, \cdots, m)$ 为基变量，否则称为非基变量。

【例2-4】 某线性规划问题的约束方程组为

$$\text{s. t.} \begin{cases} 3x_1 + 4x_2 + 2x_3 + 3x_4 + x_5 = 60 \\ 2x_1 + x_2 + 2x_3 + 2x_4 + x_6 = 40 \\ x_1 + 3x_2 + 2x_3 + x_4 + x_7 = 80 \\ x_j \geqslant 0 \quad (j = 1, 2, \cdots, 7) \end{cases}$$

其系数矩阵为

$$A = \begin{bmatrix} 3 & 4 & 2 & 3 & 1 & 0 & 0 \\ 2 & 1 & 2 & 2 & 0 & 1 & 0 \\ 1 & 3 & 2 & 1 & 0 & 0 & 1 \end{bmatrix}$$

矩阵 A 的秩为3。

若取

$$D_1 = \begin{bmatrix} 1 & 0 & 0 \\ 0 & 1 & 0 \\ 0 & 0 & 1 \end{bmatrix} \quad (|D_1| \neq 0)$$

为基,则 $P_1 = (1,0,0)^T, P_2 = (0,1,0)^T, P_3 = (0,0,1)^T$ 为相应的基向量,x_5、x_6、x_7 为基变量,x_1、x_2、x_3、x_4 为非基变量。

若取

$$D_2 = \begin{bmatrix} 4 & 3 & 1 \\ 1 & 2 & 0 \\ 3 & 1 & 0 \end{bmatrix} \quad (|D_2| \neq 0)$$

为基,则 $P_2 = (4,1,3)^T, P_4 = (3,2,1)^T, P_5 = (1,0,0)^T$ 为相应的基向量,x_2、x_4、x_5 为基变量,x_1、x_3、x_6、x_7 为非基变量。

可见,基、基向量、基变量不是唯一的,系数矩阵 A 的任一子矩阵 D,只要它的秩为 m,则都可作为基,基确定以后,相应的基向量、基变量也就确定了。

4. 基本解

在式(2-10)中,若 $(x_1, x_2, \cdots, x_m)^T$ 为基变量,x_{m+1}、x_{m+2}、$\cdots$、x_n 为非基变量,令非基变量为0,即 $x_{m+1} = x_{m+2} = \cdots = x_n = 0$,则由约束方程组可求出一个解

$$X = (x_1, x_2, \cdots, x_m, 0, 0, \cdots, 0)^T$$

这个解的非零分量的个数不大于方程数目 m,称这个解 X 为基本解。

5. 基本可行解

满足式(2-11)的基本解称为基本可行解。图2-1中的点 A、B、C、D、E 都代表基本可行解。可见,基本可行解的非零分量数目也不大于 m,并且都是非负的。

6. 可行基

对应于基本可行解的基,称为可行基。

例如,在【例2-4】中,若取基为

$$D_1 = \begin{bmatrix} 1 & 0 & 0 \\ 0 & 1 & 0 \\ 0 & 0 & 1 \end{bmatrix}$$

则基变量为 x_5、x_6、x_7,非基变量为 x_1、x_2、x_3、x_4。令非基变量为0,即 $x_1 = x_2 = x_3 = x_4 = 0$,则约束方程组变为

$$\begin{cases} x_5 = 60 \\ x_6 = 40 \\ x_7 = 80 \end{cases}$$

即得到一个解 $\boldsymbol{X}=(0,0,0,0,60,48,80)^{\mathrm{T}}$，这个解就是基本解。因为该解满足非负条件，所以它也是基本可行解。基 $\boldsymbol{D}_1$ 便是可行基。

式(2-10)具有的基本解个数最多是 C_n^m 个。一般来说，基本可行解的数目要小于基本解的数目，最多是相等。

以上提到的几个解的概念，它们之间的相互关系可用图 2-5 表示。

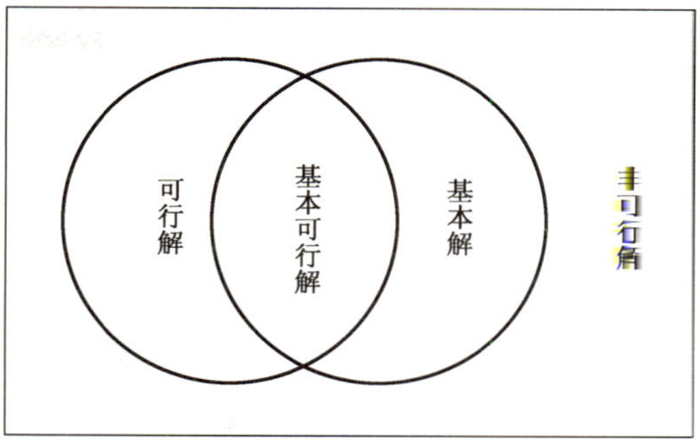

图 2-5 解的相互关系

二、基本定理

在这里，只列出一些基本定理，这些定理的证明可参考有关文献。

定理 2-1 线性规划问题的所有可行解组成的集合

$$\overline{X}=\left\{x \mid \sum_{j=1}^{n}\boldsymbol{P}_j x_j=b_j, x_j\geqslant 0\right\}$$

是一个凸多面体，也就是说，线性规划问题的可行域是一个凸多面体。

定理 2-2 若线性规划问题存在可行解，则一定也存在一个基本可行解；若线性规划问题存在最优解，则一定也存在一个基本最优解。

由此可知，解线性规划问题，可以只在基本可行解中去寻找最优解。若线性规划问题的所有基本解都是不可行的，则原问题是不可行的；若线性规划问题存在最优解，那么一定存在一个基本最优解。对具有 n 个变量、m 个约束方程的标准型线性规划问题来说，最多有 C_n^m 个基本解，因此，我们可以通过有限次（而不是无限次）迭代步骤求得最优解，这就是本章第四节提到的单纯形法的理论根据。

定理 2-3 线性规划问题的基本可行解 $\boldsymbol{X}$ 对应于可行域的顶点。

定理 2-4 若可行域有界，则线性规划问题的目标函数一定可在其可行域的顶点上达到最大值。

由上述定理我们很自然地会想到一种解题方法：先求出可行域的所有顶点，然后计算这些顶点的目标函数值，取最大的作为最优值，其相应的顶点坐标就是最优解。但当变量个数 n、约束条件个数 m 较大时，这种方法是不可行的。所以，必须寻找一种方法，使其能有效地求解线性规划问题。

第四节 单 纯 形 法

根据本章第三节线性规划问题的基本性质可知，目标函数的最大值（如果有的话）总可以在可行域的某一个顶点达到，而且顶点个数是有限的。因此，我们自然会想到这样一条使目标函数达到最大值的途径：先任取一顶点 X_0，代入目标函数得 z_0，然后在顶点 X_0 的基础上找一个顶点 X_1，使得 $z_1>z_0$。如此迭代，将目标函数从一个顶点移动到另一个邻近的顶点，经有限步骤（有限次迭代）求得使其达到最大值的点，最终得到线性规划问题的最优解。这就是单纯形法的指导思想。单纯形法是求解线性规划问题最主要的一种方法。

一、单纯形法的基本算法

单纯形法的基本流程如图 2-6 所示。

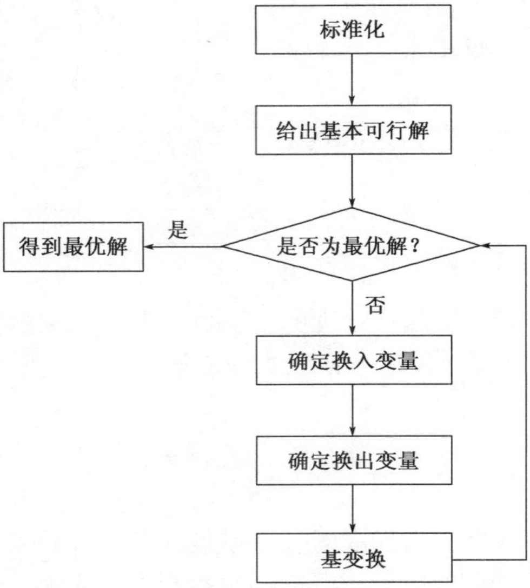

图 2-6　单纯形法的基本流程

下面用一个简单的例子来说明单纯形法的解题步骤与方法。

【例 2-5】　解下列线性规划问题。

$$\max z = 2x_1 + 4x_2 + 3x_3$$

$$\text{s. t.}\begin{cases}3x_1 + 4x_2 + 2x_3 \leqslant 60\\2x_1 + x_2 + 2x_3 \leqslant 40\\x_1 + 3x_2 + 2x_3 \leqslant 80\\x_1, x_2, x_3 \geqslant 0\end{cases}$$

解:(1)引入松弛变量 x_4、x_5、x_6,把原问题变成标准形式

$$\max z = 2x_1 + 4x_2 + 3x_3 + 0x_4 + 0x_5 + 0x_6$$

$$\text{s. t.}\begin{cases}3x_1 + 4x_2 + 2x_3 + x_4 = 60\\2x_1 + x_2 + 2x_3 + x_5 = 40\\x_1 + 3x_2 + 2x_3 + x_6 = 80\\x_i \geqslant 0 \qquad (i = 1,2,\cdots,6)\end{cases}$$

其系数矩阵为

$$\begin{matrix} & \boldsymbol{P}_1 & \boldsymbol{P}_2 & \boldsymbol{P}_3 & \boldsymbol{P}_4 & \boldsymbol{P}_5 & \boldsymbol{P}_6 \end{matrix}$$

$$\boldsymbol{A} = \begin{bmatrix}3 & 4 & 2 & 1 & 0 & 0\\2 & 1 & 2 & 0 & 1 & 0\\1 & 3 & 2 & 0 & 0 & 1\end{bmatrix}$$

可以看出,$\boldsymbol{A}$ 的子矩阵

$$D=\begin{bmatrix}1&0&0\\0&1&0\\0&0&1\end{bmatrix}$$

是非奇异的，它是单位阵，所以 $\boldsymbol{D}$ 可以作为原问题的一个基，其解向量为 $\boldsymbol{P}_4=(1,0,0)^{\mathrm{T}}$，$\boldsymbol{P}_5=(0,1,0)^{\mathrm{T}}$，$\boldsymbol{P}_6=(0,0,1)^{\mathrm{T}}$，相应的基变量为 x_4、x_5、x_6，非基变量为 x_1、x_2、x_3。

令非基变量等于0，即 $x_1=x_2=x_3=0$，则由 $\max z=2x_1+4x_2+3x_3$，可得 $x_4=60$，$x_5=40$，$x_6=80$。于是得到一组初始基本可行解（一个顶点）

$$\boldsymbol{X}_0=(0,0,0,60,40,80)^{\mathrm{T}}$$

其相应的目标函数值 $z_0=0$。

（2）现在来分析这个初始基本可行解是否是最优解。把约束方程组以及目标函数写成增广矩阵

$$\boldsymbol{M}_0=\begin{bmatrix}3&4&2&1&0&0&60\\2&1&2&0&1&0&40\\1&3&2&0&0&1&80\\2&4&3&0&0&0&z_0\end{bmatrix}$$

最末一行为目标函数中各变量的价值系数 c_j 及目标函数值 z_0。可见，在目标函数中，基变量所对应的价值系数 c_4、c_5、c_6 为0，而非基变量 x_1、x_2、x_3 所对应的价值系数全为正值。如果把非基变量变换成基变量，由变量的非负条件可知，目标函数的值会增大。所以初始基本可行解不是最优解，必须从该顶点移动到另一个顶点上去。顶点的移动是通过非基变量与基变量的对换来进行的，一般选择目标函数中价值系数最大的那个非基变量作为换入变量，因为它对目标函数值的影响大、增值快，取它作为换入变量，迭代次数较少。本例中，x_2 所对应的价值系数最大，所以 x_2 为换入变量。我们把增广矩阵 $\boldsymbol{M}_0$ 中换入变量所在的列称为基准列（Pivot Column）。

（3）在非基变量中确定了换入变量后，在原基变量中也应相应地确定一个换出变量，并保证其余的基变量满足非负条件。

前面我们已经确定了 x_2 为换入变量，即当 x_2 增大时，目标函数值增大，但 x_2 增大必须保证原基变量 x_4、x_5、x_6 满足非负条件。故令非基变量 $x_1=0$，$x_3=0$，把 x_4、x_5、x_6 表示为 x_2 的函数。由 $\max z=2x_1+4x_2+3x_3$ 得

$$\begin{cases}x_4=60-4x_2\geqslant 0\\x_5=40-x_2\geqslant 0\\x_6=80-3x_2\geqslant 0\end{cases}$$

由上式可见，为了满足非负条件，x_2 的最大值只能取

$$\min\left\{\frac{60}{4},\frac{40}{1},\frac{80}{3}\right\}=15$$

若 x_2 增大到大于15，则 x_4 将出现负值而不满足非负条件，这就决定了基变量 x_4 为换出变量，即用 x_2 去替换 x_4，从而从初始基本可行解所对应的那个顶点移动到另一个顶点上。

用矩阵 $\boldsymbol{M}_0$ 的基准列中各约束方程式的系数 a_{ij} 去除相应的约束方程的常数项 b_i，得比率 $\theta_i=\dfrac{b_i}{a_{ij}}$。在所有为正数的比率中，最小的那一行称为基准行（Pivot Row）。基准行与基准列的交点，称为基准点。

本例中,基准列为第 2 列,基准行为第 1 行,基准点为 a_{12}。

$$\boldsymbol{M}_0=\begin{bmatrix}3 & \boxed{4} & 2 & 1 & 0 & 0 & 60\\ 2 & 1 & 2 & 0 & 1 & 0 & 40\\ 1 & 3 & 2 & 0 & 0 & 1 & 80\\ 2 & 4 & 3 & 0 & 0 & 0 & z_0\end{bmatrix}\begin{matrix}\theta_i\\ \frac{60}{4}\leftarrow \text{基准行},\min\left\{\frac{60}{4},\frac{40}{1},\frac{80}{3}\right\}=\frac{60}{4}\\ \frac{40}{1}\\ \frac{80}{3}\\ \end{matrix}$$

(基准点 ↓ 指向第 2 列第 1 行元素 4;↑ 基准列,$\max\{2,3,4\}=4$)

可见,确定基准行、基准列,实质上就是确定换入变量与换出变量。

(4)变量 x_2替代 x_4后,x_2、x_5、x_6为基变量,相应的基为

$$\boldsymbol{D}_1=\begin{bmatrix}4 & 0 & 0\\ 1 & 1 & 0\\ 3 & 0 & 1\end{bmatrix}$$

为了求得基本可行解,应将基准列单位化,也就是把基准点转化为 1,其余的元素化为 0,这可以通过对初始增广矩阵 $\boldsymbol{M}_0$进行初等变换得到。

$$\boldsymbol{M}_0=\begin{bmatrix}3 & 4 & 2 & 1 & 0 & 0 & 60\\ 2 & 1 & 2 & 0 & 1 & 0 & 40\\ 1 & 3 & 2 & 0 & 0 & 1 & 80\\ 2 & 4 & 3 & 0 & 0 & 0 & z_0\end{bmatrix}\begin{matrix}\frac{1}{4}R_1\\ R_2+\left(-\frac{1}{4}R_1\right)\\ R_3+\left(-\frac{3}{4}R_1\right)\\ R_4-R_1\end{matrix}$$

其中,R_i表示矩阵 $\boldsymbol{M}_0$中的各行,如 R_1表示第一行。通过运算得

$$\boldsymbol{M}_1=\begin{bmatrix}\frac{3}{4} & 1 & \frac{1}{2} & \frac{1}{4} & 0 & 0 & 15\\ \frac{5}{4} & 0 & \frac{3}{2} & -\frac{1}{4} & 1 & 0 & 25\\ -\frac{5}{4} & 0 & \frac{1}{2} & -\frac{3}{4} & 0 & 1 & 35\\ -1 & 0 & 1 & -1 & 0 & 0 & z_1=60\end{bmatrix}$$

令非基变量 $x_1=0,x_3=0,x_4=0$,可得到一组新的基本可行解

$$\boldsymbol{X}_1=(0,15,0,0,25,35)^{\mathrm{T}}$$

相应的目标函数值为 $z_1=60$,大于 $z_0=0$。

(5)重复步骤(2)~(4),直到增广矩阵 $\boldsymbol{M}_0$ 中基变量对应的价值系数均为 0,非基变量对应的价值系数均为负。这时,若再调换基变量,反而会引起目标函数值 z 的减小,所以此时的基本可行解就是最优解。

在本例中，

$$
M_1=\begin{bmatrix}
\frac{3}{4} & 1 & \frac{1}{2} & \frac{1}{4} & 0 & 0 & 15\\
\frac{5}{4} & 0 & \boxed{\frac{3}{2}} & -\frac{1}{4} & 1 & 0 & 25\\
-\frac{5}{4} & 0 & \frac{1}{2} & -\frac{3}{4} & 0 & 1 & 35\\
-1 & 0 & 1 & -1 & 0 & 0 & z_1=60
\end{bmatrix}
\begin{matrix}
\theta_i\\
15\times 2=30\\
25\times\frac{2}{3}=\frac{50}{3}\leftarrow \text{基准行}\\
35\times 2=70\\
\\
\end{matrix}
$$

↑ 基准列

$$
M_2=\begin{bmatrix}
\frac{1}{3} & 1 & 0 & \frac{1}{3} & -\frac{1}{3} & 0 & \frac{20}{3}\\
\frac{5}{6} & 0 & 1 & -\frac{1}{6} & \frac{2}{3} & 0 & \frac{50}{3}\\
-\frac{5}{3} & 0 & 0 & -\frac{2}{3} & -\frac{1}{3} & 1 & \frac{80}{3}\\
-\frac{11}{6} & 0 & 0 & -\frac{5}{6} & -\frac{2}{3} & 0 & z_2=\frac{230}{3}
\end{bmatrix}
$$

$\boldsymbol{M}_2$中目标函数的价值系数都为负，故已是最优解，令非基变量为0，则

$$
\boldsymbol{X}=\left(0,\frac{20}{3},\frac{50}{3},0,0,\frac{80}{3}\right)^{\mathrm{T}}
$$

即原线性规划问题的解为

$$
\boldsymbol{X}=\left(0,\frac{20}{3},\frac{50}{3}\right)^{\mathrm{T}},\max z=\frac{230}{3}
$$

为了使计算过程规格化、简单化，上述计算过程可以列成表格形式（表2-2），便于运用计算机进行计算。

单纯形表 表2-2

C_{Bi}	X_{Bi} \ C_j / X_j	C_1	C_2	⋯	C_n	C_{n+1}	⋯	C_{n+m}	b_i	θ_i
		x_1	x_2	⋯	x_n	x_{n+1}	⋯	x_{n+m}		
C_{n+1}	x_{n+1}	a_{11}	a_{12}	⋯	a_{1n}	1	⋯	0	b_1	θ_1
C_{n+2}	x_{n+2}	a_{21}	a_{22}	⋯	a_{2n}	0	⋯	0	b_2	θ_2
⋮	⋮	⋮	⋮	⋱	⋮	⋮	⋱	⋮	⋮	⋮
C_{n+m}	x_{n+m}	a_{m1}	a_{m2}	⋯	a_{mn}	0	⋯	1	b_m	θ_m
z'_j		z_1	z_2	⋯	z_n	z'_{n+1}	⋯	z'_{n+m}		
$\sigma_j=C_jz'_j$		$C_1-z'_1$	$C_2-z'_2$	⋯	$C_n-z'_n$	$C_{n+1}-z'_{n+1}$	⋯	$C_{n+m}-z'_{n+m}$	z	

表2-2称为单纯形表。表中X_B为基变量,C_B为对应于基变量的价值系数,它们随着基变量的改变而改变,并与基变量相对应。σ_j为检验数,定义θ_i为判断基准行的指示数,z为目标函数值,其各自的表达式如下:

$$z'_j = C_B^T P_j = \sum_{i=1}^{m} C_{n+i} a_{ij}$$

$$\sigma_j = C_j - z'_j = C_j - \sum_{i=1}^{m} C_{n+i} a_{ij}$$

$$\theta_i = \frac{b_i}{a_{ij}} \qquad (a_{ik} > 0)$$

$$z = \sum_{i=1}^{m} b_i C_{n+i}$$

下面用一个例题说明列表单纯形法的解题步骤。

【例2-6】 用单纯形法解下列线性规划问题。

$$\max z = 8x_1 + 6x_2$$

$$\text{s.t.} \begin{cases} 4x_1 + 2x_2 \leqslant 60 \\ 2x_1 + 4x_2 \leqslant 48 \\ x_1, x_2 \geqslant 0 \end{cases}$$

解:(1)标准化。引入松弛变量x_3、x_4,把原问题化成标准形式

$$\max z = 8x_1 + 6x_2 + 0x_3 + 0x_4$$

$$\text{s.t.} \begin{cases} 4x_1 + 2x_2 + x_3 = 60 \\ 2x_1 + 4x_2 + x_4 = 48 \\ x_1, x_2, x_3, x_4 \geqslant 0 \end{cases}$$

(2)列初始单纯形表。取x_3、x_4为基变量,则得到初始单纯形表,见表2-3。

初始单纯形表　　表2-3

C_{Bi}	X_{Bi} \ C_j / X_j	8	6	0	0	b_i	θ_i	
		x_1	x_2	x_3	x_4			
0	x_3	[4]	2	1	0	60	15	←基准行
0	x_4	2	4	0	1	48	24	
z'_j		0	0	0	0	$z=0$		
$\sigma_j = C_j - z'_j$		8	6	0	0			
		↑基准列						

(3)判别最优解。在初始单纯形表中,令非基变量$x_1=0$,$x_2=0$,即得到一个初始的基本可行解$\boldsymbol{X}_0=(0,0,60,48)^T$,目标函数值为0。

有了一组基本可行解,就要判断它是否是最优解,以确定是否需要进行迭代。在求极大值问题时,若各项检验数$\sigma_j(=C_j-z'_j)$均$\leqslant 0$,则该基本可行解就是最优解,否则需要继续迭代。在本例中,目标函数是极大值问题,由表2-3可知,存在大于0的检验数,故初始解不是最优解。

(4)确定换入变量(确定基准列)。与【例 2-5】中矩阵算法一样,在求极大值问题时,选择检验数最大的那一列作为基准列,对应的非基变量即为换入变量。

在本例中,选取第 1 列为基准列,则 x_1 为换入变量。

(5)确定换出变量(确定基准行)。根据选定的基准列(设为第 k 列),计算基准行指示数

$$\theta_i = \frac{b_i}{a_{ik}} \qquad (i = 1, 2, \cdots, m)$$

再从各 θ_i 值中选取最小正值所对应的行为基准行,设为第 r 行,则

$$\theta_r = \min\left\{\frac{b_i}{a_{ik}}\right\} \qquad (a_{ik} \geqslant 0)$$

这样就确定了基准点为 a_{rk}。在单纯形表中,第 r 行所在的那个变量 x_r 即为换出变量。以换入变量 x_k 代替换出变量 x_r。注意:价值系数 C_B 也应相应地改变。

(6)基变换。将基准列单位化,使基准点为 1,其余元素为 0,这样就得到一个新的单纯形表。其数值变换法则与矩阵算法一样。

在本例中,第 1 列为基准列,则 x_1 为换入变量,第 1 行为基准行,则 x_3 为换出变量,c_{11} 为基准点。以 x_1 作为新的基变量,把原来位于第 1 行的 x_3 换出,并以 $C_1 = 8$ 取代 C_B 中的 $C_{B1} = 0$,于是第一次迭代所得的单纯形表见表 2-4。

第一次迭代后的单纯形表 表 2-4

C_{Bi}	X_{Bi} \ C_j / X_j	8	6	0	0	b_i	θ_i	
		x_1	x_2	x_3	x_4			
8	x_1	1	$\frac{1}{2}$	$\frac{1}{4}$	0	15	30	
0	x_4	0	$\boxed{3}$	$-\frac{1}{2}$	1	18	6	←基准行
z_j'		8	4	2	0	$z = 120$		
σ_j		0	2	−2	0			
			↑ 基准列					

表 2-4 中的元素计算如下:

$$a_{11} = \frac{4}{4} = 1, a_{12} = \frac{2}{4} = \frac{1}{2}$$

$$a_{13} = \frac{1}{4}, a_{14} = \frac{0}{4} = 0$$

$$b_1 = \frac{60}{4} = 15$$

$$a_{21} = 2 - 1 \times 2 = 0, a_{22} = 4 - 1 \div 2 \times 2 = 3$$

$$a_{23} = 0 - \frac{2}{4} = -\frac{1}{2}, a_{24} = 1 - 0 \times 2 = 1$$

$$b_2 = 48 - 15 \times 2 = 18$$

$$z'_1=\sum_{i=1}^{m}a_{i1}C_{Bi}=1\times8+0\times0=8$$

$$z'_2=\frac{1}{2}\times8+3\times0=4$$

$$z'_3=\frac{1}{4}\times8+\left(-\frac{1}{2}\right)\times0=2$$

$$z'_4=0\times8+1\times0=0$$

目标函数为

$$z=\sum_{i=1}^{m}b_iC_{Bi}=15\times8+18\times0=120$$

令非基变量 $x_2=0,x_3=0$,则得第一次迭代的基本可行解和相应的目标函数值为

$$\boldsymbol{X}_1=(15,0,0,18)^{\mathrm{T}},z=120$$

由表 2-4 可知,检验数 σ_j中仍有正值,故上述可行解不是最优解。重复步骤(3)~(5),得第二次迭代后的单纯形表,见表 2-5。

第二次迭代后的单纯形表　　表 2-5

C_{Bi}	X_{Bi} \ C_j / X_j	8	6	0	0	b_i	θ_i
		x_1	x_2	x_3	x_4		
8	x_1	1	0	$\frac{1}{3}$	$-\frac{1}{6}$	12	—
6	x_2	0	1	$-\frac{1}{6}$	$\frac{1}{3}$	6	—
z_j		8	6	$\frac{5}{3}$	$\frac{2}{3}$	$z=132$	
σ_j		0	0	$-\frac{5}{3}$	$-\frac{2}{3}$		

从表 2-5 中可以看出,检验数 σ_{ij}均≤0,所以这时的基本可行解就是最优解,解为

$$\boldsymbol{X}^*=(12,6)^{\mathrm{T}},\max z=132$$

上述单纯形法的计算过程可以全部在单纯形表上进行,如【例 2-7】所示。

【例 2-7】 用单纯形法求解下列线性规划问题。

$$\max z=3x_1+5x_2+4x_3$$

$$\text{s.t.}\begin{cases}2x_1+3x_2\leqslant8\\2x_2+5x_3\leqslant10\\3x_1+2x_2+4x_3\leqslant16\\x_1,x_2,x_3\geqslant0\end{cases}$$

解:将原问题化成标准形式

$$\max z=3x_1+5x_{2+}+4x_3+0x_4+0x_5+0x_6$$

$$\text{s.t.}\begin{cases}2x_1+3x_2+x_4=8\\2x_2+5x_3+x_5=10\\3x_1+2x_2+4x_3+x_6=16\\x_1,x_2,x_3,x_4,x_5,x_6\geqslant0\end{cases}$$

迭代计算后的单纯形表见表2-6。

迭代计算后的单纯形表 表2-6

C_{Bi} \ X_{Bi} \ X_j \ C_j		3	5	4	0	0	0	b_i	θ_i
C_{Bi}	X_{Bi}	x_1	x_2	x_3	x_4	x_5	x_6		
0	x_4	2	[3]	0	1	0	0	8	$\frac{8}{3}$
0	x_5	0	2	5	0	1	0	10	$\frac{10}{2}$
0	x_6	3	2	4	0	0	1	16	$\frac{16}{2}$
$\sigma_j = C_j - z_j'$		3	5	4	0	0	0	$z=0$	
5	x_2	$\frac{2}{3}$	1	0	$\frac{1}{3}$	0	0	$\frac{8}{3}$	—
0	x_5	$-\frac{4}{3}$	0	[5]	$-\frac{2}{3}$	1	0	$\frac{14}{3}$	$\frac{14}{15}$
0	x_6	$\frac{5}{3}$	0	4	$-\frac{2}{3}$	0	1	$\frac{32}{3}$	$\frac{32}{3}$
σ_j		$-\frac{1}{3}$	0	4	$\frac{5}{3}$	0	0	$z=\frac{40}{3}$	
5	x_2	$\frac{2}{3}$	1	0	$\frac{1}{3}$	0	0	$\frac{8}{3}$	$\frac{8}{2}$
4	x_3	$-\frac{4}{15}$	0	1	$-\frac{2}{15}$	$\frac{1}{5}$	0	$\frac{14}{15}$	—
0	x_6	[$\frac{41}{15}$]	0	0	$-\frac{2}{15}$	$-\frac{4}{5}$	1	$\frac{104}{15}$	$\frac{104}{41}$
σ_j		$\frac{11}{15}$	0	0	$-\frac{17}{15}$	$-\frac{4}{5}$	0	$z=\frac{256}{15}$	
5	x_2	0	1	0	$\frac{15}{14}$	$\frac{8}{41}$	$-\frac{10}{41}$	$\frac{40}{41}$	—
4	x_3	0	0	1	$-\frac{6}{41}$	$\frac{5}{41}$	$\frac{4}{41}$	$\frac{66}{41}$	—
3	x_1	1	0	0	$-\frac{2}{41}$	$-\frac{12}{41}$	$\frac{15}{41}$	$\frac{104}{41}$	—
σ_j		0	0	0	$-\frac{45}{41}$	$-\frac{24}{41}$	$-\frac{11}{41}$	$z=\frac{776}{41}$	

原问题的最优解和目标函数值为

$$\boldsymbol{X} = \left(\frac{104}{41}, \frac{40}{41}, \frac{60}{41}\right)^{\mathrm{T}}, \max z = \frac{776}{41}$$

二、单纯形法的基本步骤

从上面的几个例题可以看出,用单纯形法求解线性规划问题时,其基本步骤如下:

(1)将数学模型标准化。

(2)找出初始可行基,确定初始基本可行解,建立初始单纯形表。用单纯形法求解时,取系数矩阵 $\boldsymbol{A}$ 中的单位化子矩阵为初始可行基。若其中无单位化子矩阵,则应引进人工变量,

使 $\boldsymbol{A}$ 中出现单位化子矩阵,详见本章第五节。

(3)检查对应于非基变量的检验数 σ_j,若所有的 $\sigma_j \leqslant 0$,则已得到最优解,停止计算,否则转入步骤(4)。

(4)在所有大于0的 σ_j 中,若有一个 σ_k 对应的 x_k 的系数列向量 $\boldsymbol{P}_k \leqslant \boldsymbol{0}$(对 $i=1,2,\cdots m$,均有 $a_{ik} \leqslant 0$),则此问题无解,停止计算,否则转入步骤(5)。

(5)根据 $\max(\sigma_j > 0) = \sigma_k$,确定第 k 列为基准列,则 x_k 为换入变量。根据规则

$$\theta_l = \min\left\{\frac{b_i}{a_{ik}}\right\} = \frac{b_l}{a_{lk}}$$

确定第 l 行为基准行,则 x_l 为换出变量,a_{lk} 为基准点,转入步骤(6)。

(6)通过初等变换,将基准列单位化,使基准点为1,其余元素为0,并将 x_k 与 x_l 互换位置,于是得到一个新的单纯形表。令非基变量为0,得到新的基本可行解。

重复步骤(3)~(6),直至得到最优解为止。

单纯形法的基本步骤可用图2-7所示的流程图表示。

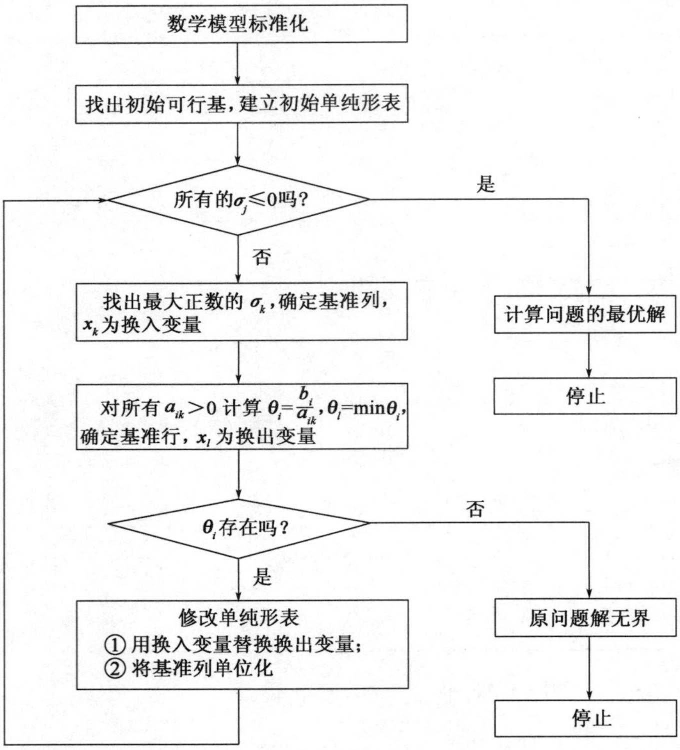

图2-7 单纯形法计算流程图

三、初始基本可行解的确定

从上面的讨论可以看出,用单纯形法求解线性规划问题时,确定初始基本可行解是相当重要的,是进行迭代运算的前提。如果约束不等式组(2-2)中,不等式号全为"≤",那么由【例2-5】~【例2-7】可知,我们可以引入松弛变量 $x_{n+i}(i=1,2,\cdots,m)$ 把不等式组化成方程组。这些松弛变量在方程组的系数中构成一个单位矩阵,取这些松弛变量为基变量,就可得到一组

初始基本可行解 $\boldsymbol{X}=(x_i \mid x_i=b_i)^{\mathrm{T}}$。

如果约束不等式组中，出现不等号"≥"，在本章第一节中我们已经讲过，可通过引入剩余变量 x_{n+j}将其化为标准型，即

$$a_{j1}x_1 + a_{j2}x_2 + \cdots + a_{jn}x_n - x_{n+j} = b_j$$

但通过这种变换，这个线性方程组仍不能直接用单纯形法求解。因为所有剩余变量之前为负号，将它们取作基变量得到的解为 $x_{n+j}=-b_j$，不满足非负条件。单纯形法要求通过变换得到的等式约束方程组，其作为基变量的系数矩阵一定是单位矩阵。因此，需要引入新的人工变量。

对于具有等式约束条件的情况，也可通过引入人工变量的办法来寻找初始基本可行解。

所谓人工变量，是指并不是为满足方程式由不等式变为等式而引进的，而是为了能找到初始的基本可行解而人为引进的变量，即在原不等式化成等式后，再在等式中外加一个人工变量 x_a，为了使这些变量最终不影响原来的等式，要求在迭代结束时，人工变量为0。为此，在目标函数中所有的人工变量前均应加上一个很大的负系数 $-M$（M 为正值），这个 $-M$ 称为罚因子。因为人工变量 x_a如不为0，即使是很小的正值，目标函数值也会大幅度减小，而受到很大的影响。所以，对求最优解来说，$-M$ 是对引进不为0的人工变量 x_a的一种惩罚。这样，问题就可按单纯形法来求解。

【例 2-8】 用单纯形法求解下列线性规划问题。

$$\max z = 4x_1 + 3x_2$$

$$\text{s.t.}\begin{cases}2x_1 + 4x_2 \leqslant 3 \\ 2x_1 + x_2 = 2 \\ x_1, x_2 \geqslant 0\end{cases}$$

解：引入松弛变量，将原问题化成标准形式

$$\max z = 4x_1 + 3x_2 + 0x_3$$

$$\text{s.t.}\begin{cases}2x_1 + 4x_2 + x_3 = 3 \\ 2x_1 + x_2 = 2 \\ x_1, x_2, x_3 \geqslant 0\end{cases}$$

从等式约束条件可知，不管用哪些变量作为基变量，都不能构成单位系数矩阵，故需引入人工变量 x_4，则

$$\max z = 4x_1 + 3x_2 + 0x_3 - Mx_4$$

$$\text{s.t.}\begin{cases}2x_1 + 4x_2 + x_3 = 3 \\ 2x_1 + x_2 + x_4 = 2 \\ x_1, x_2, x_3, x_4 \geqslant 0\end{cases}$$

其中，M 是足够大的正数，只要 x_4不为0，则目标函数就不可能达到最大值，所以到最后 x_4必定等于0。

引入人工变量后，取 x_3、x_4为基变量，则 x_3、x_4所对应的系数矩阵为单位矩阵，便于用单纯形法求解原线性规划问题。迭代计算后的单纯形表见表2-7。

迭代计算后的单纯形表　　表 2-7

C_{Bi} \ X_{Bi} \ C_j / X_j		4 x_1	3 x_2	0 x_3	$-M$ x_4	b_i	θ_i
0	x_3	2	4	1	0	3	$\frac{3}{2}$
$-M$	x_4	[2]	1	0	1	2	1
$\sigma_j = C_j - z_j'$		$4+2M$	$3+M$	0	0	$z=-2M$	
0	x_3	0	[3]	1	-1	1	$\frac{1}{3}$
4	x_1	1	$\frac{1}{2}$	0	$\frac{1}{2}$	1	2
σ_j		0	1	0	$-M-2$	$z=4$	
3	x_2	0	1	$\frac{1}{3}$	$-\frac{1}{3}$	$\frac{1}{3}$	—
4	x_1	1	0	$-\frac{1}{6}$	$\frac{2}{3}$	$\frac{5}{6}$	—
σ_j		0	0	$-\frac{1}{3}$	$-M-\frac{5}{3}$	$z=\frac{13}{3}$	

原问题的最优解为

$$\boldsymbol{X}^* = \left(\frac{5}{6}, \frac{1}{3}\right)^{\mathrm{T}}, \max z = \frac{13}{3}$$

需要说明的是,如果原约束条件中有多个不等号或等号,则通常需添加多个人工变量。这时,在相应的目标函数中,有几个人工变量就应该添加几项 $-M$。

【例 2-9】 用单纯形法求解下列问题。

$$\max z = 5x_1 + 6x_2 + 7x_3 + 7x_4$$

$$\text{s.t.}\begin{cases} x_1 + 2x_2 + x_3 + 4x_4 \geqslant 10 \\ 2x_1 + 4x_3 + 5x_4 \leqslant 20 \\ 2x_1 + 3x_2 + 5x_3 = 15 \\ 3x_1 + 4x_3 + x_4 \geqslant 16 \\ x_1, x_2, x_3, x_4 \geqslant 0 \end{cases}$$

解:将原问题化成标准形式

$$\max z = 5x_1 + 6x_2 + 7x_3 + 7x_4 + 0x_5 + 0x_6 + 0x_7$$

$$\text{s.t.}\begin{cases} x_1 + 2x_2 + x_3 + 4x_4 - x_5 = 10 \\ 2x_1 + 4x_3 + 5x_4 + x_6 = 20 \\ 2x_1 + 3x_2 + 5x_3 = 15 \\ 3x_1 + 4x_2 + x_4 - x_7 = 16 \\ x_1, x_2, \cdots, x_7 \geqslant 0 \end{cases}$$

为了获得初始基本可行解，需添加 3 个人工变量 x_8、x_9、x_{10}，这时目标函数也要作如下相应的变更：

$$\max z = 5x_1 + 6x_2 + 7x_3 + 7x_4 - Mx_8 - Mx_9 - Mx_{10}$$

$$\text{s.t.}\begin{cases} x_1 + 2x_2 + x_3 + 4x_4 - x_5 + x_8 = 10 \\ 2x_1 + 4x_3 + 5x_4 + x_6 = 20 \\ 2x_1 + 3x_2 + 5x_3 + x_9 = 15 \\ 3x_1 + 4x_3 + x_4 - x_7 + x_{10} = 16 \\ x_1, x_2, \cdots, x_9, x_{10} \geqslant 0 \end{cases}$$

这样，就可应用前面所讨论的方法求解上述规划问题了。

第五节　线性规划在道路交通工程中的应用

实例 2-1　道路优化设计问题

某地段的地面线高程如图 2-8 所示（折线 $ABCD$），拟在 AD 之间修一条公路。修筑公路除一般的建造费用外，由于填挖土方不平衡而需要增加的额外费用为 $\Delta M_1 = 6\Delta V$ 元/m³，其中 ΔV 为填挖不平衡土方量（公路填挖宽度为 10m）；由纵坡引起的汽车额外的油料费用（设计年限内的总费用）为 $\Delta M_2 = 3000|i|$元/m，其中 i 为纵坡度。如何设计纵坡才能使这些附加的费用为最少？

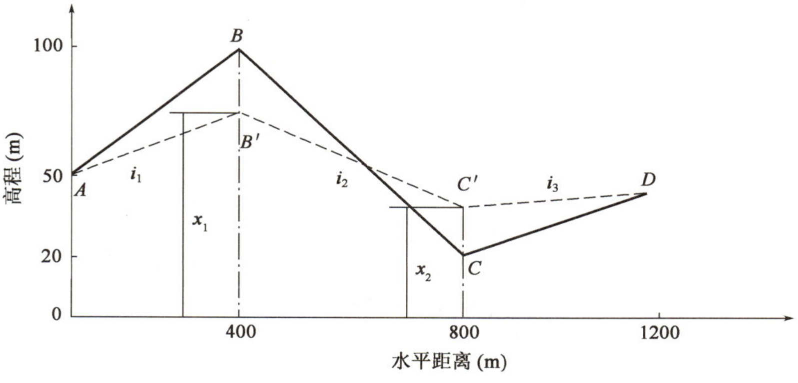

图 2-8　某路段的地面线高程

要求最大纵坡不大于 10%，并且 $i_1 \geqslant 0$，$i_2 \leqslant 0$，$i_3 \geqslant 0$。因坡度不大，公路长度可按水平距离计算，即 $AB' = B'C' = C'D = 400$m。

解：设公路纵断面为 $AB'C'D$，x_1、x_2 为 B'、C' 的高程，则各路段填挖不平衡土方量为（正时为挖、负时为填）

$$\Delta V_1 = 10\Delta S_1 = 10 \times \frac{1}{2} \times 400 \times (100 - x_1)$$
$$= 2000(100 - x_1)$$
$$\Delta V_2 = 10\Delta S_2 = 10 \times \frac{1}{2} \times 400 \times (100 - x_1 + 20 - x_2)$$
$$= 2000(120 - x_1 - x_2)$$

$$\Delta V_3 = 10\Delta S_3 = 10 \times \frac{1}{2} \times 400 \times (20 - x_2)$$
$$= 2000(20 - x_2)$$

总的不平衡土方量为

$$\Delta V = \Delta V_1 + \Delta V_2 + \Delta V_3 = 4000(120 - x_1 - x_2)$$

则填挖不平衡的附加费用为

$$\Delta M_1 = |\Delta V| \times 6 = 24000|120 - x_1 - x_2|$$

公路纵坡为

$$i_1 = \frac{x_1 - 50}{400}, i_2 = \frac{x_2 - x_1}{400}, i_3 = \frac{50 - x_2}{400}$$

因为 $i_1 \geqslant 0, i_2 \leqslant 0, i_3 \geqslant 0$,所以纵坡引起的附加费用为

$$\begin{aligned}\Delta M_2 &= i_1 \times 3000 \times 400 - i_2 \times 3000 \times 400 + i_3 \times 3000 \times 400\\ &= 1200000(i_1 - i_2 + i_3)\\ &= 3000(2x_1 - 2x_2)\\ &= 6000(x_1 - x_2)\end{aligned}$$

那么,该问题的目标函数为

$$\begin{aligned}\min z &= \Delta M_1 + \Delta M_2\\ &= 24000|120 - x_1 - x_2| + 6000(x_1 - x_2)\end{aligned}$$

因为最大纵坡不能大于10%,所以必须满足

$$i_1 \leqslant 0.1, i_2 \geqslant -0.1, i_3 \leqslant 0.1$$

即

$$\begin{cases}\dfrac{x_1 - 50}{400} \leqslant 0.1\\ \dfrac{x_2 - x_1}{400} \geqslant -0.1\\ \dfrac{50 - x_2}{400} \leqslant 0.1\end{cases}$$

得

$$\begin{cases}x_1 \leqslant 90\\ x_2 - x_1 \geqslant -40\\ x_2 \geqslant 10\end{cases}$$

由 $i_1 \geqslant 0, i_2 \leqslant 0, i_3 \geqslant 0$ 可得

$$\begin{cases}x_1 \geqslant 50\\ x_2 - x_1 \leqslant 0\\ x_2 \leqslant 50\end{cases}$$

那么,原问题可用如下的数学模型来表达:

$$\min z = 24000|120 - x_1 - x_2| + 6000(x_1 - x_2)$$

$$\text{s.t.}\begin{cases}x_1 \leqslant 90\\ x_2 \geqslant 10\\ x_1 - x_2 \leqslant 40\\ x_1 \geqslant 50\\ x_2 \leqslant 50\\ x_1 - x_2 \geqslant 0\end{cases}$$

上述模型的目标函数含有绝对值符号，不能用线性规划方法求解，我们可以通过去掉绝对值符号，把它化为两个线性规划问题。

问题 A：

当 $120 - x_1 - x_2 \geqslant 0$ 时，目标函数为

$$\begin{aligned}\min z &= 24000(120 - x_1 - x_2) + 6000(x_1 - x_2)\\ &= 2880000 - 18000x_1 - 30000x_2\end{aligned}$$

这时，需增加一个附加约束条件

$$120 - x_1 - x_2 \geqslant 0$$

问题 B：

当 $120 - x_1 - x_2 \leqslant 0$ 时，目标函数为

$$\begin{aligned}\min z &= -24000(120 - x_1 - x_2) + 6000(x_1 - x_2)\\ &= -2880000 + 30000x_1 + 18000x_2\end{aligned}$$

这时，需增加约束条件

$$120 - x_1 - x_2 \leqslant 0$$

即原问题可分解成以下两个线性规划问题：

问题 A：

$$\min z = 2880000 - 18000x_1 - 30000x_2$$

$$\text{s.t.}\begin{cases}x_1 \leqslant 90\\ x_2 \geqslant 10\\ x_1 - x_2 \leqslant 40\\ x_1 \geqslant 50\\ x_2 \leqslant 50\\ x_1 - x_2 \geqslant 0\\ x_1 + x_2 \leqslant 120\\ x_1, x_2 \geqslant 0\end{cases}$$

问题 B：

$$\min z = -2880000 + 30000x_1 + 18000x_2$$

$$\text{s.t.}\begin{cases}x_1 \leqslant 90\\ x_2 \geqslant 10\\ x_1 - x_2 \leqslant 40\\ x_1 \geqslant 50\\ x_2 \leqslant 50\\ x_1 - x_2 \geqslant 0\\ x_1 + x_2 \geqslant 120\\ x_1, x_2 \geqslant 0\end{cases}$$

上述两个线性规划问题可用单纯形法求解。

问题 A 的最优解为

$$x_1=70\text{m}, x_2=50\text{m}, \min z=120000 \text{ 元}$$

问题 B 的最优解为

$$x_1=70\text{m}, x_2=50\text{m}, \min s=120000 \text{ 元}$$

问题 A 和问题 B 的最优解是相同的(如果不同,则取 z 较小的作为最优解),所以,在原问题中,当设 B'高程为 70m,C'高程为 50m 时,公路纵断面设计最为合理。

实例 2-2　最小费用集料问题

某筑路工地需 10000m³混合集料作为道路基层,拟从附近两个弃土堆 A、B 取料,从弃土堆 A 取料的装载运输费为 1.0 元/m³,从弃土堆 B 取料的装载运输费为 1.4 元/m³。如何取料才能使总的装载运输费用最少?

已知弃土堆 A 的材料成分为砂含量 30%,砾石含量 70%;弃土堆 B 的材料成分为砂含量 60%,砾石含量 30%,黏土含量 10%。混合集料的成分要求砂含量≥50%,砾石含量≤60%,黏土含量≤8%。

解:设 x_1、x_2分别为从弃土堆 A、B 所取的材料数量(单位:m³),那么费用函数为

$$z = 1.0x_1 + 1.4x_2$$

工地需要的集料为 10000m³,所以有

$$x_1 + x_2 = 10000$$

混合料砂含量必须≥50%,则有

$$30\% x_1 + 60\% x_2 \geqslant 50\% (x_1 + x_2)$$

混合料砾石含量必须≤60%,则有

$$70\% x_1 + 30\% x_2 \leqslant 60\% (x_1 + x_2)$$

混合料的黏土含量必须≤8%,则有

$$10\% x_2 \leqslant 8\% (x_1 + x_2)$$

那么原问题可用如下数学模型来表达:

$$\min z = 1.0\, x_1 + 1.4\, x_2$$

$$\text{s.t.}\begin{cases} x_1 + x_2 = 10000 \\ -2x_1 + x_2 \geqslant 0 \\ -x_1 + 3x_2 \geqslant 0 \\ 4x_1 - x_2 \geqslant 0 \\ x_1, x_2 \geqslant 0 \end{cases}$$

该问题为线性规划问题,用单纯形法求得最优解为

$$x_1 = 3333\text{m}^3, x_2 = 6667\text{m}^3, \min z = 12666 \text{ 元}$$

即从弃土堆 A 取料 3333m³,从弃土堆 B 取料 6667m³,这样配料运输费用最少,最少费用为 12666 元。

实例 2-3　施工规划问题

某筑路工地同时开挖 A、B 两段路堑,A 路堑采用牵引式挖土机,B 路堑采用液压式挖土

机，运行费用与挖掘能力见表 2-8。因为受运土车辆的限制，挖掘土方量不能超过 10000m³/d。为了保证施工进度，要求路堑 A 每天的挖土量≥1600m³，路堑 B 每天的挖土量≥3000m³。该工地有 12 名机械手可操作两种挖土机。如何分配这几名机械手，才能使每天的运行费用最少？

两种挖土机的运行费用与挖掘能力 表 2-8

机具	运行费用(每台)(元/d)	挖掘能力(每台)(m³/d)
牵引式挖土机	394	200
液压式挖土机	1110	1000

解：设 x_1、x_2分别为操作牵引式挖土机、液压式挖土机的机械手人数，那么每天总的运行费用为

$$z = 394x_1 + 1110x_2$$

由于受土方运输条件的限制，每天的开挖土方量必须小于 10000m³，即满足

$$200x_1 + 1000x_2 \leqslant 10000$$

为了保证施工进度，必须满足

$$200x_1 \geqslant 1600$$

$$1000x_2 \geqslant 3000$$

因为该工地仅有 12 名机械手，所以

$$x_1 + x_2 \leqslant 12$$

那么，原问题可用下列数学模型来表达：

$$\min z = 394x_1 + 1110x_2$$

$$\text{s. t.}\begin{cases} 200x_1 + 1000x_2 \leqslant 10000 \\ 200x_1 \geqslant 1600 \\ 1000x_2 \geqslant 3000 \\ x_1 + x_2 \leqslant 12 \\ x_1, x_2 \geqslant 0 \end{cases}$$

该问题为线性规划问题，用单纯形法求得的最优解为

$$x_1 = 8, x_2 = 3, \min z = 6482 \text{ 元}$$

即分配 8 名机械手操作牵引式挖土机，3 名机械手操作液压式挖土机，这时的运行费用最少。

实例 2-4　截料优化问题

某桥梁工地用一批长度为 8.4m 的角钢(数量充分多)制造钢桁架，因构造要求，需将角钢截成三种不同规格的短料：2.0m、3.5m、4.0m。这三种规格短料的需求量分别为 100 根、50 根、50 根。怎样截料才能使废料最少？

解：经过试计算，可以得到表 2-9 所示的六种截法。若单纯选用一种截法(如截法二、截法四、截法六)，自然可以使废料最少，但这样不能保证满足规定的需要量，即不成套。为了满足配套的要求，而又使总的废料最少，必须同时配合采用若干种截法。

钢材截取方法　　表 2-9

参数		截法					
		一	二	三	四	五	六
截成的短料根数	2.0m	2	2	0	0	0	4
	3.5m	1	0	1	0	2	0
	4.5m	0	1	1	2	0	0
废料长(m)		0.9	0.4	0.9	0.4	1.4	0.4

设按第一种截法下料的原材料根数为 x_1,第二种截法为 x_2……第六种截法为 x_6,那么废料的总长度为

$$z = 0.9x_1 + 0.4x_2 + 0.9x_3 + 0.4x_4 + 1.4x_5 + 0.4x_6$$

该问题的目标为使总废料最少,所以该问题可用如下的数学模型来表达:

$$\min z = 0.9x_1 + 0.4x_2 + 0.9x_3 + 0.4x_4 + 1.4x_5 + 0.4x_6$$

$$\text{s.t.}\begin{cases} 2x_1 + 2x_2 + 4x_6 = 100 \\ x_1 + x_3 + 2x_5 = 50 \\ x_2 + x_3 + 2x_4 = 50 \\ x_1, x_2, x_3, x_4, x_5, x_6 \geqslant 0 \text{ 且为整数} \end{cases}$$

该问题为整数规划问题(一种特殊类型的线性规划问题,详见第三章),用单纯形法求得的最优解为

$$\boldsymbol{X}^* = (0,0,0,25,25,25)^{\mathrm{T}}, \min z = 55\text{m}$$

从数学模型可以看出,该问题的最优解不是唯一的,如

$$\boldsymbol{X}_1 = (0,50,0,0,25,0)^{\mathrm{T}}$$
$$\boldsymbol{X}_2 = (0,10,0,20,25,20)^{\mathrm{T}}$$
$$\boldsymbol{X}_3 = (0,20,0,15,25,15)^{\mathrm{T}}$$
$$\vdots$$

它们的废料总长均为55m。所以,从经济的角度来讲,可采用很多下料方案,而得到相同的最佳经济效果。但从下料方便性的角度来讲,采用 $\boldsymbol{X}^*$ 更为合理,即取 25 根角钢全截 4.0m 的短料,取 25 根角钢全截 3.5m 的短料,取 25 根角钢全截 2.0m 的短料。这样可得 2.0m 短料 100 根,3.5m 及 4.0m 短料各 50 根,废料总长 55m。

实例 2-5　连续投资问题

某部门在今后五年内考虑给下列项目投资,已知各项目投资收益状况如下。

项目 A:从第一年到第四年每年年初需要投资,并于次年年末回收本利 115%。

项目 B:第三年年初需要投资,到第五年年末能回收本利 125%,但规定最大投资额不超过 4 万元。

项目 C:第二年年初需要投资,到第五年年末能回收本利 140%,但规定最大投资额不超过 3 万元。

项目 D：五年内每年年初可购买公债，于当年年末归还，并加利息 6%。

该部门现有资金 10 万元，它应如何确定这些项目每年的投资额，使第五年年末拥有的资金的本利总额为最大？

解：(1)确定变量。这是一个连续投资问题，与时间有关，但这里设法用线性规划方法进行静态处理。以 x_{iA}、x_{iB}、x_{iC}、x_{iD}($i=1,2,\cdots,5$)分别表示第 i 年年初给项目 A、B、C、D 的投资额，它们都是待定的未知变量。根据给定的条件，将变量列于表 2-10 中。

各年年初各项目的投资额变量 表 2-10

项目	年份				
	1	2	3	4	5
A	x_{1A}	x_{2A}	x_{3A}	x_{4A}	—
B	—	—	x_{3B}	—	—
C	—	x_{2C}	—	—	—
D	x_{1D}	x_{2D}	x_{3D}	x_{4D}	x_{5D}

(2)确定投资额。投资额应等于手中拥有的资金。因为项目 D 每年都可以投资，并且当年年末即能回收本息。所以该部门每年应把资金全部投出去，手中不应当有剩余的闲置资金。因此，第一年，该部门年初拥有 100000 元，所以有

$$x_{1A}+x_{1D}=100000$$

第二年，因第一年给项目 A 的投资要到第二年年末才能回收，所以该部门在第二年年初拥有的资金额仅为项目 D 在第一年回收的本息$(1+6\%)x_{1D}$。于是第二年的投资分配为

$$x_{2A}+x_{2C}+x_{2D}=1.06x_{1D}$$

第三年，年初的资金额是从项目 A 第一年投资及项目 D 第二年投资中回收的本息总和$(1+15\%)x_{1A}$及$(1+6\%)x_{2D}$。于是第三年的资金分配为

$$x_{3A}+x_{3B}+x_{3D}=1.15x_{1A}+1.06x_{2D}$$

第四年，同以上分析，可得

$$x_{4A}+x_{4D}=1.15x_{2A}+1.06x_{2D}$$

第五年，同以上分析，可得

$$x_{5D}=1.15x_{3A}+1.06x_{4D}$$

此外，由于对项目 B、C 的投资有限额的规定，需满足

$$\begin{cases}x_{3B}\leqslant 40000\\x_{2C}\leqslant 30000\end{cases}$$

(3)确定目标函数。问题是要求在第五年年末该部门手中拥有的资金额达到最大。这个目标函数可表示为

$$\max z=1.15x_{4A}+1.40x_{2C}+1.25x_{3B}+1.06x_{5D}$$

(4)建立数学模型。经过以上分析，这个与时间有关的投资问题可以用以下线性规划模型来描述：

$$\max z=1.15x_{4A}+1.40x_{2C}+1.25x_{3B}+1.06x_{5D}$$

$$
\text{s.t.}\begin{cases}
x_{1A}+x_{1D}=100000\\
-1.06x_{1D}+x_{2A}+x_{2C}+x_{2D}=0\\
-1.15x_{1A}-1.06x_{2D}+x_{3A}+x_{3B}+x_{3D}=0\\
-1.15x_{2A}-1.06x_{3D}+x_{4A}+x_{4D}=0\\
-1.15x_{3A}-1.06x_{4D}+x_{5D}=0\\
x_{2C}\leqslant 30000\\
x_{3B}\leqslant 40000\\
x_{iA},x_{iB},x_{iC},x_{iD}\geqslant 0 \qquad (i=1,2,\cdots,5)
\end{cases}
$$

(5)用单纯形法计算得到的最佳投资情况如下。

第一年:$x_{1A}=34783$,$x_{1D}=65217$。

第二年:$x_{2A}=39130$,$x_{2C}=30000$,$x_{2D}=0$。

第三年:$x_{3A}=0$,$x_{3B}=40000$,$x_{3D}=0$。

第四年:$x_{4A}=45000$,$x_{4D}=0$。

第五年:$x_{5D}=0$。

所以,到第五年年末该部门拥有资金总额为143750元,盈利43.75%。

应用拓展:求解线性规划问题的常用软件

在许多实际的线性规划问题中变量和约束的个数都很多,在有些规模比较大的问题中甚至高达上万个,这样的问题当然是无法用手工计算的,需要用计算机和专门的软件求解。对于规模不是太大(如几十个变量)的线性规划问题,现在常用的数学软件如Mathematica、MATLAB都可以解解,规模大的问题则需要借助LINDO、LINGO、CPLEX和GUROBI等专门求解线性规划问题的软件。CPLEX和GUROBI被认为是最有效的两个求解软件。

LINDO和LINGO是美国LINDO系统公司开发的一套专门用于求解最优化问题的软件包。LINDO用于求解线性规划问题和二次规划问题;LINGO除了具有LINDO的全部功能外,还可以用于求解非线性规划问题,也可以用于一些线性和非线性方程(组)的求解。LINDO和LINGO软件在教学、科研和工业、商业、服务等领域应用广泛。

CPLEX是美国IBM公司开发的一款商业求解软件。CPLEX主要用于求解混合整数线性规划(MILP)问题,也可用于求解线性规划(LP)问题、二次规划(QP)问题以及二次约束规划(QCQP)问题。CPLEX支持多种平台(Windows、Linux、Mac OS X),灵活的接口使其能用于大多数开发环境(如MATLAB、C++、Java、Python)。CPLEX现已对学术界免费开放。

GUROBI是美国Gurobi公司开发的新一代大规模数学规划求解软件,其可用于求解混合整数线性规划问题、线性规划问题、二次规划问题以及二次约束规划问题。GUROBI提供了方便轻巧的接口,支持C++、Java、Python、.Net、MATLAB开发,内存消耗少;支持多种平台,包括Windows、Linux、Mac OS X;支持AMPL、GAMS、AIMMS和Windows Solver Foundation环境;还为客户提供了云计算功能。GUROBI对学术界免费开放。

习　题

2-1　将下列线性规划问题化成标准型。

(1)

$$\max z = 4x_1 + 5x_2 + x_4$$

$$\text{s. t.}\begin{cases}4x_1 + x_2 = 30 \\ 4x_1 + 3x_2 + 3x_3 + x_4 \leqslant 80 \\ 4x_2 + 4x_3 - x_4 \leqslant -10 \\ 3x_3 + 4x_4 \geqslant 8 \\ x_1, x_2, x_3, x_4 \geqslant 0\end{cases}$$

(2)

$$\min z = 3x_1 + 4x_2 - 3x_3 - x_4$$

$$\text{s. t.}\begin{cases}x_1 + x_4 \leqslant 40 \\ x_1 + x_2 - x_3 = 40 \\ x_1 + x_2 + x_4 \geqslant -40 \\ 3x_2 + 4x_3 \leqslant 8 \\ x_1, x_2 \geqslant 0, x_3 \leqslant 0\end{cases}$$

2-2 用图解法求解下列线性规划问题。

(1)

$$\max z = 2x_1 + 5x_2$$

$$\text{s. t.}\begin{cases}x_1 \leqslant 4 \\ x_2 \leqslant 3 \\ x_1 + 2x_2 \leqslant 8 \\ x_1, x_2 \geqslant 0\end{cases}$$

参考答案:$z^* = 19, \boldsymbol{X}^* = (2,3)^{\mathrm{T}}$

(2)

$$\max z = -2x_1 + x_2$$

$$\text{s. t.}\begin{cases}x_1 + x_2 \geqslant 10 \\ -2x_1 + 2x_2 \leqslant 10 \\ -4x_1 + 2x_2 \leqslant 20 \\ x_1 + 4x_2 \geqslant 20 \\ x_1, x_2 \geqslant 0\end{cases}$$

参考答案:$z^* = 2.5, \boldsymbol{X}^* = (2.5, 7.5)^{\mathrm{T}}$

2-3 用单纯形法求解下列线性规划问题。

(1)

$$\max z = x_1 + 3x_2$$

$$\text{s. t.}\begin{cases}2x_1 + x_2 \leqslant 3 \\ -x_1 + x_2 \leqslant 4 \\ x_1 \leqslant 3 \\ x_1, x_2 \geqslant 0\end{cases}$$

参考答案:$z^* = 9, \boldsymbol{X}^* = (0,3)^{\mathrm{T}}$

(2)

$$\max z = 5x_1 + 3x_2$$

$$\text{s. t.}\begin{cases}3x_1 + 5x_2 \leqslant 15 \\ 5x_1 + 2x_2 \leqslant 10 \\ x_1, x_2 \geqslant 0\end{cases}$$

参考答案:$z^*=\dfrac{235}{9}, \boldsymbol{X}^*=\left(\dfrac{20}{19},\dfrac{45}{19}\right)^{\mathrm{T}}$

(3)

$$\min z=4x_1+3x_2+8x_3$$

$$\text{s. t.}\begin{cases}x_1+x_3\leqslant 2\\x_2+2x_3\geqslant 5\\x_1,x_2,x_3\geqslant 0\end{cases}$$

参考答案:$z^*=15, \boldsymbol{X}^*=(0,5,0)^{\mathrm{T}}$

(4)

$$\max z=x_1+2x_2+3x_3-x_4$$

$$\text{s. t.}\begin{cases}x_1+2x_2+3x_3=15\\2x_1+x_2+5x_3=20\\x_1+2x_2+x_3+x_4=10\\x_1,x_2,x_3,x_4\geqslant 0\end{cases}$$

参考答案:$z^*=15, \boldsymbol{X}^*=\left(\dfrac{5}{2},\dfrac{5}{2},\dfrac{5}{2},0\right)^{\mathrm{T}}$

(5)

$$\max z=3x_1+|5x_2-4x_3|$$

$$\text{s. t.}\begin{cases}2x_1+3x_2\leqslant 8\\2x_2+5x_3\leqslant 10\\3x_1+2x_2+4x_3\leqslant 15\\x_1,x_2,x_3\geqslant 0\end{cases}$$

参考答案:$z^*=15, \boldsymbol{X}^*=\left(\dfrac{7}{3},0,2\right)^{\mathrm{T}}$

(6)

$$\min z=x_1-3x_2+2x_3$$

$$\text{s. t.}\begin{cases}3x_1-|x_2-2x_3|\leqslant 7\\-2x_1+4x_2\leqslant 12\\-4x_1+3x_2+8x_3\leqslant 10\\x_1,x_2,x_3\geqslant 0\end{cases}$$

参考答案:$z^*=-11, \boldsymbol{X}^*=(4,5,0)^{\mathrm{T}}$

(7)

$$\max z=10x_1+15x_2+12x_3$$

$$\text{s. t.}\begin{cases}5x_1+3x_2+x_3\leqslant 9\\-5x_1+6x_2+15x_3\leqslant 15\\2x_1+x_2+x_3\geqslant 5\\x_1,x_2,x_3\geqslant 0\end{cases}$$

参考答案:无可行解

2-4　用大 M 法求解下述线性规划问题。

$$\max z=2x_1-x_2+2x_3$$

$$\text{s. t.}\begin{cases}x_1+x_2+x_3\geqslant 6\\-2x_1+x_3\leqslant 24\\2x_2-x_3\geqslant 0\\x_1,x_2,x_3\geqslant 0\end{cases}$$

参考答案：无最优解

2-5 在下面的线性规划问题中找出满足约束条件的所有基解，指出哪些是基可行解，并确定哪一个是最优解。

$$\max z = 2x_1 + 3x_2 + 4x_3 + 7x_4$$

$$\text{s. t.} \begin{cases} 2x_1 + 3x_2 - x_3 + 4x_4 = 8 \\ -x_1 + 2x_2 - 6x_3 + 7x_4 = 3 \\ x_1, x_2, x_3, x_4 \geqslant 0 \end{cases}$$

参考答案：$z^* = \dfrac{491}{17}, \boldsymbol{X}^* = \left(0, 0, \dfrac{44}{17}, \dfrac{45}{17}\right)^{\mathrm{T}}$

2-6 分别用图解法和单纯形法求解下列线性规划问题，并指出单纯形法迭代的每一步相当于图形上的哪一个顶点。

$$\max z = 2x_1 + x_2$$

$$\text{s. t.} \begin{cases} 3x_1 + 5x_2 \leqslant 15 \\ 6x_1 + 2x_2 \leqslant 24 \\ x_1, x_2 \geqslant 0 \end{cases}$$

参考答案：$z^* = \dfrac{33}{4}, \boldsymbol{X}^* = \left(\dfrac{15}{4}, \dfrac{3}{4}\right)^{\mathrm{T}}$

2-7 表 2-11 是求极大化线性规划问题计算得到的单纯形表，其中无人工变量，a_1、c_2、a_3、d、c_1、c_2 为待定常数。试说明这些常数分别取何值时，以下结论成立。

题 2-7 表 表 2-11

基	b	x_1	x_2	x_3	x_4	x_5	x_6
x_3	d	4	a_1	1	0	a_2	0
x_4	2	−1	−3	0	1	−1	0
x_6	3	$a3$	−5	0	0	−4	1
σ_j		c_1	c_2	0	0	−3	0

(1) 表中解为唯一最优解。

(2) 表中解为最优解，但存在无穷多最优解。

(3) 该线性规划问题无最优解。

(4) 表中解非最优解，为将其改进，换入变量为 x_1，换出变量为 x_6。

参考答案：(1) $d \geqslant 0, c_1 < 0, c_2 < 0$；(2) $d \geqslant 0, c_1 \leqslant 0, c_2 = 0$ 或 $d \geqslant 0, c_1 \leqslant 0, c_2 = 0, a_1 > 0$；(3) $d \geqslant 0, c_2 > 0, a_1 \leqslant 0$；(4) $d \geqslant 0, c_1 \geqslant c_2 > 0, a_1 > 0, a_3 \leqslant \dfrac{3d}{4}$ 或 $d \geqslant 0, c_1 > 0, c_2 \leqslant 0, a_3 \leqslant \dfrac{3d}{4}$

2-8 设某仓库要搬迁，仓库内有三种物资，用 B_1、B_2、B_3 表示，数量分别为 2 万 t、3 万 t、4 万 t；有三种运输工具 A_1、A_2、A_3 可利用，这三种运输工具运送各种物资的效果不同，每种运输工具的数量及其运输各种物资的效率见表 2-12。

题 2-8 表 表 2-12

运输工具	工具数量	运输工具的运输效率(100t/工作日)		
		B_1	B_2	B_3
A_1	40	0.5	0.6	1.5
A_2	1	10	30	36
A_3	5	8	3	4
物资数量(万 t)		2	3	4

现需在最短的时间内完成这一运输任务,如何确定其运输方案?(仅建立数学模型)

2-9 某桥梁工地需集料 30000m^3,集料黏土含量不大于 0.8%,细砂含量为 5% ~8%,粗砂含量为 60% ~70%,砾石含量为 20% ~30%,现有材料数量及单价见表 2-13。

题 2-9 表 表 2-13

材料	黏土	细砂	粗砂	砾石
现有存储量(m^3)	2000	20000	25000	10000
单价(元/ m^3)	4	15	12	7

如何配料才能使集料的总成本最少?(仅建立数学模型)

2-10 设某种集料的成分含量要求为砂含量不少于 30%,碎石含量不大于 60%,黏土含量不大于 10%。拟从三个材料源 A、B、C 取料,三个材料源的原材料含量及运送费见表 2-14。

题 2-10 表 表 2-14

成分	材料源		
	A	B	C
砂(%)	5	30	100
碎石(%)	60	70	—
黏土(%)	35	—	—
运送费(元/m^3)	2	10	8

试确定使运送费最少的配料方案。(仅建立数学模型)

2-11 桥梁工地要制作 100 套钢筋架子,每套需要长 2.9m、2.1m 和 1.5m 的钢筋各 1 根。现有原材料(钢筋)7.4m,如何下料最省?(建立数学模型并求解)

第三章　特殊类型的线性规划问题

前面一章介绍了一般线性规划问题及其求解方法。在实际问题中，经常遇到许多特殊类型的线性规划问题，它们相应的数学规划模型中的变量与约束方程的系数矩阵具有特殊的要求与特殊的结构。本章主要讨论运输问题、整数规划问题和资源分配问题三种特殊的线性规划问题。

第一节　运 输 问 题

运输问题是普通存在的一类线性规划问题，特别是在交通工程、交通运输与物流工程中经常遇到这种特殊类型的线性规划问题。这种问题可以描述为把某一种物资从其某些供应地运往某些需求地，已知每个物资供应地的供应量、每个物资需求地的需求量以及从各物资供应地到各物资需求地的运输单价，要求制订总的运输费用最少的运输方案。与一般的线性规划问题相比，运输问题的模型约束有其特殊性，根据这些特殊性，从求解一般线性规划问题的单纯形法的本质出发，可以提出更为简便、有效的求解方法，如表上作业法等。

一、运输问题的数学模型

在给出一般运输问题的数学模型之前，先来看两个实际的例子。

【例 3-1】　某企业下属三个加工厂同时生产一种产品，每天的生产量分别是 $A_1=8t$，$A_2=7t$，$A_3=10t$。该企业把这些产品分别运往四个地区的门市部销售，各门市部的销售量分别为 $B_1=3t$，$B_2=4t$，$B_3=9t$，$B_4=9t$。已知从各加工厂到各门市部的运费见表 3-1。该工厂如何制订调运产品的方案，在满足各门市部销售量的情况下，可使总的费用最少？

从各加工厂到各门市部的运费(单位：元/t)　　表 3-1

生产量	销售量			
	B_1	B_2	B_3	B_4
A_1	2	2	3	16
A_2	1	16	2	3
A_3	4	7	10	8

【例 3-2】　现有三个道路工地 A、B、C，为了修建路面基层，每月需要砂砾材料分别为 32 万 m^3、25 万 m^3 和 35 万 m^3。由甲、乙两个砂砾集料场来负责供应，它们每月的供应能力分别为 40 万 m^3 和 45 万 m^3。从砂砾场到各道路工地的单位运价见表 3-2。

从各砂砾场到各道路工地的单位运价(单位:万元/万 m³) 表 3-2

砂砾集料场	道路工地		
	A	B	C
甲	8	12	20
乙	18	22	16

由于需求大于供给,根据三个工地的施工规模和进度安排,工地 A 要求供应量可以减少 0 ~3 万 m³,工地 B 要求供应量全部满足,工地 C 要求供应量不少于 27 万 m³。试求集料场将每月砂砾材料供应量分配完又使总的运费最少的供运方案。

上述两个例子都是典型的运输问题。【例 3-1】是产销或供需平衡的运输问题,而【例 3-2】是产销或供需不平衡的运输问题。因此,可以将运输问题描述成:某一种物资有 m 个产地,有 n 个销地,第 i 个产地记为 $A_i(i=1,2,\cdots,m)$,其产量为 a_i;第 j 个销地记为 $B_j(j=1,2,\cdots,n)$,其需求量为 b_j。从产地 A_i 到销地 B_j 运输单位物资的运价为 c_{ij}。当 $\sum_{i=1}^{m}a_i=\sum_{j=1}^{n}b_j$ 时,是产销平衡运输问题;当 $\sum_{i=1}^{m}a_i\neq\sum_{j=1}^{n}b_j$ 时,是产销不平衡运输问题。下面先讨论产销平衡运输问题,产销不平衡运输问题将在本节后面介绍。

产销平衡运输问题就是在满足产销平衡条件的情况下,确定一个使得总的运输费用最少的物资调拨运输方案。上面这些数据可以汇总成运输问题的产销平衡与单位运价表,见表 3-3。

运输问题的产销平衡与单位运价(单位:元) 表 3-3

产地	销地				产量
	B_1	B_2	…	B_n	
A_1	C_{11}	C_{12}	…	C_{1n}	a_1
A_2	C_{21}	C_{22}	…	C_{2n}	a_2
⋮	⋮	⋮	⋱	⋮	⋮
A_m	C_{m1}	C_{m2}	…	C_{mn}	a_m
销量	b_1	b_2	…	b_n	$\sum_{i=1}^{m}a_i=\sum_{j=1}^{n}b_j$

确定一个完整的运输方案,主要是在满足产销平衡条件的情况下确定每个生产地 $A_i(i=1,2,\cdots,m)$ 到每个销售地 $B_j(j=1,2,\cdots,n)$ 具体的物资调运量。因此,假设从产地到销地的运输量为 x_{ij},则 $m\times n$ 个 x_{ij} 就表示一个运输方案。那么在产销平衡条件下,总的运输费用最少的运输方案可以描述成如下线性规划的最优解:

$$\min C=\sum_{i=1}^{m}\sum_{j=1}^{n}c_{ij}x_{ij}$$

$$\text{s. t.}\begin{cases}\sum_{j=1}^{n}x_{ij}=a_i & (i=1,2,\cdots,m)\\ \sum_{i=1}^{m}x_{ij}=b_j & (j=1,2,\cdots,n)\\ x_{ij}\geqslant 0 & (i=1,2,\cdots,m;j=1,2,\cdots,n)\end{cases}$$

这就是产销平衡运输问题的数学模型。它含有 $m\times n$ 个变量,有 $m+n$ 个约束方程。其系数矩阵为

$$\begin{array}{c} \begin{array}{ccccccccccccc} x_{11} & x_{12} & \cdots & x_{1n} & x_{21} & x_{22} & \cdots & x_{2n} & \cdots & x_{m1} & x_{m2} & \cdots & x_{mn} \end{array} \\ \left[\begin{array}{ccccccccccccc} 1 & 1 & \cdots & 1 & & & & & & & & & \\ & & & & 1 & 1 & \cdots & 1 & & & & & \\ & & & & & & & & \ddots & & & & \\ & & & & & & & & & 1 & 1 & \cdots & 1 \\ 1 & & & & 1 & & & & & 1 & & & \\ & 1 & & & & 1 & & & & & 1 & & \\ & & \ddots & & & & \ddots & & & & & \ddots & \\ & & & 1 & & & & 1 & & & & & 1 \end{array}\right] \end{array}$$

其余所有空位置上的元素均为0。此矩阵的前 m 行代表模型中约束条件的前 m 个约束方程，后 n 行表示后 n 个约束方程。它是一个 $m+n$ 行、$m\times n$ 列的矩阵。容易看出，产销平衡运输问题对应的线性规划问题的系数矩阵比较稀疏，而且很特殊。它有如下特点：

(1)系数矩阵 $\boldsymbol{A}$ 的每一列元素中均只有两个元素：一个元素为1，其余元素均为0，且 x_{ij} 的系数列向量 $\boldsymbol{P}_{ij}=(0,\cdots,0,1,0,\cdots,0,1,0,\cdots,0)^{\mathrm{T}}$，其中第 i 和第 $m+j$ 个分量为1。

(2)对于产销平衡运输问题，其满足关系

$$\sum_{i=1}^{m}a_i=\sum_{i=1}^{m}\left(\sum_{j=1}^{n}x_{ij}\right)=\sum_{j=1}^{n}\left(\sum_{i=1}^{m}x_{ij}\right)=\sum_{j=1}^{n}b_j$$

所以模型中至多有 $m+n-1$ 个独立的约束方程，即系数矩阵的秩 $\leqslant m+n-1$。如果在系数矩阵中取变量 $x_{11},x_{21},\cdots,x_{m1}$ 以及 $x_{m2},x_{m3},\cdots,x_{mn}$ 对应的列和前 m 行与后 $n-1$ 行(除第 $m+1$ 行)的元素，得到系数矩阵的 $m+n-1$ 阶子矩阵，则此子矩阵的行列式值是1，说明系数矩阵的秩恰好等于 $m+n-1$。这就是说在求解过程中每个基本可行解都只有 $m+n-1$ 个基变量。

(3)产销平衡运输问题一定有最优解。事实上，直接验证可知

$$x_{ij}=\frac{a_ib_j}{\sum_{i=1}^{m}a_i}\qquad(i=1,2,\cdots,m;j=1,2,\cdots,n)$$

是其一个可行解。再注意到

$$0\leqslant x_{ij}\leqslant\min(a_i,b_j)$$

即此解有界，由线性规划理论得知平衡运输问题必有最优解。

求解运输问题的表上作业法就是基于以上特征从单纯形法衍生出来的。

二、表上作业法

表上作业法是单纯形法在求解运输问题时的一种简化方法，其实质仍然是单纯形法，所以表上作业法的求解过程也包含如下三个关键步骤：

(1)初始基本可行解(也称初始运输方案)的确定。

(2)基本可行解检验数的计算与最优性判别。

(3)非最优基本可行解的改进。

表上作业法在求解过程中所用的表格和术语与单纯形法有所不同。另外，用表上作业法求解运输问题时也不必去掉约束方程组中那个多余的方程，只需注意在迭代过程中确保每个基本可行解有 $m+n-1$ 个基变量即可。

下面分别介绍表上作业法的各关键步骤。

1. 初始运输方案的确定

无论用什么方法来确定初始运输方案，都要求所给出的初始方案是含 $m+n-1$ 个基变量的基本可行解。下面介绍较为实用、简便的两种方法：西北角法和最小元素法。

(1)西北角法

西北角法的基本思想是优先考虑产销平衡表的左上角(西北角)的供应关系。下面结合具体例子来介绍西北角法。

【例 3-3】 假设某平衡物资运输问题有三个产地 $O_i(i=1,2,3)$ 及四个销地 $D_j(j=1,2,3,4)$。产地 O_i 需要运出的物资量为 a_i，销地 D_j 需要此物资的总量为 b_j，各产销点之间的运输费用单价见表 3-4。试用西北角法给出初始平衡运输方案 $x_{ij}(i=1,2,3;j=1,2,3,4)$。

各产销点之间的运输费用单价 表 3-4

产地	销地				a_i
	D_1	D_2	D_3	D_4	
O_1	6	22	5	6	5
O_2	3	10	4	8	4
O_3	1	8	2	1	6
b_j	4	2	3	6	

解：在逐步确定初始运输方案时，一般每步要经过两个过程：先是根据单位运价确定供应关系，然后根据供需要求进行运量分配。为了方便，将产销平衡与单位运价表(表 3-4)拆分成单位运价表(表 3-5)与运量分配表(表 3-6)。

单位运价表 表 3-5

产地	销地			
	D_1	D_2	D_3	D_4
O_1	6	22	5	6
O_2	3	10	4	8
O_3	1	8	2	1

运量分配表 表 3-6

产地	销地				a_i
	D_1	D_2	D_3	D_4	
O_1	4	1			5
O_2		1	3	0	4
O_3				6	6
b_j	4	2	3	6	

首先，从单位运价表(表 3-5)的最左上角(西北角)的格子(O_1,D_1)开始，让产地 O_1 的物资尽可能多地运往销地 D_1。由于销地 D_1 需要的物资总量只有 4，而产地 O_1 要求运出的物资总量为 5，所以 O_1 要运出的物资总量中 4 个单位运至 D_1，即 $x_{11}=4$，将其填入运量分配表

(表3-6)的(O_1,D_1)格子。这时D_1物资需求量已经满足,不再需要其他任何产地运来物资,由平衡条件得$x_{21}=0,x_{31}=0$。而产地O_1还有1个单位物资量需运往其他销地,将需要运出的物资量修改为1,同时在单位运价表(表3-5)中将D_1对应的列画去。

接着,在表3-5上没有被画去的所有格子中找出位于最西北角的格子(O_1,D_2)。类似上面的讨论,得$x_{12}=1$,并将其填入表3-6的(O_1,D_2)格子。至此产地O_1的所有物资已经全部分配完,由产销平衡条件可知,从O_1至D_3、D_4的物资调运量为$x_{13}=0,x_{14}=0$。此时第一行所有格子的物资运量已完全确定,而销地D_2还需要1个单位的物资,将物资需求量修改为1,再画去表3-5中O_1对应的行。

然后,找到表3-5上没有被画去的格子中最西北角的格子(O_2,D_2),类似地,得到$x_{22}=1$,将其填入表3-6的(O_2,D_2)格子,而$x_{32}=0$。修改产地O_2的物资运出量为3,画去表3-5中的D_2列。

这样,每次在单位运价表(表3-5)中没有被画去的所有格子中找出位于最西北角的格子,确定此格的物资调运量,并将此数据填入运量分配表(表3-6)相应的格子。此时必有一行或一列物资供需要求全部满足,然后画去单位运价表(表3-5)中该行或该列,直至单位运价表中所有的格子被全部画去为止。至此在运量分配表上得到了一个初始平衡运输方案,见表3-6。其中没有填入的格子表示运量为0。

此初始方案的运输总费用为

$$C=\sum_{i=1}^{3}\sum_{j=1}^{4}c_{ij}x_{ij}=4\times6+1\times22+1\times10+3\times4+0\times8+1\times6=74$$

在最终运量分配表(表3-6)中,填入数字的格子称为数字格。可以看到,表3-6中6个数字格中,(O_2,D_4)格子填入的数据是0,这是为了使最终的运量分配表上有$m+n-1$个数字格(【例3-3】就是6个数字格)。需要注意的是,平衡运输问题的运量分配表中的0数字格不是随便添加的。一般来说,对于一个$m\times n$的平衡运输问题,在给出初始运输方案的过程中,若在某一步已确定(A_i,B_j)格子的供需关系并要填入运量数字,A_i产地尚余物资供应量恰好等于B_j销地的物资需求量,此时在(A_i,B_j)格子填入数字后A_i和B_j将都得到满足,即A_i行和B_j列都已经满足平衡条件,因此,在单位运价表上要同时画去A_i行和B_j列。为了使分配表上有$m+n-1$个数字格,就需要在同时画去的A_i行和B_j列中,从前面未曾被画去的空格中任意找一个格子填入一个"0",即运量为0的数字格。例如本例,当确定供需关系(O_2,D_3)格子并在表3-6中填入从O_2到D_3的运量"3"时,O_2和D_3的供需要求都已经满足,在单位运价表(表3-5)中将要同时画去O_2行和D_3列,此时在前面没有被画去的O_2行或D_3列的格子中任意找一个格子,如格子(O_2,D_4),填入运量"0"。

表上作业法要求初始方案是运输问题的基本可行解。一个运输方案是不是基本可行解,要看它是否满足下面两个条件:

①最终运量分配表中的数字格恰好是$m+n-1$个。数字格对应的变量就是基变量,数字格中所填的运量就是相应变量的值,其余不填数字的空格对应的变量取0。由表3-6给出的【例3-3】的初始运输方案有6个数字格,满足这一条。

②最终运量分配表中不存在由数字格作为顶点构成的闭回路。所谓在最终运量分配表

中存在由数字格作为顶点构成的闭回路,是指从最终运量分配表所给出的运输方案的任何一个数字格出发,沿水平或竖直方向前进,只有遇到数字格时才允许转90°改变前进方向,最后还能回到原出发的数字格,否则就不存在由数字格作为顶点构成的闭回路。这种回路是封闭的,顶点都是数字格,线路都是水平或竖直的直线段。例如,用"□"代表数字格,图3-1是可能的由数字格构成的闭回路。

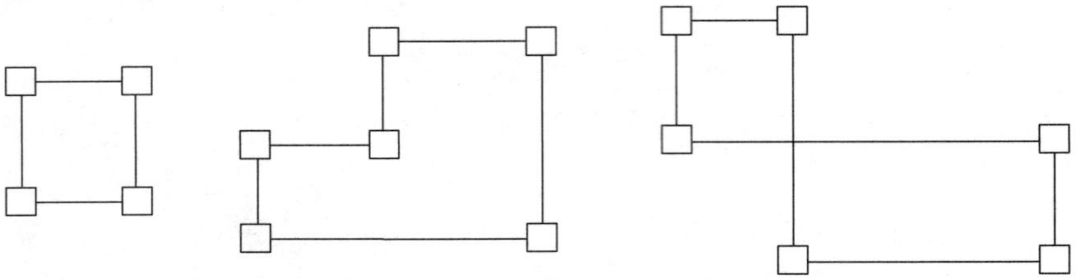

a)　　b)　　c)

图3-1　由数字格构成的闭回路示意

西北角法给出初始方案的过程非常简单,它不考虑费用因素,所以一般得到的方案不是最优的方案。

(2)最小元素法

最小元素法是基于费用来确定初始方案的方法。

最小元素法的基本思想是就近供应,即依据单位运价表中最少的运价来确定供需关系。下面结合具体例子来介绍最小元素法。

【例3-4】　某建筑公司拟从 A_1、A_2、A_3 三个砖厂购买红砖,供应 B_1、B_2、B_3、B_4 四个工地使用。已知各砖厂可供砖的数量(万块)、各工地需用砖的数量(万块)及从各砖厂到各工地的运输单价(百元/万块)(表3-7)。试用最小元素法给出初始运输方案。

产销平衡及单位运价(单位:百元/万块)　　表3-7

砖厂	工地				产量
	B_1	B_2	B_3	B_4	
A_1	3	11	3	10	7
A_2	1	9	2	8	4
A_3	7	4	10	5	9
销量	3	6	5	6	

解:首先,分别作出产销平衡表(表3-8)和单位运价表(表3-9),并将表3-8作为分配表。从表3-9的单位运价中找出最小运价 $c_{21}=1$,并将"1"用圆圈上,它位于 A_2 行 B_1 列,表示 A_2 的产品首先供应给 B_1。由于 A_2 可供量为4万块,B_1 只需要3万块,A_2 除满足 B_1 全部需求外还剩余1万块。这时在表3-9的(A_2,B_1)格子内填上"3",并将表3-9中已被满足的 B_1 列运价画去,表示 B_1 的需求已满足,不需要再分配给它,而砖厂 A_2 余下的1万块砖需运往其他工地。

产销平衡表(单位:万块) 表3-8

砖厂	工地				产量
	B_1	B_2	B_3	B_4	
A_1			4		7
A_2	3		1		4
A_3					9
销量	3	6	5	6	

单位运价表(单位:百元/万块) 表3-9

砖厂	工地			
	B_1	B_2	B_3	B_4
A_1	3	11	③	10
A_2	①	9	②	8
A_3	7	4	10	5

然后,在表3-9未画去的元素中再找出最少运价,即 $c_{23}=2$,将“2”用圆圈上,确定把 A_2 剩余的1万块砖供应给 B_3。因此,在表3-8的(A_2,B_3)格子中填上“1”,并画去表3-9中 A_2 这一行的运价,表示 A_2生产的砖已全部运出。

接着,从表3-9未画去的元素中找出最小元素 $c_{13}=3$,将其用圆圈上,表示 A_1生产的砖优先供应给 B_3。A_1可供应7万块,B_3尚缺4万块,于是确定从 A_1调运4万块砖给 B_3。因此在表3-8的(A_1,B_3)格子中填入“4”,B_3需求已满足,画去表3-9中 B_3这一列的运价。

这样一步步地进行下去,直到单位运价表上所有元素都被画去为止。同时在产销平衡表上就得到一个运输方案,见表3-10。按该方案组织运输需付出的总运费为8600元。

产销平衡运输方案 表3-10

砖厂	工地				产量
	B_1	B_2	B_3	B_4	
A_1	$\boxed{3}$	$\boxed{11}$	$\boxed{3}$ 4	$\boxed{10}$ 3	7
A_2	$\boxed{1}$ 3	$\boxed{9}$	$\boxed{2}$ 1	$\boxed{8}$	4
A_3	$\boxed{7}$	$\boxed{4}$ 6	$\boxed{10}$	$\boxed{5}$ 3	9
销量	3	6	5	6	

用最小元素法给出的初始运输方案也满足基本可行解的两个条件,所以它可以作为表上作业法求解的初始方案。一般来说,最小元素法给出的解要比西北角法好,更接近最优解。

2. 基本可行解检验数的计算与最优性判别

运输方案的最优性判别,实质上与单纯形法是一样的。首先,计算运量分配表中每个空格(非基变量)的检验数 σ_{ij},然后判别每个检验数 σ_{ij} 的正负。运输问题是求目标函数极小化的问题,所以当所有 $\sigma_{ij} \geqslant 0$ 时的运输方案即为最优运输方案,否则,须再改进当前的运输方案。求检验数的方法很多,下面介绍两种常用方法:闭回路法和位势法。

(1)闭回路法

首先应注意这样一个事实:对于一个 $m \times n$ 的运输问题,任意一个运输方案对应的运量分配表中都有 $m+n-1$ 个数字格(基变量),它们不能构成任何闭回路,但是可以证明,运量分配表中的任意一个空格(A_i, B_j)(非基变量)与所有的数字格组成的 $m+n$ 个格子中,一定有且仅有一个闭回路。闭回路法就是根据这个闭回路来计算每个空格(A_i, B_j)(非基变量)的检验数 σ_{ij} 的。具体做法为:找出对应空格(A_i, B_j)的唯一闭回路,先给空格(A_i, B_j)标以正号(称为正格),然后沿此闭回路,正负相间地将此回路上所有格子都标上正负号,则空格(A_i, B_j)(非基变量)的检验数 σ_{ij} 等于回路上所有正格对应的单位运价之和减去所有负格的单位运价之和。据此,计算运量分配表(表3-6)给出的【例3-3】中运输方案各空格的检验数。单位运价表(表3-5)与运量分配表(表3-6)合并为表3-11。单位运价在每个格子的右上角,运量在左下角。

单位运价运量及检验数 表3-11

产地	销地							
	D_1		D_2		D_3		D_4	
O_1		6		22	−11	5	−14	6
	4		1					
O_2	9	3		10		4		8
			1		3		0	
O_3	14	1	5	8	5	2		1
							6	

对于空格(O_2, D_1),其对应的唯一回路是$(O_2, D_1) \to (O_1, D_1) \to (O_1, D_2) \to (O_2, D_2) \to (O_2, D_1)$,所以此格的检验数 $\sigma_{21} = (3+22) - (6+10) = 9$,将"9"填在表3-11中此格的左上角。同样,对于空格(O_3, D_1),其对应的回路是$(O_3, D_1) \to (O_1, D_1) \to (O_1, D_2) \to (O_2, D_2) \to (O_2, D_4) \to (O_3, D_4) \to (O_3, D_1)$,$\sigma_{31} = (1+22+8) - (6+10+1) = 14$,将"14"填在此格的左上角。依次可以得到所有空格的检验数,见表3-11。

现在分析一下闭回路法计算空格检验数的意义。以空格(O_3, D_1)为例,如果分配给此格1个单位的运量,为了保持供需平衡,(O_1, D_1)格子的运量要减少1个单位,(O_1, D_2)格子的运量要增加1个单位,(O_2, D_2)格子的运量要减少1个单位,(O_2, D_4)格子的运量要增加1个单位,(O_3, D_4)格子的运量要减少1个单位,从而得到另一个平衡运输方案。此方案比原来方案所要增加的总运输费用为 $1-6+22-10+8-1 = (1+22+8) - (6+10+1) = 14$,这就是空格$(O_3, D_1)$的检验数 σ_{31}。

这个检验数的意义很容易理解,当所有检验数 $\sigma_{ij} \geqslant 0$ 时,对应的运输方案一定是最优运输方案,否则,可以通过上面的运量调整得到总运费更少的运输方案。可见,表3-6给出的不是最优运输方案,因为表3-11中有负检验数。

(2)位势法

闭回路法计算各个空格检验数时需要找出对应的闭回路,这使得在运输问题比较复杂

(m、n 都比较大)时计算量很大。下面介绍一种比较简便的计算检验数的方法——位势法。

位势法是从线性规划的对偶理论中产生的。对于一个 $m \times n$ 产销平衡运输问题的任意一个满足基本可行解的运量分配方案,一定有 $m+n$ 个数,即 $u_1,u_2,\cdots,u_m$ 和 $v_1,v_2,\cdots,v_n$,使得对一切数字格(基变量)满足

$$c_{ij} = u_i + v_j$$

对一切空格(非基变量)满足

$$\sigma_{ij} = c_{ij} - (u_i + v_j)$$

式中:c_{ij}——空格(A_i,B_j)的单位运价;

σ_{ij}——空格(A_i,B_j)的检验数;

u_i——行位势,$i=1,2,\cdots,m$;

v_j——列位势,$j=1,2,\cdots,n$。

综上可知,要计算一个运量分配方案(基本可行解)各个空格的检验数,只需知道行位势 $u_i(i=1,2,\cdots,m)$ 和列位势 $v_j(j=1,2,\cdots,n)$ 就可以了。把 $m+n-1$ 个数字格(基变量)的单位运价 c_{ij} 分别代入上面的第一个公式即得到一个线性方程组。该方程组由 $m+n-1$ 个方程组成,含 $m+n$ 个变量 $u_1,\cdots,u_m$ 和 $v_1,\cdots,v_n$。只要任意给定其中一个变量的值(通常令 $u_1=0$),解此方程组即可得到行位势 $u_1,\cdots,u_m$ 和列位势 $v_1,\cdots,v_n$。

【例 3-5】 考虑【例 3-3】由西北角法给出的初始运输方案(表 3-6),用位势法求各空格的检验数。

解:表 3-6 中数字格对应的变量(基变量)有 x_{11}、x_{12}、x_{22}、x_{23}、x_{24}、x_{34},则行位势 u_1、u_2、u_3 和列位势 v_1、v_2、v_3、v_4 满足如下方程组:

$$\begin{cases} u_1 + v_1 = c_{11} = 6 \\ u_1 + v_2 = c_{12} = 22 \\ u_2 + v_2 = c_{22} = 10 \\ u_2 + v_3 = c_{23} = 4 \\ u_2 + v_4 = c_{24} = 8 \\ u_3 + v_4 = c_{34} = 1 \end{cases}$$

令 $u_1=0$,解此方程组得行位势 u_1、u_2、u_3 和列位势 v_1、v_2、v_3、v_4,分别见表 3-12 的最后一列与最后一行。

位势法计算的检验数 表 3-12

产地	销地								行位势 u_i
	D_1		D_2		D_3		D_4		
O_1	4	6	1	22	-11	5	-14	6	0
O_2	9	3	1	10	3	4	0	8	-12
O_3	14	1	5	8	5	2	6	1	-19
列位势 v_j	6		22		16		20		

利用公式 $\sigma_{ij}=c_{ij}-(u_i+v_j)$,求得各个空格的检验数,见表 3-12 各个空格左上角数字。显然计算结果与用闭回路法得到的检验数(表 3-11)完全一致。

3. 非最优运输方案的改进

对于一个运输方案,假设已经求出其运量分配表中各个空格的检验数,如果每个检验数都非负,则此方案为最优运输方案,否则需要调整运量分配,即调整运量分配表中的数字格(基变量)以便改进运输方案。每次调整时,总是选定一个检验数为负的空格,通过闭回路来分配运量,使此闭回路上的某个且仅此一个数字格的运量调为0,并使其退出数字格,成为空格,所以这种方法也称为闭回路调整法。具体步骤如下:

(1)在运量分配表中选定一个负检验数,一般选最小的负检验数,以它对应的空格分配运输量,成为数字格。现以【例3-3】的运量分配表(表3-6)对应的运输方案为例进行介绍。在表3-11中有两个负检验数,选最小的 -14 所在的空格(O_1,D_4)。

(2)找出该空格对应的唯一闭回路,并与闭回路法求检验数一样,给此回路上的每个格子相间地标上正负号。空格(O_1,D_4)对应的闭回路及正负标号是:(O_1,D_4)(+)→(O_2,D_4)(-)→(O_2,D_2)(+)→(O_1,D_2)(-)→(O_1,D_4)(+)。

(3)求出可能给该格增加的最大运输调整量 θ。最大运输调整量 θ 等于闭回路上除该空格以外的所有标有负号数字格中的运量最小值,如空格(O_1,D_4)的最大调整运输量 $\theta = \min(0,1) = 0$。

(4)沿闭回路调整运输方案。将闭回路上所有正格的运量都增加 θ,所有负格的运量均减去 θ,并使负格中调整后运量为0的某个格子退出数字格。需要注意的是,若有两个或两个以上的负格调整后的运量为0,则只能选择其中一个退出数字格,成为空格,其余的仍然保持数字格,只是运量为0。格子(O_1,D_4)调整其运量为0,填入运量分配表,同时将格子(O_2,D_4)退出数字格,见表3-13。

沿闭回路调整格(O_1,D_4)与(O_2,D_4) 表3-13

产地	销地			
	D_1	D_2	D_3	D_4
O_1	6 4	22 1	5	6 0
O_2	3	10 1	4 3	8
O_3	1	8	2	1 6

(5)对调整后得到的新运输方案,重新计算各个空格的检验数。如果每个检验数均非负,则得到最优运输方案,否则重复上面的步骤(1)~(4)。经过有限次这样的迭代,一定能够得到最优方案。重新计算表3-13的空格检验数,得表3-14。

第一次迭代后的检验数 表3-14

产地	销地			
	D_1	D_2	D_3	D_4
O_1	6 4	22 1	-11　5	6 0
O_2	9　3	10 1	4 3	14　8
O_3	0　1	-9　8	-9　2	1 6

表 3-14 中还有负检验数,选定空格(O_1,D_3),再作一次上面的迭代,得到改进的物资运输方案,见表 3-15 左下角的数字。

改进的物资运输方案　　表 3-15

（每格中左列为检验数或运量，右列为运价）

产地	D_1		D_2		D_3		D_4	
O_1	4	6	11	22	1	5	0	6
O_2	−2	3	2	10	2	4	3	8
O_3	0	1	2	8	2	2	6	1

计算表 3-15 的检验数,见表 3-15 各空格左上角的数字。此时还有空格(O_2,D_1)的检验数是负的,同样对此格再作一次迭代,得到进一步改进的物资运输方案,见表 3-16 左下角的数字。

进一步改进的物资运输方案　　表 3-16

产地	D_1		D_2		D_3		D_4	
O_1	2	6	9	22	3	5	0	6
O_2	2	3	2	10	2	4	5	8
O_3	0	1	0	8	2	2	6	1

计算表 3-16 的检验数,见表 3-16 各空格左上角的数字。可以看到,表 3-16 中所有空格的检验数均为非负,至此得到了【例 3-3】平衡物资运输问题的最优运输方案,即产地 O_1的 5 个单位物资,2 个单位运往销地 D_1,3 个单位运往销地 D_3;产地 O_2的 4 个单位物资,2 个单位运往销地 D_1,2 个单位运往销地 D_2;产地 O_3的 6 个单位物资,全部运往销地 D_4。此运输方案相应的总运费是 59。

表 3-16 中有些空格的检验数是 0,由线性规划理论可知,此物资运输问题存在无穷多个最优运输方案。表 3-16 所示的最优运输方案中数字格(O_1,D_4)的运量是 0,在线性规划中称这样的解是退化的。

综上所述,表上作业法求解平衡运输问题的步骤可用图 3-2 所示的框图表示。

三、产销不平衡的运输问题

前面介绍的表上作业法,是针对产销平衡运输问题的求解方法,即满足

$$\sum_{i=1}^{m} a_i = \sum_{j=1}^{n} b_j$$

但是,实际工作中经常会遇到一些产销量不平衡的运输问题。为了同样能应用表上作业

法来求解这样的不平衡运输问题,就需要把它化成等价的产销平衡运输问题。根据产销总量的大小,将其分为两种情况来分别讨论。

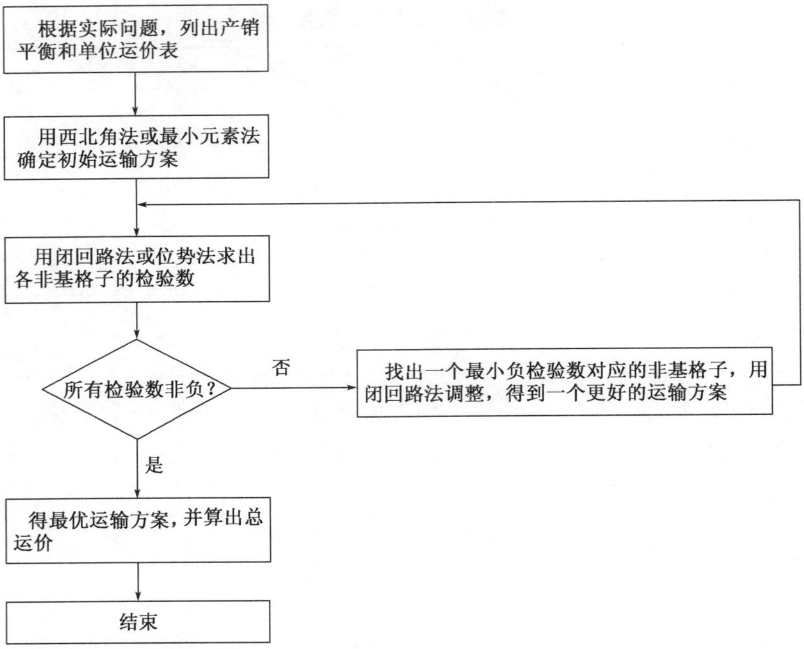

图 3-2　表上作业法求解平衡运输问题步骤

1. 总产量大于总销量的情形

这种情形即

$$\sum_{i=1}^{m} a_i > \sum_{j=1}^{n} b_j$$

此时,对应的运输问题的数学模型应为

$$\min C = \sum_{i=1}^{m}\sum_{j=1}^{n} c_{ij}x_{ij}$$

$$\text{s.t.}\begin{cases}\sum_{j=1}^{n} x_{ij} \leqslant a_i & (i = 1,2,\cdots,m) \\ \sum_{i=1}^{m} x_{ij} = b_j & (j = 1,2,\cdots,n) \\ x_{ij} \geqslant 0 & (i = 1,2,\cdots,m;j = 1,2,\cdots,n)\end{cases}$$

由于产大于销,必有某些产地的一些物资无法运出去,只能就地储存。这就要考虑多余的物资应在哪些产地就地储存。假设每个产地 $A_i(i=1,2,\cdots,m)$ 的就地储存物资量为 $x_{i,n+1}$,则有

$$\sum_{i=1}^{m} x_{i,n+1} = \sum_{i=1}^{m} a_i - \sum_{j=1}^{n} b_j$$

且

$$\sum_{j=1}^{n} x_{ij} + x_{i,n+1} = \sum_{j=1}^{n+1} x_{ij} = a_i \qquad (i = 1,2,\cdots,m)$$

由此,假设一个虚拟的销地 B_{n+1},其销量 $b_{n+1} = \sum_{i=1}^{m} a_i - \sum_{j=1}^{n} b_j$,各个产地 $A_i(i=1,2,\cdots,m)$ 运往销地 B_{n+1} 的运量就是其相应的就地物资储存量 $x_{i,n+1}$。由于没有经过实际运输,显然单位运价

$c_{i,n+1}=0(i=1,2,\cdots,m)$。因此,总产量大于总销量的运输问题就等价于如下的 $m\times(n+1)$ 产销平衡运输问题,就可以用前面介绍的表上作业法求解了。

$$\min C=\sum_{i=1}^{m}\sum_{j=1}^{n+1}c_{ij}x_{ij}$$

$$\text{s.t.}\begin{cases}\sum\limits_{j=1}^{n+1}x_{ij}=a_i & (i=1,2,\cdots,m)\\ \sum\limits_{i=1}^{m}x_{ij}=b_j & (j=1,2,\cdots,n+1)\\ x_{ij}\geqslant 0 & (i=1,2,\cdots,m;j=1,2,\cdots,n+1)\end{cases}$$

2. 总产量小于总销量的情形

这种情形即

$$\sum_{i=1}^{m}a_i<\sum_{j=1}^{n}b_j$$

此时,对应的运输问题的数学模型应为

$$\min C=\sum_{i=1}^{m}\sum_{j=1}^{n}c_{ij}x_{ij}$$

$$\text{s.t.}\begin{cases}\sum\limits_{j=1}^{n}x_{ij}=a_i & (i=1,2,\cdots,m)\\ \sum\limits_{i=1}^{m}x_{ij}\leqslant b_j & (j=1,2,\cdots,n)\\ x_{ij}\geqslant 0 & (i=1,2,\cdots,m;j=1,2,\cdots,n)\end{cases}$$

由于产小于销,必有某些销地的物资需求无法得到满足。那么,对于物资运输部门来讲,这就要决定让哪些销地的需求量减少、减少多少,使得所有产地的物资全部运出且总的运输费用最少。假设每个销地 $B_j(j=1,2,\cdots,n)$ 在上述运输模型对应方案下的需求减少量为 $x_{m+1,j}$,则有

$$\sum_{j=1}^{n}x_{m+1,j}=\sum_{j=1}^{n}b_j-\sum_{i=1}^{m}a_i$$

且

$$\sum_{i=1}^{m}x_{ij}+x_{m+1,j}=\sum_{i=1}^{m+1}x_{ij}=b_j\qquad(j=1,2,\cdots,n)$$

由此,假设一个虚拟的产地 A_{m+1},其产量 $a_{m+1}=\sum\limits_{j=1}^{n}b_j-\sum\limits_{i=1}^{m}a_i$,从 A_{m+1} 运往各个销地 $B_j(j=1,2,\cdots,n)$ 的运量就是其相应的物资需求减少量 $x_{m+1,j}$。由于这一部分需求量运输部门没有办法满足,需要各个销地自行解决,而自行解决不经过实际运输,所以虚拟的产地 A_{m+1} 的单位运价 $c_{m+1,j}=0(j=1,2,\cdots,n)$。因此,总产量小于总销量的运输问题就等价于如下的 $(m+1)\times n$ 产销平衡运输问题,就可以用前面介绍的表上作业法求解了。

$$\min C=\sum_{i=1}^{m+1}\sum_{j=1}^{n}c_{ij}x_{ij}$$

$$\text{s.t.}\begin{cases}\sum\limits_{j=1}^{n}x_{ij}=a_i & (i=1,2,\cdots,m+1)\\ \sum\limits_{i=1}^{m+1}x_{ij}=b_j & (j=1,2,\cdots,n)\\ x_{ij}\geqslant 0 & (i=1,2,\cdots,m+1;j=1,2,\cdots,n)\end{cases}$$

第二节　整数规划问题

上一章讨论的一般线性规划问题,其可行域都是实数空间的子集,也就是说变量都取实数值。但是有许多来自实际应用的线性规划问题,其有些变量必须取整数值。例如,公交车辆的分配、建筑设备的合理配备、产品的生产规划等问题都要求其中的车辆数、机械设备数和产品件数等为整数。还有一些问题,如工程项目优化排序、投资项目选择、任务分派等,相应的线性规划问题要求某些变量只能取0或1。这种限制某些变量只能取整数的线性规划称为线性整数规划,简称整数规划。其中,所有变量都要求取整的线性规划称为纯整数规划;只有一部分变量要求取整的线性规划称为混合整数规划。特别地,要求所有变量只能取0或1的线性规划称为0-1整数规划或0-1规划。本节主要讨论整数规划和0-1规划的解法。

一、分枝界定法与割平面法

先来看几个例子。

【例3-6】 某厂制造三种不同规格的金属产品Ⅰ、Ⅱ、Ⅲ,所用的资源是金属板、劳动力和机器。单位产品资源消耗情况见表3-17。

单位产品资源消耗情况　　表3-17

资源	产品型号		
	Ⅰ	Ⅱ	Ⅲ
金属板(块)	3	5	8
劳动力(人)	2	4	6
机器(台)	1	2	3

若现在工厂有金属板500块,可支配劳动力300人,可使用的机器100台,各种产品出售后单位利润分别是6元、8元和9元。该工厂各种型号的产品分别生产多少才能获得最大利润?

解:这个问题很容易用线性规划数学模型来描述。假设该厂生产Ⅰ、Ⅱ、Ⅲ型号的产品数量分别为x_1、x_2和x_3,则问题可以描述为求解下面线性规划问题的最优解:

$$\max z = 6x_1 + 8x_2 + 9x_3$$

$$\text{s.t.}\begin{cases}3x_1 + 5x_2 + 8x_3 \leqslant 500\\ 2x_1 + 4x_2 + 6x_3 \leqslant 300\\ x_1 + 2x_2 + 3x_3 \leqslant 100\\ x_1, x_2, x_3 \geqslant 0 \text{ 且为整数}\end{cases}$$

【例3-7】 现用集装箱托运甲、乙两种货物,每箱的体积、质量、可获利润及托运所受限制见表3-18。两种货物各托运多少箱获利最多?

每箱货物的体积、质量、可获利润及托运所受限制　　表3-18

参数		体积(m^3)	质量(t)	利润(百元/箱)
集装箱	甲	4	2	12
	乙	5	1	9
托运限制		20	8	

解:设 x_1、x_2 分别为甲、乙两种货物的托运箱数,则此问题的线性规划数学模型为

$$\max z = 12x_1 + 9x_2$$

$$\text{s.t.}\begin{cases}4x_1 + 5x_2 \leqslant 20 \\ 2x_1 + x_2 \leqslant 8 \\ x_1, x_2 \geqslant 0 \text{ 且为整数}\end{cases}$$

【例 3-8】 某桥梁工地为了制作桁架,需在长度为 L 的角钢上截取长度分别为 a_1,a_2,…,a_n 的单件。怎样截取才能使得角钢的残料最少?

解:设 x_i 为在长度为 L 的角钢上截 $a_i(i=1,2,\cdots,n)$ 单件的根数,z 是截取后的残料长度,则问题是求 $x_i(i=1,2,\cdots,n)$ 和 z,满足下面的线性规划:

$$\min z$$

$$\text{s.t.}\begin{cases}a_1x_1 + a_2x_2 + \cdots + a_nx_n + z = L \\ x_1, x_2, \cdots, x_n \geqslant 0 \text{ 且为整数} \\ z \geqslant 0\end{cases}$$

从【例 3-6】~【例 3-8】可以看出,在线性规划的约束条件中出现了变量要求取整或部分变量要求取整的情况,这就是前面介绍的纯整数规划和混合整数规划。

一般整数线性规划(ILP)的数学模型可以统一地描述为

$$\max z = \sum_{j=1}^{n} c_jx_j$$

$$(\text{ILP}) \quad \text{s.t.}\begin{cases}\sum_{j=1}^{n} a_{ij}x_j = b_i & (i = 1,2,\cdots,m) \\ x_j \geqslant 0 & (j = 1,2,\cdots,n \text{ 且为整数或部分为整数})\end{cases}$$

如何来求解(ILP)呢?为了寻求(ILP)的解,有人可能会想到先不考虑整数约束条件而求解与(ILP)相对应的如下一般线性规划(LP):

$$\max z = \sum_{j=1}^{n} c_jx_j$$

$$(\text{LP}) \quad \text{s.t.}\begin{cases}\sum_{j=1}^{n} a_{ij}x_j = b_i & (i = 1,2,\cdots,m) \\ x_j \geqslant 0 & (j = 1,2,\cdots,n)\end{cases}$$

这个线性规划(LP)称为(ILP)的松弛问题,即先求出其松弛问题(LP)的最优解,然后将该解中不满足整数约束要求的变量,通过"舍入化整"得到原整数规划的最优解。但是这样做一般情况下是行不通的,原因是:"舍入化整"后的解不一定是原整数规划的可行解;有时虽是原整数规划的可行解,但却不是最优解,甚至离最优解很远。为了说明这个情况,下面用这种方法来求解【例 3-7】。

相应【例 3-7】整数规划的松弛问题为

$$\max z = 12x_1 + 9x_2$$

$$\text{s.t.}\begin{cases}4x_1 + 5x_2 \leqslant 20 \\ 2x_1 + x_2 \leqslant 8 \\ x_1, x_2 \geqslant 0\end{cases}$$

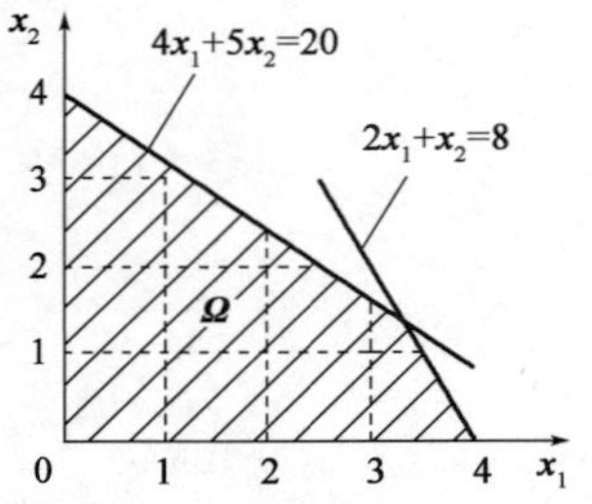

图 3-3　对应【例 3-7】(ILP)的松弛问题可行域 $\boldsymbol{\Omega}$

其可行域 $\boldsymbol{\Omega}$ 为图 3-3 所示的阴影部分。用线性规划的图解法易求得最优解 $\boldsymbol{x}'=\left(\frac{10}{3},\frac{4}{3}\right)^{\mathrm{T}}$。对 $\boldsymbol{x}'$进行"舍入化整"可以找到 4 个整数点,其中(3,2)、(4,1)、(4,2)都不是原来整数规划的可行解,而(3,1)虽是可行解,但相应的目标函数值 $z'=45$,并非最优。实际上,最优解为 $\boldsymbol{x}^*=(4,0)^{\mathrm{T}}$,相应的目标值 $z^*=48$。

由此可知,用"舍入取整"求解整数规划问题一般是行不通的,所以研究整数规划问题的解法还是很有必要的。事实上,求解整数规划问题没有很理想的方法。下面介绍目前应用效果比较好的两种方法——分枝定界法和割平面法。

1. 分枝定界法

分枝定界法可用于求解纯整数规划问题(ILP)和混合整数规划问题,其基本思想是:先求出其松弛问题(LP)的最优解,若此最优解不满足整数约束条件,则根据某个变量的整数要求抛弃松弛问题(LP)可行域中不含可行整数解的那些部分,缩小松弛问题的可行域,由此将原来的松弛问题分解成一系列子可行域的松弛问题(分枝),并依次在缩小后的子可行域对应的子松弛问题中寻求最优整数解。

显然,原整数规划的最优目标值不会更优于其松弛问题的最优目标值,这是因为整数规划的可行域包含于其松弛问题的可行域中。因此,对于极大化问题,其松弛问题的最优目标值一定是原整数规划最优目标值的上界;而对于极小化问题,则为下界。由此,当某个子松弛问题求得整数最优解时,此解就是原整数规划的一个可行解,对应的目标函数值就是原整数规划最优目标值的下界(对应极大化问题)或上界(对应极小化问题),即定界。

以极大化整数规划(ILP)为例,用分枝定界法求解整数规划的一般步骤如下:

(1)求解(ILP)的松弛问题(LP),可能出现以下三种情形:

①(LP)无可行解,此时(ILP)无可行解,计算结束。

②(LP)有最优解且满足(ILP)的所有整数约束要求,此时(LP)的最优解即为(ILP)的最优解,计算结束。

③(LP)有最优解,但此最优解中有某些变量不满足(ILP)的整数约束,转入步骤(2)。

(2)分枝。设(LP)的最优解为 $\boldsymbol{x}'$,假定 $\boldsymbol{x}'$中第 k 个分量 x_k'不满足整数要求,此时从(LP)的可行域中去掉含点 $\boldsymbol{x}'$而不含(ILP)的任何可行整数解的条形区间

$$[x_k'] < x_k < [x_k'] + 1$$

这里$[x_k']$为不大于 x_k'的最大整数,即把约束条件

$$x_k \leqslant [x_k'] \text{ 和 } x_k \geqslant [x_k'] + 1$$

分别加入(LP),从而把(LP)的可行域分割成两个不相交的子集,即把(LP)分成两个分枝。

(3)定界。(LP)的最优值记为 $\bar{z}$,它是(ILP)最优值 z^* 的一个上界。任取(ILP)的一个可行解,对应的目标值记为 $\underline{z}$,它是 z^* 的一个下界(初次下界也可取 $-\infty$),则有

$$\underline{z} \leqslant z^* \leqslant \bar{z}$$

(4)解每一分枝的线性规划,并根据解的情况进入不同步骤:

①若无可行解，则该分枝已查清，结束此枝的计算。

②若是整数解且最优值 $z=\bar{z}$，则该分枝的解就是原整数规划(ILP)的最优解，结束此枝的计算。

③若是整数解，但最优值 $z<\bar{z}$，则取 $\max\{z,\underline{z}\}$ 为新的下界 $\underline{z}$。该子区域停止再分枝，称为剪枝。

④若是非整数解且 $z\leq\underline{z}$，则该分枝中一定不含有(ILP)的最优解，此子区域停止再往下分枝，剪枝。

⑤若是非整数解，$\underline{z}<z<\bar{z}$且 z 又是平行各分枝中的最大目标值，则取 z 值为新的上界 $\bar{z}$。同时将该分枝视为(LP)，回到步骤(2)。

(5)各分枝均已查清或已被剪枝，对应最优目标值的解即原整数规划(ILP)的最优解。

在分枝定界法中，剪枝的依据如下：

①分枝所在的子松弛问题的最优解已满足取整要求。

②分枝所在的子松弛问题无可行解。

③分枝所在的子松弛问题的最优值不大于当前下界。

下面来举个例子。

【例 3-9】 用分枝定界法求解如下整数规划。

$$\max z = 4x_1 + 3x_2$$

$$(\mathrm{I})\quad \text{s.t.}\begin{cases}4x_1 + x_2 \leq 10\\ 2x_1 + 3x_2 \leq 8\\ x_1, x_2 \geq 0 \text{ 且均为整数}\end{cases}$$

解：用(L_0)代表整数规划(I)的松弛问题。因整数规划(I)仅含两个变量，所以可借助图解法(一般问题需用单纯形法)求解各分枝的线性规划问题的最优解。

(1)求出(L_0)的最优解 $\boldsymbol{x}^0=\left(\dfrac{11}{5},\dfrac{6}{5}\right)^{\mathrm{T}}$(图 3-4)，相应目标值 $z^0=\dfrac{62}{5}$。$\boldsymbol{x}^0$不满足整数约束条件，转入步骤(2)。

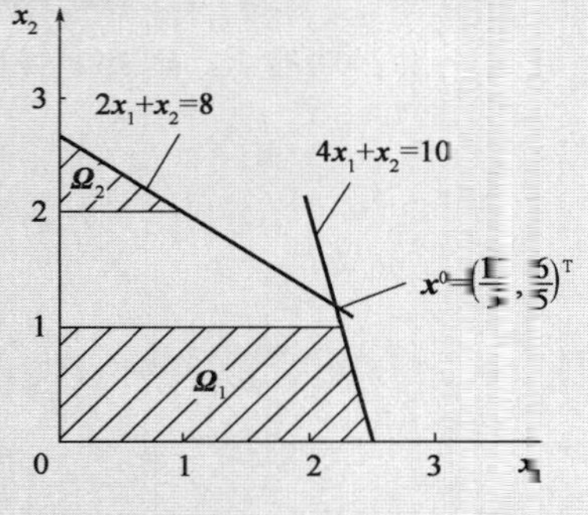

图 3-4 松弛问题(L_0)的最优解

(2)定界与分枝。

①定界：$z^0=\dfrac{62}{5}$是(L_0)的最优目标值 z^* 的一个上界，记为$\bar{z}$，即$\bar{z}=\dfrac{62}{5}$；(0,0)是(L_0)的一个可行解，相应目标值 $z=0$ 是 z^* 的一个下界，记作 $\underline{z}=0$，即有 $0\leq z^*\leq\dfrac{62}{5}$。

②分枝：在 $\boldsymbol{x}^0$ 中任取一非整分量，如取 $x_2^0=\dfrac{6}{5}$作为分枝变量。在(L_0)中分别增加约束

$$x_2\leq\left\lfloor\frac{6}{5}\right\rfloor=1 \text{ 和 } x_2\geq\left\lfloor\frac{6}{5}\right\rfloor+1=2$$

得(L_0)的两个分枝，记为(L_1)和(L_2)，它们对应的线性规划问题分别为

$$(L_1)\quad \max z = 4x_1 + 3x_2 \quad \begin{cases} 4x_1 + x_2 \leqslant 10 \\ 2x_1 + 3x_2 \leqslant 8 \\ x_2 \leqslant 1 \\ x_1, x_2 \geqslant 0 \end{cases} \qquad (L_2)\quad \max z = 4x_1 + 3x_2 \quad \begin{cases} 4x_1 + x_2 \leqslant 10 \\ 2x_1 + 3x_2 \leqslant 8 \\ x_2 \geqslant 2 \\ x_1, x_2 \geqslant 0 \end{cases}$$

求出各分枝的最优解,并填入分枝图(图 3-5)。

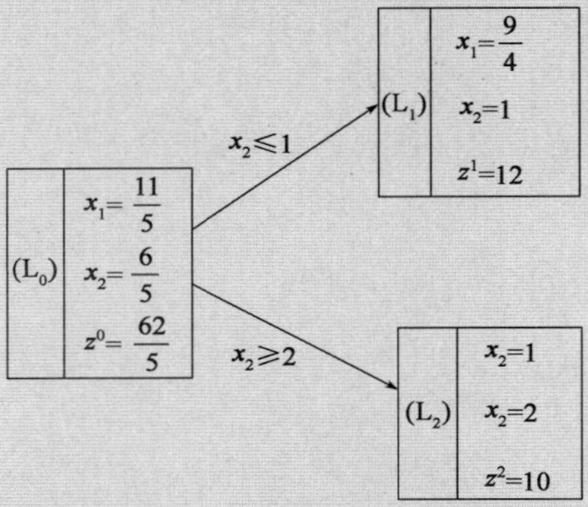

图 3-5 (L_0)的两个分枝的最优解

分枝后去掉了(L_0)中 $1 < x_2 < 2$ 的可行域,但并未失去原整数规划问题(L_0)的整数可行解(图 3-4),其中 $\boldsymbol{\Omega}_1$、$\boldsymbol{\Omega}_2$ 分别为分枝(L_1)和(L_2)的可行域。此时 z^* 的上界为 $\bar{z} = 12$,下界为 $\underline{z} = 10$,即 $10 \leqslant z^* \leqslant 12$。

(3)分枝(L_2)的最优解已是原整数规划(I)的可行解,该分枝已查清;分枝(L_1)的最优值 $z^1 = 12 > \underline{z}$,因而需对(L_1)再分枝。取 x_1 作为分枝变量,在(L_1)中分别增加约束

$$x_1 \leqslant \left\lfloor \frac{9}{4} \right\rfloor = 2 \text{ 和 } x_1 \geqslant \left\lfloor \frac{9}{4} \right\rfloor + 1 = 3$$

得(L_1)的两个分枝(L_3)和(L_4)为

$$(L_3)\quad \max z = 4x_1 + 3x_2 \quad \begin{cases} 4x_1 + x_2 \leqslant 10 \\ 2x_1 + 3x_2 \leqslant 8 \\ x_2 \leqslant 1 \\ x_1 \leqslant 2 \\ x_1, x_2 \geqslant 0 \end{cases} \qquad (L_4)\quad \max z = 4x_1 + 3x_2 \quad \begin{cases} 4x_1 + x_2 \leqslant 10 \\ 2x_1 + 3x_2 \leqslant 8 \\ x_2 \leqslant 1 \\ x_1 \geqslant 3 \\ x_1, x_2 \geqslant 0 \end{cases}$$

求出各分枝的最优解,并填入分枝图(图 3-6)。

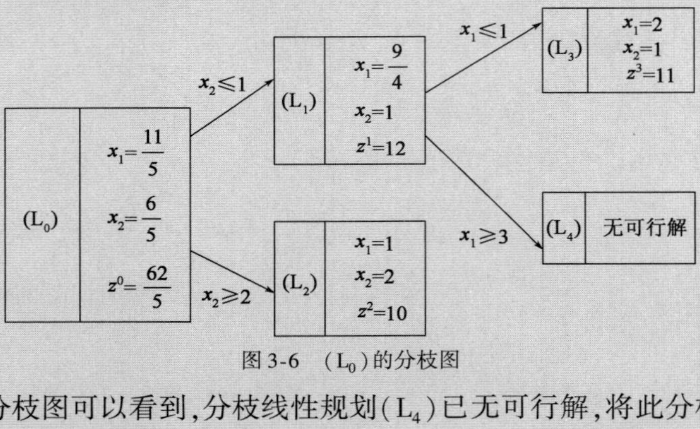

图 3-6 (L_0)的分枝图

从图 3-6 的分枝图可以看到,分枝线性规划(L_4)已无可行解,将此分枝剪掉,而(L_3)的最优解已是整数解。此时所有分枝都已查清,比较(I)的各可行解的目标值可知,原整数规划(I)的最优解为

$$\boldsymbol{x}^* = (2,1)^{\mathrm{T}}, z^* = 11$$

2. 割平面法

割平面法是求解纯整数规划的一种方法，由戈莫里(Gomory)于1958年提出，所以也称Gomory割平面法。割平面法通过不断引入附加线性约束条件(割平面)来逐步缩小其松弛问题的可行域，使原整数规划问题的最优解成为其松弛问题可行域的一个顶点，这时再用单纯形法就可以求解原整数规划的最优解。

用割平面法求解(ILP)，有如下两个基本步骤：

(1)用单纯形法求解(ILP)的松弛问题(LP)，如果所得(LP)的最优解 $\boldsymbol{x}'$ 已满足整数约束条件，则此(LP)最优解就是原整数规划(ILP)的最优解；否则转至步骤(2)。

(2)根据 $\boldsymbol{x}'$ 最优解构造一个线性约束(称为Gomory约束或割平面)，并将此割平面添加到松弛问题(LP)的约束中，使得：

①松弛问题(LP)的可行域割去包含解 $\boldsymbol{x}'$ 的一部分可行域。

②不丢失原整数规划的任何整数可行解。

(3)返回到步骤(1)。

割平面法的关键是找到符合上述要求的割平面。在用这种方法求解时，为了寻找这种割平面，首先要把原整数规划的所有约束条件的系数和右端常数都化成整数，为的是使在计算过程中新引进的松弛变量也都满足取整要求。这是非常有必要的。

下面通过例题说明割平面法的具体解题步骤。

【例3-10】 用割平面法求解下列整数规划。

$$\max z = 4x_1 + 3x_2$$

$$\text{s. t.} \begin{cases} x_1 + \dfrac{5}{4}x_2 \leqslant 5 \\ 2x_1 + x_2 \leqslant 6 \\ x_1, x_2 \geqslant 0 \text{ 且均整数} \end{cases}$$

解：(1)将各约束条件的系数和右端常数均化为整数，得到如下等价整数规划。

$$\max z = 4x_1 + 3x_2$$

$$(\text{ILP}) \quad \begin{cases} 4x_1 + 5x_2 \leqslant 20 \\ 2x_1 + x_2 \leqslant 6 \\ x_1, x_2 \geqslant 0 \text{ 且均整数} \end{cases}$$

其松弛问题为

$$\max z = 4x_1 + 3x_2$$

$$(\text{LP}) \quad \begin{cases} 4x_1 + 5x_2 \leqslant 20 \\ 2x_1 + x_2 \leqslant 6 \\ x_1, x_2 \geqslant 0 \end{cases}$$

将其化为标准线性规划，得

$$\max z = 4x_1 + 3x_2$$

$$\text{s. t.} \begin{cases} 4x_1 + 5x_2 + x_3 = 20 \\ 2x_1 + x_2 + x_4 = 6 \\ x_1, x_2, x_3, x_4 \geqslant 0 \end{cases}$$

用单纯形法求解，其初始表和最终表见表3-19。

单纯形法求解原整数规划的松弛问题(LP)　　表3-19

项目	c_j		4	3	0	0	b
	C_B	X_B	x_1	x_2	x_3	x_4	
初始表	0	x_3	4	5	1	0	20
	0	x_4	2	1	0	1	6
	σ_j		4	3	0	0	
最终表	3	x_2	0	1	$\frac{1}{3}$	$-\frac{2}{3}$	$\frac{8}{3}$
	4	x_1	1	0	$-\frac{1}{6}$	$\frac{5}{6}$	$\frac{5}{3}$
	σ_j		0	0	$-\frac{1}{3}$	$-\frac{4}{3}$	$\frac{44}{3}$

若所得(LP)的最优解已全部满足整数条件,则该解就是原整数规划的最优解。本例所得解$(x_1,x_2)=\left(\frac{5}{3},\frac{8}{3}\right)$尚未满足整数条件,所以转入步骤(2)。

(2)构造割平面方程。从表3-19的最终单纯形表中找出基变量取值不满足整数要求的约束方程。如果有多个基变量的取值不满足整数要求,须将它们的取值分成整数和非负真分数两个部分,选取非负真分数最大者。如有多个最大非负真分数,取排在前面的,这样选择常可减少迭代次数。对于本例,有

$$x_2=\frac{8}{3}=2+\frac{2}{3},\quad x_1=\frac{5}{3}=1+\frac{2}{3}$$

两者分离出来的非负真分数都是$\frac{2}{3}$,取排在前面的,据此写出相应的约束条件为

$$x_2+\frac{1}{3}x_3-\frac{2}{3}x_4=\frac{8}{3} \tag{3-1}$$

下面从式(3-1)出发导出割平面方程。将式(3-1)中的所有系数与常数项均写成整数与非负真分数之和的形式,则有

$$(1+0)x_2+\left(0+\frac{1}{3}\right)x_3+\left(-1+\frac{1}{3}\right)x_4=2+\frac{2}{3} \tag{3-2}$$

然后,把整数及系数为整数的项移到等式左端,把分数及系数为分数的项移到等式右端,得到

$$x_2-x_4-2=\frac{2}{3}-\left(\frac{1}{3}x_3+\frac{1}{3}x_4\right) \tag{3-3}$$

由整数条件可知,式(3-3)左端必定是整数,因而右端也必须是整数。又因$x_3,x_4\geqslant 0$,则$\frac{1}{3}x_3+\frac{1}{3}x_4\geqslant 0$,所以有

$$\frac{2}{3}-\frac{1}{3}x_3-\frac{1}{3}x_4\leqslant 0$$

即

$$x_3+x_4\geqslant 2$$

从而由松弛问题(LP)的标准型得到

$$x_1 + x_2 \leqslant 4 \tag{3-4}$$

式(3-4)就是所要求的割平面方程。显然松弛问题(LP)的最优解$(x_1, x_2) = \left(\frac{5}{3}, \frac{8}{3}\right)$不满足这个不等式约束。

(3)将此约束加入松弛问题(LP)的约束条件,得到(ILP)的另一个松弛线性规划

$$\max z = 4x_1 + 3x_2$$

$$(\text{LP}')\quad \begin{cases} 4x_1 + 5x_2 \leqslant 20 \\ 2x_1 + x_2 \leqslant 6 \\ x_1 + x_2 \leqslant 4 \\ x_1, x_2 \geqslant 0 \end{cases}$$

返回步骤(1),再用单纯形法求解(LP′)。此时引入标准化松弛变量x_3、x_4、x_5,用单纯形法迭代求解得最终表,见表3-20。

单纯形法求解原整数规划的松弛问题(LP′) 表3-20

c_j		4	3	0	0	0	b
C_B	X_B	x_1	x_2	x_3	x_4	x_5	
3	x_2	0	1	0	−1	$\frac{1}{3}$	2
4	x_1	1	0	0	1	$-\frac{1}{6}$	2
0	x_3	0	0	1	1	−1	2
σ_j		0	0	0	−1	$-\frac{1}{3}$	

若所得解仍不满足(ILP)的整数约束,则重复步骤(1)~(3),直至得到整数解为止。本例已经得到整数解$\boldsymbol{x}^* = (2,2,2,0)^{\mathrm{T}}$,故原整数规划(ILP)的最优解为

$$x_1^* = 2, x_2^* = 2, z^* = 14$$

下面用图3-7来说明本例整数规划(ILP)的松弛问题(LP)可行域的变化及割平面的几何意义。

整数规划(ILP)的松弛问题(LP)可行域是图3-7中的四边形$OABC$,松弛问题(LP)的最优解$(x_1, x_2) = \left(\frac{5}{3}, \frac{8}{3}\right)$是其中的$B$点。增加的约束条件式(3-4)相当于割去了可行域$OABC$中的$\triangle DBC$。可以看到,割去的部分含有松弛问题(LP)的最优解$(x_1, x_2) = \left(\frac{5}{3}, \frac{8}{3}\right)$,而不含任何(ILP)的整数可行解。割去$\triangle DBC$后,对应(ILP)的松弛问题(LP′)的可行域为$OADC$,原整数规划(ILP)的整数可行点$D(2,2)$成了(LP′)的顶点,且此点是松弛问题(LP′)的最优解,所以$D(2,2)$就是原整数规划(ILP)的最优解。

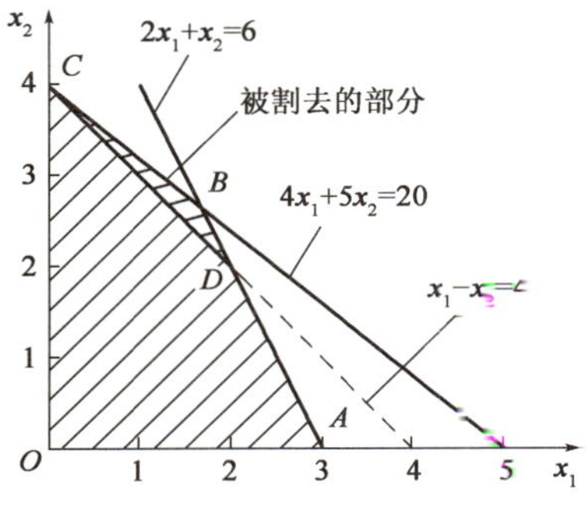

图3-7 割平面的几何意义

二、0-1 规划

0-1 规划是指变量只能取 0 或 1 的线性规划,是一种特殊的整数规划。在进行实际问题最优决策和处理问题时常常会遇到 0-1 规划。下面看几个实际例子。

【例 3-11】 某建筑公司在同一时间内可参加 A_1、A_2、A_3、A_4 四项工程的投标。这些项目要求的工期相同。公司根据招标文件和本公司的施工能力对每项工程进行了仔细的研究和计算,将各项工程的预期利润、主要工序的工程量及本公司的施工能力列于表 3-21 中。该公司对哪几项项目投标可能获得的总利润最大?试建立该问题的数学模型。

各项工程的预期利润、主要工序的工程量及施工能力 表 3-21

工程项目	预期利润(万元)	砌筑量(m^3)	混凝土量(m^3)	抹灰量(m^2)
A_1	5	4200	280	2500
A_2	8	2300	880	480
A_3	7.5	4800	300	1500
A_4	9	3200	900	5200
施工能力		12000	1600	9000

解:设

$$x_i = \begin{cases} 1 & (\text{对项目 } A_i \text{ 投资}, i = 1,2,3,4) \\ 0 & (\text{否则}) \end{cases}$$

则问题可以描述成线性规划

$$\max z = 5x_1 + 8x_2 + 7.5x_3 + 9x_4$$

$$\text{s.t.} \begin{cases} 4200x_1 + 2300x_2 + 4800x_3 + 3200x_4 \leqslant 12000 \\ 280x_1 + 880x_2 + 300x_3 + 900x_4 \leqslant 1600 \\ 2500x_1 + 480x_2 + 1500x_3 + 5200x_4 \leqslant 9000 \\ x_i = 0 \text{ 或 } 1 \quad (i = 1,2,3,4) \end{cases}$$

【例 3-12】 某公司拟在城市的东、西、南三区建立门市部,可选用的位置共 7 个,设为 $A_i(i=1,2,\cdots,7)$。根据计划在东区安排不多于两个;在西区,在 A_4、A_5 两个候选点中至少选一个;在南区,在 A_6、A_7 两个候选点中至少选一个。又知,选用 A_i 点的投资为 b_i 元,每年可获利 c_i 元,但投资总额不能超过 B 元。选用哪几个点可使年利润最大?试建立该问题的数学模型。

解:引入 0-1 变量,令

$$x_i = \begin{cases} 1 & (A_i \text{ 点被选中}, i = 1,2,\cdots,7) \\ 0 & (\text{否则}) \end{cases}$$

于是问题的线性规划模型为

$$\max z = \sum_{i=1}^{7} c_i x_i$$

$$\text{s.t.} \begin{cases} \sum_{i=1}^{7} c_i x_i \leqslant B \\ x_1 + x_2 + x_3 \leqslant 2 \\ x_4 + x_5 \geqslant 1 \\ x_6 + x_7 \geqslant 1 \\ x_i = 0 \text{ 或 } 1 \quad (i = 1,2,\cdots,7) \end{cases}$$

【例 3-13】 设有 m 台同类型的机床,有 n 种零件在这种机床上加工。设加工时间分别是 $t_1, t_2, \cdots, t_n$。如何分配可使各台机床的总加工任务相等,或尽可能均衡?

解:设

$$x_{ij}=\begin{cases}1 & (\text{加工时间为 } t_j \text{ 的零件在机床 } i \text{ 上加工}, i=1,2,\cdots,m; j=1,2,\cdots,n)\\ 0 & (\text{否则})\end{cases}$$

则问题可以描述成线性规划

$$\min x_0$$

$$\text{s. t.}\begin{cases}\sum_{j=1}^{n} t_j x_{ij} \leqslant x_0 & (i=1,2,\cdots,m)\\ \sum_{i=1}^{m} x_{ij}=1 & (j=1,2,\cdots,n)\\ x_{ij}=0 \text{ 或 } 1 & (i=1,2,\cdots,m; j=1,2,\cdots,n)\end{cases}$$

其中,x_0 为所有机床加工总工时中的最大工时数,即为所有的机床加工总工时的上界。所有机床加工总工时的上界最小,意味着各台机床的总加工任务达到最均衡的状态。

对于 0-1 规划,由于它是特殊的整数规划,当然可以用整数规划的方法来求解。另外,由于每个变量都只取 0、1 两个值,变量取值的 0-1 组合是有限的,容易想到用枚举法,即先列出各变量分别取 0 或 1 值的每一种组合,然后在满足约束条件的变量的 0-1 组合中找出使目标函数达到最优值的组合,该组合即 0-1 规划的最优解。但是,用这种方法求解变量个数为 n 的 0-1 规划,通常需检查 2^n 个组合,显然,当 n 相当大时,这种做法几乎是不可能的。前面介绍的求解整数规划的分枝定界法,事实上就是对整数规划的部分整数可行解进行枚举的求解方法。因此,求解 0-1 规划可用隐枚举法,即利用过滤性条件,只需要检查 0-1 变量取值组合的一部分即可得到问题的最优解。下面结合例子来介绍这种求解 0-1 规划的隐枚举法。

【例 3-14】 求解下列 0-1 规划。

$$\max z = 3x_1 - 2x_2 + 5x_3$$

$$\text{s. t.}\begin{cases}x_1 + 2x_2 - x_3 \leqslant 2\\ x_1 + 4x_2 - x_3 \leqslant 4\\ x_1 + x_2 \leqslant 3\\ 4x_2 - x_3 \leqslant 6\\ x_1, x_2, x_3 = 0 \text{ 或 } 1\end{cases}$$

解:(1)变量次序重排。对 max z 型 0-1 规划问题,变量按目标函数式中系数由小到大的顺序重排(对 min z 型问题则相反),原模型变为

$$\max z = -2x_2 + 3x_1 + 5x_3$$

$$\text{s. t.}\begin{cases}2x_2 + x_1 - x_3 \leqslant 2 & ①\\ 4x_2 + x_1 - x_3 \leqslant 4 & ②\\ x_2 + x_1 \leqslant 3 & ③\\ 4x_2 - x_3 \leqslant 6 & ④\\ x_2, x_1, x_3 = 0 \text{ 或 } 1\end{cases} \tag{3-5}$$

(2)将变量组(x_2,x_1,x_3)所有可能的数值组(亦称作点)按字典序排列(表3-22)。

【例3-14】中所有可能的数值组 表3-22

点 (x_2,x_1,x_3)	约束条件左端值					是否满足条件	z 值
	⓪	①	②	③	④		
(0,0,0)	0					×	
(0,0,1)	5					√	
(0,1,0)	3	−1	1	0	1	×	
(0,1,1)	8					√	5
(1,0,0)	−2					×	
(1,0,1)	3	0	2	1	1	×	8
(1,1,0)	1					×	
(1,1,1)	6					×	

(3)构造过滤条件。先用试探法找出一个可行解,如(0,1,0)即满足式(3-5)的所有约束条件,计算相应的目标值有$z=3$。因该问题是最大化问题,可知凡目标值小于3的解肯定不是最优解,或认为凡是不满足约束条件

$$-2x_2+3x_1+5x_3\geqslant 3 \quad ⓪$$

的解(右端项3是最优目标值的一个下界)都不可能是最优解,故可不予考虑。称约束条件⓪为过滤条件。将它加入式(3-5),并将约束条件按⓪~④的顺序排列。

需注意的是,求解过程中,当遇到可行解的目标值大于过滤条件⓪当前的右端值时,应及时将⓪的右端值换成大者,以减少需进一步检验的点。例如本例,当发现(0,0,1)是可行解,且相应的目标值$z=5>3$时,应立即将过滤条件换成

$$-2x_2+3x_1+5x_3\geqslant 5$$

(4)寻求最优解的过程见表3-22。于是求得问题的最优解$(x_1,x_2,x_3)=(1,0,1)$,相应目标值$z^*=8$。

在变量数目不是很大时,利用过滤性条件的隐枚举法解0-1规划问题还是比较实用的。但当0-1规划问题的变量数目很大时,这种算法的计算量会很大。除了用过滤性条件的隐枚举法求解0-1规划问题外,还可利用分枝定界求解的隐枚举法。这里不再介绍,有兴趣的读者可以查阅相关数学规划方面的资料。

第三节 资源分配问题

资源分配问题是数学规划的经典问题之一,一般有静态与动态两种。这里介绍的资源分配问题是可以由整数规划来描述和求解的简单静态资源分配问题,也常称为分配问题或指派问题。

在工程项目管理、资源利用和劳动分配等实际工作中,分配问题比较常见,如工程运输中各个运输任务的人力与物力分配问题、n个工程公司对n个工程项目的投标问题、公共交通客运公司运营的车辆与运营线路的分配问题等。当然还有其他方面的问题,如生产企业管理中工人或设备的合理分配问题、学校里教师课程的合理安排问题以及课表的制订问题等。

一、资源分配问题的数学模型

【例 3-15】 设某运输队有 6 辆货车,需派往 6 个不同的目的地,由于各辆货车的性能、消耗和效率不同,驶往各目的地的运输成本也不同,见表 3-23。试求使总成本最低的车辆分配方案。

车辆驶往各目的地的运输成本(单位:百元) 表 3-23

车辆编号	目的地					
	D_1	D_2	D_3	D_4	D_5	D_6
1	46	66	55	59	20	28
2	24	81	25	62	25	91
3	28	22	39	50	27	86
4	46	31	45	47	54	58
5	65	44	64	43	31	60
6	32	24	34	24	33	64

解:设

$$x_{ij}=\begin{cases}0 & (若分派第\ i\ 号车辆驶往第\ j\ 目的地, i,j=1,2,\cdots,6)\\ 1 & (否则)\end{cases}$$

则原问题的数学模型为

$$\begin{aligned}\min z = {} & 46x_{11}+66x_{12}+55x_{13}+59x_{14}+20x_{15}+28x_{16}+\\ & 24x_{21}+81x_{22}+25x_{23}+62x_{24}+25x_{25}+91x_{26}+\\ & 28x_{31}+22x_{32}+39x_{33}+50x_{34}+27x_{35}+86x_{36}+\\ & 46x_{41}+31x_{42}+45x_{43}+47x_{44}+54x_{45}+58x_{46}+\\ & 65x_{51}+44x_{52}+64x_{53}+43x_{54}+31x_{55}+60x_{56}+\\ & 32x_{61}+24x_{62}+34x_{63}+24x_{64}+33x_{65}+64x_{66}\end{aligned}$$

$$\text{s.t.}\begin{cases}\sum\limits_{j=1}^{6}x_{ij}=1 & (i=1,2,\cdots,6)\\ \sum\limits_{i=1}^{6}x_{ij}=1 & (j=1,2,\cdots,6)\\ x_{ij}=0\ 或\ 1 & (i,j=1,2,\cdots,6)\end{cases}$$

【例 3-16】 设有 4 名教师,要分配他们去教 4 门不同的课程。由于专长、教学水平、教学经历和经验不同,每名教师完成不同课程的教学任务每周所需备课时间不同,见表 3-24。应分配哪名教师去担任哪门课程,可使 4 门课程花费的总备课时间最少?

各教师完成不同课程的教学任务每周所需备课时间(单位:h) 表 3-24

教师	课程			
	A	B	C	D
甲	4	6	5	8
乙	6	10	7	4
丙	7	8	11	9
丁	9	3	8	6

解:设

$$x_{ij}=\begin{cases}0 & (\text{若分派第 } i \text{ 个教师担任第 } j \text{ 门课程}, i,j=1,2,3,4)\\ 1 & (\text{否则})\end{cases}$$

则原问题的数学模型为

$$\min z = 4x_{11}+6x_{12}+5x_{13}+8x_{14}+6x_{21}+10x_{22}+7x_{23}+4x_{24}+7x_{31}+8x_{32}+11x_{33}+9x_{34}+9x_{41}+3x_{42}+8x_{43}+6x_{44}$$

$$\text{s. t.}\begin{cases}x_{11}+x_{12}+x_{13}+x_{14}=1\\ x_{21}+x_{22}+x_{23}+x_{24}=1\\ x_{31}+x_{32}+x_{33}+x_{34}=1\\ x_{41}+x_{42}+x_{43}+x_{44}=1\\ x_{11}+x_{21}+x_{31}+x_{41}=1\\ x_{12}+x_{22}+x_{32}+x_{42}=1\\ x_{13}+x_{23}+x_{33}+x_{43}=1\\ x_{14}+x_{24}+x_{34}+x_{44}=1\\ x_{ij}=0 \text{ 或 } 1 \quad (i,j=1,2,3,4)\end{cases}$$

从上面两个例子可以得出资源分配问题的一般描述:设有 n 项任务,分配给 n 个人去完成,要求每个人完成其中一项任务,每项任务只交给其中一个人完成,已知每个人完成各项任务的成本(或效率),求使总成本最低(或总效率最高)的分配方案。

要特别注意的是,对于上面的资源分配问题,必须满足每个人只承担一项任务,而且每项任务只由一个人来完成。当然,问题中的“任务”可以是各种类型的活动,完成任务的“人”可以是各种类型的资源,完成任务的效率可以是成本、时间等。

引入变量

$$x_{ij}=\begin{cases}1 & (\text{分配第 } i \text{ 人完成第 } j \text{ 项任务}, i,j=1,2,\cdots,n)\\ 0 & (\text{否则})\end{cases}$$

则资源分配问题的一般数学模型为

$$\min z=\sum_{i=1}^{n}\sum_{j=1}^{n}c_{ij}x_{ij}$$

$$(\text{AP})\qquad \text{s. t.}\begin{cases}\sum_{j=1}^{n}x_{ij}=1 & (i=1,2,\cdots,n)\\ \sum_{i=1}^{n}x_{ij}=1 & (j=1,2,\cdots,n)\\ x_{ij}=0 \text{ 或 } 1 & (i,j=1,2,\cdots,n)\end{cases}$$

其中,c_{ij}是第 i 人完成第 j 项任务时的费用(或效率),矩阵(c_{ij})称为费用矩阵(或效率矩阵)。对于要研究的资源分配问题,矩阵(c_{ij})一般都是已知的,如【例 3-17】与【例 3-18】的(c_{ij})分别由表 3-23 与表 3-24 给出。

二、求解方法

从资源分配模型结构形式不难看出,典型的资源分配问题既是一类特殊的 0-1 规划问题,也是一类特殊的运输问题,因此可采用 0-1 规划运输问题的解法来解,但这样做就如同用单纯形法求解运输问题一样不划算。下面介绍一种求解资源分配问题更有效的方法——匈牙利法。该方法是由匈牙利数学家狄・考尼格(D. Konig)给出的。

匈牙利法的基本思想是：设法对效率矩阵$(c_{ij})_{n\times n}$进行变换，使变换后的效率矩阵$(c'_{ij})_{n\times n}$中有n个位于不同行、不同列的零元素（以下称为独立的零元素），没有负元素，而且要求$(c_{ij})_{n\times n}$与$(c'_{ij})_{n\times n}$等效，即分别由$(c_{ij})_{n\times n}$和$(c'_{ij})_{n\times n}$给出的效率矩阵分配问题是等价的。分配问题的任意一个可行解矩阵$(x_{ij})_{n\times n}$一定对应于某变换后的效率矩阵，该效率矩阵中独立零元素对应的变量x_{ij}取1，其余变量取0。

匈牙利法的基本依据是以下定理（定理的证明略）。

定理 效率矩阵$(c_{ij})_{n\times n}$的任意一行（列）各元素中分别减去同一常数a，得到一个变换了的矩阵$(b_{ij})_{n\times n}$，则以$(b_{ij})_{n\times n}$为效率矩阵的分配问题最优解与原问题的最优解相同。

用匈牙利法求解资源分配问题（AP）的步骤如下：

(1) 将效率矩阵(c_{ij})每行的各元素减去该行的最小元素，再将所得矩阵每列的各元素减去该列的最小元素，设所得矩阵为(c^1_{ij})，则矩阵(c^1_{ij})的每一行和每一列中都有零元素。

(2) 在(c^1_{ij})中找出所有位于不同行、不同列的零元素，即独立零元素，并用最少条数的直线覆盖(c^1_{ij})中的全部零元素。方法如下：

①从(c^1_{ij})中的第一行开始逐行检查，若发现某行只有一个零元素，则给该零元素加"[ ]"，并对[0]所在列画上一条直线。若某行零元素多于一个，则转下一行，直到最后一行为止。

②对(c^1_{ij})中没有被画去的列作类似的检查。若有某列只有一个零元素，则给该零元素加"[ ]"，并对[0]所在行画上一条直线。重复①的做法。

③对(c^1_{ij})中没有被画去的元素组成的子矩阵，反复重复①②，直到原(c^1_{ij})矩阵中所有零元素被加"[ ]"和画去为止，转入⑤。

④若还有未被直线覆盖的零元素，则这些零元素之间必存在闭回路，这时可沿着某一闭回路的走向，对每个间隔的零元素加"[ ]"，每加一个"[ ]"就对[0]所在的行（或列）画一条直线，直至(c^1_{ij})中的所有零元素都被直线覆盖为止。如果有这种情况出现，原来的资源分配问题（AP）的解一定不唯一。

⑤若[0]的零元素个数已有n个，这表明已经找到了n个独立零元素，则让每个[0]对应的变量x_{ij}取1，其余变量x_{ij}均取0，即得问题（AP）的最优分配方案。若[0]的个数不足n个，则①②和③画出的直线即覆盖(c^1_{ij})中全部零元素的最少直线条数恰好等于[0]的个数，转入步骤(3)。

(3) 变换矩阵(c^1_{ij})来增加变换后效率矩阵中独立零元素的个数。方法如下：

①在(c^1_{ij})未被直线覆盖的元素中找出最小元素，设为c。

②将(c^1_{ij})中未被直线覆盖的各个元素均减去c，被两条直线交叉覆盖的元素均加上c，其余元素不变，得一新矩阵(c^2_{ij})，令$(c^1_{ij})=(c^2_{ij})$，转入步骤(2)，直至找到资源分配问题（AP）的最优分配方案。

【例3-17】 某资源分配问题对应的效率矩阵由表3-25给出，求其最优分配方案。

某资源分配问题对应的效率矩阵 表3-25

人员	任务			
	A	B	C	D
甲	7	10	9	11
乙	6	11	10	5
丙	18	12	10	11
丁	12	13	14	8

解:(1)将效率矩阵的每行减去此行最小元素,然后每列减去其最小元素,得变换效率矩阵

$$(c_{ij}) = \begin{bmatrix} 7 & 10 & 9 & 11 \\ 6 & 11 & 10 & 5 \\ 18 & 12 & 10 & 11 \\ 12 & 13 & 14 & 8 \end{bmatrix} \Rightarrow \begin{bmatrix} 0 & 3 & 2 & 4 \\ 1 & 6 & 5 & 0 \\ 8 & 2 & 0 & 1 \\ 4 & 5 & 6 & 0 \end{bmatrix} \Rightarrow \begin{bmatrix} 0 & 1 & 2 & 4 \\ 1 & 4 & 5 & 0 \\ 8 & 0 & 0 & 1 \\ 4 & 3 & 6 & 0 \end{bmatrix} = (c_{ij}^1)$$

(2)找出(c_{ij}^1)中的独立零元素:

$$(c_{ij}^1) = \begin{bmatrix} & \vdots & & & & & & \vdots & \\ & [0] & & 1 & & 2 & & 4 & \\ & \vdots & & & & & & \vdots & \\ & 1 & & 4 & & 5 & & [0] & \\ & \vdots & & & & & & \vdots & \\ \cdots & 8 & \cdots & [0] & \cdots & 0 & \cdots & 1 & \cdots \\ & \vdots & & & & & & \vdots & \\ & 4 & & 3 & & 6 & & 0 & \\ & \vdots & & & & & & \vdots & \end{bmatrix}$$

独立零元素的个数是3,不足$n(4)$个,转入步骤(3)。

(3)在未被直线覆盖的元素中最小元素为1,未被直线覆盖的行均减1,被直线覆盖的列均加1。这等价于未被直线覆盖的元素均减1,被两条直线交叉覆盖的元素均加1,得到变换后的矩阵(c_{ij}^2),并求得相应的最少直线覆盖:

$$(c_{ij}^2) = \begin{bmatrix} & & & & & & & \vdots & \\ \cdots & [0] & \cdots & 0 & \cdots & 1 & \cdots & 4 & \cdots \\ & & & & & & & \vdots & \\ & 1 & & 3 & & 4 & & [0] & \\ & & & & & & & \vdots & \\ \cdots & 9 & \cdots & [0] & \cdots & 0 & \cdots & 2 & \cdots \\ & & & & & & & \vdots & \\ & 4 & & 2 & & 5 & & 0 & \\ & & & & & & & \vdots & \end{bmatrix}$$

此时(c_{ij}^2)中独立零元素仍然没有达到$n(4)$个,对(c_{ij}^2)再重复步骤(1) ~ (3),得(c_{ij}^3),并求其最少直线覆盖:

$$(c_{ij}^3) = \begin{bmatrix} & \vdots & & & & & & \vdots & \\ \cdots & 0 & \cdots & [0] & \cdots & 1 & \cdots & 5 & \cdots \\ & \vdots & & & & & & \vdots & \\ & [0] & & 2 & & 3 & & 0 & \\ & \vdots & & & & & & \vdots & \\ \cdots & 9 & \cdots & 0 & \cdots & [0] & \cdots & 3 & \cdots \\ & \vdots & & & & & & \vdots & \\ & 3 & & 1 & & 4 & & [0] & \\ & \vdots & & & & & & \vdots & \end{bmatrix}$$

此时已找到4个独立零元素,对应的最优解矩阵为

$$(x_{ij}) = \begin{bmatrix} 0 & 1 & 0 & 0 \\ 1 & 0 & 0 & 0 \\ 0 & 0 & 1 & 0 \\ 0 & 0 & 0 & 1 \end{bmatrix}$$

由此知道,最优任务分配方案为甲去完成任务 B,乙去完成任务 A,丙去完成任务 C,丁去完成任务 D,此方案完成任务所需要的最少总时间为

$$\min z = 10 + 6 + 10 + 8 = 34$$

第四节　特殊类型线性规划在道路交通工程中的应用

本节主要总结线性规划问题的演变关系,并介绍特殊类型线性规划在道路交通工程中几个比较典型的应用例子。

本章涉及的特殊类型线性规划问题包括运输问题、整数规划问题、0-1 规划问题、资源分配问题等。它们相应的数学规划模型中的变量与约束方程的系数矩阵具有特殊的要求与特殊的结构,并有针对上述特殊结构的更加有效的求解方法,彼此之间以及与一般线性规划问题之间既有联系又有区别(图 3-8),需要在学习和应用过程中加以注意。

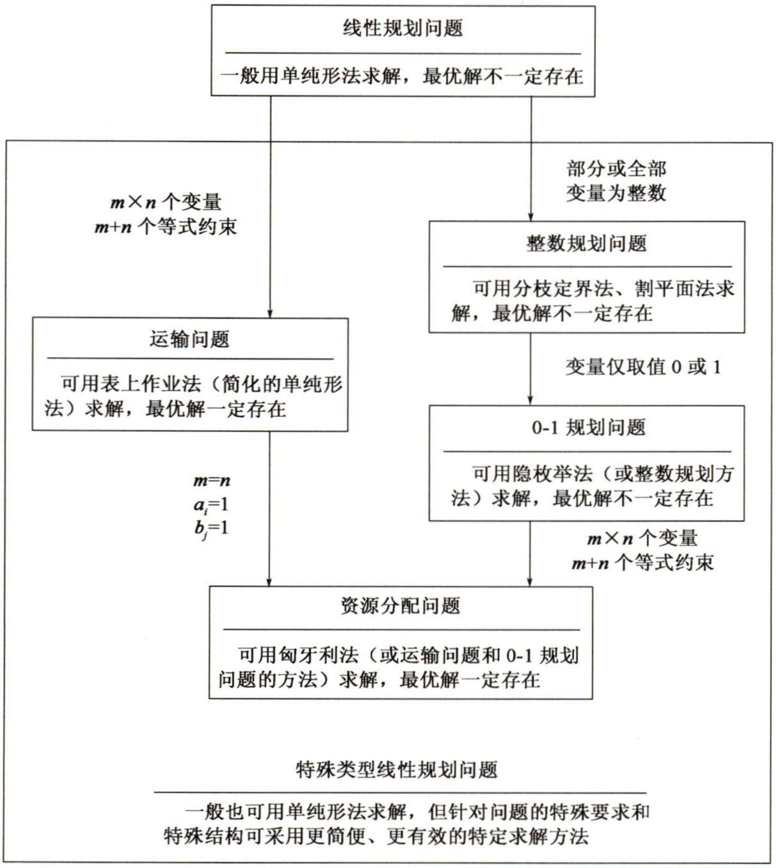

图 3-8　线性规划问题的分类、联系与区别

由于随机规划、双层规划较为复杂,本节简要介绍其在道路交通工程中的典型应用案例及求解思路。

实例3-1 交通分配问题

在交通规划的研究中,经常遇到这样的交通分配问题:设 $O_1,O_2,\cdots,O_m$ 为车辆出行的始点,$a_1,a_2,\cdots,a_m$ 为各始点发生的出行交通量;$D_1,D_2,\cdots,D_n$ 为出行的终点,$b_1,b_2,\cdots,b_n$ 为各终点吸引的出行交通量;总的出行交通量为 N。那么

$$\sum_{i=1}^{m}a_i = \sum_{j=1}^{n}b_i = N$$

设从始点 O_i 到终点 D_j 的出行量为 f_{ij},出行费用为 c_{ij},则总的出行费用为

$$C = \sum_{i=1}^{m}\sum_{j=1}^{n}c_{ij}f_{ij}$$

现在的问题是如何分配出行交通量 f_{ij},使得总的出行费用最少,即找出 f_{ij},满足

$$\begin{cases} f_{ij} \geqslant 0 & (i = 1,2,\cdots,m;j = 1,2,\cdots,n) \\ \sum_{j=1}^{n}f_{ij} = a_i & (i = 1,2,\cdots,m) \\ \sum_{i=1}^{m}f_{ij} = b_j & (j = 1,2,\cdots,n) \end{cases}$$

且使 $C = \sum_{i=1}^{m}\sum_{j=1}^{n}c_{ij}f_{ij}$ 最小。

上述交通分配问题可以应用运输问题的表上作业法来进行出行交通量的最优分配。下面给出一个带有具体数值的例子。

假设某交通分配问题有三个始点 $O_i(i=1,2,3)$ 和四个终点 $D_j(j=1,2,3,4)$,始点 O_i 发生的出行交通量为 a_i,终点 D_j 吸引的出行交通量为 b_j,各始终点之间的出行时耗 t_{ij} 见表3-26,出行总量 $N=\sum_{i=1}^{3}a_i=\sum_{j=1}^{4}b_j=30$。试求系统总时耗最小的出行量分配 $f_{ij}(i=1,2,3;j=1,2,3,4)$。

各始终点之间的出行时耗 表3-26

始点	终点				a_i
	D_1	D_2	D_3	D_4	
O_1	8	2	6	7	12
O_2	4	9	1	10	10
O_3	2	8	12	5	8
b_j	6	8	7	9	$N=30$

解:首先用最小元素法求得初始出行量分配 $f_{ij}(i=1,2,3;j=1,2,3,4)$,见表3-27。

初始出行量 表3-27

始点	终点			
	D_1	D_2	D_3	D_4
O_1		8		4
O_2			7	3
O_3	6			2

再用闭回路法或位势法计算各非基格的判别数 σ_{ij}，得表 3-28。

各非基格的判别数 表 3-28

始点	终点			
	D_1	D_2	D_3	D_4
O_1	4		8	
O_2	-3	4		
O_3		8	15	

因为判别数 σ_{ij} 中存在负数，即非基格 (O_2, D_1) 的判别数 $\sigma_{21} = -3$，所以由表 3-27 给出的出行量分配 $f_{ij}(i=1,2,3;j=1,2,3,4)$ 不是最优的。沿此非基格 (O_2, D_1) 对应的闭回路进行出行量分配调优，得表 3-29。

出行量分配优化 表 3-29

始点	终点			
	D_1	D_2	D_3	D_4
O_1		8		4
O_2	3		7	
O_3	3			5

然后对表 3-29 对应的出行量分配 $f_{ij}(i=1,2,3;j=1,2,3,4)$ 进行最优性检验，重新计算判别数，得表 3-30。

优化后的判别数 表 3-30

始点	终点			
	D_1	D_2	D_3	D_4
O_1	4		5	
O_2		7		3
O_3		8	13	

此时所有非基格对应的判别数 σ_{ij} 全部非负，所以由表 3-29 给出的出行量分配 $f_{ij}(i=1,2,3;j=1,2,3,4)$ 是系统最优的，即从 O_1 到 D_2 的出行量为 8，到 D_4 的出行量是 4；从 O_2 到 D_1 的出行量是 3，到 D_3 的出行量为 7；从 O_3 到 D_1 的出行量为 3，到 D_4 的出行量是 5；其余始点到终点的出行量均为 0。相应的系统总时耗为

$$C = \sum_{i=1}^{3}\sum_{j=1}^{4} t_{ij} f_{ij} = 8 \times 2 + 4 \times 7 + 3 \times 4 + 7 \times 1 + 3 \times 2 + 5 \times 5 = 94$$

表 3-30 中的所有非基格的判别数 σ_{ij} 均大于 0，所以此最优出行量分配是唯一的。

实例 3-2 公交车交接班问题

在线营运公交车辆的驾驶员与乘务员交接班问题是每个公交公司比较普遍的营运管理问题。公交公司为了提高服务水平和工作效率，一般希望在较短的时间内完成所有在线营运公交车辆某两个工作时段之间的驾乘人员的交接班。考虑到各组驾乘人员上下班的方便，同时为了提高交接班的效率，各在线公交车辆交接班地点不一定要设在公交线路的起终点，也可以是各路公交车辆行驶线路上的站点。一般来说，完成所有在线公交车辆交接班的总时间与各

在线公交车辆交接地点的选择以及驾乘人员与在线各公交车辆的合理交接匹配有关。一组合作驾乘人员到某辆公交车指定线路上的站点交接班的时间是指驾乘人员从家里出发到完成交接班所花费的时间。评价一个公交车辆驾乘人员交接班方案优劣的指标并不是唯一的,可以根据不同公交公司的管理策略来选定。有一种评价方法,兼顾驾乘人员和公交公司两者的利益,以完成在线各路公交车辆交接班的总时间最少为指标。决定一个在线公交车辆交接班方案优劣的因素主要有两个:一个是各在线公交车辆交接班站点的选定,另一个是各组驾乘人员与各在线公交车辆的交接匹配。由于每条线路公交车辆适合交接班的站点是有限的,当确定了各在线公交车辆交接班站点后,最优交接班方案就主要体现在各组驾乘人员与各路在线车辆合理的交接匹配上。而此时,如果采用上述评价指标,则确定最优交接班方案问题即为资源分配问题。

假设某公交公司在某一营运工作时段要安排 $A_i(i=1,2,\cdots,n)$ 组驾乘人员与 n 辆在线公交车 $B_j(j=1,2,\cdots,n)$ 的驾乘人员进行交接班,并且各辆在线公交车交接班的站点都已经确定,因此每组驾乘人员到各在线公交车辆交接班的时间就可以预测确定。设 $A_i(i=1,2,\cdots,n)$ 组驾乘人员去交接在线公交车辆 $B_j(j=1,2,\cdots,n)$ 所需时间为 $t_{ij}(i,j=1,2,\cdots,n)$。引入变量

$$x_{ij}=\begin{cases}1 & (A_i\text{ 组驾乘人员被安排去交接 }B_j\text{ 在线公交车辆},i,j=1,2,\cdots,n)\\0 & (\text{否则})\end{cases}$$

则使交接班总时间最少的最优交接班方案就是如下数学规划模型的最优解:

$$\min T=\sum_{i=1}^{n}\sum_{j=1}^{n}t_{ij}x_{ij}$$

$$\text{s. t.}\begin{cases}\sum_{j=1}^{n}x_{ij}=1 & (i=1,2,\cdots,n)\\\sum_{i=1}^{n}x_{ij}=1 & (j=1,2,\cdots,n)\\x_{ij}=0\text{ 或 }1\end{cases}$$

易知,上述模型是标准的资源分配问题,可以用相应的匈牙利法来求解。下面举例来进一步说明。在上述的一般交接班问题模型中,令 $n=5,t_{ij}(i,j=1,2,\cdots,5)$,即为资源分配问题的效率矩阵,如下所示,单位假设为 min:

$$(t_{ij})=\begin{bmatrix}20&15&17&15&17\\16&22&12&6&10\\15&32&24&22&18\\30&21&12&13&20\\8&11&17&27&19\end{bmatrix}$$

将该效率矩阵的每行元素减去该行的最小元素,得

$$(t_{ij}^{1})=\begin{bmatrix}5&0&2&0&2\\10&16&6&0&4\\0&17&9&7&3\\18&9&0&1&8\\0&3&9&19&11\end{bmatrix}$$

再将该矩阵的每列元素减去该列的最小元素,得

$$(t_{ij}^2)=\begin{bmatrix}5&0&2&0&0\\10&16&6&0&2\\0&17&9&7&1\\18&9&0&1&6\\0&3&9&19&9\end{bmatrix}$$

找出(t_{ij}^2)中的独立零元素,同时得到覆盖(t_{ij}^2)中所有零元素的最少直线覆盖:

$$(t_{ij}^2)=\begin{bmatrix} & \vdots & & & & & & & & & & \\ \cdots & 5 & \cdots & 0 & \cdots & 2 & \cdots & 0 & \cdots & 0 & \cdots \\ & \vdots & & & & & & & & & \\ \cdots & 10 & \cdots & 16 & \cdots & 6 & \cdots & 0 & \cdots & 2 & \cdots \\ & \vdots & & & & & & & & & \\ & 0 & & 17 & & 9 & & 7 & & 1 & \\ & \vdots & & & & & & & & & \\ \cdots & 18 & \cdots & 9 & \cdots & 0 & \cdots & 1 & \cdots & 6 & \cdots \\ & \vdots & & & & & & & & & \\ & 0 & & 3 & & 9 & & 19 & & 9 & \\ & \vdots & & & & & & & & & \end{bmatrix}$$

此时,(t_{ij}^2)中的最多独立零元素的个数是4,不足5,因此要变换此矩阵。在未被直线覆盖的元素中最小元素是1,则将未被直线覆盖的行元素均减去1,被直线覆盖的列元素均加上1,得

$$(t_{ij}^3)=\begin{bmatrix}6&[0]&2&0&0\\11&16&6&[0]&2\\0&16&8&6&[0]\\19&9&[0]&1&6\\[0]&2&8&18&8\end{bmatrix}$$

此时矩阵(t_{ij}^3)可以找到5个独立零元素,则相应的最优解矩阵为

$$(x_{ij})=\begin{bmatrix}0&1&0&0&0\\0&0&0&1&0\\0&0&0&0&1\\0&0&1&0&0\\1&0&0&0&0\end{bmatrix}$$

从上述解矩阵可知,驾乘人员交接班的最优匹配方案为:A_1组驾乘人员去交接B_2在线公交车辆,A_2组去交接B_4,A_3组去交接B_5,A_4组去交接B_3,A_5组去交接B_1。此方案下各在线公交车辆所有交接班完成所需的总时间为

$$T=15+6+18+12+8=59(\text{min})$$

由矩阵(t_{ij}^3)可知,此最优解是唯一的。

实例 3-3 航运船只配备问题

某航运公司承担六个港口城市 A、B、C、D、E、F 之间的四条固定航线的物资运输任务。已知各条航线的起终点城市及每天航班数,见表 3-31。假定各条航线使用相同型号的船只,各城市间的航程天数见表 3-32。又知每条船只每次装卸货各需 1 天,则该航运公司至少应配备多少条船,才能满足所有航线的运货要求?

各条航线的起终点城市及每天航班数 表 3-31

航线	起点城市	终点城市	每天航班数
1	E	D	3
2	B	C	2
3	A	F	1
4	D	B	1

各城市间的航行用时(单位:d) 表 3-32

起点城市	终点城市					
	A	B	C	D	E	F
A	0	1	2	14	7	7
B	1	0	3	13	8	8
C	2	3	0	15	5	5
D	14	13	15	0	17	20
E	7	8	5	17	0	3
F	7	8	5	20	3	0

解:该航运公司所需配备船只分为两部分:

(1)各条航线所需周转船只数。例如航线 1,在港口 E 装货 1d,E→D 航程 17d,在 D 卸货 1d,总计 19d。每天 3 个航班,故该航线周转船只需要 57 条。各条航线所需周转船只见表 3-33,累计共需周转船只 91 条。

各条航线所需周转船只 表 3-33

航线	装货天数	航程天数	卸货天数	小计	航班数	需周转船只数
1	1	17	1	19	3	57
2	1	3	1	5	2	10
3	1	7	1	9	1	9
4	1	13	1	15	1	15

(2)各港口之间调度所需船只数。有些港口每天到达船只数多于需要船只数,如港口 D,每天到达 3 条,需求 1 条;而有些港口到达船只数少于需求船只数,如港口 B。各港口每天余缺船只数的计算见表 3-34。

各港口每天余缺船只数 表 3-34

航线	每天到达	每天需求	余缺数
A	0	1	-1
B	1	2	-1
C	2	0	2
D	3	1	2
E	0	3	-3
F	1	0	1

为使配备船只数最少,应做到周转的空船数最少。因此建立以下运输问题,其产销平衡表见表 3-35。

产销平衡表 表 3-35

终点城市	起点城市			每天多余船只
	A	B	E	
C				2
D				2
F				1
每天缺少船只	1	1	3	

单位运价表应为相应各港口之间的船只航行用时,见表 3-36。

相应各港口之间的船只航行用时(单位:d) 表 3-36

终点城市	起点城市		
	A	B	E
C	2	3	5
D	14	13	17
F	7	8	3

用表上作业法求出空船的最优调度方案,见表 3-37。

空船的最优调度方案 表 3-37

终点城市	起点城市			每天多余船只
	A	B	E	
C	1		1	2
D		1	1	2
F			1	1
每天缺少船只	1	1	3	

由表 3-37 可知,需周转的空船最少为 40 条。这样在不考虑维修、储备等情况下,该航运公司至少应配备 131 条船。

实例 3-4 公交线路驾乘人员配备问题

某昼夜服务的公交线路每天各时间段所需驾驶员和乘务人员人数见表 3-38。

公交线路每天各时间段所需驾驶员和乘务人员人数　　表 3-38

班次	时间	所需人数	班次	时间	所需人数
1	6:00—10:00	60	4	18:00—22:00	50
2	10:00—14:00	70	5	22:00—2:00	20
3	14:00—18:00	60	6	2:00—6:00	30

设驾驶员和乘务人员分别在各时间段一开始时上班,并连续工作 8h,该公交线路应至少配备多少名驾驶员和乘务人员?

解:设各时间段上班的驾驶员和乘务人员人数分别为 $x_i(i=1,2,\cdots,6)$,按题意建立线性规划模型

$$\min z = x_1 + x_2 + x_3 + x_4 + x_5 + x_6$$

$$\text{s.t.}\begin{cases} x_6 + x_1 \geqslant 60 \\ x_1 + x_2 \geqslant 70 \\ x_2 + x_3 \geqslant 60 \\ x_3 + x_4 \geqslant 50 \\ x_4 + x_5 \geqslant 20 \\ x_5 + x_6 \geqslant 30 \\ x_i \geqslant 0 \text{ 且为整数} \quad (i = 1,2,\cdots,6) \end{cases}$$

这是一个整数规划问题,理论上可用分枝定界法或割平面法求解。但是,用单纯形法求得该问题对应的松弛问题的一个最优解 $\boldsymbol{X}^* = (60,10,50,0,20,10)^{\mathrm{T}}$, $z^* = 150$ 恰恰为整数解,因此也是该问题的最优解。

实例 3-5　交通枢纽选址问题

对某一给定区域,需要从潜在的设施建设点中选择适当的位置建设若干具有一定容量的交通枢纽,以满足各需求点的转运需求,并最小化交通费用和建设费用。这就是交通枢纽选址问题。下面对其一个例子展开分析。

某地需要建立 1 个交通枢纽以满足 2 个需求点的转运服务需求。现有 2 个可建交通枢纽的备选地 $j(j\in\{1,2\})$。表 3-39 给出了这 2 个备选地的建设成本 f_j 和其可转运交通量的最大值 $V_j^{\max}$。表 3-40 给出了 2 个客源地的需求量 d_i。表 3-41 给出了各客源地到备选地的单位配送成本 C_{ij}。以最小化交通费和建设费为目标,应选在何地建设交通枢纽?

备选地情况　　表 3-39

备选地编号	建设成本(万元)	最大客运量(万人)
1	300	2
2	200	1.5

客源地的需求量　　表 3-40

客源地编号	1	2
需求量(万人)	0.66	0.79

单位配送成本(单位:万元/万人) 表3-41

客源地编号	备选地编号	
	1	2
1	19.28	20.36
2	8.2	6.65

解:设问题的决策变量为

$$y_j = \begin{cases} 1 & (j \text{ 备选地建立交通枢纽}) \\ 0 & (\text{否则}) \end{cases}$$

$$x_{ij} = \begin{cases} 1 & (i \text{ 客源地由 } j \text{ 交通枢纽服务}) \\ 0 & (\text{否则}) \end{cases}$$

以最小总费用为目标的数学模型为

$$\min z = \sum_{i=1}^{2}\sum_{j=1}^{2} d_i C_{ij} x_{ij} + \sum_{i=1}^{2} f_j y_j$$

$$\text{s.t}\begin{cases} \sum_{j=1}^{2} y_j = 1 & \\ \sum_{j=1}^{2} x_{ij} = 1 & (i=1,2) \\ \sum_{i=1}^{2} d_i x_{ij} \leqslant V_j^{\max} y_j & (j=1,2) \end{cases}$$

这个问题的决策变量取值要么是0,要么是1,因此,它是一个0-1规划问题,可利用隐枚举法对其求解。

将新获得的目标值z'作为过滤条件0:$z \geqslant z'$,并将数学模型中的约束条件按1~5的顺序排列,见表3-42。

隐枚举法(单位:万元) 表3-42

编号	$(y_1,y_2,x_{12},x_{11},x_{21},x_{22})$	约束条件左边值						是否满足约束条件	z
		0	1	2	3	4	5		
1	(0,0,0,0,0,0)		0					否	
2	(0,0,0,0,0,1)		0					否	
3	(0,0,0,0,1,0)		0					否	
4	(0,0,0,0,1,1)		0					否	
⋮	⋮								
42	(0,1,1,0,0,1)	218.69	1	1	1	0	1.45	是	213.69
⋮	⋮								
64	(1,1,1,1,1,1)	537.89							213.69

由上可知,交通枢纽应建在备选地点2,并且所有的客源地由该交通枢纽服务。这时,交通费用和建设费总和最小,为218.69万元。

实例3-6 车辆调度问题

假设:

(1)运输中心的车辆有n辆,每辆车每千米的运输费用为$c_i(i=1,2,\cdots,n)$。它是根据每千米的耗油量、养路费以及其他相关因素综合给出的。把车辆分为大(L)、中(M)、小(S)三种车型,当申请使用中型车(M)时,只能派遣大型车(L)和中型车(M)中无任务的车辆;当申请使用大型车(L)时,只能派遣大车(L)中无任务的车辆。

(2)在某个时段 t 内有 m 个车辆请求任务,目前可以用来调度的无任务的车辆共有 l($\geqslant m$)辆。用 $d_{ij}(i=1,2,\cdots,m;j=1,2,\cdots,l)$ 表示车辆 j 到申请位置 i 的距离。

根据以上假设,有关车辆调度的数学规划模型表示如下(设调度的总成本为 f):

$$\min f = \sum_{i=1}^{m}\sum_{j=1}^{l} f_{ij} = \sum_{i=1}^{m}\sum_{j=1}^{l} c_j d_{ij} x_{ij}$$

$$x_{ij} = \begin{cases} 1 & (\text{汽车 } j \text{ 调度到任务请求 } i) \\ 0 & (\text{否则}) \end{cases}$$

该问题的约束条件类似于资源分配问题。需要注意的是,这是一个车辆数比任务数多的特殊的资源分配问题。

设在时刻 t 有 5 个用车请求,此时共有 10 辆车可以用来调度,它们均能在任务要求时间内到达任务申请地点。这 10 辆车中有大型车、中型车和小型车,且大型车每运行 1km 成本为 4 元,中型车每运行 1km 成本为 3 元,小型车每运行 1km 成本为 2 元。

任务请求地点与调度车辆之间的运行距离见表 3-43。通常情况下,汽车的运输成本等于汽车的行驶距离乘以汽车每千米的运输成本。当调度车辆类型不能满足时,如请求车辆类型为大型车,而调度的为小型车时,其运输成本设为∞。每辆汽车的运输成本见表3-44。

任务请求地点与调度车辆之间的运行距离(单位:km)　　表 3-43

任务	车辆									
	1(M)	2(L)	3(S)	4(S)	5(L)	6(M)	7(L)	8(M)	9(S)	10(L)
1(M)	10	20	15	19	30	5	18	16	13	12
2(S)	4	12	8	9	16	20	22	17	9	6
3(L)	3	5	12	9	16	25	6	8	11	8
4(M)	13	21	8	14	9	16	31	4	21	12
5(S)	15	23	24	5	18	5	16	13	9	12

任务请求与调度车辆对应的运输成本(单位:元)　　表 3-44

任务	车辆									
	1(M)	2(L)	3(S)	4(S)	5(L)	6(M)	7(L)	8(M)	9(S)	10(L)
1(M)	30	80	∞	∞	120	15	72	48	∞	48
2(S)	12	48	16	18	64	60	88	51	18	24
3(L)	∞	20	∞	∞	64	∞	24	∞	∞	32
4(M)	39	84	∞	∞	36	48	124	12	∞	48
5(S)	45	92	48	10	72	15	64	39	18	48

根据上述条件,可得效率矩阵

$$\begin{bmatrix} 30 & 80 & \infty & \infty & 120 & 15 & 72 & 48 & \infty & 48 \\ 12 & 48 & 16 & 18 & 64 & 60 & 88 & 51 & 18 & 24 \\ \infty & 20 & \infty & \infty & 64 & \infty & 24 & \infty & \infty & 32 \\ 39 & 84 & \infty & \infty & 36 & 48 & 124 & 12 & \infty & 48 \\ 45 & 92 & 48 & 10 & 72 & 15 & 64 & 39 & 18 & 48 \end{bmatrix}$$

由于任务请求与可用来调度的车辆数量不同,为了满足匈牙利解法的条件,必须补充5个虚构的任务请求,使得任务请求和调度的车辆数量相等。于是,得到新的效率矩阵

$$
\boldsymbol{C}=\begin{bmatrix}
30 & 80 & \infty & \infty & 120 & 15 & 72 & 48 & \infty & 48\\
12 & 48 & 16 & 18 & 64 & 60 & 88 & 51 & 18 & 24\\
\infty & 20 & \infty & \infty & 64 & \infty & 24 & \infty & \infty & 32\\
39 & 84 & \infty & \infty & 36 & 48 & 124 & 12 & \infty & 48\\
45 & 92 & 48 & 10 & 72 & 15 & 64 & 39 & 18 & 48\\
0 & 0 & 0 & 0 & 0 & 0 & 0 & 0 & 0 & 0\\
0 & 0 & 0 & 0 & 0 & 0 & 0 & 0 & 0 & 0\\
0 & 0 & 0 & 0 & 0 & 0 & 0 & 0 & 0 & 0\\
0 & 0 & 0 & 0 & 0 & 0 & 0 & 0 & 0 & 0\\
0 & 0 & 0 & 0 & 0 & 0 & 0 & 0 & 0 & 0
\end{bmatrix}
$$

首先调整效率矩阵 $\boldsymbol{C}$,使得每一行和每一列中至少有一个零元素。具体做法是从 $\boldsymbol{C}$ 的每一行中减去该行的最小元素,得到矩阵

$$
\begin{bmatrix}
15 & 65 & \infty & \infty & 105 & 0 & 57 & 33 & \infty & 33\\
0 & 36 & 4 & 6 & 52 & 48 & 76 & 39 & 6 & 12\\
\infty & 0 & \infty & \infty & 44 & \infty & 4 & \infty & \infty & 12\\
27 & 72 & \infty & \infty & 24 & 36 & 112 & 0 & \infty & 36\\
35 & 82 & 38 & 0 & 62 & 5 & 54 & 29 & 8 & 38\\
0 & 0 & 0 & 0 & 0 & 0 & 0 & 0 & 0 & 0\\
0 & 0 & 0 & 0 & 0 & 0 & 0 & 0 & 0 & 0\\
0 & 0 & 0 & 0 & 0 & 0 & 0 & 0 & 0 & 0\\
0 & 0 & 0 & 0 & 0 & 0 & 0 & 0 & 0 & 0\\
0 & 0 & 0 & 0 & 0 & 0 & 0 & 0 & 0 & 0
\end{bmatrix}
$$

再从上述矩阵中找出不同行、不同列的10个不同的零元素。具体做法是从零元素最少的行中取出0,作出标记,并画出相同列和行的零元素。以此类推,直到标出所有的零元素。标记出10个不同的零元素的矩阵

$$
\begin{bmatrix}
15 & 65 & \infty & \infty & 105 & [0] & 57 & 33 & \infty & 33\\
[0] & 36 & 4 & 6 & 52 & 48 & 76 & 39 & 6 & 12\\
\infty & [0] & \infty & \infty & 44 & \infty & 4 & \infty & \infty & 12\\
27 & 72 & \infty & \infty & 24 & 36 & 112 & [0] & \infty & 36\\
35 & 82 & 38 & [0] & 62 & 5 & 54 & 29 & 8 & 38\\
0 & 0 & [0] & 0 & 0 & 0 & 0 & 0 & 0 & 0\\
0 & 0 & 0 & 0 & [0] & 0 & 0 & 0 & 0 & 0\\
0 & 0 & 0 & 0 & 0 & 0 & [0] & 0 & 0 & 0\\
0 & 0 & 0 & 0 & 0 & 0 & 0 & 0 & [0] & 0\\
0 & 0 & 0 & 0 & 0 & 0 & 0 & 0 & 0 & [0]
\end{bmatrix}
$$

由此可得该调度问题的最优解矩阵

$$(x_{ij}) = \begin{bmatrix} 0&0&0&0&0&1&0&0&0&0\\ 1&0&0&0&0&0&0&0&0&0\\ 0&1&0&0&0&0&0&0&0&0\\ 0&0&0&0&0&0&0&1&0&0\\ 0&0&0&1&0&0&0&0&0&0\\ 0&0&1&0&0&0&0&0&0&0\\ 0&0&0&0&1&0&0&0&0&0\\ 0&0&0&0&0&0&1&0&0&0\\ 0&0&0&0&0&0&0&0&1&0\\ 0&0&0&0&0&0&0&0&0&1 \end{bmatrix}$$

后五行为虚构的任务,所以只取前五行的非零项 x_{16}、x_{21}、x_{32}、x_{48}、x_{54},便得到了最优的调度结果:车辆6 去完成请求1,车辆1 去完成请求2,车辆2 去完成请求3,车辆8 去完成请求4,车辆4 去完成请求5。

根据上述调度方法,最优的调度成本为

$$f = \sum_{i=1}^{m}\sum_{j=1}^{l} c_j d_{ij} x_{ij} = c_{16} + c_{21} + c_{32} + c_{48} + c_{54} = 15 + 12 + 20 + 12 + 10 = 69(\text{元})$$

习　　题

3-1　用表上作业法求解表3-45的运输问题。

运输费用　　表3-45

产地	销地				产量
	A	B	C	D	
甲	2	4	7	6	5
乙	4	3	2	5	2
丙	6	3	5	4	3
销量	3	3	2	2	10

参考答案:最小运输费用为31

3-2　某市区交通期望图有三个始点和三个终点,始点发生的出行交通量为 a_i,终点吸引的出行交通量为 b_j,始终点之间的旅行费用见表3-46。如何安排出行交通量 f_{ij} 才能使总的旅行费用为最小?

旅行费用　　表3-46

始点	终点			
	D_1	D_2	D_3	a_i
O_1	5	4	2	30
O_2	10	4	7	40
O_3	9	8	4	30
b_j	20	30	50	100

参考答案:最小旅行费用为 430

3-3 某运输公司有 5 辆汽车分别担负 5 条运输线的运输任务,由于车辆性能、路the等级及驾驶员水平不同,不同车辆在不同运输线上所需的运输费用是不一样的,见表 3-47。如何分配这 5 辆汽车才能使总的运输费用最少?

运输费用 表 3-47

车辆	运输线				
	R_1	R_2	R_3	R_4	R_5
T_1	5	6	9	3	4
T_2	7	4	6	3	5
T_3	3	4	5	3	6
T_4	6	7	4	9	7
T_5	7	9	8	10	5

参考答案:最小运输费用为 19

3-4 某运输问题的产销平衡表、单位运价表及得到的一个最优调运方案分别见表 3-48、表 3-49,请确定表 3-49 中参数 k 的取值范围。

题 3-4 表(1) 表 3-48

产地	销地				产量
	B_1	B_2	B_3	B_4	
A_1		5		10	15
A_2	0	10	15		25
A_3	5				5
销量	5	15	15	10	

题 3-4 表(2) 表 3-49

产地	销地			
	B_1	B_2	B_3	B_4
A_1	10	1	20	11
A_2	12	k	9	20
A_3	2	14	16	18

参考答案:$3 \leqslant k \leqslant 10$

3-5 用隐枚举法求解下列问题。

$$\min z = 4x_1 + 3x_2 + 2x_3$$

$$\text{s.t.}\begin{cases}2x_1 - 5x_2 + 3x_3 \leqslant 4 \\ 4x_1 + x_2 + 3x_3 \geqslant 3 \\ x_2 + x_3 \geqslant 1 \\ x_1, x_2, x_3 = 1 \text{ 或 } 0\end{cases}$$

参考答案:$x_1 = 0, x_2 = 0, x_3 = 1, \min z = 2$

3-6 用割平面法求解下列问题。

$$\max z = x_1 + x_2$$

$$\text{s. t.}\begin{cases}2x_1 + x_2 \leqslant 6\\4x_1 + 5x_2 \leqslant 20\\x_1, x_2 \geqslant 0 \text{ 且为整数}\end{cases}$$

参考答案:$x_1 = 2, x_2 = 2, \max z = 4$

3-7 用分枝定界法求解下列问题。

$$\max z = -2x_1 + x_2$$

$$\text{s. t.}\begin{cases}x_1 - x_2 \leqslant 0\\-3x_1 + x_2 \leqslant 3\\x_1 + 2x_2 \leqslant 30\\x_1, x_2 \geqslant 0 \text{ 且为整数}\end{cases}$$

参考答案:$x_1 = 3, x_2 = 12, \max z = 6$

3-8 用割平面法求解下列问题。

$$\max z = -x_1 - x_2$$

$$\text{s. t.}\begin{cases}3x_1 + 2x_2 \leqslant 10\\x_1 + 4x_2 \leqslant 11\\x_1, x_2 \geqslant 0 \text{ 且为整数}\end{cases}$$

参考答案:$x_1 = 2, x_2 = 2, \max z = -4$

3-9 用分枝定界法求解下列问题。

$$\max z = -3x_1 - 4x_2$$

$$\text{s. t.}\begin{cases}2x_1 + 5x_2 \leqslant 15\\2x_1 - 2x_2 \leqslant 5\\x_1, x_2 \geqslant 0 \text{ 且为整数}\end{cases}$$

参考答案:$x_1 = 2, x_2 = 2, \max z = -14$

3-10 对下列整数规划问题,先解相应的线性规划然后用凑整的办法能否求得最优整数解?

(1)

$$\max z = 3x_1 + 2x_2$$

$$\text{s. t.}\begin{cases}2x_1 + 3x_2 \leqslant 14.5\\4x_1 + x_2 \leqslant 16.5\\x_1, x_2 \geqslant 0 \text{ 且为整数}\end{cases}$$

(2)

$$\max z = 3x_1 + 2x_2$$

$$\text{s. t.}\begin{cases}2x_1 + 3x_2 \leqslant 14\\2x_1 + x_2 \leqslant 9\\x_1, x_2 \geqslant 0 \text{ 且为整数}\end{cases}$$

参考答案:(1)凑整可得最优解;(2)凑整不可得最优解

3-11 某城市的消防总部将全市划分为11个防火区,设有4个消防(救火)站。图3-9表示各防火区域与消防站的位置,其中①~④表示消防站,1~11表示防火区域。根据历史资料,各消防站可在事先规定的时间内对所负责地区的火灾予以扑灭。图3-9中虚线表示各地区由哪个消防站负责(没有虚线联系,就表示不负责)。现在消防总部提出:可否减少消防站的数目,仍能同样负责各地区的防火任务?如果可以,应当关闭哪个?

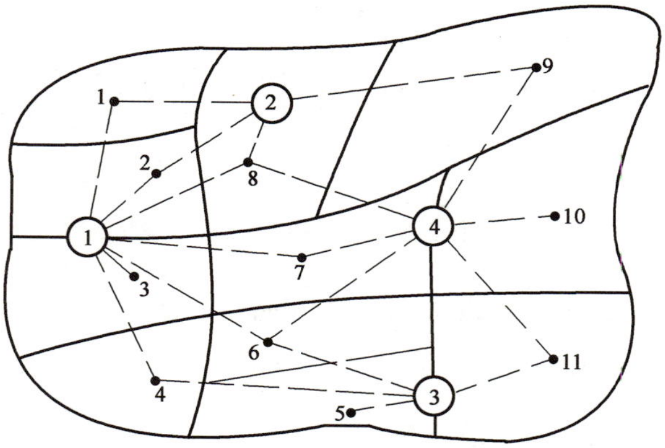

图 3-9　题 3-11 图

提示:对每个消防站定义一个 0-1 变量 x_j,令

$$x_j = \begin{cases} 1 & (\text{某防火区域可由第 } j \text{ 消防站负责}, j = 1,2,3,4) \\ 0 & (\text{某防火区域不由第 } j \text{ 消防站负责}, j = 1,2,3,4) \end{cases}$$

然后对每个防火区域列一个约束条件。

第四章　非线性规划问题

前面讨论的线性最优化问题或线性规划,其目标函数和约束条件均是线性函数。而当极值问题的目标函数或约束条件出现非线性函数时,这样的极值问题就是非线性极值问题或非线性规划问题。从维度的角度来看,非线性规划问题可分为一维非线性规划问题和多维非线性规划问题;从是否含有约束的角度来看,非线性规划问题又可分为约束非线性极值问题和无约束非线性极值问题。

非线性规划是20世纪50年代才开始形成的一门新兴科学。1951年库恩(Kuhn)和塔克(Tucker)发表的关于最优性条件(后来称为库恩-塔克条件,简称K-T条件)的论文是非线性规划正式诞生的一个重要标志。在20世纪50年代还得出了可分离规划和二次规划的多种解法,它们大都是以丹齐克(Dantzig)提出的解线性规划问题的单纯形法为基础的。20世纪50年代末到60年代末出现了许多求解一般非线性规划问题的有效算法,如用于求解一维非线性极值问题的牛顿法、二分法、黄金分割法等,用于求解多维无约束极值问题的最速下降法、牛顿法、阻尼牛顿法、共轭梯度法和变尺度法等,用于求解多维约束极值问题的惩罚函数法、二次规划法、可行方向法、梯度投影法和既约梯度法等。这些方法的出现对非线性规划的发展和应用产生了极大的促进作用。尤其是20世纪80年代以来,计算机技术的快速发展使求解非线性规划问题取得了长足进步,出现了Excel Solver、MATLAB、SAS、LINGO等多种非线性规划求解软件,同时推动了信赖域法、稀疏拟牛顿法、并行计算、内点法和有限存储法等的快速发展。

非线性规划的应用范围十分广泛,在许多经营管理、工程设计、军事指挥和工业生产等实际问题中遇到的大部分都是非线性规划问题。例如,如何在现有的人力、物力、财力条件下合理安排产品生产,以获得最高利润;如何设计某种产品,在满足规格、性能要求的前提下,使成本最低。同样,非线性规划在交通领域也有着广泛的应用,如在道路工程设计中遇到的许多工程最优设计问题,交通系统规划中遇到的各种交通分配模型,交通信息与系统优化以及工程优化排序等,涉及的数学模型基本上都是非线性极值问题。本章讨论非线性极值问题及其求解方法。

第一节　基 本 概 念

一、引言

首先来看一个非线性规划在交通领域应用的简单例子。

【例4-1】　设 O 与 D 两点之间有两条道路a与b,道路a路径短但容量(通行能力)小,道路b路径长但容量(通行能力)大。其中两条道路各自的走行时间 t 与通过的交通流量 q 的关系式如下:

$$t_{\mathrm{a}}=10+0.01q_{\mathrm{a}},t_{\mathrm{b}}=15+0.005q_{\mathrm{b}}$$

当从点 O 到点 D 的交通量为2000时,求用户均衡条件下道路a和道路b的交通流量。

下面来分析这个例子,并为其建立数学模型:

当 O、D 两点间的交通量小于500时,所有的交通量都选择沿着道路a走行;当交通量大于500时,两条道路都有一定的交通量通过。根据题意,可得用户均衡条件下的目标函数为

$$\begin{aligned}\min f(x) &= \int_0^{q_a}(10+0.01\omega)\mathrm{d}\omega + \int_0^{q_b}(15+0.005\omega)\mathrm{d}\omega \\ &= 10q_a + 0.005q_a^2 + 15q_b + 0.0025q_b^2\end{aligned}$$

另外,由于流量守恒约束和流量非负性约束的限制,该问题还需要满足

$$q_a + q_b = 2000$$

$$q_a \geqslant 0, q_b \geqslant 0$$

最后,得到该问题的数学模型为

$$\begin{aligned}\min f(x) &= \int_0^{q_a}(10+0.01\omega)\mathrm{d}\omega + \int_0^{q_b}(15+0.005\omega)\mathrm{d}\omega \\ &= 10q_a + 0.005q_a^2 + 15q_b + 0.0025q_b^2\end{aligned}$$

$$\text{s.t.}\begin{cases} q_a + q_b = 2000 \\ q_a \geqslant 0, q_b \geqslant 0 \end{cases}$$

【例4-1】的目标函数是自变量的非线性函数,而约束条件是线性函数,但它也是非线性规划问题。由此可见,非线性规划问题广泛存在于交通分配和交通网络设计中。接下来首先介绍一下非线性规划的定义。

定义4-1 如果一个规划问题的目标函数或约束条件中至少有一个是自变量的非线性函数,则称这种规划问题为非线性规划问题。非线性规划模型的一般形式如下:

$$\min f(\boldsymbol{x})$$

$$\text{s.t.}\begin{cases} h_i(\boldsymbol{x}) = 0 & (i=1,2,\cdots,m) \\ g_j(\boldsymbol{x}) \geqslant 0 & (j=1,2,\cdots,p) \end{cases} \tag{4-1}$$

其中,$\boldsymbol{x}=(x_1,x_2,\cdots,x_n)^{\mathrm{T}} \in \boldsymbol{E}^n$,$\boldsymbol{E}^n$ 是 n 维欧氏空间。$f(\boldsymbol{x})$ 是目标函数,$h_i(\boldsymbol{x})$ 是等式约束函数,$g_j(\boldsymbol{x})$ 是不等式约束函数,这些函数中至少有一个是非线性的。用 $\boldsymbol{S}$ 表示满足式(4-1)约束条件的 $\boldsymbol{x}$ 点的集合,即

$$\boldsymbol{S} = \{\boldsymbol{x} \in \boldsymbol{E}^n \mid h_i(\boldsymbol{x})=0, i=1,2,\cdots,m; g_j(\boldsymbol{x}) \geqslant 0, j=1,2,\cdots,p\}$$

$\boldsymbol{S}$ 称为非线性规划(4-1)的可行域,$\boldsymbol{S}$ 中的点 $\boldsymbol{x}$ 称为非线性规划(4-1)的可行点或可行解。

如果 $n=1$,则称非线性规划(4-1)为一维非线性极值问题,否则称为多维(n 维)非线性极值问题。如果 $\boldsymbol{S}=\boldsymbol{E}^n$,则称非线性规划(4-1)为非线性无约束极值问题,或简称无约束极值问题,否则称非线性规划(4-1)为非线性约束极值问题,或约束极值问题。

由于 $\min f(\boldsymbol{x}) = -\min\{-f(\boldsymbol{x})\}$,当需使目标函数极大化时,只需使其负值极小化即可。因而仅考虑目标函数极小化,这也不失一般性。

二、极值问题

1. 全局最优解和局部最优解

由于线性规划的目标函数为线性函数,可行域为凸集,求出的最优解就是在整个可行域上

的全局最优解。非线性规划却不然,有时求出的某个解虽是一部分可行域上的极值点,但却并不一定是整个可行域上的全局最优解。我们来看一下非线性极值问题的极值点定义:

定义 4-2 可行点 $\boldsymbol{x}^* \in \boldsymbol{S}$,若对每一个 $\boldsymbol{x} \in \boldsymbol{S}$,均有 $f(\boldsymbol{x}) \geqslant f(\boldsymbol{x}^*)$,则称 $\boldsymbol{x}^*$ 为非线性规划(4-1)的最优解或全局最优解或极小点。

定义 4-3 可行点 $\boldsymbol{x}^* \in \boldsymbol{S}$,若存在 $\boldsymbol{x}^*$ 的某个 $\varepsilon > 0$ 邻域

$$N_\varepsilon(\boldsymbol{x}^*) = \{\boldsymbol{x} \mid \|\boldsymbol{x} - \boldsymbol{x}^*\| < \varepsilon\}$$

使得对每个 $\boldsymbol{x} \in \boldsymbol{S} \cap N_\varepsilon(\boldsymbol{x}^*)$,有 $f(\boldsymbol{x}) \geqslant f(\boldsymbol{x}^*)$,则称 $\boldsymbol{x}^*$ 为非线性规划(4-1)的局部最优解或局部极小点。

如将上述不等式符号取反向,即可得到相应的极大点和极大值的定义。

对于线性规划,如果最优解存在,那么它一定存在于其可行域的边界上,而且一定至少有一个最优解能在其可行域的一个顶点上出现,所以存在求解一切线性规划的最优解普遍有效的方法。但是如果非线性规划的最优解存在,它未必一定存在于其可行域的边界上,也可以出现在可行域的内部,而且最优解附近的情况比较复杂,所以非线性规划极值问题的求解没有一种普遍有效的方法,它比求解线性规划极值问题要复杂得多。从下面两个简单的非线性规划例子可以看出非线性极值问题最优解存在的一般性。

【例 4-2】 求解如下目标函数。

$$\min f(x_1, x_2) = (x_1 - 1)^2 + (x_2 - 1)^2$$

$$\text{s. t.} \begin{cases} 0 \leqslant x_1 \leqslant 2 \\ 0 \leqslant x_2 \leqslant 2 \end{cases}$$

解:容易看出,这个简单的非线性规划的最优解是 $\boldsymbol{x}^* = (1, 1)^{\mathrm{T}}$。显然这个最优解 $\boldsymbol{x}^*$ 在其可行域的内部(图 4-1)。

【例 4-3】 已知目标函数如下:

$$\min f(x_1, x_2) = (x_1 - 1)^2 + (x_2 - 1)^2$$

$$\text{s. t. } (x_1 - 2)^2 + (x_2 - 1)^2 \leqslant 1$$

解:易知这个非线性规划的最优解 $\boldsymbol{x}^*$ 也是 $(1, 1)^{\mathrm{T}}$,而且最优解 $(1, 1)^{\mathrm{T}}$ 在其可行域的边界上(图 4-2)。

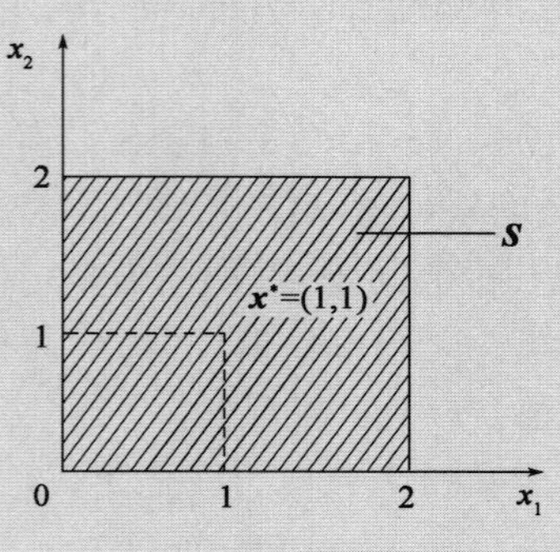

图 4-1 【例 4-2】图

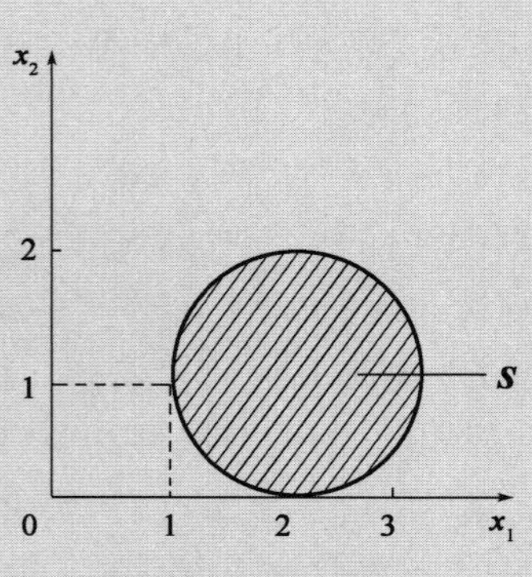

图 4-2 【例 4-3】图

2. 梯度和 Hessian 矩阵

定义 4-4 设 n 维函数 $f(\boldsymbol{x})$ 在点 $P_0(x_1, \cdots, x_n)$ 处具有偏导数,则称向量 $\left(\frac{\partial f}{\partial x_1}, \frac{\partial f}{\partial x_2}, \cdots,\right.$

$\frac{\partial f}{\partial x_n}\Big)^{\mathrm{T}}$ 为函数 $f(\boldsymbol{x})$ 在点 P_0 处的梯度，记作

$$\nabla f(\boldsymbol{x})=\frac{\mathrm{d}f}{\mathrm{d}\boldsymbol{x}}\left(\frac{\partial f}{\partial x_1},\frac{\partial f}{\partial x_2},\cdots,\frac{\partial f}{\partial x_n}\right)^{\mathrm{T}} \tag{4-2}$$

定义 4-5 设函数 $f(\boldsymbol{x})$ 在点 $P_0(x_1,\cdots x_n)$ 的一个邻域内所有二阶偏导数连续，通常定义梯度 $\nabla f(\boldsymbol{x})$ 对 $\boldsymbol{x}$ 的导数即 $f(\boldsymbol{x})$ 对 $\boldsymbol{x}$ 的二阶导数为 $f(\boldsymbol{x})$ 的 Hessian 矩阵，记为

$$H(\boldsymbol{x})=\nabla^2 f(\boldsymbol{x})=\begin{bmatrix}\frac{\partial^2 f(\boldsymbol{x})}{\partial^2 x_1} & \frac{\partial^2 f(\boldsymbol{x})}{\partial x_1\partial x_2} & \cdots & \frac{\partial^2 f(\boldsymbol{x})}{\partial x_1\partial x_n}\\ \frac{\partial^2 f(\boldsymbol{x})}{\partial x_2\partial x_1} & \frac{\partial^2 f(\boldsymbol{x})}{\partial^2 x_2} & \cdots & \frac{\partial^2 f(\boldsymbol{x})}{\partial x_2\partial x_n}\\ \vdots & \vdots & & \vdots\\ \frac{\partial^2 f(\boldsymbol{x})}{\partial x_n\partial x_1} & \frac{\partial^2 f(\boldsymbol{x})}{\partial x_n\partial x_2} & \cdots & \frac{\partial^2 f(\boldsymbol{x})}{\partial^2 x_n}\end{bmatrix} \tag{4-3}$$

3. 正定矩阵

我们知道，特殊的二次函数 $f(\boldsymbol{x})=\frac{1}{2}\boldsymbol{x}^{\mathrm{T}}\boldsymbol{Q}\boldsymbol{x}$ 称为二次型。$\boldsymbol{Q}$ 为正定的二次函数，是我们更关心的函数。下面简单复习一下关于矩阵正定、半正定的概念。

定义 4-6 设 $\boldsymbol{Q}$ 是 n 阶对称矩阵，对任意的非零 $\boldsymbol{x}\in\boldsymbol{R}^n$，都有 $\boldsymbol{x}^{\mathrm{T}}\boldsymbol{Q}\boldsymbol{x}>0$，则矩阵 $\boldsymbol{Q}$ 称为正定矩阵；若都有 $\boldsymbol{x}^{\mathrm{T}}\boldsymbol{Q}\boldsymbol{x}\geqslant 0$，则矩阵 $\boldsymbol{Q}$ 称为半正定矩阵。

一个对称矩阵是否正定，可以用 Sylvester 定理来判定。

定理 4-1（Sylvester 定理） 一个 n 阶对称矩阵 $\boldsymbol{Q}$ 是正定矩阵的充分必要条件是矩阵 $\boldsymbol{Q}$ 的各阶顺序主子式都是正的。

【例 4-4】 判定 $\boldsymbol{Q}=\begin{bmatrix}6 & -3 & 1\\ -3 & 2 & 0\\ 1 & 0 & 4\end{bmatrix}$ 的正定性。

解：$\boldsymbol{Q}$ 的各阶主子式依次为

$$|6|=6>0,\quad \begin{vmatrix}6 & -3\\ -3 & 2\end{vmatrix}=3>0,\quad |\boldsymbol{Q}|=10>0$$

根据定理 4-1 可知，$\boldsymbol{Q}$ 为正定矩阵。

三、凸规划及相关概念

凸集、凸函数和凸规划是非线性规划问题中经常遇到的概念。

1. 凸集

定义 4-7 设集合 $\boldsymbol{\Omega}\subset\boldsymbol{R}^n$，若对于任意两点 $\boldsymbol{x}_1$、$\boldsymbol{x}_2\in\boldsymbol{\Omega}$ 及实数 $\alpha(0\leqslant\alpha\leqslant 1)$，都有 $\alpha\boldsymbol{x}_1+(1-\alpha)\boldsymbol{x}_2\in\boldsymbol{\Omega}$，则称集合 $\boldsymbol{\Omega}$ 为凸集。

由定义 4-7 可知，一个集合，如果连接其任意两点的线段都属于该集合，那么这个集合就是凸集。例如，直线、线段、圆、球等都是凸集，圆环、五角星等都不是凸集。

2. 凸函数

定义 4-8 设$f(\boldsymbol{x})$是定义在n维欧式空间$\boldsymbol{R}^n$中的某个凸集$\boldsymbol{\Omega}$上的函数,若对任何实数$\lambda(0\leqslant\lambda\leqslant1)$以及$\boldsymbol{\Omega}$中任意两点的$\boldsymbol{x}_1$和$\boldsymbol{x}_2$,恒有

$$f(\lambda\boldsymbol{x}_1+(1-\lambda)\boldsymbol{x}_2)\leqslant\lambda f(\boldsymbol{x}_1)+(1-\lambda)f(\boldsymbol{x}_2) \tag{4-4}$$

则称$f(\boldsymbol{x})$为定义的凸集$\boldsymbol{\Omega}$上的凸函数。

若对每一个$\lambda(0<\lambda<1)$和$\boldsymbol{x}_1\neq\boldsymbol{x}_2\in\boldsymbol{\Omega}$恒有

$$f(\lambda\boldsymbol{x}_1+(1-\lambda)\boldsymbol{x}_2)<\lambda f(\boldsymbol{x}_1)+(1-\lambda)f(\boldsymbol{x}_2) \tag{4-5}$$

则称$f(\boldsymbol{x})$为定义的凸集$\boldsymbol{\Omega}$上的严格凸函数。

几何意义:函数图像上任意两点的连线处处不在对应的函数图像下方,如图4-3所示。

凸函数的判定定理如下:

定理 4-2(一阶条件) 设$f(\boldsymbol{x})$在开凸集$\boldsymbol{\Omega}\subseteq\boldsymbol{R}^n$上具有一阶连续导数,则$f(\boldsymbol{x})$在$\boldsymbol{\Omega}$上为凸函数的充要条件是对任意的$\boldsymbol{x}_1$、$\boldsymbol{x}_2\in\boldsymbol{\Omega}$,都有$f(\boldsymbol{x}_2)\geqslant f(\boldsymbol{x}_1)+\nabla f(\boldsymbol{x}_1)^{\mathrm{T}}(\boldsymbol{x}_2-\boldsymbol{x}_1)$。

几何意义:当一个可微函数图像上任一点的切线位于该函数图像的下方时,该函数是凸函数,如图4-4所示。

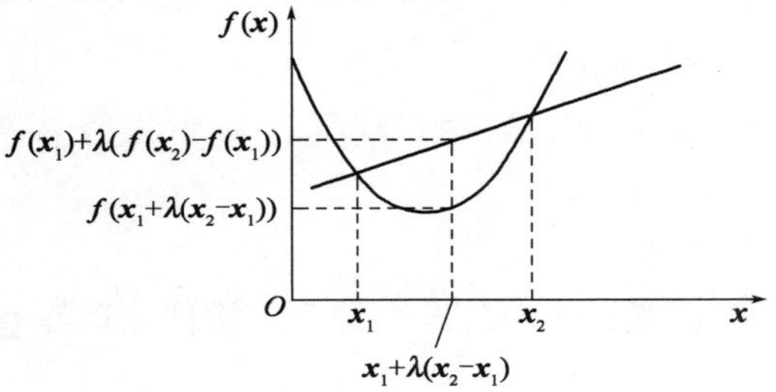

图4-3 凸函数的几何意义(1)

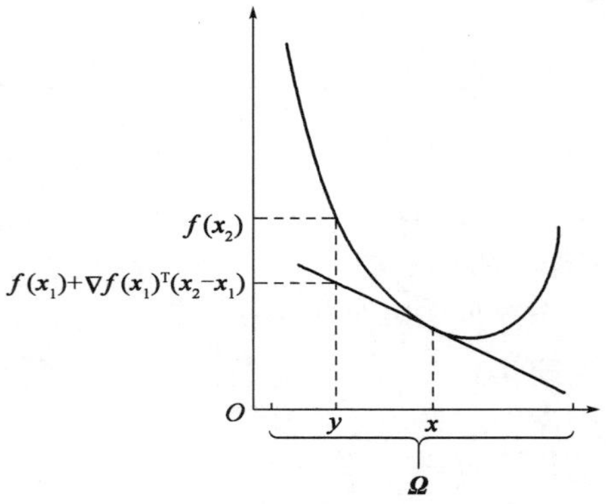

图4-4 凸函数的几何意思(2)

定理 4-3(二阶条件) 设$f(\boldsymbol{x})$在开凸集$\boldsymbol{\Omega}\subseteq\boldsymbol{R}^n$内具有二阶连续导数,则$f(\boldsymbol{x})$是$\boldsymbol{\Omega}$内的凸函数的充要条件为$f(\boldsymbol{x})$的Hessian矩阵$H(\boldsymbol{x})$在$\boldsymbol{x}\in\boldsymbol{\Omega}$上半正定。

3. 凸规划

凸规划是非线性规划中一类比较简单而又具有重要理论意义的问题,如交通规划"四阶段"中交通分配常用的用户均衡模型和系统最优模型都属于凸规划问题。接下来首先介绍一下凸规划的定义及其相应的性质。

定义 4-9 考虑非线性规划(NP)$\min\limits_{\boldsymbol{x}\in\boldsymbol{D}}f(\boldsymbol{x})$,$\boldsymbol{D}=\{\boldsymbol{x}\mid g_j(\boldsymbol{x})\geqslant0,j=1,2,\cdots,p\}$,若$f(\boldsymbol{x})$、$-g_j(\boldsymbol{x})(j=1,2,\cdots,p)$为凸函数,则(NP)称为凸规划。

由于线性函数也是凸函数,故线性规划也是一种凸规划。

一般来说,(NP)的局部最优解不一定是全局最优解,而且,若(NP)的最优解存在,也不一定是唯一的。但对于凸规划来说却可以得到肯定的回答。

定理 4-4 设$f(\boldsymbol{x})$、$-g_j(\boldsymbol{x})(j=1,2,\cdots,p)$是凸函数,则:

(1)问题(NP)的可行域$\boldsymbol{D}$为凸集。

(2)问题(NP)的全局最优解集合$\boldsymbol{D}^*$为凸集。

(3)问题(NP)的任何局部最优解都是全局最优解。

证明：(1) 因 $g_j(\boldsymbol{x})(j=1,2,\cdots,p)$、$g_i(\boldsymbol{x})(i=1,2,\cdots,l)$ 为凹函数，对任何 $\boldsymbol{x}_1$、$\boldsymbol{x}_2 \in \boldsymbol{D}$ 有

$$g_j(\lambda\boldsymbol{x}_1+(1-\lambda)\boldsymbol{x}_2) \geqslant \lambda g_j(\boldsymbol{x}_1)+(1-\lambda)g_j(\boldsymbol{x}_2) \geqslant 0(j=1,2,\cdots,p;0\leqslant\lambda\leqslant1)$$

故得 $\lambda\boldsymbol{x}_1+(1-\lambda)\boldsymbol{x}_2 \in \boldsymbol{D}$，所以 $\boldsymbol{D}$ 为凸集。

(2) 当 $\boldsymbol{D}^*=\boldsymbol{\emptyset}$ 时，结论显然正确；当 $\boldsymbol{D}^* \neq \boldsymbol{\emptyset}$ 时，记 $\min\limits_{\boldsymbol{x}\in\boldsymbol{D}} f(\boldsymbol{x})=c$，则可以证明 $\boldsymbol{R}^*=\{\boldsymbol{x}\mid f(\boldsymbol{x})\leqslant c,\boldsymbol{x}\in\boldsymbol{D}\}$ 是凸集。

(3) 设 $\boldsymbol{x}^*$ 为问题(NP)的局部最优解，即存在 $\boldsymbol{x}^*$ 的某个邻域 $N_\delta(\boldsymbol{x}^*)$，对任意 $\boldsymbol{x}\in N_\delta(\boldsymbol{x}^*)\cap\boldsymbol{D}$ 有 $f(\boldsymbol{x})\geqslant f(\boldsymbol{x}^*)$，令 $\boldsymbol{y}$ 是 $\boldsymbol{D}$ 中的任意一点，对充分小的 $\lambda>0$，有 $\lambda\boldsymbol{y}+(1-\lambda)\boldsymbol{x}^*\in N_\delta(\boldsymbol{x}^*)\cap\boldsymbol{D}$，从而有 $f(\lambda\boldsymbol{y}+(1-\lambda)\boldsymbol{x}^*)\geqslant f(\boldsymbol{x}^*)$。因为 $\boldsymbol{f}(\boldsymbol{x})$ 是凸函数，所以有 $\lambda f(\boldsymbol{y})+(1-\lambda)f(\boldsymbol{x}^*)\geqslant f(\lambda\boldsymbol{y}+(1-\lambda)\boldsymbol{x}^*)$，由以上两个不等式得 $\lambda f(\boldsymbol{y})+(1-\lambda)f(\boldsymbol{x}^*)\geqslant f(\boldsymbol{x}^*)$，即 $\lambda f(\boldsymbol{y})\geqslant\lambda f(\boldsymbol{x}^*)$。两边同除以 $\lambda(\lambda>0)$ 得 $f(\boldsymbol{y})\geqslant f(\boldsymbol{x}^*)$，这说明 $\boldsymbol{x}^*$ 是 $f(\boldsymbol{x})$ 的全局最优解。

【例 4-5】 判断如下非线性规划是否为凸规划：

$$\min f(\boldsymbol{x})=x_1^2+x_2^2-4x_1+4$$

$$\text{s.t.}\begin{cases} g_1(\boldsymbol{x})=-x_1+x_2-2\leqslant0 \\ g_2(\boldsymbol{x})=-x_1^2-x_2+1\leqslant0 \\ x_1,x_2\geqslant0 \end{cases}$$

解： $\nabla^2 f(\boldsymbol{x})=\begin{bmatrix}2&0\\0&2\end{bmatrix}$，$\nabla^2 g_1(\boldsymbol{x})=\begin{bmatrix}0&0\\0&0\end{bmatrix}$，$\nabla^2 g_2(\boldsymbol{x})=\begin{bmatrix}2&0\\0&0\end{bmatrix}$。

根据定理 4-1 可以判断，上述三个矩阵都是正定矩阵，所以该非线性规划为凸规划。

四、下降迭代算法简介

在实际应用中，常遇到道路工程最优化设计问题、交通网络设计问题等交通问题，这些问题通常可以通过建立模型来解决，模型的解集就是问题的最优设计方案。而这些问题涉及的数学模型很大一部分是非线性模型，因此对非线性规划模型的求解成为解决这些问题最关键的环节。然而，求解非线性规划模型比求解线性规划模型要困难复杂得多，即使是无约束极值问题，也很难用解析的方法求出精确解。由多元微积分理论可知，如果 $\boldsymbol{S}=\boldsymbol{E}^n$，且 $f(\boldsymbol{x})$ 连续可微，则 $\boldsymbol{x}^*$ 为非线性极值问题(4-1)的一个最优解或局部最优解的必要条件是

$$\nabla f(\boldsymbol{x}^*)=0$$

或

$$\frac{\partial f(\boldsymbol{x}^*)}{\partial x_i}=0 \qquad (i=1,2,\cdots,n)$$

这个问题包含 n 个未知量、n 个方程组，并且一般是非线性的。对于一些比较简单的函数，上面的方程组是可以求出准确解的，但是在一般情况下，都不能用解析方法求得准确解。所以，求解非线性极值问题(4-1)，一般只能用数值迭代方法求得其近似解。而对于非线性极值问题(4-1)，无论是有约束极值问题还是无约束极值问题，许多求解算法都有一个共同的特点，就是通过迭代得到一个目标函数值下降的收敛可行点列，然后由此点列得到非线性极值问题(4-1)的近似最优解或近似局部最优解。

下降迭代法的基本思想是:首先给出非线性极值问题(4-1)的最优解或局部最优解的一个初始估计 $\boldsymbol{x}^{(0)}$(称为初始点),然后,通过某种迭代算法得到一系列的可行点 $\boldsymbol{x}^{(1)},\boldsymbol{x}^{(2)},\cdots,\boldsymbol{x}^{(k)},\cdots$,点列 $\{\boldsymbol{x}^{(k)}\}$ 的极限就是非线性极值问题(4-1)的一个最优解或局部最优解 $\boldsymbol{x}^*$。怎样得到这个点列呢?也就是说,在有了点 $\boldsymbol{x}^{(k)}$ 之后,如何迭代求得点 $\boldsymbol{x}^{(k+1)}$ 呢?现在假定已经迭代得到点 $\boldsymbol{x}^{(k)}$,若从点 $\boldsymbol{x}^{(k)}$ 出发,沿任何方向移动时,在 $\boldsymbol{S}$ 中都不存在可行点使目标函数值下降,则 $\boldsymbol{x}^{(k)}$ 是非线性极值问题(4-1)的一个局部最优解,迭代结束。若从 $\boldsymbol{x}^{(k)}$ 出发至少存在一个方向,在 $\boldsymbol{S}$ 中沿此方向可以使目标函数值有所下降,则可选定能使目标函数值下降的某个方向 $\boldsymbol{s}^{(k)}$,然后沿此方向移动适当的一步,得到下一个迭代点 $\boldsymbol{x}^{(k+1)}$,即在射线 $\boldsymbol{x}=\boldsymbol{x}^{(k)}+\lambda\boldsymbol{s}^{(k)}$ 上选取一个新的可行点

$$\boldsymbol{x}^{(k+1)}=\boldsymbol{x}^{(k)}+\lambda_k\boldsymbol{s}^{(k)}$$

使

$$f(\boldsymbol{x}^{(k+1)})<f(\boldsymbol{x}^{(k)})$$

其中,$\boldsymbol{s}^{(k)}$ 是一个向量,称为搜索方向,而 λ_k 是一个实数,称为搜索步长或步长。当 λ_k 和 $\boldsymbol{s}(k)$ 确定以后,由 $\boldsymbol{x}^{(k)}$ 就可以唯一确定 $\boldsymbol{x}^{(k+1)}$,这样可以产生使目标函数值下降且逼近非线性极值问题(4-1)的最优解和局部最优解的序列 $\{\boldsymbol{x}^{(k)}\}$,这种算法称为下降迭代算法。各种用于求解非线性规划问题(4-1)的下降迭代算法因搜索方向 $\boldsymbol{s}^{(k)}$ 和步长 λ_k 的选取方法不同而不同,尤其是因 $\boldsymbol{s}^{(k)}$ 的选取不同而有所差别。

下降迭代算法的一般步骤如下:

(1)选择初始点 $\boldsymbol{x}^{(0)}$。

(2)如果 $\boldsymbol{x}^{(k)}$ 已求得,且 $\boldsymbol{x}^{(k)}$ 不是极小点,设法选取一个方向 $\boldsymbol{s}^{(k)}$,使目标函数 $f(\boldsymbol{x})$ 沿 $\boldsymbol{s}^{(k)}$ 方向下降,至少不增,则将 $\boldsymbol{s}^{(k)}$ 作为搜索方向。

(3)在方向 $\boldsymbol{s}^{(k)}$ 确定以后,在射线 $\boldsymbol{x}=\boldsymbol{x}^{(k)}+\lambda\boldsymbol{s}^{(k)}$ $(\lambda\geqslant 0)$ 上选取一个适当的步长 λ_k,使 $f(\boldsymbol{x}^{(k)}+\lambda\boldsymbol{s}^{(k)})\leqslant f(\boldsymbol{x}^{(k)})$,由此确定下一个点 $\boldsymbol{x}^{(k+1)}=\boldsymbol{x}^{(k)}+\lambda_k\boldsymbol{s}^{(k)}$。在多数算法中,总是选取使目标函数 $f(\boldsymbol{x})$ 在点 $\boldsymbol{x}^{(k)}$ 的值下降最多的步长 λ_k,即沿射线 $\boldsymbol{x}=\boldsymbol{x}^{(k)}+\lambda\boldsymbol{s}^{(k)}$ 求 $f(\boldsymbol{x})$ 的极小值,这是求关于单个变量 λ 函数的极小值问题。这种确定步长 λ_k 的方法称为一维搜索或线搜索。

(4)检验所得点 $\boldsymbol{x}^{(k+1)}$ 是否为原非线性规划的极小点,或是否是满足精度要求的近似极小点。若满足,则迭代结束,否则返回步骤(2)继续进行迭代。

由于极值问题的最优解或局部最优解事先是不知道的,为了确定什么时候迭代结束,一般根据相继两次迭代的结果来检验是否满足迭代精度。但是检验的方法因所采用的算法不同而不同,一般常用的有以下几种。

(1)相继两次迭代的绝对误差:

$$\|\boldsymbol{x}^{(k+1)}-\boldsymbol{x}^{(k)}\|<\varepsilon \text{ 或 } \|f(\boldsymbol{x}^{(k+1)})-f(\boldsymbol{x}^{(k)})\|<\varepsilon$$

(2)相继两次迭代的相对误差:

$$\frac{\|\boldsymbol{x}^{(k+1)}-\boldsymbol{x}^{(k)}\|}{\|\boldsymbol{x}^{(k)}\|}<\varepsilon \text{ 或 } \frac{\|f(\boldsymbol{x}^{(k+1)})-f(\boldsymbol{x}^{(k)})\|}{\|f(\boldsymbol{x}^{(k)})\|}<\varepsilon$$

(3)计算目标函数梯度的模:如果目标函数存在梯度,可以将目标函数在最近迭代点处的梯度的模足够小作为结束迭代的准则,即

$$\|\nabla f(\boldsymbol{x}^{(k)})\|<\varepsilon$$

其中,$\varepsilon(>0)$ 是事先给出的近似解的计算精度。

五、多目标极值问题

当极值问题的目标函数有两个以上时,称为多目标极值问题。例如道路网规划问题,通常会有两个最基本的目标:一个是尽可能地降低建造成本,另一个是尽可能地降低路网的总阻抗。这样就有如下两个目标函数:

$$\min f_1(\boldsymbol{x})$$

$$\min f_2(\boldsymbol{x})$$

$$\text{s.t.}\begin{cases} h_i(\boldsymbol{x})=0 & (i=1,2,\cdots,m) \\ g_j(\boldsymbol{x})\geqslant 0 & (j=1,2,\cdots,p) \end{cases}$$

对于多目标极值问题,一般将其化成单目标极值问题进行求解。一种常用的方法是根据专家咨询,确定各目标函数的系数,将多目标问题转化为单目标问题。

假设上述问题的系数为 ω_1 和 ω_2,则上述两目标极值问题可转化为下述单目标极值问题:

$$\min \omega_1 f_1(\boldsymbol{x})+\omega_2 f_1(\boldsymbol{x})$$

$$\text{s.t.}\begin{cases} h_i(\boldsymbol{x})=0 & (i=1,2,\cdots,m) \\ g_j(\boldsymbol{x})\geqslant 0 & (j=1,2,\cdots,p) \end{cases}$$

此时,就可运用单目标极值问题的方法对其进行求解了。

第二节 一维搜索法

一、一维极值问题的描述

1. 一维搜索简介

由上节可知,在大多数非线性最优化极值问题的迭代算法中,为了确定极小化点列 $\{\boldsymbol{x}^{(0)}\}$,在每次迭代时要沿确定的搜索方向 $\boldsymbol{s}^{(k)}$,在射线 $\boldsymbol{x}=\boldsymbol{x}^k+\lambda_k\boldsymbol{s}^{(k)}$ 上确定一个适当的步长 λ_k,使 $\boldsymbol{x}^{(k+1)}=\boldsymbol{x}^{(k)}+\lambda_k\boldsymbol{s}^{(k)}$ 且 $f(\boldsymbol{x}^{k+1})\leqslant f(\boldsymbol{x}^{(k)})$。在不少非线性最优化的下降迭代算法中,步长 λ_k 的选取要求目标函数 $f(\boldsymbol{x})$ 在点 $\boldsymbol{x}^{(k)}$ 处的值下降最多,即步长 λ_k 满足

$$f(\boldsymbol{x}^{(k)}+\lambda_k\boldsymbol{s}^{(k)})=\min_{\lambda\geqslant 0} f(\boldsymbol{x}^{(k)}+\lambda\boldsymbol{s}^{(k)})$$

也就是求一元函数 $\varphi(\lambda)=f(\boldsymbol{x}^{(k)}+\lambda\boldsymbol{s}^{(k)})(\lambda\geqslant 0)$ 的极小值点 λ_k。这种确定迭代步长 λ_k 的方法称为精确一维搜索或简称一维搜索。一维搜索又称线性搜索,就是指单变量函数的最优化,它是多变量函数最优化的基础,是求解无约束非线性规划问题的基本方法之一。

设一元函数 $\varphi(\boldsymbol{x})$ 的极小点问题为

$$\min \varphi(\boldsymbol{x}) \tag{4-6}$$

一维极值存在的条件:若 $\varphi(\boldsymbol{x})$ 连续可微,则在其极小点 $\boldsymbol{x}^*$ 处导数为 0,即

$$\varphi'(\boldsymbol{x}^*)=0 \tag{4-7}$$

一维搜索法有的是直接求解式(4-6),有的是通过求解式(4-7)来求解式(4-6)。

2. 单峰函数

一般情况下,一维搜索法多用于严格单峰函数(图4-5)的一元函数。

存在如下一维极小化问题:

$$\min_{0\leqslant\lambda\leqslant\lambda_{\max}}\varphi(\boldsymbol{\lambda})=\min_{0\leqslant\lambda\leqslant\lambda_{\max}}f(\boldsymbol{x}^{(k)}+\lambda\boldsymbol{D}^{(k)})$$

图4-5中的$[a,b]$是目标函$\varphi(\boldsymbol{\lambda})$的可行域。

定义4-10 若存在$\lambda^*\in[a,b]$使得一元函数$\varphi(\boldsymbol{\lambda})$在$[a,\lambda^*]$上严格递减(增),$\varphi(\boldsymbol{\lambda})$在$[\lambda^*,b]$上严格递增(减),且$\varphi(\boldsymbol{\lambda})$在区间$[a,b]$内有唯一的最大(小)值点,则称$\varphi(\boldsymbol{\lambda})$为$[a,b]$上的单峰函数,区间$[a,b]$是函数$\varphi(\boldsymbol{\lambda})$的单峰区间,如图4-5所示。

二、精确一维搜索法

1. 牛顿法

(1)基本原理

用$\varphi(x)$在已知点x_0处的二阶Taylor展开式

$$g(x)=\varphi(x_0)+\varphi'(x_0)(x-x_0)+\frac{1}{2}\varphi''(x_0)(x-x_0)^2$$

近似代替$\varphi(x)$,即$\varphi(x)\approx g(x)$,然后用二次函数$g(x)$的极小点x_1作为$\varphi(x)$的近似极小点,如图4-6所示。

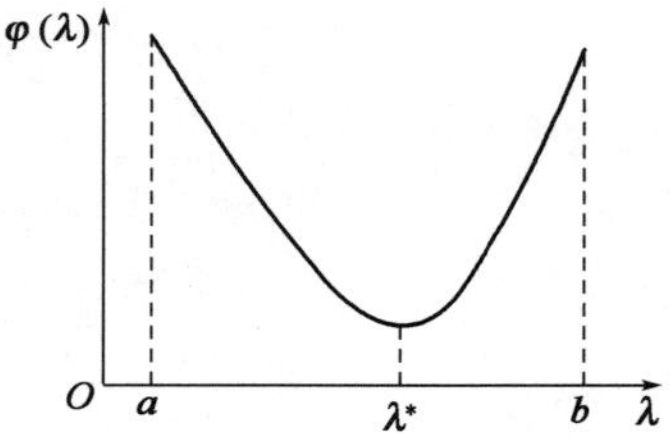

图4-5 单峰函数

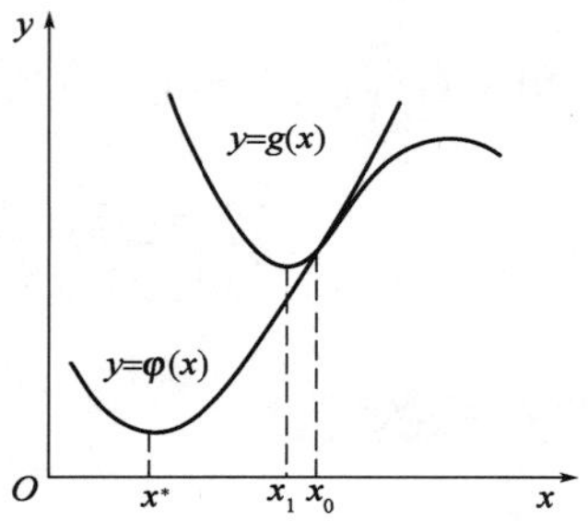

图4-6 牛顿法原理

由于$g'(x)=\varphi'(x_0)+\varphi''(x_0)(x-x_0)$,令$g'(x)=0$,得

$$x_1=x_0-\frac{\varphi'(x_0)}{\varphi''(x_0)}$$

类似地,若已知x_k,则有

$$x_{k+1}=x_k-\frac{\varphi'(x_k)}{\varphi''(x_k)}\qquad(k=0,1,2,\cdots)\tag{4-8}$$

按式(4-8)进行迭代计算,得一点列$\{x_k\}$,这种求一元函数$\varphi(x)$极小值问题(4-6)的一维搜索方法称为牛顿法。当$|\varphi'(x_k)|<\varepsilon$时(其中$\varepsilon>0$为预先给定的近似精度),则迭代结束,并取$x^*\approx x_k$作为$\varphi(x)$的近似极小值点。

牛顿法收敛速度快,但它要求函数二次可微,且需要计算二阶导数,还要求初始点x_0选得好,否则可能得到的点列$\{x_k\}$不收敛。

(2)算法步骤

根据牛顿法的基本原理,可得如下迭代步骤:

①确定初始搜索区间$[a,b]$，选定初始点x_0，允许误差$\varepsilon>0$。

②计算$x=x_0-\varphi'(x_0)/\varphi''(x_0)$。

③若$|x-x_0|\geqslant\varepsilon$，则$x_0=x$，转②；否则转④。

④输出x^*、$\varphi(x^*)$，迭代结束。

根据牛顿法的迭代步骤，可得其算法流程图如图4-7所示。

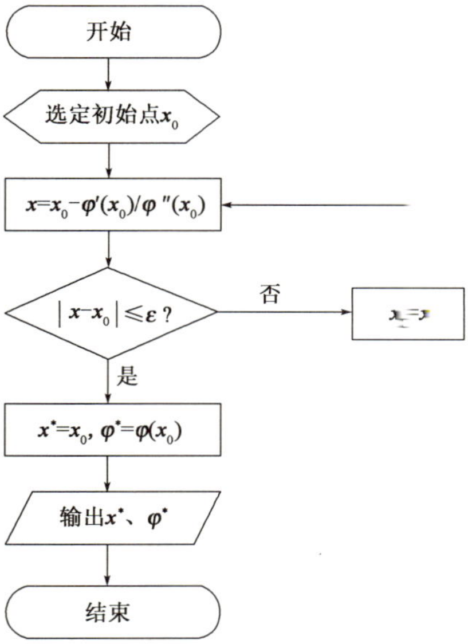

图4-7　牛顿法算法流程

2. 二分法

(1)基本原理

定理4-5(零点存在性定理)　如果函数$f(x)$在区间$[a,b]$上的图像是连续不断的一条曲线，且$f(a)\cdot f(b)<0$，那么函数$f(x)$在区间$[a,b]$内有零点，即存在$c\in[a,b]$，使$f(c)=0$，c就是$f(x)=0$的根。

假设极小值问题(4-6)的函数$\varphi(x)$连续可微。由定理4-5可知，如果找到一个区间$[a,b]$$(a<b)$使$\varphi'(a)<0$且$\varphi'(b)>0$，则区间中一定有一个$\varphi(x)$的极小值点$x^*$使得$\varphi'(x^*)=0$，如图4-8所示。由此可以这样来求极小值点$x^*$：取$x_0=(a+b)/2$，若$\varphi'(x_0)>0$，则$\varphi(x)$在区间$[a,x_0]$中必有极小点，用区间$[a,x_0]$代替区间$[a,b]$，再取$x_1=(a+x_0)/2$；若$\varphi'(x_0)<0$，则$\varphi(x)$在区间$[x_0,b]$中必有极小点，则用区间$[x_0,b]$代替区间$[a,b]$，再取$x_1=(x_0+b)/2$……经过$k$次迭代，设所得缩小的区间为$[a_k,b_k]$。若$|b_k-a_k|<\varepsilon$，或$|\varphi'(x^*)|<\varepsilon$，则取极小值点$x^*=(a_k+b_k)/2$，迭代结束，否则继续迭代。

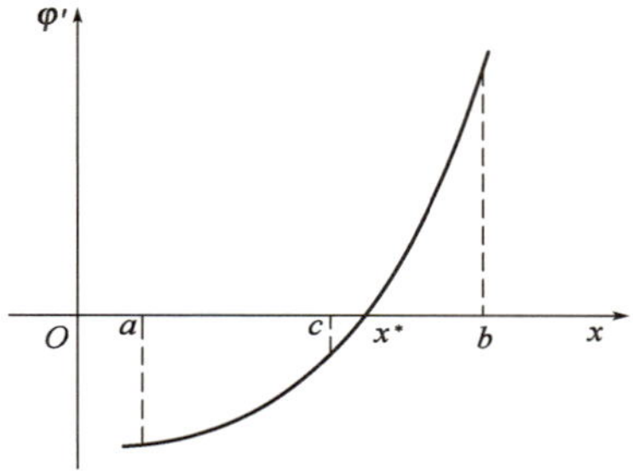

图4-8　二分法示意图

(2)算法步骤

根据二分法求解的基本原理，可得二分法的求解步骤如下：

①确定初始搜索区间$[a,b]$，选定初始点x_0，允许误差$\varepsilon>0$，要求$\varphi'(a)<0$且$\varphi'(b)>0$。

②计算$[a,b]$的中点$c=\dfrac{a+b}{2}$。

③若$\varphi'(c)<0$，则$a=c$，转④；若$\varphi'(c)=0$，则$x^*=c$，转⑤；若$\varphi'(c)>0$，则$b=c$，转④。

④若$|a-b|<\varepsilon$则$x^*=\dfrac{a+b}{2}$转⑤；否则转②。

⑤输出x^*，算法结束。

二分法在进行求解时需要计算函数的一阶导数，而交通分配常用的用户均衡模型的目标函数是以积分的形式存在的，其目标函数的一阶导数是路段旅行时间函数(通常是已知的)。因此在对用户均衡模型求解时，对步长的求解通常选用二分法，这样可以降低计算的复杂性，提高求解效率。

3. 黄金分割法

考虑如下一维极小化问题$\min\limits_{a\leqslant x\leqslant b}\varphi(x)$，其中要求$\varphi(x)$在$[a,b]$上是凸函数。

(1)基本思想

黄金分割法,也称0.168法,它与斐波那契(Fibonacci)法(参见最优化方法相关文献)的求解思想类似,不同的是两者最初两个试验点的选取不同。Fibonacci法在确定了n以后,最初两个点取在$[a,b]$中的F_{n-1}/F_{n+1}与F_n/F_{n+1}处,而黄金分割法的最初两个点取在$[a,b]$中的0.382和0.618处,即$\lambda_1 = a + 0.382(b - a)$,$\lambda_2 = a + 0.618(b - a)$。

对于黄金分割法,一旦λ_1、λ_2确定,序列中以后各点的取法同Fibonacci法一样是按与保留区间中保留点对称的原则确定的,因此,可以认为这两种方法的差别在于用不随n而变的0.382和0.618来代替随n而变的F_{n-1}/F_{n+1}与F_n/F_{n+1}。

可以证明,由Fibonacci数列$\{F_n\}$形成的数列$\{F_n/F_{n+1}\}$的极限存在,记$\lim\limits_{n\to\infty} F_n/F_{n+1} = F$,由$F_{n+1} = F_n + F_{n+1}$得$(F_n/F_{n+1})^{-1} = F_{n+1}/F_n = 1 + F\ n - 1/F_{n+1}$。令$n \to \infty$,得$1/F = 1 + F$,即$F^2 + F - 1 = 0$,$F = (\sqrt{5} - 1)/2$,所以得$\lim\limits_{n\to\infty} F_n/F_{n+1} = (\sqrt{5} - 1)/2 \approx 0.618034$。

因此,黄金分割法可以看作Fibonacci法的一种简化方法,更易于为人们所接受。

(2)算法步骤

黄金分割法计算问题(4-6)的极小值点的步骤如下:

①设定最后区间长度精度$\varepsilon > 0$,令$\alpha = 0.618$。

②计算$\lambda_1 = a + (1 - \alpha)(b - a)$及$\varphi_1 = \varphi(\lambda_1)$和$\lambda_2 = a + \alpha(b - a)$及$\varphi_2 = \varphi(\lambda_2)$,$k = 1$。

③若$\lambda_2 - \lambda_1 < \varepsilon$,则计算结束,取极小值点$\lambda^* \approx (1/2)(\lambda_1 + \lambda_2)$;若$\varphi(\lambda_1) > \varphi(\lambda_2)$,则转④,否则转⑤。

④令$a = \lambda_1$,$\lambda_1 = \lambda_2$,再令$\lambda_2 = a + b - \lambda_1$,$\varphi_1 = \varphi_2$,并计算$\varphi_2 = \varphi(\lambda_2)$,转③。

⑤令$b = \lambda_2$,$\lambda_2 = \lambda_1$,再令$\lambda_1 = a + b - \lambda_2$,$\varphi_2 = \varphi_1$,并计算$\varphi_1 = \varphi(\lambda_1)$,转③。

根据黄金分割法的算法步骤,可得其算法流程图,如图4-9所示。

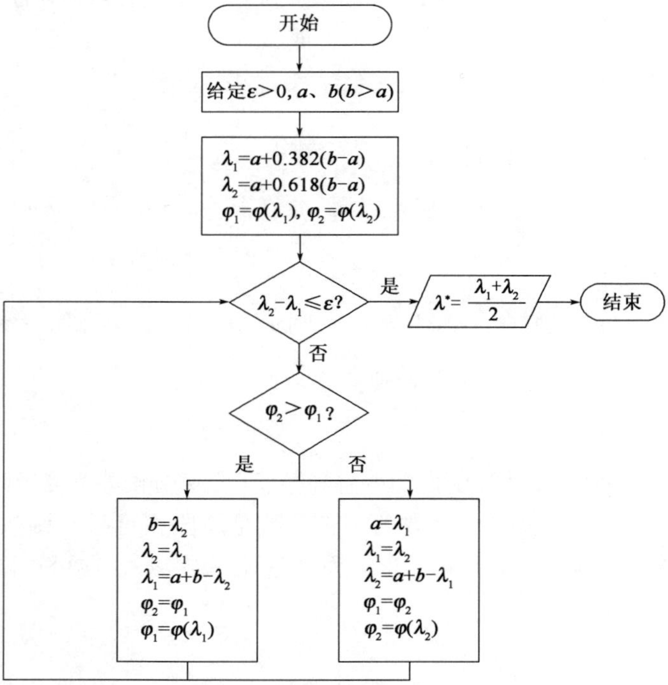

图4-9　黄金分割法算法流程图

黄金分割法收敛速度是比较慢的,它的优点是不要求 $\varphi(x)$ 可微,且每次迭代只需计算一个函数值,因此,黄金分割法的计算量小,程序简单。

三、不精确一维搜索法

在实际计算中,一般做不到精确的一维搜索,实际上,也没有必要做到这一点,因为精确的一维搜索需要付出较高的代价,而对加速收敛作用不太大,所以不精确一维搜索方法受到了广泛的重视和欢迎。下面针对求解非线性极小值问题(4-1)的下降迭代算法,计算第 k 步迭代步长 λ_k 对应的一维极小值问题

$$f(\boldsymbol{x}^{(k)}+\lambda_k\boldsymbol{s}^{(k)})=\min_{\lambda\geqslant 0}f(\boldsymbol{x}^{(k)}+\lambda\boldsymbol{s}^{(k)}) \tag{4-9}$$

下面介绍两种较实用的不精确一维搜索方法。

1. 直接法

对于式(4-9),不精确一维直接搜索算法的计算步骤如下:

记 $\nabla f(\boldsymbol{x})=\left(\dfrac{\partial f}{\partial x_1},\dfrac{\partial f}{\partial x_2},\cdots,\dfrac{\partial f}{\partial x_n}\right)^{\mathrm{T}}$ 为 n 元函数 $f(\boldsymbol{x})$ 在点 $\boldsymbol{x}$ 处的梯度,假设式(4-9)中的点 $\boldsymbol{x}^{(k)}$ 及搜索方向 $\boldsymbol{s}^{(k)}$ 已经求得,并已计算出函数值 $f(\boldsymbol{x}^{(k)})$ 和梯度 $\nabla f(\boldsymbol{x}^{(k)})$。

(1)选定两个常数 c_1、c_2 使得 $0<c_1<c_2<1$,令 $a=0,b=+\infty,\lambda=1,i=0$。

(2)令 $\boldsymbol{x}^{(k+1)}=\boldsymbol{x}^{(k)}+\lambda\boldsymbol{s}^{(k)}$,计算 $f(\boldsymbol{x})$ 在点 $\boldsymbol{x}^{(k+1)}$ 处的函数值 $f(\boldsymbol{x}^{(k+1)})$ 和梯度 $\nabla f(\boldsymbol{x}^{(k+1)})$。检验当前 λ 是否使函数值 $f(\boldsymbol{x}^{(k+1)})$ 满足下降要求

$$f(\boldsymbol{x}^{(k)})-f(\boldsymbol{x}^{(k+1)})\geqslant -c_1\lambda\nabla f(\boldsymbol{x}^{(k)})^{\mathrm{T}}\boldsymbol{s}^{(k)} \tag{4-10}$$

及 $f(\boldsymbol{x})$ 在点 $\boldsymbol{x}^{(k+1)}$ 处的方向导数 $\nabla f(\boldsymbol{x}^{(k+1)})$ 是否满足要求

$$\nabla f(\boldsymbol{x}^{(k+1)})^{\mathrm{T}}\boldsymbol{s}^{(k)}\geqslant c_2\nabla f(\boldsymbol{x}^{(k)})^{\mathrm{T}}\boldsymbol{s}^{(k)} \tag{4-11}$$

如果同时满足,则令 $\lambda_k=\lambda$,计算结束。如果 λ 不满足式(4-10),则转(3)。如果 λ 满足式(4-10),而不满足式(4-11),则转(4)。

(3)令 $b=\lambda,\lambda=(\lambda+a)/2,i=i+1$,转(2)。

(4)令 $a=\lambda,\lambda=\min\{2\lambda,(\lambda+b)/2\},i=i+1$,转(2)。

下面举例说明。

【例 4-6】 设 $f(\boldsymbol{x})=100(x_2-x_1^2)^2+(1-x_1)^2$,已求得 $\boldsymbol{x}^{(k)}=(0,0)^{\mathrm{T}},\boldsymbol{s}^{(k)}=(1,0)^{\mathrm{T}}$。试确定在 $\boldsymbol{x}^{(k)}$ 点,沿搜索方向 $\boldsymbol{s}^{(k)}$ 的步长 λ_k。

解:

$$\nabla f(\boldsymbol{x})=\begin{bmatrix}-400(x_2-x_1)^2x_1-2(1-x_1)\\ 200(x_2-x_1^2)\end{bmatrix}$$

$f(\boldsymbol{x}^{(k)}=f(0,0)=1)$,$\nabla f(\boldsymbol{x}^{(k)}=(-2,0)^{\mathrm{T}}$,$\nabla f(\boldsymbol{x}^{(k)})^{\mathrm{T}}\boldsymbol{s}^{(k)})=-2$,选 $c_1=0.1,c_2=0.5$,令 $a=0,b=+\infty,\lambda=1,i=0$,然后开始迭代。

(1)第 1 次迭代:迭代点 $\boldsymbol{x}^{(k+1)}=\boldsymbol{x}^{(k)}+\lambda\boldsymbol{s}^{(k)}=(1,0)^{\mathrm{T}}$,计算函数值 $f(\boldsymbol{x}^{(k+1)})=f(1,0)=100$。因为

$$f(\boldsymbol{x}^{(k)})-f(\boldsymbol{x}^{(k+1)})=1-100=-99<-c_1\lambda\nabla f(\boldsymbol{x}^{(k)})^{\mathrm{T}}\boldsymbol{s}^{(k)}=0.2$$

所以,当前 $\lambda=1$ 不满足式(4-10)。

(2)第2次迭代:令 $b=1,\lambda=(1+0)/2=0.5$,重新计算得

$$\boldsymbol{x}^{(k+1)}=\boldsymbol{x}^{(k)}+\lambda\boldsymbol{s}^{(k)}=(0.5,0)^{\mathrm{T}},f(\boldsymbol{x}^{(k+1)})=f(0.5,0)=6.25$$

此时

$$f(\boldsymbol{x}^{(k)})-f(\boldsymbol{x}^{(k+1)})=1-6.25=-5.25<-c_1\lambda\nabla f(\boldsymbol{x}^{(k)})^{\mathrm{T}}\boldsymbol{s}^{(k)}=0.1$$

仍不满足式(4-10)。继续重复以上迭代过程,当迭代至第4次时,可得

$$f(\boldsymbol{x}^{(k)})-f(\boldsymbol{x}^{(k+1)})=1-0.79=0.21>-c_1\lambda\nabla f(\boldsymbol{x}^{(k)})^{\mathrm{T}}\boldsymbol{s}^{(k)}=0.025$$

这时的 λ 已经满足式(4-10)。再计算梯度 $\nabla f(\boldsymbol{x}^{(k+1)})=(-0.9569,-3.125)^{\mathrm{T}}$,则 $\nabla f(\boldsymbol{x}^{(k+1)})^{\mathrm{T}}\boldsymbol{s}^{(k)}=(-0.969,-3.125)\times(1,0)^{\mathrm{T}}=-0.969>c_2\nabla f(\boldsymbol{x}^{(k)})^{\mathrm{T}}\boldsymbol{s}^{(k)}=0.5\times(-2)=-1$,所以这时的 λ 也满足式(4-11),迭代结束,得第 k 步的搜索步长为 $\lambda_k=0.125$。

2. 二次插值法

对于问题(4-9),记 $\varphi(\lambda)=f(\boldsymbol{x}^{(k)}+\lambda\boldsymbol{s}^{(k)})$,可简写成 $\varphi(\lambda_k)=\min\limits_{\lambda\geqslant 0}\varphi(\lambda)$。

假设已知变量 λ 的两个值 λ_1、λ_2 及函数 $\varphi(\lambda)$ 相应的两个函数值 $\varphi_1=\varphi(\lambda_1)$,$\varphi_2=\varphi(\lambda_2)$,并且已知函数 $\varphi(\lambda)$ 在 λ_1 处的导数 $\varphi_1'=\varphi_1'(\lambda_1)$。二次插值法在每步的迭代过程中都要求经过某两点 (λ_1,φ_1)、(λ_2,φ_2) 和在点 (λ_1,φ_1) 处具有与 $\varphi(\lambda)$ 相同切线的二次曲线 $g(\lambda)=a\lambda^2+b\lambda+c$,然后用此二次曲线的最小值点 $\hat{\lambda}$ 来近似 $\varphi(\lambda)$ 的极小值点。因为二次抛物线 $g(\lambda)$ 的最小值点 $\hat{\lambda}=-b/2a$,由条件 $g(\lambda_i)=\varphi(\lambda_i)=\varphi_i(i=1,2)$ 和 $g'(\lambda_1)=\varphi'(\lambda_1)=\varphi_1'$,可以解方程得到 a、b,从而得到

$$\hat{\lambda}=\frac{\lambda+\dfrac{1}{2}(\lambda_2-\lambda_1)}{1-\dfrac{\varphi_2-\varphi_1}{(\lambda_2-\lambda_1)\varphi_1'}} \tag{4-12}$$

二次插值法求解式(4-9)的步骤如下:

(1)选定两个常数 c_1、c_2 满足 $0<c_1<c_2<1$,再取 $\alpha(0<\alpha<1)$。令 $\lambda_1=0,\lambda_2=0,\lambda_3=+\infty$,$i=0$。

(2)如果 λ_2 已经满足式(4-10)和式(4-11),则令 $\lambda_k=\lambda_2$,计算结束;否则转(3)。

(3)计算 $\varphi_1=\varphi(\lambda_1)$,$\varphi_2=\varphi(\lambda_2)$ 以及 $\varphi_1'=\varphi'(\lambda_1)=\nabla f(\boldsymbol{x}^{(k)}+\lambda_1\boldsymbol{s}^{(k)})^{\mathrm{T}}\boldsymbol{s}^{(k)}$,由式(4-12)计算出 $\hat{\lambda}$,令 $i=i+1$,转(4)。

(4)如果 $\lambda_1<\hat{\lambda}<\lambda_2$,则令 $\lambda_3=\hat{\lambda}$,$\lambda_2=\hat{\lambda}$,转(2);如果 $\lambda_2\leqslant\hat{\lambda}<\lambda_3$,则令 $\lambda_1=\lambda_2$,$\lambda_2=\hat{\lambda}$,转(2);否则转(5)。

(5)如果 $\hat{\lambda}\leqslant\lambda_1$,则令 $\hat{\lambda}=\lambda_1+\alpha(\lambda_3-\lambda_1)$;如果 $\hat{\lambda}\geqslant\lambda_3$,则令 $\hat{\lambda}=\lambda_3-\alpha(\lambda_3-\lambda_1)$,$\lambda_2=\hat{\lambda}$,然后转(2)。

不精确一维搜索的方法相对简单,而且有时收敛速度还比精确一维搜索方法快得多。

第三节 无约束极值问题的解法

在解决一些交通问题的过程中,为了求解简便,常常会把约束极值问题转化为无约束极值问题。例如,用 Lagrange 乘子法把有约束的交通优化问题转化为带有 Lagrange 乘子的无约束

交通优化问题进行求解。因此,无约束极值问题的求解算法在交通领域应用十分广泛。无约束极值问题的解法可以分为两大类:一类是使用导数的方法,即根据目标函数的梯度,有时还要根据 Hessian 矩阵构造出来的方法,由于用到了函数的解析性质,故称为解析法,包括最速下降法、牛顿法、共轭梯度法等;另一类是在迭代过程中仅用到函数值,而不要求函数的解析性质,这类方法称为直接法,经常用到的直接法有步长加速法。一般说来,直接法的收敛速度较慢,只是在变量较少时才适用,因此本节仅介绍解析法。

一、无约束极值问题的最优性条件

一般求解无约束极值问题的算法基本上都是下降算法。本节介绍求解多维无约束非线性规划问题(4-13)的方法。

$$\begin{aligned} &\min f(\boldsymbol{x}) \\ &\text{s.t.} \quad \boldsymbol{x} \in \boldsymbol{E}^n \end{aligned} \tag{4-13}$$

定理 4-6(必要条件) 设 $f(\boldsymbol{x})$ 具有连续的一阶偏导数,若 $\boldsymbol{x}^*$ 是 $f(\boldsymbol{x})$ 的局部最优解,则它满足 $\nabla f(\boldsymbol{x}^*)=0$。

证明:设 $\boldsymbol{s}$ 是任意向量,对于 $\|t\boldsymbol{s}\|<\delta$ 的任意 t,有 $\boldsymbol{x}^*+t\boldsymbol{s}\in N_\delta(\boldsymbol{x}^*)$,因为 $\boldsymbol{x}^*$ 是 $f(\boldsymbol{x})$ 的局部极小点,所以有 $f(\boldsymbol{x}^*+t\boldsymbol{s})\geqslant f(\boldsymbol{x}^*)$,引入辅助一元函数 $\varphi(t)=f(\boldsymbol{x}^*+t\boldsymbol{s})$,则不等式变为 $\varphi(t)\geqslant\varphi(0)$,即 $t=0$ 是 $\varphi(t)$ 的局部极小点。由一元函数极小点的必要条件得 $\varphi'(0)=0$,即 $\varphi'(0)=\nabla f(\boldsymbol{x}^*)\boldsymbol{s}=0$。$\boldsymbol{s}$ 具有任意性,因此得 $\nabla f(\boldsymbol{x}^*)=0$。

定理 4-7(充分条件) 设 $f(\boldsymbol{x})$ 具有连续的二阶偏导数,且在 $\boldsymbol{x}^*$ 处满足 $\nabla f(\boldsymbol{x}^*)=0$,且 $\nabla^2 f(\boldsymbol{x}^*)$ 为正定矩阵,则 $\boldsymbol{x}^*$ 是无约束问题 $\min f(\boldsymbol{x}),\boldsymbol{x}\in\boldsymbol{R}^n$ 的严格局部最优解。

二、算法介绍

常用来求解无约束极值问题的解析法包括最速下降法(梯度法)、牛顿法、阻尼牛顿法、共轭梯度法以及变尺度法等,本节将依次介绍这几种方法。

1. 最速下降法

在求解无约束极值问题的解析法中,最速下降法是古老但又十分基本的一种数值方法。它的迭代过程简单,使用方便,而且是理解某些其他最优化方法的基础。

(1)基本原理

假定无约束极值问题(4-13)的目标函数 $f(\boldsymbol{x})$ 有一阶连续偏导数,具有极小点 $\boldsymbol{x}^*$。以 $\boldsymbol{x}^{(k)}$ 表示极小点的第 k 次近似,为了求其第 $k+1$ 次近似点 $\boldsymbol{x}^{(k+1)}$,我们在 $\boldsymbol{x}^{(k)}$ 点沿方向 $\boldsymbol{s}^{(k)}$ 作射线,得 $\boldsymbol{x}^{(k+1)}=\boldsymbol{x}^{(k)}+\lambda\boldsymbol{s}^{(k)}(\lambda\geqslant0)$,现将 $f(\boldsymbol{x})$ 在 $\boldsymbol{x}^{(k)}$ 点处利用泰勒级数展开为

$$f(\boldsymbol{x})=f(\boldsymbol{x}^{(k)}+\lambda\boldsymbol{s}^{(k)})=f(\boldsymbol{x}^{(k)})+\lambda\nabla f(\boldsymbol{x}^{(k)})^{\mathrm{T}}\boldsymbol{s}^{(k)}+o(\lambda)$$

其中,$\lim\limits_{\lambda\to0}(o(\lambda)/\lambda)=0$。

对于充分小的 λ,只要

$$\nabla f(\boldsymbol{x}^{(k)})^{\mathrm{T}}\boldsymbol{s}^{(k)}<0 \tag{4-14}$$

就可保证 $f(\boldsymbol{x}^{(k)}+\lambda\boldsymbol{s}^{(k)})<f(\boldsymbol{x}^{(k)})$。这时若取 $\boldsymbol{x}^{(k+1)}=\boldsymbol{x}^{(k)}+\lambda\boldsymbol{s}^{(k)}$,就能使目标函数得到改善。

现考查不同的方向 $\boldsymbol{s}^{(k)}$。假定 $\boldsymbol{s}^{(k)}$ 的模一定(且不为 0),并设 $\nabla f(\boldsymbol{x}^{(k)})\neq0$(否则,$\boldsymbol{x}^{(k)}$ 是平稳点),使式(4-14)成立的 $\boldsymbol{s}^{(k)}$ 有无限多个。为了使目标函数值得到尽量大的改善,必须寻求

使$\nabla f(\boldsymbol{x}^{(k)})^{\mathrm{T}}\boldsymbol{s}^{(k)}$取最小值的$\boldsymbol{s}^{(k)}$。由线性代数相关知识可得

$$\nabla f(\boldsymbol{x}^{(k)})^{\mathrm{T}}\boldsymbol{s}^{(k)} = \|\nabla f(\boldsymbol{x}^{(k)})\| \cdot \|\boldsymbol{s}^{(k)}\|\cos\theta \tag{4-15}$$

其中,θ为向量$\nabla f(\boldsymbol{x}^{(k)})$与$\boldsymbol{s}^{(k)}$的夹角。当$\nabla f(\boldsymbol{x}^{(k)})$与$\boldsymbol{s}^{(k)}$反向时,即$\theta=180°$,$\cos\theta=-1$。这时式(4-14)成立,而且在其左端取最小值。我们称方向$\boldsymbol{s}^{(k)}=-\nabla f(\boldsymbol{x}^{(k)})$为负梯度方向,它是使函数值下降最快的方向(在$\boldsymbol{x}^{(k)}$的某一小范围内)。

为了得到下一个近似极小点,在选定了搜索方向之后,还要确定步长λ。为了使目标函数值在搜索方向上获得最大的下降量,沿$\boldsymbol{s}^{(k)}$进行如下一维搜索:

$$\min_{\lambda\geqslant 0} f(\boldsymbol{x}^{(k)}+\lambda\boldsymbol{s}^{(k)}) = f(\boldsymbol{x}^{(k)}) - \lambda_k\nabla f(\boldsymbol{x}^{(k)}) \tag{4-16}$$

由此得到第$k+1$个迭代点$\boldsymbol{x}^{(k+1)}$,即$\boldsymbol{x}^{(k+1)}=\boldsymbol{x}^{(k)}-\lambda_k\nabla f(\boldsymbol{x}^{(k)})$。其中,$\lambda_k$称为最优步长,而这种以$-\nabla f(\boldsymbol{x}^{(k)})$为搜索方向的算法称为最速下降法。

负梯度方向的最速下降性很容易使人们认为负梯度方向是理想的搜索方向,最速下降法是一种理想的极小化方法。必须指出,$\boldsymbol{x}$点处的负梯度方向$-\nabla f(\boldsymbol{x})$仅在$\boldsymbol{x}$点附近才具有这种“最速下降”的性质,而对于整个极小化过程来说,那就是另外一回事了。若目标函数的等值线为一族同心圆(或同心球面),则从任一初始点出发,沿最速下降方向一步即可达到极小点。但通常的情况并不是这样。例如,一般二元二次凸函数的等值线为一族共心椭圆,当用最速下降法趋近极小点时,其搜索路径呈直角锯齿状,如图4-10所示。在最初的几步,目标函数值下降较快,但接近极小点$\boldsymbol{x}^*$时,收敛速度就不理想了。特别是当目标函数的等值线椭圆比较扁平时,收敛速度就更慢了。因此,在实际应用中,常将梯度法和其他方法联合起来应用,在前期使用梯度法,而在接近极小点时,则使用收敛较快的其他方法。

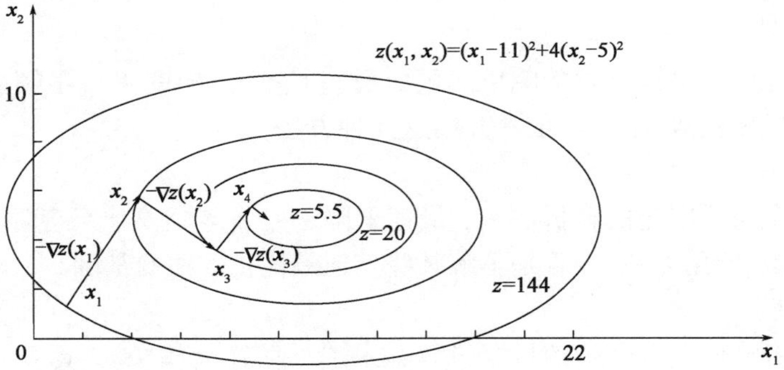

图4-10　最速下降法示意图

(2)算法步骤

根据最速下降法求解的基本原理,可得其求解步骤如下:

①给定初始点$\boldsymbol{x}^{(0)}$,允许误差$\varepsilon>0$,令$k=0$。

②计算梯度$\nabla f(\boldsymbol{x}^{(k)})$。若$\|\nabla f(\boldsymbol{x}^{(k)})\|<\varepsilon$,则迭代结束,式(4-13)的近似极小值点取$\boldsymbol{x}^*=\boldsymbol{x}^{(k)}$;否则转入③。

③求最优步长λ_k。通过求解式$\min\limits_{\lambda\geqslant 0} f(\boldsymbol{x}^{(k)}+\lambda\boldsymbol{s}^{(k)})=f(\boldsymbol{x}^{(k)})-\lambda_k\nabla f(\boldsymbol{x}^{(k)})$得到最优步长。

④令$\boldsymbol{x}^{(k+1)}=\boldsymbol{x}^{(k)}-\lambda_k\nabla f(\boldsymbol{x}^{(k)})$,$k=k+1$,转入②。

最速下降法的算法流程图如图4-11所示。

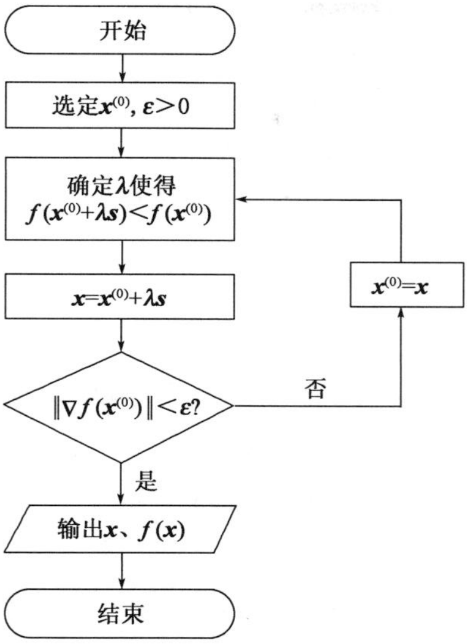

图 4-11 最速下降法的算法流程图

【例 4-7】 用最速下降法解如下非线性规划问题，其中初始点为 $\boldsymbol{x}^{(0)}=(0,0)^{\mathrm{T}}$，精度为 $\varepsilon=0.01$。

$$\min f(\boldsymbol{x})=x_1^2-2x_1x_2+2x_2^2+4x_1+3x_2$$

解：由原方程可得梯度

$$\nabla f(\boldsymbol{x})=(2x_1-2x_2+4,\ -2x_1+4x_2+3)^{\mathrm{T}}$$

在初始点的搜索方向为

$$\boldsymbol{s}=-\nabla f(\boldsymbol{x}^{(0)})=-(4,3)^{\mathrm{T}}=-(0.8,0.6)^{\mathrm{T}}$$

沿着这个搜索方向确定最优步长，得

$$f(\boldsymbol{x}^{(1)})=f(\boldsymbol{x}^{(0)}+\lambda\boldsymbol{D})=0.4\lambda^2-5\lambda$$

令 $f'(\lambda)=0$，得 $\lambda=6.25$。沿着这个搜索方向和步长可得新的点为

$$\boldsymbol{x}^{(1)}=(0,0)^{\mathrm{T}}+6.25(-0.8,-0.6)^{\mathrm{T}}=(-5,-3.75)^{\mathrm{T}}$$

按上述方法进行迭代，经过 4 次迭代后，得 $\|\nabla f(\boldsymbol{x}^{(4)})\|=0.0072<\varepsilon$，满足精度要求，则

$$f_{\min}(\boldsymbol{x})=f\left(\begin{bmatrix}-5.492\\-3.495\end{bmatrix}\right)=-28.465$$

2. 牛顿法

在第二节中介绍了求解一维极值问题的牛顿法，它容易推广到多维的情况，这个方法也是求解无约束极值问题的较早算法之一。

牛顿法的基本思想是从 $\boldsymbol{x}^{(k)}$ 到 $\boldsymbol{x}^{(k+1)}$ 的迭代中，在 $\boldsymbol{x}^{(k)}$ 处用与 $f(\boldsymbol{x})$ 最密切的二次函数来近似 $f(\boldsymbol{x})$，即取 $f(\boldsymbol{x})$ 在 $\boldsymbol{x}^{(k)}$ 点的泰勒展开式的前 3 项，即

$$f(\boldsymbol{x})\approx\varphi(\boldsymbol{x})=f(\boldsymbol{x}^{(k)})+\nabla f(\boldsymbol{x}^{(k)})^{\mathrm{T}}(\boldsymbol{x}-\boldsymbol{x}^{(k)})+\frac{1}{2}(\boldsymbol{x}-\boldsymbol{x}^{(k)})^{\mathrm{T}}\nabla^2 f(\boldsymbol{x}^{(k)})(\boldsymbol{x}-\boldsymbol{x}^{(k)})$$

令 $\nabla\varphi(\boldsymbol{x})=\nabla f(\boldsymbol{x}^{(k)})+\nabla^2 f(\boldsymbol{x}^{(k)})(\boldsymbol{x}-\boldsymbol{x}^{(k)})=0$，得 $\varphi(\boldsymbol{x})$ 的极小值点为

$$\hat{\boldsymbol{x}}=\boldsymbol{x}^{(k)}-[\nabla^2 f(\boldsymbol{x}^{(k)})]^{-1}\nabla f(\boldsymbol{x}^{(k)})$$

上式就是牛顿法的迭代公式。很容易知道:当目标函数是二次函数时,若它的极小值点存在,则用牛顿法只需迭代一次就可得到。

牛顿法要比最速下降法的收敛速度快,但是它要求$f(\boldsymbol{x})$二阶连续可微,而且在迭代中,要计算 Hessian 矩阵的逆阵$[\nabla^2 f(\boldsymbol{x})]^{-1}$,这在一般情况下是困难的。另外,初始点$\boldsymbol{x}^{(0)}$不能离极小值点$\boldsymbol{x}^*$太远,否则迭代可能不收敛。为了克服这个缺点,人们对牛顿法作了修正,提出了阻尼牛顿法,又称为修正牛顿法。

3. 阻尼牛顿法

(1)基本原理

在上面的牛顿法中,步长λ_k总是取1,而在阻尼牛顿法中,是通过每步迭代时沿方向

$$\boldsymbol{s}^{(k)} = -[\nabla^2 f(\boldsymbol{x}^{(k)})]^{-1}\nabla f(\boldsymbol{x}^{(k)})$$

进行一维极小化搜索来决定λ_k的,即取λ_k使$f(\boldsymbol{x}^{(k)}+\lambda_k\boldsymbol{s}^{(k)}) = \min\limits_{\lambda\geqslant 0} f(\boldsymbol{x}^{(k)}+\lambda\boldsymbol{s}^{(k)})$,从而用迭代公式

$$\boldsymbol{x}^{(k+1)} = \boldsymbol{x}^{(k)} - \lambda_k[\nabla^2 f(\boldsymbol{x}^{(k)})]^{-1}\nabla f(\boldsymbol{x}^{(k)})$$

来代替牛顿法中的迭代公式。虽然阻尼牛顿法没有避免计算 Hessian 矩阵$\nabla^2 f(\boldsymbol{x}^{(k)})$的逆阵$[\nabla^2 f(\boldsymbol{x}^{(k)})]^{-1}$,但阻尼牛顿法保持了牛顿法快速收敛的优点,且对初始点的选取要求不高,因而在实际应用中取得了较好的效果。

(2)算法步骤

阻尼牛顿法的迭代步骤如下:

①给定初始点$\boldsymbol{x}^{(0)}$,允许误差$\varepsilon>0$,令$k=0$。

②计算梯度$\nabla f(\boldsymbol{x}^{(k)})$。若$\|\nabla f(\boldsymbol{x}^{(k)})\|<\varepsilon$,则迭代结束,式(4-13)的近似极小值点取$\boldsymbol{x}^* = \boldsymbol{x}^{(k)}$;否则转③。

③计算$[\nabla^2 f(\boldsymbol{x}^{(k)})]^{-1}$及$\boldsymbol{s}^{(k)} = -[\nabla^2 f(\boldsymbol{x}^{(k)})]^{(-1)}\nabla f(\boldsymbol{x}^{(k)})$,然后对函数$\varphi(\lambda)=f(\boldsymbol{x}^{(k)}+\lambda\boldsymbol{s}^{(k)})$进行一维极小值点搜索来确定步长$\lambda_k$。

④令$\boldsymbol{x}^{(k+1)}=\boldsymbol{x}^{(k)}+\lambda_k\boldsymbol{s}^{(k)}$,$k=k+1$,转②。

阻尼牛顿法的算法流程图如图4-12所示。

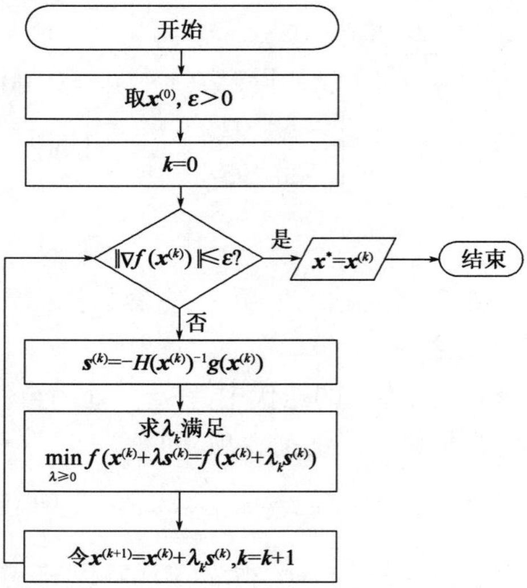

图4-12　阻尼牛顿法的算法流程图

4. 共轭梯度法

最速下降法的计算步骤简单,但收敛速度太慢,而牛顿法和阻尼牛顿法收敛速度快,但要计算二阶偏导数矩阵及其逆阵,计算量太大,因此人们希望找到一种方法,它兼有这两种方法的优点,又能克服它们的缺点,共轭梯度法就是这样一种方法,它比最速下降法的收敛速度要快得多,同时避免了牛顿法所要求的 Hessian 矩阵的计算、存储和求逆。

共轭梯度法是由海斯特内斯(Hesteness)和施泰福(Stiefel)于 1952 年为求解线性方程组而提出来的,后来用于求解无约束极值问题。共轭梯度法的计算公式简单,存储量少,因此可以用来求解规模较大的问题。对于交通系统规划中遇到的极值问题,该方法是效果较好的算法之一。

共轭梯度法是一种以共轭方向作为迭代的搜索方向的下降算法。下面先介绍一下共轭方向的定义。

定义 4-11 设 $\boldsymbol{A}$ 为 n 阶对称矩阵,$\boldsymbol{p}$、$\boldsymbol{q}$ 为 n 维列向量。若

$$\boldsymbol{p}^{\mathrm{T}}\boldsymbol{A}\boldsymbol{q}=0$$

则称向量 $\boldsymbol{p}$ 和 $\boldsymbol{q}$ 关于 $\boldsymbol{A}$ 正交,或关于 $\boldsymbol{A}$ 共轭。

设 n 元二次函数 $f(\boldsymbol{x})$ 的无约束极小化问题为

$$\min f(\boldsymbol{x})=c+\boldsymbol{b}^{\mathrm{T}}\boldsymbol{x}+\frac{1}{2}\boldsymbol{x}^{\mathrm{T}}\boldsymbol{H}\boldsymbol{x} \tag{4-17}$$

其中,c 为常数,$\boldsymbol{x}=(x_1,x_2,\cdots,x_n)^{\mathrm{T}}$ 为 n 维列向量,$\boldsymbol{H}$ 为 n 阶对称正定矩阵。这时

$$\nabla f(\boldsymbol{x})=\boldsymbol{b}+\boldsymbol{H}\boldsymbol{x},\nabla^2 f(\boldsymbol{x})=\boldsymbol{H}$$

$f(\boldsymbol{x})$ 有唯一的极小值点 $\boldsymbol{x}^*$,满足 $\nabla f(\boldsymbol{x}^*)=\boldsymbol{b}+\boldsymbol{H}\boldsymbol{x}^*=0$,则 $\boldsymbol{x}^*=-\boldsymbol{H}^{-1}\boldsymbol{b}$。

定理 4-8 设 $\boldsymbol{s}^{(1)},\boldsymbol{s}^{(2)},\cdots,\boldsymbol{s}^{(n)}$ 对于对称矩阵 $\boldsymbol{A}$ 共轭,则从任意一点 $\boldsymbol{x}^{(i)}$ 出发,依次以 $\boldsymbol{s}^{(1)}$,$\boldsymbol{s}^{(2)},\cdots,\boldsymbol{s}^{(n)}$ 为搜索方向的算法

$$\begin{cases}\min\limits_{\lambda\geqslant 0} f(\boldsymbol{x}^{(k)}+\lambda\boldsymbol{s}^{(k)})=f(\boldsymbol{x}^{(k)}+\lambda_k\boldsymbol{s}^{(k)})\\ \boldsymbol{x}^{(k+1)}=\boldsymbol{x}^{(k)}+\lambda_k\boldsymbol{s}^{(k)}\end{cases}$$

经过 n 次一维搜索收敛于式(4-17)的最优解。

用共轭方向作为搜索方向的下降迭代算法在求解无约束二次规划问题时非常有效。

对 n 元二次函数 $f(\boldsymbol{x})$,有下面的结论:设 $\boldsymbol{H}$ 为 n 阶对称正定矩阵,$\boldsymbol{s}^{(0)},\boldsymbol{s}^{(1)},\cdots,\boldsymbol{s}^{(n-1)}$ 是一组 $\boldsymbol{H}$ 共轭方向。对问题(4-17),如果从任一初始点 $\boldsymbol{x}^{(0)}\in\boldsymbol{E}^n$ 出发,根据定理 4-8 可知,依次沿方向 $\boldsymbol{s}^{(0)},\boldsymbol{s}^{(1)},\cdots,\boldsymbol{s}^{(n-1)}$ 进行精确一维搜索,则至多经过 n 次迭代,即可求得 $f(\boldsymbol{x})$ 的极小值点。由此可见,只要能够选取一组与 $\boldsymbol{H}$ 共轭的方向 $\boldsymbol{s}^{(0)},\boldsymbol{s}^{(1)},\cdots,\boldsymbol{s}^{(n-1)}$,就可以用上述方法在 n 步之内求得 n 元二次函数 $f(\boldsymbol{x})$ 的极小值点。上述算法称为共轭方向法,这种算法对于形如式(4-17)的二次函数,具有有限步收敛性,即通过 n 次以内迭代求得 n 元二次函数的极小值点 $\boldsymbol{x}^*$。事实上,用共轭梯度法求解二次规划问题(4-17)时,共轭方向不是事先给定的,而是通过迭代产生的。

下面是共轭梯度法求解二次规划问题(4-17)的具体步骤。

(1)给定初始点 $\boldsymbol{x}^{(0)}$,令 $\boldsymbol{s}^{(0)}=-\nabla f(\boldsymbol{x}^{(0)})$,$k=0$。

(2)从 $\boldsymbol{x}^{(k)}$ 出发,沿方向 $\boldsymbol{s}^{(k)}$ 对二次函数 $f(\boldsymbol{x})$ 作精确搜索,求得搜索步长

$$\lambda_k=-\frac{\nabla f(\boldsymbol{x}^{(k)})^{\mathrm{T}}\boldsymbol{s}^{(k)}}{\boldsymbol{s}^{(k)\mathrm{T}}\boldsymbol{H}\boldsymbol{s}^{(k)}} \tag{4-18}$$

得迭代点 $\boldsymbol{x}^{(k+1)}=\boldsymbol{x}^{(k)}+\lambda_k\boldsymbol{s}^{(k)}$。

(3)计算$\nabla f(\boldsymbol{x}^{(k+1)})$。如果$\nabla f(\boldsymbol{x}^{(k+1)})=\boldsymbol{0}$($n$维零向量),则停止迭代,得到式(4-17)的极小值点$\boldsymbol{x}^{*}=\boldsymbol{x}^{(k+1)}$;否则转(4)。

(4)令$\boldsymbol{s}^{(k+1)}=-\nabla f(\boldsymbol{x}^{(k+1)})+\dfrac{\|\nabla f(\boldsymbol{x}^{(k+1)})\|^2}{\|\nabla f(\boldsymbol{x}^{(k)})\|^2}\boldsymbol{s}^{(k)}$及$k=k+1$,转(2)。

对一般的非线性无约束极值问题(4-13),假设目标函数$f(\boldsymbol{x})$可微。由于$f(\boldsymbol{x})$不一定是二次凸函数,共轭梯度法用于一般无约束极值问题时,迭代公式与上面的二次规划略有不同。搜索步长的迭代公式(4-18)不再适用,这时要用一维搜索方法来求步长λ_k,即要求一维极小化问题

$$f(\boldsymbol{x}^{(k)}+\lambda_k\boldsymbol{s}^{(k)})=\min_{\lambda\geqslant 0}f(\boldsymbol{x}^{(k)}+\lambda\boldsymbol{s}^{(k)})$$

共轭梯度法求解一般非线性无约束极值问题(4-13)的具体步骤如下:

(1)给定初始点$\boldsymbol{x}^{(0)}$及迭代计算的允许误差$\varepsilon>0$。

(2)计算$\nabla f(\boldsymbol{x}^{(0)})$,令$\boldsymbol{s}^{(0)}=-\nabla f(\boldsymbol{x}^{(0)})$,$k=0$。

(3)求一维搜索$\min\limits_{\lambda\geqslant 0}f(\boldsymbol{x}^{(k)}+\lambda\boldsymbol{s}^{(k)})$得步长$\lambda_k$,再计算$\boldsymbol{x}^{(k+1)}=\boldsymbol{x}^{(k)}+\lambda_k\boldsymbol{s}^{(k)}$及梯度$\nabla f(\boldsymbol{x}^{(k+1)})$。

(4)如果$\|\nabla f(\boldsymbol{x}^{(k+1)})\|<\varepsilon$,则得到无约束极值问题(4-13)的近似极小值点$\boldsymbol{x}^{*}=\boldsymbol{x}^{(k+1)}$,迭代结束,否则转(5)。

(5)若$k<n-1$,计算$\boldsymbol{s}^{(k+1)}=-\nabla f(\boldsymbol{x}^{(k+1)})+\dfrac{\|\nabla f(\boldsymbol{x}^{(k+1)})\|^2}{\|\nabla f(\boldsymbol{x}^{(k)})\|^2}\boldsymbol{s}^{(k)}$,令$k=k+1$,转(3);若$k=n-1$,则令$\boldsymbol{x}^{(0)}=\boldsymbol{x}^{(k+1)}$,再转(2)。

一般来讲,共轭梯度法在用于求一般非线性无约束极值问题的极小值点时,在有限步迭代内是得不到极小值点的。由于n维问题的共轭方向最多只有n个,在n步之后,迭代如何继续下去呢?方法很多,但在实际应用时,大多采用经过每一轮迭代(n步共轭方向迭代)计算得到的最新迭代点$\boldsymbol{x}^{(n)}$作为新的初始点,重新开始迭代。

5. 变尺度法

变尺度法也是求解无约束极值问题的一种有效算法。它既避免了计算二阶导数Hessian矩阵及其求逆过程,又比梯度法的收敛速度快,特别是对高维极值问题具有显著的优越性。它的基本思想是:在确定每次迭代的搜索方向时,用不包含二阶导数的矩阵$\boldsymbol{H}_k$取代牛顿法中的Hessian逆矩阵$[\nabla^2 f(\boldsymbol{x}^{(k)})]^{-1}$,得到搜索方向$\boldsymbol{s}^{(k)}=-\boldsymbol{H}_k\nabla f(\boldsymbol{x}^{(k)})$,然后沿此方向作一维搜索。构造近似矩阵$\boldsymbol{H}_k$的方法不同,因而有不同的变尺度法。这里介绍的变尺度法是由戴维顿(Davidon)于1959年首先提出的,1963年费莱彻(Fletcher)和鲍威尔(Powell)作了修正,故称其为DFP变尺度算法或简称DFP法。

变尺度法的迭代步骤如下:

(1)给定初始点$\boldsymbol{x}^{(0)}$,允许误差$\varepsilon>0$和初始矩阵$\boldsymbol{H}_0=\boldsymbol{I}$($\boldsymbol{I}$为单位阵)。

(2)计算点$\boldsymbol{x}^{(0)}$处的梯度$\boldsymbol{g}_0=\nabla f(\boldsymbol{x}^{(0)})$,令$k=0$。

(3)计算$\boldsymbol{s}^{(k)}=-\boldsymbol{H}_k\boldsymbol{g}_k$并沿$\boldsymbol{s}^{(k)}$方向进行一维搜索,求出步长$\lambda_k$,使它满足

$$f(\boldsymbol{x}^{(k)}+\lambda_k\boldsymbol{s}^{(k)})=\min_{\lambda\geqslant 0}(f(\boldsymbol{x}^{(k)})+\lambda\boldsymbol{s}^{(k)})$$

然后令$\boldsymbol{x}^{(k+1)}=\boldsymbol{x}^{(k)}+\lambda_k\boldsymbol{s}^{(k)}$,计算$\boldsymbol{g}_{k+1}=\nabla f(\boldsymbol{x}^{(k+1)})$。

(4)如果$\|\boldsymbol{g}_{k+1}\|<\varepsilon$,则取式(4-13)的极小值点$\boldsymbol{x}^{*}=\boldsymbol{x}^{(k+1)}$,计算结束,否则计算

$$\begin{cases}\Delta\boldsymbol{x}_k=\boldsymbol{x}^{(k+1)}-\boldsymbol{x}^{(k)}\\ \Delta\boldsymbol{g}_k=\boldsymbol{g}_{k+1}-\boldsymbol{g}_k\end{cases}$$

再由公式

$$H_{k+1}=H_k+\frac{\Delta x_k\Delta x_k^{\mathrm T}}{\Delta x_k^{\mathrm T}\Delta g_k}-\frac{H_k\Delta g_k(H_k\Delta g_k)^{\mathrm T}}{\Delta g_k^{\mathrm T}H_k\Delta g_k}$$

计算 H_{k+1}。

(5)若 $k\neq n-1$,则令 $k=k+1$,转(3);若 $k=n-1$,则令 $x^{(0)}=x^{(k+1)}$,$k=0$,转(3)。

可以看出,在上面的(3)中,若 $H_k=I$(I 为单位矩阵),则可得到最速下降法的计算公式。若 $H_k=[\nabla^2 f(x^{(k)})]^{-1}$,则可得到阻尼牛顿法的计算公式。特别地,若搜索步长取 $\lambda_k=1$,则可得到牛顿法的迭代公式。

第四节 约束极值问题的解法

在道路工程与交通系统规划中经常遇到许多问题的数学模型描述大多是非线性最优化问题,而且规划模型中的变量和约束条件一般比较多,交通系统规划优化模型规模尤其大,所以约束非线性最优化方法在道路与交通工程系统分析中极其重要。通常将带有约束条件的极值问题称为约束极值问题,其一般形式为

$$\begin{aligned}&\min f(x)\\&\text{s.t.}\begin{cases}g_i(x)\geqslant 0 & (i=1,2,\cdots,m)\\h_j(x)=0 & (j=1,2,\cdots,p)\end{cases}\end{aligned}\tag{4-19}$$

一般来说,含有等式约束和不等式约束的非线性规划式(4-19)解起来比较复杂,它的解法大体上可以分为两类:一类是直接用原来的目标函数,在可行域上进行搜索,并在保持可行性的条件下求出最优解;另一类是将约束问题转化为无约束问题来求解。在介绍其算法之前,先讨论一下约束极值问题最优解或局部最优解的性质。

一、约束极值问题的最优性条件

1. 不等式约束的一阶必要条件

所谓最优性条件是指目标函数和约束函数在最优点处满足的必要条件和充分条件。例如,在无约束极值问题中,$\nabla f(x^*)=0$ 就是一种最优性条件,属于一阶必要条件。

在微积分课程中曾经讨论过的带等式约束的极值问题

$$\begin{aligned}&\min f(x)\\&\text{s.t.}\quad h_j(x)=0\quad (j=1,2,\cdots,p)\end{aligned}\tag{4-20}$$

我们知道,若 x^* 是它的极小点,则必存在一组数 μ_j^* $(j=1,2,\cdots,p)$,使得 Lagrange 函数 $L(x,\mu)=f(x)+\sum_{j=1}^{p}\mu_j h_j(x)$,满足

$$\nabla_x L(x^*,\mu^*)=\nabla f(x^*)+\sum_{j=1}^{p}\mu_j^*\nabla h_j(x^*)\tag{4-21}$$

式(4-21)是约束式(4-20)的一阶必要条件。$\mu=(\mu_1,\mu_2,\cdots,\mu_p)^{\mathrm T}$ 称为 Lagrange 乘子向量。

现在的问题是在约束条件中出现的不等式约束,这时一阶必要条件不再是式(4-21)的形式。下面讨论具有不等式约束的极值问题。

$$\begin{aligned}&\min f(x)\\&\text{s.t.}\quad g_i(x)\geqslant 0\quad (i=1,2,\cdots,m)\end{aligned}\tag{4-22}$$

设 $\boldsymbol{x}^*$ 是式(4-22)的最优解,当 $g_i(\boldsymbol{x}^*)>0(i=1,2,\cdots,m)$ 时,$\boldsymbol{x}^*$ 是无约束 $f(\boldsymbol{x})$ 的无约束极小点,此时约束实际上并不起作用。只有当 $g_i(\boldsymbol{x}^*)=0$ 时,它才起约束作用。为此,记 $E=\{i\mid g_i(\boldsymbol{x}^*)=0,i=1,2,\cdots,m\}$,$E$ 称为在 $\boldsymbol{x}^*$ 处的起作用约束的指标集。

若 $i\in E,g_i(\boldsymbol{x}^*)\geqslant 0$ 称为在 $\boldsymbol{x}^*$ 处的起作用约束或紧约束或有效约束;若 $i\notin E,g_i(\boldsymbol{x}^*)\geqslant 0$ 称为在 $\boldsymbol{x}^*$ 处的不起作用约束或松约束。

式(4-22)的最优性的一阶必要条件是著名的 K-T 条件。

定理 4-9(K-T 条件) 在式(4-22)中假设:①$\boldsymbol{x}^*$ 是局部极小点;②$f(\boldsymbol{x})$、$g_i(\boldsymbol{x})(i=1,2,\cdots,m)$ 在点 $\boldsymbol{x}^*$ 处连续可微;③$\nabla g_i(\boldsymbol{x}^*),i\in E=\{i\mid g_i(\boldsymbol{x}^*)=0,i=1,2,\cdots,m\}$,则存在一组参数 $\mu_i^*\geqslant 0(i=1,2,\cdots,m)$,使得广义 Lagrange 函数 $L(\boldsymbol{x},\boldsymbol{\mu})=f(\boldsymbol{x})-\sum_{i=1}^{m}\mu_i g_j(\boldsymbol{x})$ 满足

$$\begin{cases}\nabla f(\boldsymbol{x}^*)-\sum_{i=1}^{m}\mu_i^* g_j(\boldsymbol{x}^*)=0 & \\ \mu_i^*\geqslant 0 & (i=1,2,\cdots,m)\\ \mu_i^* g_j(\boldsymbol{x}^*)=0 & (i=1,2,\cdots,m)\end{cases}\tag{4-23}$$

满足 K-T 条件的点称为 Kuhn-Tucker 点,简称 K-T 点。第一节我们已经介绍了凸规划与它的一些性质,如果式(4-22)中 $f(\boldsymbol{x})$、$-g_i(\boldsymbol{x})(i=1,2,\cdots,m)$ 均是凸函数,那么 K-T 条件将会成为凸规划的解的充分必要条件。

【例 4-8】 已知规划问题

$$\min f(\boldsymbol{x})=(x_1-1)^2+x_2^2$$

$$\text{s. t.}\begin{cases}g_1(\boldsymbol{x})=-x_1\leqslant 0\\ g_2(\boldsymbol{x})=-x_2\leqslant 0\\ g_3(\boldsymbol{x})=x_1-x_2\leqslant 0\\ g_4(\boldsymbol{x})=x_1^2+x_2^2-2\leqslant 0\end{cases}$$

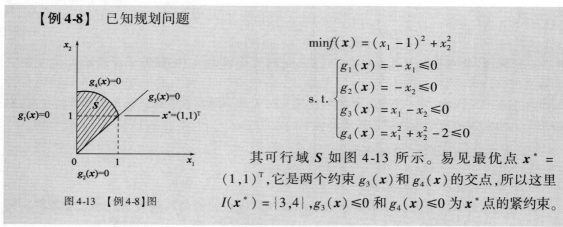

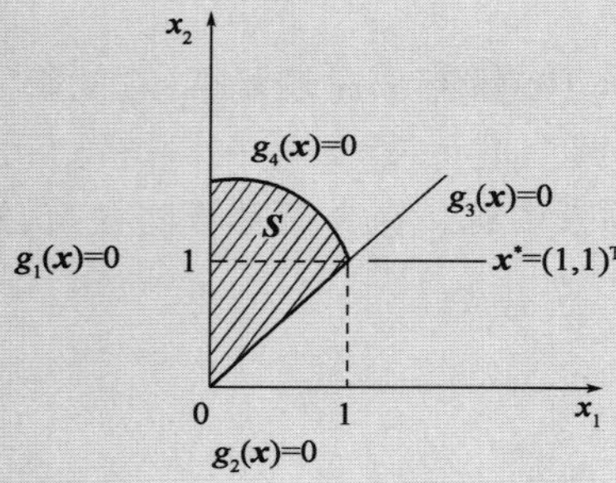

图 4-13 【例 4-8】图

其可行域 $\boldsymbol{S}$ 如图 4-13 所示。易见最优点 $\boldsymbol{x}^*=(1,1)^{\mathrm{T}}$,它是两个约束 $g_3(\boldsymbol{x})$ 和 $g_4(\boldsymbol{x})$ 的交点,所以这里 $I(\boldsymbol{x}^*)=\{3,4\}$,$g_3(\boldsymbol{x})\leqslant 0$ 和 $g_4(\boldsymbol{x})\leqslant 0$ 为 $\boldsymbol{x}^*$ 点的紧约束。

2. 等式和不等式约束问题的最优性条件

考虑一般非线性规划问题,对于式(4-19),其最优解的一阶必要条件只叙述 K-T 条件的结论。

定理 4-10 在问题(4-22)中,假设:①$\boldsymbol{x}^*$ 是问题的局部最优解;②$f(\boldsymbol{x})$、$g_i(\boldsymbol{x})(i=1,2,\cdots,m)$,$h_j(\boldsymbol{x})(j=1,2,\cdots,p)$ 在点 $\boldsymbol{x}^*$ 处连续可微;③$\nabla g_i(\boldsymbol{x}^*),i\in E=\{i\mid g_i(\boldsymbol{x}^*)=0,i=1,2,\cdots,m\}$ 和 $\nabla h_j(\boldsymbol{x}^*)(j=1,2,\cdots,p)$ 线性无关,则存在一组参数 $\gamma_i^*(i=1,2,\cdots,m)$ 和 $\mu_j^*(j=1,2,\cdots,p)$,使得下式成立:

$$\begin{cases}\nabla f(\boldsymbol{x}^*)-\sum_{j=1}^{p}\mu_j^*\nabla h_j(\boldsymbol{x}^*)-\sum_{i=1}^{m}\gamma_i^*\nabla g_i(\boldsymbol{x}^*)=0 & \\ \gamma_i^*\geqslant 0 & (i=1,2,\cdots,m)\\ \gamma_i^* g_i(\boldsymbol{x}^*)=0 & (i=1,2,\cdots,m)\\ g_i(\boldsymbol{x}^*)\geqslant 0 & (i=1,2,\cdots,m)\\ h_j(\boldsymbol{x}^*)=0 & (j=1,2,\cdots,p)\end{cases}$$

3. 约束优化问题的二阶充分条件

根据 K-T 条件,可以验证一个点是否为原问题的可能最优解。假如该点不是 K-T 点,则不会是局部最优解;假如该点是 K-T 点,则可能是局部最优解。又如何进一步对它作出肯定的结论呢?这就是极值点的二阶充分条件。

定理 4-11 在问题(4-19)中,假如 $\boldsymbol{x}^*$ 是它的一个可行解,目标函数和约束函数二阶可微,且存在 $\gamma_i^* \geqslant 0(i=1,2,\cdots,m)$ 和 $\mu_j^*(j=1,2,\cdots,p)$ 使得 K-T 条件成立,对满足条件 $\boldsymbol{P}^{\mathrm{T}}\nabla g_i(\boldsymbol{x}^*) \geqslant 0(i \in E)$ 且 $\gamma_i^*=0,\boldsymbol{P}^{\mathrm{T}}\nabla g_i(\boldsymbol{x}^*)=0,\gamma_i^*>0,\boldsymbol{P}^{\mathrm{T}}\nabla h_j(\boldsymbol{x}^*)=0(j=1,2,\cdots,p)$ 的任意非零向量 $\boldsymbol{P}$,均有 $\boldsymbol{P}^{\mathrm{T}}\nabla_x^2 L(\boldsymbol{x}^*,\boldsymbol{\gamma}^*,\boldsymbol{\mu}^*)\boldsymbol{P}>0$,则 $\boldsymbol{x}^*$ 为问题(4-19)的一个严格局部最优解。这里 $\nabla_x^2 L$ 表示广义 Lagrange 函数 $L=(\boldsymbol{x},\boldsymbol{\gamma},\boldsymbol{\mu})=f(\boldsymbol{x})-\sum_{i=1}^{m}\gamma_i g_i(\boldsymbol{x})-\sum_{j=1}^{p}\mu_j h_j(\boldsymbol{x})$ 关于 $\boldsymbol{x}$ 的 Hessian 矩阵。

二、算法介绍

求解非线性约束优化问题的方法相当多,一般的处理方法是将非线性约束极值问题转化成无约束极值问题,如惩罚函数法;或将非线性极值问题转化成线性规划问题或用二次规划来逐次逼近,将复杂的约束问题转化成简单问题来处理;还有就是针对非线性约束极值问题的约束特点直接求解的方法,如可行方向法、梯度投影法、既约梯度法等。本节主要介绍求解非线性约束极值问题的一些比较常用且有效的算法。

1. 惩罚函数法

惩罚函数法是求解约束极值问题(4-19)的一种重要而常用的方法。这种方法是通过将约束极值问题(4-19)转化成一系列无约束极值问题来求解的,是序列无约束极小化技术之一,又称 SUMT 外点法。

惩罚函数法是如何将约束极值问题转化成一系列无约束极值问题的呢?它是通过构造所谓约束极值问题的惩罚函数转化的。首先介绍问题(4-19)的惩罚函数构造方法。

设问题(4-19)的函数 $f(\boldsymbol{x})$、$g_i(\boldsymbol{x})(i=1,2,\cdots,m)$、$h_j(\boldsymbol{x})(j=1,2,\cdots,p)$ 均有一阶连续偏导数,构造式(4-19)的惩罚函数

$$F(\boldsymbol{x},M)=f(\boldsymbol{x})+Mp(\boldsymbol{x}) \tag{4-24}$$

其中,$M>0$ 为常数,称为惩罚因子,$p(\boldsymbol{x})$ 是定义在 $\boldsymbol{E}^n$ 上的一个函数,称为惩罚项,它满足

(1) $p(\boldsymbol{x})$ 是连续函数。

(2) 对任意 $\boldsymbol{x}\in\boldsymbol{E}^n$,有 $p(\boldsymbol{x})\geqslant 0$。

(3) 当且仅当 $\boldsymbol{x}\in\boldsymbol{S}$ 时,$p(\boldsymbol{x})=0$,其中 $\boldsymbol{S}$ 是式(4-20)的可行域。

对于问题(4-24),是能够构造出这样的函数的。例如对等式约束,定义函数

$$g_j^+(\boldsymbol{x})=(h_j(\boldsymbol{x}))^2 \qquad (j=1,2,\cdots,p) \tag{4-25}$$

对不等式约束,定义函数

$$g_{i+p}^+(\boldsymbol{x})=\begin{cases}0 & (g_i(\boldsymbol{x})\leqslant 0,i=1,2,\cdots,m)\\(g_i(\boldsymbol{x}))^2 & (g_i(\boldsymbol{x})>0,i=1,2,\cdots,m)\end{cases} \tag{4-26}$$

于是,惩罚函数为

$$F(\boldsymbol{x},M_k)=f(\boldsymbol{x})+M_k\sum_{i=1}^{p+m}g_i^+(\boldsymbol{x}) \tag{4-27}$$

其中,$M_k>0$,且 $M_1<M_2<\cdots<M_k<M_{k+1}<\cdots$,且 $\lim\limits_{k\to\infty}M_k=+\infty$。

从构造容易验证,这样的惩罚项 $p(\boldsymbol{x})=\sum_{i=1}^{p+m}g_i^+(\boldsymbol{x})$ 具有上述的三条性质。而且当 $\boldsymbol{x}$ 满足约

束条件,即 $\boldsymbol{x}\in\boldsymbol{S}$ 时,则 $g_i^+(\boldsymbol{x})=0(i=1,2,\cdots p+m)$;当约束条件不满足,即 $\boldsymbol{x}\notin\boldsymbol{S}$ 时,则至少有一个 $i(1\leqslant i\leqslant p+m)$,使 $g_i^+(\boldsymbol{x})>0$,从而 $p(\boldsymbol{x})$。约束条件被破坏得越厉害,则 $p(\boldsymbol{x})>0$ 的值越大,从而 $F(\boldsymbol{x},M)=f(\boldsymbol{x})+Mp(\boldsymbol{x})$ 也就越大,即对于约束条件的破坏是一种惩罚,M 越大,则惩罚得越厉害。反之,当约束条件被满足时,则 $p(\boldsymbol{x})=0$,这时不论 $M>0$ 取多么大的值,都有 $F(\boldsymbol{x},M)=f(\boldsymbol{x})$。也就是说,当约束条件被满足时,不受惩罚,由此可见惩罚项及惩罚函数的意义。关于惩罚因子 M_k 的取法,根据计算经验通常可以选取 $M_{k+1}=M_kC(C\in[2,50])$。

一般用惩罚函数法来求解约束极值问题(4-24)的计算步骤如下:

(1)选取 $M_1>0$,精度 $\varepsilon>0$,$C\geqslant 2$,初始点 $\boldsymbol{x}^{(0)}$,令 $k=1$。

(2)以 $\boldsymbol{x}^{(k-1)}$ 为初始点,求解无约束极小化问题

$$\min f(\boldsymbol{x},M_k)=f(\boldsymbol{x})+M_k\sum_{i=1}^{p+m}g_i^+(\boldsymbol{x}) \tag{4-28}$$

设其最优解为 $\boldsymbol{x}^{(k)}=\boldsymbol{x}(M_k)$。

(3)计算 $\tau_1=\max\limits_{1\leqslant i\leqslant p}\left\{|h_i(\boldsymbol{x}^{(k)})|\right\}$,$\tau_2=\max\limits_{1\leqslant i\leqslant m}\{g_i(\boldsymbol{x}^{(k)})\}$,$\tau=\max\{\tau_1,\tau_2\}$。

(4)若 $\tau<\varepsilon$,则迭代结束,取 $\boldsymbol{x}^*=\boldsymbol{x}^{(k)}$;否则令 $M_{k+1}=CM_k$,$k=k+1$,转(2)。

在上面的算法中,式(4-24)中的惩罚项是 $p(\boldsymbol{x})=\sum\limits_{i=1}^{p+m}g_i^+(\boldsymbol{x})$,它也可用其他的方法来定义,只要能保证 $p(\boldsymbol{x})$ 满足前面所述的三条性质即可。另外,算法的结束准则是 $\tau<\varepsilon$,也可以改为 $M_kp(\boldsymbol{x}^{(k)})<\varepsilon$。

理论上可以证明,在迭代过程中,由求解无约束极小化问题(4-24)的极小值点产生的序列,其任一个极限点都是约束极值问题(4-19)的一个最优解。有兴趣的读者可以参考一些非线性最优化方面的书。

下面给出用惩罚函数法求解非线性约束极值问题的例子。

【例 4-9】 用惩罚函数法求解下述最小化问题:

$$\min f(\boldsymbol{x})=(x_1-3)^2+(x_2-2)^2$$

$$\text{s.t.}\quad h(\boldsymbol{x})=x_1+x_2-4=0$$

解:令

$$F(\boldsymbol{x},M)=(x_1-3)^2+(x_2-2)^2+M(x_1+x_2-4)^2$$

则

$$\frac{\partial F}{\partial x_1}=2(x_1-3)+2M(x_1+x_2-4),\frac{\partial F}{\partial x_2}=2(x_2-2)+2M(x_1+x_2-4)$$

令 $\dfrac{\partial F}{\partial x_1}=0$,$\dfrac{\partial F}{\partial x_2}=0$,得 $x_1=\dfrac{5M+3}{2M+1}$,$x_2=\dfrac{3M+2}{2M+1}$。令 $M\rightarrow+\infty$,得

$$\boldsymbol{x}^*=\lim_{M\rightarrow+\infty}\boldsymbol{x}(M)=\left(\frac{5}{2},\frac{3}{2}\right)^{\mathrm{T}}$$

易见 $h(\boldsymbol{x}^*)=0$,所以 $\boldsymbol{x}^*$ 即为所要求的 $f(\boldsymbol{x})$ 的极小值点,极小值为 1/2。

2. 障碍函数法

障碍函数法与惩罚函数法类似,也是一种将约束极值问题转化成一系列无约束极值问题来求解的方法,也采用了序列无约束极小化方法。该方法要求约束极值问题的可行约束集连通且内部非空,所以有别于惩罚函数法,它要求迭代过程始终在可行域内进行。为此,障碍函

数法在可行域内取初始点，并在可行域的边界上设置一道“障碍”，使迭代点在靠近可行域的边界时，给出的新目标函数值迅速增大，从而使迭代点始终留在可行域内，因此障碍函数法又称 SUMT 内点法。

由于障碍函数法要求约束极值问题(4-19)的可行域 $\boldsymbol{S}$ 连通且内部 $\mathrm{int}\boldsymbol{S}$ 非空，所以可行集中没有等式约束，因而非线性极值问题为

$$\begin{aligned} &\min f(\boldsymbol{x}) \\ &\text{s.t.}\quad g_i(\boldsymbol{x}) \leqslant 0 \qquad (i=1,2,\cdots,m) \end{aligned} \tag{4-29}$$

其可行域为 $\boldsymbol{S}=\{\boldsymbol{x}\mid g_i(\boldsymbol{x})\leqslant 0, i=1,2,\cdots,m\}$。

障碍函数法的求解思想是：从一个可行点 $\boldsymbol{x}^{(0)}$ 出发，在可行点之间进行迭代。为了使迭代点始终为可行点，在约束集 $\boldsymbol{S}$ 的边界上建起一道“障碍”或“壁垒”，以此阻挡迭代点列离开可行域 $\boldsymbol{S}$。为此定义障碍函数

$$F(\boldsymbol{x},r)=f(\boldsymbol{x})+rB(\boldsymbol{x}) \tag{4-30}$$

其中，r 称为障碍因子，是一个很小的正数；非负连续函数 $B(\boldsymbol{x})$ 称为障碍函数，它要求是非负连续函数，且当 $\boldsymbol{x}$ 趋向可行域 $\boldsymbol{S}$ 的边界时，$B(\boldsymbol{x})\to+\infty$。对于式(4-29)，函数 $B(\boldsymbol{x})$ 一般有以下两种形式：

$$B(\boldsymbol{x})=\sum_{i=1}^{m}\frac{-1}{g_i(\boldsymbol{x})} \tag{4-31}$$

$$B(\boldsymbol{x})=-\sum_{i=1}^{m}\ln(-g_i(\boldsymbol{x})) \tag{4-32}$$

由式(4-30)可知，当 $\boldsymbol{x}$ 趋向可行域 $\boldsymbol{S}$ 的边界时，$F(\boldsymbol{x},r)\to+\infty$。但是，当 $\boldsymbol{x}$ 在 $\boldsymbol{S}$ 的内部时，由于 r 很小，函数 $F(\boldsymbol{x},r)$ 近似于 $f(\boldsymbol{x})$。因此，可以通过求解下面的极小化问题来得到式(4-29)的近似极小值点：

$$\begin{aligned} &\min F(\boldsymbol{x},r)=f(\boldsymbol{x})+rB(\boldsymbol{x}) \\ &\text{s.t.}\quad \boldsymbol{x}\in \mathrm{int}\boldsymbol{S} \end{aligned} \tag{4-33}$$

由于函数 $B(\boldsymbol{x})$ 的障碍作用，式(4-33)的最优解必在可行域的内部，而 $B(\boldsymbol{x})$ 的障碍作用又是自动实现的，因此从计算上来说，可以把式(4-33)当作一个无约束极小化极值问题。但是由于计算上的困难，r 不能取很小，因此对于类似的惩罚函数法，需要采用序列极小化方法来求解。取定一组序列 $r_k>0, r_1>r_2>r_3>\cdots>r_k>r_{k+1}>\cdots, \lim\limits_{k\to\infty} r_k=0$，对每个 r_k，求解下面的极小化问题：

$$\begin{aligned} &\min F(\boldsymbol{x},r_k)=f(\boldsymbol{x})+r_kB(\boldsymbol{x}) \\ &\text{s.t.}\quad \boldsymbol{x}\in \mathrm{int}\boldsymbol{S} \end{aligned} \tag{4-34}$$

得点列 $\{\boldsymbol{x}^{(k)}\}$。理论上可以证明，其极限点 $\lim\limits_{k\to+\infty}\boldsymbol{x}^{(k)}$ 就是式(4-33)的最优解，也是式(4-29)的极小值点。

障碍函数法计算约束极值问题(4-29)的一般步骤如下：

(1) 选取初始内点 $\boldsymbol{x}^{(0)}\in \mathrm{int}\boldsymbol{S}$，初始参数 $r_1>0$，给定允许误差 $\varepsilon>0$，缩小系数 $\alpha\in(0,1)$，令 $k=1$。

(2) 以 $\boldsymbol{x}^{(k-1)}$ 为初始点，用无约束极小值问题的方法求解问题

$$\begin{aligned} &\min F(\boldsymbol{x},r_k)=f(\boldsymbol{x})+r_kB(\boldsymbol{x}) \\ &\text{s.t.}\quad \boldsymbol{x}\in \mathrm{int}\boldsymbol{S} \end{aligned}$$

设求得的极小值点为 $\boldsymbol{x}^{(k)}$。

(3)如果 $\boldsymbol{x}^{(k)}$ 满足 $r_kB(\boldsymbol{x}^{(k)})<\varepsilon$(当然还可以采用第一节中介绍的其他收敛准则),则迭代结束,取 $\boldsymbol{x}^*=\boldsymbol{x}^{(k)}$ 作为式(4-29)的近似极小值点;否则令 $r_{k+1}=\alpha r_k, k=k+1$,转(2)。

3. 二次规划法

二次规划是非线性极值问题中一种比较特殊的情形,它的目标函数是二次函数,约束是线性的。二次规划较为简单且已经有了比较有效的算法,因此某些非线性极值问题可以转化为求解一系列二次规划极值问题,即用二次规划来逐步逼近非线性规划,这种方法称为二次逼近法或序列二次规划法。现在二次逼近法已成为解某些非线性极值问题比较重要的约束优化算法之一。这里对二次规划法作简要介绍,二次逼近法可参考相关资料。

若某些非线性规划的目标函数为关于自变量 $\boldsymbol{x}$ 的二次函数,约束条件均为线性,则称这种规划为二次规划。二次规划是非线性规划中比较简单的一类,它较容易求解。由于很多方面的问题都可以抽象成二次规划的模型,而且它和线性规划有直接联系,此处专门提出来作简要说明。

二次规划的数学模型可表述如下:

$$\min f(\boldsymbol{x})=\sum_{j=1}^{n}c_jx_j+\frac{1}{2}\sum_{j=1}^{n}\sum_{k=1}^{n}c_{jk}x_jx_k \tag{4-35}$$

$$c_{jk}=c_{kj}\qquad(k=1,2,\cdots,n) \tag{4-36}$$

$$\sum_{j=1}^{n}a_{ij}x_j+b_i\geqslant 0\qquad(i=1,2,\cdots,m) \tag{4-37}$$

$$x_j\geqslant 0\qquad(j=1,2,\cdots,n) \tag{4-38}$$

式(4-35)右端的第二项为二次型。如果该二次型正定(或半正定),则目标函数为严格凸函数(或凸函数)。此外,二次规划的可行域为凸集,因而二次规划属于凸规划(在极大化问题中,如果上述二次型为负定或半负定,也属于凸规划)。前文已经指出,凸规划的局部极值即为其全局极值。对于这种问题,K-T 条件[式(4-23)]不但是极值点存在的必要条件,而且是充分条件。将 K-T 条件中的第一个条件应用于二次规划式(4-35)~式(4-38),并用 y 代替 K-T 中的 γ,即可得到

$$-\sum_{k=1}^{n}c_{jk}x_k+\sum_{i=1}^{m}a_{ij}y_{n+i}+y_j=c_j\qquad(j=1,2,\cdots,n) \tag{4-39}$$

在式(4-37)中引入松弛变量 x_{n+i},式(4-37)即变为(假定 $b_i\geqslant 0$)

$$x_j\geqslant 0, y_j\geqslant 0\qquad(j=1,2,\cdots,n+m) \tag{4-40}$$

再将 K-T 条件中的第二个条件应用于上述二次规划,并考虑式(4-40),即可得到

$$x_jy_j=0\qquad(j=1,2,\cdots,n+m) \tag{4-41}$$

此外还有

$$x_j\geqslant 0, y_j\geqslant 0\qquad(j=1,2,\cdots,n+m) \tag{4-42}$$

联立求解式(4-39)和式(4-40),如果得到的解也满足式(4-41)和式(4-42),则这样的解就是原二次规划问题的解。但是,在式(4-39)中,c_j 可能为正,也可能为负。为了便于求解,先引入人工变量 z_j($z_j\geqslant 0$,其前面的符号可取正或负,以便得出可行解),这样式(4-39)就变成了

$$\sum_{i=1}^{m}a_{ij}y_{n+i}+y_j-\sum_{k=1}^{n}c_{jk}x_k+\operatorname{sgn}(c_j)z_j=c_j\qquad(j=1,2,\cdots,n) \tag{4-43}$$

其中,$\operatorname{sgn}(c_j)$ 为符号函数,当 $c_j\geqslant 0$ 时,$\operatorname{sgn}(c_j)=1$;当 $c_j<0$ 时,$\operatorname{sgn}(c_j)=-1$。这样一来,可立刻得到初始基本可行解

$$\begin{cases} z_j = \operatorname{sgn}(c_j)c_j & (j=1,2,\cdots,n) \\ x_{n+i} = b_i & (i=1,2,\cdots,m) \\ x_i = 0 & (j=1,2,\cdots,n) \\ y_j = 0 & (j=1,2,\cdots,n+m) \end{cases}$$

但是，只有当 $z_j=0$ 时才能得到原来问题的解，故必须对上述问题进行修正，从而得到如下线性规划问题：

$$\min\Phi(z) = \sum_{j=1}^{n} z_j$$

$$\text{s.t.} \begin{cases} \sum_{i=1}^{m} a_{ij}y_{n+i} + y_j - \sum_{k=1}^{n} c_{jk}x_k + \operatorname{sgn}(c_j)z_j = c_j & (j=1,2,\cdots,n) \\ \sum_{j=1}^{n} a_{ij}x_j - x_{n+i} + b_i = 0 & (i=1,2,\cdots,m) \\ x_j \geqslant 0 & (j=1,2,\cdots,n+m) \\ y_j \geqslant 0 & (j=1,2,\cdots,n+m) \\ z_j \geqslant 0 & (j=1,2,\cdots,n) \end{cases} \tag{4-44}$$

该线性规划仍需满足式(4-41)中的条件。这相当于不能使 x_j 和 y_j(对每一个 j)同时为基变量。解线性规划式(4-44)，若得到最优解

$$x_1^*, x_2^*, \cdots, x_{n+m}^*, y_1^*, y_2^*, \cdots, y_{n+m}^*, z_1=0, z_2=0, \cdots, z_n=0$$

则$(x_1^*, x_2^*, \cdots, x_n^*)$就是原二次规划问题的最优解。

4. 可行方向法

可行方向法是求解约束优化问题的一类重要的方法，它是在 1960 年由藻滕代克(Zoutendijk)首先提出来的，其基本的思想主要是下降算法，即从约束极值问题(4-19)的一个可行点 $\boldsymbol{x}^{(k)}$ 出发，用某种方法确定一个下降的可行方向 $\boldsymbol{s}^{(k)}$，然后沿方向 $\boldsymbol{s}^{(k)}$，求解一个有约束的一维搜索问题，得极小点 λ_k 作为搜索步长。令 $\boldsymbol{x}^{(k+1)} = \boldsymbol{x}^{(k)} + \lambda_k \boldsymbol{s}^{(k)}$，如果 $\boldsymbol{x}^{(k+1)}$ 满足精度，则停止迭代，$\boldsymbol{x}^{(k+1)}$ 就是最优解或近似最优解，否则再从 $\boldsymbol{x}^{(k+1)}$ 出发，重复上述步骤，直至得到满足要求的点。基于不同的可行下降方向 $\boldsymbol{s}^{(k)}$ 选取方法，有不同的可行方向法，主要包括 Frank-Wolfe 方法、Zoutendijk 可行方向法、Topkio-Veinott 可行方向法。

先介绍约束极值问题(4-19)的可行下降方向的概念。

定义 4-12 非零 n 维向量 $\boldsymbol{s}$ 称为在点 $\boldsymbol{x} \in \boldsymbol{S}$ 的一个可行方向，如果存在一个数 $\delta > 0$，使得对 $\forall \lambda \in (0,\delta)$，都有 $\boldsymbol{x} + \lambda\boldsymbol{s} \in \boldsymbol{S}$，$f(\boldsymbol{x}+\lambda\boldsymbol{s}) < f(\boldsymbol{x})$，则可行方向 $\boldsymbol{s} \neq \boldsymbol{0}$ 称为点 $\boldsymbol{x} \in \boldsymbol{S}$ 的一个可行下降方向。

在实际应用中，Frank-Wolfe 法应用最为广泛，因此这里主要介绍 Frank-Wolfe 方法。该方法是弗兰克(Frank)和乌尔夫(Wolfe)于 1956 年提出的求解线性约束问题的一种算法。Frank-Wolfe 方法主要用于解如下的非线性规划问题：

$$\begin{aligned} &\min f(\boldsymbol{x}) \\ &\text{s.t.} \quad \boldsymbol{A}\boldsymbol{x} \geqslant \boldsymbol{b} \end{aligned} \tag{4-45}$$

其中,$f(\boldsymbol{x})$是$\boldsymbol{R}^n$上的连续函数,可行域记为$\boldsymbol{S}$。

Frank-Wolfe 算法的基本思想是:用线性规划逐步逼近非线性规划,在每次迭代中,将目标函数$f(\boldsymbol{x})$线性化,通过求解相应的线性规划获得可行下降方向(最速下降方向),再沿此可行下降方向在可行域内作一维搜索,求解当次迭代的最优移动步长,从而得到下一个迭代点,重复迭代直至找到最优解。算法具体过程分析如下:

假设已知可行点$\boldsymbol{x}^{(k)}$,将$f(\boldsymbol{x})$在$\boldsymbol{x}^{(k)}$处用一阶泰勒多项式展开

$$f(\boldsymbol{x})=f(\boldsymbol{x}^{(k)})+\nabla f(\boldsymbol{x}^{(k)})^{\mathrm{T}}(\boldsymbol{x}-\boldsymbol{x}^{(k)})=\nabla f(\boldsymbol{x}^{(k)})^{\mathrm{T}}\boldsymbol{x}+[f(\boldsymbol{x}^{(k)})-\nabla f(\boldsymbol{x}^{(k)})^{\mathrm{T}}\boldsymbol{x}^{(k)}]$$

逼近$f(\boldsymbol{x})$。解线性规划问题

$$\begin{aligned}&\min\ \nabla f(\boldsymbol{x}^{(k)})^{\mathrm{T}}\boldsymbol{x}+[f(\boldsymbol{x}^{(k)})-\nabla f(\boldsymbol{x}^{(k)})^{\mathrm{T}}\boldsymbol{x}^{(k)}]\\&\text{s.t.}\quad \boldsymbol{x}\in\boldsymbol{S}\end{aligned}\tag{4-46}$$

去掉目标函数中的常数项,将此问题等价于

$$\begin{aligned}&\min\ \nabla f(\boldsymbol{x}^{(k)})^{\mathrm{T}}\boldsymbol{x}\\&\text{s.t.}\quad \boldsymbol{x}\in\boldsymbol{S}\end{aligned}\tag{4-47}$$

假设此问题存在有限最优解$\boldsymbol{y}^{(k)}$,则此最优解可在某极点得到。

求解问题(4-47)的结果必为下列两种情形之一:

(1)若$\nabla f(\boldsymbol{x}^{(k)})^{\mathrm{T}}(\boldsymbol{y}^{(k)}-\boldsymbol{x}^{(k)})=0$,则停止迭代,可以证明$\boldsymbol{x}^{(k)}$是原问题的 K-T 点。

(2)若$\nabla f(\boldsymbol{x}^{(k)})^{\mathrm{T}}(\boldsymbol{y}^{(k)}-\boldsymbol{x}^{(k)})\neq 0$,则由式(4-47)可知,必有$\nabla f(\boldsymbol{x}^{(k)})^{\mathrm{T}}(\boldsymbol{y}^{(k)}-\boldsymbol{x}^{(k)})<0$,因此$\boldsymbol{y}^{(k)}-\boldsymbol{x}^{(k)}$为$\boldsymbol{x}^{(k)}$处的可行下降方向。

这时,从$\boldsymbol{x}^{(k)}$出发,沿此方向作一维搜索:

$$\begin{aligned}&\min f(\boldsymbol{x}^{(k)}+\lambda(\boldsymbol{y}^{(k)}-\boldsymbol{x}^{(k)}))\\&\text{s.t.}\quad 0\leqslant\lambda\leqslant 1\end{aligned}\tag{4-48}$$

求得λ_k,令$\boldsymbol{x}^{(k+1)}=\boldsymbol{x}^{(k)}+\lambda_k(\boldsymbol{y}^{(k)}-\boldsymbol{x}^{(k)})$。又因为$\boldsymbol{y}^{(k)}-\boldsymbol{x}^{(k)}\neq\boldsymbol{0}$,且为下降方向,因此有

$$f(\boldsymbol{x}^{(k+1)})<f(\boldsymbol{x}^{(k)})\tag{4-49}$$

得到$\boldsymbol{x}^{(k+1)}$后,再重复以上过程,直至满足收敛准则。

一般情况下,Frank-Wolfe 算法的求解步骤如下:

(1)给定初始可行点$\boldsymbol{x}^{(0)}$,允许误差$\varepsilon>0$,令$k=1$。

(2)求解下面线性规划问题,得到最优解$\boldsymbol{y}^{(k)}$:

$$\begin{aligned}&\min\ \nabla f(\boldsymbol{x}^{(k)})^{\mathrm{T}}\boldsymbol{x}\\&\text{s.t.}\quad \boldsymbol{x}\in\boldsymbol{S}\end{aligned}$$

(3)若$|\nabla f(\boldsymbol{x}^{(k)})^{\mathrm{T}}(\boldsymbol{y}^{(k)}-\boldsymbol{x}^{(k)})|\leqslant\varepsilon$,则停止计算,得到最优解$\boldsymbol{x}^*=\boldsymbol{x}^{(k)}$;否则转入(4)。

(4)从$\boldsymbol{x}^{(k)}$出发,沿方向$\boldsymbol{y}^{(k)}-\boldsymbol{x}^{(k)}$在连接$\boldsymbol{y}^{(k)}$与$\boldsymbol{x}^{(k)}$的线段上搜索:

$$\begin{aligned}&\min f(\boldsymbol{x}^{(k)})+\lambda(\boldsymbol{y}^{(k)}-\boldsymbol{x}^{(k)})\\&\text{s.t.}\quad 0\leqslant\lambda\leqslant 1\end{aligned}$$

得到λ_k。

(5)令$\boldsymbol{x}^{(k+1)}=\boldsymbol{x}^{(k)}+\lambda(\boldsymbol{y}^{(k)}-\boldsymbol{x}^{(k)})$,$k=k+1$,返回(2)。

可行方向法的算法流程图如图 4-14 所示。

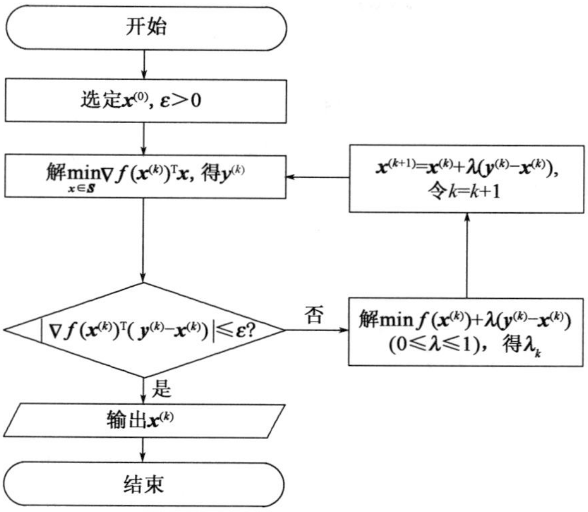

图 4-14　可行方向法的算法流程图

【例 4-10】 用 Frank-Wolfe 算法求解下面的带线性约束的非线性规划问题。要求取初始点 $\boldsymbol{x}^{(0)}=(0,0)^{\mathrm{T}}$,终止误差 $\varepsilon=10^{-6}$。

$$\min f(\boldsymbol{x})=2x_1^2+2x_2^2-2x_1x_2-4x_1-6x_2$$

$$\text{s. t.}\begin{cases}x_1+x_2-2\leqslant0\\x_1+5x_2-5\leqslant0\\-x_1\leqslant0\\-x_2\leqslant0\end{cases}$$

解:第 0 次迭代,因为

$$\nabla f(\boldsymbol{x})=(4x_1-2x_2-4,4x_2-2x_1-6)^{\mathrm{T}}$$

所以

$$\nabla f(\boldsymbol{x}^{(0)})=(-4,-6)^{\mathrm{T}}$$

因此,近似线性规划

$$\min\ \nabla f(\boldsymbol{x}^{(0)})^{\mathrm{T}}\boldsymbol{x}=-4x_1-6x_2$$

$$\text{s. t.}\begin{cases}x_1+x_2-2\leqslant0\\x_1+5x_2-5\leqslant0\\-x_1\leqslant0\\-x_2\leqslant0\end{cases}$$

可求得它的最优解 $\boldsymbol{y}^{(0)}=\left(\dfrac{5}{4},\dfrac{3}{4}\right)^{\mathrm{T}}$。由于 $|\nabla f(\boldsymbol{x}^{(0)})^{\mathrm{T}}(\boldsymbol{y}^{(0)}-\boldsymbol{x}^{(0)})|>\varepsilon$,继续迭代,构造 $\boldsymbol{x}^{(0)}=(0,0)^{\mathrm{T}}$ 点处可行下降方向 $\boldsymbol{D}^{(0)}=\boldsymbol{y}^{(0)}-\boldsymbol{x}^{(0)}=\left(\dfrac{5}{4},\dfrac{3}{4}\right)^{\mathrm{T}}$。从点 $\boldsymbol{x}^{(0)}$ 出发沿 $\boldsymbol{D}^{(0)}$ 进行一维搜索,即求解

$$\min_{0\leqslant\lambda\leqslant1}f(\boldsymbol{x}^{(0)}+\lambda\boldsymbol{D}^{(0)})=\frac{19}{8}\lambda^2-\frac{19}{2}\lambda$$

得最优解 $\lambda_0^*=1$。于是,下一个迭代点为

$$x^{(1)}=x^{(0)}+\lambda_0^*D^{(0)}=(0,0)^{\mathrm{T}}+1\left(\frac{5}{4},\frac{3}{4}\right)^{\mathrm{T}}=\left(\frac{5}{4},\frac{3}{4}\right)^{\mathrm{T}}$$

重复上述步骤,当算法迭代至第二次时,可求得它的最优解 $y^{(2)}=\left(\tau,1-\frac{\tau}{5}\right)^{\mathrm{T}}$(其中 τ 不唯一)。由于 $|\nabla f(x^{(2)})^{\mathrm{T}}(y^{(2)}-x^{(2)})|=0<\varepsilon$,迭代停止,输出 $x^{(2)}=\left(\frac{35}{31},\frac{24}{31}\right)^{\mathrm{T}}$。由于这时有 $|\nabla f(x^{(2)})^{\mathrm{T}}(y^{(2)}-x^{(2)})|=0$,$x^{(2)}$ 是一个 K-T 点,由于上面的非线性规划是一个凸规划,可知 $x^{(2)}$ 是所求问题的最优解。

5. 梯度投影法

梯度投影法也是一种可行方向法。它的基本思想是:从非线性约束极值问题可行域的可行点出发,沿此可行点的可行下降方向进行搜索。当迭代出发点在可行域的内部时,则负梯度方向作为可行下降方向,然后沿此方向搜索;当迭代出发点不在可行域的内部而是在约束域的边界上时,则将此点处的负梯度投影到某个子空间,这样的投影一定是迭代点的可行下降方向,然后沿此方向进行搜索。

(1)方法概述

这里介绍罗森(Rosen)的梯度投影法。1960 年,Rosen 针对线性约束的极值问题首先提出了梯度投影法。1961 年他又将该方法推广到处理非线性约束的情况。这里只介绍处理线性约束极值问题的 Rosen 梯度投影法。

考虑如下线性约束的非线性极值问题:

$$\min f(x)$$
$$\text{s.t.}\begin{cases}Ax\leqslant a\\Bx\leqslant b\end{cases}\tag{4-50}$$

其中,$f(x)$ 是 n 元可微函数,A 是 $m\times n$ 矩阵,B 是 $l\times n$ 矩阵,$a\in E^m$,$b\in E^l$。仍用 S 表示式(4-50)的可行域。

梯度投影法的基本思想是:当迭代点 $x^{(k)}$ 在可行域 S 的内部时,取 $s=-\nabla f(x^{(k)})$ 为迭代方向;当点 $x^{(k)}$ 在 S 的边界上时,取 $-\nabla f(x^{(k)})$ 在这些边界面的交集上的投影为迭代的方向。

为了具体说明上述方法,本节首先介绍一下投影矩阵的概念。

定义 4-13 设 P 是 $n\times n$ 矩阵,如果 $P=P^{\mathrm{T}}$,且 $P^2=P$,则称 P 为投影矩阵。

例如,假设 M 是一个 $m\times n$ 矩阵,其秩为 m,则易知矩阵 $Q=M^{\mathrm{T}}(MM^{\mathrm{T}})^{-1}M$ 与 $P=I-M^{\mathrm{T}}(MM^{\mathrm{T}})^{-1}M$ 均是投影矩阵。

下面的定理是 Rosen 梯度投影法求解问题(4-50)的理论依据,其证明从略,读者可以参考有关非线性规划方面的书。

定理 4-12 设 x 是问题(4-65)的一个可行解,且有 $A_1x=a_1$,$A_2x<a_2$,而 $A^{\mathrm{T}}=(A_1^{\mathrm{T}},A_2^{\mathrm{T}})$,$a^{\mathrm{T}}=(a_1^{\mathrm{T}},a_2^{\mathrm{T}})$,矩阵 $M^{\mathrm{T}}=(A_1^{\mathrm{T}},B^{\mathrm{T}})$ 满秩。令 $P=I-M^{\mathrm{T}}(MM^{\mathrm{T}})^{-1}M$,$I$ 是单位矩阵,再令 $w=-(MM^{\mathrm{T}})^{-1}M\nabla f(x)$,$w^{\mathrm{T}}=(u^{\mathrm{T}},v^{\mathrm{T}})$,其中 u 和 v 分别对应于 A_1 和 B。设 $P\nabla f(x)=0$,那么:

①若 $u\geqslant 0$,则 x 是一个 K-T 点;

②若 u 中存在负分量,设 u_j 是 u 的一个负分量,令 $\hat{M}^{\mathrm{T}}=(\hat{A}_1^{\mathrm{T}},B^{\mathrm{T}})$,其中 $\hat{A}_1$ 是由 A_1 去掉

第 j 行后得到的矩阵,再令

$$\hat{\boldsymbol{p}} = \boldsymbol{I} - \hat{\boldsymbol{M}}^{\mathrm{T}}(\hat{\boldsymbol{M}}\hat{\boldsymbol{M}}^{\mathrm{T}})^{-1}\hat{\boldsymbol{M}}, \boldsymbol{s} = -\hat{\boldsymbol{p}}\nabla f(\boldsymbol{x})$$

则 $\boldsymbol{s}$ 是一个可行下降方向。

在给出梯度投影法求解问题(4-50)的算法之前,先引入一些记号。在问题(4-50)中,设

$$\boldsymbol{A} = \begin{bmatrix} a_{11} & a_{12} & \cdots & a_{1n} \\ a_{21} & a_{22} & \cdots & a_{2n} \\ \cdots & \cdots & \ddots & \cdots \\ a_{m1} & a_{m2} & \cdots & a_{mn} \end{bmatrix} = \begin{bmatrix} \boldsymbol{a}_1^{\mathrm{T}} \\ \boldsymbol{a}_2^{\mathrm{T}} \\ \cdots \\ \boldsymbol{a}_m^{\mathrm{T}} \end{bmatrix}, \boldsymbol{c} = \begin{bmatrix} \boldsymbol{a} \\ \boldsymbol{b} \end{bmatrix} = \begin{bmatrix} \boldsymbol{c}_1 \\ \boldsymbol{c}_2 \\ \cdots \\ \boldsymbol{c}_{m+l} \end{bmatrix}$$

$$\boldsymbol{B} = \begin{bmatrix} a_{m+1,1} & a_{m+1,2} & \cdots & a_{m+1,n} \\ a_{m+2,1} & a_{m+2,2} & \cdots & a_{m+2,n} \\ \cdots & \cdots & \ddots & \cdots \\ a_{m+l,1} & a_{m+l,2} & \cdots & a_{m+l,n} \end{bmatrix} = \begin{bmatrix} \boldsymbol{a}_{m+1}^{\mathrm{T}} \\ \boldsymbol{a}_{m+2}^{\mathrm{T}} \\ \cdots \\ \boldsymbol{a}_{m+l}^{\mathrm{T}} \end{bmatrix}$$

其中,$\boldsymbol{a}_i = (a_{i1}, a_{i2}, \cdots, a_{in})^{\mathrm{T}}(i = 1, 2, \cdots, m+l)$。设 $\boldsymbol{x}^{(k)}$ 是问题(4-50)的可行解,令

$$I_k = I(\boldsymbol{x}^{(k)}) = \{i \mid \boldsymbol{a}_i^{\mathrm{T}}\boldsymbol{x}^{(k)} = \boldsymbol{c}_i\}$$

I_k 称为在点 $\boldsymbol{x}^{(k)}$ 的指标集。用 $\boldsymbol{M}_k$ 表示以 $\boldsymbol{a}_i^{\mathrm{T}}(i \in I_k)$ 为行所组成的矩阵。

(2)计算步骤

Rosen 梯度投影法的具体计算步骤如下:

①选取 $\boldsymbol{x}^{(1)}$ 为问题(4-50)的一个可行解,给定计算精度 $\varepsilon > 0$,令 $k = 1$。

②在 $\boldsymbol{x}^{(k)}$ 点处,将 $\boldsymbol{A}$ 和 $\boldsymbol{a}$ 分解成 $\boldsymbol{A}^{\mathrm{T}} = (\boldsymbol{A}_1^{\mathrm{T}}, \boldsymbol{A}_2^{\mathrm{T}})$ 与 $\boldsymbol{a}^{\mathrm{T}} = (\boldsymbol{a}_1^{\mathrm{T}}, \boldsymbol{a}_2^{\mathrm{T}})$,使得 $\boldsymbol{A}_1\boldsymbol{x}^{(k)} = \boldsymbol{a}_1, \boldsymbol{A}_2\boldsymbol{x}^{(k)} < \boldsymbol{a}_2$,并计算 $\nabla f(\boldsymbol{x}^{(k)})$。

③若 $\|\nabla f(\boldsymbol{x}^{(k)})\| < \varepsilon$,则 $\boldsymbol{x}^{(k)}$ 为近似的 K-T 点,计算结束;否则计算 $I_k = \{i \mid \boldsymbol{a}_i^{\mathrm{T}}\boldsymbol{x}^{(k)} = \boldsymbol{c}_i\}$,若 I_k 为空集,则令 $\boldsymbol{P} = \boldsymbol{I}$;若 I_k 非空,则计算矩阵 $\boldsymbol{M}_k$[有 $\boldsymbol{M}_k^{\mathrm{T}} = (\boldsymbol{A}_1^{\mathrm{T}}, \boldsymbol{B}^{\mathrm{T}})$],令

$$\boldsymbol{P} = \boldsymbol{I} - \boldsymbol{M}_k^{\mathrm{T}}(\boldsymbol{M}_k\boldsymbol{M}_k^{\mathrm{T}})^{-1}\boldsymbol{M}_k$$

④若 $\boldsymbol{P}\nabla f(\boldsymbol{x}^{(k)}) \neq \boldsymbol{0}$,令 $\boldsymbol{s}^{(k)} = -\boldsymbol{P}\nabla f(\boldsymbol{x}^{(k)})$,转⑤;若 $\boldsymbol{P}\nabla f(\boldsymbol{x}^{(k)}) = \boldsymbol{0}$,则令

$$\boldsymbol{w} = -(\boldsymbol{M}_k\boldsymbol{M}_k^{\mathrm{T}})^{-1}\boldsymbol{M}_k\nabla f(\boldsymbol{x}^{(k)}) = \begin{bmatrix} \boldsymbol{u} \\ \boldsymbol{v} \end{bmatrix}$$

如果 $\boldsymbol{u} \geqslant 0$,则停止计算,$\boldsymbol{x}^{(k)}$ 为 K-T 点;如果 $\boldsymbol{u}$ 有某个分量 $u_j < 0$,令 $\hat{\boldsymbol{M}}_k$ 是在 $\boldsymbol{M}_k$ 中去掉与 u_j 对应的第 j 行而得到的矩阵,再令

$$\hat{\boldsymbol{P}} = \boldsymbol{I} - \hat{\boldsymbol{M}}_k^{\mathrm{T}}(\hat{\boldsymbol{M}}_k\hat{\boldsymbol{M}}_k^{\mathrm{T}})^{-1}\hat{\boldsymbol{M}}_k, \boldsymbol{s}^{(k)} = -\hat{\boldsymbol{P}}\nabla f(\boldsymbol{x}^{(k)})$$

转⑤。

⑤计算 $\lambda_{\max}$。如果对任意的 $i, \boldsymbol{a}_i^{\mathrm{T}}\boldsymbol{s}^{(k)} \leqslant 0$,则 $\lambda_{\max} = +\infty$,否则

$$\lambda_{\max} = \min\left\{\frac{\boldsymbol{c}_i - \boldsymbol{a}_i^{\mathrm{T}}\boldsymbol{x}^{(k)}}{\boldsymbol{a}_i^{\mathrm{T}}\boldsymbol{s}^{(k)}} \;\middle|\; \forall i: (\boldsymbol{a}_i^{\mathrm{T}}\boldsymbol{s}^{(k)}) > 0\right\}$$

然后求解一维搜索问题

$$\begin{aligned} &\min f(\boldsymbol{x}^{(k)} + \lambda\boldsymbol{s}^{(k)}) \\ &\text{s.t.} \quad 0 \leqslant \lambda \leqslant \lambda_{\max} \end{aligned}$$

得解 λ_k,令 $\boldsymbol{x}^{(k+1)} = \boldsymbol{x}^{(k)} + \lambda\boldsymbol{s}^{(k)}, k = k+1$,转②。

【例 4-11】 用梯度投影法求解如下极小值问题：

$$\min f(\boldsymbol{x}) = 2x_1^2 + 2x_2^2 - 2x_1x_2 - 4x_1 - 6x_2$$

$$\text{s.t.} \begin{cases} x_1 + x_2 \leqslant 2 \\ x_1 + 5x_2 \leqslant 5 \\ -x_1 \leqslant 0 \\ -x_2 \leqslant 0 \end{cases}$$

解：

$$\frac{\partial f}{\partial x_1} = 4x_1 - 2x_2 - 4, \frac{\partial f}{\partial x_2} = 4x_2 - 2x_1 - 6$$

第 1 次迭代，取 $\boldsymbol{x}^{(1)} = (0,0)^{\mathrm{T}}$，则

$$\boldsymbol{M}_1 = \boldsymbol{A}_1 = \begin{bmatrix} -1 & 0 \\ 0 & -1 \end{bmatrix}, I_1 = \{3,4\}, \nabla f(\boldsymbol{x}^{(1)}) = (-4, -6)^{\mathrm{T}}$$

$$\boldsymbol{P} = \boldsymbol{I} - \boldsymbol{A}_1^{\mathrm{T}}(\boldsymbol{A}_1\boldsymbol{A}_1^{\mathrm{T}})^{-1} = \begin{bmatrix} 0 & 0 \\ 0 & 0 \end{bmatrix}$$

则有 $\boldsymbol{P}\nabla f(\boldsymbol{x}^{(1)}) = (0,0)^{\mathrm{T}}$，所以

$$\boldsymbol{w} = -(\boldsymbol{A}_1\boldsymbol{A}_1^{\mathrm{T}})^{-1}\boldsymbol{A}_1\nabla f(\boldsymbol{x}^{(1)}) = (-4, -6)^{\mathrm{T}} = \boldsymbol{u}$$

取 $u_4 = -6$，从 A_1 中去掉与 u_4 对应的行得到

$$\hat{\boldsymbol{M}}_1 = (-1,0), \hat{\boldsymbol{P}} = \boldsymbol{I} - \hat{\boldsymbol{M}}_1^{\mathrm{T}}(\hat{\boldsymbol{M}}_1\hat{\boldsymbol{M}}_1^{\mathrm{T}})^{-1}\hat{\boldsymbol{M}}_1 = \begin{bmatrix} 0 & 0 \\ 0 & 1 \end{bmatrix}$$

得到下降可行方向

$$\boldsymbol{s}^{(1)} = -\hat{\boldsymbol{P}}\nabla f(\boldsymbol{x}^{(1)}) = -\begin{bmatrix} 0 & 0 \\ 0 & 1 \end{bmatrix}\begin{bmatrix} -4 \\ -6 \end{bmatrix} = \begin{bmatrix} 0 \\ 6 \end{bmatrix}$$

计算得 $\lambda_{\max} = \min\{2/6, 5/30\} = 1/6$，求解一维搜索

$$\min f(\boldsymbol{x}^{(1)} + \lambda\boldsymbol{s}^{(1)}) = 72\lambda^2 - 36\lambda$$

$$\text{s.t.} \quad 0 \leqslant \lambda \leqslant 1/6$$

得最优解 $\lambda_1 = 1/6$，于是得 $\boldsymbol{x}^{(2)} = \boldsymbol{x}^{(1)} + \lambda_1\boldsymbol{s}^{(1)} = (0,1)^{\mathrm{T}}$。

重复上述步骤，当算法迭代至 3 次时，得到 $\boldsymbol{s}^{(3)} = -\boldsymbol{P}\nabla f(\boldsymbol{x}^{(3)}) = (0,0)^{\mathrm{T}}$，从而 $\boldsymbol{w} = -(\boldsymbol{M}_3\boldsymbol{M}_3^{\mathrm{T}})^{-1}\boldsymbol{M}_3\nabla f(\boldsymbol{x}^{(3)}) = 32/31 = \boldsymbol{u}$。因为 $\boldsymbol{u} > \boldsymbol{0}$，所以 $\boldsymbol{x}^{(3)} = (35/31, 24/31)^{\mathrm{T}}$ 是 K-T 点，又因为 $f(\boldsymbol{x})$ 是凸函数，所以 $\boldsymbol{x}^{(3)}$ 就是要求的最优解。

6. 乘子法

乘子法是为了克服惩罚函数法中罚函数的 Hessian 矩阵在迭代过程中因罚因子无限增大而显现的病态性质，由鲍威尔(Powell)和海斯特内斯(Hestenes)于 1969 年针对等式约束的极值问题分别提出的。1973 年，洛克菲拉(Rockafellar)将其推广到不等式约束极值问题。当然，后来还有其他的学者对非线性极值问题的乘子法作了许多的研究，继而发展和产生了新的非线性极值问题的乘子法。这里根据约束的不同分两种情形来介绍基本的乘子法。

(1)等式约束情形

考虑下面的等式约束极值问题：

$$\min f(\boldsymbol{x})$$
$$\text{s.t.}\quad h_i(\boldsymbol{x})=0 \qquad (i=1,2,\cdots,p) \tag{4-51}$$

其中,$\boldsymbol{x}\in \boldsymbol{E}^n$,$f(\boldsymbol{x})$、$h_i(\boldsymbol{x})(i=1,2,\cdots,p)$是二次可微函数,记$h(\boldsymbol{x})=(h_1(\boldsymbol{x}),\cdots,h_p(\boldsymbol{x}))^{\mathrm{T}}$。先引入增广 Lagrange 函数(乘子罚函数)

$$\varphi(\boldsymbol{x},\boldsymbol{\mu},c)=f(\boldsymbol{x})+\sum_{j=1}^{p}\mu_j h_j(\boldsymbol{x})+\frac{c}{2}\sum_{j=1}^{p}[h_j(\boldsymbol{x})]^2 \tag{4-52}$$

其中,$\mu_1,\mu_2,\cdots,\mu_p$ 为 Lagrange 乘子,c 为正数,$\sum_{j=1}^{p}\mu_j h_j(\boldsymbol{x})$为乘子项,$\frac{c}{2}\sum_{j=1}^{p}[h_j(\boldsymbol{x})]^2$ 为惩罚项。

因此,式(4-52)也可改写为

$$\varphi(\boldsymbol{x},\boldsymbol{\mu},c)=L(\boldsymbol{x},\boldsymbol{\mu})+\frac{c}{2}\sum_{j=1}^{p}[h_j(\boldsymbol{x})]^2$$

其中,$L(\boldsymbol{x},\boldsymbol{\mu})=f(\boldsymbol{x})+\sum_{j=1}^{p}\mu_j h_j(\boldsymbol{x})$为式(4-51)的 Lagrange 函数。由式(4-51)知,增广 Lagrange 函数具有与 Lagrange 函数和惩罚函数不同的性质。

由 K-T 条件可知,必存在$\boldsymbol{\mu}^*$,使$(\boldsymbol{x}^*,\boldsymbol{\mu}^*)$为$L(\boldsymbol{x},\boldsymbol{\mu})$的稳定点,即$\nabla_x L(\boldsymbol{x}^*,\mu^*)=\boldsymbol{0}$。而惩罚项$\frac{c}{2}\sum_{j=1}^{p}[h_j(\boldsymbol{x})]^2$ 在$\boldsymbol{x}^*$点的梯度为0。因此,$\nabla_x\varphi(\boldsymbol{x}^*,\boldsymbol{\mu}^*,c)=0$,即$\boldsymbol{x}^*$是增广 Lagrange 函数$\varphi(\boldsymbol{x}^*,\boldsymbol{\mu}^*,c)$的驻点。那么,在什么条件下$\boldsymbol{x}^*$是$\varphi(\boldsymbol{x}^*,\boldsymbol{\mu}^*,c)$的无约束极小点呢?

定理 4-13 设$f(\boldsymbol{x})$、$h_j(\boldsymbol{x})(j=1,2,\cdots,p)$是二次连续可微函数,$\boldsymbol{x}^*$是式(4-51)的解,如果存在乘子$\boldsymbol{\mu}^*$,使得$\nabla f(\boldsymbol{x}^*)+\sum_{j=1}^{p}\mu_j^*\ \nabla h_j(\boldsymbol{x}^*)=0$,$h_j(\boldsymbol{x}^*)=0(j=1,2,\cdots,p)$,并且对每个满足下式的$\boldsymbol{Z}\neq\boldsymbol{0}$,有$\boldsymbol{Z}^{\mathrm{T}}\ \nabla h_j(\boldsymbol{x}^*)=0(j=1,2,\cdots,p)$,$\boldsymbol{Z}^{\mathrm{T}}\ \nabla_x^2 L(\boldsymbol{x}^*,\boldsymbol{\mu}^*)\boldsymbol{Z}>0$,则存在一个整数$c^*$,使得对所有的$c\geqslant c^*$,$\boldsymbol{x}^*$是$\varphi(\boldsymbol{x}^*,\boldsymbol{\mu}^*,c)$的无约束极小点。

根据定理 4-13,只要解得$\varphi(\boldsymbol{x}^*,\boldsymbol{\mu}^*,c)$的无约束极小,就可以求出式(4-51)的解。但乘子$\boldsymbol{\mu}^*$如何求呢?我们采用迭代法,在每次迭代中修正$\boldsymbol{\mu}$,有时也修改常数c,使其趋向于最优值。采用的迭代修正公式为

$$\mu_j^{(k+1)}=\mu_j^{(k)}+ch_j(\boldsymbol{x}^{(k)}) \qquad (j=1,2,\cdots,p)$$

用乘子法求解非线性等式约束极值问题(4-51)的计算步骤如下:

①选取初始点$\boldsymbol{x}^{(0)}$,初始乘子向量$\boldsymbol{\mu}^{(1)}$(一般可取$\boldsymbol{\mu}^{(1)}=\boldsymbol{0}$),给定允许误差$\varepsilon>0$,取$c>0$,$0<r<1$(如取$r=0.2$),$\alpha>1$(如取$\alpha=2\sim10$),令$k=1$。

②以$\boldsymbol{x}^{(k-1)}$为初始点,求解无约束极小值问题$\min\varphi(\boldsymbol{x},\boldsymbol{\mu}^{(k)},c)$,得解$\boldsymbol{x}^{(k)}$,其中函数$\varphi(\boldsymbol{x},\boldsymbol{\mu},c)$由式(4-52)给定。

③若$\|h(\boldsymbol{x}^{(k)})\|<\varepsilon$,计算结束,取$\boldsymbol{x}^{(k)}$为式(4-51)的近似最优解;否则计算$\beta=\|h(\boldsymbol{x}^{(k)})\|/\|h(\boldsymbol{x}^{(k-1)})\|$,若$\beta\leqslant r$,转④,否则令$c=\alpha c$,再转④。

④计算$\mu_j^{(k+1)}=\mu_j^{(k)}+ch_j(\boldsymbol{x}^{(k)})(j,1,2,\cdots,p)$,令$k=k+1$,返回②。

(2)一般约束情形

下面介绍一般约束的非线性极值问题的乘子法,即考虑如下极值问题:

$$\min f(\boldsymbol{x})$$
$$\text{s.t.}\begin{cases}h_i(\boldsymbol{x})=0 & (i=1,2,\cdots,m)\\ g_j(\boldsymbol{x})\geqslant 0 & (j=1,2,\cdots,p)\end{cases} \tag{4-53}$$

其中,$\boldsymbol{x}\in\boldsymbol{E}^n$,$f(\boldsymbol{x})$、$h_i(\boldsymbol{x})(i=1,2,\cdots,p)$以及$g_j(\boldsymbol{x})(j=1,2,\cdots,p)$都是二次连续可微函数。

由于上面的极值问题有等式与不等式两种约束,在将其化为无约束极值问题所构造的增广 Lagrange 函数(乘子罚函数)时有所不同,除了要有等式约束的 Lagrange 乘子与罚函数外,还要体现不等式约束条件,因此,式(4-52)的增广 Lagrange 函数(乘子罚函数)定义为

$$\varphi(\boldsymbol{x},\boldsymbol{\lambda},\boldsymbol{\mu},c)=f(\boldsymbol{x})+\sum_{i=1}^{m}\lambda_i h_i(\boldsymbol{x})+\frac{c}{2}\sum_{i=1}^{m}[h_i(\boldsymbol{x})]^2+\frac{1}{2c}\sum_{j=1}^{p}[(\min\{0,\mu_j+cg_j(\boldsymbol{x})\})^2-\mu_j^2] \tag{4-54}$$

在迭代中,对于两个乘子的修正迭代与等式情形类似,也是先取定充分大的正数 c,以及通过修正的 k 次迭代中的两个 Lagrange 乘子 $\boldsymbol{\lambda}^{(k)}$ 与 $\boldsymbol{\mu}^{(k)}$,得到第 $k+1$ 次迭代中的 Lagrange 乘子 $\boldsymbol{\lambda}^{(k+1)}$ 与 $\boldsymbol{\mu}^{(k+1)}$。其迭代公式如下:

$$\lambda_i^{(k+1)}=\lambda_i^{(k)}+ch_i(\boldsymbol{x}^{(k)})\qquad(i=1,2,\cdots,m) \tag{4-55}$$

$$\mu_j^{(k+1)}=\min\{0,\mu_j^{(k)}+cg_j(\boldsymbol{x}^{(k)})\}\qquad(j=1,2,\cdots,p) \tag{4-56}$$

而迭代计算的结束采用如下准则:

$$\sum_{i=1}^{m}h_i^2(\boldsymbol{x}^{(k)})+\sum_{j=1}^{p}\left(\min\left\{g_j(\boldsymbol{x}^{(k)}),\ -\frac{\mu_j^{(k)}}{c}\right\}\right)^2<\varepsilon \tag{4-57}$$

一般约束非线性极值问题的乘子法计算步骤与等式约束类似,具体如下:

①选取初始点 $\boldsymbol{x}^{(0)}$,初始乘子向量 $\boldsymbol{\lambda}^{(1)}$、$\boldsymbol{\mu}^{(1)}$(一般可取 $\boldsymbol{\mu}^{(1)}=\boldsymbol{0}$,$\boldsymbol{\lambda}^{(1)}=\boldsymbol{0}$),计算允许误差 $\varepsilon>0$,取 $c>0$,$0<r<1$(如取 $r=0.2$),$\alpha>1$(如取 $\alpha=2\sim10$),令 $k=1$。

②以 $\boldsymbol{x}^{(k-1)}$ 为初始点,求解无约束极小值问题 $\min\varphi(\boldsymbol{x},\boldsymbol{\lambda}^{(k)},\boldsymbol{\mu}^{(k)},c)$,得解 $\boldsymbol{x}^{(k)}$,其中函数 $\varphi(\boldsymbol{x},\boldsymbol{\lambda},\boldsymbol{\mu},c)$ 由式(4-54)给定。

③若式(4-57)成立,则计算结束,取 $\boldsymbol{x}^{(k)}$ 作为式(4-53)的近似最优解;否则计算 $\beta=\|h(\boldsymbol{x}^{(k)})\|/\|h(\boldsymbol{x}^{(k-1)})\|$,若 $\beta\leqslant r$,转④;否则令 $c=\alpha c$,再转④。

④计算 $\lambda_i^{(k+1)}=\lambda_i^{(k)}+ch_i(\boldsymbol{x}^{(k)})(i=1,2,\cdots,m)$,$\mu_j^{(k+1)}=\mu_j^{(k)}+ch_j(\boldsymbol{x}^{(k)})(j=1,2,\cdots,p)$,令 $k=k+1$,返回②。

在乘子法中,由于罚因子 c 不必趋向于无穷大,就能够求得非线性约束极值问题的最优解,因而不会出现罚函数法中的病态现象。而且,计算经验表明,乘子法一般要比罚函数法收敛速度快。

第五节　常用非线性规划软件简介

非线性规划在应用于实际的交通工程问题时,如交通网络配流问题、交通网络设计问题等,由于城市道路网的规模较大,且需要满足一定工程精度,求解非线性规划问题的计算量巨大,因此需要借助非线性规划求解软件来进行求解。目前可以用于求解非线性极值问题的软件多为国外公司或机构开发的产品,主要有 Excel Solver、MATLAB、MATHEMATICA、SAS、What's Best、LINGO、AIMMS、INTPT、LSGRG for AMPL and AMPL Plus、LSSOL 等;国内有七维高科有限公司开发的 1stOpt 等。上述软件各具特点,本书对其中常用的 Excel Solver、LINGO、MATLAB 等软件作简要介绍。

一、非线性规划求解软件

1. Excel Solver

Excel Solver 是微软公司委托 Fronline System 公司专门为 Excel 软件开发的一款规划求解插件。用户通过自定义安装的 MS-Office 所使用的是标准版本的规划求解工具，Fronline System 公司同时提供增强的 Premium Solver 工具。Excel Solver 的最大优势在于集成在 MS-Office 标准版内，用户安装后直接可以使用，无须另外购买；同时，以 Excel 为工作平台，无须掌握专业输入语言，使得熟悉 Excel 操作的用户能够快速应用。

Excel Solver 是一个功能非常强大的插件（Add-Ins），可用于工程、经济学及其他一些学科中各种问题的优化求解，使用起来非常方便。Excel Solver 包括以下一些功能：

（1）线性规划。

（2）非线性规划。

（3）线性回归（多元线性回归可以用 Origin 求解，也可以用 Excel 的 linest 函数或分析工具求解）。

（4）非线性回归。

（5）求函数在某区间内的极值。

但需要注意的是，Excel Solver 插件可以用于解决上面这些问题，并不是说上面这些问题 Excel Solver 一定可以解决，而且有时候 Excel Solver 给出的结果也不一定是最优的。

Excel Solver 标准版在可使用状态下会在 Excel 的“工具”菜单中显示“规划求解”选项，其具体安装步骤如下：

（1）在 Office 自定义安装状态下进入 Excel 安装选项，选择“加载宏”，在下拉列表中单击盘符图标可以更改“规划求解”的安装状态。

（2）完成规划求解安装后，需进一步执行加载操作才可在 Excel 中调用。加载过程是选择 Excel 中的“工具”菜单，选择“加载宏”，弹出“加载宏”对话框，“规划求解”工具在默认状态下处于未选中即未加载状态，单击选择框使之处于选中状态并确定完成加载。

（3）在已安装并加载状态下，“规划求解”显示在 Excel 的“工具”菜单中，此时即可正常使用规划求解工具。若在“工具”菜单中未发现规划求解，可以检查加载宏列表，查看是否有名为“Solver”的加载项列于其中。若有，执行相应的加载操作。

Excel Solver 工具可用于解决复杂的方程求值问题及各类线性或非线性有约束优化问题，但其功能与专业优化软件相比还存在一定的差距；然而其易用性已得到了众多普通用户的青睐。关于 Excel 中“规划求解”工具的具体应用，有兴趣的读者可参考相关书籍或 Excel 帮助文档。

2. LINDO/LINGO

LINDO/LINGO 同样为美国 LINDO Systems 公司开发的一套专门用于求解数学规划问题的软件包。LINDO 一般用于求解线性规划问题和二次规划问题，而 LINGO 除了具有 LINDO 的全部功能外，还可以用于求解非线性规划问题，也可以用于一些线性和非线性方程组的求解以及代数方程求根等。另外，LINDO 和 LINGO 软件的最大特点是可以允许优化模型中的决策变量是整数（即整数规划），而且运行速度很快。由于是基于第四代语言开发的，LINGO 软件以其易用性、稳定性赢得了国际上许多著名公司的青睐。

LINGO 内建了强大的求解引擎，包括线性、非线性、二次、二次限制和整数最佳化，运算执行速度突出。在求解非线性最优化问题时,LINGO 应用了顺序线性规划法(SLP)、广义既约梯度法(GRG)以及多点搜索(Multistart)等三种算法,后两种算法为可选。LINGO 实际上是最优化问题的一种建模语言,包括许多常用的函数可供使用者建立优化模型时调用,并提供与其他数据文件(如文本文件、Excel 文件、数据库文件等)的接口,易于方便地输入、求解和分析大规模最优化问题。由于上述特点,LINGO 软件在教学、科研和工业、商业、服务等领域得到了广泛应用。

LINGO 优化模型往往由五部分组成:集合定义部分(SET-ENDSETS)、目标函数与约束部分、数据输入部分(DATA-ENDDATA)、初始值设定部分(INIT-ENDINIT)以及计算部分(CALC-ENDCALC)。作为一种建模语言,优化模型各部分的输入需要遵循一定的格式和规则。本书对此不作介绍,有兴趣的读者可查看有关文献的相关内容。

3. MATLAB

MATLAB 产品家族是美国 MathWorks 公司开发的用于概念设计、算法开发、建模仿真、实时实现的理想的集成环境。其完整的专业体系和先进的设计开发思路使得 MATLAB 在多个领域都有广阔的应用空间,特别是在 MATLAB 的主要应用方向——科学计算、建模仿真以及信息工程系统的设计开发上已经成为行业内的首选设计工具,全球现有超过 50 万的企业用户和上千万的个人用户,广泛分布在航空航天、金融财务、机械化工、电信、教育等各个行业。

在 MATLAB/Simulink 基本环境之上,MathWorks 公司为用户提供了丰富的扩展资源,这就是大量的 Toolbox 和 Blockset,其中包括了专门用于求解优化问题的优化工具箱(Optimization Toolbox)。该工具箱可以用来解决线性、非线性最小化、曲线拟合、二次规划等诸多复杂的计算问题。

MATLAB 的功能强大,对用户计算机的性能要求较高,同时在循环计算解决大型非线性优化问题时与专业非线性规划软件(如 LINGO)相比效率稍低。对 MATLAB 中的优化工具箱有兴趣的读者,可以参考相关专业书籍。

总而言之,由于非线性优化问题的复杂性,目前尚没有软件能够做到尽善尽美。既有各相关软件的官方网站大都提供试用版,有兴趣的读者可以下载学习。

二、非线性规划软件的应用实例简介

【例 4-12】 有一辆最大运量为 10t 的货车,用来装载 3 种货物,每种货物的单位质量和相应的单位价值见表 4-1。如何装载才能使货车装载的货物总价值最大?

每种货物的单位质量和相应的单位价值 表 4-1

货物编号	货物 1	货物 2	货物 3
单位质量(t)	4	3	5
单位价值	11	7	12

解:对于这个问题,为了更具一般性,设 $g(\omega)$ 表示容量为 ω 的背包中可装物品的最大价值,则 $g(\omega)=\max\limits_{j}\{b_j+g(\omega-\omega_j)\}$,其中,$b_j$ 表示第 j 类物品的价值,ω_j 表示第 j 类物品的质量。

如图 4-15 所示,在 Excel 电子表格的各行计算各个容量值 ω 所对应的最大价值 $g(\omega)$。首先,在单元格 E3:E6 中分别输入 $g(0)=g(1)=g(2)=0$,以及 $g(3)=7$(因为 3t 货物是适合 3t 货车的唯一货物)。标记货物 1、货物 2 和货物 3 的列分别对应上述公式中的项 $j=1,2,3$。因此,在货物 1 列中,应输入公式来计算 $b_1+g(\omega-\omega_1)$;在货物 2 列中,应输入公式来计算 $b_2+g(\omega-\omega_2)$;在货物 3 列中,应输入公式来计算 $b_3+g(\omega-\omega_3)$。

	A	B	C	D	E	F	G
1	货车大小	货物1	货物2	货物3	g(size)		背包问题
2							
3	0				0		
4	1				0		
5	2				0		
6	3				7		
7	4	11	7	-10000	11		
8	5	11	7	12	12		
9	6	11	14	12	14		
10	7	18	18	12	18		
11	8	22	19	19	22		
12	9	23	21	23	23		
13	10	25	25	24	25		
14	11	29	29	26	29		
15	12	33	30	30	33		
16	13	34	32	34	34		
17	14	36	36	35	36		
18	15	40	40	37	40		
19	16	44	41	41	44		
20	17	45	43	45	45		
21	18	47	47	46	47		
22	19	51	51	48	51		
23	20	55	52	52	55		
24	21	56	54	56	56		
25	22	58	58	57	58		
26	23	62	62	59	62		
27	24	66	63	63	66		
28	25	67	65	67	67		

图 4-15 【例 4-12】计算表格

唯一的例外情况发生在货重 ω_j 不适合货车载重 ω 时,在这种情况下,输入一个较小的负数(如 −10000)来确保不考虑 ω_j 货物。更具体地讲,在第 7 行中,希望计算 $g(4)$。为此在单元格 B7 中输入公式 =11 + E3,在单元格 C7 中输入公式 =7 + E4,在单元格 D7 中输入数值 −10000,因为 5t 货物不适合装进 4t 载重的货车。在单元格 E7 中输入公式 = max(B7:D7)来计算 $g(4)$。在第 8 行中,通过输入下列公式来计算 $g(5)$:在 B8 中输入 =11 + E4,在 C8 中输入 =7 + E5,在 D8 中输入 =12 + E3,并在单元格 E8 中输入 = max(B8:D8)。现在,简单地把公式从 B8:E8 复制到 B8:E13,就可以在 E13 中得到货车容量为 10t 时对应的最大价值,即 $g(10)=25$。查看表中第 13 行,可知货物 1 和货物 2 都得到了 25,因此可以首先填充第一类或第二类货物。如果选择首先填充第一类货物,则剩下 6t(即 10t − 4t)需填充,从表中第 9 行可知第二类物品对应着 $g(6)=14$,于是剩下 3t(即 6t − 3t)需填充,还可以填充第二类物品得出 $g(3)=7$。因此得出结论:通过以 2 件第二类物品和 1 件第一类物品填充容量为 10t 的货车,可以获得 25 个单位的最大价值。

当然,也可以将背包问题转化为整数规划问题之后,利用 LINGO 来求解。

第六节 非线性规划在道路交通工程中的应用

在公路桥梁设计、交通控制、交通运输工程、城市交通网络规划等领域都有非线性极值问题,所以非线性规划在道路交通工程中的应用极其普遍。本节主要针对非线性规划在交通网络配流领域的应用进行介绍。

一、交通网络配流问题概述

交通网络配流问题即对应于“四阶段法”中的第四阶段交通分配,是指将已经预测出来的 OD 交通量根据实际情况按照一定的规则分配到道路网中的各条道路上,并求出各条道路的交通流量。OD交通量是两点之间的交通量,即从出发地O(origin)到目的地D(destination)之间的交通量。一般的道路网中,两点之间(O与D之间)有很多条道路,如何将OD交通量正确合理地分配到O与D之间的各条道路上即交通网络配流模型需要解决的问题。

静态城市交通网络配流模型有平衡配流模型和非平衡配流模型。平衡配流模型遵循用户平衡和系统最优原则,即Wardrop第一、第二原理。其中,Wardrop第一原理认为,所有出行者独立地作出令自己出行时间相等并且最小的决策,结果形成了这样的网络流状态:在相同OD对之间,所有使用路径的出行时间相等并且最小,所有未被使用路径的出行时间大于或等于使用路径的出行时间。满足Wardrop第一原理的交通网络流状态,通常称为用户均衡(User Equilibrium, UE)。Wardrop第二原理认为,在考虑拥挤对出行时间影响的网络中,网络中的交通网络流量应该按照某种方式分配以使网络中出行者的总出行时间最短。满足Wardrop第二原理的交通网络流状态,通常称为系统最优(System Optimum, SO),在系统最优状态下,交通网络资源得到最优利用,交通网络效益得到最大限度的发挥。

网络平衡配流模型很多,模型的数学描述有最优控制变量不等式组和最优化数学规划等,这些几乎都是非线性约束极值问题。

二、用户均衡模型

1. Beckmann转换

Wardrop在1952年提出了著名的用户均衡原则,该原则是交通网络配流问题的理论基础,尤其符合经济学中的效用最大化原则或费用最小化原则,然而,找到实际路网中的用户均衡状态却十分困难。直到1956年,贝克曼(Beckmann)根据用户均衡的基本原理,建立了用户均衡的数学极值模型。从此,交通网络配流问题演变为一个数学规划问题,为研究均衡状态下交通网络配流特性提供了解析手段,更重要的是,优化模型促进了关于交通网络配流问题的数值计算方法的诞生。与用户均衡原理等价的最优化问题是

$$\min z(x) = \sum_a \int_0^{x_a} t_a(x)\,\mathrm{d}x \tag{4-58}$$

$$\text{s. t.} \begin{cases} \sum_k f_k^\omega = q^\omega & (4\text{-}59) \\ f_k^\omega \geqslant 0 & (4\text{-}60) \\ x_a = \sum_\omega \sum_k f_k^\omega \delta_{a,k}^\omega & (4\text{-}61) \end{cases}$$

式中:f_k^ω——OD对ω之间第k条路径的路径流量;

q^ω——OD对ω之间的交通分布量;

x_a——路段a的路段流量;

$t_a(x)$——路段a的旅行时间函数;

$\delta_{a,k}^\omega$——连接关系变量,当路段a在连接OD对(i,j)的第k条路径上时,$\delta_{a,k}^\omega=1$;否则$\delta_{a,k}^\omega=0$。

2. Beckmann转换与Wordrop第一原理的等价性

需要说明的是,首先,模型假设路段旅行时间仅仅是其自身路段流量的函数,而与其他路段的流量无关;其次,假设路段旅行时间是路段流量的严格增函数,即拥挤效应。这两个假设用数学式表达为$\partial t_a(x_a)/\partial x_b=0(a\neq b)$和$\partial t_a(x_a)/\partial x_a>0$。

式(4-59)~式(4-61)也被称为Beckmann转换。可以看出Beckmann转换是一个非线性

最优化问题，下面我们通过 K-T 条件来证明 Beckmann 转换与用户均衡条件之间的等价性。K-T 条件，简单地说就是数学规划问题的最优性条件。对于无约束最优化问题，令目标函数一阶导数等于 0，可以导出 K-T 条件；对于有约束最优化问题，需要把有约束问题转换为无约束问题的形式。首先，把原问题变换成只含有非负约束，即只关于变量 f_k^ω 的最优化问题。为此定义如下 Lagrange 函数：

$$L(f,u)=z[x(f)]+\sum_\omega u^\omega\left(q^\omega-\sum_k f_k^\omega\right) \quad \text{s.t.} \quad f_k^\omega \geqslant 0 \tag{4-62}$$

其中，u^ω 是关于 OD 对 w 流量守恒式(4-59)的 Lagrange 乘子。根据 K-T 条件，该 Lagrange 函数的最优化条件是

$$f_k^\omega \frac{\partial L(f,u)}{\partial f_k^\omega}=0 \text{ 且 } \frac{\partial L(f,u)}{\partial f_k^\omega}\geqslant 0, f_k^\omega \geqslant 0 \tag{4-63}$$

$$\frac{\partial L(f,u)}{\partial u^\omega}=0 \tag{4-64}$$

显然，式(4-64)等价于流量守恒条件式(4-59)。式(4-63)意味着

$$\begin{cases} f_k^\omega>0, \dfrac{\partial L}{\partial f_k^\omega}=0 \\ f_k^\omega=0, \dfrac{\partial L}{\partial f_k^\omega}\geqslant 0 \end{cases} \tag{4-65}$$

其中，

$$\begin{aligned} \frac{\partial L}{\partial f_k^\omega} &= \frac{\partial}{\partial f_k^\omega}\left[\sum_a \int_0^{x_a} t_a(x)\mathrm{d}x\right]+\frac{\partial}{\partial f_k^\omega}\left[\sum_\omega u^\omega\left(q^\omega-\sum_k f_k^\omega\right)\right] \\ &= \sum_a \frac{\partial}{\partial x_a}\int_0^{x_a} t_a(x)\mathrm{d}x \frac{\partial x_a}{\partial f_k^\omega}-u^\omega \end{aligned} \tag{4-66}$$

因为$\dfrac{\partial x_a}{\partial f_k^\omega}=\dfrac{\partial}{\partial f_k^\omega}\sum_\omega\sum_k \delta_{a,k}^\omega f_k^\omega=\delta_{a,k}^\omega$，所以式(4-66)可改写为

$$\frac{\partial L}{\partial f_k^\omega}=\sum_a t_a(x)\delta_{a,k}^\omega-u^\omega \tag{4-67}$$

考虑到路径旅行时间 $\sum_a t_a(x_a)\delta_{a,k}^\omega=c_k^\omega$，式(4-67)可进一步改写成

$$f_k^\omega>0, c_k^\omega-u^\omega=0 \tag{4-68}$$

$$f_k^\omega=0, c_k^\omega-u^\omega\geqslant 0 \tag{4-69}$$

因为 c_k^ω 表示路径旅行时间，所以式(4-68)意味着使用路径($f_k^\omega\geqslant 0$)的旅行时间全部等于 u^ω，式(4-69)意味着未使用路径($f_k^\omega=0$)的旅行时间至少不小于 u^ω。鉴于所有路径旅行时间都不小于 u^ω，以及式(4-68)和式(4-69)中变量单位的一致性，这里 u^ω 可以解释为 OD 对 ω 之间的最短路径旅行时间，据此可以认为均衡状态下的 Lagrange 乘子等于对应 OD 间的最短路径旅行时间，而且式(4-68)和式(4-69)就是用户均衡的定义式。因此，求解 Beckmann 转换的最优化问题，即可获得满足用户均衡条件的路径解和路段解。

三、系统最优模型

1. 系统最优的最优化模型

系统最优模型是指遵循 Wardrop 第二原理的交通网络配流模型。Wardrop 第二原理认为，

所有的出行者都按照“网络总旅行时间最短”的目标来选择出行路径。在系统最优的状态下，交通网络资源得到最优利用，交通网络效益得到最大限度的发挥。显然，当网络达到此状态时，没有一个出行者可以通过单方面地改变出行路径而减少网络总旅行时间。一般情况下，该网络流状态是无法达到的，除非所有的出行者相互协调并听从统一的指挥，但该原则可以作为交通网络系统的评价指标，为交通规划和管理人员提供一种决策依据。系统最优的最优化模型如下：

$$\min \bar{z}(x) = \sum_a x_a t_a(x_a) \tag{4-70}$$

$$\text{s.t.}\begin{cases}\sum_k f_k^\omega = q^\omega & (4\text{-}71)\\ f_k^\omega \geqslant 0 & (4\text{-}72)\\ x_a = \sum_\omega \sum_k f_k^\omega \delta_{a,k}^\omega & (4\text{-}73)\end{cases}$$

2. 系统最优化模型与 Wardrop 第二原理的等价性

与用户均衡的等价性证明类似，同样考查式(4-70)～式(4-73)的一阶条件与系统最优原则之间的等价性。为此我们定义如下 Lagrange 函数：

$$\begin{aligned} L(f,\bar{u}) &= \tilde{z}[x(f)] + \sum_\omega \tilde{u}^\omega (q^\omega - \sum_k f_k^\omega) \\ \text{s.t.}\quad & f_k^\omega \geqslant 0 \end{aligned} \tag{4-74}$$

其中，$\tilde{u}^\omega$ 是关于 OD 对 ω 流量守恒式(4-71)的 Lagrange 乘子。根据 K-T 条件，该 Lagrange 函数的最优化条件是

$$f_k^\omega \frac{\partial L(f,\tilde{u})}{\partial f_k^\omega} = 0 \text{ 且} \frac{\partial L(f,\tilde{u})}{\partial f_k^\omega} \geqslant 0, f_k^\omega \geqslant 0 \tag{4-75}$$

$$\frac{\partial L(f,\tilde{u})}{\partial \tilde{u}^\omega} = 0 \tag{4-76}$$

令 $\tilde{t}_a(x_a) = t_a(x_a) + x_a \dfrac{\mathrm{d}t_a(x_a)}{\mathrm{d}x_a} \forall a$，$\tilde{c}_k^\omega = \sum_a \tilde{t}_a(x_a)\delta_{a,k}^\omega$，则$\dfrac{\partial L(f,\tilde{u})}{\partial f_k^\omega} = \tilde{c}_k^\omega - \tilde{u}^\omega$，式(4-63)和式(4-64)可以改写成

$$f_k^\omega(\tilde{c}_k^\omega - \tilde{u}^\omega) = 0 \tag{4-77}$$

$$\tilde{c}_k^\omega - \tilde{u}^\omega \geqslant 0 \tag{4-78}$$

$$f_k^\omega \geqslant 0 \tag{4-79}$$

$$\sum_k f_k^\omega = q^\omega \tag{4-80}$$

比较式(4-77)～式(4-80)可知，当达到系统最优状态时，所有被使用路径($f_k^\omega \geqslant 0$)的边际旅行时间都相等，都大于或等于非使用路径($f_k^\omega = 0$)的边际旅行时间。由式(4-78)可知，所有路径旅行时间都不小于 $\tilde{u}^\omega$，所以 $\tilde{u}^\omega$ 可以解释为 OD 对 ω 之间的最短边际路径旅行时间。至此，就证明了模型的解与系统最优条件之间具有等价性，因此可以通过求解式(4-70)～式(4-73)来获得满足系统最优条件的流量模式。

四、用户均衡和系统最优的比较

前面两部分已经分别介绍了用户均衡的最优化模型和系统的最优化模型，这部分主要对

两者进行对比分析。

路段的边际旅行时间为

$$\tilde{t}_a(x_a) = t_a(x_a) + x_a \frac{\mathrm{d}t_a(x_a)}{\mathrm{d}x_a} \tag{4-81}$$

式(4-81)被称为边际出行时间函数(Marginal Travel Time Function)。这个函数是由两部分组成的:第一部分 $t_a(x_a)$ 表示当总的路段流量为 x_a 时,新增加的出行者所经历的出行时间;第二部分 $\mathrm{d}t_a(x_a)/\mathrm{d}x_a$ 表示总的路段流量为 x_a 时,新增加一个单位流量对已经使用路段 a 的每一个出行者所增加的额外出行时间成本。

对其进行积分求和可得到

$$\begin{aligned}\sum_a \int_0^{x_a} \tilde{t}_a(\omega)\mathrm{d}\omega &= \sum_a \int_0^{x_a} \left[t_a(\omega) + x_a \frac{\mathrm{d}t_a(\omega)}{\mathrm{d}\omega}\right]\mathrm{d}\omega \\ &= \sum_a \int_0^{x_a} \mathrm{d}\omega t_a(\omega) \\ &= \sum_a x_a t_a(x_a)\end{aligned} \tag{4-82}$$

这就是说,按照路段的边际旅行时间进行用户均衡(UE)配流等同于按照路段旅行时间进行系统最优(SO)配流,因此,只要按照式(4-81)计算路段的边际旅行时间,即可用 UE 配流的算法(如 Frank-Wolfe 算法)来求解 SO 问题。反过来,如果令

$$\tilde{\tilde{t}}_a(x_a) = \frac{1}{x_a}\int_0^{x_a} t_a(\omega)\mathrm{d}\omega \tag{4-83}$$

则有

$$\sum_a x_a \tilde{\tilde{t}}_a(x_a) = \sum_a x_a \frac{1}{x_a}\int_0^{x_a} t_a(\omega)\mathrm{d}\omega = \sum_a \int_0^{x_a} t_a(\omega)\mathrm{d}\omega \tag{4-84}$$

因此,以 $\tilde{\tilde{t}}_a(x_a)$ 作为路段阻抗函数进行 SO 配流与以 $t_a(x_a)$ 为路段阻抗函数进行 UE 配流得到的解完全相同。

从以上两种变换可以知道,对路段阻抗函数进行不同的构造,可以对 UE 和 SO 模型进行相互转换。

当道路网络上的拥挤程度很低时,流量的增大对其旅行时间的影响不大,即 $\mathrm{d}t_a(x_a)/\mathrm{d}x_a$ 很小时,路段边际旅行时间 $\tilde{t}_a(x_a)$ 主要由路段旅行时间决定,且 $t_a(x_a)$ 基本保持不变,即 $t_a(x_a) \approx t'_a$,那么 UE 模型的目标函数 $z(x) = \sum_a \int_0^{x_a} t'_a \mathrm{d}\omega = \sum_a x_a t'_a = \tilde{z}(x)$ 等同于 SO 模型的目标函数。也就是说,如果不考虑网络中的拥挤效应,UE 与 SO 是等价的,最优流量模式既满足 UE 原则也满足 SO 原则。

五、平衡模型的求解

通过上一部分内容的介绍我们可以知道,通过对路段阻抗函数进行不同的构造,可以对 UE 模型和 SO 模型进行相互转换。因此下文只对 UE 模型的求解方法进行介绍。

在 Beckmann 等提出 UE 配流模型以后,勒布朗(Le Blanc)等学者对该模型进行了进一步研究,发现 Frank-Wolfe 算法可以有效解决这个问题。下文主要介绍采用 Frank-Wolfe 算法求解 UE 模型的方法。

1. 基本原理

根据第四节中对 Frank-Wolfe 算法的介绍,我们知道,Frank-Wolfe 算法主要由两个部分组

成:一部分是在每次迭代中确定搜索方向,另一部分是确定搜索步长。

根据 Frank-Wolfe 算法求解 Beckmann 转换的一般步骤,在第 n 次迭代时,目标函数 $z(\boldsymbol{x})$ 对路段流量的梯度是 $\partial z(\boldsymbol{x}^n)/\partial x_a$,可行下降方向可通过求解下面的线性规划得到

$$\min z^n(\boldsymbol{y}) = [\nabla z(\boldsymbol{x})]^{\mathrm{T}} \cdot \boldsymbol{y} = \sum_a \frac{\partial z(\boldsymbol{x}^n)}{\partial x_a} y_a = \sum_a t_a^n y_a \tag{4-85}$$

$$\text{s.t.} \begin{cases} \sum_k g_k^\omega = q^\omega & (4\text{-}86) \\ g_k^\omega \geqslant 0 & (4\text{-}87) \\ y_a = \sum_\omega \sum_k g_k^\omega \delta_{a,k}^\omega & (4\text{-}88) \end{cases}$$

其中,g_k^ω 是辅助路径流量,y_a 是路段流量,t_a^n 是已知数,即由 x_a^n 决定的路段旅行时间,y_a 是要求解的未知数。因此,该模型实际上是在各路段出行费用一定的条件下使网络总费用最小的运输问题。显然,在这种情况下,只要将 OD 需求量全部沿 OD 对间的最短路径分配即可使目标函数值最小,即可求得 y_a,以及可行下降方向 $\boldsymbol{y}^n - \boldsymbol{x}^n$。

Frank-Wolfe 算法的另一个重要步骤是确定最优的搜索步长,可通过下面的一维极值问题确定:

$$\begin{gathered} \min z[\boldsymbol{x}^n + \lambda(\boldsymbol{y}^n - \boldsymbol{x}^n)] = \sum_a \int_0^{x_a^n + \lambda(y_a^n - x_a^n)} t_a(\omega)\mathrm{d}\omega \\ \text{s.t.} \quad 0 \leqslant \lambda \leqslant 1 \end{gathered} \tag{4-89}$$

显然,问题(4-89)是一个一维极值问题,前面第二部分讲的大多数一维搜索方法(如二分法、黄金分割法等)都可以求解,在这里主要介绍二分法,因为目标函数对 $\boldsymbol{\lambda}$ 的导数很容易计算,即

$$\frac{\partial}{\partial \boldsymbol{\lambda}} z[\boldsymbol{x}^n + \boldsymbol{\lambda}(\boldsymbol{y}^n - \boldsymbol{x}^n)] = \sum_a (y_a^n - x_a^n) t_a[x_a^n + \boldsymbol{\lambda}(y_a^n - x_a^n)]$$

通过二分法可以求得最优步长 $\boldsymbol{\lambda}^*$。

这样,利用“全有全无”算法得到的下一步的可行下降方向 $\boldsymbol{y}^n - \boldsymbol{x}^n$,以及求解一维极值问题[式(4-89)]得到的最优迭代步长 $\boldsymbol{\lambda}$,下一步的迭代点 $\boldsymbol{x}^{n+1}$ 便可以由式(4-90)得出:

$$x_a^{n+1} = x_a^n + \boldsymbol{\lambda}(y_a^n - x_a^n) \tag{4-90}$$

2. 算法步骤

(1)初始化。令 $t_a^0 = t_a(0)$,用“全有全无”法将 OD 需求量加载到道路网络上,得到路段流量 $\{x_a\}$,设定迭代次数 $n = 1$。

(2)计算 $t_a^n = t_a(x_a^n)$。

(3)确定搜索可行方向。根据 $\{t_a^n\}$ 用“全有全无”法将 OD 需求量加载到网络上,得到路段流量 $\{y_a^n\}$。

(4)寻找迭代步长。求解一维极小值问题(4-89),求得步长为 $\boldsymbol{\lambda}^n$。

(5)更新流量。置 $x_a^{n+1} = x_a^n + \boldsymbol{\lambda}^n(y_a^n - x_a^n)$。

(6)收敛性检验。如果满足收敛性准则 $\dfrac{\sqrt{\sum_a (x_a^{n+1} - x_a^n)^2}}{\sum_a x_a^n} \leqslant \varepsilon$,则算法终止;否则令 $n = n + 1$,转到(2)。

六、交通配流问题算例

【例 4-13】 如图 4-16 所示，某简单道路网络包括两个节点和三条路段。其中各条路段的阻抗函数是 $t_1=10[1+0.15(x_1/2)^4]$，$t_2=20[1+0.15(x_2/4)^4]$，$t_1=25[1+0.15(x_3/3)^4]$，由起始点 O 到目的地 D 的交通流量是 10。请建立用户均衡模型，并用 Frank-Wolfe 算法求解用户均衡状态下的路段流量。其中允许误差为 $\sqrt{\sum_a(x_a^{n+1}-x_a^n)^2}/\sum_a x_a^n \leqslant 0.01$。

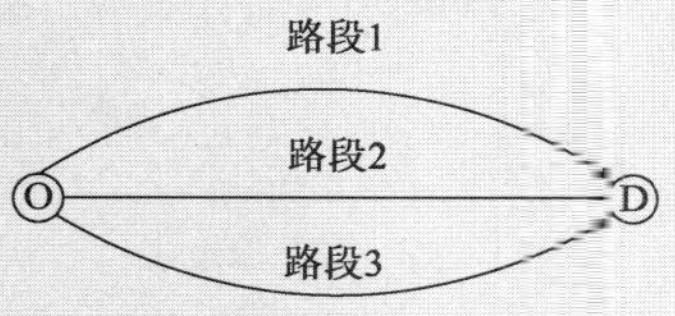

图 4-16 【例 4-13】图

解： 通过建立如下模型，可得到用户均衡状态下的路段交通流量：

$$\min z(\boldsymbol{x}) = \sum_a \int_0^{x_a} t_a(\boldsymbol{x})\mathrm{d}x$$

$$= 10x_1 + 0.6(x_1/2)^5 + 20x_2 + 2.4(x_2/4)^5 + 25x_3 + 2.25(x_3/3)^5$$

$$\text{s.t.}\begin{cases} x_1+x_2+x_3=10 \\ x_1,x_2,x_3 \geqslant 0 \end{cases}$$

接下来，用 Frank-Wolfe 算法进行求解。

(1) 初始化：

当三条路段的流量都为 0 时，可得 $t_1^0=10$，$t_2^0=15$，$t_3^0=25$。

根据"全有全无"法，对网络加载交通流，可得 $x_1^1=10$，$x_2^1=0$，$x_3^1=0$。

(2) 第 1 次迭代：

根据初始化后的路段流量更新路段旅行时间，可得 $t_1^1=947.5$，$t_2^1=20$，$t_3^1=25$。

根据"全有全无"法，可得辅助流量集为 $y_1^1=0$，$y_2^1=10$，$y_3^1=0$。

因此，进一步可得可行下降方向为

$$\boldsymbol{y}^1-\boldsymbol{x}^1=(y_1^1-x_1^1, y_2^1-x_2^1, y_3^1-x_3^1)=(-10,10,0)$$

通过一维搜索方法求解如下：

$$\min_{0\leqslant\lambda\leqslant 1} z[\boldsymbol{x}^1+\lambda_1(\boldsymbol{y}^1-\boldsymbol{x}^1)] = \sum_a \int_0^{x_a^1+\lambda_1(y_a^1-x_a^1)} t_a(\omega)\mathrm{d}\omega$$

$$= 10x_1^2 + 0.6(x_1^2/2)^5 + 20x_2^2 + 2.4(x_2^2/4)^5 + 25x_3^2 + 2.25(x_3^2/3)^5$$

$$= 10(10-10\lambda_1) + 0.6(5-5\lambda_1)^5 + 20(10\lambda_1) + 2.4(2.5\lambda_1)^5$$

得最优步长 $\lambda_1^*=0.5965$。

更新路段流量可得 $x_1^2=4.03$，$x_2^2=5.97$，$x_3^2=0$。

收敛性检验：

$$\frac{\sqrt{\sum_a(x_a^{n+1}-x_a^n)^2}}{\sum_a x_a^n}=0.8443>0.01$$

不满足收敛条件，继续迭代，可得 Frank-Wolfe 算法迭代计算过程见表 4-2。

Frank-Wolfe 算法迭代过程 表 4-2

迭代次数	算法步骤	路段			目标函数值	步长	收敛条件
		1	2	3			
0	初始化	$t_0^1=10.0$ $x_1^1=10.00$	$t_0^1=10.0$ $x_1^1=10.00$	$t_0^1=10.0$ $x_1^1=10.00$			

续上表

迭代次数	算法步骤	路段			目标函数值	步长	收敛条件
		1	2	3			
1	更新 辅助流量集 移动	$t_1^1=947.0$ $y_1^1=0$ $x_1^2=4.04$	$t_2^1=20.0$ $y_2^1=10$ $x_2^2=5.96$	$t_3^1=25.0$ $y_3^1=0$ $x_3^2=0.00$	1975	0.5965	0.8443
2	更新 辅助流量集 移动	$t_1^2=35.0$ $y_1^2=10$ $x_1^3=3.39$	$t_2^2=35.0$ $y_2^2=0$ $x_2^3=5.00$	$t_3^2=25.0$ $y_3^2=0$ $x_3^3=1.61$	197.4	0.1610	0.1984
3	更新 辅助流量集 移动	$t_1^3=22.3$ $y_1^3=10$ $x_1^4=3.62$	$t_2^3=27.3$ $y_2^3=0$ $x_2^4=4.83$	$t_3^3=35.3$ $y_3^3=0$ $x_3^4=1.55$	190.01	0.0363	0.0306
4	更新 辅助流量集 移动	$t_1^4=26.1$ $y_1^4=0$ $x_1^5=3.54$	$t_2^4=26.3$ $y_2^4=0$ $x_2^5=4.73$	$t_3^4=25.3$ $y_3^4=10$ $x_3^5=1.72$	189.45	0.0208	0.0221
5	更新 辅助流量集 移动	$t_1^5=24.8$ $y_1^5=10$ $x_1^6=3.59$	$t_2^5=25.8$ $y_2^5=0$ $x_2^6=4.70$	$t_3^5=25.4$ $y_3^5=0$ $x_3^6=1.71$	189.36	0.0080	0.0065
6	更新	$t_1^6=25.6$	$t_2^6=25.7$	$t_3^6=25.4$	189.34		

由表可知,当算法迭代至第6次时,达到收敛准则,因此最终的用户均衡交通流模式下的路段流量是 $x_1=3.59, x_2=4.70, x_3=1.71$,用户均衡状态下的总出行时间为189.34。

【例4-14】 如图4-17所示,某简单道路网络包括三个节点和四条路段。其中各条路段的阻抗函数是 $t_1=2+x_1^2, t_2=3+x_2, t_3=1+2x_3^2, t_4=2+4x_4$,由起始点O到目的点D的交通流量是4。请建立系统最优模型,并计算求解系统最优状态下的路段流量。

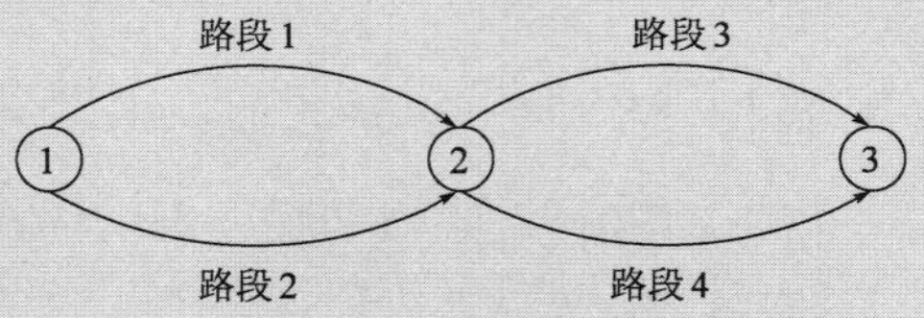

图4-17 【例4-14】图

解:由图4-17可知,从起始点O到目的点D共有4条路径,每条路径包括的路段为

路径1:路段1,路段3。

路径2:路段1,路段4。

路径3:路段2,路段3。

路径4:路段2,路段4。

通过建立如下模型,可得到用户均衡状态下的路段交通流量:

$$\min z(\boldsymbol{x}) = \sum_{a=1}^{4} x_a t_a(x_a)$$

$$x_1 = f_1 + f_2$$

$$x_2 = f_3 + f_4$$

$$x_3=f_1+f_3$$
$$x_4=f_2+f_4$$
$$f_1+f_2+f_3+f_4=4$$
$$f_i\geqslant 0 \quad (i=1,2,3,4)$$

其中，$x_i(i=1,2,3,4)$表示第 i 条路段的流量，$f_i(i=1,2,3,4)$表示从起始点 O 到目的点 D 的第 i 条路径流量。

根据前文可知用户均衡模型和系统最优模型的关系，可以把上述模型中的目标函数转化为

$$\min z(\boldsymbol{x}) = \sum_{a=1}^{4}x_a t_a(x_a) = \sum_{a=1}^{4}\int_0^{x_a}\tilde{t}_a(\omega)\mathrm{d}\omega = \min\sum_{a=1}^{4}\int_0^{x_a}[t_a(\omega)+x_a t'_a(\omega)]\mathrm{d}\omega$$

因此，系统最优模型的解与带有边际旅行时间函数 $\tilde{t}_a(x_a)=t_a(x_a)+x_a t'_a(x_a)$的用户最优模型的解相同。由题意可以得到各条路段的边际旅行时间函数为

$$\tilde{t}_1(x_1)=2+3x_1^2$$
$$\tilde{t}_2(x_2)=3+2x_2$$
$$\tilde{t}_3(x_3)=1+6x_3^2$$
$$\tilde{t}_4(x_4)=2+8x_4$$

同样，可以通过 Frank-Wolfe 算法对转化后的系统最优模型（带有边际旅行时间函数的用户均衡模型）进行求解，最终求解得到的系统最优状态下的路段交通流模式如下：

$$x_1=\frac{2\sqrt{7}-1}{3}\approx 1.43$$
$$x_2=4-x_1=2.57$$
$$x_3=\frac{\sqrt{214}-4}{6}\approx 1.77$$
$$x_4=4-x_3=2.23$$

因此，可进一步得到在系统最优状态下的系统总旅行时间为

$$\begin{aligned}\sum_{a=1}^{4}x_a t(x_a) &= x_1(2+x_1^2)+x_2(3+x_2)+x_3(1+2x_3^2)+x_4(2+4x_4)\\ &=1.43\times(2+1.43^2)+2.57\times(3+2.57)+1.77\times(1+2\times1.77^2)+2.33\times(2+4\times2.33)\\ &=57.31\end{aligned}$$

习　题

4-1　思考下列问题。

(1)说明惩罚函数法和障碍函数法的基本原理。其各自的适用条件如何？怎样将它们联合起来应用？

(2)什么是二次规划?说明求解二次规划问题的步骤。

(3)说明梯度法、牛顿法的基本原理,并对这两种方法的迭代步骤、适用范围和优缺点加以对比。

(4)说明用可行方向法求解非线性规划问题的主要思想及具体迭代步骤。

(5)为什么求解约束极值问题较求解无约束极值问题要困难得多?对约束极值问题,为简化其优化工作,通常可采用哪些方法?

4-2　用牛顿法求解函数 $f(x)=x^4-4x^3-6x^2-16x+4$ 的极小值点。其中初始解为 $x^{(0)}=1$,允许误差 $|x^{(k+1)}-x^{(k)}|<\varepsilon=0.001$。用解析方法求出该问题的精确最优解,然后比较二者结果。

参考答案:经过五次迭代后可得近似最优解为 $x^{(5)}=4.0105-\dfrac{39}{840034}\approx4.0000$。另外,根据 $f'(x)=0$ 可得精确解为 4,与牛顿法求解得的近似解相差不到 0.0001

4-3　用黄金分割法求函数 $f(x)=x^2-6x+2$ 在区间[0,10]上的极小值点,要求使最终区间不大于原区间的 8%。

参考答案:近似最优解为 $x^*=3.05$,近似值为 $f(x^*)=-6.9975$

4-4　试以 $\boldsymbol{x}^{(0)}=(0,0)^{\mathrm{T}}$ 为起始点,分别使用最速下降法(迭代四次)、牛顿法、变尺度法,求解无约束极值问题

$$\min f(\boldsymbol{x})=2x_1^2+x_2^2+2x_1x_2+x_1-x_2$$

并绘图表示使用上述各方法的寻优过程。

参考答案:(1)经过四次迭代后,得到极小值点为 $\boldsymbol{x}^{(4)}=(-0.96,1.44)^{\mathrm{T}}$(图 4-18);(2)经过一次迭代后,得到极小值点为 $\boldsymbol{x}^{(1)}=(-1,1.5)^{\mathrm{T}}$(图 4-19);(3)经过两次迭代后,得到极小值点为 $\boldsymbol{x}^{(2)}=(-1,1.5)^{\mathrm{T}}$(图 4-20)

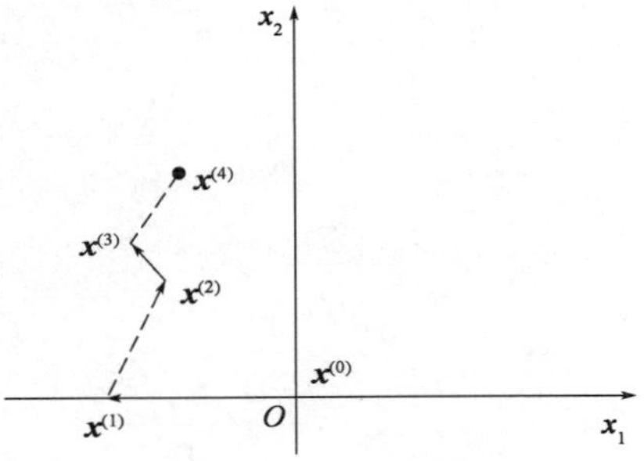

图 4-18　题 4-4 参考答案(1)

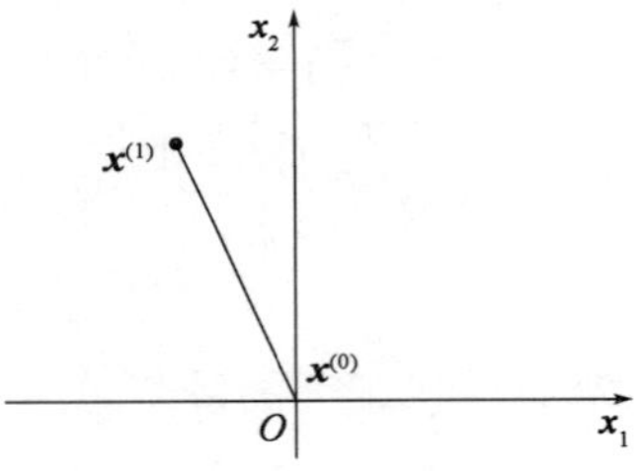

图 4-19　题 4-4 参考答案(2)

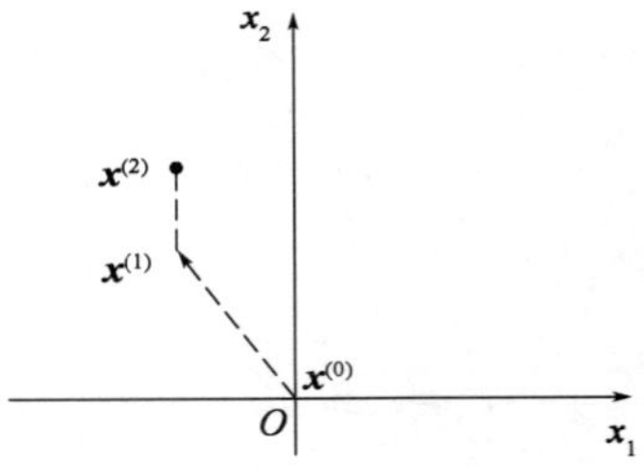

图 4-20　题 4-4 参考答案(3)

4-5　试用共轭梯度法求解二次函数 $f(\boldsymbol{x})=\dfrac{1}{2}\boldsymbol{x}^{\mathrm{T}}\boldsymbol{A}\boldsymbol{x}$ 的极小值点,其中,$\boldsymbol{A}=\begin{bmatrix}1&1\\1&2\end{bmatrix}$。

参考答案:取初始点 $\boldsymbol{x}^{(0)}=(1,1)^{\mathrm{T}}$,$\lambda_0=\dfrac{13}{34}$,$\boldsymbol{x}^{(1)}=\left(\dfrac{8}{34},-\dfrac{5}{34}\right)^{\mathrm{T}}$,$\beta_0=\dfrac{1}{33\times34}$,$\lambda_1=\dfrac{34}{13}$,则极小点为 $\boldsymbol{x}^{(2)}=(0,0)^{\mathrm{T}}$

4-6　用 K-T 条件求下列问题的最优解及相应的 Lagrange 乘子,并证明该问题的最优解是唯一的。

$$\max z(x_1,x_2)=14x_1-x_1^2+6x_2-x_2^2$$

$$\text{s.t.}\begin{cases}x_1+x_2\leqslant2\\x_1+2x_2\leqslant3\end{cases}$$

参考答案：最优解为 $\boldsymbol{x}^*=(3,-1)^{\mathrm{T}}$，Lagrange 乘子为 $\mu_1\geqslant 0,\mu_2=0$。目标函数的 Hessian 矩阵$\nabla^2 z(x_1,x_2)=\begin{bmatrix}2 & 0\\0 & 2\end{bmatrix}$是严格正定的，且约束是线性的，上述规划是凸规划，因此最优解是唯一的

4-7 求解以下二次规划：

$$\max f(\boldsymbol{x})=5x_1+x_2-(x_1-x_2)^2$$

$$\text{s.t.}\begin{cases}x_1+x_2\leqslant 2\\x_1,x_2\geqslant 0\end{cases}$$

参考答案：$f(\boldsymbol{x})=7$

4-8 试用可行方向法求解以下非线性规划：

$$\min f(\boldsymbol{x})=x_1^2+x_2^2-4x_1-4x_2+8$$

$$\text{s.t.}\quad x_1+2x_2-4\leqslant 0$$

从初始点 $\boldsymbol{x}^{(0)}=(0,0)^{\mathrm{T}}$ 出发，迭代两次。

参考答案：第 1 次迭代用梯度法，第 2 次迭代借助线性规划求可行下降方向。最优解为 $\boldsymbol{x}^{(2)}=(1.6,1.2)^{\mathrm{T}}$，$f(\boldsymbol{x}^{(2)})=0.8$

4-9 一个投资股票决策问题的数学模型如下，利用 LINGO 软件解之。

$$\min f(\boldsymbol{x})=0.2x_1^2+0.08x_2^2+0.18x_3^2+0.1x_1x_2+0.04x_1x_3+0.06x_2x_3$$

$$\text{s.t.}\begin{cases}0.14x_1+0.11x_2+0.1x_3\geqslant 120\\x_1+x_2+x_3=1000\\x_1,x_2,x_3\geqslant 0\end{cases}$$

参考答案：利用 LINGO 输入：

```
minf(x)=0.2*x1^2+0.08*x2^2+0.18*x3^2+0.1*x1*x2+0.04*x1*x3+0.06*x2*x3;
0.14*x1+0.11*x2+0.1*x3>=120;
x1+x2+x3=1000;
x1>=0;
x2>=0;
x3>=0;
```

得到最优解为 $\boldsymbol{x}^*=(380.95,476.19,142.86)^{\mathrm{T}}$，$f(\boldsymbol{x}^*)=75238$

4-10 确定如下网络的 UE 交通流模式，OD 交通流为

1→2 2 个单位

3→2 2 个单位

流量与延误方程是 $t_a=1+0.15\,(x_a/a)^4$，其中 a 是图 4-21 中的路段标号数。执行 Frank-Wolfe 算法的 3 次迭代。

参考答案：迭代 3 次后交通流模式为 $\boldsymbol{x}^{(3)}=(1.7028,2.2972,0.2972,0,0)^{\mathrm{T}}$

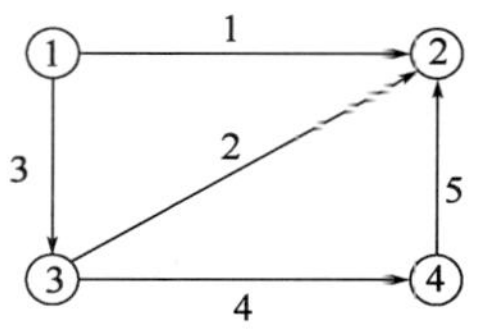

图 4-21 题 4-10 图

第五章　特殊类型规划问题

在实际问题中，经常遇到许多特殊类型的规划问题。例如，在道路交通工程应用实践中，人们制定决策时经常会遇到随机现象，如动态交通流分配、运输网络随机资源分配（含有随机参数的数学规划称为随机规划）。交通系统具有层次性，任何一个层级的决策都不可避免地受到它的上级和下级的影响，如果只是用单层规划方法只考虑本级最优，就会将原本联系的事物割裂开来，不能全面地分析问题和解决问题。为了解决这一问题，交通系统常采用双层规划。在交通系统决策中，可将过程分为若干个互相联系的阶段，在每一个阶段都需要作出决策，从而使整个过程达到最好的效果（称为动态规划或多阶段规划）。本章主要讨论随机规划、双层规划和动态规划等特殊类型规划问题。

第一节　随机规划

随机规划是运筹学的一个重要分支，它在管理、工程、经济、工业以及生态等领域都有着广泛的应用。

一、随机规划的基本概念

随机规划所研究的对象是含有随机因素的数学规划问题。复杂的决策系统通常具有多准则性和多样性，并带有随机参数。

对于我们熟悉的线性规划问题

$$\min f(\boldsymbol{x}) = C\boldsymbol{x}$$
$$A\boldsymbol{x} = b$$
$$\boldsymbol{x} \geqslant 0$$

如果其中 A、b、C 元素中部分或全部是随机变量，则称其为随机线性规划问题。在数学规划中引入随机性是很自然的事情。在模型中，元素 A、b、C 常常用来代表价格、成本、需求量、资源数量、经济指标等参数。由于各种不确定性因素的影响，这些参数经常出现波动。例如，市场上对某种商品的需求量一般无法精确预知，只能作出大致的预测；某种产品的生产成本往往受原材料价格、劳动生产率等各种因素的影响而经常变化。这些变化与波动在许多场合可以用一定的概率分布来描述。因此，在数学规划中引入随机变量，能够使模型更加符合实际情况，从而使决策更加合理。

【例 5-1】 某化工厂生产过程中需要 A、B 两种化学成分，现有甲、乙两种原材料可供选用。其中原料甲中化学成分 A 的单位含量为 $a/10$，B 的单位含量为 $a/3$；原料乙中化学成分 A 的单位含量为 $b/10$，B 的单位含量为 $b/3$。根据生产要求，化学成分 A 的总含量不得少于 7/10 个单位，化学成分 B 的总含量不得少于 4/3 个单位。甲、乙两种原料的价格相同，如何采购原料，可以既满足生产要求，又使成本最低？

显而易见，这个问题可以用线性规划模型来描述。根据题意，设原料甲的采购数量为x_1，原料乙的采购数量为x_2，容易得到如下线性模型：

$$\min f(\boldsymbol{x}) = x_1 + x_2$$

$$\text{s.t.}\begin{cases} ax_1 + x_2 \geqslant 7 \\ bx_1 + x_2 \geqslant 4 \\ x_1 \geqslant 0, x_2 \geqslant 0 \end{cases}$$

于是，只要知道a和b的值，立即可以求得最优解。但是，如果由于某种原因，原料甲中化学成分A、B的单位含量不稳定，其中$\boldsymbol{\xi} = (a,b)^{\mathrm{T}}$是矩形$\{1 \leqslant x \leqslant 4, \frac{1}{3} \leqslant y \leqslant 1\}$内的均匀分布随机向量，则该问题就成为随机线性规划问题了。

由于引入了随机（向）量，随机规划问题的分析与求解比普通数学规划问题要复杂得多。在处理随机规划问题时，人们最容易想到的方法也许是将模型中的随机变量用它们的期望值来代，从而得到确定性数学规划模型，再去求解。事实上，过去许多确定性数学规划正是这样建立起来的，但是应当指出，这种处理方法在处理实际问题时并不总是可行的。为了说明这一点，我们不妨用此方法试解【例5-1】中的问题。容易求得

$$E(\boldsymbol{\xi}) = E[(a,b)^{\mathrm{T}}] = \left(\frac{5}{2}, \frac{2}{3}\right)^{\mathrm{T}}$$

将此值代入线性规划模型，得到确定线性规划模型如下：

$$\min f(\boldsymbol{x}) = x_1 + x_2$$

$$\text{s.t.}\begin{cases} \frac{5}{2}x_1 + x_2 \geqslant 7 \\ \frac{2}{3}x_1 + x_2 \geqslant 4 \\ x_1 \geqslant 0, x_2 \geqslant 0 \end{cases}$$

可以求得此问题的唯一最优解为

$$\boldsymbol{x}^* = (x_1^*, x_2^*)^{\mathrm{T}} = \left(\frac{18}{11}, \frac{32}{11}\right)^{\mathrm{T}}$$

于是以此$\boldsymbol{x}^*$作为原随机线性规划问题的最优解。可是，由于【例5-1】中的$(a,b)^{\mathrm{T}}$是随机向量，我们自然希望知道上述$\boldsymbol{x}^*$是【例5-1】的最优解这一事件的概率有多大，是问题可行解这一事件的概率有多大。然而，我们发现

$$P\{(a,b)^{\mathrm{T}} \mid ax_1^* + x_2^* \geqslant 7, bx_1^* + x_2^* \geqslant 4\} = P\{(a,b)^{\mathrm{T}} \mid a \geqslant 5/2, b \geqslant 2/3\} = \frac{1}{4}$$

也即，$\boldsymbol{x}^*$对【例5-1】是可行解只有0.25的可能性，这个解显然是不可用的。这个例子表明，用上述方法处理随机规划问题时应当十分谨慎。

随机规划问题大致可以分为两种类型：被动型和主动型。被动型即所谓“等待且看到”模型，即决策者等待着观察问题中随机变量的实现，然后适当地利用这些实现的信息作出决策，分布问题即属于此种类型。主动型即所谓“这里且现在”模型，决策者必须在没有随机变量的实现信息的情况下就作出决策，二阶段问题和机会约束规划均属于这种类型。

二、常见随机规划模型

随机规划问题最关键的研究意义就在于对随机变量的处理方法。出于不同的管理目的和

技术要求,采用的方法主要有三种:期望值模型、机会约束规划和相关机会规划。

1. 期望值模型

复杂的决策系统通常具有多维性、多样性、多功能性和多准则性,并带有随机参数。对于随机规划问题中所出现的随机变量,取随机变量所对应的函数的概率平均值(数学期望),通过几个多重积分把随机规划模型转化为一个确定的数学规划。这种期望值约束使目标函数的概率期望值达到最优的模型通常称为期望值模型。期望值模型是数学规划中常见的形式之一,如期望费用极小化问题、期望值模型极大化问题等。

下面以经典报童模型为例介绍期望值模型。报童需要每天提前到邮局定购报纸并确定所定购的报纸数量 x 份,每份价格 c 元。已经知道每份报纸的售价为 a 元。如果报童没有卖完当天的报纸,则回收中心以极低的价格 b 元回收报纸。假设每天报纸的需求量为 ξ,若 $x>\xi$,则每天报纸的剩余量为 $x-\xi$,否则为0。这样报童的收益为

$$f(x,\xi)=\begin{cases}(a-c)x & (x\leqslant\xi)\\(b-c)x+(a-b)\xi & (x>\xi)\end{cases}$$

在实际问题中,每天报纸需求量 ξ 通常是随机变量,从而导致效益函数 $f(x,\xi)$ 也是随机变量。既然不能准确地预测订购 x 份报纸的实际收益,一个自然的方法就是考虑期望收益

$$E[f(x,\xi)]=\int_0^x[(b-c)x+(a-b)\xi]\varphi(\xi)\mathrm{d}\xi+\int_x^{+\infty}(a-c)x\varphi(\xi)\mathrm{d}\xi$$

式中:E——期望值算子;

$\varphi(\xi)$——需求量 ξ 的概率密度函数。

报童问题就是寻找最优的定购数量 x 使期望收益 $E[f(x,\xi)]$ 达到最大值,这是一个典型的期望值模型。

(1)期望算子

假设 t 维随机向量 $\boldsymbol{\xi}$ 的概率密度函数为 $\varphi(\boldsymbol{\xi})$,则随机向量 $\boldsymbol{\xi}$ 的期望值定义为

$$E[\boldsymbol{\xi}]=\int_{R^t}\boldsymbol{\xi}\varphi(\boldsymbol{\xi})\mathrm{d}\boldsymbol{\xi}$$

通常也称为均值。

设 f 为定义在 R^t 上的实函数,则 $f(\boldsymbol{\xi})$ 是一个随机变量,其期望值 $E(f(\boldsymbol{\xi}))$ 可以通过下式来计算:

$$E[f(\boldsymbol{\xi})]=\int_{R^t}f(\boldsymbol{\xi})\varphi(\boldsymbol{\xi})\mathrm{d}\boldsymbol{\xi}$$

期望值算子有如下基本性质:若 $\boldsymbol{\eta}=a\boldsymbol{\xi}+b$,其中 a 和 b 是常数,则

$$E[\boldsymbol{\eta}]=aE[\boldsymbol{\xi}]+b$$

更一般的情况,设 $\boldsymbol{\xi}_1,\boldsymbol{\xi}_2,\cdots,\boldsymbol{\xi}_n$ 是 n 个随机变量,且期望值 $E[\boldsymbol{\xi}_i]$ $(i=1,2,\cdots,n)$ 存在,则有

$$E[\boldsymbol{\xi}_1+\boldsymbol{\xi}_2+\cdots+\boldsymbol{\xi}_n]=E[\boldsymbol{\xi}_1]+E[\boldsymbol{\xi}_2]+\cdots+E[\boldsymbol{\xi}_n]$$

设 $\boldsymbol{\xi}_1,\boldsymbol{\xi}_2,\cdots,\boldsymbol{\xi}_n$ 是 n 个相互独立的随机变量,且期望值 $E[\boldsymbol{\xi}_i]$ $(i=1,2,\cdots,n)$ 存在,则有

$$E[\boldsymbol{\xi}_1\cdot\boldsymbol{\xi}_2\cdot\cdots\cdot\boldsymbol{\xi}_n]=E[\xi_1]\cdot E[\xi_2]\cdot\cdots\cdot E[\xi_n]$$

(2)期望值模型

单目标期望值模型的一般形式为

$$\max E[f(\boldsymbol{x},\boldsymbol{\xi})]$$

$$\text{s.t.}\begin{cases}E[g_j(\boldsymbol{x},\boldsymbol{\xi})]\leqslant 0 & (j=1,2,\cdots,p)\\E[h_k(\boldsymbol{x},\boldsymbol{\xi})]=0 & (k=1,2,\cdots,q)\end{cases}$$

式中：　　　$\boldsymbol{x}$——n 维决策向量；

$\boldsymbol{\xi}$——t 维随机向量，其概率密度函数为 $\varphi(\boldsymbol{\xi})$；

$f(\boldsymbol{x},\boldsymbol{\xi})$——目标函数；

$g_j(\boldsymbol{x},\xi)$、$h_k(\boldsymbol{x},\boldsymbol{\xi})$——随机约束函数，$j=1,2,\cdots,p$，$k=1,2,\cdots,q$。

由于

$$E[f(\boldsymbol{x},\boldsymbol{\xi})] = \int_{R^t} f(\boldsymbol{x},\boldsymbol{\xi})\varphi(\boldsymbol{\xi})\mathrm{d}\boldsymbol{\xi}$$

$$E[g_j(\boldsymbol{x},\boldsymbol{\xi})] = \int_{R^t} \boldsymbol{g}_j(\boldsymbol{x},\xi)\varphi(\boldsymbol{\xi})\mathrm{d}\boldsymbol{\xi} \qquad (j = 1,2,\cdots,p)$$

$$E[h_k(\boldsymbol{x},\boldsymbol{\xi})] = \int_{R^t} h_k(\boldsymbol{x},\boldsymbol{\xi})\varphi(\boldsymbol{\xi})\mathrm{d}\boldsymbol{\xi} \qquad (k = 1,2,\cdots,q)$$

一个可行解 $\boldsymbol{x}^*$ 是期望模型的最优解，如果对于任意的可行解 $\boldsymbol{x}$，$E[f(\boldsymbol{x}^*,\boldsymbol{\xi})]\geqslant E[f(\boldsymbol{x},\boldsymbol{\xi})]$成立，则作为单目标期望值模型的推广，多目标期望值模型可以写成如下形式：

$$\max\{E[f_1(\boldsymbol{x},\boldsymbol{\xi})],E[f_2(\boldsymbol{x},\boldsymbol{\xi})],\cdots,E[f_m(\boldsymbol{x},\boldsymbol{\xi})]\}$$

$$\text{s.t.}\begin{cases}E[g_j(\boldsymbol{x},\boldsymbol{\xi})]\leqslant 0 & (j=1,2,\cdots,p)\\ E[h_k(\boldsymbol{x},\boldsymbol{\xi})]=0 & (k=1,2,\cdots,q)\end{cases}$$

式中：$f_i(\boldsymbol{x},\boldsymbol{\xi})(i=1,2,\cdots,m)$——目标函数。

2. 机会约束规划

作为第二种随机规划，机会约束规划(Chance Constrained Programming, CCP)主要是针对约束条件中含有随机变量，且必须在观察到随机变量的实现之前作出决策的情况。考虑到所作的决策在不利情况发生时可能不满足约束条件，而采用一种原则，即允许所作决策在一定程度上不满足约束条件，但是该决策应使约束条件成立的概率不小于某一个置信水平 α。

求解机会约束规划问题的传统方法是根据事先给定的置信水平，把机会约束规划化为各自的确定等价类，然后用传统的方法求解其等价的确定性模型。对一些特殊的情况，机会约束规划问题确实可以转化为确定性数学规划问题，但对较复杂的机会约束规划问题，通常很难做到这一点。然而，随着计算机的高速发展，一些革新算法如遗传算法，使得复杂的机会约束规划问题可以不必通过转化为确定性数学规划问题而直接得到解决。

(1)机会约束规划模型

考虑带有随机参数的数学规划模型

$$\max f(\boldsymbol{x},\boldsymbol{\xi})$$

$$\text{s.t.}\quad g_j(\boldsymbol{x},\boldsymbol{\xi})\leqslant 0 \qquad (j=1,2,\cdots,p)$$

式中：$\boldsymbol{x}$——一个 n 维决策向量；

$\boldsymbol{\xi}$——一个随机向量；

$f(\boldsymbol{x},\boldsymbol{\xi})$——目标函数；

$g_j(\boldsymbol{x},\boldsymbol{\xi})$——随机约束函数，$j=1,2,\cdots,p$。

但是这个模型由于还有随机参数 $\boldsymbol{\xi}$，使得 max 和约束条件的意义不明确。一种有意义的机会约束规划模型如下：

$$\max \bar{f}$$

$$\text{s.t.}\begin{cases}P\{f(\boldsymbol{x},\boldsymbol{\xi})\geqslant \bar{f}\}\geqslant\beta\\ P\{g_j(\boldsymbol{x},\boldsymbol{\xi})\leqslant 0, j=1,2,\cdots,p\}\geqslant\alpha\end{cases}$$

式中：$P\{\quad\}$——$\{\quad\}$中的时间成立的概率；

α、β——事先给定的约束条件和目标函数的置信水平。

当且仅当 $P\{g_j(\boldsymbol{x},\boldsymbol{\xi})\leqslant 0, j=1,2,\cdots,p\}\geqslant\alpha$ 时,点 $\boldsymbol{x}$ 是可行的,即违反约束条件的概率小于 $1-\alpha$。

无论何种随机参数 $\boldsymbol{\xi}$ 和何种函数形式 f,对每一个给定的决策 $\boldsymbol{x}$,$f(\boldsymbol{x},\boldsymbol{\xi})$ 都是随机变量,其概率密度函数用 $\varphi_{f(\boldsymbol{x},\boldsymbol{\xi})}(f)$ 表示。可能有多个 $\bar{f}$ 使 $P\{f(\boldsymbol{x},\boldsymbol{\xi})\geqslant\bar{f}\}\geqslant\beta$ 成立,从极大化目标值 $\bar{f}$ 的观点看,我们所要的目标值 $\bar{f}$ 应该是目标函数 $f(\boldsymbol{x},\boldsymbol{\xi})$ 在保证置信水平至少是 β 时所取的最大值,即

$$\bar{f}=\max\{f\mid P\{f(\boldsymbol{x},\boldsymbol{\xi})\geqslant\bar{f}\}\geqslant\beta\}$$

(2)多目标机会约束规划

作为单目标机会约束规划的推广,多目标机会约束规划可以表示成如下形式:

$$\max\{\bar{f}_1,\bar{f}_2,\cdots,\bar{f}_m\}$$

$$\text{s.t.}\begin{cases}P\{f_i(\boldsymbol{x},\boldsymbol{\xi})\geqslant\bar{f}_i\}\geqslant\beta_i & (i=1,2,\cdots,m)\\ P\{g_j(\boldsymbol{x},\boldsymbol{\xi})\leqslant 0,\}\geqslant\alpha_j & (j=1,2,\cdots,p)\end{cases}$$

式中:α_j、β_i——第 j 个约束和第 i 个目标的置信水平;

$\bar{f}_i$——目标函数 $f_i(\boldsymbol{x},\boldsymbol{\xi})$ 在概率水平至少为 β_i 时所取的最大值。

3. 相关机会规划

复杂的决策系统涉及多项任务,称之为事件。决策者往往希望这些事件实现的概率(机会函数)尽可能大。对于这一问题,人们提出了第三种随机规划方法,即相关机会规划。

简单说来,相关机会规划是使事件的机会函数在不确定环境下达到最大值的优化问题。在确定性规划以及期望值模型和机会约束规划中,对实际问题建模以后,可行集本质上已经确定,然而所给定的最优解在实际操作时可能根本无法执行。于是为了解决这个问题,相关机会规划中并不假定可行集是确定的,其可行集的描述是“不确定环境”,其给出的一个确定的解也只是要求在实际问题中尽可能被执行。相关机会规划的这一特点是前面两种随机规划方法不具备的,然而在实际生活和研究中有着广泛的应用。

(1)单目标相关机会规划

单目标相关机会规划的基本形式可以表示成如下形式:

$$\max f(\boldsymbol{x})$$

$$\text{s.t.}\quad g_j(\boldsymbol{x},\boldsymbol{\xi})\leqslant 0\qquad (j=1,2,\cdots,p)$$

其中,$\boldsymbol{x}$ 是 n 维决策变量,$\boldsymbol{S}$ 是 $\boldsymbol{R}^n$ 上的随机集合,概率函数为

$$\mu_S(\boldsymbol{x})=P\{g_j(\boldsymbol{x},\boldsymbol{\xi})\leqslant 0, j=1,2,\cdots,p\}$$

这里引进经典集合理论中的符号“$\in$”,$\boldsymbol{x}\in\boldsymbol{S}$ 的意思是 $\boldsymbol{x}$ 可行的概率为 $\mu_S(\boldsymbol{x})$。需要注意的是,集合 $\boldsymbol{S}$ 是随机的而不是确定的。一个点 $\boldsymbol{x}^*\in\boldsymbol{S}$ 为最优解,则对任意的 $\boldsymbol{x}\in\boldsymbol{S}$,有 $f(\boldsymbol{x}^*)\geqslant f(\boldsymbol{x})$。

(2)多目标相关机会规划

复杂的决策系统通常需要完成多项任务,这就意味着在决策过程中存在着多个可能的目标函数(它们中间有些可能是机会函数,如极大化每个事件实现的机会)。典型的相关机会多目标规划可以表示成如下的形式:

$$\max_{\boldsymbol{x}\in\boldsymbol{S}} f(\boldsymbol{x})=[f_1(\boldsymbol{x}),f_2(\boldsymbol{x}),\cdots,f_m(\boldsymbol{x})]$$

或表示成在不确定环境下,极大化机会函数向量,即

$$\max f_1(\boldsymbol{x}), f_2(\boldsymbol{x}), \cdots, f_m(\boldsymbol{x})$$
$$\text{s.t.}\quad g_j(\boldsymbol{x},\boldsymbol{\xi}) \leqslant 0 \qquad (j=1,2,\cdots,p)$$

其中,$\boldsymbol{x}$ 是 n 维决策向量,$\boldsymbol{S}$ 是随机集合,其概率函数为 $\mu_S(\boldsymbol{x})$,并假设随机关系是已知的,$f(\boldsymbol{x})$ 是由实函数 $f_i(\boldsymbol{x})$($i=1,2,\cdots m$) 构成的向量,其中有些是机会函数,符号 $\boldsymbol{x}\in\boldsymbol{S}$ 的意思是决策 $\boldsymbol{x}$ 可行的概率为 $\mu_S(\boldsymbol{x})$。

第二节 双层规划

一、双层规划的基本概念

双层规划(Bilevel Programming Problem,BLPP)是一种具有两层递阶结构的系统优化问题,上层问题和下层问题都有各自的决策变量、约束条件和目标函数,上层问题是以下层问题为约束条件的规划问题。双层规划模型考虑了决策过程中不同决策者(领导与随从)的作用与表现。一般双层规划模型的形式如下:

$$\min F(x,y)$$
$$\text{s.t.}\begin{cases} G(x,y)\leqslant 0 \\ H(x,y)=0 \end{cases}$$

其中,y 是上层决策者的决策变量,$F(x,y)$ 是上层决策者的目标函数,式 $G(x,y)\leqslant 0$ 和 $H(x,y)=0$ 是上层决策者在决策过程中受到的约束条件。而 x 则是在上层决策变量 y 给定的条件下下层规划(见下式)的最优解:

$$\min f(x,y)$$
$$\text{s.t.}\begin{cases} g(x,y)\leqslant 0 \\ h(x,y)=0 \end{cases}$$

其中,$f(x,y)$ 是下层决策者的目标函数,不等式 $g(x,y)\leqslant 0$ 及等式 $h(x,y)=0$ 是下层决策者在决策过程中受到的约束条件。

一般来讲,为了便于研究模型及其算法,我们限定上面模型中的所有函数都是连续可微的。这里处于上层的决策者由于先给出决策,一般称为领导者;下层的决策者要在领导者决策后方能作出决策,一般称为跟随者。上、下层的目标函数和约束条件没有必然的联系,但是一方的变量会参与并影响另一方的决策过程。上层首先给出决策,然后观察下层的反应,下层在上层决策方案给定的前提下寻找自己的最优策略。下层在给出行动方案之后,上层再根据下层的反应调整其方案,力求使自己的利益最大化,重新给出方案。接下来下层将再次根据上层新给出的决策修正自己的方案。重复这样的过程,直至上、下层都不愿意继续调整其决策为止。此时模型达到一个相对平衡、满意的状态,这时的决策方案称为相对最优方案。

根据上述定义,双层规划具有以下一些主要特点。

(1)层次性:研究的系统是分层管理的,各层决策者依次作出决策,下层服从上层。

(2)独立性:各层决策者各自控制一部分决策变量,以优化各自的目标。

(3)冲突性:各层决策者有各自不同的目标,且这些目标往往是相互矛盾的。

(4)优先性:上层决策者优先作出决策,而下层决策者在优化自己的目标选择决策时不能违背上层的决策。

(5)自主性:下层并不是完全无条件服从上层,它有一定的自主权。

(6)制约性:下层的决策不但决定着自身目标的达成,而且影响着上层目标的实现。

(7)依赖性:各层决策者的容许策略集通常是不可分的,它们往往形成一个相互关联的整体。

首先提出层次规划模型的是斯塔克伯格(Stackelberg)。20 世纪 50 年代,为了更好地描述现实中的经济模式,Stackelberg 在他的专著中首次提出了层次规划的概念:虽然多层规划与之有共同点,但各层决策者依次作出决策,并且各自的策略集也不必是分离的。20 世纪 60 年代,丹台格(Dantaig)和沃尔夫(Wolfe)提出了大规模线性规划的分解算法,承认有一个核心决策者,它的目标高于一切,但与多层规划有很大区别:多层规划承认有最高决策者,但不是绝对的,他允许下层决策者有各自不同的利益。20 世纪 70 年代发展起来的多目标规划通常寻求的是一个决策者的互相矛盾的多个目标折中解,而多层规划强调下层决策对上层目标的影响,并且多层规划问题通常不能逐层独立求解。

20 世纪 70 年代以来,在解决实际问题的过程中,人们逐渐形成多层规划的概念和方法。"多层规划"一词是坎德勒(Candler)和诺顿(Norton)在奶制品工业模型和墨西哥农业模型的研究报告中首先提出来的。随后人们对多目标规划进行了深入的研究,也形成了一些求解多目标规划问题的有效方法,如分层优化技术。这种技术也可以用来求解多层规划问题,但这种技术建立在下层决策不影响上层目标的基础上,而多层规划正是强调下层决策对上层目标的影响。因此多层规划不同于多目标规划。

在过去的几十年中,多层规划的理论、方法及应用都有了很大的发展,并且已经成为规划论中的一个新的重要分支,而在多层规划的研究中,双层规划是一个重要的研究对象,这是因为双层规划是多层规划的一个特例,同时多层规划可以看作一系列双层规划的复合。

二、常见双层规划模型

1. 线性双层规划

线性双层规划(Linear-Bilevel Programming Problem,L-BLPP)是双层规划的一个特例,其上、下层目标函数和约束条件都是线性的,是双层规划中常见且形式简单的一种情况。在双层规划的研究中,很多研究结果都集中在线性双层规划上。

线性双层规划问题可以简单描述成下面的数学问题:

$$\min F(\boldsymbol{x},\boldsymbol{y}) = \boldsymbol{c}_1\boldsymbol{x} + \boldsymbol{d}_1\boldsymbol{y}$$

$$\text{s. t. } \boldsymbol{A}_1\boldsymbol{x} + \boldsymbol{B}_1\boldsymbol{y} \leqslant \boldsymbol{b}_1$$

$$\min_{\boldsymbol{x}\in \boldsymbol{X}} f(\boldsymbol{x},\boldsymbol{y}) = \boldsymbol{c}_2\boldsymbol{x} + \boldsymbol{d}_2\boldsymbol{y}$$

$$\text{s. t. } \boldsymbol{A}_2\boldsymbol{x} + \boldsymbol{B}_2\boldsymbol{y} \leqslant \boldsymbol{b}_2$$

其中,$\boldsymbol{x}\in \boldsymbol{X}\subset \boldsymbol{R}^n$,$\boldsymbol{y}\in \boldsymbol{Y}\subset \boldsymbol{R}^m$,是 $\boldsymbol{x}$、$\boldsymbol{y}$ 取值范围。$F:\boldsymbol{x}\times \boldsymbol{y}\to \boldsymbol{R}$,$f:\boldsymbol{x}\times \boldsymbol{y}\to \boldsymbol{R}$ 均是线性连续函数。$\boldsymbol{c}_1$、$\boldsymbol{c}_2\in \boldsymbol{R}^n$,$\boldsymbol{d}_1$、$\boldsymbol{d}_2\in \boldsymbol{R}^m$,$\boldsymbol{b}_1\in \boldsymbol{R}^p$,$\boldsymbol{b}_2\in \boldsymbol{R}^q$,$\boldsymbol{A}_{1p\times n}$、$\boldsymbol{B}_{1p\times m}$、$\boldsymbol{A}_{2q\times n}$、$\boldsymbol{B}_{2q\times m}$分别是系数矩阵。

当上层决策变量 $\boldsymbol{y}$ 给定时,下层目标函数 $f(\boldsymbol{x},\boldsymbol{y})$ 中的 $\boldsymbol{y}$ 可看作常数,故可以从目标函数中去掉,此时 $f(\boldsymbol{x},\boldsymbol{y})$ 可以写成 $f(\boldsymbol{x})$。对下层规划求解时,每个解 $\boldsymbol{x}$ 都与上层变量有关,上层每给定一个变量 $\boldsymbol{y}$,下层相应地可以求解到一组解 $\boldsymbol{x}$,故 $\boldsymbol{x}$ 可看成 $\boldsymbol{y}$ 的函数:$\boldsymbol{x}=\boldsymbol{x}(\boldsymbol{y})$。但是一般情形下,我们不强调 $\boldsymbol{x}$ 对 $\boldsymbol{y}$ 的函数关系,除非讨论的问题需要。

一般来说,求解线性双层规划问题是非常困难的。现有研究证明,即使双层规划上、下层中目标函数和约束函数都是线性的,它也可能是一个非凸问题,并且是非处处可微的。非凸性是造成求解线性双层规划问题异常复杂的重要原因。

自 20 世纪 70 年代以来,人们已提出了几十种求解线性双层规划的算法,主要有以下几类不同的算法:

(1)极点算法

极点搜索思想的理论基础是线性双层规划的最优解必在诱导域的极点处取得。首先可以利用各种方法来寻找诱导域的极点,然后从中找出线性双层规划问题的局部最优解或全局最优解。

(2)分枝定界法

分枝定界法的基本思路是:根据事先选定的分枝准则,将所求解的问题分成一系列子问题,并从中选取一个子问题进行检验,进行取舍。分枝定界法计算量很大,但它能求得全局最优解。

(3)K-T 法

K-T 法的基本思路是:将线性双层规划问题中的下层规划问题用它的 K-T 条件代替,将线性双层规划问题转化为单层非线性规划问题求解,最初用于求解线性双层资源控制问题。这种算法仅对线性约束的上层和凸二次规划的下层这种特殊情况有效。

(4)模糊数学算法

模糊数学算法的基本思路是:充分利用模糊集理论中隶属函数及模糊算子的概念和性质,分别建立上层决策变量的隶属函数和上、下层决策者目标函数的偏好隶属函数,将双层决策问题转化为单层优化问题,分别对各单层规划问题的解进行讨论,最终把线性双层规划问题转化为线性规划问题,求得两层决策问题的满意解。

2. 整数双层规划

整数规划是要求问题中的全部或一部分变量为整数的数学规划。一般认为非线性的整数规划可分成线性部分和整数部分,因此常常把整数规划作为线性规划的特殊部分。在线性规划问题中,有些最优解可能是分数或小数,但对于某些具体问题,常要求解答是整数,如所求解是机器的台数、工作的人数或装货的车数等。为了满足整数的要求,初看起来似乎只要把已得的非整数解"舍入化整"就可以了。实际上化整后的数不见得是可行解和最优解,所以应该有特殊的方法来求解整数规划。在整数规划中,如果所有变量都限制为整数,则称为纯整数规划;如果仅一部分变量限制为整数,则称为混合整数规划。

带有离散变量的线性双层规划问题包括变量均是离散变量的整数线性双层规划问题、离散变量和连续变量混合的混合线性双层规划问题。如果所有离散变量只取 0 或者 1,则得到最简单的 0-1 整数线性规划问题。

一般的整数线性双层规划问题(IL-BLPP)形式为

$$\min F(\boldsymbol{x},\boldsymbol{y}) = c_{11}x_1 + c_{12}x_2 + d_{11}y_1 + d_{12}y_2$$

$$\text{s. t.}\begin{cases} A_{11}x_1 + A_{12}x_2 + B_{11}y_1 + B_{12}y_2 \leqslant b_1 \\ 0 \leqslant y_1 \in \boldsymbol{R}^{m_1}, 0 \leqslant y_2 \in \boldsymbol{Z}^{m_2} \subset \boldsymbol{R}^{m_2} \end{cases}$$

$$\min f(\boldsymbol{x},\boldsymbol{y}) = c_{21}x_1 + c_{22}x_2$$

$$\text{s. t.}\begin{cases} A_{21}x_1 + A_{22}x_2 + B_{21}y_1 + B_{22}y_2 \leqslant b_2 \\ 0 \leqslant x_1 \in \boldsymbol{R}^{n_1}, 0 \leqslant x_2 \in \boldsymbol{Z}^{n_2} \subset \boldsymbol{R}^{n_2} \end{cases}$$

其中,$x_1 \in \boldsymbol{R}^{n_1}$,$y_1 \in \boldsymbol{R}^{m_1}$为连续变量,$x_2 \in \boldsymbol{Z}^{n_2}$,$y_2 \in \boldsymbol{Z}^{m_2}$均取整数。$\boldsymbol{y} = (y_1, y_2)$为上层决策变量,$\boldsymbol{x} = (x_1, x_2)$是下层决策者的决策变量。严格来说,证明整数线性双层规划问题是否有解是比较困难的,尤其是在整数约束条件比较复杂的情况下,本书在此不作详细说明。

3. 非线性双层规划

在所有的双层规划问题中,非线性双层规划由于其结构复杂而具有挑战性,到目前为止,能求解这些问题的算法仍然不多。下面简要介绍非线性双层规划的基本概念。

一般双层规划问题形式如下:

$$\min F(\boldsymbol{x},\boldsymbol{y})$$

$$\text{s. t.}\begin{cases}G(\boldsymbol{x},\boldsymbol{y})\leqslant 0\\H(\boldsymbol{x},\boldsymbol{y})=0\end{cases}$$

$$\min f(\boldsymbol{x},\boldsymbol{y})$$

$$\text{s. t.}\begin{cases}g_i(\boldsymbol{x},\boldsymbol{y})\leqslant 0 & (i=1,2,\cdots p)\\h_j(\boldsymbol{x},\boldsymbol{y})=0 & (j=1,2,\cdots q)\end{cases}$$

其中,$F(\boldsymbol{x},\boldsymbol{y}):\boldsymbol{R}^n\times\boldsymbol{R}^m\to\boldsymbol{R}$,约束函数 $G(\boldsymbol{x},\boldsymbol{y}):\boldsymbol{R}^n\times\boldsymbol{R}^m\to\boldsymbol{R}^P$,$H(\boldsymbol{x},\boldsymbol{y}):\boldsymbol{R}^n\times\boldsymbol{R}^m\to\boldsymbol{R}^Q$,$f(\boldsymbol{x},\boldsymbol{y}):\boldsymbol{R}^n\times\boldsymbol{R}^m\to\boldsymbol{R}$,$g(\boldsymbol{x},\boldsymbol{y}):\boldsymbol{R}^n\times\boldsymbol{R}^m\to\boldsymbol{R}^p$,$h(\boldsymbol{x},\boldsymbol{y}):\boldsymbol{R}^n\times\boldsymbol{R}^m\to\boldsymbol{R}^q$ 都是连续可微函数,变量 $\boldsymbol{x}$ 是下层规划问题的解。

如果上下层目标函数 $F(\boldsymbol{x},\boldsymbol{y})$、$f(\boldsymbol{x},\boldsymbol{y})$ 至少有一个是非线性的,那么称之为非线性双层规划(Non-linear Bilevel Programming Problem,NL-BLPP)。定义非线性双层规划可行域为

$$\boldsymbol{S}=\{(\boldsymbol{x},\boldsymbol{y})\mid G(\boldsymbol{x},\boldsymbol{y})\leqslant 0,H(\boldsymbol{x},\boldsymbol{y})=0,g(\boldsymbol{x},\boldsymbol{y})\leqslant 0,h(\boldsymbol{x},\boldsymbol{y})=0\}$$

上层可行集标记为

$$\boldsymbol{Y}=\{(\boldsymbol{x},\boldsymbol{y})\mid G(\boldsymbol{x},\boldsymbol{y})\leqslant 0,H(\boldsymbol{x},\boldsymbol{y})=0\}$$

对于上层变量 $\boldsymbol{y}$,定义下层可行集为

$$\boldsymbol{M}(\boldsymbol{y})=\{\boldsymbol{x}\mid g(\boldsymbol{x},\boldsymbol{y})\leqslant 0,h(\boldsymbol{x},\boldsymbol{y})=0\}$$

最优解集为

$$\boldsymbol{\psi}(\boldsymbol{y})=\arg\min_{\boldsymbol{x}}\{f(\boldsymbol{x},\boldsymbol{y}):g(\boldsymbol{x},\boldsymbol{y})\leqslant 0,h(\boldsymbol{x},\boldsymbol{y})=0\}$$

定义可归纳域为

$$\boldsymbol{IR}=\{(\boldsymbol{x},\boldsymbol{y})\mid \boldsymbol{x}\in\boldsymbol{\psi}(\boldsymbol{y}),(\boldsymbol{x},\boldsymbol{y})\in\boldsymbol{S}\}$$

如果 $\boldsymbol{\psi}(\boldsymbol{y})$ 是单点集,则上层问题存在最优解;若 $\boldsymbol{\psi}(\boldsymbol{y})$ 不是单点集,则上层问题的求解将会变得很困难。为了简便求解,现在假设 $\boldsymbol{x}(\boldsymbol{y})$ 为下层在上层变量 $\boldsymbol{y}$ 给定的情形下的唯一最优解,则原问题可以写成下面的形式:

$$\min F(\boldsymbol{x}(\boldsymbol{y}),\boldsymbol{y})$$

$$\text{s. t.}\begin{cases}G(\boldsymbol{x}(\boldsymbol{y}),\boldsymbol{y})\leqslant 0\\H(\boldsymbol{x}(\boldsymbol{y}),\boldsymbol{y})=0\\\boldsymbol{x}(\boldsymbol{y})\in\arg\min\limits_{\boldsymbol{x}}\{f(\boldsymbol{x},\boldsymbol{y}):g(\boldsymbol{x},\boldsymbol{y})\leqslant 0,h(\boldsymbol{x},\boldsymbol{y})=0\}\end{cases}$$

即把下层问题看成上层问题的隐约束条件,一旦上层变量 $\boldsymbol{y}$ 给定,双层变量便是一个规则的单层数学规划问题。

4. 凸双层规划

凸双层规划(Convex Bilevel Programming),即上层目标函数和约束函数均是连续可微的凸函数,下层问题是凸规划问题的双层规划问题。如果下层的目标函数还是凸二次可微函数,即严格凸的函数,则对任意给定的上层变量,下层若存在最优解,最优解一定是唯一的全局最优解,因此整个双层规划的最优解存在。

考虑下面的凸双层规划问题:

$$
\begin{aligned}
&\min_{y} F(\boldsymbol{x},\boldsymbol{y})\\
&\text{s.t.}\quad G(\boldsymbol{x},\boldsymbol{y})\leqslant 0\\
&\min_{x} f(\boldsymbol{x},\boldsymbol{y})\\
&\text{s.t.}\quad g_i(\boldsymbol{x},\boldsymbol{y})\leqslant 0
\end{aligned}
$$

其中,$F(\boldsymbol{x},\boldsymbol{y})$、$f(\boldsymbol{x},\boldsymbol{y}):\boldsymbol{R}^n\times\boldsymbol{R}^m\to\boldsymbol{R}$,约束函数 $G(\boldsymbol{x},\boldsymbol{y}):\boldsymbol{R}^n\times\boldsymbol{R}^m\to\boldsymbol{R}^P$,$g(\boldsymbol{x},\boldsymbol{y}):\boldsymbol{R}^n\times\boldsymbol{R}^m\to\boldsymbol{R}^q$ 都是二次连续可微函数。与一般双层规划问题相似,可以定义式凸双层规划的可行集为

$$\boldsymbol{S}=\{(\boldsymbol{x},\boldsymbol{y})\mid G(\boldsymbol{x},\boldsymbol{y})\leqslant 0,g(\boldsymbol{x},\boldsymbol{y})\leqslant 0\}$$

上层可行集标记为

$$\boldsymbol{Y}=\{(\boldsymbol{x},\boldsymbol{y})\mid G(\boldsymbol{x},\boldsymbol{y})\leqslant 0\}$$

对于上层变量 $\boldsymbol{y}$,定义下层可行集为

$$\boldsymbol{S}(\boldsymbol{y})=\{\boldsymbol{x}\in\boldsymbol{R}^n\mid g(\boldsymbol{x},\boldsymbol{y})\leqslant 0\}$$

下层最优解集为

$$\boldsymbol{\psi}(\boldsymbol{y})=\{\boldsymbol{x}\mid\boldsymbol{x}\in\arg\min\{f(\tilde{\boldsymbol{x}},\boldsymbol{y}):\tilde{\boldsymbol{x}}\in\boldsymbol{S}(\boldsymbol{y})\}\}$$

以及可归纳域为

$$\boldsymbol{IR}=\{(\boldsymbol{x},\boldsymbol{y})\mid\boldsymbol{x}\in\boldsymbol{\psi}(\boldsymbol{y}),(\boldsymbol{x},\boldsymbol{y})\in\boldsymbol{S}\}$$

对这类问题,在一定条件下,将原问题转化为单层的数学规划问题,通过对其对应的松弛问题有关性质的讨论,给出恰当的定界规则和分枝原则,隐含地考虑互补松弛条件的所有组合,利用分枝定界法给出一种求全局解。

第三节 动态规划

动态规则是运筹学的一个分支,大约产生于20世纪50年代,它是解决多阶段决策过程最优化问题的一种数学方法。1951年美国数学家贝尔曼(Bellman)等根据一类多阶段决策问题的特点,把多阶段决策问题变换为一系列互相联系的单阶段问题,然后逐个加以解决。与此同时,他们提出了解决这类问题的最优性定理,研究了许多实际问题,从而创建了解决最优化问题的一种新的方法——动态规划。他的名著《动态规划》于1957年出版,该书是动态规划领域的第一本著作。

动态规划的方法在工程技术、企业管理、工农业生产及军事等领域都有广泛的应用,并且获得了显著的效果。其中,在企业管理方面,动态规划可以用来解决最优路径问题、资源分配问题、生产调度问题、库存问题、装载问题、排序问题、设备更新问题、生产过程最优控制问题等,所以它是现代企业管理中的一种重要的决策方法。许多问题用动态规划的方法去处理,常比使用线性规划或非线性规划的方法更有成效。特别是对于离散性的问题,由于解析数学无法施展,动态规划的方法就成为非常有用的工具。应指出,动态规划是求解某类问题的一种方法,是考查问题的一种途径,而不是一种特殊算法(如线性规划是一种算法)。因而,它不象线性规划那样有一个标准的数学表达式和一组明确定义的规则,而必须对具体问题进行具体分析处理。动态规划模型,根据多阶段决策过程的时间参量是离散的还是连续的变量,过程分为离散决策过程和连续决策过程。根据决策过程的演变是确定性的还是随机性的,过程又可分为确定性决策过程和随机性决策过程。组合起来就有离散确定性、离散随机性、连续确定性、连续随机性四种决策过程模型。

一、动态规划的基本概念和基本方程

1. 多阶段决策过程

在生产和科学实验中,有一类活动的过程,由于其特殊性,可分为若干个互相联系的阶段,在每一个阶段都需要作出决策,从而使整个过程达到最好的活动效果。因此,各个阶段决策的选取不是任意确定的,它依赖于当前面临的状态,以及对以后发展的影响。当各个阶段决策确定后,就组成了一个决策序列,因而也就决定了整个过程的一条活动路线。这种把一个问题看作一个前后关联具有链状结构的多阶段过程(图 5-1)就称为多阶段决策过程,也称序贯决策过程。这种问题就称为多阶段决策问题。

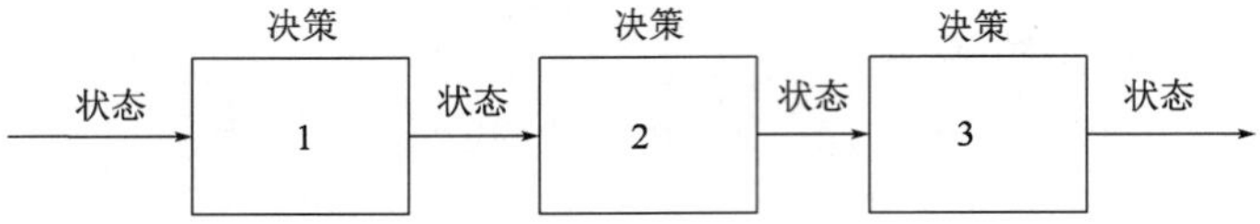

图 5-1　多阶段决策过程

在多阶段决策问题中,各个阶段采取的决策一般来说是与时间有关的,决策依赖于当前的状态,又随即引起状态的转移,一个决策序列就是在变化的状态中产生的,故有“动态”的含义。因此,把处理它的方法称为动态规划方法。但是,一些与时间没有关系的静态规划(如线性规划、非线性规划等)问题,只要人为地引进“时间”因素,也可把它视为多阶段决策问题,用动态规划的方法去处理。

多阶段决策问题很多,现举例如下。

【例 5-2】　如图 5-2 所示,一个线路网络,A 为始点,F 为终点,两点之间的连线可以表示道路、管线等,连线上的数字表示距离、费用或时间。试选择一条由 A 到 F 的线路,使总距离、费用或时间最少。

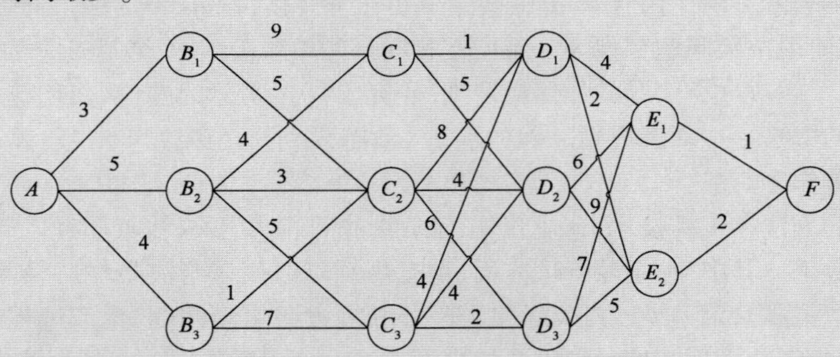

图 5-2　【例 5-2】路线示意图

【例 5-3】　某种机器可以在高低两种不同的负荷下进行生产,在高负荷下进行生产时,产品的年产量 g 和投入生产的机器数量 u_1 的关系为

$$g = g(u_1)$$

这时,机器的年完好率为 a,即如果年初完好机器的数量为 u,到年终时完好的机器就为 $au(0 < a < 1)$。该种机器在低负荷下生产时,产品的年产量 h 和投入生产的机器数量 u_2 的关系为

$$h = h(u_2)$$

相应地,机器年完好率为 $b(0<b<1)$。假定开始生产时完好的机器数量为 s_1。要求制定一个5年计划,在每年开始时,决定如何重新分配完好的机器在两种不同的负荷下生产产品的数量,使在5年内产品的总产量达到最高。

【例5-4】 某公司对某种产品要制订一项 n 个时期的生产(或采购)计划,已知它的初始库存量为0(或一个其他常数),每个时期生产(或采购)该产品的数量有上限限制(或没有限制),每个时期社会对该产品的需求量 m 已知,公司保证供应(不允许缺货),在第 n 个时期末的终结库存量为0(或一个其他常数)。该公司如何制订每个时期的生产(或采购)计划,可使得总成本最小?

还有,如各种资源(人力、物力)分配问题、最优装载问题、水库优化调度问题、最优控制问题等,都是具有多阶段决策问题的特性,均可用动态规划方法去求解。

2. 动态规划的基本概念

(1)阶段

把所给问题的过程恰当地分为若干个相互联系的阶段,可以按一定的次序去求解。描述阶段的变量称为阶段变量,常用 k 表示。阶段一般是根据时间和空间的自然特征来划分的,但要便于把问题的过程能转化为多阶段决策的过程。例如,【例5-2】可分为五个阶段来求解,k 分别等于1、2、3、4、5。

(2)状态

状态表示每个阶段开始所处的自然状况或客观条件,它描述了研究问题过程的状况,又称不可控因素。在【例5-2】中,状态就是某阶段的出发位置,它既是该阶段某支路的起点,又是前一阶段某支路的终点。

通常一个阶段有若干个状态,第一阶段有一个状态就是点 A,第二阶段有两个状态,即点集合 $\{B_1,B_2\}$,一般第 k 阶段的状态就是第 k 阶段所有始点的集合。

描述过程状态的变量称为状态变量,它可用一个数、一组数或一向量(多维情形)来描述。常用 S_k 表示第 k 阶段的状态变量。例如,在【例5-2】中第三阶段有三个状态,则状态变量 S_k 可取三个值,即 C_1、C_2、C_3。点集合 $\{C_1,C_2,C_3\}$ 就称第三阶段的可达状态集合,记为 $S_3=\{C_1,C_2,C_3\}$。

有时为了方便,将该阶段的状态编上号码1,2,…这时也可记为 $S_3=\{1,2,3\}$。第 k 阶段的可达状态集合就记为 S_k。

这里所说的状态应具有如下性质:如果某阶段状态给定,则在这个阶段以后过程的发展不受这个阶段以前各段状态的影响。换句话说,某过程的过去历史只能通过当前的状态去影响它未来的发展,当前的状态是以往历史的一个总结。这个性质称为无后效性(马尔可夫性)。

如果状态仅仅描述过程的具体特征,则并不是任何实际过程都能满足无后效性要求。所以,在构造决策过程的动态规划模型时,不能仅由描述过程的具体特征这点着眼去规定状态变量,而要充分注意是否满足无后效性的要求。如果状态的某种规定方式可能导致不满足无后效性,应适当地改变状态的规定方法,达到能使它满足无后效性的要求。

例如,研究物体(把它看作一个质点)受外力作用后其空间运动的轨迹问题,从描述轨迹这点着眼,可以只选坐标位置 (x_k,y_k,z_k) 作为过程的状态,但这样不能满足无后效性。因为即使知道了外力的大小和方向,也无法确定物体受力后的运动方向和轨迹,只有把位置和速度 (x_k,y_k,z_k) 都作为过程的状态变量,才能确定物体运动下一步的方向和轨迹,实现无后效性的要求。

(3)决策

当过程处于某一阶段的某个状态时,可以作出不同的决定(或选择),从而确定下一阶段的状态,这种决定称为决策,在最优控制中也称为控制。描述决策的变量称为决策变量。它可用一个数、一组数或一向量来描述。常用 $u_k(s_k)$ 表示第 k 阶段,当状态处于 s_k 时的决策变量。它是状态变量的函数。在实际问题中,决策变量的取值往往限制在某一范围之内,此范围称为允许决策集合。常用 $D_k(s_k)$ 表示第 k 个阶段从 s_k 状态出发的允许决策集合,显然有 $u_k(s_k)\in D_k(s_k)$。例如,在【例 5-2】第二阶段中,若从状态 B_2 出发,就可作出三种不同的决策,其允许决策集合 $D_2(B_2)=\{C_1,C_2,C_3\}$,若选取的点为 C_2,则 C_2 是状态 B_2 在决策作用下的一个新的状态 $u_2(B_2)$,记作 $u_2(B_2)=C_2$。

(4)策略

策略是一个按顺序排列的决策组成的集合。由过程的第 k 阶段开始到终止状态为止的过程称为问题的后部子过程(或称为 k 子过程)。由每段的决策按顺序排列组成的决策函数序列 $\{u_k(s_k),\cdots,u_n(s_n)\}$ 称为 k 子过程策略,简称子策略,记为 $p_{k,n}(s_k)$,即

$$p_{k,n}(s_k)=\{u_k(s_k),u_{k+1}(s_k+1),\cdots,u_n(s_n)\}$$

当 $k=1$ 时,此决策函数序列称为全过程的一个策略,简称策略,记为 $p_{1,n}(s_1)$,即

$$p_{1,n}(s_1)=\{u_1(s_1),u_2(s_2),\cdots,u_n(s_n)\}$$

在实际问题中,可供选择的策略有一定的范围,此范围称为允许策略集合,用 p 表示。从允许策略集合中找出的达到最优效果的策略称为最优策略。

(5)状态转移方程

状态转移方程是确定过程由一个状态到另一个状态的演变过程。若给定第 k 阶段状态变量 s_k 的值,该段的决策变量 u_k 一经确定,第 $k+1$ 阶段的状态变量 s_{k+1} 的值也就完全确定,即 s_{k+1} 值随 s_k 和 u_k 值的变化而变化,这种确定的对应关系记为

$$s_{k+1}=T_k(s_k,u_k)$$

上式描述了由 k 阶段到 $k+1$ 阶段的状态转移规律,称为状态转移方程。T_k 称为状态转移函数。例如,【例 5-2】中,状态转移方程为 $s_{k+1}=u_k(s_k)$。

(6)指标函数和最优值函数

用来衡量所实现过程优劣的一种数量指标,称为指标函数。它是定义在全过程和所有后部子过程上的确定的数量函数,常用 $V_{k,n}$ 表示,即

$$V_{k,n}=V_{k,n}(s_k,u_k,s_{k+1},\cdots,s_{n+1})\qquad(k=1,2,\cdots,n)$$

对于要构成动态规划模型的指标函数,应具有可分离性,并满足递推关系,即 $V_{k,n}$ 可以表示为 s_k、u_k、$V_{k+1,n}$ 的函数,记为

$$V_{k,n}=V_{k,n}(s_k,u_k,s_{k+1},\cdots,s_{n+1})=\Psi k[s_k,u_k,V_{k+1},n(s_{k+1},\cdots,s_{n+1})]\qquad(k=1,2,\cdots,n)$$

在实际问题中,很多指标函数都满足这个性质。

常见的指标函数的形式如下:

①过程和它的任一子过程的指标是它所包含的各阶段的指标的和,即

$$V_{k,n}(s_k,u_k,\cdots,s_{n+1})=\sum_{j=k}^{n}v_j(s_j,u_j)$$

其中,$v_j(s_j,u_j)$ 表示第 j 阶段的阶段指标,这时上式可写成

$$V_{k,n}(s_k,u_k,\cdots,s_{n+1})=v_k(s_k,u_k)+V_{k+1,n}(s_{k+1},u_{k+1},\cdots,s_{n+1})$$

②过程和它的任一子过程的指标是它所包含的各阶段的指标的乘积,即

$$V_{k,n}(s_k,u_k,\cdots,s_{n+1}) = \prod_{j=k}^{n} v_j(s_j,u_j)$$

这时就可写成

$$V_{k,n}(s_k,u_k,\cdots,s_{n+1}) = v_k(s_k,u_k)V_{k+1,n}(s_{k+1},u_{k+1},\cdots,s_{n+1})$$

指标函数的最优值称为最优值函数，记为$f_k(s_k)$。它表示从第 k 阶段的状态 s_k 开始到第 n 阶段的终止状态的过程，采取最优策略所得到的指标函数值，即

$$f_k(s_k) = \text{opt}\{u_k,\cdots,u_n\} V_{k,n}(s_k,u_k,\cdots,s_{n+1})$$

其中，opt 可根据题意取 min 或 max。

在不同的问题中，指标函数的含义是不同的，它可能是距离、利润、成本、产品的产量或资源消耗等。例如，在最短路线问题中，指标函数 $V_{k,n}$ 就表示在第 k 阶段由点 s_k 至终点 G 的距离。用 $d_k(s_k,u_k)=v_k(s_k,u_k)$表示在第 k 阶段由点 s_k 到点 $s_{k+1}=u_k(s_k)$的距离，如 $d_5(E_1,F_1)=3$，就表示在第 5 阶段中由点 E_1 到点 F_1 的距离为 3。$f_k(s_k)$表示从第 k 阶段点 s_k 到终点 G 的最短距离，如$f_4(D_1)$就表示从第 4 阶段中的点 D_1 到点 G 的最短距离。

3. 动态规划的基本方程

k 阶段与 $k+1$ 阶段之间的递推关系表示为

$$\begin{cases} f_k(s_k) = \min\limits_{u_k \in D_k(s_k)} \{d_k(s_k,u_k(s_k)) + f_{k+1}(u_k(s_k))\} & (k=5,4,3,2,1) \\ f_6(s_6) = 0(\text{或写成} f_5(s_5) = d_5(s_5,F)) \end{cases}$$

一般情况下，k 阶段与 $k+1$ 阶段的递推关系式可写为

$$f_k(s_k) = \mathop{\text{opt}}\limits_{u_k \in D_k(s_k)} \{v_k(s_k,u_k(s_k)) + f_{k+1}(u_k(s_k)f)\} \qquad (k=n,n-1,\cdots,1) \tag{5-1}$$

边界条件为

$$f_{n+1}(s_{n+1}) = 0$$

式(5-1)称为动态规划的基本方程。

根据动态规划方法有逆序解法和顺序解法之分，设指标函数取各阶段指标和的形式，即

$$V_{k,n} = \sum_{n_j=k} v_j(s_j,u_j)$$

其中，$v_j(s_j,u_j)$表示第 j 段的指标。它显然满足指标函数三个性质，所以上式可写成

$$V_{k,n} = v_k(s_k,u_k) + V_{k+1,n}[s_{k+1},\cdots,s_{n+1}]$$

当初始状态给定时，过程策略确定，指标函数也就确定了。因此，指标函数是初始状态和策略的函数，可记为 $V_{k,n}[s_k,p_k,n(s_k)]$，故上面递推关系又可写成

$$V_{k,n}[s_k,p_{k,n}] = v_k(s_k,u_k) + V_{k+1,n}[s_{k+1},p_{k+1,n}]$$

其中，策略 $p_{k,n}(s_k)$可看成由决策 $u_k(s_k)$和 $p_{k+1,n}(s_{k+1})$组合而成，即

$$p_{k,n} = \{u_k(s_k), p_{k+1},n(s_{k+1})\}$$

如果用 $p^*_{k,n}(s_k)$表示初始状态为 s_k 的后部子过程所有子策略中的最优子策略，则最优值函数为

$$f_k(s_k) = V_{k,n}[s_k,p^*_{k,n}(s_k)] = \mathop{\text{opt}}\limits_{p_{k,n}} V_{k,n}[s_k,p_{k,n}(s_k)]$$

而

$$\begin{aligned} \mathop{\text{opt}}\limits_{p_{k,n}} V_{k,n}(s_k,p_{k,n}) &= \text{opt}\{u_k,p_{k+1,n}\}\{v_k(s_k,u_k) + V_{k+1,n}(s_{k+1},p_{k+1,n})\} \\ &= \text{opt}u_k\{u_k(s_k,u_k) + \text{opt}p_{k+1,n}V_{k+1,n}\} \end{aligned}$$

但

$$f_{k+1}(s_{k+1}) = \underset{p_{k+1,n}}{\text{opt}} V_{k+1,n}(s_{k+1}, p_{k+1,n})$$

所以

$$f_k(s_k) = \underset{u_k \in D_k(s_k)}{\text{opt}} [v_k(s_k, u_k) + f_{k+1}(s_{k+1})] \qquad (k = n, n-1, \cdots, 1)$$

边界条件为$f_{n+1}(s_{n+1}) = 0$。

这就是动态规划逆序解法的基本方程。其中,$s_{k+1} = T_k(s_k, u_k)$,其求解过程,根据边界条件,从 $k = n$ 开始,由后向前逆推,从而逐步求得各段的最优决策和相应的最优值,最后求出$f_1(s_1)$,就得到整个问题的最优解了。

对于动态规划的顺序解法,假定阶段序数 k 和状态变量 S_k的定义不变,改变决策变量 U_k的定义。例如,【例 5-2】中取 $u_k(s_{k+1}) = s_k$,则这时的状态转移不是由 S_k、U_k确定 S_{k+1},而是反过来由 S_{k+1}、U_k确定 S_k,则状态转移方程一般形式为

$$s_k = T_k^r(s_{k+1}, u_k)$$

因而第 k 阶段的允许决策集合也应作相应的改变,记为 $s_k = T_k^r(s_{k+1}, u_k) D_k^r(s_{k+1})$,指标函数也应换成用 S_{k+1}和 U_k的函数表示,于是动态规划顺序解法的基本方程为

$$f_k(s_{k+1}) = \underset{u_k \in D_k(s_{k+1})}{\text{opt}} [v_k(s_{k+1}, u_k) + f_{k-1}(s_k)] \qquad (k = 1, 2, \cdots, n)$$

边界条件为$f_0(S_1) = 0$,$s_k = T_k^r(s_{k+1}, u_k)$。其求解过程是:根据边界条件,从 $k = 1$ 开始,由前向后顺推,逐步求得各段的最优决策和相应的最优值,最后求$f_n(S_{n+1})$,就得到整个问题的最优解。

二、动态规划的基本思想与性质

1. 动态规划的基本思想

结合最短路线问题来介绍动态规划方法的基本思想。生活中的常识告诉我们,最短路线有一个重要特性:如果由起点 A 经过 P 点和 H 点到达终点 F 是一条最短路线,则由点 P 出发经过 H 点到达终点 F 的这条子路线,对于从点 P 出发到达终点的所有可能选择的不同路线来说,必定也是最短路线。例如,在最短路线问题中,若找到了 $A \to B_2 \to C_1 \to D_1 \to E_2 \to F$ 是由 A 到 F 的最短路线,则 $D_1 \to E_2 \to F$ 应该是由 D_1 出发到 F 点的所有可能选择的不同路线中的最短路线。此特性用反证法易证:因为如果不是这样,则从点 P 到 F 点有另一条距离更短的路线存在,把它和原来最短路线由 A 点到达 P 点的那部分连接起来,就会得到一条由 A 点到 G 点的新路线,它比原来那条最短路线的距离还要短些。这与假设矛盾。

根据最短路线这一特性,寻找最短路线的方法就是从最后一段开始,用由后向前逐步递推的方法,求出各点到 G 点的最短路线,最后求得由 A 点到 G 点的最短路线。所以,动态规划的方法是从终点逐段向始点方向寻找最短路线的一种方法,如图 5-3 所示。

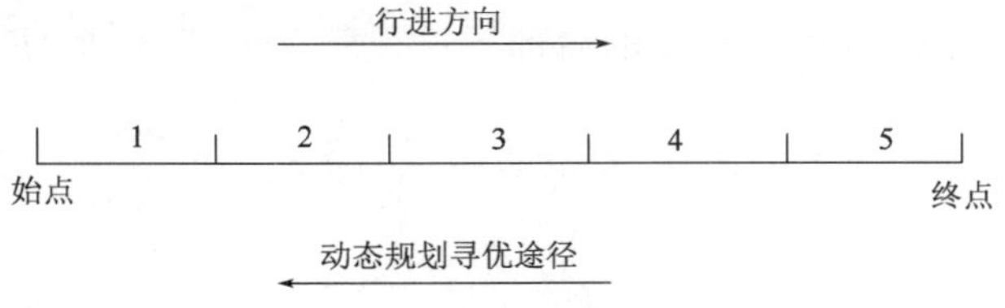

图 5-3　寻找最短路线方法示意图

下面按照动态规划的方法,将【例 5-2】从最后一段开始计算,由后向前逐步推移至 A 点。

当 $k = 5$ 时,出发点 E_1到终点 F 只有一条路线,故$f_5(E_1) = 1$。同理,$f_5(E_2) = 2$。

当 $k=4$ 时，出发点有 D_1、D_2、D_3。若从 D_1 出发，则有两个选择即至 E_1、至 E_2，则

$$f_4(D_1)=\min\begin{Bmatrix}d_4(D_1,E_1)+f_5(E_1)\\d_4(D_1,E_2)+f_5(E_2)\end{Bmatrix}=\min\begin{Bmatrix}4+1\\2+2\end{Bmatrix}=4$$

其相应的决策为 $u_s(D_1)=E_2$。

这说明，由 D_1 至终点 F 的最短距离为 4，其最短路线是 $D_1\to E_2\to F$。

同理，从 E_2 和 E_3 出发，则有

$$f_4(D_2)=\min\begin{Bmatrix}d_4(D_2,E_1)+f_5(E_1)\\d_4(D_2,E_2)+f_5(E_2)\end{Bmatrix}=\min\begin{Bmatrix}6+1\\9+2\end{Bmatrix}=7$$

其相应的决策为 $u_s(D_2)=E_1$。

$$f_4(D_3)=\min\begin{Bmatrix}d_4(D_3,E_1)+f_5(E_1)\\d_4(D_3,E_2)+f_5(E_2)\end{Bmatrix}=\min\begin{Bmatrix}7+1\\5+2\end{Bmatrix}=7$$

且 $u_s(D_3)=E_2$。

类似地，可得

当 $k=3$ 时，有

$$f_3(C_1)=5,u_3(C_1)=D_1$$
$$f_3(C_2)=11,u_3(C_2)=D_2$$
$$f_3(C_3)=8,u_3(C_3)=D_1$$

当 $k=2$ 时，有

$$f_2(B_1)=14,u_2(B_1)=C_1$$
$$f_2(B_2)=9,u_2(B_2)=C_1$$
$$f_2(B_3)=12,u_2(B_1)=C_2$$

当 $k=1$ 时，出发点只有一个 A 点，则

$$f_1(A)=\min\begin{Bmatrix}d_1(A,B_1)+f_2(B_1)\\d_1(A,B_2)+f_2(B_2)\\d_1(A,B_3)+f_2(B_3)\end{Bmatrix}=\min\begin{Bmatrix}3+14\\5+9\\4+12\end{Bmatrix}=14$$

且 $u_1(A)=B_2$，得到从起点 A 到终点 F 的最短距离为 14。

为了找出最短路线，按计算的顺序反推，可求出最优决策函数序列 $\{u_k\}$，即由 $u_1(A)=B_2$，$u_2(B_2)=C_1$，$u_3(C_1)=D_1$，$u_4(D_1)=E_2$，$u_5(E_2)=F$ 组成一个最优策略。因而，相应的最短路线为 $A\to B_2\to C_1\to D_1\to E_2\to F$。

现把动态规划方法的基本思想归纳如下：

（1）动态规划方法的关键在于正确写出基本的递推关系式和恰当的边界条件（简言之，就是基本方程）。要做到这一点，必须先将问题的过程分成几个相互联系的阶段，恰当地选取状态变量和决策变量及定义最优值函数，从而把一个大问题转化成一组同类型的子问题，然后逐个求解，即从边界条件开始，逐段递推寻优，在每一个子问题的求解中均利用它前面的子问题的最优化结果，依次进行，最后一个子问题所得的最优解就是整个问题的最优解。

（2）在多阶段决策过程中，动态规划方法是既把当前一段和未来各段分开，又把当前效益和未来效益结合起来考虑的一种最优化方法。因此，每段决策的选取是从全局来考虑的，与该段的最优选择答案一般是不同的。

（3）在求整个问题的最优策略时，由于初始状态是已知的，而每段的决策都是该段状态的

函数,最优策略所经过的各段状态便可逐次变换得到,从而确定最优路线。

上述最短路线问题的计算过程也可借助图形直观简明地表示出来,如图 5-4 所示。

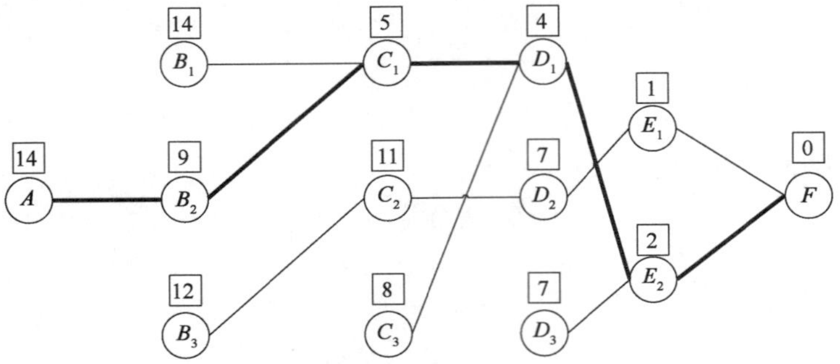

图 5-4　逆序标号法

在图 5-4 中,每个节点上方的方格内的数表示该点到终点 F 的最短距离。用直线连接的,表示其是该点到终点 F 的最短路线。未用直线连接的,说明它不是该点到终点 F 的最短路线,故这些支路均被舍去了。图中粗线表示由始点 A 到终点 F 的最短路线。

这种在图上直接作业的方法叫作标号法。如果规定从 A 点到 F 点为顺行方向,则由 F 点到 A 点为逆行方向, 那么图 5-4 是由 F 点开始从后向前标的。这种以 A 为始端,以 F 为终端,从 F 到 A 的解法称为逆序解法。

由于线路网络的两端都是固定的,且线路上的数字表示两点间的距离, 则从 A 点计算到 F 点和从 F 点计算到 A 点的最短路线是相同的。因而, 标号也可以由 A 开始, 从前向后标。只是那时是视 F 为起点,A 为终点,按动态规划方法处理, 如图 5-5 所示。

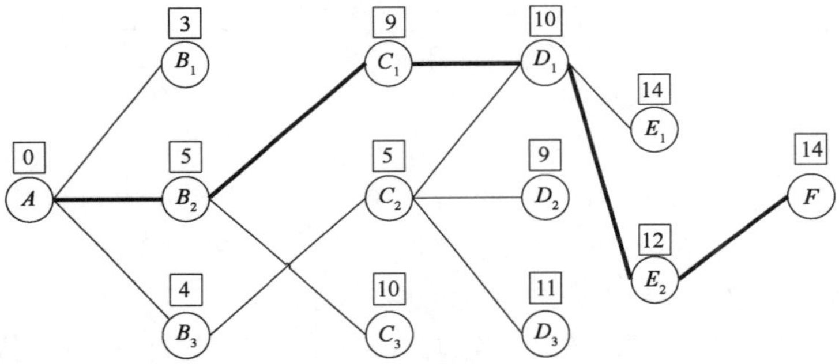

图 5-5　顺序标号法

图 5-5 中,每个节点上方方格内的数表示该点到 A 点的最短距离, 用直线连接的,表示其是该点到起点 A 的最短路线, 粗线表示 A 到 F 的最短路线。

这种以 F 为始端,以 A 为终端,从 A 到 F 的解法称为顺序解法。

由此可见,顺序解法和逆序解法只表示行进方向的不同或对始端、终端看法的颠倒。但用动态规划方法求最优解时, 都是在行进方向规定后,均要逆着这个规定的行进方向,从最后一段向前逆推计算,逐段找出最优途径。

在明确了动态规划的基本概念和基本思想之后,给一个实际问题建立动态规划模型时,必须做到下面五点:

(1)将问题的过程划分成恰当的阶段。

(2)正确选择状态变量 s_k,使它既能描述过程的演变,又满足无后效性。

(3)确定决策变量 u_k 及每阶段的允许决策集合 $D_k(s_k)$。

(4)正确写出状态转移方程。

(5)正确写出指标函数 $V_{k,n}$ 的关系,它应满足下面三个性质:

①是定义在全过程和所有后部子过程上的数量函数。

②具有可分离性,并满足递推关系,即

$$V_{k,n}(s_k,k_k,\cdots,s_{n+1})=\Psi_k[s_k,u_k,V_{k+1},n(s_{k+1},u_{k+1},\cdots,s_{n+1})]$$

③函数 $\Psi_k(s_k,u_k,V_{k+1},n)$ 对于变量 $V_{k+1,n}$ 要严格单调。

以上五点是构造动态规划模型的基础,是正确写出动态规划基本方程的基本要素。

2. 动态规划最优性定理

20 世纪 50 年代,贝尔曼等根据一类多阶段决策问题的研究,提出了最优性定理作为动态规划的理论基础。

动态规划的最优性定理:“作为整个过程的最优策略具有这样的性质:无论过去的状态和决策如何,对前面的决策所形成的状态而言,余下的诸决策必须构成最优策略。”简言之,一个最优策略的子策略总是最优的。但是,随着深入地研究动态规划,人们逐渐认识到:对于不同类型的问题所建立的严格定义的动态规划模型,必须对相应的最优性定理进行必要的论证。也就是说,最优性定理不是对任何决策过程都普遍成立的;而且最优性定理与动态规划基本方程并不是无条件等价的,两者之间也不存在确定的蕴含关系。可见,动态规划的基本方程在动态规划的理论和方法中起着非常重要的作用。反映动态规划基本方程的是最优性定理,它是策略最优性的充分必要条件,而最优性定理仅仅是策略最优性的必要条件,它是最优性定理的推论。在求解最优策略时,更需要的是其充分条件。所以,动态规划的基本方程或者说最优性定理才是动态规划的理论基础。

定理 5-1(动态规划的最优性定理) 设阶段数为 n 的多阶段决策过程,其阶段编号为 $k=0,1,\cdots,n-1$,允许策略 $p_{0,n-1}^*=(u_0^*,u_1^*,\cdots,u_{n-1}^*)$ 为最优策略的充要条件是对任意一个 $k(0<k<n-1)$ 和 $s_0\in S_0$,有 $V_{0,n-1}(s_0,p_{0,n-1}^*)=\underset{p_{0,k-1}\in p_{0,k-1}(s_0)}{\mathrm{opt}}\{V_{0,k-1}(s_0,p_{0,k-1})+\underset{p_{k,n-1}\in p_{k,n-1}(\tilde{s}_k)}{\mathrm{opt}}V_{k,n-1}(\tilde{s}_k,p_{k,n-1})\}$。其中,$p_{0,n-1}=(p_{0,k-1},p_{k,n-1})$,$\tilde{s}_k=T_{k-1}(s_{k-1},u_{k-1})$,它是由给定的初始状态 s_0 子策略 $p_{0,k-1}$ 所确定的 k 段状态。当 V 是效益函数时,opt 取 max;当 V 是损失函数时,opt 取 min。

推论 若允许策略 $p_{0,n-1}^*$ 是最优策略,则对任意 $k(0<k<n-1)$,它的子策略 $p_{k,n-1}^*$ 对于以 $s_k^*=T_{k-1}(s_{k-1}^*,u_{k-1}^*)$ 为起点的 k 到 $n-1$ 子过程来说,必是最优策略。(注意:k 阶段状态 s_k^* 是由 s_0 和 $p_{0,k-1}^*$ 所确定的)

此推论就是前面提到的动态规划的最优性定理,它仅仅是最优策略的必要性。

从最优性定理可以看到:若一个决策问题有最优策略,则该问题的最优值函数一定可用动态规划的基本方程来表示,反之亦然。该定理为人们用动态规划方法去处理决策问题提供了理论依据,指明了方法;也帮助人们能够充分分析决策问题的结构,使它满足动态规划的条件,正确地写出动态规划的基本方程。

3. 动态规划与静态规划的关系

动态规划、线性规划和非线性规划都属于数学规划的范畴,所研究的对象本质上都是求极值的问题,都是利用迭代法去逐步求解的。不过,线性规划和非线性规划所研究的问题通常是与时间无关的,故又称它们为静态规划。线性规划迭代中的每一步是对问题的整体加以改善的;而动态规划所研究的问题是与时间有关的,它是研究具有多阶段决策过程的一类问题,将问题的整体按时间或空间的特征分成若干个前后衔接的时间阶段,把多阶段决策问题表示为前后有关联的一系列单阶段决策问题,然后逐个加以解决,从而求出整个问题的最优决策序列。

因此,对于某些静态问题也可以人为地引入时间因素,把它看作按阶段进行的一个动态规划问题,这就使得动态规划成为求解某些线性规划问题、非线性规划问题的有效方法。

动态规划方法有逆序解法和顺序解法之分,其关键在于正确写出动态规划的递推关系式,故递推方式有逆推和顺推两种形式。一般来说,当初始状态给定时,用逆推比较方便;当终止状态给定时,用顺推比较方便。考查图5-6所示的 n 阶段决策过程。

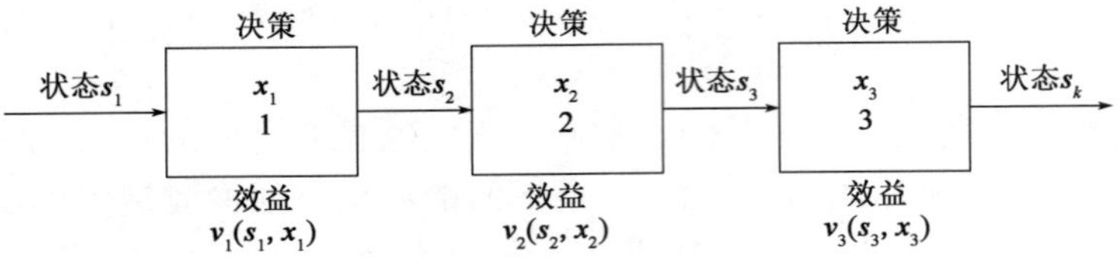

图5-6 n 阶段决策过程

取状态变量为 $s_1, s_2, \cdots, s_{n+1}$,决策变量为 $x_1, x_2, \cdots, x_n$。在第 k 阶段,决策 x_k 使状态 s_k(输入)转化为状态 s_{k+1}(输出),设状态转移函数为 $s_{k+1}=T_k(s_k, x_k)(k=1,2,\cdots,n)$。

假定过程的总效益(指标函数)与各阶段效益(阶段指标函数)的关系为

$$V_{1,n}=v_1(s_1, x_1) * v_2(s_2, x_2) * \cdots * v_n(s_n, x_n)$$

其中,记号“ * ”可都表示为“ + ”或者都表示为“ × ”。问题为使 $V_{1,n}$ 达到最优,即求 $\mathrm{opt}V_{1,n}$。

三、动态规划问题的基本求解方法

1. 动态规划问题的逆推求解方法

设已知初始状态为 s_1,并假定最优值函数 $f_k(s_k)$ 表示第 k 阶段的初始状态 s_k,从 k 阶段到 n 阶段所得到的最大效益。

从第 n 阶段开始,则有

$$f_n(s_n)=\max_{x_n \in D_n(s_n)} v_n(s_n, x_n)$$

其中,$D_n(s_n)$ 是由状态 s_n 所确定的第 n 阶段的允许决策集合。解此一维极值问题,就得到最优解 $x_n=x_n(s_n)$ 和最优值。需要注意的是,若 $D_n(s_n)$ 只有一个决策,则 $x_n \in D_n(s_n)$ 就应写成 $x_n=x_n(s_n)$。

在第 $n-1$ 阶段,有

$$f_{n-1}(s_{n-1})=\max_{x_{n-1} \in D_n(s_{n-1})} \{v_{n-1}(s_{n-1}, x_{n-1}) * f_n(s_n)\}$$

其中,$s_n=T_{n-1}(s_{n-1}, x_{n-1})$。解此一维极值问题,得到最优解 $x_{n-1}=x_{n-1}(s_{n-1})$ 和最优值 $f_{n-1}(s_{n-1})$。

在第 k 阶段,有

$$f_k(s_k)=\max_{x_k \in D_k(s_k)} \{v_k(s_k, x_k) * f_{k+1}(s_{k+1})\}$$

其中,$s_{k+1}=T_k(s_k, x_k)$。解得最优解 $x_k=x_k(s_k)$ 和最优值 $f_k(s_k)$。

依次类推,直到第一阶段,有

$$f_1(s_1) = \max_{x_1 \in D_1(s_1)} [v_1(s_1, x_1) * f_2(s_2)]$$

其中，$s_2 = T_1(s_1, x_1)$。解得最优解 $x_1 = x_1(s_1)$ 和最优值 $f_1(s_1)$。

由于初始状态 s_1 已知，$x_1 = x_1(s_1)$ 和 $f_1(s_1)$ 是确定的，从 $s_2 = T_1(s_1, x_1)$ 就可以确定，于是 $x_2 = x_2(s_2)$ 和 $f_2(s_2)$ 也就可以确定了。按照上述递推过程相反的顺序推算下去，就可逐步确定每阶段的决策及效益。

【例 5-5】 用逆推解法求解下面问题。

$$\max z = x_1 x_2^2 x_3$$

$$\text{s. t.} \begin{cases} x_1 + x_2 + x_3 = c & (c > 0) \\ x_i \geqslant 0 & (i = 1, 2, 3) \end{cases}$$

解：按问题的变量个数划分阶段，把它看作一个三阶段决策问题。设状态变量为 s_1、s_2、s_3、s_4 并记 $s_1 = c$，取问题中的变量 x_1、x_2、x_3 为决策变量，各阶段指标函数按乘积方式结合。令最优值函数 $f_k(s_k)$ 表示第 k 阶段的初始状态 s_k，从 k 阶段到 3 阶段所得到的最大值见表 5-1。

从 k 阶段到 3 阶段所得到的最大值 表 5-1

设	$s_3 = x_3$	$s_3 + x_2 = s_2$	$s_2 + x_1 = s_1 = c$
则有	$x_3 = s_3$	$0 \leqslant x_1 \leqslant s_2$	$0 \leqslant x_1 \leqslant s_1 = c$

于是用逆推解法，从后向前依次有

$$f_3(s_3) = \max_{x_2 = s_2}(x_3) = s_3, \text{最优解 } x_3^* = s_3$$

$$f_2(s_2) = \max_{0 \leqslant x_2 \leqslant s_2} \{x_2^2 \times f_3(s_3)\} = \max_{0 \leqslant x_2 \leqslant s_2} \{x_2^2 (s_2 - x_2)\} = \max_{0 \leqslant x_2 \leqslant s_2} h_2(x_2, x_2)$$

由 $\dfrac{dh_2}{dx_2} = 2x_2 s_2 - 3x_2^2 = 0$ 得 $x_2 = \dfrac{2}{3}s_2$ 和 $x_2 = 0$（舍去）。

又 $\dfrac{d^2 h_2}{dx_2^2} = 2s_2 - 6x_2 = 0$，而 $\left.\dfrac{d^2 h_2}{dx_2^2}\right|_{x_2 = \frac{2}{3}s_2} = -s_2$，故 $x_2 = \dfrac{2}{3}s_2$ 为极大值点。

所以 $f_2(s_2) = \dfrac{4}{27}s_2^3$，最优解 $x_2^* = 23s_2$。

$$f_1(s_1) = \max_{0 \leqslant x_1 \leqslant s_1} \{x_1 \times f_2(s_2)\} = \max_{0 \leqslant x_1 \leqslant s_1} \left\{x_1 \times \frac{4}{27}(s_1 - x_1)^3\right\}$$
$$= \max_{0 \leqslant x_1 \leqslant s_1} h_1(s_1, x_2)$$

利用微分法易知 $x_1^* = \dfrac{1}{4}s_1$，故

$$f_1(s_1) = \frac{1}{64}s_1^4$$

已知 $s_1 = c$，按计算的顺序反向推算，可得各阶段的最优决策和最优值，即

$$x_1^* = \frac{1}{4}c, f_1(c_1) = \frac{1}{64}c^4$$

因为

$$s_2 = s_1 - x_1^* = c - \frac{3}{4}c$$

所以

$$x_2^* = \frac{2}{3}s_2 = \frac{1}{2}c, f_1(s_1) = \frac{1}{16}c^3$$

因为

$$s_3 = s_2 - x_2^* = \frac{3}{4}c - \frac{1}{2}c = \frac{1}{4}c$$

所以

$$x_3^* = \frac{1}{4}c, f_3(s_3) = \frac{1}{4}c$$

因此,得到最优解为

$$x_1^* = \frac{1}{4}c_1, x_2^* = \frac{1}{2}c, x_3^* = \frac{1}{4}c$$

最大值为

$$\max z = f_1(c) = \frac{1}{64}c^4$$

2. 动态规划问题的顺推求解方法

设已知终止状态 s_{n+1},第 k 阶段末的结束状态为 s,并假定最优值函数 $f_k(s)$ 表示从 1 阶段到 k 阶段所得到的最大收益。

已知终止状态 s_{k+1} 用顺推解法与已知初始状态用逆推解法在本质上没有区别,它相当于把实际的起点视为终点,把实际的终点视为起点,而按逆推解法进行。换言之,只要把图 5-6 的箭头倒转过来即可,把输出 s_{k+1} 看作输入,把输入 s_k 看作输出,这样便得到顺推解法。但应注意,这里是在上述状态变量和决策变量的记法不变的情况下考虑的。因而这时的状态变换是上面状态变换的逆变换,记为 $s_k = T_k^*(s_{k+1}, x_k)$。从运算上讲,即由 s_{k+1} 和 x_k 去确定 s_k。

从第一阶段开始,有

$$f_1(s_1) = \max_{x_1 \in D_1(s_1)} v_1(s_1, x_1)$$

其中,$s_1 = T_1^*(s_2, x_1)$,解得最优解 $x_1 = x_1(s_2)$ 和最优值 $f_1(s_2)$。若 $D_1(s_1)$ 只有一个决策,则 $x_1 \in D_1(s_1)$ 就写成 $x_1 = x_1(x_2)$。

在第二阶段,有

$$f_2(s_3) = \max_{x_3 \in D_2(s_2)} \{v_2(s_2, x_1) * f_1(s_2)\}$$

其中,$s_2 = T_2^*(s_3, x_2)$,解得最优解 $x_2 = x_2(s_3)$ 和最优值 $f_2(x_3)$。

以此类推,直到第 n 阶段,有

$$f_n(s_{n+1}) = \max_{x_n \in D_n(s_n)} \{v_n(s_n, x_n) * f_{n-1}(s_n)\}$$

其中,$s_n = T_n^*(s_{n+1}, x_n)$,解得最优解 $x_n = x_n(s_{n+1})$ 和最优值 $f_n(s_{n+1})$。

由于终止状态 s_{n+1} 是已知的,$x_n = x_n(s_{n+1})$ 和 $f_n(s_{n+1})$ 是确定的。再按计算过程的相反顺序推算回去,就可逐步确定每个阶段的决策及效益。

应指出的是,若将状态变量的记法改为 $s_0, s_1, \cdots, s_n$,决策变量记法不变,则按顺序解法,此时的最优值函数为 $f_k(s_k)$。因而,这个符号与逆推解法的符号一样,但含义不同,这里的 s_k 表示 k 阶段末的结束状态。

【例 5-6】 将【例 5-5】用顺推解法求解。

解:设 $s_1 = c$,第 k 阶段末的结束状态为 s_{k+1},令最优值函数 $f_k(s_{k+1})$ 表示从 1 阶段到 k 阶段的最大值。

设

$$s_2 = x_1, s_2 + x_2 = s_3, s_3 + s_3 = s_4 = c$$

则有

$$x_1 = s_2, 0 \leqslant x_2 \leqslant s_3, 0 \leqslant x_3 \leqslant s_4$$

于是用顺推解法, 从前向后依次有

$$f_1(s_2) = \max_{x_1 = s_2}(s_1) = x_2, \text{最优解 } x_1^* = s_2$$

$$f_2(s_3) = \max_{0 \leqslant x_2 \leqslant s_3}\{x_2^2 \times f_1(s_2)\} = \max_{0 \leqslant x_2 \leqslant s_3}\{x_2^2(s_3 - x_2)\} = \frac{4}{27}x_3^3, \text{最优解 } x_2^* = \frac{2}{3}s_3$$

$$f_3(s_4) = \max_{0 \leqslant x_2 \leqslant s_1}\{x_3 \times f_1(s_2)\} = \max_{0 \leqslant x_3 \leqslant s_4}\left\{x_3 \times \frac{4}{27}(s_4 - x_3)^3\right\} = \frac{1}{64}S_4^4, \text{最优解 } x_3^* = \frac{1}{4}s_3$$

由于已知 $s_4 = c$,易得到最优解为 $x_1^* = \frac{1}{4}c, x_2^* = \frac{1}{2}c, x_3^* = \frac{1}{4}c$,相应地最大值为

$$\max z = \frac{1}{64}c^4$$

注意:若记状态变量为 s_0、s_1、s_2、s_3,取 $s_0 = c$,决策变量记法不变,第 k 阶段末的结束状态为 s_k,令最优值函数 $f_k(s_k)$ 表示从 1 阶段到 k 阶段的最大值, 则按顺推解法,从前向后依次为

$$f_1(s_1) = \max_{x_1 = c - s_1}(x_1)$$

$$f_2(s_2) = \max_{0 \leqslant x_2 \leqslant c - s_2}\{x_2^2 f_1(s_1)\}$$

$$f_3(s_3) = \max_{0 \leqslant x \leqslant c - s_3}\{x_3 f_2(s_2)\}$$

【例 5-7】 用动态规划方法解下面的问题。

$$\max F = 4x_1^2 - x_2^2 + 2x_3^2 + 12$$

$$\text{s.t.}\begin{cases} 3x_1 + 2x_2 + x_3 \leqslant 9 \\ x_i \geqslant 0 \quad (i = 1, 2, 3) \end{cases}$$

解:按问题中变量的个数,过程分为三个阶段,设状态变量为 s_0、s_1、s_2、s_3,并记 $s_3 \leqslant 9$。设 x_1、x_2、x_3 为各阶段的决策变量,各阶段指标函数按加法方式结合,第 k 阶段的结束状态为 s_k,令最优值函数 $f_k(s_k)$ 表示从 1 阶段至 k 阶段的最大值。

设

$$3x_1 = s_1, s_1 + 2x_2 = s_2, s_2 + x_3 = s_3 \leqslant 9$$

则有

$$x_1 = \frac{s_1}{3}, 0 \leqslant x_2 \leqslant \frac{s_2}{2}, 0 \leqslant x_3 \leqslant s_3$$

于是用顺推方法, 从前向后依次有

$$f_1(s_1)=\max_{x_1=x_1/3}\{4x_1^2\}=\frac{4}{9}s_1^2\text{，最优解 }x_1^*=\frac{s_1}{3}$$

$$f_2(s_2)=\max_{0\leqslant x_2\leqslant\frac{s_2}{2}}\{-x_2^2+f_1(s_1)\}=\max_{0\leqslant x_2\leqslant\frac{s_2}{2}}\{-x_2^2+\frac{4}{9}(s_2-2x_2)^2\}=\max_{0\leqslant x_2\leqslant\frac{s_2}{2}}h_2(s_2,x_2)$$

由

$$\frac{\mathrm{d}h_2}{\mathrm{d}x_2}=\frac{14}{9}x_2-\frac{16}{9}s_2=0$$

解得

$$x_2=\frac{8}{7}s_2$$

因该点不在允许决策集合内,无须判别。因而 $h_2(s_2,x_2)$ 的最大值必在两个端点上选取。

而
$$h_2(0)=\frac{4}{9}s_2^2,h_2[s_2^2]=\frac{-s_2^2}{4}$$

所以 $h_2(s_2,x_2)$ 的最大值点在 $x_2=0$ 处取得,故得到 $f_2(s_2)=\frac{4}{9}s_2^2$,相应的最优解为 $x_4^*=0$。

$$f_3(s_3)=\max_{0\leqslant x_3\leqslant s_3}\{2x_3^2+12+f_2(s_2)\}=\max_{0\leqslant x_3\leqslant s_3}\{2x_3^2+12+\frac{4}{9}(s_3-x_3)^2\}=\max_{0\leqslant x_3\leqslant s_3}h_3(s_3,x_3)$$

由

$$\frac{\mathrm{d}h_3}{\mathrm{d}x_3}=\frac{44}{9}x_3-\frac{8}{9}s_3=0$$

解得

$$x_3=\frac{2}{11}s_3$$

又 $\frac{\mathrm{d}^2h_3}{\mathrm{d}x_3^2}=\frac{44}{9}>0$,故该点为极小值点。

而

$$h_3(0)=\frac{4}{9}s_3^2+12,h_3(s_3)=2s_3^2+12$$

故 $h_3(s_2,x_3)$ 的最大值点在 $x_3=s_3$ 处取得,所以得 $f_3(x_3)=2s_3^2+12$,相应的最优解为 $x_3^*=s_3$。由于 s_3 不知道,须再对 s_3 求一次极值, 即

$$\max_{0\leqslant s_3\leqslant 9}f_3(s_3)=\max_{0\leqslant s_3\leqslant 9}\{2s_3^2+12\}$$

显然,当 $s_3=9$ 时,$f_3(s_3)$ 才能达到最大值。所以 $f_1(9)=2\times 9^2+12=174$ 为最大值。

再按计算的顺序反推算,可求得最优解为 $x_1^*=0,x_2^*=0,x_3=9$,最大值为 $\max F=f_1(9)=174$。

注意:(1)若先作代换,令 $y_1=3x_1,y_2=2x_2,y_3=x_3$,将原问题变为

$$\max F=\frac{4}{9}y_1^2-\frac{1}{4}y_2+2y_3^2+12$$

$$\text{s. t.}\begin{cases}y_1+y_2+y_3\leqslant 9\\ y_i\geqslant 0\qquad(i=1,2,3)\end{cases}$$

再解此问题,然后换回 x_i 也可以。

(2)在计算 h_2 和 h_3 的最大值时,若学习了凸函数的性质,也可利用凸函数的性质来确定最大值。

四、动态规划的计算框图

在实际问题中，函数序列 $f_k(s_k)$ 往往不能表示为解析形式；状态变量 s_k 和决策变量 x_k 即使是离散的，其集合也很大。这样，求 $f_k(s_k)$ 和最优策略的数值解计算量就很大，一般要用计算机来解决。

下面讨论逆序解法的迭代计算程序。始端可能是自由状态或固定状态两种情况，终端也可能是自由状态或固定状态两种情况，因而组合起来就有四种情况。这里，仅讨论终端自由且始端自由或固定的两种情况，终端固定的情况框图类似。

为明确起见，假设决策变量 x_k 是连续实变数，允许决策集合 $D_k(s_k)$ 是实数集合；状态变量 s_k 也是连续实变数，各段可达状态集合 $\boldsymbol{S}_k$ 的实数闭区间是 $[\underline{s_k},\overline{s_k}]$，对于始端固定的状态变量，各段可达状态集合 $\boldsymbol{S}_k^1$ 的实数闭区间是 $[\underline{s_k^1},\overline{s_k^1}]$。在计算前，先要把 s_k 离散化。为此，要选好适当的增量 Δs。在第 k 阶段，计算将在点列 $\{\underline{s_k},\underline{s_k}+\Delta s,\cdots,\underline{s_k}+m_k\Delta s\}$ 上进行，其中 m_k 是满足 $\underline{s_k}+m_k\Delta s\leqslant\overline{s_k}\leqslant\underline{s_k}+(m_k+1)\Delta s$ 的正整数。

根据一般的逆序动态规划的基本方程

$$\begin{cases}f_{n+1}(s_{n+1})=0\\ f_k(s_k)=\underset{x_k\in D_k(s_k)}{\text{opt}}\{v_k(s_k,x_k)+f_{k+1}(s_{k+1})\}\end{cases}\qquad(k=n,\cdots,2,1)$$

其中，$s_{k+1}=T_k(s_k,s_k)$，且当 s_1 固定时，$s_k\in\boldsymbol{S}_k^1$；当 s_1 自由时，$s_k\in\boldsymbol{S}_k$。因而可得动态规划的逆序解法计算程序框图（图 5-7）。

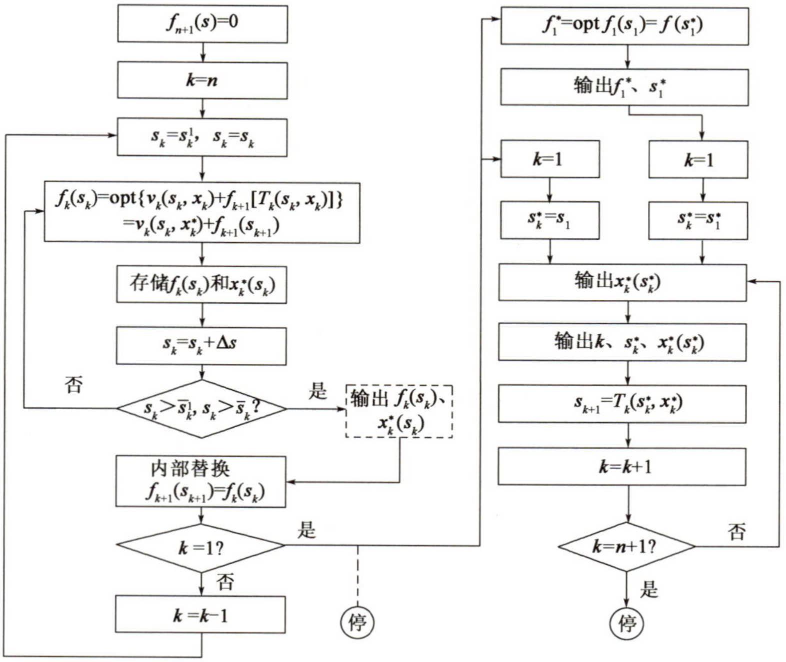

逆序求最优值$f_1(s_1)$　　　　顺序求x_k、s_k

a)　　　　b)

图 5-7　动态规划逆序解法计算程序框图

a）固定始端；b）自由始端

(1)图5-7中,左边部分是指标函数序列$\{f_k(s_k)\}$的递推计算,它是逆序的,即k由n逐步减少到1;右边部分是最优决策序列$\{x_k^*\}$的递推计算,它是顺序的,即由1逐步增大到n。

(2)若实际问题不仅要求整个过程的最优解,而且要求从各段出发的最优策略和最优值,则在程序中,对每一k段,计算完$f_k(s_k)$和$x_k^*(s_k)$后就可输出,如图中的虚线所示。如不需要输出s_k,可把右边部分框图取消。

(3)框图中包含固定始端和自由始端两种情况。它们的区别是:左边部分输入数据不同,右边部分在自由始端情况下,还需多求一次最优值计算。

(4)因$f_{k+1}(s_{k+1})$只在计算k段时有用,到$k-1$段就没用了,所以在计算k段时,$f_k(s_k)$都要存入内存,在计算$k-1$段时,可用$f_k(s_k)$把$f_{k+1}(s_{k+1})$替换掉。函数$x_k^*(s_k)$在左边部分计算出来后不要用,可送入外存。在右边部分求$\{x_k^*\}$需用时,再依k的序列将x_k由外存移入内存。

(5)在计算$f_k(s_k)$时,s_k在点列上取值,对于点$s_k=s_k+j\Delta s(0\leqslant j\leqslant m_k)$

$$点\widetilde{s_{k+1}}=T_k(s_k,x_k)\qquad(x_k\in D_k(s_k))$$

不一定在s_{k+1}的点列中,这时,必须选择适当的内插公式,由$f_{k+1}(s_{k+1})$在点列上的值求它在点$\widetilde{s_{k+1}}$上的值。

最后应指出的是,本节运用递推关系逐步求出极值函数$f_1(s),\cdots,f_n(s)$及相应的决策函数$x_1(s),\cdots,x_n(s)$,这是一种通过函数值不断迭代而逐步达到最优值的方法,通常称为函数空间迭代法。这种迭代方法不仅对【例5-2】那样的阶段数为确定有限值的定期多阶段决策过程有效,而且对于在实际问题中出现的动态规划基本方程不是递推方程而是某函数泛函方程,那种阶段数有限但不固定的不定期多阶段决策过程或阶段数为无限(或很大)的无期多阶段决策过程也是一种重要的求解方法。此外,还有对解上述两类问题比函数空间迭代法的收敛速度要快些的策略空间迭代法。函数空间迭代法和策略空间迭代法都是动态规划求解不定期或无期的多阶段决策过程问题的两种重要方法。

第四节　特殊类型规划在道路交通工程中的应用

实例5-1　动态需求下的生产调度问题

设某工厂生产几种产品,需要运输提供m种原料。第j种产品对第i种原料的单位需要量为a_{ij}。第i种原料的拥有量为b_i,第j种产品的单位利润为c_j,若产品产量集合为$\boldsymbol{X}$,如何安排各产品的生产量$x_j(j=1,\cdots,n)$,可使在现有条件下利润最大?

容易列出这个问题的线性规划模型

$$\max f(\boldsymbol{X})=\sum_{j=1}^{n}c_jx_j$$

$$\text{s.t.}\begin{cases}\sum_{j=1}^{n}a_{ij}x_j\leqslant b_i & (i=1,\cdots,m)\\ x_j\geqslant 0 & (j=1,\cdots,n)\end{cases}$$

进一步研究后发现,上述模型中的系数a_{ij}是服从正态分布的随机变量,而单位利润系数c_j亦可能随市场价格波动而变化,此外原料拥有量b_i也可能因运输、保管等而发生短缺。故实际中上述系数均可视为随机变量，记为 $a_{ij}(w)$、$c_j(w)$、$b_i(w)$、$w\in\boldsymbol{\Omega}(i=1,\cdots,m;j=1,\cdots,r)$。为合理安排生产，显然希望知道在各种可能情况下 $\max f(\boldsymbol{X})$ 的值是什么，即希望知道 $\max f(\boldsymbol{X})$ 分布如何，或者希望知道 $\max f(\boldsymbol{X})$ 的数学期望是多少。这是随机规划问题，也就是说，对于每个样本 $w\in\boldsymbol{\Omega}$，求解一个线性规划问题

$$\max f(\boldsymbol{X})=\sum_{j=1}^{n}c_j(w)x_j$$

$$\text{s. t.}\begin{cases}\sum\limits_{j=1}^{n}a_{ij}(w)x_j=b_i(w) & (i=1,\cdots,m)\\ x_j\geqslant 0 & (j=1,\cdots,n)\end{cases}$$

然后求 $\max f(\boldsymbol{X})$ 的分布。一般地，所谓分布问题就是对于每个样本 $w\in\boldsymbol{\Omega}$，求解一个线性规划问题

$$\xi(w)=\min\{\boldsymbol{c}(w)\boldsymbol{X}\}$$

$$\text{s. t.}\begin{cases}\boldsymbol{A}(w)\boldsymbol{X}=\boldsymbol{b}(w)\\ \boldsymbol{X}\geqslant\boldsymbol{0}\end{cases}$$

并求 $\xi(w)$ 的分布函数或其他概率特征。

上述问题中，$\boldsymbol{A}(w)$ 为随机矩阵，$\boldsymbol{b}(w)$ 和 $\boldsymbol{c}(w)$ 分别随机向量。显然为使上述分布问题在数学上有意义，首先要求 $\xi(w)$ 是一个随机变量，即 $\xi(w)$ 是概率空间 $(\boldsymbol{\Omega},\overline{P},P)$ 上的波莱尔(Borel)可测函数。对此有如下定理：

定理 5-2 在上述分布问题中，最优目标函数值 $\xi(w)$ 是一个随机变量，并且适当选择后可以找到该问题的一个最优解 $\boldsymbol{X}^*(w)$ 为随机向量。

随着 w 的变化，问题最优目标函数值 $\xi(w)$ 可能有限，也可能为无穷大。如果 $\xi(w)$ 取 $+\infty$ 或 $-\infty$ 的概率大于 0，则 $\xi(w)$ 的数学期望及其他概率特征均不存在，从而该问题在许多情况下将无实际意义。因此，我们关注 $P(w:-\infty<\xi(w)<+\infty)=1$ 的情况，此时问题的最优值称为无缺陷的分布。

对于分布问题可以像对待普通线性规划问题那样按照参数规划的思路来讨论和求解，如单纯形法、灵敏度分析等。

实例 5-2 港口内陆运输网络优化问题

港口内陆运输网络优化问题可以归结为双层规划问题。上层规划可以描述为物流规划部门在满足运输总需求的条件下确定货物集散中心的数量和规模，使得总成本(固定成本和变动成本)最低；下层规划描述在多个货物集散中心和出口港口存在的条件下，物流服务企业的运输量在不同运输路线上的分配，使得物流服务企业的总运输成本最低。

双层规划的基本参数如下：

n——可以建设港口内陆集散中心的潜在地点数量；

α_j——第 j 地建港口内陆集散中心的最大允许容量；

f_j^1——第 j 地建内陆集散中心的固定成本费用；

$f_j(a_j)$——第 j 地建内陆集散中心的变动成本费用；

c_{ij}——生产地 i 到内陆集散中心 j 的单位运输费用；

g_{ij}——内陆集散中心 j 到出口港 k 的单位运输费用；

p_i——生产地 i 的生产量;

q_k——出口港 k 的容量;

d——总运输需求量。

双层规划的决策变量如下:

y_j——$y_j = 1$ 表示在第 j 地建内陆集散中心,$y_j = 0$ 表示在第 j 地不建内陆集散中心;

a_j——在第 j 地建内陆集散中心的容量;

x_{ij}——货物从生产地 i 到集散中心 j 的运输量;

z_{jk}——货物从集散中心 j 到出口港 k 的运输量。

对于上层规划来说,数学模型为

$$\min S = \sum_{f=1}^{n}[f_f^1 y_f + f_f(a_j)a_j]$$

$$(\text{P}) \quad \text{s. t.} \begin{cases} \sum_{j=1}^{n} a_j y_f \geqslant d \\ y_f = 0,1 \qquad (0 \leqslant a_j \leqslant \alpha_j) \end{cases}$$

当上层规划达到最优时,即确定了各港口内陆集散中心的容量,则下层规划根据上层规划确定的各集散中心的容量寻求最优的运输方案。这里包含两个运输问题:一个是从生产地运到内陆集散中心,另一个是从内陆集散中心运往出口港。

从生产地到内陆集散中心的运输问题模型,即下层规划的第一个模型为

$$\min S_1 = \sum_{f=1}^{m}\sum_{f=1}^{n} c_{ij} x_{ij}$$

$$(\text{L1}) \quad \text{s. t.} \begin{cases} \sum_{j=1}^{n} z_{ij} \leqslant a_j & (j = 1, \cdots, n) \\ \sum_{j=1}^{n} x_{ij} \leqslant p_i & (i = 1, \cdots, m) \\ \sum_{i=1}^{m}\sum_{j=1}^{n} x_{ij} \geqslant d \\ x_{ij} \geqslant 0 \end{cases}$$

其中,a_j 由上层规划决策确定。

从内陆集散中心到出口港的运输问题模型,即下层规划的第二个模型为

$$\min S_2 = \sum_{k=1}^{t}\sum_{j=1}^{n} g_{jk} z_{jk}$$

$$(\text{L2}) \quad \text{s. t.} \begin{cases} \sum_{k=1}^{t} z_{jk} \leqslant a_j & (j = 1, \cdots, n) \\ \sum_{j=1}^{n} x_{ij} \leqslant p_i & (i = 1, \cdots, m) \\ \sum_{k=1}^{t}\sum_{j=1}^{n} x_{ij} \geqslant d \\ z_{ij} \geqslant 0 & (i = 1, \cdots, l; j = 1, \cdots, n) \end{cases}$$

因而整个问题形成一个双层规划问题，即如下数学规划问题：

$$\min S=\sum_{f=1}^{n}[f_f^1 y_f+f_f(a_j)a_j]+S_1(\boldsymbol{a})+S_2(\boldsymbol{a})$$

$$(\text{BP})\quad \text{s.t.}\begin{cases}\sum_{j=1}^{n}a_j y_f \geqslant d\\ y_f=0,1 \qquad (0\leqslant a_j\leqslant \alpha_j)\end{cases}$$

其中，$S_1(\boldsymbol{a})$、$S_2(\boldsymbol{a})$由下述规划确定：

$$\min S_1=\sum_{f=1}^{m}\sum_{f=1}^{n}c_{ij}x_{ij}$$

$$(\text{L1})\quad \text{s.t.}\begin{cases}\sum_{j=1}^{n}z_{ij}\leqslant a_j & (j=1,\cdots,n)\\ \sum_{j=1}^{n}x_{ij}\leqslant p_i & (i=1,\cdots,m)\\ \sum_{i=1}^{m}\sum_{j=1}^{n}x_{ij}\geqslant d & \\ x_{ij}\geqslant 0 & (i=1,\cdots,m;j=1,\cdots,n)\end{cases}$$

$$\min S_2=\sum_{k=1}^{t}\sum_{j=1}^{n}g_{jk}z_{jk}$$

$$(\text{L2})\quad \text{s.t.}\begin{cases}\sum_{k=1}^{t}z_{jk}\leqslant a_j & (j=1,\cdots,n)\\ \sum_{j=1}^{n}x_{ij}\leqslant p_i & (i=1,\cdots,m)\\ \sum_{k=1}^{t}\sum_{j=1}^{n}x_{ij}\geqslant d & \\ z_{ij}\geqslant 0 & (i=1,\cdots,l;j=1,\cdots,n)\end{cases}$$

其中，$\boldsymbol{a}=(a_1\ a_2\cdots a_n)^{\mathrm{T}}$。

实例 5-3　0-1 背包问题

0-1 背包问题的数学模型如下：假设有 n 个物件，其质量用 w_i 表示，价值为 $p_i(i=1,2,\cdots,n)$，背包的最大容纳质量为 c。当物件 i 被选入背包时，定义变量 $x_i=1$，否则 $x_i=0$。现在考虑 n 个物件的选择与否，即背包内 n 个物件的总质量为 $\sum_{i=1}^{n}w_i x_i$，物件的总价值为 $\sum_{i=1}^{n}p_i x_i$，确定使背包内物件总价值为最大的变量 $x_i=1,2,\cdots,n$ 的值（确定一个物件组合）。其数学模型表示如下：

$$\max\sum_{i=1}^{n}p_i x_i$$

$$\text{s.t.}\ \sum_{i=1}^{n}w_i x_i\leqslant 0$$

其中，x_i 取 0 或 1（$i=1,2,\cdots,n$），c 为正值。

动态规划算法是先把问题分成多个子问题（一般每个子问题是互相关联和影响的），再逐个研究问题的决策。决策就是某个阶段的状态确定后，从该状态演变到下一阶段状态的选择。当全体子问题都解决时，整体问题也随之解决了。

用动态规划方法求解 0-1 背包问题的过程如下:①将问题分解为若干个子问题(一般每个子问题是相互关联和影响的),再依次研究子问题的决策,也就是把整个问题的最优解与子问题的局部最优解用递推等式联系起来;②定义边界条件;③把边界条件代入递推公式,逐步求得最优解。

设 $F_k(y)$ 为背包只装前 k 种东西,总质量限制为 y 的情况下所具有的最大价值,即

$$F_k(y)=\max\sum_{i=1}^{n}p_ix_i \qquad (0\leqslant k\leqslant n)$$

$$\text{s. t. }\sum_{i=1}^{n}w_ix_i\leqslant y \qquad (0\leqslant y\leqslant b)$$

以上两个式子分别为背包问题子问题的目标函数和约束条件,不难看出其是满足优化原则的。使用动态规划法求解,所得递推公式和边界条件为

$$F(i,j)=\max\{F(i-1,j),F(i-1,j-w_i)+p_i\}$$

$$F(0,j)=0 \qquad (\text{对一切 } j,0\leqslant j\leqslant c)$$

$$F(i,0)=0 \qquad (\text{对一切 } i,0\leqslant i\leqslant n)$$

实例 5-4 资源分配问题

设有某种原料,总数量为 a,用于生产 n 种产品。若分配数量 x_i 用于生产第 i 种产品,其收益为 $g_i(x_i)$,应如何分配,才能使生产 n 产品的总收入最大?此问题可写成如下静态规划问题:

$$\max z=g_1(x_1)+g_2(x_2)+\cdots+g_n(x_n)$$

$$\text{s. t. }\begin{cases}x_1+x_2+\cdots+x_n=a\\ x_i\geqslant 0 \qquad (i=1,2,\cdots,n)\end{cases}$$

当 $g_i(x_i)$ 都是线性函数时,它是一个线性规划问题;当 $g_i(x_i)$ 是非线性函数时,它是一个非线性规划问题,具体求解是比较麻烦的。由于这类问题的特殊结构,可以将它看成一个多阶段决策问题,并利用动态规划的递推关系来求解。

设状态变量 s_k 表示分配用于生产第 k 种产品至第 n 种产品的原料数量。决策变量 u_k 表示分配给生产第 k 种产品的原料数,即 $u_k=x_k$。

状态转移方程为

$$s_{k+1}=s_k-u_k=s_k-x_k$$

允许决策集合为

$$D_k(s_k)=\{u_k\,|\,0\leqslant u_k=x_k\leqslant s_k\}$$

表示以数量为 s_k 的原料分配给第 k 种产品至第 n 种产品所得到的最大总收入,因而可写出动态规划的逆推关系式

$$\begin{cases}f_k(s_k)=\max\limits_{0\leqslant x_k\leqslant s_k}\{g_k(x_k)+f_{k+1}(s_k-x_k)\} \qquad (k=n-1,\cdots,1)\\ f_n(s_n)=\max\limits_{x_n=s_n}g_n(x_n)\end{cases}$$

利用这个递推关系式逐段计算,最后求得 $f_1(a)$ 即为所求的最大总收入。

通过以上例子可以看出,任何一个多阶段决策过程的最优化问题都可以用非线性规划(特殊的为线性规划)模型来描述。从原则上说,一般也可以用非线性规划方法来求解。但

是利用动态规划方法有以下优点：①易于确定全局最优解；②能得到一组解，有利于分析结果；③能利用经验，提高求解的效率。

当然，动态规划也存在一些缺点：①到目前为止，没有一个统一的标准模型可供应用，所以在面对问题时需要灵活的技巧性和创造性。②应用存在局限性。由于构造动态规划模型时，状态变量必须满足无后效性条件，该条件不仅依赖于状态转移规律，还依赖于允许决策集合和指标函数的结构，是一个相当强的条件。③在数值求解时，存在“维数障碍”。

虽然如此，动态规划还是可以用来解决很多实际问题。随着计算能力的不断提升，用动态规划基本思想去处理问题更加广泛。许多介绍算法的文献都提到用动态规划方法巧妙地解决了科学技术和实际生活中问题的例子，称这种算法是高效率的算法之一。

习　　题

5-1　由一个供货方和 n 个客户组成的物流配送网络，假设供货方的供应能力有限（某些客户可能得不到供应），可供应的货物总量为 A；拥有配送车辆数为 K，车辆 k 的载质量为 b_k。每个客户的需求量是随机的，但需求的分布函数 F_i 已知（假设 F_i 是严格增函数，并假设不同客户的需求相互独立，且服从相同分布），供货方初始库存为 β_i，$h+i$ 为单位货物的保管费，$h-i$ 为单位货物的缺货损失费。令 $q_i(w_i)$ 表示客户 i 在得到配送量 w_i 时的库存费用函数；y_{ik} 表示车辆 k 是否服务客户 i，是取 1，否取 0。

$y_{ik}(i=1,\cdots,n;k=0,\cdots,K)$ 的取值确定意味着确定了对所有客户的一个划分，如令 Y_k 表示车辆 k 服务的客户集合，其应满足 $Y_k=\{i: y_{ik}=1\}$。

请写出库存分配问题的随机规划模型。

5-2　交通信号控制优化是城市交通管理中的常见问题。实现交通信号控制优化，对减少交通堵塞和出行延误具有重要意义。请从双层规划问题的角度进行优化建模（仅提出合理假设和条件、需要调查的内容，无须求解模型）。

5-3　设某工厂自国外进口一台精密机器，由机器制造厂至出口港有三个港口（B_1、B_2、B_3）可供选择，而进口港也有三个选择（C_1、C_2、C_3），进口后可经由两个城市（D_1、D_2）到达目的地。其间的运输成本如图 5-8 所示，请采用动态规划方法确定成本最小的运输路线方案。

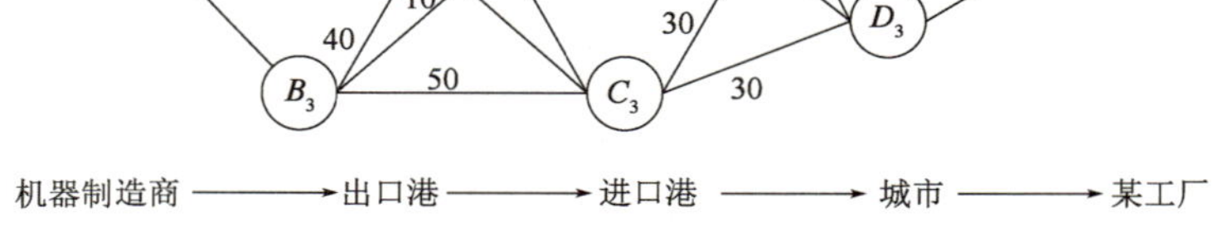

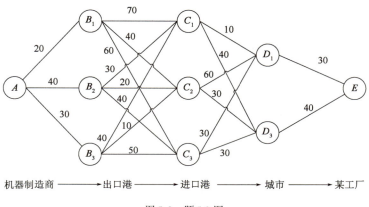

图 5-8　题 5-3 图

第六章　启发式算法及其应用

（本书第二到第五章所讨论的最优化问题在道路交通工程领域具有广泛的应用场景）常规的最优化问题又可分为函数优化问题和组合优化问题两大类。其中，函数优化问题的对象是一定区间内的连续变量，而组合优化问题的对象则是解空间中的离散变量。道路交通工程领域所涉及的部分问题通常可以转化为一类组合优化问题。对于较为复杂的组合优化问题，应用前面讨论的常规算法往往无法有效获取问题的最优解，或常规算法求解会耗费较大的计算成本。启发式算法是一类现代优化算法，这类算法涉及生物进化、人工智能、数学和物理科学、神经系统和统计力学等概念，是以一定的直观基础而构造的算法，其与计算复杂性理论具有密切的联系。本章讨论启发式算法及其相关应用。

第一节　概　　述

一、引言

在对道路交通工程实际问题进行建模时，所求解的问题通常为组合优化问题。典型的运输问题就是在交通工程、交通运输与物流工程中经常遇到的组合优化问题。这类问题可以描述为：把某一种物资从其某些供应地运往某些需求地，已知每种物资供应地的供应量、每种物资需求地的需求量以及从各物资供应地到各物资需求地的运输单价，要求制订总的运输费用最少的运输方案。给出以下实际例子：

【例 6-1】　现有三个道路工地 A、B、C，为修建路面基层，每月需要砂砾材料分别由甲、乙两个砂砾集料场来负责供应。由砂砾场到各道路工地的单位运价及运量见表 6-1。

由各砂砾集料场到各道路工地的单位运价及运量（单位：万元/万 m^3）　　表 6-1

集料场	道路工地			产量
	A	B	C	
甲	6	4	5	300
乙	6	5	5	200
销量	150	150	200	500

试求集料场每月将砂砾材料供应量分配完又使总的运费最少的供运方案。

【例 6-1】是一类简单的线性规划问题，其数学模型如下：

$$\min Z = 6x_{11} + 4x_{12} + 5x_{13} + 6x_{21} + 5x_{22} + 5x_{23}$$

$$\text{s.t.}\begin{cases}x_{11}+x_{12}+x_{13}=300\\x_{21}+x_{22}+x_{23}=200\\x_{11}+x_{21}=150\\x_{12}+x_{22}=150\\x_{13}+x_{23}=200\\x_{ij}\geqslant 0\qquad(i=1,2;j=1,2,3)\end{cases}$$

上述运输问题是一类产销平衡的运输问题,但实际工作中经常会遇到一些产销不平衡的运输问题,且在物流系统中,往往存在海量的产销源,或单位运价是运输环境中若干变量的非线性函数。由于计算机性能的限制,对于这类较为复杂的组合优化问题,应用前面章节讨论的常规优化算法,往往无法有效获取问题的最优解,或求解耗费较大的计算成本,主要表现为:①现实问题是具有随机、模糊或粗糙特性的不确定问题,通过计算机仅能解决部分结构、定义明确的问题;②现实问题结果可预测性差,且受环境扰动大,若无法完全对环境扰动因素进行建模,则通过计算机进行求解时会带来巨大的计算挑战;③现实多决策变量的优化问题带来的组合爆炸现象导致无法在有限的计算开销(时间、空间)内获得问题的最优解。

解决上述计算问题主要有三类方法:①设计更好的计算机结构,如量子计算机等,该领域已经取得突破性进展,但距离实用化和普及化还有距离。②改进现有电子计算机的性能,提高计算速度,但目前的提升速度仍然不能满足需求。③采用更加智能的现代优化方法是目前最易达到也是成本最小的应对途径。启发式算法就是这样一类现代优化算法。

本章所讨论的启发式算法涉及群体智能优化算法,源自研究人员对生物群体行为模式的观察、模拟群体之间的协作机制等,微观如染色体行为,宏观如蚁群、鸟群行为等。早在20世纪40年代,就有学者开始研究利用计算机进行生物模拟的技术。20世纪50年代中期创立的仿生学为研究者寻求模拟优化算法提供了灵感,分别独立地发展出了不同类型的适用于现实世界复杂问题优化的智能算法。1975年,霍兰德(Holland)提出的遗传算法(Genetic Algorithms,GA)是一类借鉴生物界的进化规律演化而来的随机化搜索方法,具有内在的隐并行性和更好的全局寻优能力,能够自动获取和指导优化的搜索空间,自适应地调整搜索方向,而不需要制定确定的规则。1992年,多里格(Dorigo)提出的蚁群算法(Ant Colony Optimization,ACO)是一种用于寻找优化路径的概率型算法,采用正反馈机制进行搜索过程的收敛,结合分布式计算对多个个体同时进行并行搜索,提升了算法的计算能力和运行效率,同时结合启发式的概率搜索,降低了陷入局部最优的可能性,易于寻找全局最优解。1995年,肯尼迪(Kennedy)和埃博哈特(Eberhart)提出的粒子群优化算法(Particle Swarm Optimization,PSO)源于对鸟群捕食行为的研究,在此基础上,利用群体中的个体对信息的共享使整个群体的运动在问题求解空间中产生从无序到有序的演化过程。与遗传算法类似,其从随机解出发,通过迭代寻找最优解,并同样采用了适应度来评价解的质量,但摒弃了较为烦琐的搜索操作,具有容易实现、精度高、收敛快等优点,属于高效求解的并行算法。

二、优化问题

1. 组合优化问题

组合优化是通过对数学方法的研究,寻找离散事件的最优排序、分类、筛选等,是运筹学的一个重要分支,所研究的问题涉及信息技术、经济管理、工业工程、交通运输、通信网络等领域。

组合优化问题通常可以描述为

$$\min f(\boldsymbol{x}) \tag{6-1}$$

$$\text{s.t.}\begin{cases} g(\boldsymbol{x}) \geqslant 0 & (6\text{-}2) \\ \boldsymbol{x} \in \boldsymbol{D} & (6\text{-}3) \end{cases}$$

其中,$f(\boldsymbol{x})$为目标函数,$g(\boldsymbol{x})$为约束函数,$\boldsymbol{x}$为决策变量,$\boldsymbol{D}$表示包含有限点的集合。一个组合优化问题可用三参数$(\boldsymbol{D},\boldsymbol{F},f)$表示。其中,$\boldsymbol{D}$表示决策变量的定义域;$\boldsymbol{F}$表示可行解区域$\boldsymbol{F}=\{\boldsymbol{x} \mid \boldsymbol{x} \in \boldsymbol{D}, g(\boldsymbol{x}) \geqslant 0\}$,$\boldsymbol{F}$中的任何一个元素称为该问题的可行解;$f$表示目标函数。满足$f(\boldsymbol{x}^*)=\min\{f(\boldsymbol{x}) \mid \boldsymbol{x} \in \boldsymbol{F}\}$的可行解$\boldsymbol{x}^*$称为该问题的最优解。组合优化问题的特点是可行解集合为有限点集。直观地讲,只要将$\boldsymbol{D}$中有限个点逐一判别是否满足$g(\boldsymbol{x})$的约束和比较目标值的大小,即可获得问题的最优解。

典型的组合优化问题有旅行商问题(Traveling Salesman Problem, TSP)、加工调度问题(Scheduling Problem,如Flow-Shop、Job-Shop)、0-1背包问题(Knapsack Problem)、装箱问题(Bin Packing Problem)、图着色问题(Graph Coloring Problem)、聚类问题(Clustering Problem)等。

(1)旅行商问题

旅行商问题可以表述为:给定n个城市和每两个城市i和j之间的距离d_{ij},要求确定一条仅经过各城市一次的最短路线。其图论描述为:给定图$G=(\boldsymbol{V},\boldsymbol{A})$,其中$\boldsymbol{V}$为顶点集,$\boldsymbol{A}$为各顶点相互连接组成的边集,已知各顶点间的连接距离,要求确定一条长度最短的哈密顿(Hamilton)回路,即遍历所有顶点仅一次的最短回路。

基于图论的TSP问题的数学模型可描述为

$$\min \sum_{i \neq j} d_{ij} x_{ij} \tag{6-4}$$

$$\text{s.t.}\begin{cases} \sum_{j=1}^{n} x_{ij} = 1 & (i=1,2,\cdots,n) & (6\text{-}5) \\ \sum_{i=1}^{n} x_{ij} = 1 & (j=1,2,\cdots,n) & (6\text{-}6) \\ \sum_{i,j \in s} x_{ij} \leqslant |\boldsymbol{s}|-1, 2 \leqslant |\boldsymbol{s}| \leqslant n-2 & (\boldsymbol{s} \subset \{1,2,\cdots,n\}) & (6\text{-}7) \\ x_{ij} \in \{0,1\} & (i,j=1,\cdots,n, i \neq j) & (6\text{-}8) \end{cases}$$

其中,式(6-8)中决策变量$x_{ij}=1$表示行驶路线包含从城市i到城市j的路径,$x_{ij}=0$表示不包含从城市i到城市j的路径。$i \neq j$的约束可以减少变量的个数,使得共有$n \times (n-1)$个决策变量。目标(6-4)要求距离之和最小。式(6-5)要求旅行商从城市i出来只有一次,式(6-6)要求旅行商走入城市j只有一次,式(6-5)和式(6-6)表示每个城市经过一次,但约束无法避免回路的产生,一条回路由$k(1 \leqslant k \leqslant n)$个顶点(城市)和$k$条边(路径)组成,式(6-7)的约束保证旅行商在任何一个城市子集中不形成回路,其中$|\boldsymbol{s}|$表示集合$\boldsymbol{s}$中元素的个数。$\boldsymbol{D}=\{0,1\}^{n \times (n-1)}$,$\boldsymbol{F}$为$\boldsymbol{D}$中满足式(6-5)、式(6-6)和式(6-7)的可行解。f为目标函数。

(2)加工调度问题

Flow-Shop问题可以表述为:n个加工量为$\{d_i \mid i=1,2,\cdots,n\}$的产品在一台机器上加工,机器在第$t$个时段的工作能力为$c_t$,求完成所有产品加工的最少时段数。

加工调度问题的数学模型可描述为

$$\min T \tag{6-9}$$

$$\text{s. t.}\begin{cases}\sum_{t=1}^{T} x_{it}=1 & (i=1,2,\cdots,n) & (6\text{-}10)\\ \sum_{i=1}^{n} d_i x_{it}\leqslant c_t & (t=1,2,\cdots,T) & (6\text{-}11)\\ x_{it}\in\{0,1\} & (i=1,\cdots,n;t=1,2,\cdots,T) & (6\text{-}12)\end{cases}$$

其中,x_{it}、T 为决策变量,$x_{it}=1$ 表示第 t 时段加工产品 i。式(6-9)要求加工所用的时段数最少,式(6-10)表示产品 i 一定在某一个时段加工,式(6-11)表示每个时段的加工量不超过能力的限制。

Job-Shop 问题可以表述为:n 个工件在 m 台机器上加工,O_{ij}表示第 i 个工件在第 j 台机器上的操作,相应的操作时间T_{ij}已知,事先给定各工件在各机器上的加工次序(称为技术约束条件),要求确定与技术约束条件相容的各机器上所有工件的加工次序,使加工性能指标达到最优。同时,除技术约束外,每一时刻每台机器只能加工一个工件,且每个工件只能被一台机器所加工,同时加工过程不间断。若各工件的技术约束条件相同,一个 Job-Shop 问题就转化为较简单的 Flow-Shop 问题。进而,若各机器上各工件的加工次序也相同,则问题可进一步转化为置换 Flow-Shop 问题。

(3)0-1 背包问题

0-1 背包问题可以表述为:对于 n 个体积分别为a_i、价值分别为c_i的物品,将它们装入总体积为 b 的背包,使得所选物品总价值最大。

0-1 背包问题的数学模型描述为

$$\max\sum_{i=1}^{n} c_i x_i \tag{6-13}$$

$$\text{s. t.}\begin{cases}\sum_{i=1}^{n} a_i x_i\leqslant b & & (6\text{-}14)\\ x_i\in\{0,1\} & (i,j=1,\cdots,n) & (6\text{-}15)\end{cases}$$

其中,目标(6-13)欲使包内所装物品的价值最大,式(6-14)为包的能力限制,式(6-15)表示x_i为二进制变量,$x_i=1$ 表示装第 i 个物品,$x_i=0$ 表示不装第 i 个物品。此时,$\boldsymbol{D}=\{0,1\}^n$,$\boldsymbol{F}$ 为 $\boldsymbol{D}$ 中满足式(6-14)的可行解。f 为目标函数。

(4)装箱问题

如何以最少个数的尺寸为 1 的箱子装进 n 个尺寸不超过 1 的物品。

(5)图着色问题

对于 n 个顶点的无环图 G,要求对其各个顶点进行着色,使得任意两个相邻的顶点都有不同的颜色,且所用的颜色种类最少。

(6)聚类问题

m 维空间上的 n 个模式$\{X_i\mid i=1,2,\cdots,n\}$,要求聚成 k 类,使得各类本身内部的点最相近,如

$$\min\sum_{i=1}^{n}\|X_i^{(p)}-R_p\| \tag{6-16}$$

其中,R_p为第 p 类的中心,即

$$R_p=\sum_{i=1}^{n_p}\frac{X_i^{(p)}}{n_p} \tag{6-17}$$

其中,$p=1,2,\cdots,k$,n_p为第 p 类中的点数。

2. 函数优化问题

函数优化是传统数学的一个研究领域,函数优化问题的一般描述是:令变量定义域 $\boldsymbol{S}$ 为 $\boldsymbol{R}^n$ 上的有界子集,$f:\boldsymbol{S}\to\boldsymbol{R}$ 为 n 维实值函数,则函数 f 在域 $\boldsymbol{S}$ 上全局最小化就是寻求点 $\boldsymbol{X}_{\min}\in\boldsymbol{S}$,使得 $f(\boldsymbol{X}_{\min})$ 在域 $\boldsymbol{S}$ 上满足对 $\forall\boldsymbol{X}\in\boldsymbol{S}$,都有 $f(\boldsymbol{X}_{\min})\leqslant f(\boldsymbol{X})$。寻求全局最大化同样可以这样定义。

三、计算复杂性理论

由组合优化问题的特性可知,任意组合优化问题都可以通过枚举的方法获取最优解。枚举是以时间为代价的,前面讨论的问题描述都非常简单,并且具有很强的工程代表性,但最优化求解实际上很困难,其主要原因就是所谓的“组合爆炸”。以非对称 TSP 问题为例,对于 n 个城市的 TSP 问题,若以一个特定城市作为起终点,则需要进行 $(n-1)!$ 次枚举。不妨假设计算机 1s 可以完成 24 个城市所有路径的枚举,则 25 个城市的计算时间为 24s。类似地归纳,非对称 TSP 问题枚举时城市数与计算时间的关系见表 6-2。

非对称 TSP 问题枚举时城市数与计算时间的关系 表 6-2

城市数	24	25	26	27	28	29	30
计算时间	1s	24s	10min	4.3h	4.9d	136.5d	10.8 年

通过表 6-2 可以看出,随着城市数的增多,计算时间增加非常之快,当城市数增加到 30 时,计算时间约 10.8 年,已经无法接受。因此,需要对计算复杂性理论有所了解,它也是最优化理论的基础。只有了解所研究问题的复杂性,才能有针对性地设计算法。

算法的时间和空间复杂性对计算机的求解能力有重大影响。算法对时间和空间的需要量称为算法的时间复杂性和空间复杂性。问题的时间复杂性是指求解该问题的所有算法中时间复杂性最小的算法的时间复杂性,问题的空间复杂性也可类似定义。

算法或问题的复杂性一般表示为问题规模 n(如 TSP 问题中的城市数)的函数,时间复杂性记为 $T(n)$,空间复杂性记为 $S(n)$。在算法分析与设计中,沿用实用性的复杂性概念,即把求解问题的关键操作,如加、减、乘、除、比较等运算指定为基本操作,算法执行基本操作的次数则定义为算法的时间复杂性,算法执行期间占用的存储单元则定义为算法的空间复杂性。在分析复杂性时,可以求出算法的复杂性函数 $p(n)$,也可用复杂性函数主要项的阶数 $O(p(n))$ 来表示。若算法 A 的时间复杂性为 $T_A(n)=O(p(n))$,且 $p(n)$ 为 n 的多项式函数,则称算法 A 为多项式算法,不属于多项式算法的统称为指数时间算法。

四、P、NP、NP-C 和 NP-Hard

按照计算复杂性理论研究问题求解的难易程度,问题可分为 P 类、NP 类和 NP 完全类。

P 类问题指具有多项式时间求解算法的问题。迄今为止,许多优化问题仍没有找到求得最优解的多项式时间算法,通常称这种比 P 类问题更广泛的问题为非多项式确定问题,即 NP 问题。NP 的概念通常由判定问题引入,下面介绍相应的若干概念。

定义 6-1 实例是问题的特殊表现,所谓实例就是确定了描述问题特性的所有参数的问题,其中参数值称为数据,这些数据占有计算机的空间称为实例的输入长度。

定义 6-2 若一个问题的每个实例只有“是”或“否”两种回答,则称该问题为判定问题,并称肯定回答的实例为“是”实例，否定回答的实例为“否”实例或“非是”实例。

定义 6-3 若存在一个多项式函数 $g(x)$ 和一个验证算法 H，对一类判定问题 A 的任何一个“是”的判定实例 I 都存在一个字符串 S 是 I 的“是”回答，满足其输入长度 $d(S)$ 不超过 $g(d(I))$，其中 $d(I)$ 为 I 的输入长度，且验证算法验证 S 为 I 的“是”回答的计算时间不超过 $g(d(I))$，则称判定问题 A 为非多项式确定问题，简称 NP。

由此可见，判定问题是否属于 NP 的关键是对“是”的判定实例是否存在满足上述条件的一个字符串和算法。其中字符串在此可理解为问题的一个解，而定义中没有强调字符串和算法是如何得到的。可见，$P \subset NP$。

归约和转换是描述问题特性的常用方法。如果能够将几类问题归结为一个问题，那么一旦解决了一个归结后的问题，其他几类问题也就解决了。

定义 6-4 给定问题A_1和A_2，若存在一个多项式函数 $g(x)$ 和一个字符串，满足：①对A_1的任何一个实例I_1，在其输入长度的多项式时间 $g(d(I_1))$ 内构造A_2的一个实例I_2，使其长度不超过 $g(d(I_1))$；②此构造使得实例I_1和I_2的解一一对应，且d_1为I_1的“是”回答的充要条件是d_1对应的解是I_2的一个“是”回答，称A_1可多项式转换为A_2。

定义 6-5 给定问题A_1和A_2，若存在多项式函数$g_1(x)$和$g_2(x)$，使得对A_1的任何一个实例I，在多项式时间内构造A_2的一个实例，其输入长度不超过$g_1(d(I))$，并对A_2的任何一个算法H_2，可按如下步骤构造A_1的一个算法H_1，使得H_1调用H_2且计算时间$f_{H_1}(d(I)) \leqslant g_2(f_{H_2}(g_1(d(I))))$，称$A_1$可多项式归约为$A_2$。

由此可见，若问题A_2存在多项式时间算法，则问题A_1一定存在多项式时间算法。若问题A_1可多项式转换为问题A_2，对A_2的一个算法H_2，可按如下步骤构造A_1的算法：

(1) 对问题A_1的任何一个实例I_1，先用多项式时间$g_1(d(I_1))$构造问题A_2的一个实例I_2。

(2) 调用算法H_2求解I_2，此步计算时间为$f_{H_2}(g_1(d(I_1)))$。

如此构造的算法对问题A_1的任一实例I_1的计算时间不超过$g_1(d(I_1))+f_{H_2}(g_1(d(I_1)))$。

进一步，我们给出 NP-C(NP-Complete) 和 NP-Hard 的概念。

定义 6-6 若 $A \in NP$，且 NP 中的任何一个问题可多项式归约为问题 A，称判定问题 A 为 NP-C。若 NP 中的任何一个问题可多项式归约为问题 A，则称判定问题 A 为 NP-Hard。

由此可见，NP-C$\subset$NP-Hard，而两者的区别仅在于 NP-C 必须判断问题属于 NP 类。同时，若已知一个问题为 NP-C 或 NP-Hard，当遇到一个新问题时，若已知问题可多项式归约为新问题，则新问题为 NP-Hard，进而若可验证新问题属于 NP 类，则新问题为 NP-C。

上述四类问题的关系可用图 6-1 表示。

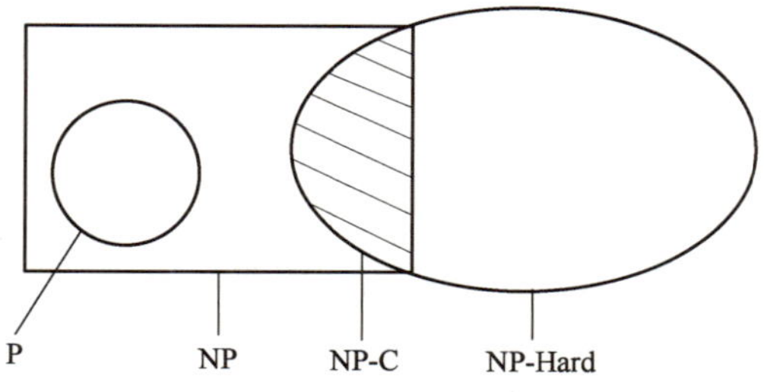

图 6-1 四类问题关系图

NP-C 问题具有重要的实际意义和工程背景,目前已有许多问题被证明为 NP-C,如背包问题、装箱问题、加工调度问题、集合覆盖问题和 TSP 问题等。

五、启发式算法

启发式算法是相对于最优化算法提出的。一个问题的最优算法求得该问题每个实例的最优解。启发式算法可以定义为:一种基于直观或经验构造的算法,在可接受的花费(指计算时间、占用空间等)下给出待解决组合优化问题每一个实例的一个可行解,该可行解与最优解的偏离程度无法事先估计。另一种定义为:启发式算法是一种技术,这种技术使得在可接受的计算花费内去寻找最优解,但不一定能保证所得解的可行性和最优性,甚至在多数情况下,无法阐述所得解同最优解的近似程度。

启发式算法被认为是一类"高效但粗糙"的算法。在实际情况中,最优算法的计算时间使人无法忍受,或因问题的难度使其计算时间随问题规模的扩大以指数速度增加,此时只能通过启发式算法求得问题的一个可行解。同时,前面讨论的启发式算法的两个定义的一个共同的特点是不考虑算法所得解与最优解的偏离程度。很多组合优化问题算法的最坏情况误差界估计需要很强的数学基础和较强的技巧,甚至一些问题很难或无法给出最坏情况误差界,而实际问题又迫切需要求解的方法,因此,只能通过启发式算法解决问题。

下面通过背包问题的贪婪算法对启发式算法进行简单介绍。

(1)对物品以c_i/a_i从大到小排列,不妨把排列记成$\{1,2,\cdots,n\}$,$k=1$。

(2)若$\sum_{i=1}^{k-1} d_i x_i + d_k \leqslant b$,则$x_k=1$。否则,$x_k=0$,$k=k+1$。当 $k=n+1$ 时,停止;否则,重复步骤(2)。

$(x_1,x_2,\cdots,x_n)$为贪婪算法所得解。单位体积价值比越大越先装包是贪婪算法的原则。这样的算法非常直观,容易操作。

启发式算法能够迅速发展是因为它有以下长处:

(1)数学模型本身是实际问题的简化,或多或少地忽略一些因素;数据采集具有不精确性;参数估计具有不准确性;以上因素可能使最优算法所得解比启发式算法所得解产生更大差别。

(2)有些难的组合优化问题可能还没有找到最优算法,即使存在,由算法复杂性理论得知,它们的计算时间是无法接受或不实际的。

(3)一些启发式算法可以用在最优算法中,如在分枝定界算法中,可以用启发式算法估界。

(4)简单易行,比较直观,容易接受。

(5)速度快,在适时管理中非常重要。

(6)多数情况下,程序简单,易于修改。

启发式算法也存在以下不足:

(1)不能保证求得最优解。

(2)表现不稳定。启发式算法在同一问题的不同实例的计算中会有不同的效果。有些解很好,而有些则很差。在实际应用中,可能造成计算结果不可信。

(3)算法的好坏依赖于实际问题、经验和设计者的技术,这一点很难总结规律,同时使不同算法之间难以比较。

第二节 遗传算法

一、引例

公共自行车系统(Public Bicycle System, PBS)是一个由政府主导负责制定宏观规划,自行车企业进行微观布点、调度、运行和维护的服务于短途出行的公共交通子系统。城市公共自行车系统在发展过程中面临着一系列问题,如运营模式、布局选址和车辆调度等。

静态公共自行车调度问题是一类典型的NP-Hard问题,是指租赁点的自行车调度不是根据动态需求实时改进的,而是在每一天的特定时刻,统一对城市区域内的所有站点进行调度,以满足租赁点的需求。为简化建模过程,进行以下假设:

(1)运营商对于自行车供给不足的租赁点进行统一配送,由中心车场进行逐一访问,并且最终返回车场。

(2)每个站点只允许被访问一次。

(3)所有车辆从中心车场出发,然后返回起点。

(4)每个站点的调度任务必须由一辆车完全满足。

以最低成本为目标建立模型,成本主要包括车辆的行驶距离。车辆的行驶距离越长,成本越高。为方便叙述,引入以下符号:

N_0——租赁站点数集合$\{1,2,\cdots,n\}$;

N——站点集合,包括车场和租赁站点$\{0,1,2,\cdots,n,n+1\}$;

k——配送车辆集合$\{1,2,\cdots,k\}$;

C——配送车辆的容量上限;

T——配送车辆的运行时间上限;

B_i^k、B_j^k——配送车辆k到达租赁站点i、j的时间;

M——一个极大数;

s_i^k——配送车辆k在租赁站点i装卸货所需时间;

$t_{i,j}^k$——配送车辆k从租赁站点i到租赁站点j之间的行驶时间;

$c_{i,j}^k$——配送车辆k从租赁站点i到租赁站点j之间的行驶成本;

p_i^k——配送车辆k为租赁站点i装载的货物量;

$x_{i,j}^k$——$x_{i,j}^k=\begin{cases}1 & (\text{车辆 } k \text{ 直接从节点 } i \text{ 到节点 } j)\\ 0 & (\text{否则})\end{cases}$。

在上述条件的基础上,以成本函数最低为目标,建立以下模型:

$$Z=\min\sum_{(i,j)\in A}\sum_{k\in K}c_{i,j}^k x_{i,j}^k$$

$$\sum_{k\in K}\sum_{j:(i,j)\in A}x_{i,j}^k\leqslant 1 \qquad (\forall i\in N, i\neq n+1) \tag{6-18}$$

$$\sum_{j:(0,j)\in A}x_{0,j}^k=1 \qquad (k\in K) \tag{6-19}$$

$$\sum_{i:(i,n+1)\in A}x_{i,n+1}^k=1 \qquad (k\in K) \tag{6-20}$$

$$\sum_{i:(i,j)\in A}x_{i,j}^k-\sum_{i:(j,i)\in A}x_{j,i}^k=0 \qquad (\forall j\in N_0, k\in K) \tag{6-21}$$

$$B_i^k+s_i^k+t_{i,j}^k\leqslant B_j^k+M(1-x_{i,j}^k) \qquad (\forall(i,j)\in A, k\in K) \tag{6-22}$$

$$\sum_{i \in N_0} p_i^k \leqslant C \tag{6-23}$$

$$x_{i,j}^k \in [0,1] \qquad (\forall (i,j) \in A, k \in K) \tag{6-24}$$

其中,Z 表示模型的目标函数,该模型以成本最低为目标函数,即车辆在路程中的消费最少;约束(6-18)表示所有的站点都将被访问;约束(6-19)、约束(6-20)表示车辆将从配送中心出发,并返回配送中心;约束(6-21)表示车辆流守恒;约束(6-22)表示避免子环约束,该模型中不存在子循环路径;约束(6-23)表示配送车辆为所有租赁点配送货物量之和不能超过车辆容量上限;约束(6-24)表示$x_{i,j}^k$为 0-1 整数变量。

二、遗传算法及基本流程

传统最优化问题求解算法在解决小规模公共自行车优化调度问题时是有效可行的,但面对大规模调度问题时却无能为力。遗传算法是基于生物进化理论的自适应随机搜索算法,对于求解调度问题十分有效。

随着人工智能应用领域的不断扩大,传统的基于符号处理机制的人工智能方法在知识表示、信息处理和解决“组合爆炸”等问题时所遇到的困难越来越明显,从而使得寻求一种适合大规模问题并具有自组织、自适应、自学习能力的算法成为研究大规模交通问题的必要目标。遗传算法是霍兰德受生物进化论的启发而提出的,是一种基于“适者生存”的高度并行、随机和自适应的优化算法,它将问题的求解表示成“染色体”的适者生存过程,通过“染色体”群的一代代不断进化,包括复制、交叉和变异等操作,最终收敛到“最适应环境”的个体,从而求得问题的最优解或满意解。

遗传算法是一种通用的优化算法,其编码技术和遗传操作比较简单,优化不受限制性条件的约束,而其两个最显著的特点则是隐含并行性和全局解空间搜索。作为一类随机优化算法,遗传算法不是简单的随机比较搜索,而是通过对染色体评价,根据染色体中基因的作用,有效地利用已有信息来指导搜索有希望改善优化质量的状态。

遗传算法主要借鉴了生物进化的一些特征,其主要特征表现为以下几点:

(1)进化发生在解的编码上。这些编码按生物学的术语称为染色体。由于对解进行了编码,优化问题的一切性质都通过编码来研究。编码和解码是遗传算法的一个主题。

(2)自然选择规律决定哪些染色体产生超过平均数的后代。遗传算法中,通过优化问题的目标而人为地构造适应函数以实现好的染色体产生超过平均数的后代。

(3)当染色体结合时,双亲的遗传基因的结合使得子女保持父母的特征。

(4)当染色体结合时,随机的变异会造成子代同父代的不同。

表 6-3 列出了生物遗传基本概念与遗传算法中作用的对应关系。

生物遗传基本概念与遗传算法中作用的对应关系 表 6-3

生物遗传基本概念	遗传算法中的作用
适者生存	在算法停止时,最优目标值的解有最大的可能被留住
个体	解
染色体	解的编码(字符串、向量等)
基因	解中每一分量的特征(如各分量的值)
适应性	适应函数值
群体	问题搜索空间的一组有效解(表现为群体的规模 N)

续上表

生物遗传基本概念	遗传算法中的作用
种群	经过选择产业的新群体(规模同样为 N)
交配	通过交配原则产生一组新解的过程
变异	编码的某一个分量发生变化的过程

下面以一个简单的例子来简单理解遗传算法。

【例 6-2】 用遗传算法求解 $f(x)=x^2(0\leqslant x\leqslant 31, x$ 为整数的最大值)。

一个简单的表示解的编码是二进制编码,即 0-1 字符串。由于变量的最大值是 31,可以采用 5 位数的二进制编码,如

$$10000\rightarrow 16 \quad 11111\rightarrow 31 \quad 01001\rightarrow 9 \quad 00010\rightarrow 2$$

以上 5 位字符串称为染色体。每一个分量称为基因,每个基因有两种状态(0 或 1)。模拟生物进化,首先产生一个群体,可以随机取 4 个染色体组成一个群体,如 $x_1=(00000)$,$x_2=(11001)$,$x_3=(01111)$,$x_4=(01000)$。群体有 4 个个体。适应函数可以依据目标函数而定,如适应函数 $\text{fitness}(x)=f(x)=x^2$。于是,有

$$\text{fitness}(x_1)=0^2,\text{fitness}(x_2)=25^2,\text{fitness}(x_3)=15^2,\text{fitness}(x_4)=8^2$$

定义第 i 个个体入选种群的概率为

$$p(x_i)=\frac{\text{fitness}(x_i)}{\sum_j \text{fitness}(x_j)}$$

于是,适应函数值大的染色体个体的生存概率自然较大。若群体中选 4 个个体组成种群,则极有可能竞争上的是 $x_2=(11001)$,$x_3=(01111)$,$x_4=(01000)$。若它们结合,采用如下的交配方式,称为简单交配。

$$\begin{matrix} x_2=(11|001) & \multirow{2}{*}{$\rightarrow$} & y_1=(11|111) \\ x_3=(01|111) & & y_2=(01|001) \end{matrix}$$

$$\begin{matrix} x_2=(11|001) & \rightarrow & y_3=(11|000) \\ x_4=(01|000) & & y_4=(01|001) \end{matrix}$$

即交换第二个位置以后的基因,得到 y_1、y_2、y_3 和 y_4。若 y_4 的第一个基因发生变异,则变成 $y_4=(11001)$。

通过【例 6-2】,我们可以将标准遗传算法的主要步骤描述如下:

(1)随机产生一组初始个体,构成初始种群,并评价每一个体的适配值。

(2)判断算法收敛准则是否满足。若满足则输出搜索结果,否则执行以下步骤。

(3)根据适配值大小以一定方式执行复制操作。

(4)按交叉概率 p_c 执行交叉操作。

(5)按变异概率 p_m 执行变异操作。

(6)返回步骤(2)。

上述算法中,适配值是对染色体(个体)进行评价的一个指标,是遗传算法进行优化所用的主要信息,它与个体的目标值存在一种对应关系;复制操作通常采用比例复制,即复制概率正比于个体的适配值,如此意味着适配值高的个体在下一代中复制自身的概率大,从而提高了

种群的平均适配值;交叉操作通过交换两父代个体的部分信息构成后代个体,是后代继承父代的有效模式,从而有助于产生优良个体;变异操作通过随机改变个体中某些基因而产生新个体,有助于增加种群的多样性,避免早熟收敛。

标准遗传算法的流程图如图6-2所示。

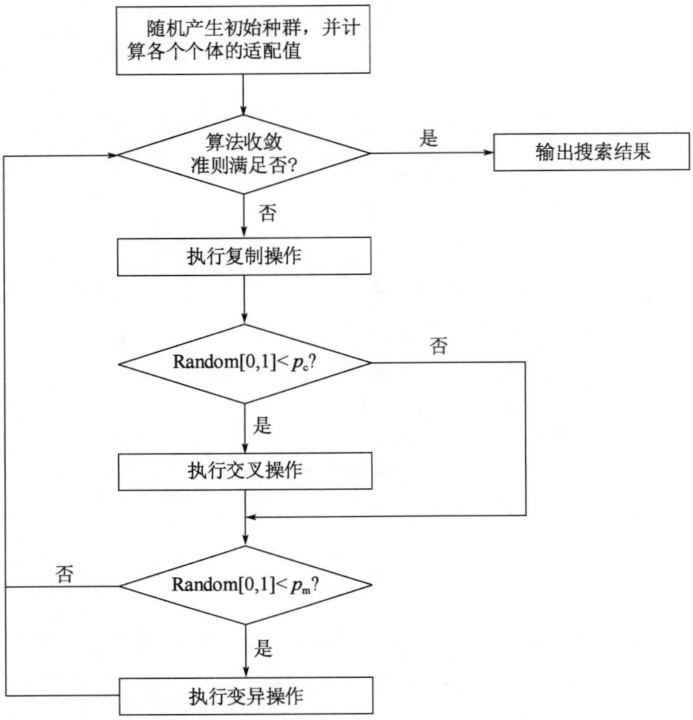

图6-2　标准遗传算法的流程图

注:Random[0,1]为任取一个区间[0,1]内的随机数。

遗传算法利用生物进化和遗传的思想实现优化过程,区别于传统优化算法,它具有以下特点:

(1)遗传算法将问题参数编码成"染色体"后进行进化操作,而不是针对参数本身,这使得遗传算法不受函数约束条件的限制,如连续性、可导性等。

(2)遗传算法的搜索过程是从问题解的一个集合开始的,而不是从单个个体开始的,具有隐含并行搜索特性,从而大大减少了陷入局部极小的可能。

(3)遗传算法使用的遗传操作均是随机操作,同时遗传算法根据个体的适配值信息进行搜索,不需其他信息,如导数信息等。

(4)遗传算法具有全局搜索能力,最善于搜索复杂问题和非线性问题。

遗传算法的优越性主要表现为以下两点:

(1)遗传算法进行全空间并行搜索,并将搜索重点放在性能高的部分,从而能够提高效率而不易陷入局部极小。

(2)遗传算法具有固有的并行性,通过对种群的遗传处理可处理大量的模式,并且容易并行实现。

三、算法关键参数与操作的设计

通常,遗传算法的设计是按以下步骤进行的:

(1)确定问题的编码方案。

(2)确定适配值函数。

(3)设计遗传算子。

(4)选取算法参数,主要包括种群数目、交叉与变异概率、进化代数等。

(5)确定算法的终止条件。

下面对关键参数与操作的设计作简单介绍。

1. 编码

编码是遗传算法中的基础工作之一,是将问题的解用一种码来表示,从而将问题的状态与遗传算法的码空间相对应,这在很大程度上依赖于问题的性质,并将影响遗传操作的设计。由于遗传算法的优化过程不是直接作用于问题参数本身,而是在一定编码机制对应的码空间上进行的,编码的选择是影响算法性能与效率的重要因素。

函数优化中,不同的码长和码制对问题求解的精度与效率有很大影响。二进制编码将问题的解用一个二进制串表示,十进制编码将问题的解用一个十进制串来表示,显然码长将影响算法的精度,而且算法将付出较大的存储量。实数编码将问题的解用一个实数来表示,解决了编码对算法精度和存储量的影响,也便于优化中引入问题的相关信息,在复杂优化问题的求解中得到了广泛的应用。

组合优化问题中,由于问题本身的性质,编码方式需要特殊设计,如 TSP 问题中基于置换排列的路径编码、0-1 矩阵编码等。

2. 适配值函数

适配值函数用于对个体进行评价,也是优化过程发展的依据。简单问题的优化通常可以直接利用目标函数变换成适配值函数,如将个体 x 的适配值 $f(x)$ 定义为 $M-c(x)$ 或 $\mathrm{e}^{ac(x)}$。其中,M 为一足够大的正数,$c(x)$ 为个体的目标值,$a>0$。复杂问题的优化往往需要构造合适的评价函数,使其适应遗传算法的优化。

3. 遗传算子

优胜劣汰是设计遗传算法的基本思想,它应在复制、交叉、变异等遗传算子中得以体现,并考虑对算法效率与性能的影响。

复制操作是为了避免有效基因的损失,使高性能的个体得以更大的概率生存,从而提高全局收敛性和计算效率。最常用的方法是比例复制和基于排名的复制。前者以正比于个体适配值的概率来选择相应的个体。至于种群的替换,采纳的方案可以是部分个体的替换,也可以是整个群体的替换。

交叉操作用于组合出的新个体,在解空间中进行有效搜索,同时降低对有效模式的破坏概率。二进制编码中,单点交叉随机确定一个交叉位置,然后互换相应的子串;多点交叉随机确定多个交叉位置,然后互换相应的子串。例如,父串为{(1011001),(0010110)},若单点交叉位置为 4,则后代为{(1011110),(0010001)};若多点交叉位置为 2,5,则后代为{(1010101),(0011010)}。十进制编码也类似。实数编码则可采用算术交叉。组合优化中,交叉操作有部分映射交叉、次序交叉、循环交叉等。

当交叉操作产生的后代适配值不再进化且没有达到最优时,就意味着算法的早熟收敛。这种现象的根源在于有效基因的缺损。变异操作在一定程度上避免了这种情况,有利于增加种群的多样性。二进制或十进制编码中通常采用替换式变异,即用另一种基因替换某位置原先的基因;实数编码中通常采用扰动式变异,即对原先个体附加一定机制的扰动来实现变异;

组合优化问题中通常采用互换式变异、逆序式变异、插入式变异等。

4. 算法参数

种群数目是影响算法优化性能和效率的因素之一。通常,种群太小则不能提供足够的采样点,以致算法性能很差,甚至得不到问题的可行解;种群太大时尽管可增加优化信息以阻止早熟收敛的发生,但无疑会增加计算量,从而使收敛时间过长。当然,在优化过程中种群数目是允许变化的。

交叉概率用于控制交叉操作的频率。交叉概率太大时,种群中串的更新很快,进而会使高适配值的个体很快被破坏掉;交叉概率太小时,交叉操作很少进行,从而会使搜索停滞不前。

变异概率是提高种群多样性的重要因素。在基于二进制编码的遗传算法中,通常一个较低的变异概率足以防止整个群体中任一位置的基因一直保持不变。但是,变异概率太小则不会产生新个体,变异概率太大则使遗传算法成为随机搜索。

由此可见,确定最优参数是一个极其复杂的优化问题,要从理论上严格解决这个问题是十分困难的,它依赖于遗传算法本身理论研究的进展。

5. 算法的终止条件

遗传算法的收敛理论说明了遗传算法以概率 1 收敛的极限性质,因此我们要追求的是提高算法的收敛速度,这与算法操作设计和参数选取有关。然而,实际应用遗传算法时是不允许它无止境地发展下去的,而且通常问题的最优解也未必知道,因此需要设定一定的条件来终止算法的进程。最常用的终止条件就是事先给定一个最大进化步数,或者判断最佳优化值是否连续若干步没有明显变化等。

应该注意的是,遗传算法不是一个简单的系统,而是一种复杂的非线性智能计算模型,纯粹用数学方法来预测其运算结果是很难的,而且这方面的工作也远远不够。目前,为兼顾遗传算法的优化质量与效率,实际应用遗传算法时许多问题一般还只是凭经验解决,这方面还有待进行更深入的研究与发展。

四、算法实现与应用

下面对遗传算法应用于组合优化问题时的实现进行简单介绍。以加工调度问题中的置换 Flow-Shop 问题为例进行展开。

置换 Flow-Shop 问题是一类典型的加工调度问题,而且是一个 NP-Hard 问题,它通常可描述为:n 个工件在 m 台机器上流水加工,每一时刻,每台机器只能加工一个工件且每个工件只能在某一台机器上加工,同时在每台机器上所有工件必须以同一顺序加工。已知工件 i 在机器 j 上的加工时间为$t_{i,j}$($i=1,2,\cdots,n;j=1,2,\cdots,m$),希望确定各工件的加工顺序,使得最大加工完成时间$c_{\max}$(Makespan)或某些性能指标最小。令工件 i 在机器 j 上的加工完成时间为 $T_{i,j}$,加工顺序为 $\pi=\{\pi_1,\pi_2,\cdots,\pi_n\}$,则

$$\begin{cases} T_{\pi_i,l}=t_{\pi_i,1},\cdots,T_{\pi_i,k}=\sum\limits_{l=i}^{k}t_{\pi_i,l} \\ T_{\pi_i,l}=T_{\pi_{i-1},l}+t_{\pi_i,l} \\ T_{\pi_i,k}=\max\{T_{\pi_{i-1},k},T_{\pi_i,k-1}\}+t_{\pi_i,k} \\ i=2,3,\cdots,n;k=2,3,\cdots,m \\ c_{\max}=T_{\pi_n,m} \end{cases}$$

1. 编码选择

鉴于 Flow-Shop 问题与 TSP 问题的相似性，路径编码仍是最常用的方案，即用路径来表示工件的加工顺序，如路径 5—4—1—7—9—8—6—2—3 对应的路径编码为[5 4 1 7 9 8 6 2 3]。

2. 初始种群

理论上，初始种群可以随机选取，这也是最常用的办法，但为了提高效率可借助启发式算法（如 NEH 方法）快速产生解，并由此产生遗传算法的初始种群。

3. 适配值函数和选择操作的设计

适配值函数用于对各状态的目标值作适当变换，以体现各状态性能的差异。可以采用 $f_z = \mathrm{e}^{-c_x}$ 为适配值函数，其中，c_x 为状态 x 的加工性能指标。

为使赋予适配值高的个体有较高的生存概率，采用比例选择策略，即产生随机数 $\varepsilon \in [0,1]$，若

$$\frac{\sum_{j=1}^{l-1} f_j}{\sum_{j=1}^{\mathrm{Pop\_size}} f_j} < \varepsilon \leqslant \frac{\sum_{j=1}^{l} f_j}{\sum_{j=1}^{\mathrm{Pop\_size}} f_j}$$

则选择状态 i 进行复制。

4. 交叉操作

基于路径编码的交叉操作可用部分映射交叉（PMX）、Non-ABEL 群置换操作、次序交叉和循环交叉等，下面进行简单介绍。

部分映射交叉首先随机地在父代个体中选取两个交叉点，并交换交叉点之间的片段，再根据该段内的位置确定部分映射，在各父代个体上先填入无冲突的位置，而对有冲突的位置分别执行部分映射直到没有冲突，从而获得后代个体。比如两个父代个体为 $p_1 = [264735891]$，$p_2 = [452187693]$，若交叉位置为 3，7，则后代个体为 $q_1 = [234187695]$，$q_2 = [412735896]$。

Non-ABEL 群置换操作采用如下公式得到后代个体：$q_1[i] = p_1[p_2[i]]$，$q_2[i] = p_2[p_1[i]]$。若父代个体同上，则后代个体为 $q_1 = [736298514]$，$q_2 = [571628934]$。

次序交叉与部分映射交叉非常类似，它首先随机确定两个交叉位置，并交换交叉点之间的片段，其他位置根据父代个体中位置的相对顺序来确定。比如，若父代个体和交叉点同上，则后代个体为 $q_1 = [435187692]$，$q_2 = [216735894]$。

循环交叉将另一个父代个体作为参照以对当前父代中的位置进行重组，先与另一父代个体生成一个循环链，并将对应的位置填入相应的位置，循环组成后再将另一个父代个体的位置填入相同的位置。若父代个体同上，则后代个体为 $q_1 = [254187693]$，$q_2 = [462735891]$。

交叉操作的目的是组合出继承父代有效模式的新个体，进行解空间中的有效搜索。但是，Non-ABEL 群置换操作产生后代方式简单，过分打乱了父串，不利于保留有效模式；次序交叉和循环交叉对父串的修改幅度也较大。部分映射算子在一定程度上满足霍兰德图式定理的基本性质，子串能够继承父串的有效模式。

5. 变异操作

对于基于路径编码的变异操作可采用互换操作（SWAP）、逆序操作（INV）、插入操作（INS）等。

6. 算法终止准则

由于最大进化代数很难合适设置，为适应算法性能的动态变化，较好地兼顾算法的优化性能和时间性能，可采用阈值法设计算法终止准则，即若最佳优化值连续若干代进化仍保持不变，则终止搜索过程。

第三节 粒子群优化算法

一、引例

交通枢纽是城市公交换乘系统的重要组成部分,它是交通网络上的关键节点,交通网络只有通过枢纽才能建立一个有机结合、高效运行的系统。交通枢纽作为交通网络集散的一种重要形式,是指集不同交通方式、多条交通线路、具有必要服务功能及控制设备,为城市对内与对外交通、私人交通与公共交通及公共交通内部转换提供场所的综合性市政服务设施。交通枢纽的合理设置和布局,可以提高出行的便捷性和舒适程度,吸引出行的客流量,提高交通网络的运输效率和整体经济效益,有利于城市交通问题的解决。

交通枢纽选址问题属于最小成本问题,是求解使运输成本、变动处理成本和固定成本之和最小的最优化问题,包含单一交通枢纽选址和多个交通枢纽选址。以下讨论多个交通枢纽选址问题。多个交通枢纽选址问题是指从一些已知的备选点中选出一定数目的地点设置为交通枢纽,使形成的交通网络的总费用最少,其中的总费用包括基本投资费用、变动费用以及固定费用。采用混合整数规划法建立模型,可以把固定成本以最优的方式考虑进去。下面介绍模型的建立过程。

假设系统满足以下条件:

(1)仅在一定的备选范围内选出交通枢纽。

(2)交通枢纽容量满足需求。

(3)各交通节点需求一定且已知。

(4)区域内各交通节点需求量总和一定且已知。

(5)系统总费用只考虑固定费用。

由此可以得出选址的数学模型表达

$$\min F = \sum_{i=1}^{m}\sum_{j=1}^{n} c_{ij}X_{ij} + \sum_{j=1}^{n}\sum_{k=1}^{q} d_{jk}Y_{jk} + \sum_{i=1}^{m}\sum_{k=1}^{q} e_{ik}Z_{ik} + \sum_{j=1}^{n}\left(V_jU_j + W_j\sum_{i=1}^{m}X_{ij}\right)$$

$$\sum_{j=1}^{n}X_{ij} + \sum_{k=1}^{q}Z_{ik} \leqslant S_i \qquad (i=1,2,\cdots,m) \tag{6-25}$$

$$\sum_{j=1}^{n}Y_{jk} + \sum_{i=1}^{m}Z_{ik} \geqslant D_k \qquad (k=1,2,\cdots,q) \tag{6-26}$$

$$\sum_{i=1}^{m}X_{ij} = \sum_{k=1}^{q}Y_{jk} \qquad (j=1,2,\cdots,n) \tag{6-27}$$

$$\sum_{i=1}^{m}X_{ij} - MU_j \leqslant 0 \qquad (j=1,2,\cdots,n) \tag{6-28}$$

$$X_{ij}\geqslant 0, Y_{jk}\geqslant 0, Z_{ik}\geqslant 0 \qquad (i=1,2,\cdots,m;j=1,2,\cdots,n;k=1,2,\cdots,q) \tag{6-29}$$

式中:F——总费用;

c_{ij}——从交通起点 i 到交通枢纽 j 的单位出行费用;

X_{ij}——从交通起点 i 到交通枢纽 j 的出行量;

d_{jk}——从交通枢纽 j 到交通讫点 k 的单位出行费用;

Y_{jk}——从交通枢纽 j 到交通讫点 k 的出行量;

e_{ik}——从交通起点 i 到交通讫点 k 的直接单位出行费用;

Z_{ik}——从交通起点 i 到交通讫点 k 的直接出行量；

V_j——交通枢纽 j 的基本建设费用；

U_j——0,1 变量。当 $U_j=1$ 时，表示交通枢纽 j 被选中；当 $U_j=0$ 时，表示交通枢纽 j 未被选中；

W_j——交通枢纽 j 每单位出行量产生的变动费用；

S_i——交通起点 i 的出行产生量；

D_k——交通讫点 k 的出行吸引量。

其中，式(6-25)表示交通起点向各交通枢纽分配的出行量之和不大于该交通起点的总出行产生量；式(6-26)表示分配到各交通讫点的出行量之和不小于该交通讫点的出行需求量；式(6-27)表示各交通枢纽的集散交通出行量平衡；式(6-28)中 M 为一个足够大的正数，保证当交通枢纽 j 未被选中或者选中时，式子都能成立。

交通枢纽选址问题同样是一类 NP-Hard 问题。下面介绍一类求解该类问题的启发式算法——粒子群优化算法(Particle Swarm Optimization, PSO)，并在本章第五节对该问题进行求解。

二、粒子群优化算法及其基本流程

粒子群优化是由美国社会心理学家肯尼迪与电气工程师埃博哈特于 1995 年提出的一种随机优化方法，他们通过对鸟群觅食时相互影响、快速定位落点(食物源、栖息地)的机理进行模拟，在连续函数极值问题上获得了令人满意的计算结果。

肯尼迪等提出的粒子群优化算法与生物学家赫普纳的鸟类模型存在关联。赫普纳的研究认为：①鸟群在寻找一个特定的落点时，一开始都是漫无目的地飞翔以搜索这个落点。②在这个搜寻过程中，不断有新的、非常接近落点特征的位置被发现，而且最终所有的鸟都会看见(或者通过鸟的语言)这些新发现的位置。③鸟类使用简单的规则确定自己的飞行方向与飞行速度(每一只鸟都试图留在鸟群中而又不相互碰撞)，当一只鸟飞离鸟群以飞向更可能的落点时，将导致它周围的其他鸟也飞向这个落点。④这些鸟一旦认为这个落点就是所要寻找的真实落点(也就是前面所说的食物源、栖息地)，将降落于此，从而使更多的鸟落在这个位置，直到整个鸟群都落于此地。

雷诺兹曾对鸟群做过计算机仿真，其依据的规则是：①飞离最近的个体，以避免碰撞；②飞向目标；③飞向群体的中心。因此，粒子群优化算法本质上是模仿群体中的个体总是通过追随“优秀”个体来调整自己的状态，是一种显式的学习过程。肯尼迪等将这一过程应用到连续函数优化上，设计出个体在搜索空间时改变状态的规则，并提出了这种新型的基于群体智能的优化算法。

设想鸟群搜索的落点为函数的极值点，从鸟群模型到函数优化的抽象过程是非常直接的。为了阐述方便，下文假定该函数只有两个变量，即在一个二维平面上求极值。

假设要搜索函数 $f(x,y)$ 的极小值，其中自变量 x、y 都是在实数空间上连续变化的。将鸟群投放到平面上，整个鸟群的落点被期望为函数 $f(x,y)$ 的极小值所在位置。每只鸟都被看作一个独立的计算单元，即能根据自身的位置坐标(对应自变量的一组取值)计算相应的函数值，这样经过足够长时间的搜索，鸟群最终会趋近期望的落点。

显然，若将函数 $f(x,y)$ 扩展为含有 n 维变量的 $f(x_1,x_2,\cdots,x_n)$，仍然可以借鉴上述鸟群模型进行仿真。首先生成一个粒子群体，每个粒子都用三个 n 维的向量刻画其状态，分别表明它的位置 x(指该个体当前的一组自变量取值)、飞行速度 v(用以调节个体的位置 x)、它所经历

的最好位置 p(记录该个体搜索到的最好位置 x),然后整个粒子群进入一个迭代过程,直到满足迭代终止条件。

在迭代中,每个粒子都需要调整自己的三个状态变量(x,v,p)。其中速度 v 的调整幅度与 x 距离若干个参考点(自身最好位置、群体最好位置)的偏差有关,而位置向量 x 又被各自的新速度所修正。粒子状态的调整方式是粒子群优化算法的核心,也是很多变形算法之间相互区别的关键之处。

在计算机仿真时,为了方便调用,通常额外增加两个 n 维向量,分别保存整个粒子群当前位置 x、最好位置记忆 p 所对应的目标函数值。迭代过程的终止控制和其他进化算法类似,可以通过多种条件限制。粒子群算法的总体框架如下:

(1)变量初始化:创建粒子群并进行相关向量的初始化。

(2)重复以下过程:

①对每个个体进行如下操作:

a. 根据规则更新状态(v,x)。

b. 更新个体最好位置变量(p)。

②判断是否满足终止条件,若满足则跳转至(3),否则回到①。

(3)输出最好结果。

三、基本算法分类

基本粒子群优化算法包括最先提出的全局型算法以及紧随其后的局部型算法。这两种算法的区别在于外部参考位置的选择范围不同:前者从整个粒子群中进行选择,而后者仅从部分粒子群中进行选择。

1. Gbest

最先提出的粒子群优化算法称为全局型算法(Gbest),该模型中每个粒子的飞行速度不仅受自己的最好位置影响,而且受整个粒子群的最好位置影响。

假设粒子数为 m,搜索空间为 D 维,在第 t 次迭代中,记粒子 id 的状态迭代方式为

$$\begin{cases} v_{id}(t+1)=v_{id}(t)+c_1r_1(p_{id}(t)-x_{id}(t))+c_2r_2(p_{gd}(t)-x_{id}(t)) \\ x_{id}(t+1)=x_{id}(t)+v_{id}(t+1) \end{cases} \tag{6-30}$$

式中:$v_{id}(t)$、$v_{id}(t+1)$——粒子 id 在第 t 次和 $t+1$ 次迭代时的速度;

$x_{id}(t)$、$x_{id}(t+1)$——粒子 id 在第 t 次和 $t+1$ 次迭代时的位置;

$p_{id}(t)$——粒子 id 到第 t 次迭代为止的个体最优位置;

$p_{gd}(t)$——种群到第 t 次迭代为止的全局最优位置;

c_1、c_2——两个偏差项的权重,分别为认知学习系数(Cognitive Leaming Rate)、社会学习系数(Social Learning Rate),一般可令 $c_1=c_2=2$;

r_1、r_2——$[0,1]$之间均匀分布的随机抽样。

如果认为能够感知双方最好位置向量的粒子间存在一条(通信)链接,那么 Gbest 对应了全链接的拓扑形式,因为整个种群的最佳粒子 g 必须通过比较所有粒子的最好位置才能得到。与后面要介绍的 Lbest 相比,Gbest 具有收敛速度快的特点,当然往往也会被局部极值点所欺骗。

2. Lbest

Lbest 被称为局部型粒子群优化算法,整个粒子群不再是全链接通信形式,而是各种可能

的拓扑结构。最常用的是闭合串结构,每个粒子都与串上相邻的两个粒子构成一个邻居集合。当粒子调整速度时,需要从这个邻居集合中选择最好位置参考点,而不是从整个粒子群中选择。

假设粒子 i 的邻居集合中编号为 l 的粒子所具有的最好位置是整个邻居集合中的最好位置(此处,l 可能与 i 相同,可预先规定邻居集合是否包含自身)。粒子的位置迭代公式同 Gbest,而速度迭代公式为

$$v_{id}(t+1)=v_{id}(t)+c_1r_1(p_{id}(t)-x_{id}(t))+c_2r_2(p_{ld}(t)-x_{id}(t)) \tag{6-31}$$

式中符号含义同 Gbest 模型,唯一差别在于脚标 l 与 Gbest 中的 g 不同。在 Lbest 中,整个粒子群不再被全局最好位置吸引,故能够显著避免搜索过程早熟。但对于相同的目标函数,它通常需要更多的迭代次数才能搜索到可能的全局极值点。不难看出,Lbest 可视为更一般的粒子群优化算法,因为 Gbest 模型可视为邻居集合包含整个粒子群的特殊情形。

3. 若干问题

前面讨论给出了粒子状态的几种更新公式,实际应用时还有以下一些具体问题需要解决。

(1)粒子群的初始化

通常粒子群规模为 30 左右,可依据问题实际规模进行调整。初始化操作没有统一规定,一般将每个粒子随机安置于一个合法位置,并随机地赋予一个速度向量;初始速度不宜太大,甚至也可全部设为 0;显然此时粒子的最好位置向量就等于其当前的位置向量。

(2)位置 x 在实数区间上连续变化

粒子的位置对应于优化函数的自变量,从上面的迭代公式可以发现,自变量必须在实数区间上取值。其他各类粒子群优化算法,多数也是为连续函数优化而建模的。从目前的研究现状来看,用于自变量属于离散变化情形的改进算法并不多见,而且某些变形算法与问题高度相关。这类算法应用到离散情形的改进算法中,速度 v 往往被赋予了另外的含义,通过某些自定义的规则或某些函数映射到位置变量 x 上。

(3)位置变量 x 取值的合法性检验

上述模型中没有限定变量 x 的合法取值区间,也没有限定变量间的约束关系。如何处理实际问题中可能存在的约束关系,是各类优化算法面临的一个共同命题,可以借鉴最优化问题中常用的约束处理方法,此处不单独讨论。为使自变量的取值合法,最简单的方法是直接抛弃非法取值,即在获得新的位置后,立即检验该位置的合法性,如果不合法就重新搜索,直到获得合法的位置。

(4)速度 v 取值的合法性检验

根据状态调节公式,速度 v 过大可能直接导致位置 x 越界。为了降低粒子的位置脱离合法区间的可能性,可将粒子的速度限制在一定区间内,即速度 v 属于 $[-v_{\max},v_{\max}]^D$。若位置 x 也被限定在 $[-x_{\max},x_{\max}]^D$ 内,可令 $v_{\max}=kx_{\max}$,其中 k 在 0.1 与 1.0 之间取值。

四、粒子群优化算法参数配置方式

粒子群优化算法的相关参数通常是通过仿真给出的,包含了种群规模、速度更新方式、学习系数、邻居规模等。除了这些基本参数外,惯性权重与约束因子也是两个常见的改善基本粒子群优化算法搜索性能的参数。

1. 惯性权重

惯性权重(Inertia Weight)按照以下公式对粒子 i 进行速度调节:

$$v_{id}(t+1)=\omega\cdot v_{id}(t)+c_1r_1(p_{id}(t)-x_{id}(t))+c_2r_2(p_{gd}(t)-x_{id}(t)) \tag{6-32}$$

其中,ω 为惯性权重,用于平衡粒子的局部搜索与全局搜索能力。ω 越大,粒子的搜索结果受起始位置的影响越小,探索新区域的能力越强。

目前,惯性权重设置方法是多样化的,有文献建议 ω 的取值范围为[0,1.4],也有实验表明,[0.8,1.2]区间更利于快速收敛;另有研究将 ω 设置为线性递减的函数形式;或者基于模糊系统来动态调整惯性权重;等等。

2. 约束因子

约束因子(Constriction Factor)按照以下公式对粒子 i 进行速度调节:

$$v_{id}(t+1)=K[v_{id}(t)+c_1r_1(p_{id}(t)-x_{id}(t))+c_2r_2(p_{gd}(t)-x_{id}(t))] \tag{6-33}$$

$$K=1+\frac{\sqrt{|\varphi^2-4\varphi|}-\varphi}{2} \tag{6-34}$$

其中,$\varphi=c_1+c_2$ 且 $\varphi>4$。一般令 $c_1=c_2=2.05$,此时 $K=0.7298$。显然这与惯性权重方法中令 $c_1=c_2=1.4962$,$\omega=0.7298$ 等价。

采用约束因子进行速度更新的方式无须对粒子的最大速度进行限制,也能相对提高算法的收敛速度。但当设置速度的限界值(v_{max})等于位置的限界值(x_{max})时,约束因子的效果更佳。

五、离散粒子群优化算法

传统粒子群优化算法植根于自变量连续情形,速度调节公式中存在实数乘法,无法直接应用于自变量离散变化的情形。以下介绍几种具有代表性的离散粒子群优化算法。

1. 二进制编码

粒子群优化算法适合在连续空间中进行搜索,如何将其应用于离散优化问题是研究者普遍关心的问题。肯尼迪等在 1997 年提出一种适用于自变量为二进制数据的粒子群优化算法,并进行了大量数值仿真。二进制编码粒子群优化算法迭代规则如下:

(1)速率 v_{id} 表示 $x_{id}=1$ 的概率,引入 Sigmoid 函数的 $v_{id}\in[0,1]$;粒子的速率调节公式不变。

(2)设 rand 为[0,1]之间均匀分布的随机抽样,若 rand $<S(v_{id})$,则 $x_{id}=1$,否则 $x_{id}=0$。

这种离散型的粒子群优化算法保留了 v_{max} 的概念及其调节方式,但是其含义已经不同;而且和连续空间中的粒子群优化算法相反,此时 v_{max} 越大反而越限制粒子的探索范围。

2. 量子粒子群优化算法

量子粒子群优化算法的优化性能在背包问题、函数优化、码分多址(CDMA)系统多用户检测等应用中有较好的表现。量子粒子群优化算法的结构并无太大变化,所有迭代都是基于量子粒子向量 $Q(t)$,迭代完毕后再通过特定转换,获得相应的二值粒子向量 $x(t)$,并计算目标函数值。$Q(t)$ 的形式如下:

$$Q(t)=[q^1(t),q^2(t),\cdots,q^N(t)] \tag{6-35}$$

$$q^j(t)=[q_1^j(t),q_2^j(t),\cdots,q_m^j(t)] \tag{6-36}$$

式中:$q_i^j(t)$——第 j 个量子粒子的第 i 位向量状态为 0 的概率(第 t 代时),$0\leqslant q_i^j(t)\leqslant 1(i=1,2,\cdots,m;j=1,2,\cdots,N)$;

m——粒子向量的长度;

N——整体规模。

上述量子粒子向量 $q_i^j(t)$ 的表示形式是无法参与实际计算的,因此对该量子粒子向量作一次“随机观察”。该步骤使得各个粒子在所有位上都获得一个确切的 0、1 取值,即获得二值的粒子向量$x_i^j(t)$。具体做法是：对每个$q_i^j(t)(i=1,2,\cdots,m;j=1,2,\cdots,N)$，产生一个随机数，若该随机数大于$q_i^j(t)$，则$x_i^j(t)=1$，否则$x_i^j(t)=0$。

量子粒子群优化算法的状态迭代公式如下：

$$Q(k+1)=c_1Q(k)+c_2Q_{\text{selfbest}}(k)+c_2Q_{\text{groupbest}}(k) \tag{6-37}$$

$$Q_{\text{selfbest}}(k)=\alpha\, x_{\text{selfbest}}(k)+\beta(1-x_{\text{selfbest}}(k)) \tag{6-38}$$

$$Q_{\text{groupbest}}(k)=\alpha\, x_{\text{groupbest}}(k)+\beta(1-x_{\text{groupbest}}(k)) \tag{6-39}$$

式中：c_1、c_2、c_3——等式右边三部分的权重，取值均在(0,1)之间，且三者之和等于1；

α、β——控制系数，取值也在(0,1)之间，且两者之和等于1。

第四节　蚁群优化算法

一、引例

车辆路径问题(Vehicle Routing Problem,VRP)是丹齐格(Dantzig)和拉姆泽(Ramser)等在20世纪60年代末提出的一类路径优化问题，其目的是在一定的限制条件下，制定出满足需求的合理车辆行驶路线，具体表述为：从一个服务中心向离散分布在某一区域的n个客户派遣m辆车来提供货物，要求确定各车辆的行走路线使总的运输成本最小，并且保证每个服务需求点只被其中的一辆车辆访问过一次。

求解车辆路径问题的方法主要分为精确算法和启发式算法两大类。精确算法主要包括分枝定界法、动态规划法等；启发式算法主要包括遗传算法、蚁群算法等。两类算法比较，精确算法引入了严格的数学方法，所以用它求解中小规模的问题时在精度上优于启发式算法；但车辆路径问题是NP-Hard问题，精确算法无法避免“指数爆炸”，所以在求解大规模的问题时，启发式算法较占优势，通常可以在有限的时间里找到令人满意的次优解或可行解，这是精确算法难以达到的。下面介绍蚁群优化算法。

二、蚁群优化算法及其基本流程

蚁群优化(Ant Colony Optimization, ACO)是模仿蚂蚁选路行为的算法，非常适合求解组合优化问题，也是群体智能算法中非常活跃的研究领域。蚁群优化算法的概念包含了一类算法，本节将重点介绍其中最基本的算法模型及其应用。

生物学研究表明，蚂蚁在爬行时会在经过的路径上释放称为信息素的化学物质。这种物质能够释放一种特殊的气味，并能被附近的蚂蚁所感知，从而吸引其他蚂蚁选择相似的路线。

我们将巢穴和食物源抽象为节点，并且假定它们都处于确定的网络中。我们规定蚂蚁只能在这个网络中选择合适的边，寻找一条连接巢穴和食物源的最短路径。图6-3表示巢穴与食物之间存在一个不可跨越的障碍物，蚂蚁面临两条不同的路径绕过此障碍物。途中A、B、C、D四点都是抽象的一个位置，所有线段上的数值表示该线段的距离。

假设一群蚂蚁从巢穴出发，当走在最前方的蚂蚁走到A点时，面临AB、AD两条路线的选择。此时假设两条路线上都没有可感知的信息素，则蚂蚁以50%的概率选择任何一条路线。因此可以假设一半数量的蚂蚁选择了ABC路线，另一半蚂蚁选择了ADC路线。为不失一般性，我们可以进一步假设所有蚂蚁都能在单位时间内爬行一个单位的距离。经过3个单位的时间后，选择ABC路线的蚂蚁到达食物源并且开始携带食物返回；而选择ADC路线的蚂蚁才

刚刚到达 D 点。再经过 1 个单位的时间后,携带食物返回到 C 点的那部分蚂蚁群又面临两种选择:选择 CBA 路线或者 CDA 路线。这时 CB 路线已经有一定浓度的信息素气味,因此大部分蚂蚁都会选择 CBA 路线,其他小部分蚂蚁会选择 CDA 路线。这样短路线 ABC 又能得到相对较多的信息素,从而在竞争中逐渐占据优势。整个过程呈现了正反馈的特点。

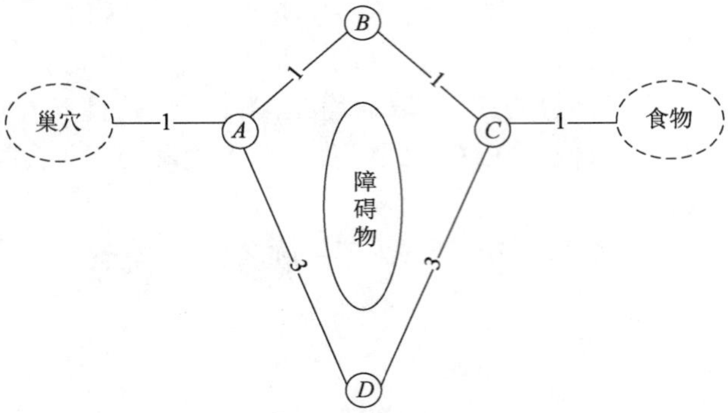

图 6-3　蚂蚁选择路线示意图

从上述模型可以看出,经过一段时间后,短路径能够在相同时间内"承载"更多的蚂蚁,从而获得更多的信息素,这样又会反过来吸引更多的蚂蚁。这种正反馈的机制又被称为自催化行为(Autocatalytic Behavior)。当然,蚂蚁释放的信息素会随着时间的推移而逐渐挥发,蚁群优化模型也模拟了这种机制。当路线上的信息素以一定比例进行挥发时,一方面使得那些长期得不到光顾的长路线逐渐丧失吸引力,另一方面避免了短路线过度积累信息素轨迹,避免蚂蚁的决策由理论上的概率决策变成事实上的确定选择。

从算法的角度来看,蚁群优化算法与进化算法类似,都是具有多个同等地位的个体独立搜索。与传统进化算法不同的是,蚁群优化算法依靠对公共变量(分布于路径上的信息素)的访问而达到合作效果,是一种软合作的概念,而传统进化算法则是更直接地利用个体间的交互算子实现合作,是一种硬合作的概念。

蚁群算法的总体框架如下:

(1)蚂蚁群体初始化。

(2)重复以下过程直到满足终止条件:

①所有蚂蚁选路并释放信息素。

②信息素挥发。

③可选的全局操作,如对当前最短回路进行额外的信息素增强。

(3)输出最好结果。

三、基本算法:蚂蚁系统

蚂蚁系统(Ant System, AS)是一种蚁群优化算法形式。按照信息素轨迹更新方式不同,蚂蚁系统算法有三种不同形式的,分别为蚂蚁密度(Ant-Density)、蚂蚁数量(Ant-Quantity)和蚂蚁圈(Ant-Cycle)。下面首先定义蚂蚁系统中的相关变量,然后分别介绍三种轨迹更新方式。

1. 公共参数定义

(1)设现有全连接的无向图 $G=(V,E)$,每条边的权值等于两端节点 i、j 之间的欧拉距离 d_{ij},且 $d_{ij}=d_{ji}$。

(2)定义每条边的能见度$\mu_{ij}=1/d_{ij}$,它表示该条路线的吸引力,这种定义形式表明短路线的吸引力相对较大。

(3)令 t 时刻处于节点 i 的蚂蚁一共有$b_i(t)$只$(i=1,\cdots,n)$,蚂蚁总数 $m=\sum_{i=1}^{n}b_i(t)$。

(4)令 t 时刻路线(i,j)上的信息素轨迹为$\tau_{ij}(t)$,该变量的迭代公式不仅要考虑新的信息素的增加,还要模拟当前信息素的挥发。

(5)与真实蚂蚁不同,人工蚂蚁 i 具有一个称为禁忌表的数据结构 tabu_i,用以存储已经访问过的节点序列。通过查询禁忌表,蚂蚁不会选择已经走过的节点。当蚂蚁构成了一条回路时,它也将根据禁忌表的节点序列计算这条回路的长度。对禁忌表初始化时,需要清空其记录的节点序列,且将该蚂蚁当前所处的节点记为禁忌表的第一个元素。

(6)定义$p_{ij}(t)$为蚂蚁在 t 时刻选择路线(i,j)的转移概率,它与$[\tau_{ij}]^{\alpha}\cdot[\mu_{ij}]^{\beta}$成正比。其中,$\alpha$ 为信息素的相对重要性(α 大就意味着蚂蚁偏好信息素较大的边);β 为能见度的相对重要性,是一种启发式信息(β 大意味着蚂蚁偏好较短距离的边)。

当蚂蚁 k 处于节点 i 时,它将按照下述规则(可使用遗传算法中的轮盘赌法则)选择下一个节点:

$$p_{ij}(t)=\begin{cases}\dfrac{[\tau_{ij}]^{\alpha}\cdot[\mu_{ij}]^{\beta}}{\sum\limits_{\text{所有可选}j}[\tau_{ij}]^{\alpha}\cdot[\mu_{ij}]^{\beta}} & (j\text{ 可被选择})\\ 0 & (\text{否则})\end{cases} \tag{6-40}$$

其中,j“可选”是指该节点尚未被蚂蚁 k 访问过,即不在该蚂蚁的禁忌表内。

2. 蚂蚁密度模型与蚂蚁数量模型

在这两种轨迹更新方式中,每条路径上的信息素轨迹都按照下式迭代更新:

$$\tau_{ij}(t+1)=\rho\cdot\tau_{ij}(t)+\Delta\tau_{ij}(t,t+1) \tag{6-41}$$

其中,ρ 是一个$[0,1]$内的常数,表示原信息素的保留比率;$\Delta\tau_{ij}(t,t+1)$表示从时刻 t 到时刻 $t+1$时刻,该路径上的信息素浓度的增量

$$\Delta\tau_{ij}(t,t+1)=\sum_{k=1}^{m}\Delta\tau_{ij}^{k}(t,t+1) \tag{6-42}$$

其中,$\Delta\tau_{ij}^{k}(t,t+1)$表示从时刻 t 到时刻 $t+1$ 时刻,第 k 只蚂蚁在该单位长度路径上释放的信息素数量。

在蚂蚁密度模型中,当蚂蚁从节点 i 移动到节点 j 时,在所经过的单位长度的路径上释放Q_1单位的信息素,所以有

$$\Delta\tau_{ij}^{k}(t,t+1)=\begin{cases}Q_1 & (\text{第 }k\text{ 只蚂蚁在 }t\text{ 与 }t+1\text{ 之间从 }i\text{ 移动至 }j)\\ 0 & (\text{否则})\end{cases} \tag{6-43}$$

在蚂蚁数量模型中,当蚂蚁从节点 i 移动到节点 j 时,它在该路线上释放的信息素为常量Q_2,所以有

$$\Delta\tau_{ij}^{k}(t,t+1)=\begin{cases}\dfrac{Q_2}{d_{ij}} & (\text{第 }k\text{ 只蚂蚁在 }t\text{ 与 }t+1\text{ 之间从 }i\text{ 移动至 }j)\\ 0 & (\text{否则})\end{cases} \tag{6-44}$$

这两种算法形式可共用下面的流程描述:

(1)每只蚂蚁相关变量初始化,初始化$\tau_{ij}(t)$,令 $t=0$。

(2)所有 $\Delta\tau_{ij}(t,t+1):=0$,每只蚂蚁初始化禁忌表。

(3)重复以下步骤,直到禁忌表满:

①对每个蚂蚁 k 执行如下步骤{假设它现在处于 i 节点}:

a. 依据转移规则选择下一个节点 j。

b. 将该蚂蚁移动到 j,并将 j 移动到该蚂蚁的禁忌表中。

c. 执行 $\Delta\tau_{ij}(t,t+1):=\Delta\tau_{ij}(t,t+1)+Q_1${蚂蚁密度算法}或 $\Delta\tau_{ij}(t,t+1):=\Delta\tau_{ij}(t,t+1)+\frac{Q_2}{d_{ij}}${蚂蚁数量算法}。

②对每个边 (i,j) 计算 $\tau_{ij}(t+1)$。

(4)目标评价并记录最好解。

(5)若达到终止条件则输出当前最好解;否则令 $t:=t+1$,并返回步骤(2)。

3. 蚂蚁圈模型

这种模型与前面两种模型有很大的区别,它的 $\Delta\tau_{ij}^k$ 只在蚂蚁移动 n 次,即完成了一个环游后才进行更新。令 Q_3 为正值的常量,L^k 是第 k 只蚂蚁当前环游的总路径长度。$\Delta\tau_{ij}^k(t,t+n)$ 的计算公式如下:

$$\Delta\tau_{ij}^k(t,t+n)=\begin{cases}\dfrac{Q_3}{L^k} & (\text{第 } k \text{ 只蚂蚁的环路包含路线}(i,j))\\ 0 & (\text{否则})\end{cases} \tag{6-45}$$

相应地,各条路径上的信息素也只能等到完成环游之后才进行更新,迭代公式为

$$\tau_{ij}(t+n)=\rho_1\cdot\tau_{ij}(t)+\Delta\tau_{ij}(t,t+n) \tag{6-46}$$

类似地,有

$$\Delta\tau_{ij}(t,t+n)=\sum_{k=1}^{m}\Delta\tau_{ij}^k(t,t+n) \tag{6-47}$$

其中,ρ_1 与前面的 ρ 含义相同。蚂蚁圈算法形式可用下面的流程描述:

(1)每只蚂蚁相关变量初始化,初始化 $\tau_{ij}(t)$,令 $t=0$。

(2)所有 $\Delta\tau_{ij}(t,t+1)=0$,每只蚂蚁初始化禁忌表。

(3)对每只蚂蚁 k 执行如下步骤{假设它现在处于 i 节点},直到禁忌表满:

①依据转移规则选择下一个节点 j。

②将该蚂蚁移动到 j,并将 j 移动到该蚂蚁的禁忌表中。

(4)对每只蚂蚁:

①计算其环游长度。

②对构成该环游的每条边 (h,l),应用 $\Delta\tau_{hl}(t,t+n)=\Delta\tau_{hl}(t,t+n)+Q/L^k$。

(5)对每条边 (i,j) 计算 $\tau_{ij}(t+n)$。

(6)评价目标并记录最好解。

(7)若达到终止条件则输出当前最好解;否则令 $t=t+1$,并返回步骤(2)。

四、几种改进策略

对于大规模的问题,基于正反馈的蚂蚁系统算法(以及其他的蚁群优化类算法)显露出不足之处,往往算法经过优先循环后就陷入了局部最优,蚂蚁出现早熟现象。因此,很多后续研究都提出了不同的改进策略。这类研究数量巨大,几乎多数对算法的改进都可以归结于这一目的,下面列举若干改进策略。

1. 精英策略

在算法运行一轮迭代之后，选择一部分获得高质量解的蚂蚁，这些蚂蚁经过的边能够得到额外的信息素奖励。奖励额度与精英蚂蚁的数量、对应环游的长度有关。对有限实例的仿真发现，精英蚂蚁的数量不宜偏大或偏小。

2. 在概率公式中引入噪声

引入噪声机制，主要是为了模仿现实环境中许多不可预料的随机因素改变路径上现存的信息素。当考虑噪声时，转移概率公式变为

$$p_{ij}(t)=\begin{cases}\dfrac{[\tau_{ij}(1+\varepsilon_{ij}(\sigma))]^{\alpha}\cdot[\mu_{ij}]^{\beta}}{\sum\limits_{\text{所有可选}j}[\tau_{ij}(1+\varepsilon_{ij}(\sigma))]^{\alpha}\cdot[\mu_{ij}]^{\beta}} & (j\text{可被选择})\\ 0 & (\text{否则})\end{cases} \tag{6-48}$$

其中，$\varepsilon_{ij}(\sigma)$为一个数学期望为0，标准差为σ的随机噪声函数。

3. 逐步增加节点的环游构筑方法

在这种改进方法中，搜索过程从少数的几个节点开始，然后逐渐加入新的节点，这样人工蚂蚁就能为原问题的每个子问题确定各自比较好的信息素分布，而这个分布又将成为节点增加一个时所得新问题的寻优基础。

4. 信息素轨迹的人工干预

为尽量避免群体的早熟，在蚂蚁搜索陷入停滞状态时，对当前的信息素水平进行强行修改（通过改变参数α、β的数值），这样整个寻优过程就可以在搜索空间内某个可能解附近重新进行。

5. 备选集方案

对于规模较大的组合优化问题，使用构建方法求解时经常面临下一步有很多选择的情形。比如，在TSP中下一可能节点数目很大，这一方面使得计算开销增大，另一方面使多个蚂蚁选择同一个节点的可能性急剧降低。这个时候如果为每个节点设置一个备选集合，下一节点只从这个备选集中圈定，就能大大提高计算效率。显然备选集中的节点都是距离当前节点比较近的、最有可能被选择的节点。

第五节　启发式算法在道路交通工程中的应用

一、车辆路径问题

本章第四节引例涉及的车辆路径问题（VRP问题）在物流配送领域广泛存在。当问题中车辆数目不确定，客户需求量不确定时，可以把VRP问题分成固定车辆数VRP问题和非固定车辆数VRP问题，以及确定性VRP问题和随机性VRP问题。

1. VRP问题与TSP问题的关系

如果不考虑车辆能力约束，则VRP问题可转化为多旅行商问题（Multi-Traveling Salesman Problem，M-TSP）。如果既不考虑车辆能力约束，又规定只用一辆车为所有的客户服务，那么VRP问题就转化为经典的TSP问题。由此可见，M-TSP问题和TSP问题都是VRP问题的一个特例，VRP问题则是M-TSP问题和TSP问题的扩充，其复杂性高于M-TSP问题和TSP问题。因为TSP问题已被证明为NP-Hard问题，所以VRP问题也是NP-Hard问题。

2. VRP 问题的数学模型

VRP 问题所涉及的实际的物流系统可以由以下几部分组成:服务区、仓库、分布在服务区内的服务点。我们要把这样一个经典的 VRP 问题抽象为一个数学模型,需要设定一些前提:只有一个仓库,所有车辆从这里装载货物出发,运送完货物返回仓库;所有车辆的运输能力均相同;每一个服务点只能由一辆车提供服务。问题描述如下:

(1)客户集合 $\boldsymbol{V}=\{i|i=0,1,\cdots,n\}$,其中 $i=0$ 指仓库。

(2)车辆集合 $\boldsymbol{M}=\{k|k=1,2,\cdots,m\}$,$\boldsymbol{S}_k$ 表示车辆 k 配送的客户集合。

(3)客户 i 的需求量q_i($i\in\boldsymbol{V}$,$i=0$ 时$q_0=0$)。

(4)客户 i 到客户 j 的距离c_{ij}:

$c_{i0}=c_{0j}=0,i,j\in\boldsymbol{V}\backslash\{0\}$($c_{i0}$表示从仓库到客户 i 的距离,c_{0j}表示从客户 j 到仓库的距离);

$c_{ij}=\infty(i,j\in\boldsymbol{V},i=j)$;

客户间距离矩阵 $\boldsymbol{C}=(c_{ij})$。

(5)车辆 k 的载重能力Q_k:

$Q_k=Q$,其中 $k\in\boldsymbol{M}$;

$Q\geqslant\max\{q_i,i\in\boldsymbol{V}\}$;

令$x_{ijk}=\begin{cases}1 & (\text{车辆 } k \text{ 在访问客户 } i \text{ 后立即访问客户 } j)\\0 & (\text{否则})\end{cases}$,$y_{ik}=\begin{cases}1 & (\text{车辆 } k \text{ 在访问客户})\\0 & (\text{否则})\end{cases}$。由以上假设,可以建立以下模型:

$$m=\sum\frac{q_i}{Q} \tag{6-49}$$

$$f=\min(w_1\cdot f_1+w_2\cdot f_2\cdot \text{VehicleNum}) \tag{6-50}$$

其中,

$$f_1=\sum\sum c_{ij}x_{ijk} \tag{6-51}$$

$$f_2=\max\{\sum c_{ij}x_{ik}\} \tag{6-52}$$

满足约束

$$\sum y_{ik}=\begin{cases}1 & (i=1,2,\cdots,m)\\ m & (i=0)\end{cases} \tag{6-53}$$

$$\sum q_i y_{ik}\leqslant Q \qquad (k=1,2,\cdots,m) \tag{6-54}$$

$$\sum x_{ijk}=y_{ik} \tag{6-55}$$

$$\sum\sum x_{ijk}\leqslant|\boldsymbol{S}_k|-1,\boldsymbol{S}_k\subseteq\boldsymbol{V},1<|\boldsymbol{S}_k|<n \tag{6-56}$$

$$x_{ijk}\in[1,0],y_{ik}\in[1,0] \tag{6-57}$$

其中,目标函数(6-50)为个体适应值 fitness $=w_1\cdot f_1+w_2\cdot f_2\cdot m$,$f_1$是总路径长度,$f_2$是单条最长路径,$m$ 是车辆数量。约束(6-53)保证每个客户被分配到某辆车(除了仓库被所有车辆访问),约束(6-54)为车辆的能力约束,约束(6-55)保证访问一个客户的车辆也离开那个客户,约束(6-56)消除子环路,约束(6-57)为参数的取值范围。

3. 用遗传算法求解 VRP 问题

(1)遗传编码

VRP 问题的编码要考虑客户以及车辆的编码方式。客户的编码一般用自然数来表示,自然数 i 表示第 i 个客户(0 表示仓库)。车辆的编码有很多方式,这里我们在客户序列中插入

$m-1$（m 为车辆数量）个 0，这样把客户序列分成 m 段，每一段代表一辆车的行走路径，如：

令第 k 个染色体为 $G_k=[0,1,5,4,0,2,3,6,0]$，它表示的路径为

$$第一辆车:\{D,1,5,4,D\}，第二辆车:\{D,2,3,6,D\}$$

其中，D 表示仓库。这样的编码方式有效地解决了车辆的编码问题，而且将 VRP 问题转换成一个 TSP 问题。当然其假设前提是所有车辆的装载能力均一致，因此不需要考虑车辆的顺序。

（2）评估函数

每个基因的适应值可以用所有车辆的总路径来评价：

$$\text{fitness}=w_1\cdot\left(\sum_{k=1}^{m}\sum_{i=1}^{n}\sum_{j=1}^{n}c_{ij}\cdot x_{ijk}\right)+w_2\cdot m\cdot\max\left\{\sum_{i=1}^{n}\sum_{j=1}^{n}c_{ij}\cdot y_{ik}\right\}\tag{6-58}$$

其中，权值w_1、w_2分别为总路径和单条最长路径的重要性比例。如果想解决运输能耗问题，显然总路径越短越好，那么$w_1>w_2$。但这并不意味着节约时间，因为运输货物的时间是第一辆车出发到最后一辆车回来之间的时间差。如果某辆车的路径特别长，可能消耗的时间就会很多，而同时总路程可能很短。同样地，如果想节约时间，则单条最长路径越短越好，那么$w_2>w_1$，但总路径可能相应变长。所以，应该根据侧重点来设置权值w_1、w_2。

（3）可行性判定

假设每辆车的最大载重量为 Q，第 i 个客户的需求为q_i，在某辆车服务了 k 个客户后，其可用的载重能力为Q'_k，于是下式成立：$Q'_k=Q-\sum q_i$。能否访问第 k 个客户取决于$Q'_k\geq 0$ 是否成立。

（4）遗传操作

Inver-Over 算子是一种求解对称 TSP 问题的高效算子，其基本思想是：尽量利用种群中所获得的信息来指引个体的变异或者交叉操作，希望交叉操作所产生的新边都能从种群中获得。当然，还应该有很小部分是随机产生的，这是为了提高搜索到全局最优解的可能性。因为如果城市数比群体规模大，那么初始群体不可能包含全部的边，那些失去的边需要靠随机产生来获得。方法如下：

①随机产生起始城市 C。

②从群体中确定一条以 C 为起点的边e_1。

③如果边e_1在当前个体中则停止操作，否则转步骤④。

④通过交叉操作生成e_1，同时生成另一条新边e_2。

⑤把e_2的起点赋给 C。

⑥转步骤②。

假设当前个体是 $S=[3,8,5,4,7,6,2,9,1]$且随机产生起始城市 $C=5$。若随机数 r（0 到 1 之间的随机浮点数）不超过参数 p，选择来自同一个个体 S 的另一个城市C'（假设$C'=2$），则城市 C 与城市C'之间的部分（不包括城市 C）被交叉，产生了新的个体$S'=[3,8,5,2,6,7,4,9,1]$；如果 r 大于参数 p，则从种群中随机选取另一个个体，假设为$[1,6,7,5,9,2,8,3,4]$，城市C'是这个个体中城市 5 的下一个城市 9，需要交叉的区域是从城市 5 后开始到城市 9，于是新的个体$S'=[3,8,5,9,2,6,7,4,1]$。

Inver-Over 算子利用了群体的信息来指导进化，所以无论是解的质量还是速度都明显比单纯的交叉算子要好得多。Inver-Over 算子可以用以下伪码表示：

```
Procedure Inver-Over (P_i)
Begin
    S_i→P_i;
    Randomly select a city C_i from S_i;
    While (1)
        p = rand ( );
        If p≤p_i then randomly select a city C'_i from remaining of S_i;
        Else randomly choose another chromosome and C'_i is the city that is next to C_i in this chromosome;
        If C'_i is the neighbor of C_i in S_i, then leave while;
        Find C'_i in S_i;
        Invert cities between C'_i and C_i.
    End;
    Evaluate S_i;
    If (S_i better then P_i) Then P_i→S_i;
End.
```

VRP 问题的遗传算法测试采用所罗门(Solomon)在论文 *Algorithms for the Vehicle Routing and Scheduling Problem with Time Window Constraints* 中使用的算例,结果见表 6-4。

VRP 问题测试结果 表 6-4

实例名	客户数	车辆数	遗传算法最优值		已知最优值
			最优值	时间(s)	
T1	150	10	1033.42	272.3560	1028.42
T2	100	10	856.09	105.1430	826.14
T3	199	16	1359.36	439.1830	1334.55
T4	50	5	524.61	5.9650	524.61
T5	75	10	835.79	27.9654	835.26
T6	120	7	1098.57	178.2540	1042.11

表 6-4 中,实例 T2 的访问过程见表 6-5。

VRP 问题实例 T2(D 代表仓库) 表 6-5

车辆序号	所服务的客户数	各车的装载率(%)	车辆访问的具体客户
1	9	91	D—10—12—14—16—15—19—18—17—13—D
2	13	98	D—43—42—41—40—44—45—46—48—51—50—52—49—47—D
3	9	89	D—98—96—95—94—92—93—97—100—99—D
4	10	90	D—91—89—88—85—84—82—83—86—87—90—D
5	11	94	D—75—1—2—4—6—9—11—8—7—3—5—D

续上表

车辆序号	所服务的客户数	各车的装载率(%)	车辆访问的具体客户
6	14	99	D—69—68—64—61—72—80—79—77—73—70—71—76—78—81—D
7	8	90	D—59—60—58—56—53—54—55—57—D
8	11	93	D—21—22—23—26—28—30—29—27—25—24—20—D
9	9	88	D—32—33—31—35—37—38—39—36—34—D
10	6	79	D—67—66—62—74—63—65—D

二、交通枢纽选址问题

本章第三节引例涉及的交通枢纽是城市交通系统的重要组成部分,下面应用粒子群优化算法对第三节引例进行求解。

交通枢纽选址类似于鸟群觅食,但不同的是,交通枢纽选址是带有一定的先验知识的,因为我们事先确定了一定的备选地址,这些地址是基本符合选址要求的。根据选址模型的构造,规划阶段一般是多设施的确定,需要在大量的备选点中选择一定数量的交通枢纽来满足整体需求。由于备选点比较多,已知选择组合的复杂性,备选点很多时将造成“组合爆炸”,运用单纯的优化算法难以得到最优解集,并且运算复杂度高,得到的结果也都是理论上的最优,并不能反映真实的情况。粒子群优化算法通过模拟鸟群觅食的行为来分析选址问题,其过程是剔除备选点中总成本较高的设施点,以期得到交通枢纽建设和运营成本最低的组合方案。

假设所有备选的交通枢纽为“鸟群”,而其中最优的备选枢纽为“食物源”,那么交通枢纽选址规划就相当于鸟群觅食的最优方案。但是交通枢纽选址模型中的变量都是离散分布的,其目标函数与控制量之间为非线性关系,因此交通枢纽选址问题是一个混合整数非线性规划问题(Mixed-Integer Nonlinear Optimization Problem,MINLP)。粒子群优化算法作为一种群体智能方法,能自然、容易地处理连续性变量的函数优化问题,在含整数变量的非线性规划问题的解决方面需要进行离散二进制编码。

1. 编码

模型中变量分为两类:离散型和数值型。对于离散型变量,采用二进制编码,只能取值1或者0。对于数值型变量,采用浮点数编码。数值型变量采用浮点数编码的优点:编码串不会太长,解码方便,可以节约存储空间,种群稳定性更好。编码结构见表6-6。

编码结构　　表6-6

变量	备选位置				
	1	2	3	…	q
z_i	0	1	1	…	0
y_{ki}	00…0	$y_{21}\ y_{22}\cdots y_{2d}$	$y_{31}\ y_{32}\cdots y_{3d}$	…	00…0
w_{ij}	0	w_{k2}	w_{k3}	…	0
x_{jk}	00…0	$x_{21}\ x_{22}\cdots x_{2d}$	$x_{31}\ x_{32}\cdots x_{3d}$	…	00…0

2. 约束处理

解除约束条件最常用的方法是罚函数法,其基本思想是:在目标函数中加上一个能反映是否满足约束条件的惩罚项,从而构成一个无约束的广义目标函数,然后用优化算法对该广义目标函数进行求解,使得算法在惩罚项的作用下找到问题的最优解。约束优化问题一般可表示为

$$\begin{cases}\min f(x) \\ g_i(x) \leqslant 0 \quad (i=1,2,\cdots,m) \\ h_j(x)=0 \quad (j=1,2,\cdots,l)\end{cases} \tag{6-59}$$

式中:$f(x)$、$g_i(x)$、$h_j(x)$——$\boldsymbol{E}^n$的函数;

$g_i(x)$——不等式约束条件;

$h_j(x)$——等式约束条件$|h_j(x)|-\varepsilon \leqslant 0$,$\varepsilon$为可接受精度。

通过采用罚函数法,可以将原问题转化为无约束条件的优化问题,表达式如下:

$$\text{fitness}(x)=f(x)+r \cdot p(x) \tag{6-60}$$

式中:r——惩罚因子;

$p(x)$——罚函数。

3. 适应度函数设计

通过上述介绍的罚函数法,将原问题转化为无约束条件的优化问题,建立适应度评价函数

$$\text{fitness}=F+\frac{1+t}{2\tau_0} \cdot \sum_{i \in A} d_i^2(x) \tag{6-61}$$

式中:F——系统总目标函数;

τ_0——惩罚因子;

t——迭代代数;

$d_i(x)$——表达式为

$$nc_1=\sum_{i \in I} w_{ki}-A_k \quad (k \in K)$$

$$nc_2=\sum_{k \in K} w_{ki}-M_i \quad (i \in I)$$

$$nc_3=\sum_{i \in I} z_i-p$$

$$nc_4=D_j-\sum_{i \in I} x_{ij} \quad (j \in J)$$

$$nc_5=\left|\sum_{j \in J} x_{ij}-\sum_{k \in K} w_{ki}\right| \quad (i \in I)$$

$$i=1,2,\cdots,1+g+2q+d$$

选址问题的粒子群优化算法测试采用以下简单算例:假设有1个交通起点,有10个备选交通枢纽,有15个交通讫点。交通枢纽的最大建设数量为5,其余参数见表6-7~表6-10。

单位出行费用 表6-7

讫点	枢纽									
	1	2	3	4	5	6	7	8	9	10
1	11	9	15	13	19	13	19	16	33	15
2	17	8	14	14	10	9	14	12	28	23
3	13	15	14	10	14	13	29	31	15	26
4	15	16	9	17	23	14	23	28	33	17
5	19	10	15	23	14	19	21	29	31	13
6	15	10	14	15	21	11	9	29	22	20

续上表

讫点	枢纽									
	1	2	3	4	5	6	7	8	9	10
7	16	16	9	23	12	13	15	18	26	14
8	15	14	30	31	19	9	17	16	6	11
9	12	20	17	11	21	12	50	14	16	12
10	25	5	30	25	15	25	30	12	14	9
11	8	13	9	18	7	15	25	13	15	22
12	13	17	18	14	11	19	13	20	23	25
13	30	21	12	22	18	20	18	25	19	20
14	15	7	20	12	15	10	20	20	18	11
15	10	10	9	16	21	16	23	21	12	16
起点—枢纽	15	7	13	16	22	16	30	21	30	20

交通枢纽容量及固定建设成本 表 6-8

项目	枢纽									
	1	2	3	4	5	6	7	8	9	10
建设成本(万元)	8	5	6	6	4	10	7	8	4	3.5
容量	2000	1000	1500	1500	1000	2000	2000	2000	1000	1000
中转费用(元)	30	15	20	16	18	40	60	50	40	25

交通讫点出行吸引量 表 6-9

讫点	1	2	3	4	5	6	7	8	9	10	11	12	13	14	15
吸引量	260	140	180	242	189	221	156	234	146	278	254	135	294	114	247

选址结果比较 表 6-10

算法	选址位置	服务讫点	系统费用(元)	惩罚值
已知最优解	2	2,5,10,12,14	323450	0
	5	3,4,8,13,15		
	9	1,6,7,9,11		
粒子群优化算法	3	2,6,10,13,14	341079	1333.3
	5	3,5,7,8,9,15		
	9	1,4,11,12		

应用粒子群优化算法求解,设主群数为1个,子群数为3个,主群学习因子为1.4,子群学习因子为2。各子群规模为60,最大迭代次数为300次。算法求解结果见表6-10。

习 题

6-1 举例说明什么是组合优化问题,什么是函数优化问题。

6-2 P、NP、NP-C和NP-Hard的区别是什么?NP-C问题或NP-Hard问题的每一个实例是否都不存在多项式时间的最优算法?

6-3　回答下列问题。

(1)说明启发式算法与常规优化求解算法的区别及其各自的使用条件。

(2)什么是遗传算法?说明遗传算法的求解步骤。

(3)将粒子群优化算法应用于组合优化问题的核心步骤是什么?

(4)几类典型的蚁群优化算法的核心区别是什么?

(5)试比较几类典型群体优化算法的主要思想和区别。

6-4　试用蚁群算法求解旅行商问题,其中距离矩阵为

$$\boldsymbol{D} = (d_{ij}) = \begin{pmatrix} 0 & 3 & 1 & 2 \\ 3 & 0 & 5 & 4 \\ 1 & 5 & 0 & 2 \\ 2 & 4 & 2 & 0 \end{pmatrix}$$

6-5　某公司有1、2、3三个纺织厂,有A、B、C、D个配送中心。表6-11列出了每个工厂的年输出量的估计值、给每个仓库的分配量和运输费用。

题6-5中的运输问题的数据:每车的运费(单位:万元)　　表6-11

纺织厂	配送中心				输出
	A	B	C	D	
1	430	550	680	700	105
2	510	590	890	685	160
3	395	425	910	450	85
分配量	70	100	105	75	

(1)求使总运费最少的运输方案。

(2)试用遗传算法进行求解。

6-6　仍考虑习题6-5的纺织品运输问题,公司购买了三辆新卡车用于运输。新卡车的燃油利用率高,预计可以节约50%的运输费用。假设一辆卡车一周可以运一次(一年52次),在每一条路线上或全用旧卡车或全用新卡车。

(1)公司应该如何利用这些卡车从而使节约的费用最多?试建立相应的数学模型。

(2)试用粒子群算法进行求解。

第七章　图论与网络理论

在实际工程中，许多工程系统都可以用节点与连线所组成的图或网络来描述，如公路运输系统、城市公交系统、农田灌溉系统、城市给排水系统及通信系统等。有一些计划工作也可按其相互关系绘制成网络形式，可以认为是沿时间展开的网络。因此，一个工程系统可以用图解模型或网络模型来表示并对其进行分析，即可以把一个工程课题的各种物理量之间的关系用一个抽象的图或网络来描述。利用图与网络的某些性质求解网络模型往往要比求解数学模型简单得多，因此，图论与网络理论在系统分析中占有很重要的地位。

第一节　图与网络的基本概念

一、图

图论所研究的图与人们通常熟悉的图（如数学中各种几何图形、函数图象）是完全不同的。图论所研究的图是指由若干个点和连接这些点中某些“点对”的连线所组成的图形。它可不按比例尺画，线段不代表真正的长度，点和线条的位置也是随意的。图中的点称为顶点（Vertex），线条称为边（Edge）或连线（Link）。在图论中，用顶点表示所研究的对象，用边表示所研究对象间的某种特定关系。因此，图论中的图是一种拓扑图，代表研究对象（顶点）之间的事理关系，通常应用于规划学科、管理学科。

例如，图 7-1a）表示某地区的公路交通网，A、B、C、D、E、F 表示 6 个城镇，A、B、C、D、E、F 之间的连线表示两城镇间的公路，如连线 AB 表示城镇 A、B 间有公路相通这种特定关系。如果研究的问题只是着眼于“两城镇间有无公路相通”这一特定关系，而公路的长度、曲直、坡度、海拔高度、城镇的具体位置都不是主要问题，那么就可用图 7-1b）所示的网状图来代替图 7-1a）所示的公路交通网。

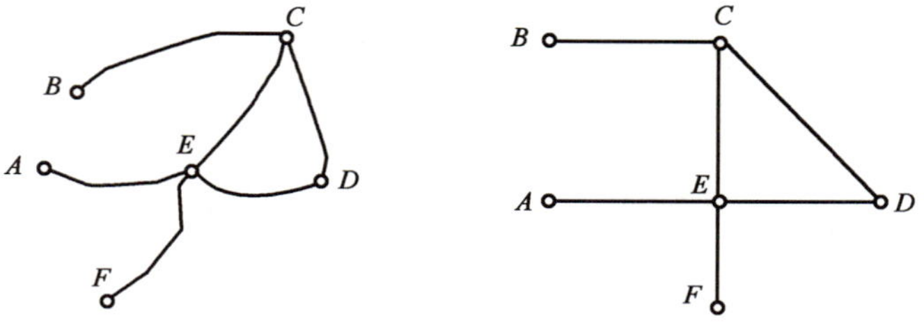

a)　　b)

图 7-1　某地区的公路交通网

单纯从图 7-1b）看不出它所代表的具体含义，这种抽象的图既可以表示公路交通系统，也可以表示农田灌溉系统或通信系统等。所以在图论及网络理论中，对图的讨论是将图的具体

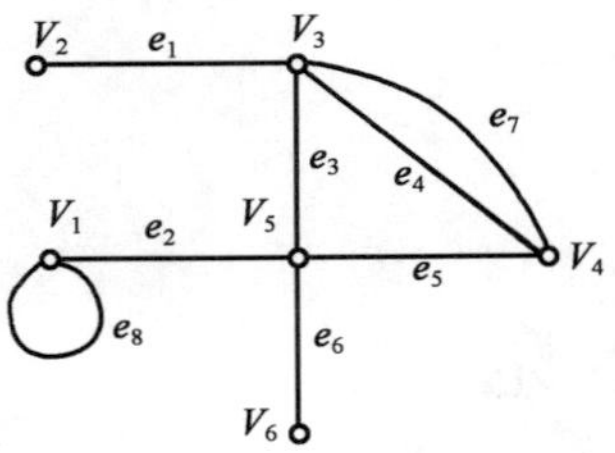

图 7-2　点和边的定义

内容抛开,研究抽象图的一般规律及典型问题的分析和求解方法。

综上所述,可以定义:“图是顶点和边的集合。”图记为 $G=(V,E)$,其中,V 代表点集合,E 代表边集合。记 $n=|V|$,$m=|E|$,n、m 分别为顶点数、边数。图 7-2 中,$V=\{V_1,V_2,V_3,V_4,V_5,V_6\}$,$E=\{e_1,e_2,e_3,e_4,e_5,e_6,e_7,e_8\}$。

设某条边 e_k 的连接点为 V_i、V_j,则记为 $e_k=[V_i,V_j]$。如图 7-2 所示,$e_1=[V_2,V_3]$,$e_2=[V_1,V_5]$,$e_3=[V_3,V_5]$,$e_4=[V_3,V_4]$,$e_5=[V_5,V_4]$,$e_6=[V_5,V_6]$,$e_7=[V_3,V_4]$,$e_8=[V_1,V_1]$。

若 $e=[V_i,V_j]\in E$,则称 V_i、V_j 为边 e 的端点,称 e 为点 V_i 及 V_j 的关联边。如图 7-2 所示,$e_2=[V_1,V_5]$,则 V_1、V_5 为边 e_2 的端点,而 e_2 为点 V_1 及 V_5 的关联边。

若点 V_i 和 V_j 与同一条边相关联,称点 V_i、V_j 是相邻的。若两边 e_i 和 e_j 有一个公共端点,则称 e_i、e_j 是相邻的,如点 V_4、V_5 与同一边 e_5 相关联,则 V_4、V_5 是相邻的;边 e_5、e_6 有一个公共端点 V_5,所以 e_5、e_6 是相邻的。

若一条边的两个端点重合,则称该边为环,如图 7-2 中的边 e_8。

图中若两点之间多于一边,则称这些边为多重边,如图 7-2 中的 e_4、e_7。

若一个图中既没有环也没有多重边,这样的图称为简单图,如图 7-1b)所示。以后的讨论多限于简单图。

二、子图

设有两图 G_1、G_2,$G_1=(V_1,E_1)$,$G_2=(V_2,E_2)$,如果 $V_1\subseteq V_2$,$E_1\subseteq E_2$,则称 G_1 是 G_2 的子图。若 $V_1=V_2$,$E_1\subset E_2$,则称 G_1 是 G_2 的一个部分图;若 $V_1\subset V_2$,$E_1\subset E_2$,即 G_1 不包含 G_2 中所有的顶点和边,则称 G_1 和 G_2 是真子图。

例如,在图 7-3 中,图 b)、图 c)、图 d)均为图 a)的子图,其中图 b)为图 a)的部分图,图 c)、图 d)为图 a)的真子图,图 d)中的点 V_6 称为孤立点。

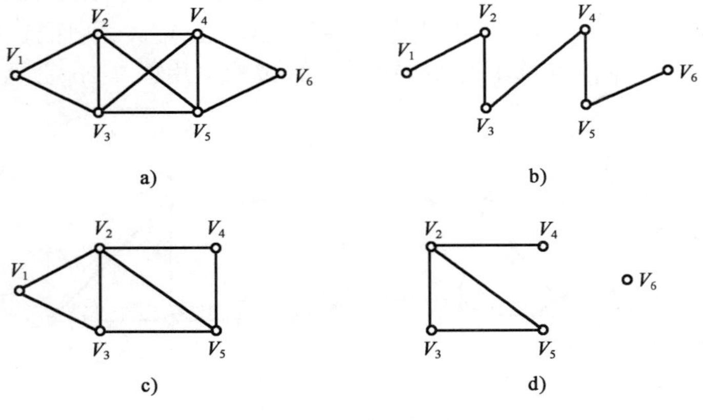

图 7-3　子图和连通图的定义

三、连通图

在图 G 中,若存在某一点与边的连续交替序列 $\{V_{i1},e_{i1},V_{i2},e_{i2},\cdots,V_{iK-1},e_{iK-1},V_{iK}\}$,则称这

个点边序列为一条从 V_{i1} 点到 V_{iK} 点的链,简记为 $\{V_{i1}, V_{i2}, \cdots, V_{iK}\}$。

链 $\{V_{i1}, V_{i2}, \cdots, V_{iK}\}$ 中,若 $V_{i1} = V_{iK}$,即链的起点与终点重合,则称之为圈,圈实际上是闭链。

若链(圈)中所含的边均不相同,则称之为简单链(圈)。若点也不相同,则称之为初等链(圈)。

例如,在图 7-3a)中,$\mu_1 = \{V_1, V_2, V_4, V_5, V_3, V_2, V_4, V_6\}$ 为一条从 V_1 到 V_6 的链,但它不是简单链,因为 $[V_2, V_4]$ 重复两次。$\mu_2 = \{V_1, V_2, V_3, V_1\}$ 为一初等圈,$\mu_3 = \{V_1, V_2, V_5, V_3, V_2, V_4\}$ 为一简单链,$\mu_4 = \{V_1, V_2, V_5, V_4, V_6\}$ 为一初等链。

在一个图中,若任何两点之间至少存在一条链,则称这个图为连通图,否则就称为不连通图。前面所列举的图中除图 7-3d)外均为连通图。在图 7-3d)中,点 V_6 与点 V_4 之间不存在链,故为不连通图。在以后的讨论中,除特别说明外,总是假设给定的图是连通的。

四、树

1. 树及其性质

一个连通图不含任何圈时,则称该图为树,如图 7-4 所示。

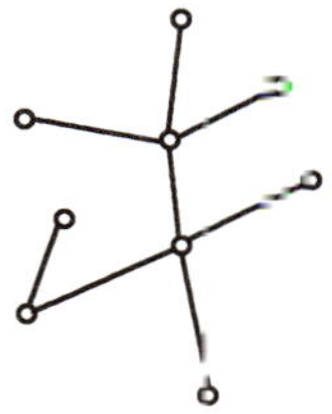

图 7-4 树的定义

树具有以下性质:

(1)在树中,任意两点之间必有一条且仅有一条链。

(2)在树中去掉任意一条边,则树成为不连通图。

(3)在树中任何两个顶点间添上一条边,恰好得到一个圈。

2. 图的部分树

如果图 $G = (V, E)$ 的部分图 $T(V, E')$ 是树,则称 T 为 G 的一个部分树。例如,图 7-3b)所示的图便是图 7-3a)所示图的部分树。可见,部分树一定是部分图,但部分图不一定是部分树。

任意一个连通图 G 中一定存在部分树,已知一个连通图求部分树的方法有两种:一种是破圈法,另一种是避圈法。

(1)破圈法

破圈原则:取一个圈,从圈中抽去任意一边,对余下的图重复这个步骤,直到无圈可破为止,即可得到一棵部分树。

【例 7-1】 在图 7-5a)中,用破圈法求图的部分树。

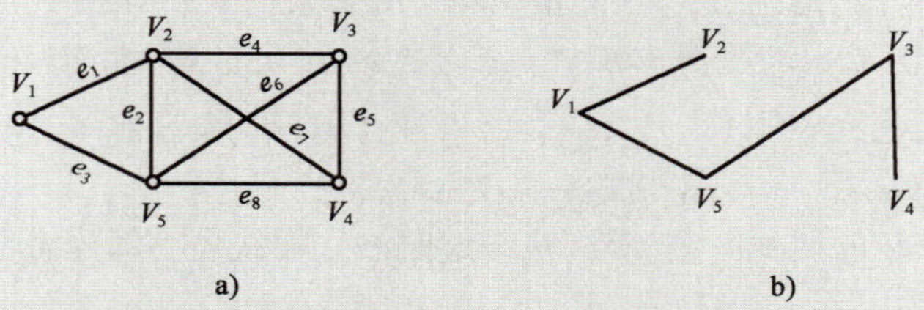

图 7-5 【例 7-1】图

解:先从图中任取一圈 $\{V_1, V_2, V_5, V_1\}$,从圈中去掉一边 e_2,再从圈 $\{V_1, V_2, V_4, V_5, V_1\}$ 中去掉边 e_8,然后从圈 $\{V_1, V_2, V_3, V_4, V_5, V_1\}$ 中去掉边 e_4,最后从圈 $\{V_1, V_2, V_4, V_3, V_5, V_1\}$ 中去掉边 e_7,于是得到图 7-5b)所示的部分树。注意部分树不是唯一的。

(2)避圈法

避圈原则:先在图中任取一条边,然后每步选择与已选边不构成圈的边,直到不能进行时为止。

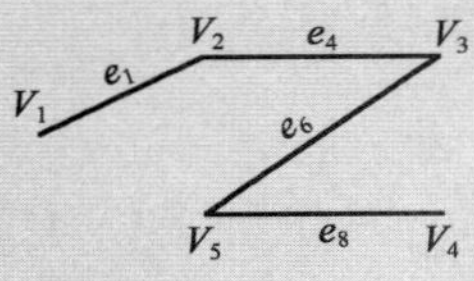

图7-6 【例7-2】图

【例7-2】 用避圈法求图7-5a)的部分树。

解:任取一边 e_1,因为 e_4 与 e_1 不成圈,所以取 e_4;同理 e_6 与 $\{e_1, e_4\}$ 不成圈,e_8 与 $\{e_1, e_4, e_6\}$ 不成圈,因此取 $\{e_1, e_4, e_6, e_8\}$ 四条边,这时不能再增加边,否则将形成圈。所以 $\{e_1, e_4, e_6, e_8\}$ 四边组成图7-5a)所示图的部分树(图7-6)。

3. 最小部分树问题

定义7-1 设图 $G=(V,E)$,对 G 中的每一条边 $[V_i, V_j]$ 相应地有一个数 W_{ij},称这个数为边 $[V_i, V_j]$ 上的权。G 连同边上的权称为赋权图,如图7-7所示。

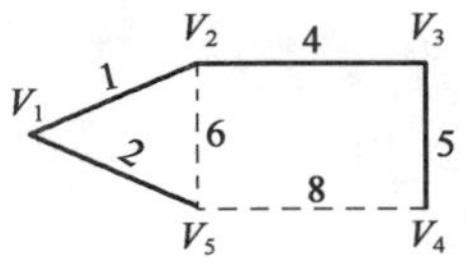

图7-7 赋权图

这里所说的"权"是指与边有关的数量指标,根据实际问题的需要,可以赋予其不同的含义,如表示距离、时间、费用等。

赋权图在图与网络理论及其应用方面有着重要的地位。赋权图的边不仅表示图中各点之间的一般关系,而且表示各点之间的数量关系,它是图与网络优化的基础。所以,赋权图被广泛应用于解决工程技术及科学管理等各领域的最优化问题。最小部分树(简称最小树)问题就是赋权图的最优化问题之一。

设有一连通图 $G=(V,E)$,对于每一条边 $e=[V_i, V_j]$,有一权 $W_{ij} \geqslant 0$,最小树问题就是求图 G 的部分树 T^* 使得

$$W(T^*) = \sum_{(V_i, V_j) \in T^*} W_{ij}$$

取得最小值。

定理7-1(最小树定理) 若 T^* 是图 G 的一棵树,则它是最小树,当且仅当对 T^* 外的每条边 $[V_i, V_j]$ 有

$$W_{ij} \geqslant \max\{W_{i,i1}, W_{i1,i2}, \cdots, W_{iK,j}\}$$

其中,$\{V_i, V_{i1}, V_{i2}, \cdots, V_j\}$ 是树 T^* 内连接点 V_i 和 V_j 的唯一的链。

由树的性质(3)可知,如果将树 T^* 外的任一边 $[V_i, V_j]$ 加入 T^*,则得到唯一的一个圈,显然最小树定理中的条件就是说 $[V_i, V_j]$ 是相应圈上的一条权最大的边。

例如,在图7-7中,实线表示最小树 T^*,虚线表示 T^* 外的边,在圈 $\{V_1, V_2, V_5, V_1\}$ 中,T^* 外的边 $[V_2, V_5]$ 的权最大,而在圈 $\{V_1, V_2, V_3, V_4, V_5, V_1\}$ 中,T^* 外的边 $[V_5, V_4]$ 的权最大,因此实线所表示的树是最小树。

对应于寻求部分树的两种方法(破圈法与避圈法),寻找最小部分树也有两种方法。

(1)破圈法

破圈原则:任取一圈,从圈中去掉一条权最大的边,在余下的图中,重复这个步骤,直到无圈时为止,即可求出最小部分树。

【例7-3】 某城市有6个居民点,道路交通图如图7-8所示。现要沿道路铺设煤气管道,将6个居民点连成网,已知每条道路的长度,求使管道长度最短的铺设方案。

解:煤气管道只能沿着道路布设,并要求通到所有居民点,故表示煤气管道的图必为道路图的部分图,为了使管道总长最短,图中不应有圈,故原问题为一个求最小部分树的问题。任取一圈$\{V_1,V_2,V_6,V_1\}$,去掉权最大的边$[V_2,V_5]$,取圈$\{V_3,V_4,V_5,V_3\}$,再去掉权最大的边$[V_5,V_4]$,取圈$\{V_2,V_3,V_5,V_2\}$,然后去掉边$[V_2,V_5]$,取圈$\{V_1,V_2,V_3,V_5,V_6,V_1\}$,最后去掉边$[V_6,V_5]$,如图 7-9 所示,从而得到最小部分树。图 7-10 即为管道总长为最短的铺设方案,管道总长(最小树的权之和)为 10 个单位。

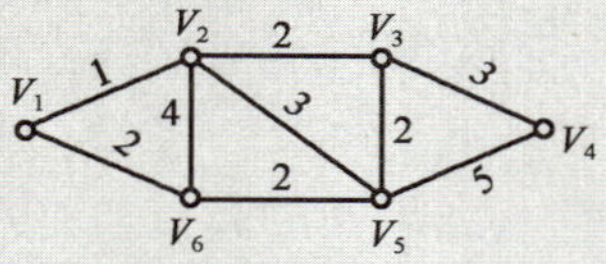

图 7-8 道路交通图

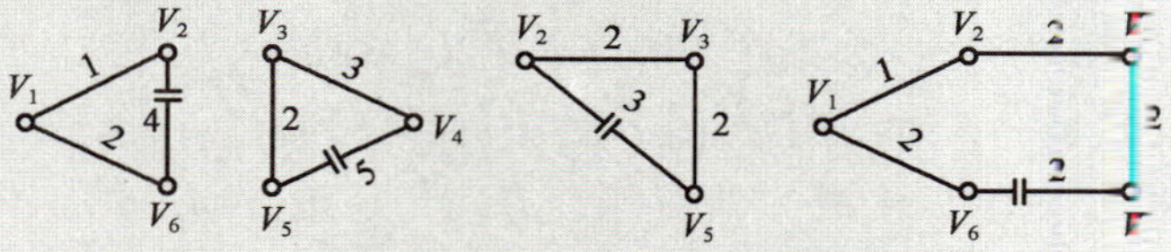

图 7-9 求解最小部分树

(2)避圈法

避圈原则:先从图中选一条权最小的边,以后每步从未选的边中选一条权最小的边,使其与已选的边不构成圈,直到形成部分树。

【例 7-4】 用避圈法求图 7-8 的最小树。

解:先取权最小的边$[V_1,V_2]$,在余下的边中,最小权为 2,这样的边有 4 条,可以任取其中的一条,但应不构成圈,故取$[V_1,V_6]$,然后取$[V_2,V_3]$$[V_6,V_5]$。这时不能再取边$[V_3,V_5]$,否则将构成圈。取不构成圈的边中权最小的边$[V_3,V_4]$,便得到最小树,如图 7-11 所示。图 7-11 与图 7-10 的最小树不一致,但权之和是相同的,都是 10 个单位,可见最小树不是唯一的,但它们的最小权是唯一的。

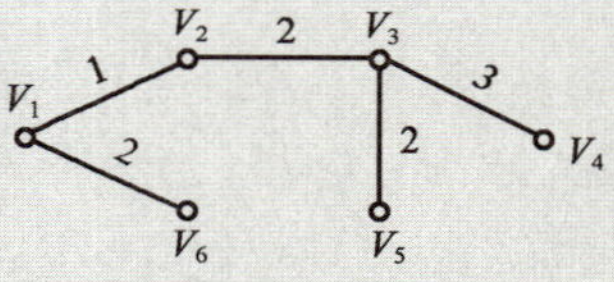

图 7-10 最小树(1)

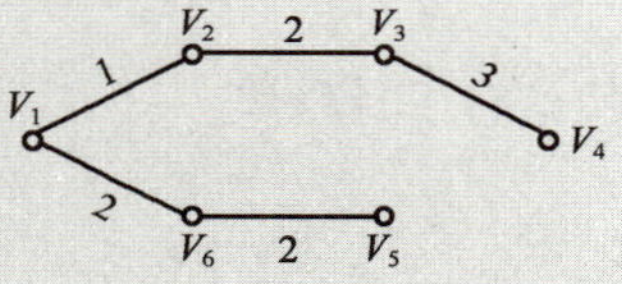

图 7-11 最小树(2)

五、无向图与有向图

前面所讨论的图都没有规定从一点到另一点的方向,即从 V_i 到 V_j 与从 V_j 到 V_i 都是一样的,这种图称为无向图。如果图中每条边均标明方向,规定只能从 V_i 到 V_j,不能从 V_j 到 V_i,这样的图称为有向图。在实际问题中,有些问题可用无向图来描述,如市政管道系统、双向行驶的交通网络,但有些问题用无向图就无法描述,如交通网络中的单行线、一项工程中各项工序之间的先后关系等。显然,这些关系仅用边是无法完全反映的,还必须标明各边的方向。

在有向图中,点与点之间有方向的连线称为弧(Arc),记为 $A=(V_i,V_j)$,注意(V_i,V_j)与(V_j,V_i)是不同的。有向图是由点集 V 和弧集 A 所组成的,记为 $D=(V,A)$。

例如,图 7-12 就是一个有向图,图中 $V=\{V_1,V_2,V_3,V_4,V_5,V_6\}$,$A=\{(V_1,V_2),(V_1,V_6),(V_2,V_6),(V_6,V_2),(V_2,V_3),(V_2,V_5),(V_6,V_5),(V_5,V_3),(V_3,V_4),(V_5,V_4)\}$。

如果从一个有向图 D 中去掉箭头,得到一个无向图,这个无向图就称为 D 的基础图,记为 $G(D)$。图 7-13 是图 7-12 的基础图。

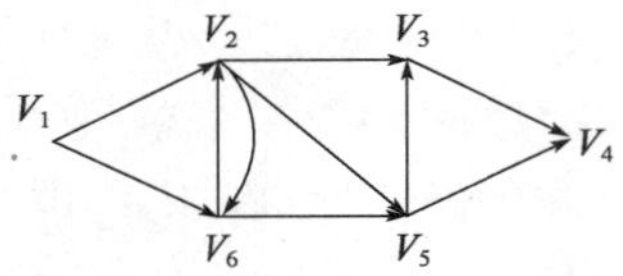

图 7-12　有向图

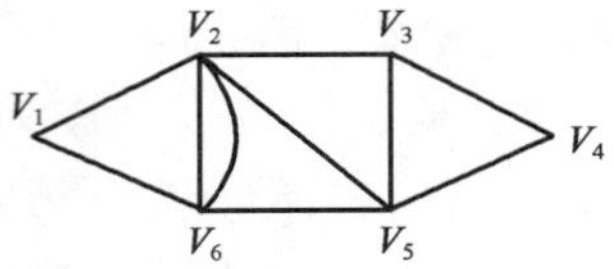

图 7-13　基础图

在有向图(图 7-12)中,从 V_1 到 V_4 沿箭头方向排列一些弧段 $\{V_1, V_2, V_5, V_3, V_4\}$,这些弧段组成一个连续弧的序列,在此序列中各弧段首尾相接而不重复,这就形成了从 V_1 到 V_4 的一条通路(或称路)。如果在弧的序列中某些弧段的方向与前进方向不一致,则从起点到终点的各弧段组成一条链。例如,图 7-12 中的弧序列 $\{V_1, V_2, V_3, V_5, V_4\}$ 便是从 V_1 到 V_4 的一条链。路是链中的一个特例,路中所有弧的方向与前进方向一致。在有向图中,如果路的起点与终点重合,则称该路为回路,若链的起点与终点相重合,则称之为圈。

在无向图中,链与路、圈与回路,这几个概念是一致的。

六、图的计算机表达

图和网络用图形表达虽很直观,但是为了便于计算机编程实现,需要采用一定的表达和存储方法。图可以有多种存储结构,包括关联矩阵、邻接矩阵、邻接表等。

图的关联矩阵用来表示图中各顶点和边(弧)之间的关联状态。以有向图为例,有向图 $G=(V,A)$ 的关联矩阵 $\boldsymbol{B}$ 的定义如下:$\boldsymbol{B}=(b_{ia})_{n\times m}\in\{-1,0,1\}^{n\times m}$,满足

$$b_{ia}=\begin{cases}1 & (\exists V_j\in V, a=(V_i,V_j)\in A)\\ -1 & (\exists V_j\in V, a=(V_j,V_i)\in A)\\ 0 & (\text{否则})\end{cases}$$

也就是说,在关联矩阵中,每行对应一个顶点,每列对应一条弧。若顶点 i 是弧 a 的起点,则关联矩阵中对应的元素为 1;若 i 是 a 的终点,则对应的元素为 -1;若 i 与 a 不关联,则对应的元素为 0。对于简单图,关联矩阵每列只含有两个非零元素(一个 1,一个 -1)。在关联矩阵中,每行元素 1 的个数正好是对应顶点的出度,每行元素 -1 的个数正好是对应顶点的入度。

图 7-12 的关联矩阵 $\boldsymbol{B}$ 为

$$\boldsymbol{B}=\begin{bmatrix}1 & 1 & 0 & 0 & 0 & 0 & 0 & 0 & 0 & 0\\ -1 & 0 & 1 & -1 & 1 & 1 & 0 & 0 & 0 & 0\\ 0 & 0 & 0 & 0 & -1 & 0 & 0 & -1 & 1 & 0\\ 0 & 0 & 0 & 0 & 0 & 0 & 0 & 0 & -1 & -1\\ 0 & 0 & 0 & 0 & 0 & -1 & -1 & 1 & 0 & 1\\ 0 & -1 & -1 & 1 & 0 & 0 & 1 & 0 & 0 & 0\end{bmatrix}$$

图的邻接矩阵用来表示图中各顶点之间的连通状态。以有向图为例,有向图 $G=(V,A)$ 的邻接矩阵 $\boldsymbol{C}$ 的定义如下:$\boldsymbol{C}=(c_{ij})_{n\times n}\in\{0,1\}^{n\times n}$,满足

$$c_{ij}=\begin{cases}1 & ((V_i,V_j)\in A)\\ 0 & ((V_i,V_j)\notin A)\end{cases}$$

也就是说,如果两顶点之间有一条弧,则邻接矩阵中对应的元素为 1;否则为 0。每行元素之和正好是对应顶点的出度,每列元素之和正好是对应顶点的入度。

据此,图 7-12 的邻接矩阵 $\boldsymbol{C}$ 为

$$\boldsymbol{C}=\begin{bmatrix}0&1&0&0&0&1\\0&0&1&0&1&1\\0&0&0&1&0&0\\0&0&0&0&0&0\\0&0&1&1&0&0\\0&1&0&0&1&0\end{bmatrix}$$

在考虑邻接矩阵顶点的连通性的基础上,若进一步考虑其边或弧的权重,就可定义权重矩阵 $\boldsymbol{W}$。有向图 $G=(V,A)$ 的权重矩阵(或称距离矩阵)$\boldsymbol{D}$ 的定义如下:$\boldsymbol{D}=(d_{ij})_{n\times n}$,满足

$$d_{ij}=\begin{cases}0 & (V_i=V_j)\\ d_{ij} & ((V_i,V_j)\in A)\\ \infty & ((V_i,V_j)\notin A)\end{cases}$$

有向图的关联矩阵和邻接矩阵的表示法非常简单、直接。但是,在关联矩阵的所有 $n\times m$ 个元素中,只有 $2m$ 个为非零元素,在邻接矩阵的所有 n^2 个元素中,只有 m 个为非零元素,它们属于稀疏矩阵。对于比较稀疏的网络(如交通网络,顶点的平均出度在 3 左右),这两种表示法会浪费大量的存储空间。

有向图的邻接表也就是所有顶点的邻接顶点集的列表。邻接表的存储效率最高,只需要 $n+m$ 个存储单位,适用于网络结构在程序运行期间需要动态调整的情形。邻接表可以用多种数据结构加以实现,通常采用数组加链表的混合形式。在这样的邻接表中,顶点存储在数组中,对每个顶点用一个单向链表列出该顶点的所有邻接顶点,链表中每个元素实际对应于一条弧(此弧的起点取决于链表头,终点取决于该单元存储的顶点)。

图 7-12 的邻接表如图 7-14 所示,其中箭头代表指向链表下一单元的指针,“∧”代表空指针,即链表结尾。

除了上述形式,图还有其他的存储结构。比如,星形表是邻接表的一种顺序表实现形式,不是采用多个单向链表而是利用一个单一的数组依次存储各个顶点的所有邻接顶点。在交通工程领域,虽然说选用邻接表或者星形表是最为普遍的,但是究竟选择哪一种需要根据具体问题的特点而定。

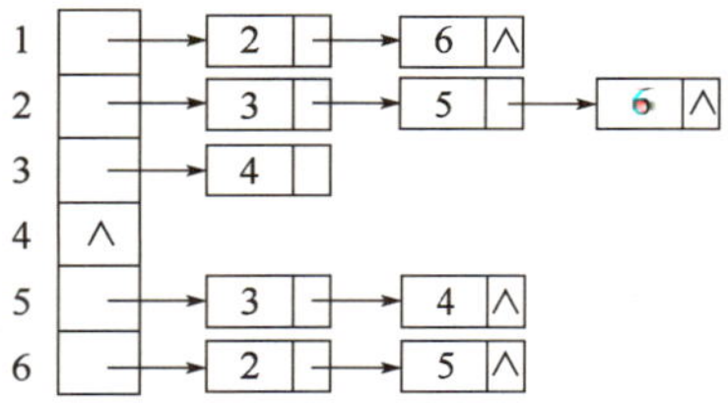

图 7-14 图 7-12 的邻接表

七、网络

网络就是赋予顶点和边一定数值、权重的图,也就是赋权图。对应地,有向网络就是赋权有向图,无向网络就是赋权无向图。

网络和图的区别在于,它不仅代表一种数学形式,而且具有物理结构。但是,图都是可以赋权的,因此在一般场合下,对图和网络的概念都不加细分,两者可以通用。

第二节 最短路问题

所谓最短路问题,就是在一个网络中,相邻节点间的线路长度是已知的,要从某一起点到某一终点之间找出一条路线长度最短的通路。例如,在图 7-15 所示的网络中,求起点 V_1 到终点 V_8 之间的最短通路。

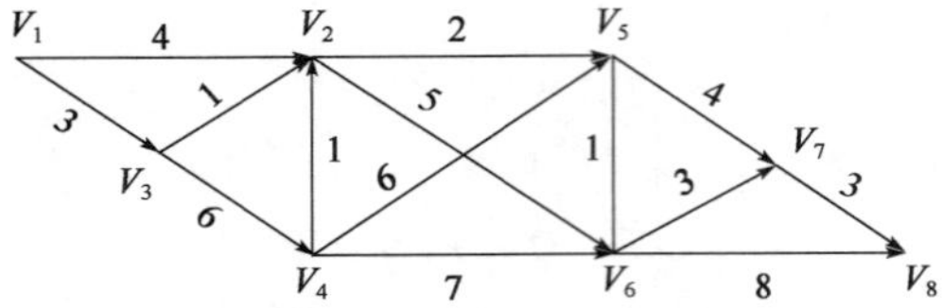

图 7-15　网络示例

许多工程实际问题可以归纳为最短路问题,如交通网络规划、管道铺设等。另外,如拟订施工网络计划的关键线路法,实际上是求工序流程图的最短路线,而运输网络中寻找最少运费问题也可以转化成最短路问题。这里所谓的“长度”是广义的,它可以代表时间、费用、距离等概念。因此,最短路问题的分析对于用最优化方法解决运输问题、管道铺设问题、公路及城市交通网规划问题、生产组织管理问题等都具有指导意义。

最短路问题的分析分为三类:

(1)单源单汇问题:从起点 V_1 到终点 V_n 的最短路问题。

(2)单源多汇问题:从起点到其余点的最短路问题。

(3)多源多汇问题:任意点之间的最短路问题。

一、单源单汇问题

在这里介绍一种由迪杰斯特拉(Dijkstra)提出的算法,这是一种目前公认的较好的算法,这种算法称为标号法,或称 Dijkstra 算法。它不仅能求出从起点 V_1 到终点 V_n 的最短路,而且可以得到从起点 V_1 到任意一点的最短路。

首先从起点 V_1 开始,给每一个顶点记一个数,称为标号,分为 T 标号与 P 标号两种。T 标号表示从起点 V_1 到这一点的最短路权的上界,称为临时标号;P 标号表示从 V_1 到该点的最短路权,称为固定标号。已得到 P 标号的点不再改变,凡是没有标上 P 标号的点,标上 T 标号。算法的每一步都会把某一点的 T 标号修改为 P 标号。经过有限步后,就可给所有的点标上 P 标号,即得到从起点到每一点的最短路权,计算步骤如下:

(1)给 V_1 标上 P 标号,$P(1)=0$,其余各点标上 T 标号。$T_0(j)=+\infty$ 表示从 V_1 到 V_1 的最短路权为 0,从 V_1 到各点的最短路权的上界为 $+\infty$。标号中,括号内的数表示点号,角码 0 表示为初始值。

(2)设 V_i 是前一轮标号(第 $K-1$ 轮标号)刚得到 P 标号的点,则对所有没有得到 P 标号的点进行新的一轮标号(第 K 轮)。考虑所有与 V_i 相邻并没有标上 P 标号的点 V_j,修改 V_j 的 T 标号为

$$T_K(j)=\min\{T(j),P(i)+d_{ij}\}$$

其中,d_{ij} 为 V_i 到 V_j 的距离(权),$T_K(j)$ 为第 K 轮标号前 V_j 点已取得的 T 标号。

在所有的 T 标号中,寻找一个最小的 T 标号 $T_K(j_0)$,方式如下:

$$T_K(j_0)=\min\{T_K(j),T(l)\}$$

其中,$T(l)$ 为与 V_i 不相邻点 V_l 已取得的 T 标号。

给点 T_{j0} 标上 P 标号,即

$$P(j_0)=T_K(j_0)$$

(3)若 D 中已没有 T 标号点,则算法结束;否则转入步骤(2)。

下面用一个例子来说明 Dijkstra 算法。

【例 7-5】 图 7-16 所示为某地区 7 个城镇间的公路交通网。城镇 1 有一批货物需运往城镇 7。网络边上的数据为综合运输费用，如何选择路线，才能使总的综合运费最小？

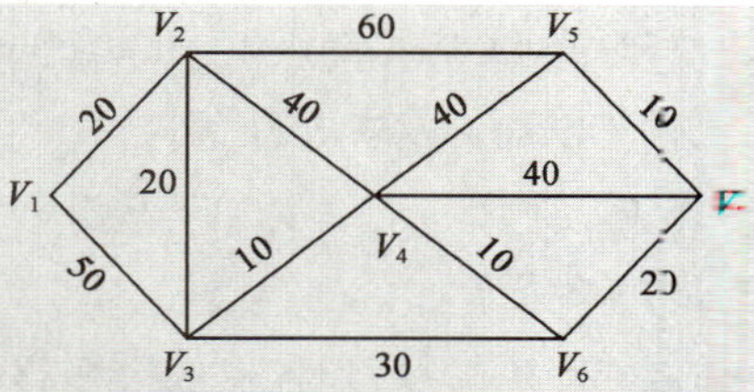

图 7-16 【例 7-5】图

解：这是一个最短路问题，像这样一个较为简单的网络，可以穷举可能的路线，从中选择最短的一条。如果网络比较复杂，各种可能的路线不胜枚举，就需要通过有效的办法来找出最短路。下面用 Dijkstra 算法来求解这一问题。

(1)首先给点 V_1 标上 $P(1)=0$，其他点标上 T 标号，$T(j)=\infty\ (j=2,3,4,5,6,7)$。

(2)将与顶点 V_1 直接相连而又属于 T 标号的 V_2、V_3 点的 T 标号修改如下：

$$
\begin{aligned}
T(2) &= \min\{T(2),P(1)+d_{12}\}\\
&=\min\{\infty,0+20\}\\
&=20\\
T(3) &= \min\{T(3),P(1)+d_{13}\}\\
&=\min\{\infty,0+50\}\\
&=50
\end{aligned}
$$

当前所有 T 标号中，V_2 的 T 标号最小，则给 V_2 标上 P 标号，将 $T(2)=20$ 改写成 $P(2)=20$。

(3)将与顶点 V_1 直接相连而又属于 T 标号的 V_3、V_4、V_5点的 T 标号修改如下：

$$
\begin{aligned}
T(3) &= \min\{T(3),P(2)+d_{23}\}\\
&=\min\{50,20+20\}\\
&=40\\
T(4) &= \min\{T(4),P(2)+d_{24}\}\\
&=\min\{\infty,20+40\}\\
&=60\\
T(5) &= \min\{T(5),P(2)+d_{25}\}\\
&=\min\{\infty,20+60\}\\
&=80
\end{aligned}
$$

当前所有 T 标号中，V_3的 T 标号最小，则给 V_3标上 P 标号，将 $T(3)=40$ 改写成$P(3)=40$。

下面依次类推，得到 V_4、V_6、V_7的固定标号 $P(4)=50$，$P(6)=60$，$P(7)=80$。这时由于终点 V_7已经得到固定标号，则算法结束。如果想知道城镇 V_1到每个城镇的最少费用，则继续上述过程直到每个顶点都获得固定标号为止。

可见，从城市 V_1到城市 V_7的最少综合运费为 80 个单位，从城市 V_1 到城市 V_4的最少运费为 50 个单位，从城市 V_1 到城市 V_6的最少运费为 60 个单位。

需要指出的是，以上求得的是从某一点到另外一点的最短路权，而实际上要求的是具体的最短路线，因此，还必须在求得各点最短路线之后，采用“反向追踪”法求出最短路线。“反向追踪”法从线路的终点 V_n 开始反向寻找最短路线,设 P_j 为起点 V_1 到某一点 V_j 的最短路权,已由 Dijkstra 算法求得,则寻找一点 V_K,使 $P_K + d_{Kn} = P_n$,记下弧(V_K, V_n),再考查 P_K,寻找一点 V_i,使 $P_1 + d_{iK} = P_K$,记下弧(V_i, V_K),依次类推,直至到达起点 V_1 为止。于是从 V_1 到 V_n 的最短路线为$\{V_1, \cdots, V_i, V_K, V_n\}$。

在本例中,从 V_1 到各点的最短路权 $V_1 \to V_1$ 为 0,$V_1 \to V_2$ 为 20,$V_1 \to V_3$ 为 40,$V_1 \to V_4$ 为 60,$V_1 \to V_5$ 为 80,$V_1 \to V_6$ 为 60,$V_1 \to V_7$ 为 80,即 $P_1 = 0, P_2 = 20, P_3 = 40, P_4 = 60, P_5 = 80, P_6 = 60, P_7 = 80$。现在要寻找从 V_1 到 V_7 的最短路线。先考查 P_7,易得 $P_6 + d_{67} = 60 + 20 = 80 = P_4$,记下$(V_6, V_7)$,再采用同样的方法考查 P_6,最终得到从 V_1 到 V_7 的最短路线为$\{V_1, V_2, V_3, V_4, V_6, V_7\}$。

利用图上作业法进行标号比较直观,工程上经常采用。图上作业法求解时,每修改一次标号,画一幅图并确定一个 P 标号,直至终点标上 P 标号。

【例 7-6】 用图上作业法求图 7-16 所示的网络中 V_1 到 V_7 的最短路线。

解:用图上作业法求得的最短路线如图 7-17 所示。

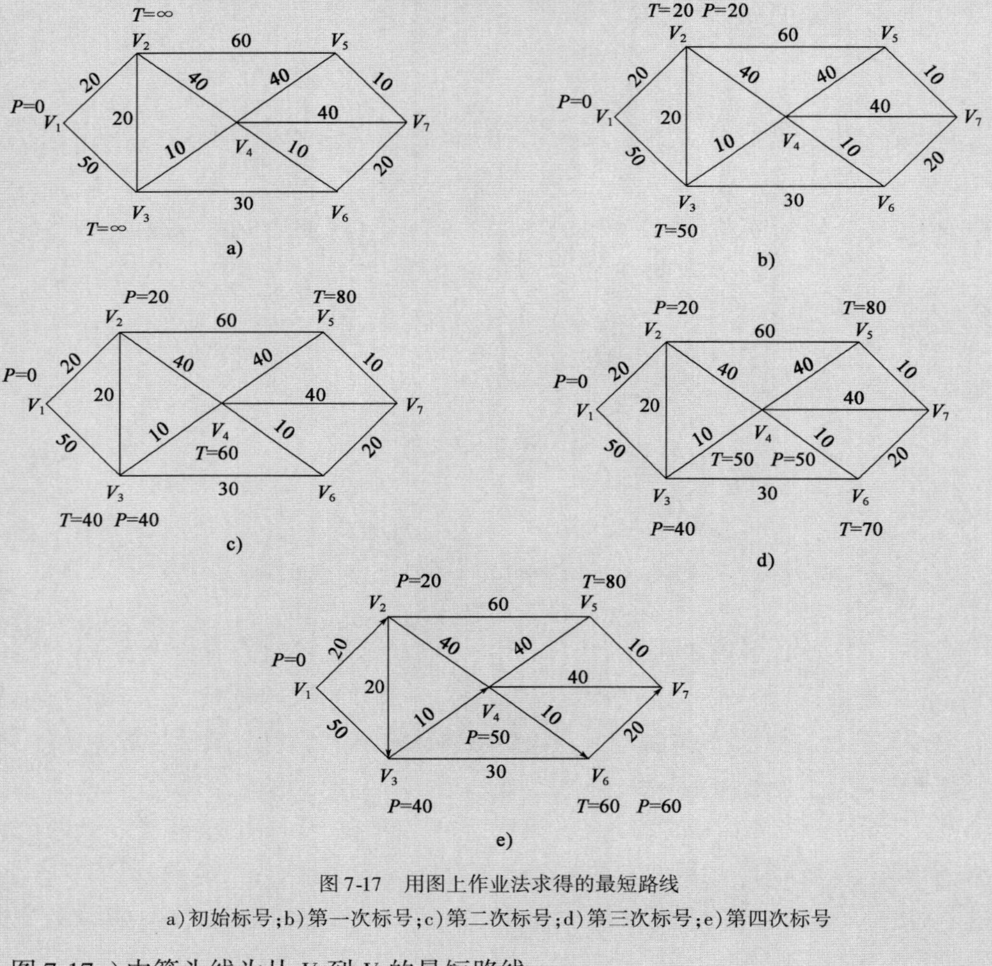

图 7-17 用图上作业法求得的最短路线

a)初始标号;b)第一次标号;c)第二次标号;d)第三次标号;e)第四次标号

图 7-17e)中箭头线为从 V_1 到 V_7 的最短路线。

二、单源多汇问题

实际上，上一节介绍的 Dijkstra 算法只是最短路标号算法族的其中一种。根据每次迭代选取当前扫描节点的不同策略，标号法又可分为标号设定算法和标号修正算法两大类。标号设定算法基于最短优先搜索，当弧长非负时每一步都能得到一条从源点到当前扫描节点的最短路。由此若仅需要单源单汇最短路，一旦终点被扫描到即可结束；Dijkstra 算法就是著名的标号设定算法，几乎成了标号法的代名词。标号修正算法基于列表搜索，算法不管弧长的正负，即使单源单汇最短路也需等到算法完全结束时才能得到，因此比较适合求解单源多汇问题。

针对交通网络的特征，基于 Deque 结构（一种栈与队列的组合结构）的标号修正算法很适合交通网络中单源多汇最短路问题的有效求解。该算法的提出和完善主要归功于穆尔（Moore）和佩普（Pape），因此它也被称为 Moore-Pape 算法。以下将结合一个例子详细讨论在计算机上实现该算法的相关细节。

1. 网络存储

邻接表及其特殊形式星形表是有效存储交通网络的数据结构。对于图 7-18a）所示网络，可以存储在图 7-18b）所示的星形结构中。

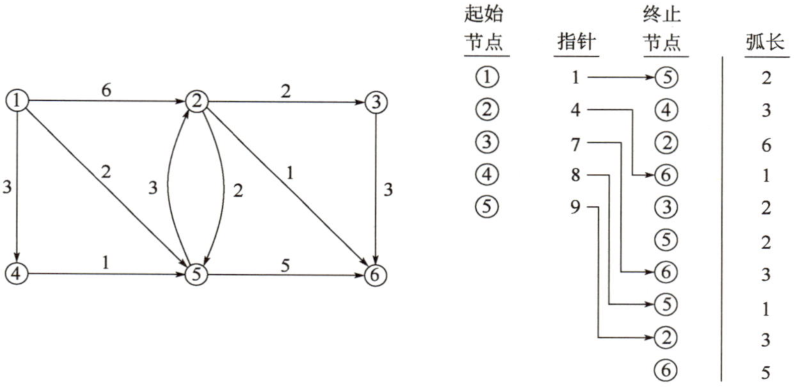

a) b)

图 7-18 网络与星形结构

a）交通网络；b）星形结构

该星形结构由 2 个数组构成：一个长度为 6（节点数 n）的节点数组，一个长度为 10（弧数 m）的弧数组。其中，节点按升序排列，每个节点拥有一个指针（实际是个编号），指明由该节点引出的弧在弧数组中的起始位置。节点 6 没有引出任何弧，因此对应的指针为 0。弧仅由其端点表示，由同一节点引出的所有弧都紧挨着存储在弧数组中。这样一个完整的网络就可以用一个长度为 n 的数组加上一个长度为 m 的数组表示。利用星形表形式很容易存取由各个节点引出的所有弧。

2. 列表管理

如图 7-19 所示，Deque 结构 Q 可以看成栈 S 和队列 Q' 的结合体，其增删元素的规则为：当一个节点第一次被加入 Q 时放在 Q' 的尾部，当同一节点再次被加入 Q 时则被放在 S 的头部；要从 Q 中删除一个节点，若 S 非空则删除 S 的头元素，若 S 为空则删除 Q' 的头元素。

如何实现上述 Q 直接关系到算法的效率。首先，为了避免重复计算，只有不存在于 Q 中的节点才应当被添加到列表中。其次，应当按照一定的顺序存取列表元素（选择当前扫描节点）。需要说明的是，真正在计算机上实现时，若要在 Q 头上添加一个节点，并不需要在物理

上移动其余所有节点。事实上,Q 可以定义为一个长度为 n 的数组 s,数组元素根据节点在列表中的状态取值为

$$s(i)=\begin{cases}-1 & (\text{节点 } i \text{ 曾存在于 } Q \text{ 中,但目前未在})\\ 0 & (\text{节点 } i \text{ 从未在 } Q \text{ 中出现过})\\ j & (\text{节点 } i \text{ 正在 } Q \text{ 中且其下一个节点是 } j)\\ \infty & (\text{节点 } i \text{ 正在 } Q \text{ 中且是最后一个节点})\end{cases}$$

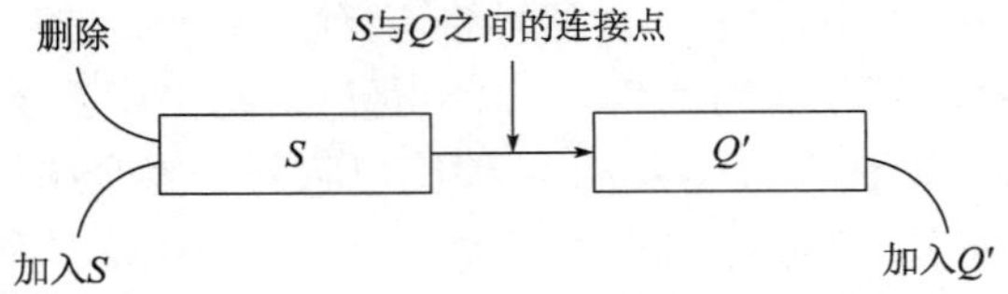

图 7-19 Deque 管理策略

另外,Q 的首尾各用一个指针来标识。将节点 j 添加到 Q 头部对应着如下操作:置 $s(j):=h$(h 为原头节点),并将头指针改为指向 j。同理,将节点 j 添加到 Q 尾部对应着如下操作:置 $s(j):=\infty$,$s(t):=j$(t 为原尾节点),并将尾指针改为指向 j。

3. 算法流程

完整的 Moore-Pape 算法流程如图 7-20 所示,p_i 为节点 i 在当前最短路中的前趋节点。

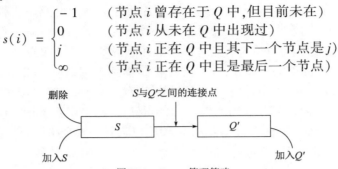

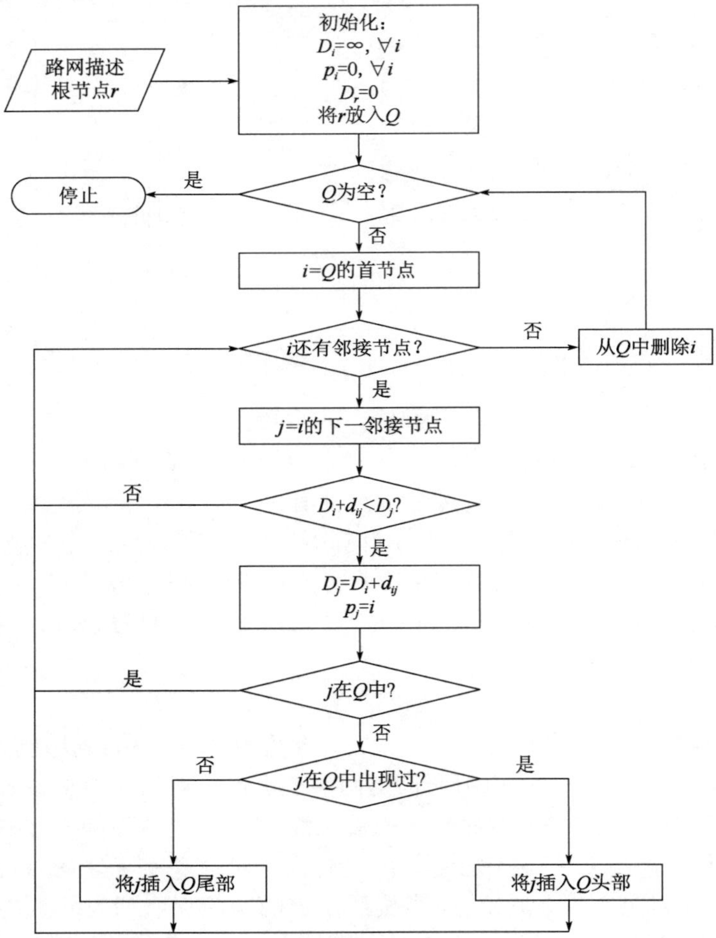

图 7-20 完整的 Moore-Pape 算法流程

【例 7-7】 对于图 7-18 所示的网络,应用 Moore-Pape 算法求解从节点 1 到其余节点的最短路。

解:首先初始化,令所有节点的标号为∞,所有节点的前趋节点为 0。然后令节点 1 的标号为 0,并放入 Q。扫描 Q 中的各节点,选出节点 1 进行检查(此时没有其他可选节点)。从节点 1 出发可到达三个节点(5,4,2),按顺序进行检查;先考虑节点 5,因 $D_1 + d_{15} = 0 + 2 < D_5 = \infty$,所以节点 5 的标号修改为 2,并将节点 5 插入 Q 尾部。当弧 1→4 和弧 1→2 相继检查完毕后,节点 1 才能从 Q 中删除。依次类推,直至 Q 为空。表 7-1 列出了详细的计算过程。

计算过程中各节点的标号、前趋节点以及 Q 中元素的变化情况 表 7-1

迭代数	检查弧	标号 D_i						前趋节点 p_i						Q 元素
		①	②	③	④	⑤	⑥	①	②	③	④	⑤	⑥	
0	—	0	∞	∞	∞	∞	∞	0	0	0	0	0	0	1
1	1→5	0	∞	∞	∞	2	∞	0	0	0	0	1	0	1,5
2	1→4	0	∞	∞	3	2	∞	0	0	0	1	1	0	1,5,4
3	1→2	0	6	∞	3	2	∞	0	1	0	1	1	0	5,4,2
4	5→2	0	5	∞	3	2	∞	0	5	0	1	1	0	5,4,2
5	5→6	0	5	∞	3	2	7	0	5	0	1	1	5	4,2,6
6	4→5	0	5	∞	3	2	7	0	5	0	1	1	5	2,6
7	2→6	0	5	∞	3	2	6	0	5	0	1	1	2	2,6
8	2→3	0	5	7	3	2	6	0	5	2	1	1	2	2,6,3
9	2→5	0	5	7	3	2	6	0	5	2	1	1	2	6,3
10	—	0	5	7	3	2	6	0	5	2	1	1	2	3
11	3→6	0	5	7	3	2	6	0	5	2	1	1	2	空

第 10 次迭代没有检查任何弧,因为不存在从节点 6 直接发出的弧;第 11 次迭代结束后,Q 为空,故算法结束。从节点 1 到其余节点的最短路可以根据各节点的前趋节点反向追踪得到,如节点 1 至节点 6 的最短路为 1→5→2→6。

三、多源多汇问题

在多源多汇问题中,需要知道网络中各个点之间的最短路。例如,在城市交通规划中,进行出行交通量分配时,就需要知道各个出行节点之间的最短路。对这种情况,当然可将其分解为 n 个单源多汇问题,反复调用前面介绍的标号算法 n 次进行求解。除此之外,这里介绍一种借助距离矩阵求解多源多汇问题的矩阵迭代方法,称为 Floyd-Warshall 算法。和标号算法相比,Floyd-Warshall 算法易于理解和编程实现,并且更适合求解稠密网络中任意点之间的最短路问题。

【例 7-8】 对于图 7-21 所示的网络,应用 Floyd-Warshall 算法求解所有节点对之间的最短路。

解:首先按第一节中介绍的原理构造距离矩阵 $\boldsymbol{D}^{(0)}$ 如下:

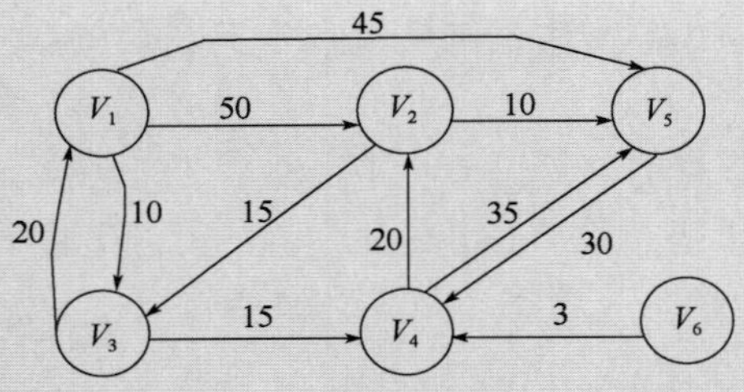

图 7-21 【例 7-8】图

$$D^{(0)}=\begin{bmatrix}0&50&10&\infty&45&\infty\\ \infty&0&15&\infty&10&\infty\\ 20&\infty&0&15&\infty&\infty\\ \infty&20&\infty&0&35&\infty\\ \infty&\infty&\infty&30&0&\infty\\ \infty&\infty&\infty&3&\infty&0\end{bmatrix}$$

记第 $k(1\leqslant k\leqslant n)$ 次迭代时,$D^{(k)}=\varphi(D^{(k-1)})=(d_{ij}^{(k)})_{n\times n}(i,j=1,2,\cdots,n)$,其中,$\varphi$ 为运算号,其运算规则如下:

$$d_{ij}^{(k)}=\min\{d_{ij}^{(k-1)},d_{ik}^{(k-1)}+d_{kj}^{(k-1)}\}$$

利用上式反复迭代,那么矩阵 $D^{(n)}$ 就是最短路权矩阵。

在本例中,如$d_{32}^{(1)}=\min\{d_{32}^{(0)},d_{31}^{(0)}+d_{12}^{(0)}\}=\min\{\infty,20+50\}=70$,其他元素同理可得。依次计算得

$$D^{(1)}=\begin{bmatrix}0&50&10&\infty&45&\infty\\ \infty&0&15&\infty&10&\infty\\ 20&70&0&15&65&\infty\\ \infty&20&\infty&0&35&\infty\\ \infty&\infty&\infty&30&0&\infty\\ \infty&\infty&\infty&3&\infty&0\end{bmatrix}$$

$$D^{(2)}=\begin{bmatrix}0&50&10&\infty&45&\infty\\ \infty&0&15&\infty&10&\infty\\ 20&70&0&15&65&\infty\\ \infty&20&35&0&30&\infty\\ \infty&\infty&\infty&30&0&\infty\\ \infty&\infty&\infty&3&\infty&0\end{bmatrix}$$

$$D^{(3)}=\begin{bmatrix}0&50&10&25&45&\infty\\ 35&0&15&30&10&\infty\\ 20&70&0&15&65&\infty\\ 55&20&35&0&30&\infty\\ \infty&\infty&\infty&30&0&\infty\\ \infty&\infty&\infty&3&\infty&0\end{bmatrix}$$

$$D^{(4)}=\begin{bmatrix}0&45&10&25&45&\infty\\ 35&0&15&30&10&\infty\\ 20&35&0&15&45&\infty\\ 55&20&35&0&30&\infty\\ 85&50&65&30&0&\infty\\ 58&23&38&3&33&0\end{bmatrix}$$

继续计算下去时,发现 $D^{(6)}=D^{(5)}=D^{(4)}$,$D^{(6)}$ 即为图 7-21 所示网络的最短路权矩阵。

上述算法算得的最短距离矩阵 $D^{(n)}$ 是任意两点之间的最短路权,而与它相应的最短路,还需用"反向追踪"法来确定。

需要说明的是,前面讨论的求最短路的各种方法中,均假设权为非负。如果权为负,则标号设定算法失效,但标号修正算法和矩阵迭代算法继续有效,相关讨论可参考其他文献。

第三节 最大流问题

一、基本概念与基本定理

许多工程系统的网络包含流量的问题。例如,有两个城市 A 和 B,两城市之间有许多中间站(集镇),由道路网连在一起形成一个道路交通运输网络,如图 7-22 所示。连接城镇的路段(网络中的弧)的通行能力是有限的。通行能力即单位时间内能通过路段的最多车辆数。图中弧旁的数据为每日的通行能力,也称路段容量。那么,对整个网络来说,A、B 两城市之间的最大通行能力是多少就是一个网络最大流问题。另外,输电网的输电能力、供水系统的供水能力、输油管道系统的输油能力等也可归纳为网络最大流问题。

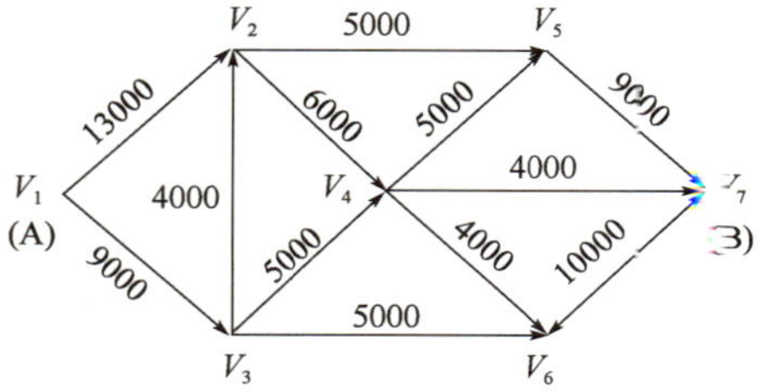

图 7-22　道路交通运输网络(单位:辆/d)

1. 网络与流

定义 7-2　给定一个有向图 $D=(V,A)$,在 V 中指定两点——V_s 与 V_t,称 V_s 为发点,V_t 为收点,其余的点为中间点。对于图中的每一弧 $(V_i,V_j)\in A$,对应有一个数 $C_{ij}\geqslant 0$,称为弧的容量。把这样的图 D 称为网络,记作 $D=(V,A,C)$。

图 7-22 中,A 城为发点 V_s,B 城为收点 V_t,图中弧旁数据为容量 C_{ij},如 $C_{32}=4000$,$C_{45}=5000$ 等。

所谓网络的流,是指定义在弧集合 A 上的一个函数 $f=\{f_{ij}\}$,并称 f_{ij} 为弧 (V_i,V_j) 上的流量。例如,在图 7-22 所示的交通网络中,各路段上的交通量即为各相应弧上的流量,这些流量的集合就是该网络的流 f。f 是个函数,它随着各弧上的流量改变。

2. 可行流与最大流

从图 7-22 所示的交通网络中可以看出,对于流有两个明显的要求:一是每个弧上的流量不能超过它的容量(通行能力),二是中间点的流量为 0。因为对于每个中间点,流出这个点的总交通量与流进这个点的总交通量之差是这个点的净产生量,简称这个点的流量,由于中间点只起运转作用,流进该中间点的交通量应该等于流出该中间点的交通量,即该点的流量必为 0。易见,发点发出的交通量与收点收到的交通量应该相等,它就是整个交通网络的交通量。因此有如下定义:

定义 7-3　满足下述条件的流 f 称为可行流。

(1)容量限制条件:对每一弧 $(V_i,V_j)\in A$,有

$$0\leqslant f_{ij}\leqslant C_{ij}$$

(2)平衡条件:对于中间点,有

$$\text{流出量}=\text{流入量}$$

即对每个 $i(i\neq s,t)$,有

$$\sum_{(V_i,V_j)\in A} f_{ij}-\sum_{(V_j,V_i)\in A} f_{ji}=0$$

对于发点 V_s,记为

$$\sum_{(V_s,V_j)\in A} f_{sj}-\sum_{(V_j,V_s)\in A} f_{js}=V(f)$$

对于收点 V_t,记为

$$\sum_{(V_t,V_j)\in A} f_{tj} - \sum_{(V_j,V_t)\in A} f_{jt} = -V(f)$$

其中,$V(f)$为可行流的流量,即发点的净输出量(或收点的净输入量)。

可行流总是存在的,如所有弧的流量 f_{ij} 均为 0 就是一个可行流(零流)。显然,符合上述条件的可行流 f 不是唯一的。

网络最大流问题就是要找一个流 $\{f_{ij}\}$,使其流量达到最大,并满足下列约束条件:

$$0 \leqslant f_{ij} \leqslant C_{ij} \qquad ((V_i,V_j) \in A)$$

$$\Sigma f_{ij} - \Sigma f_{ji} = \begin{cases} V(f) & (i \neq s) \\ 0 & (i \neq s,t) \\ -V(f) & (i = t) \end{cases}$$

可见,最大流问题也是一个线性规划问题,当然也可用线性规划的单纯形法求解,但是,利用图的特点,解决这个特殊线性规划问题较单纯形法要方便、直观得多。

3. 增广链

若给定一个可行流 $f=\{f_{ij}\}$,则将网络中使 $f_{ij}=C_{ij}$ 的弧称为饱和弧,$f_{ij}<C_{ij}$ 的弧称为非饱和弧,$f_{ij}=0$ 的弧称为零流弧,$f_{ij}>0$ 的弧称为非零流弧。

若 μ 是网络中从发点 V_s 到收点 V_t 的一条链,定义链的方向是从 V_s 到 V_t,则链上的弧被分为两类:一类是弧的方向与链的方向一致,叫作前向弧,前向弧的全体记为 μ^+;另一类弧与链的方向相反,称为后向弧,后向弧的全体记为 μ^-。

在图 7-22 中,考查链 $\mu=\{V_1,V_2,V_3,V_4,V_5,V_7\}$,则

$$\mu^+ = \{(V_1,V_2),(V_3,V_4),(V_4,V_5),(V_5,V_7)\}$$

$$\mu^- = \{(V_2,V_3)\}$$

定义 7-4 设 f 是一个可行流,μ 是从 V_s 到 V_t 的一条链,若 μ 满足下列条件,则称之为关于可行流的一条增广链。

在前向弧 μ^+ 上,$0\leqslant f_{ij}<C_{ij}$,即 μ^+ 中每一条弧均是非饱和弧。

在后向弧 μ^- 上,$0<f_{ij}\leqslant C_{ij}$,即 μ^- 中每一条弧均是非零流弧。

4. 割集与割量

设某网络图如图 7-23 所示,在网络的某处横切一些弧,把网络切成两半:一半包含发点 V_s,另一半包含收点 V_t。若将被切的弧全部去掉,即将弧集 $E_1=\{(V_2,V_4),(V_3,V_4),(V_3,V_5)\}$ 去掉,则发点 V_s 与收点 V_t 之间不存在通路。这个弧集 E_1 被称为割集。

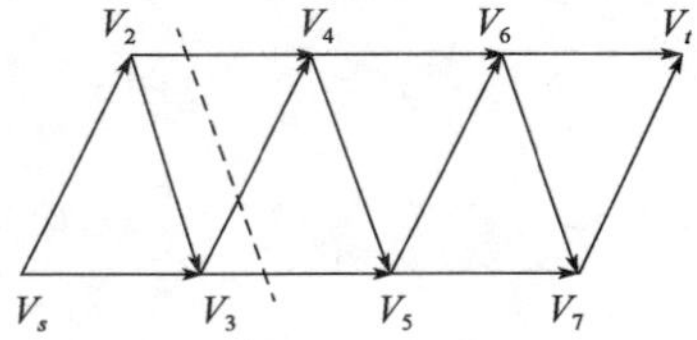

图 7-23 某网络图

一般地,若网络的节点集为 V,把节点集 V 分割成两个集合 S、T。S 包含发点 V_s,T 包含收点 V_t,并使得 S、$T\subset V$,$S\cup T=V$,$S\cap T=\varnothing$,则把由起点在 S、终点在 T 的所有弧组成的集体 (S,T) 称为割集。把割集 (S,T) 中的所有弧的容量之和称为这个割集的容量(割量),记为 $C(S,T)$,即

$$C(S,T) = \sum_{(V_i,V_j)\in(S,T)} C_{ij}$$

不难看出,割集是 V_s 到 V_t 的必经之路,任何一个可行流的流量 $V(f)$ 都不会超过任一割集的容量,即

$$V(f) \leqslant C(S,T)$$

5. 最大流量-最小割量定理

分析图 7-24 所示的道路交通网络，V_s为发点，V_t为收点，弧旁数据为通行能力。若在图中取一割集 S_1，将弧(V_s,V_2)(V_s,V_3)割断，则网络被分割成为两个互不连通的子图，而 V_s、V_t分别属于这两个子图，这样从 V_s到 V_t的通路被中断。割集的容量为 $C_{s2}+C_{s3}=13000+9000=22000$(辆/d)。显而易见，任何一个可行流 f 相应的网络流量(网络总交通量)$V(f)$均不可能超过这个割集的容量。如果在图中另取一个割集 S_2，其割量为$C_{s2}+C_{32}+C_{34}+C_{36}=13000+4000+5000+5000=27000$(辆/d)。那么，该网络任何一个可行流 f 相应的网络流量 $V(f)$ 也不会超过这个割集的容量。由此联想到，如果把网络的所有割集全找出并计算出其割量(表 7-2)，就可得到这个网络的最小割量。本例中的最小割量为 20000 辆/d，显然从发点 V_s到收点 V_t整个网络的流量(总交通量)$V(f)$最大不会超过 20000 辆/d。可见网络的最大流与网络的最小割量有密切的关系。

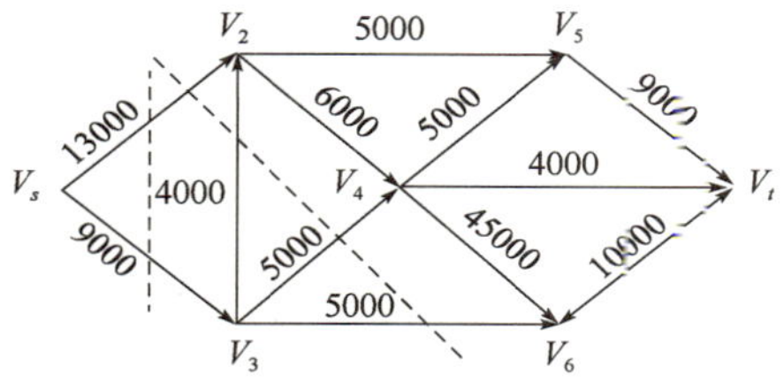

图 7-24　道路交通网络(单位：辆/d)

割集与割量　　表 7-2

S	T	(S,T)	$C(S,T)$(辆/d)
s	2,3,4,5,6,t	(s,2),(s,3)	22000
s,2	3,4,5,6,t	(s,3),(2,5),(2,4)	20000
s,3	2,4,5,6,t	(s,2),(3,4),(3,2),(3,6)	27000
s,2,3	4,5,6,t	(2,5),(2,4),(3,4),(3,6)	21000
s,2,3,4	5,6,t	(2,5),(4,5),(4,6),(4,t),(3,6)	23000
s,2,3,4,5,6	t	(4,t),(5,t),(6,t)	23000
s,3,6	2,4,5,t	(s,2),(3,2),(3,4),(6,t)	32000
s,2,4,6	3,6,t	(s,3),(4,6),(4,t),(5,t)	26000
s,3,4,6	2,5,t	(s,2),(3,2),(4,5),(4,t),(6,t)	36000
s,2,5	3,4,6,t	(s,3),(2,4),(5,t)	24000
s,2,3,4,5	6,t	(3,6),(4,6),(4,t),(5,t)	22000

定理 7-2(最大流量-最小割量定理)　任一网络 D 中，从发点 V_s到收点 V_t的最大流的流量等于分离 V_s、V_t的最小割集的容量。

这个定理说明，只要能找到网络的一个最小割量，那么就可得到网络的最大流量。图 7-24 所示的交通网络的最小割量为 20000 辆/d，可见该网络的最大流量为 20000 辆/d。

按上述定理，找到了最小割集就得到了最大流。但对于较复杂的网络，直接在网络图上找最小割集是不胜其烦的，且很容易漏掉最小割集。因此，通常采用标号法来寻找最小割集。

二、寻找最大流的标号法

寻找最大流的算法是从某个可行流 f 开始的，若网络中没有给定可行流，则可以取 $f=0$，即从零流开始。然后用标号法求关于可行流 f 的增广链。若增广链存在，则可以经过调整，得到一个新的可行流 f'，其流量 $V(f')$ 较 $V(f)$ 大，然后寻找 f' 的增广链，再调整。反复多次直到增广链不存在为止，即得到最大流。

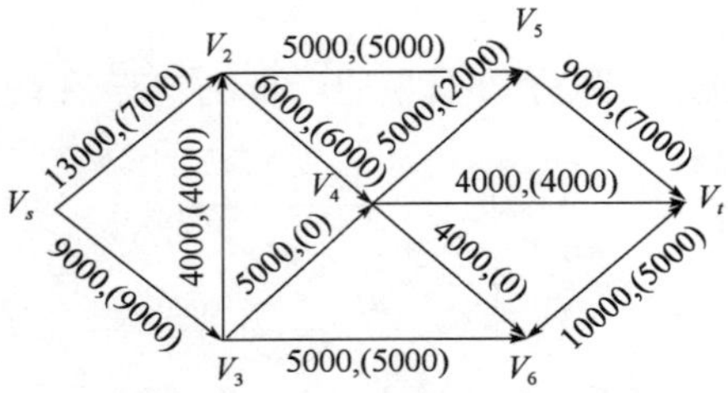

图 7-25　引入可行流 f_0 的网络(单位:辆/d)

仍以图 7-22 所示的道路交通网络为例来说明寻找最大流的过程。引入一个可行流 f_0 后,得图 7-25 所示的网络,图中括号内的数据为给定可行流的流量 f_{ij}。

在图 7-25 中,$\mu=\{V_s,V_2,V_3,V_4,V_5,V_t\}$ 满足增广链的两个条件,所以 μ 为增广链。该链上各段弧的流量分别为 7000 辆/d、4000 辆/d、0 辆/d、2000 辆/d、7000 辆/d。若沿该链的前进方向增加 2000 辆/d,即前向弧上加 2000 辆/d,后向弧上减 2000 辆/d,则各弧段的流量变为9000 辆/d、2000 辆/d、2000 辆/d、4000 辆/d、9000 辆/d。显然,此时各弧段的流量仍在容量的限制范围内,且仍满足各点的平衡条件,但网络的流量增加了 2000 辆/d。

由此可以看出,如果增广链存在,说明沿着增广链从发点到收点输送的流还未饱和,将流量调整后,可以使网络的流量增加,而且调整后的各弧流量仍满足各点的平衡条件及容量限制条件。在调整时,尽量使前向弧的流量等于(或接近于)其容量,而使后向弧的流量等于(或接近于)0。

因此,寻找最大流的算法可分为两个过程:首先是寻找增广链的标号过程,其次是增广链上的流量调整过程。

1. 标号过程

在这个过程中,网络中的点或者是标号点(又分为已检查和未检查两种),或者是未标号点。每个标号点的标号包含两部分:第一部分表明它的标号是从哪一点得到的,以便找出增广链;第二部分用于确定增广链的调整量 Δ。

标号过程开始,先给 V_s 标上 $(0,\infty)$,这时 V_s 是标号而未检查的点,其余都是未标号点。一般地,取一个已标号而未检查的点 V_i,对于一切未标号点 V_j:

(1)若在前向弧 (V_i,V_j) 上,$f_{ij}<C_{ij}$,则给 V_j 标号 $(V_i,l(V_j))$,这里 $l(V_j)=\min\{l(V_i),C_{ij}-f_{ij}\}$。这时点 V_j 成为标号而未检查的点。

(2)若在后向弧 (V_j,V_i) 上,$f_{ij}>0$,则给 V_j 标号 $(-V_i,l(V_j))$,这里 $l(V_j)=\min\{l(V_i),f_{ji}\}$。这时点 V_j 成为标号而未检查的点。

于是,V_i 成为标号而已检查过的点。重复上述过程,一旦 V_t 被标上号,表明得到一条从 V_s 到 V_t 的增广链 μ,从而转入调整过程。

当所有标号都已检查过,而标号过程进行不下去时,则表明已不存在增广链,算法结束,这时的可行流就是最大流。

2. 调整过程

首先按 V_t 及其他点的第一部分标号,利用"反向追踪"的方法,找出增广链 μ。例如,设 V_t 的第一部分标号为 V_K(或 $-V_K$),则弧 (V_K,V_t)[或相应地 (V_t,V_K)]是 μ 上的弧。接着检查 V_K 的第一部分标号,若为 V_i(或 $-V_i$),则找出 (V_i,V_K)[或相应地 (V_K,V_i)]。再检查 V_i 的第一部分标号,依次进行下去,直到 V_s 为止。这时找出的弧就构成了增广链 μ。

令调整量 $\Delta=l(V_t)$,即 V_t 的第二部分标号。令

$$f'_{ij}=\begin{cases}f_{ij}+\Delta & (V_i,V_j)\in\mu^+\\ f_{ij}-\Delta & (V_i,V_j)\in\mu^-\\ f_{ij} & (\text{否则})\end{cases}$$

则得到一个新的可行流 $f' = \{f'_{ij}\}$。去掉所有的标号，对新的可行流 f' 重新进入标号过程。

【例 7-9】 用标号法求图 7-25 所示道路交通网络的最大流量。

解：为计算方便，将图 7-25 中各路段的通行能力、可行流都除以 1000，即得图 7-26 所示的网络。弧旁的数据是 (C_{ij}, f_{ij})，单位为 1000 辆/d。

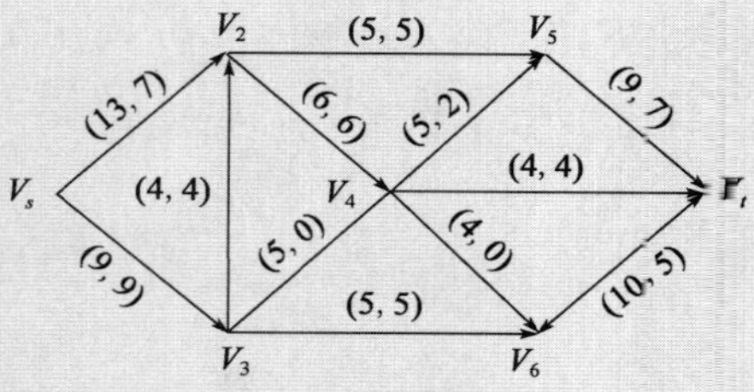

图 7-26 【例 7-9】图(1)

(1)标号过程

①先给 V_s 标上 $(0, \infty)$。

②检查 V_s。

在前向弧 (V_s, V_3) 上，$f_{s3} = C_{s3}$，不满足标号条件。

在前向弧 (V_s, V_2) 上，$f_{s2} = 7 < C_s = 13$，满足标号条件，则 V_2 的标号为 $(V_s, l(V_2))$，其中

$$l(V_2) = \min\{l(V_s), C_{s2} - f_{s2}\} = \min\{\infty, 13 - 7\} = 6$$

即 V_2 的标号为 $(V_s, 6)$。

③检查 V_2。

在前向弧 $(V_2, V_5)(V_2, V_4)$ 上，$f_{25} = C_{25}$，$f_{24} = C_{24}$，不满足标号条件。

在后向弧 (V_3, V_2) 上，$f_{32} > 0$，满足标号条件，则给 V_3 标上 $(-V_2, l(V_3))$，其中

$$l(V_3) = \min\{l(V_2), f_{32}\} = \min\{6, 4\} = 4$$

即 V_3 的标号为 $(-V_2, 4)$。

④检查 V_3。

在前向弧 (V_3, V_6) 上，$f_{36} = C_{36}$，不满足标号条件。

在前向弧 (V_3, V_4) 上，$f_{34} > C_{34}$，则给 V_4 标上 $(V_3, l(V_4))$，其中

$$l(V_4) = \min\{l(V_3), C_{34} - f_{34}\} = \min\{4, 5 - 0\} = 4$$

即 V_4 的标号为 $(V_3, 4)$。

⑤检查 V_4。

在弧 (V_4, V_t) 上，$f_{4t} = C_{4t}$，不满足标号条件。

在弧 (V_4, V_6) 上，$f_{46} < C_{46}$，则给 V_6 标上 $(V_4, l(V_6))$，其中

$$l(V_6) = \min\{l(V_4), C_{46} - f_{46}\} = \min\{4, 4 - 0\} = 4$$

即 V_6 的标号为 $(V_4, 4)$。

在弧 (V_4, V_5) 上，$f_{45} < C_{45}$，则给 V_5 标上 $(V_4, l(V_5))$，其中

$$l(V_5) = \min\{l(V_4), C_{45} - f_{45}\} = \min\{4, 5 - 2\} = 3$$

即 V_5 的标号为 $(V_4, 3)$。

⑥在 V_5、V_6 中任意选一点检查，如 V_6 点。

在弧 (V_6, V_t) 上，$f_{6t} < C_{6t}$，则给 V_t 标上 $(V_6, l(V_t))$，其中

$$l(V_t) = \min\{l(V_6), C_{6t} - f_{6t}\} = \min\{4, 10 - 5\} = 4$$

即 V_t 的标号为 $(V_6, 4)$。

(2)调整过程

按 V_t 及其他点的第一部分标号找到一条增广链，如图 7-27 中的双箭头线所示。

该增广链 μ 中，

$$\mu^+ = \{(V_s, V_2), (V_3, V_4), (V_4, V_6), (V_6, V_t)\}$$

$$\mu^- = \{(V_2, V_3)\}$$

按 V_t 的第二部分标号 $\Delta = 4$，在 μ 上调整 f。

μ^+ 上：

$$f_{s2} + \Delta = 7 + 4 = 1$$

$$f_{34} + \Delta = 0 + 4 = 4$$

$$f_{46} + \Delta = 0 + 4 = 4$$

$$f_{6t} + \Delta = 5 + 4 = 9$$

μ^- 上：

$$f_{32} - \Delta = 4 - 4 = 0$$

其余的 f_{ij} 不变，于是得到一个新的可行流，如图 7-28 所示。对这个可行流重复标号过程，寻找增广链。

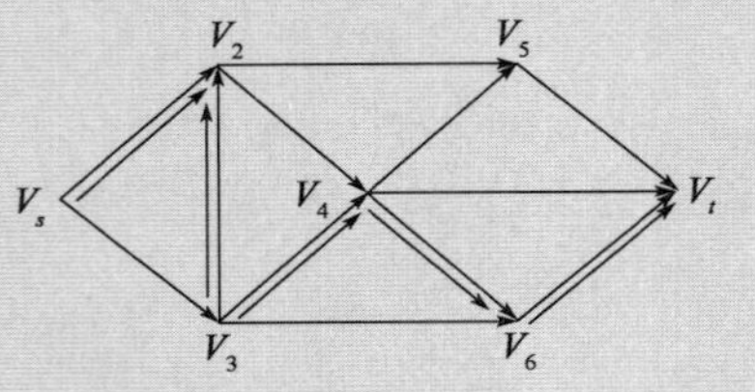

图 7-27 【例 7-9】图(2)

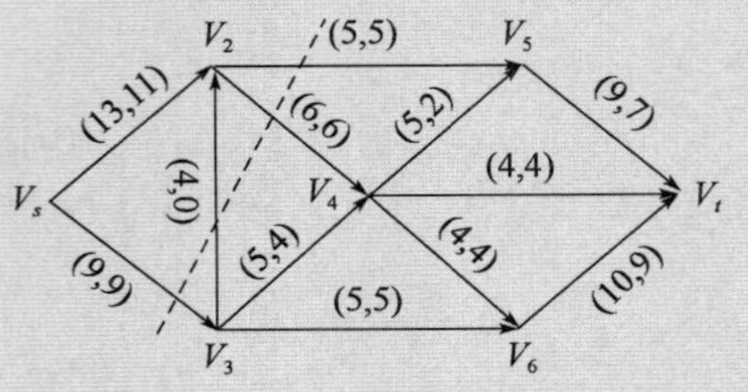

图 7-28 【例 7-9】图(3)

先给 V_s 标号 $(0, \infty)$。

检查 V_s，V_3 点不满足标号条件，V_2 满足标号条件，给 V_2 标上 $(V_s, 2)$。

检查 V_2，在前向弧 $(V_2, V_5)(V_2, V_4)$ 上，$f_{25} = C_{25}$，$f_{24} = C_{24}$，在后向弧 (V_3, V_2) 上，$f_{32} = 0$，均不满足标号条件，因此标号过程无法继续下去，即已不存在增广链，算法结束。

这时的可行流就是最大流，最大流量为

$$V(f) = f_{s2} + f_{s3} = f_{5t} + f_{4t} + f_{6t} = 20$$

即图 7-25 所示公路网络的最大通行能力为 $20 \times 1000 = 20000$(辆/d)。

与此同时，还可以找到最小割集 (S, T)，如图 7-28 中虚线所示。

$$S = \{V_s, V_2\}$$

$$T = \{V_3, V_4, V_5, V_6, V_t\}$$

$$(S, T) = \{(V_2, V_5), (V_s, V_3), (V_3, V_2), (V_2, V_4)\}$$

最小割集的容量为 $(9 + 6 + 5) \times 1000 = 20000$(辆/d)。

由上述可见，用标号法寻找最大流，不仅能求得从发点到收点的最大流，而且可找到最小割集。最小割集是影响网络流量的“咽喉”，这里的弧的容量最小，因此它决定了整个网络的最大通行能力。如果要提高网络的通行能力，就必须从改造这个“咽喉”部位入手。

当网络中有多个发点或多个收点时，可增设一个虚拟的发点 V_s 和一个虚拟的收点 V_t，虚拟发点至各发点的弧的容量及各收点至虚拟收点的弧的容量为无限大。这样，把原来多发点、多收点的网络转化成单发点、单收点的网络，便可用前面的标号法求最大流。例如，在图 7-29

中,原网络为3个发点、3个收点的网络系统,增设虚拟发点、虚拟收点后就转化成单发点、单收点的网络系统了。

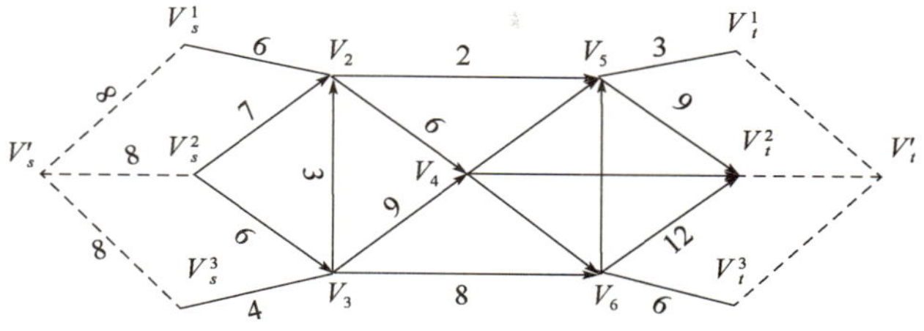

图7-29 增设虚拟发点和收点

第四节 最小费用最大流问题

本章第三节讨论网络最大流时,只论述流量的大小问题,而未考虑网络流的费用。在实际工程中,涉及"流"的问题时,人们考虑的不只是流量,还要考虑费用。例如,在【例7-9】中找出了图7-25所示道路交通网络的最大流量为20000辆/d后,有时需进一步讨论汽车的运行费用,因为各条道路的长度、等级、技术标准、路面状况、交通干扰等情况不同,所以各条道路的运行费用也是不一样的。在该网络中,符合网络最大流量为20000辆/d的网络流可能有多种运行方案,显然,可以在这些方案中寻找一种费用最小的最大流方案,这就是最小费用最大流问题。

在网络$D=(V,A,C)$的每一弧$(V_i,V_j)\in A$上,除了已给定容量C_{ij}外,还给定了一个单位流量的费用$b_{ij}\geqslant 0$。所谓最小费用最大流问题就是要寻求一个最大流f,使流的总输送费用

$$b(f)=\sum_{(V_i,V_j)\in A} b_{ij}\cdot f_{ij}$$

取极小值。

由本章第三节的讨论可知,寻找最大流的方法是从某个可行流出发,找到关于这个流的一条增广链μ。沿着μ调整f,对新的可行流试图寻找关于它的增广链,如此反复直到找到最大流。现在的问题是要寻找最小费用的最大流,首先考虑这样一个问题:当沿着一条关于可行流f的增广链μ,以$\Delta=1$调整f,得到新的可行流f',即$V(f')=V(f+1)$时,费用$b(f')$比$b(f)$增加了多少?不难看出

$$\begin{aligned} b(f')-b(f) &= \sum_{\mu^+} b_{ij}(f'_{ij}-f_{ij})-\sum_{\mu^-} b_{ij}(f'_{ij}-f_{ij}) \\ &= \sum_{\mu^+} b_{ij}-\sum_{\mu^-} b_{ij} \end{aligned}$$

把$\sum\limits_{\mu^+} b_{ij}-\sum\limits_{\mu^-} b_{ij}$称为这条增广链$\mu$的"费用"。

可以证明,若f是流量为$V(f)$的所有可行流中费用最小者,而μ是关于f的所有增广链中费用最小的增广链,那么,沿μ去调整f所得到的可行流f'就是流量为$V(f')$的所有可行流中的最小费用流。这样,当f'为最大流时,它也就是所要求的最小费用最大流了。

在实际问题中,费用b_{ij}总是非负的,所以$f=0$必是流量为0的最小费用流。这样,总可以从可行流$f=0$开始。一般地,设已知f是流量$V(f)$的最小费用流,余下的问题就是如何去寻找关于f的最小费用增广链了。

为了找出关于f的最小费用增广链,需要构造一个长度网络$L(f)$,使得在网络D中寻找关于f的最小费用增广链等价于在长度网络$L(f)$中寻找从V_s到V_t的最短路。长度网络的构造方法如下:

(1)保持原网络各顶点不动,每两点之间各连正向、反向两条弧。

(2)对于正向弧(与原网络方向一致者),令弧长

$$l_{ij}=\begin{cases}b_{ij} & (f_{ij}<C_{ij})\\ +\infty & (f_{ij}=C_{ij})\end{cases}$$

其中,$+\infty$表示该弧已饱和,不能再增大流量,这样的弧在$L(f)$图中可以省略不画。

(3)对于反向弧,令弧长

$$l_{ij}=\begin{cases}-b_{ij} & (f_{ij}>0)\\ +\infty & (f_{ij}=0)\end{cases}$$

其中,$+\infty$的意义是流量已减小到0,不能再小,这样的弧也可省略不画。

于是,求网络最小费用最大流的算法可归纳如下:

(1)取零流为初始可行流$f^{(0)}=0$。

(2)构造长度网络$L^{(0)}$,在$L^{(0)}$上求$V_s \to V_t$最短路。这条最短路对应原网络中关于$f^{(0)}$的最小费用增广链。

(3)在原网络中找到相应于最短路的增广链μ,沿μ对$f^{(0)}$进行调整,于是得费用最小的可行流$f^{(1)}$。

(4)调整方法。设在第$K-1$步得到的最小费用流为$f^{(K-1)}$,在原网络D中找到相应的增广链μ,在μ上对$f^{(K-1)}$进行调整,调整量为

$$\Delta=\min\{\min_{\mu^+}(C_{ij}-f_{ij}^{(K-1)}),\min_{\mu^-}(f_{ij}^{(K-1)})\}$$

令

$$f_{ij}^{(K)}=\begin{cases}f_{ij}^{(K-1)}+\Delta & ((V_i,V_j)\in\mu^+)\\ f_{ij}^{(K-1)}-\Delta & ((V_i,V_j)\in\mu^-)\\ f_{ij}^{(K-1)} & (否则)\end{cases}$$

于是得到一个新的可行流$f^{(K)}$。

(5)返回第(2)步,继续进行,直到L网络中不存在最短路为止,这时的可行流f就是最小费用最大流。

【例7-10】 某地区道路交通网络如图7-30所示,弧上的数字为(b_{ij},C_{ij}),b_{ij}为单位行驶费用(单位:元/辆),C_{ij}为路段通行能力(单位:千辆/h),求该网络的最小费用最大流。

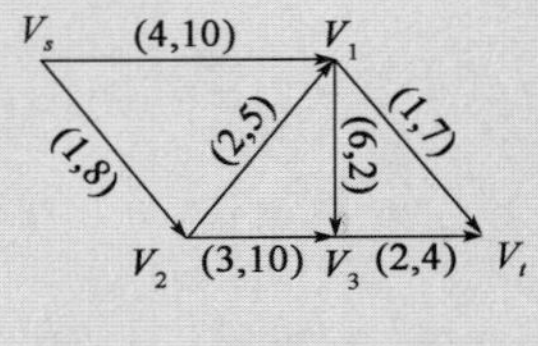

图7-30 某地区道路交通网络

解:(1)取初始可行流为零流$f^{(0)}=0$,并以此构成相应的长度网络$L^{(0)}$(图7-31)。

(2)在$L^{(0)}$上求出从V_s到V_t的最短路。其最短路线为$V_s \to V_2 \to V_1 \to V_t$,如图7-31中的双线所示。

(3)在原网络中找出与最短路相应的最小费用增广链μ,并在μ上进行调整,调整量为

$$\begin{aligned}\Delta&=\min\{\min_{\mu^+}(C_{ij}-f_{ij}^{(0)}),\min_{\mu^-}(f_{ij}^{(0)})\}\\&=\min\{(8-0),(5-0),(7-0)\}\\&=5\end{aligned}$$

调整后得到新的最小费用可行流$f^{(1)}$如图7-32所示。

(4)重复前面的过程。构造长度网络$L^{(1)}$(图7-33),并找出最短路$V_s \to V_1 \to V_t$,如图7-33

中的双线所示。

(5)在 D 中找出相应的增广链 μ，对 $f^{(1)}$ 进行调整。调整量为 $\Delta=\min\{(10-0),(7-5)\}=2$，得到新的最小费用可行流 $f^{(2)}$（图 7-34）。

(6)重复上面的方法依次求出 $L^{(2)}$（图 7-35）、$f^{(3)}$（图 7-36）、$L^{(3)}$（图 7-37）、$f^{(4)}$（图 7-38）、$L^{(4)}$（图 7-39）。

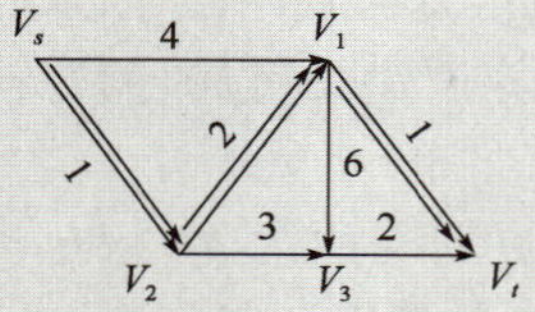

图 7-31 $L^{(0)}$

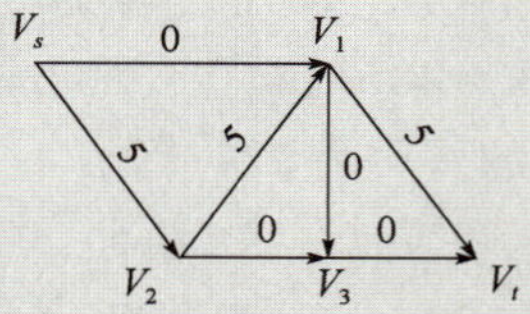

图 7-32 $f^{(1)}, V(f_1)=5$

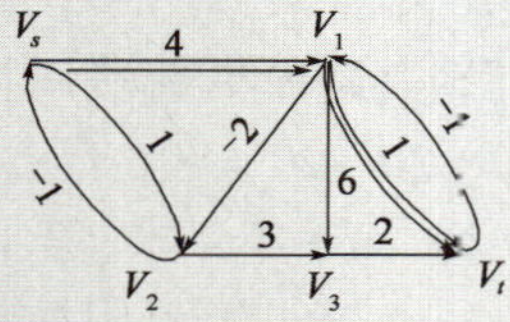

图 7-33 $L^{(1)}$

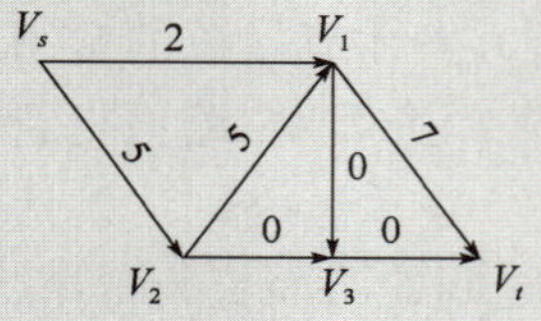

图 7-34 $f^{(2)}, V(f_2)=7$

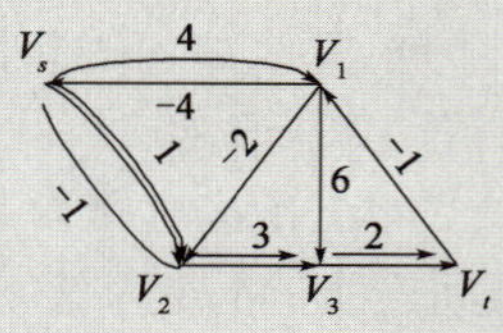

图 7-35 $L^{(2)}$

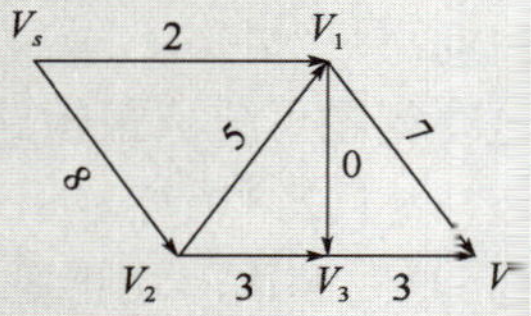

图 7-36 $f^{(3)}, V(f_3)=10$

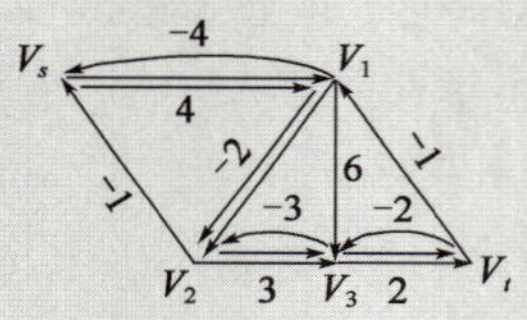

图 7-37 $L^{(3)}$

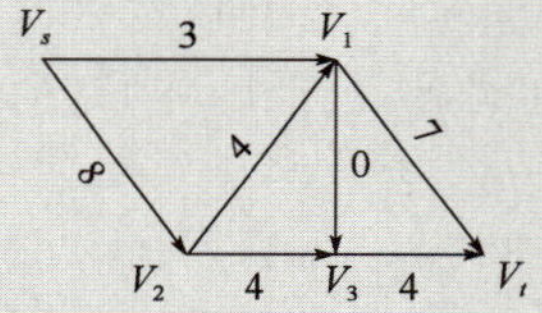

图 7-38 $f^{(4)}, V(f_4)=11$

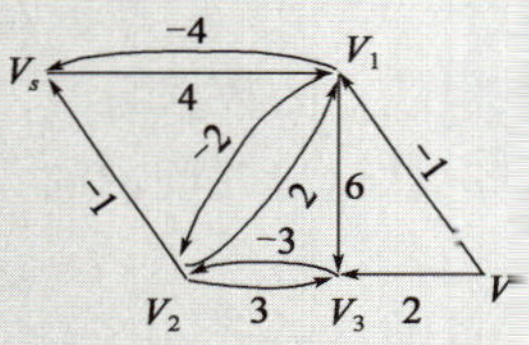

图 7-39 $L^{(4)}$

当进行到 $L^{(4)}$ 时，在 $L^{(4)}$ 中已不存在最短路，即在长度网络 $L^{(4)}$ 中，V_s 与 V_t 之间不存在通路，这时算法结束。$f^{(4)}$ 就是所要求的最小费用最大流，即图 7-30 的道路交通网的最大流量为 11000 辆/h，最大流量时的最小费用为 $4\times3000+1\times7000+1\times8000+2\times4000+3\times4000+2\times4000=55000$（元/h）。

第五节　图论与网络理论在道路交通工程中的应用

实例 7-1　路面更新问题

某新建公路设计年限为 20 年，道路使用若干年后，路面需更新（重铺路面）。把设计年限（20 年）分成四个时期，每个时期为 5 年。假设每个时期内，各年的路面养护费及路面损坏而引起的附加运行费用是不变的，见表 7-3。又设路面更新是在某个时期的期末进行的，由于各个时期路面的损坏情况不同，各个时期的路面更新费用也不一样，见表 7-4。

各年的路面养护费及附加费用（单位：千元/km）　　表 7-3

路面更新的年限	第 1 个 5 年	第 2 个 5 年	第 3 个 5 年	第 4 个 5 年
每年的养护费及附加费用	4	6.4	9.6	14.4
5 年的总费用	20	32	48	72

各个时期的路面更新费用(单位:千元/km)　　表 7-4

路面更新年限	使用 5 年后更新	使用 10 年后更新	使用 15 年后更新
路面更新费用	48	56	60

试确定该公路使用期限(20 年)内的路面更新计划,使总的费用为最小。

解:可供选择的路面更新方案很多。例如,在各个时期末都更新一次,即分别在第 5 年年末、第 10 年年末、第 15 年年末各更新一次(第 20 年年末不用更新,因这时公路已完成它的使命),那么其路面更新费用为 48 + 48 + 48 = 144(千元/km),路面养护费及附加行驶费用为 20 + 20 + 20 + 20 = 80(千元/km),总的费用为 224 千元/km。

又如,第 5 年年末、第 15 年年末各更新一次路面,那么路面更新费用为 48 + 56 = 104(千元/km),养护费及附加费用为 20 + 20 + 32 + 20 = 92(千元/km),总的费用为 196 千元/km。

如果 20 年内不更新路面,那么路面的养护费及附加费用为 20 + 32 + 48 + 72 = 172(千元/km)。

由此可见,方案不同,总的费用也不同,那么如何确定路面更新方案才能使总的费用最少呢? 这个问题可化成最短路问题来求解。如图 7-40 所示,V_i 表示第 i 个时期末路面更新一次的状态($i = 1,2,3$),V_0表示道路刚建成的状态(这时路面是新的),V_4表示道路到达设计年限的状态(这时路面不用再更新)。节点间连线上的数字表示各状态之间的路面更新费用、养护费及附加费用的总数。例如,$V_0 \to V_1$连线上的数据为 68,表示从公路建成到第 5 年年末路面更新一次的总费用,它等于养护费、附加费用 + 路面更新费 = 20 + 48 = 68(千元/km)。又如,$V_1 \to V_3$连线上的数据为 108,表示路面在第 5 年年末更新后,从第 6 年年初到第 15 年年末路面再更新一次这段时间内的总费用,它等于养护费 + 更新费 = (20 + 32) + 56 = 108(千元/km)。

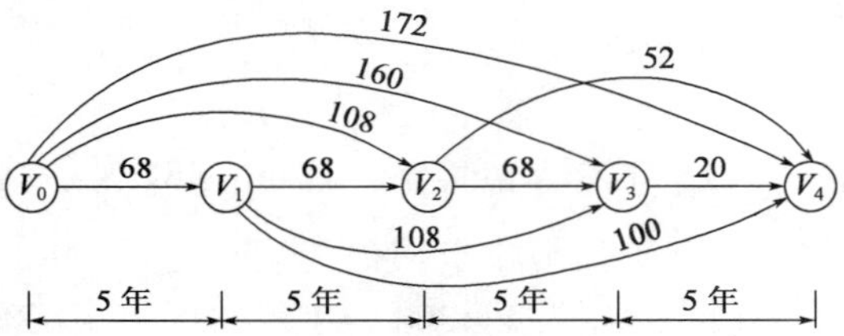

图 7-40　实例 7-1 图

在图中,每一条从 V_0到 V_4的通路即表示一个路面更新计划。例如,$V_0 \to V_2 \to V_3 \to V_4$即表示在第 10 年年末、第 15 年年末各更新一次的方案,$V_0 \to V_2 \to V_4$表示只在第 10 年年末更新一次路面的方案。各条路的权的总和即表示相应方案的总费用。因此,原问题就变成求图 7-40 所示的网络的最短路问题。

图 7-40 所示网络比较简单,用枚举法即可求出最短路,其最短路为 $V_0 \to V_2 \to V_4$,即在该道路的使用期限(20 年)内,第 10 年年末更新一次路面,其总的费用最少,为 108 + 52 = 160(千元/km)。

实例 7-2　出行交通的"全有全无"分配问题

表 7-5 为某城市 6 个交通区的出行交通量 OD 表。该城市的交通网中,各条道路均为双向道路,无方向性,故该交通网可用"图"来表示,如图 7-41 所示。图中数字为汽车在各条道路上行驶所需时间。试将这些出行交通量分配到图 7-41 所示的交通网的各条道路上去,并按其行驶时间最短的路线分配。

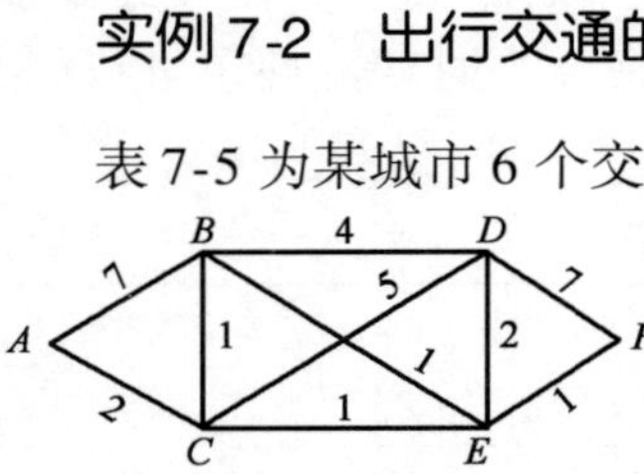

图 7-41　某城市交通网

出行交通量调查表(单位:千辆/d) 表7-5

终点	始点						$\sum O_i$
	A	B	C	D	E	F	
A	0	10	11	20	12	8	61
B	10	0	9	8	14	12	53
C	11	9	0	9	9	13	51
D	20	8	9	0	11	16	64
E	12	14	9	11	0	18	64
F	8	12	13	16	18	0	67
$\sum D_i$	51	53	51	64	64	67	350

解:所谓"全有全无"分配,就是假设驾驶员总是选择行驶时间最短的道路行驶,如果两个交通区之间由多条道路连接,那么出行交通量全部分配在路权最少的道路上,而其他道路上没有分配到交通量。"全有全无"分配法的关键在于求得交通网络中任意一点至另一任意点之间的最短路线,因此,这种方法也称为最短路分配法。

图7-41所示的交通网络比较简单,凭直观就能找出最短路线,见表7-6。对于比较复杂的交通网络,应按本章第二节中介绍的方法先算出各交通区之间的最短路权,然后按"反向追踪"法求出各节点之间的最短路。

图7-41所示交通 表7-6

起讫点	最短路径	行驶时间
A→B	A→C→B	3
A→C	A→C	2
A→D	A→C→E→D	5
A→E	A→C→E	3
A→F	A→C→E→F	4
B→C	B→C	1
B→D	B→E→D	3
B→E	B→E	1
B→F	B→E→F	2
C→D	C→E→D	3
C→E	C→E	1
C→F	C→E→F	2
D→E	D→E	2
D→F	D→E→F	3
E→F	E→F	1

求得各交通区之间的最短路之后,就可在原交通网络网中把各区之间的出行交通量分配到最短路径上,如图7-42所示。在本例中,出行交通量调查数据对称,故只需分配单向出行交通量就可以了,然后乘以2就得到了双向的出行交通分配量。图7-43为出行交通量的最后分配结果。

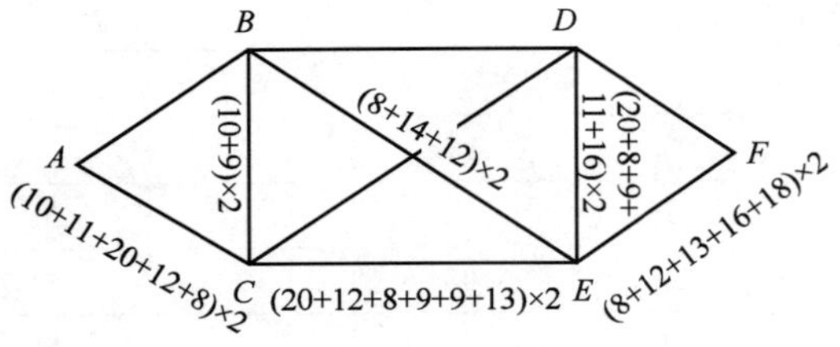

图 7-42 交通量分配过程

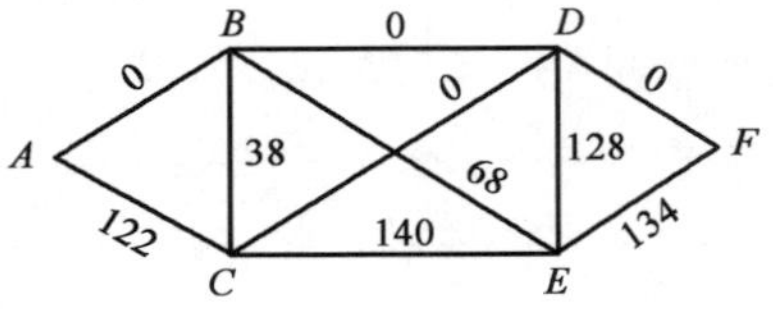

图 7-43 交通量分配结果

实例 7-3 综合运输中交通运输方式的确定问题

将货物从 A 城市运送至 E 城市,必须途经 B、C、D 三个城市,而且每两个城市之间有三种运输方式可供选择:铁路、公路、航空。现假设运量为 10 个单位,其他基本数据见表 7-7 和表 7-8。

各城市间单位运费表　　　　表 7-7

运输方式	$A \to B$	$B \to C$	$C \to D$	$D \to E$
铁路	4	5	4	7
公路	3	4	6	6
航空	5	2	6	4

不同运输方式之间的换装费用表　　　　表 7-8

运输方式	铁路	公路	航空
铁路	0	3	2
公路	3	0	2
航空	3	2	0

解:根据题意,构造运输网络图 7-44。

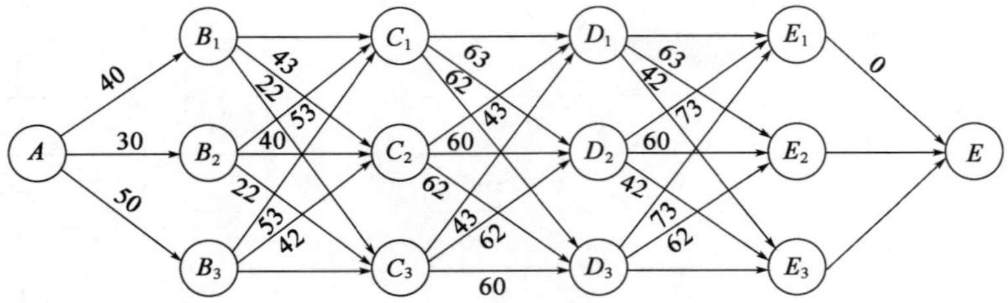

图 7-44 运输网络图

图中圈内的字母和数字代表的意义分别为:英文字母 A、B、C、D 和 E 分别代表 5 个城市,而数字 1、2 和 3 则分别代表铁路、公路和航空三种不同的交通方式。

其中每条边上的路权意义如下:如 $B_2 \to C_3$ 的费用为 22,其中包括 B 城市到 C 城市采用航空运输方式的 20 个单位费用以及由公路到航空的 2 个单位的换装费用。

可求出 $A \to E$ 的最短路 $A \to B_2 \to C_3 \to D_1 \to E_3 \to E$,即从城市 A 到城市 B 选择公路,从城市 B 到城市 C 选择航空,从城市 C 到城市 D 选择铁路,从城市 D 到城市 E 选择航空。由此可计算得到其最小总费用为 $30 + 22 + 43 + 42 = 137$。

实例 7-4 确定区域公路网络主骨架问题

所谓区域公路网络主骨架，是指区域公路网的主干线，是承担区域交通运输的骨干。对区域公路网络主骨架的确定，必须统筹规划，既要考虑路网各节点（行政区政治、经济和文化中心）当前的自然区位及社会经济区位，也要考虑其未来的发展趋势，既要考虑各节点的特殊性，也要照顾区域整个路网布局的科学合理性，寻求既保证区域交通运输顺畅便捷，又能使投资费用最少的规划方案。根据交通运输与社会经济相互促进、相互制约的关系，交通运输相对繁忙的路段必然连接着社会经济活跃强度相对较高的节点，加上要满足投资费用最少这一约束原则，区域公路网主骨架应当以连接区域各重要节点的最小树为基础。因此，科学合理地确定区域公路网主骨架，可以运用运筹学中的图论方法，首先确定区域公路网的最小树，并以此作为确定区域公路网主骨架的基础。确定区域公路网络主骨架的方法流程图如图 7-45 所示。

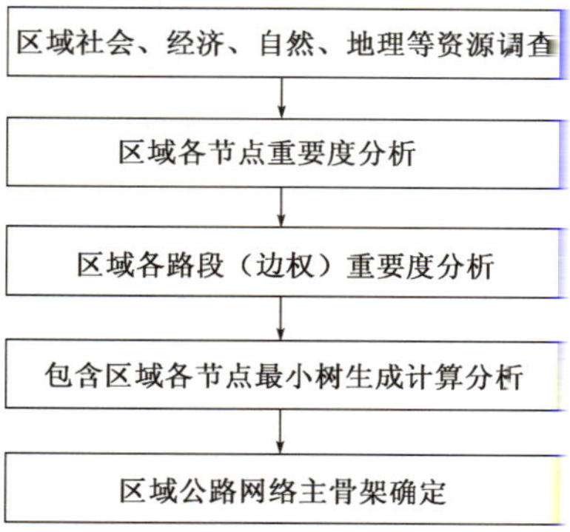

图 7-45 确定区域公路网络主骨架确定方法流程图

实例 7-5 交通监视器安装问题

城市交通问题关系着每个市民的切身利益，在城市道路网络中合理布设交通监视器，对道路网络进行有效监视、及时消除交通拥堵、合理调度路网交通有着重要意义。如果在城市道路网络的每一个交叉口或路段都设置一个交通监视器，一定可以监视城市道路网络，但必然会造成一些资金和人力的浪费。事实上，根据城市道路网络的具体特点，只需要在一些关键地点安装交通监视器，便能完成交通监控任务，从而节约资金和人力。如何选择交通监视器的安装地点问题，便是交通监视器安装问题。解决交通监视器安装问题的流程图如图 7-46。

例如，将某一个城市的道路交通网络抽象为图 7-47 所示的交通网络图，那么该城市的交通监视器安装问题便转化为图 7-47 的最小顶点覆盖问题。

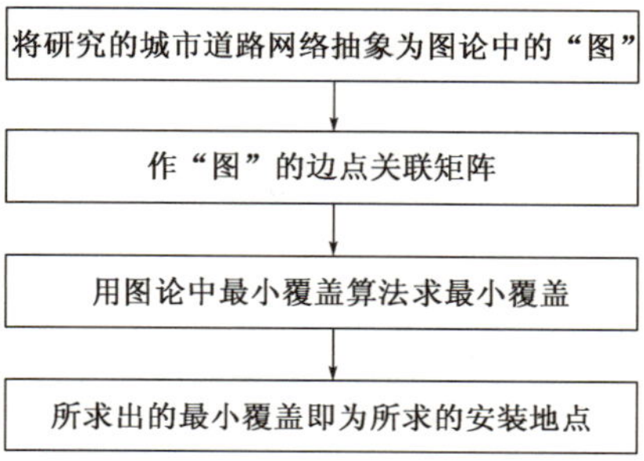

图 7-46 解决交通监视器安装问题的流程图

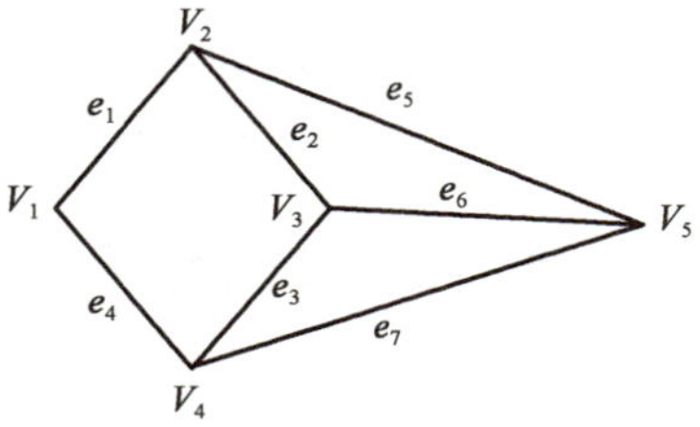

图 7-47 交通网络图

图 7-47 中，$V_i(i=1,2,3,4,5)$ 表示城市道路交通网络中的交叉口，$e_j(j=1,2,3,4,5,6,7)$ 表示城市道路交通网络的街道。

作图 7-47 的边点关联矩阵为

$$
\boldsymbol{R}=\begin{bmatrix}1&0&0&1&0&0&0\\1&1&0&0&1&0&0\\0&1&1&0&0&1&0\\0&0&1&1&0&0&1\\0&0&0&0&1&1&1\end{bmatrix}
$$

由关联矩阵 $\boldsymbol{R}$ 可以求出图 7-47 的最小顶点覆盖为 $K=\{V_1,V_3,V_5\}$,K 中顶点所对应的交叉口即为交通监视器的安装地点。

其实,图论方法在交通运输规划与管理领域的应用很多。例如,道路网络规划中的最短连线问题即为图论中的最短路问题,公交调度问题可以抽象为图论中的偶图匹配问题等。

习　　题

7-1　求图 7-48 的最小树。

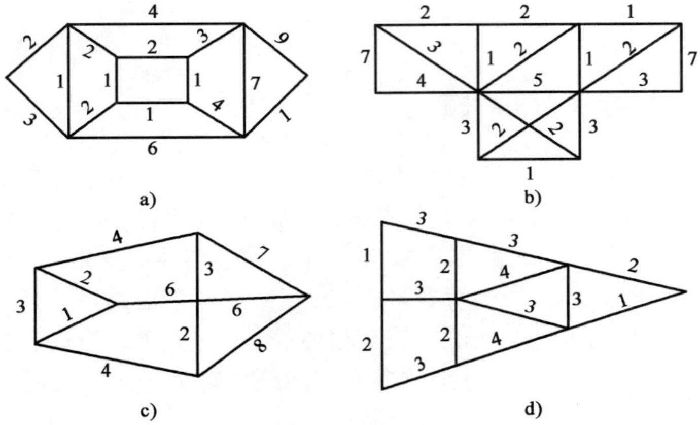

图 7-48　题 7-1 图

7-2　某市区六个居民点的分布如图 7-49 所示,现需沿道路在六个居民点之间铺设煤气管线,试求使管道总长度为最短的铺设方案。图中连线为现状道路网。

7-3　某地区七个城镇间的公路交通网如图 7-50 所示,试用标号法计算从 A 城到 G 城的最短路线。图中弧旁数据为公路长度。

参考答案:最短路线为 $A\to C\to B\to E\to G$

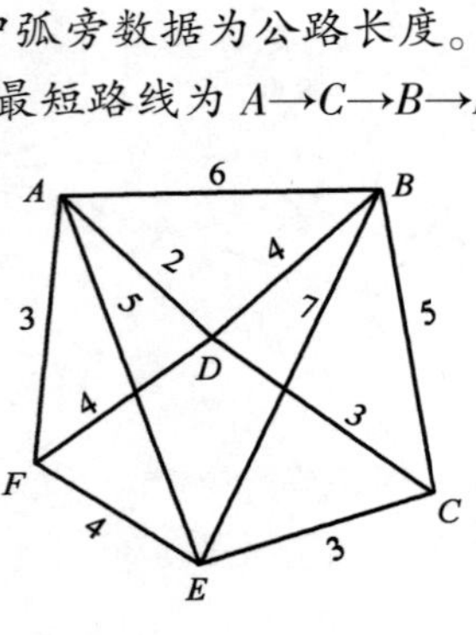

图 7-49　题 7-2 图

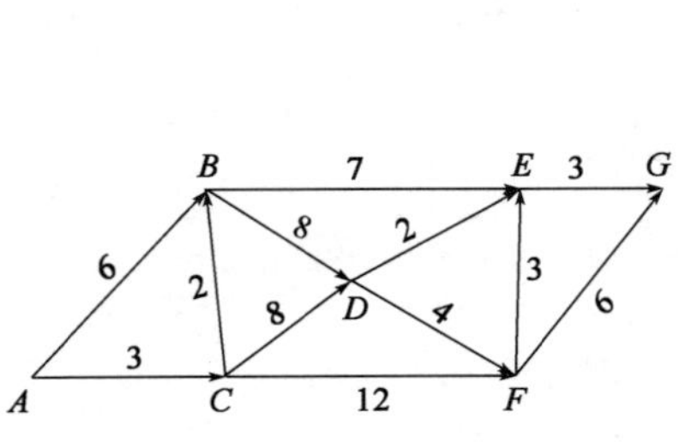

图 7-50　题 7-3 图

7-4 在图7-51中,用标号法计算 A 点到 H 点的最短路,并指出哪些顶点对 A 点来说是不可到达点。

参考答案:最短路线为 $A \to B \to G \to H$,不可到达点为 C、D

7-5 在图7-52中,求任意一点至另一任意点之间的最短路线。

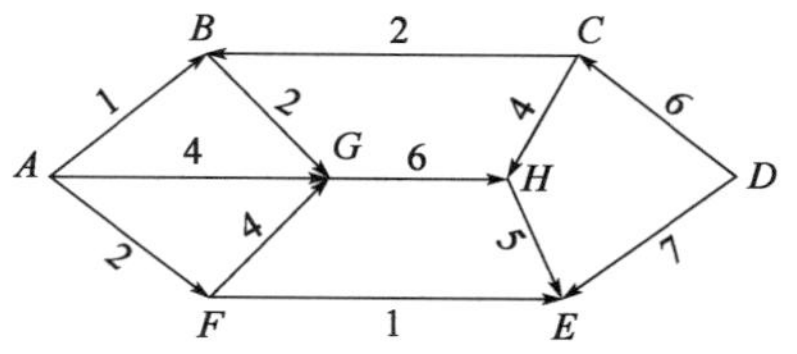

图7-51 题7-4图

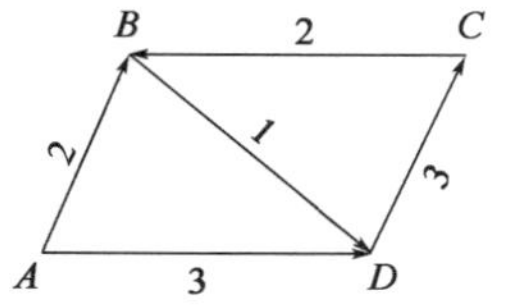

图7-52 题7-5图

7-6 在图7-53所示的网络中,弧旁的数据为(C_{ij},f_{ij})。

(1)确定所有的割集。

(2)求最小割量。

(3)求出网络最大流。

7-7 某地区的公路交通网络如图7-54所示,弧旁数据为路段通行能力(容量,单位:百辆/h),试求网络通行能力(最大流)。

参考答案:网络通行能力为8

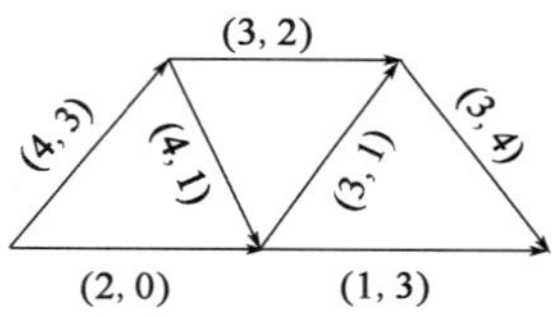

图7-53 题7-6图

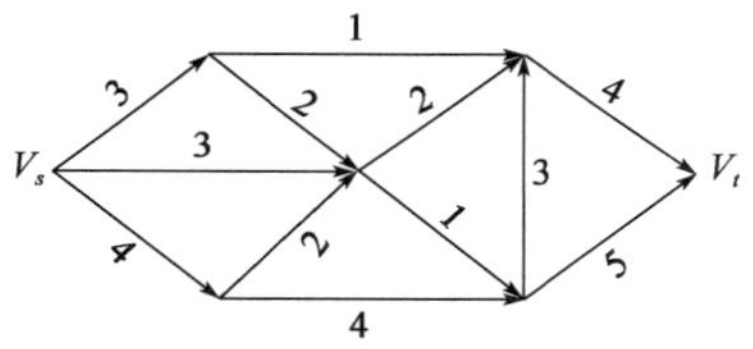

图7-54 题7-7图

7-8 某矿区有两个堆料场 x_1、x_2 及三个货运码头 y_1、y_2、y_3,堆料场的原煤通过图7-55所示的交通网络运送到码头。试确定从堆料场到码头的最大运送能力。

参考答案:堆料场到码头的最大运送能力为49

7-9 某地区的公路交通网络如图7-56所示,弧旁数据为(b_{ij},C_{ij}),b_{ij} 为行驶费用,C_{ij} 为容量。试求该交通网络的最小费用最大流。

参考答案:该交通网络的最小费用最大流为12

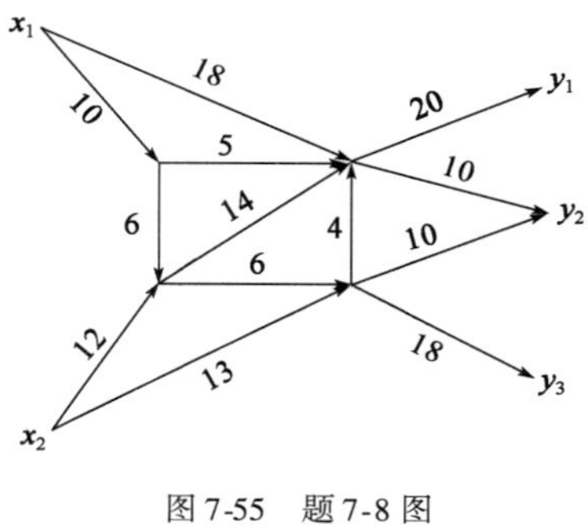

图7-55 题7-8图

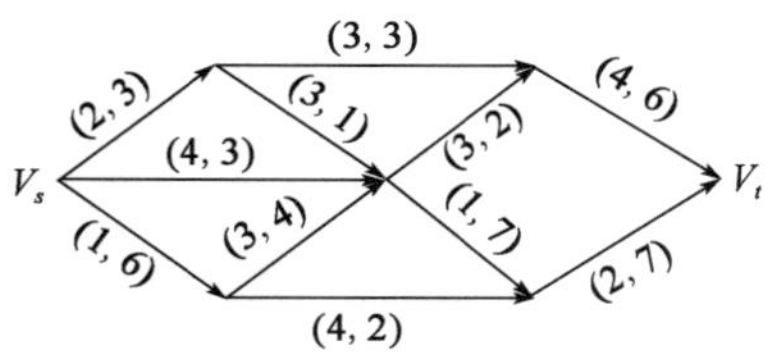

图7-56 题7-9图

7-10 某公司在六个城市 c_1,…,c_6 中有分公司,从 c_i 到 c_j 的直接航程票价记在下述矩阵中的(i,j)位置上(∞ 表示无直接航路),请帮助该公司设计一张任意两城市间的票价最便宜的路线表。

$$\begin{bmatrix} 0 & 50 & \infty & 40 & 25 & 10 \\ 50 & 0 & 15 & 20 & \infty & 25 \\ \infty & 15 & 0 & 10 & 20 & \infty \\ 40 & 20 & 10 & 0 & 10 & 25 \\ 25 & \infty & 20 & 10 & 0 & 55 \\ 10 & 25 & \infty & 25 & 55 & 0 \end{bmatrix}$$

第八章　随机服务系统理论——排队论及其应用

排队是在日常生活中经常遇到的现象，如去食堂就餐、去医院看病常常需要排队。在交通运输工程中，排队现象也相当普遍。例如，车辆通过信号交叉口、汽车在加油站加油、汽车通过道路的“瓶颈”地段都常需排队，货轮进港、飞机着陆等也需排队，旅客在候车室排队等待上车、上下班搭乘公共汽车、汽车在修理车间等待修理都需要排队。可见，排队现象比比皆是。

排队论，也称随机服务系统理论，是研究上述排队现象的一门科学，是20世纪初丹麦科学家爱尔朗(Erlang)在研究电话通话的拥挤问题时提出的理论。排队论首先应用于电信行业，目前已被广泛应用于交通运输等公用事业系统及其他领域。

第一节　排队论的基本知识

一、服务过程的一般表示

从上面所列举排队的例子可以看出，服务过程(或者说排队过程)具有以下几个共同特征：

(1)有请求服务的人或物，如去食堂就餐的顾客、去医院看病的病人、要求通过交叉口的汽车、请求着陆的飞机等。在排队论中，它们统称为“顾客”。

(2)有为顾客服务的人或物，如食堂服务员、医院医生、信号交叉口、飞机跑道等。在排队论中，它们统称为“服务员”或“服务台”。顾客和服务员(或服务台)组成一个服务系统。

(3)顾客到达服务系统的时刻是随机的，如汽车到达交叉口、顾客到达商店等都是随机的。每位顾客需要的服务时间也是随机的，有的服务时间长，有的服务时间短，因而整个服务系统的状态也是随机的。服务系统的随机性造成某个阶段顾客排队长，而某些时候服务员又空闲无事。

图8-1是排队过程的一般模型，顾客由顾客源出发，到达服务机构(服务台、服务员)前排队等候接受服务，接受服务后就离开服务系统。排队结构是指排队队列的数目和排队方式，排队规则和服务规则说明顾客在排队系统中是按怎样的规则、次序接受服务的。这里所说的服务系统是指图8-1中虚线所包括的部分。服务系统也称为排队系统。

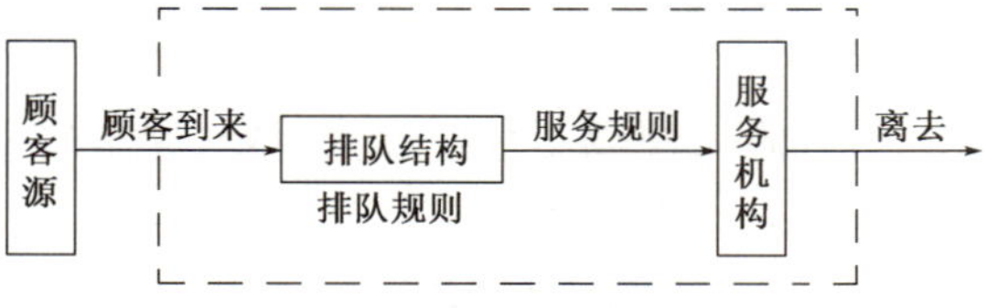

图8-1　排队过程的一般模型

在现实世界中的排队现象是多种多样的,上面所说的“顾客”和“服务员”是广义的,它们可以是人,也可以是物,队列可以是具体的,也可以是无形的(如向电话交换台要求通话的呼唤)。总之,对于“排队”这一概念应作广义的理解。

二、服务系统的分类

服务系统一般分为如下三类。

1. 损失制系统

当顾客到达这种服务系统时,若服务员都无空闲,则顾客立即离去,另求服务。例如,打电话遇到占线,用户搁置而去;去停车场停放汽车,当发现停车场放满时,用户立即离去,另找停车场。

2. 等待制系统

顾客到达该服务系统时,服务员都在为先到的顾客服务,后到的顾客只好排队,等候服务,一直等到有空闲的服务员来为其服务为止。例如,汽车在通过信号交叉口时,如果遇到红灯,则只好在停车线后排队等候,等到绿灯时通过。

3. 混合制系统

在现实生活中,很多服务系统介于损失制和等待制之间,当顾客到达时,若服务员都无空闲且排队位置未满,顾客就排队。但如果顾客到达时服务员都无空闲,且排队位置已满,顾客就立即离去,这是排队长度有限制的服务系统。例如,去理发店理发,当等待理发的位置都坐满时,后来的顾客只得离去。

在混合制系统中,还有另外一种形式:当顾客到达时,服务员无空闲,顾客就排队,等待服务,若顾客等了一段时间后,仍轮不到为其服务,就离开队列,另求服务,这称为排队时间有限制的服务系统。例如,药品、电子元件等过期失效均属此类系统。

若服务系统中只有一个服务员,则该服务系统称为单通道服务系统;若在系统中配备多个服务员,则该服务系统称为多通道服务系统。

三、服务系统的组成

虽然各种服务系统的情况各异,但它们都具有下列共同的组成部分。

1. 输入过程

系统的输入过程是指顾客的到达过程。由于到达的规律不同,有各种不同的输入过程。一般可以从两个方面来描述输入过程:

(1)顾客相继到达的时间间隔是确定型的还是随机型的。例如,在火车站,列车是按列车时刻表上规定的时刻进站的,所以说列车到站的时刻是确定型的;而在城市道路信号交叉口,汽车到达交叉口的时刻是随机型的。一般来说,在各种交通服务系统中,顾客到达都是随机型的。

(2)顾客总体(顾客源)的组成是无限的还是有限的。例如,在道路交叉口,到达车辆的总体可以看成无限的,而工厂内停机待修的机器显然是有限的。

2. 排队规则

在损失制系统中,没有顾客排队,所以不存在排队问题,这里的排队规则是相对于等待制系统和混合制系统而言的。排队规则有以下几种:

(1)先到先服务(FCFS),即按顾客到达的先后次序提供服务,这是最普遍的情况。

(2)后到先服务(LCFS),如在情报系统中,最后到达的情报往往是最有价值的,应优先采用；又如堆在仓库中的钢板，使用时先用堆在上面的（后堆上去的）。

（3）优先服务（PR），分轻重缓急提供服务，如重病号应先于轻病号医疗等。

（4）随机服务（RSS），当一个顾客被服务完后，服务员从排队的顾客中任取一个，提供服务。

3. 服务机构

服务机构包括为每个顾客服务所需时间的概率分布、服务台的数目以及服务台的排列方式（串联、并联等）。

顾客的服务时间一般具有两种形式：一种是每个顾客的服务时间是一个确定量；另一种是每个顾客的服务时间是一个随机变量，它服从某一概率分布。

对于服务台的排列方式，分单通道与多通道两种。

（1）单通道服务系统

如果整个服务系统中只有一个服务通道，就称该系统为单通道服务系统。单通道服务系统又可分为单通道单服务台系统（图 8-2）和单通道多服务台串联系统（如装配流水线，如图 8-3所示）。

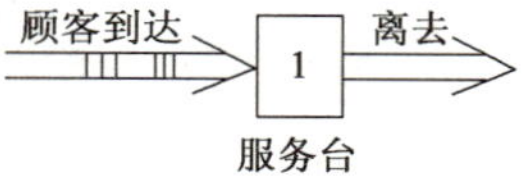

图 8-2 单通道单服务台系统

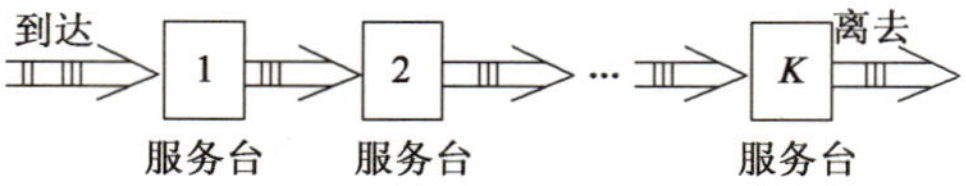

图 8-3 单通道多服务台串联系统

（2）多通道服务系统

若服务通道不止一个，且每个通道都可以单独地为顾客提供服务，这样的服务机构称为多通道服务系统。根据服务规则和顾客的排队情况，多通道服务系统又可分为可通的多通道系统（图 8-4）与不可通的多通道系统（图 8-5）两种。在前一种情况中，顾客可以在任何一个空着的服务通道中得到服务；而在后一种情况中，顾客必须在固定的一个通道中等待服务。

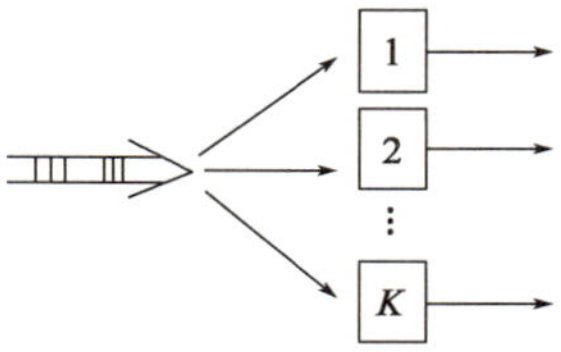

图 8-4 可通的多通道系统

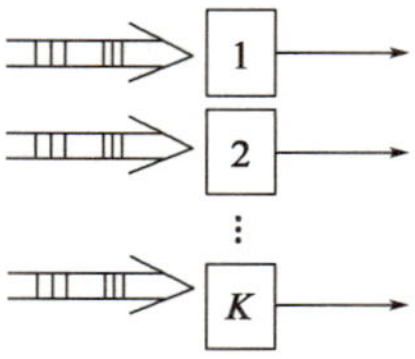

图 8-5 不可通的多通道系统

除了上述两种排列方式以外，还存在服务台串、并联混合的服务系统，如图 8-6 所示。

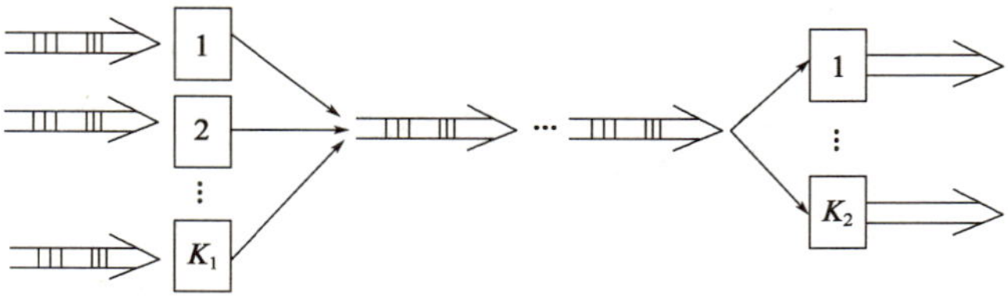

图 8-6 多通道混合系统

四、排队模型的表示方法

如前所述，一个随机服务系统是由输入过程、排队规则和服务机构三要素确定的，一个确定的输入过程和服务时间分布形式，再配上确定的服务台数目和服务规则就构成了一个排队模型。输入过程形式、服务时间分布形式、服务台数目和服务规则的不同组合,就形成了不同的排队模型。为了便于通用和分类,一般采用肯道尔(Kendall)符号来表示排队模型,即约定用下列符号来描述排队形式:

$$X/Y/Z$$

其中,X 处填写相继到达间隔时间的分布,Y 处填写服务时间的分布,Z 处填写并列的服务台数目(通道数)。

表示相继到达间隔时间和服务时间的各种分布的符号如下:

M——负指数分布(Negative Exponential);

E_k——K 阶爱尔朗分布(Erlang-K);

D——确定型分布(Deterministic or Fixed);

GI——到达时间间隔的一般分布(General Distribution of Interval Times);

G——服务时间的一般分布(General Distribution of Service Times)。

例如,$M/M/1$ 表示到达间隔时间为负指数分布,服务时间为负指数分布,单通道的排队模型。$D/M/C$ 表示确定的到达间隔,服务时间为负指数分布,C 个服务台并联(C 个服务通道)的排队模型。在道路与交通工程中,通常遇到的是 $M/M/C$ 和 $M/M/1$ 两类模型。

应该指出的是,肯道尔符号对于排队容量受限制和容量无限的情况无法加以区分,并且没有考虑排队规则。为了能在排队问题的符号中包括这些附加条件,1971 年国际排队符号标准会议扩充了肯道尔符号。其形式为:

到达过程/服务过程/服务台数目/在系统中的顾客最大容量/在顾客源中的顾客数/排队规则

例如,$M/M/1/K/\infty$/FCFS 表示到达为负指数分布,服务时间为负指数分布,服务台数目为 1,系统容量为 K,顾客总体无限,排队规则为先到先服务的服务系统。

如果排队模型的符号为 $X/Y/Z/\infty/\infty$/FCFS,那么后两项或后三项可以省略,只要写 $X/Y/Z/\infty$ 或 $X/Y/Z$ 就可以了。也就是说,除非另有说明,一般都取简化形式 $X/Y/Z$,系统容量、顾客源分别默认为无限、先到先服务的排队系统。

五、服务系统的运行指标

一个服务系统包括顾客和服务机构两个方面。对顾客来说,当然不希望排队,而是希望随时都能很方便地得到服务。要满足顾客的要求,必须多配置服务台,这样势必会使服务机构过大,服务机构的使用效率降低,人力、物力的开支相应增加,造成不必要的浪费。对服务机构来讲,希望所提供的服务设备效率最高,使每个服务台都不出现空闲状态,这必然会导致顾客排队,影响顾客的利益。这两个方面都具有一定的片面性。排队论正是从总体经济利益出发,试图把顾客的需要与服务机构的利益协调起来建立某种平衡关系。

由于顾客的到达时刻通常是无法事先知道的,要求服务的时间也因服务的不同而异。一般来说,到达时刻、服务时间是随机变量,因而需借助概率论的方法对服务系统的运行状态进行各种概率的描述。通常用下列数量指标来描述服务系统的运行状态:

(1)队长 L_s:指系统中顾客个数的期望值。

(2)排队长 L_q:指在系统中排队等待服务的顾客个数的期望值。

L_s 与 L_q 有如下的关系:

$$L_s = L_q + \text{正被服务的顾客数期望值}$$

(3)逗留时间 W_s:一个顾客在系统中的停留时间(从到达系统起到离开系统止的时间)的期望值。

(4)排队时间 W_q:一个顾客在系统中排队等候时间的期望值。

W_s与 W_q有如下的关系:

$$W_s = W_q + \text{服务时间期望值}$$

(5)忙期:指从顾客到达空闲服务机构起到服务机构再次空闲的时间长度,即服务机构连续繁忙的时间长度。

此外,在损失制系统与混合制系统中,顾客被拒绝的概率(损失率)以及以后常用到的服务强度等都是很重要的指标。

通过对这些指标的研究,并结合具体条件求得服务机构的最合适的规模,是排队论研究的目的之一。其另一目的是在现存的服务系统中改进服务,也就是说对影响排队模型的诸要素进行适时控制,以期取得更好的经济效果。例如,在道路交通的信号交叉口系统中,对于交通量特别大的交叉口,应多设进口车道,反之,应少设进口车道。总之,合理地设计与控制服务系统,使它既能满足顾客的需要,又使服务机构的花费最少,即顾客与服务机构两者利益之间达到某种平衡,这就是排队论研究的最终目的。

第二节　顾客到达分布和服务时间分布

影响排队的主要因素是单位时间内要求服务机构提供服务的顾客数和每个顾客所需的服务时间。这两个因素都带有随机性,因此,要想预测在某一时刻将有多少顾客要求服务系统服务,或者预测某一顾客的服务时间将要延误多久这都是不可能的,只能对单位时间内到达系统的顾客数和服务时间这两个随机变量进行概率的描述。

一般描述顾客到达和服务时间的方法是求出它的概率密度函数或概率的分布函数。具体地说,就是要求出单位时间内有 K 个顾客到达系统、要求服务的概率,以及服务时间不少于某一时间长度的概率。

在排队论中,描述到达分布和服务时间分布的分布形式有最简单流(泊松流)、负指数分布、爱尔朗分布、二项分布、正态分布等。本节仅介绍常用的最简单流和负指数分布。

一、最简单流

最简单流又称平稳的泊松流,在排队论中有着特殊地位,在交通工程中经常用于交通流的统计应用。它适用于车流密度不大,其他外界干扰因素基本上不存在,即车流是随机的情况。首先对它进行详细的讨论。

设 $N(t)$ 表示在时间区间$(0,\Delta t)$内到达的顾客数($\Delta t>0$),令 $P_n(t_1,t_2)$表示在时间区间(t_1,t_2)($t_2>t_1$)内有 n 个顾客到达的概率,即

$$P_n(t_1,t_2) = P\{N(t_2) - N(t_1) = n\} \qquad (t_2 > t_1, n \geqslant 0)$$

当 $P_n(t_1,t_2)$满足下列三个条件时,就说顾客的到达形成最简单流(泊松流)。这三个条件如下:

(1)流的平稳性

对于任意的 $t\geqslant0$ 及 $\Delta t\geqslant0$,在时间区间$(t,t+\Delta t)$内有 n 个顾客到达的概率只与 Δt 有关,与时间区间的起点 t 无关。

当 Δt 充分小时,在 $(t,t+\Delta t)$ 内有一个顾客到达的概率约与 Δt 成正比,即

$$P_1(t,t+\Delta t) = \lambda\Delta t + o(\Delta t) \tag{8-1}$$

式中:$o(\Delta t)$——当 $\Delta t\to 0$ 时,关于 Δt 的高阶无穷小;

λ——单位时间内的顾客到达平均数($\lambda>0$)。

(2)流的无后效性

在时间轴上,互不相交的时间区段 $[t_1,t_2]$ 和 $[t_3,t_4]$($t_1<t_2<t_3<t_4$)内,顾客的到达数是相互独立的,即前一顾客的到达不影响后一顾客的到达。

(3)流的普遍性

在同一时刻,有两个及两个以上顾客到达的概率与有一个顾客到达的概率相比小到可以忽略的程度,即当 Δt 充分小时,在时间区间 $(t,t+\Delta t)$ 内有两个及两个以上顾客到达的概率是关于 Δt 的高阶无穷小。

$$\sum_{n=2}^{\infty} P_n(t,t+\Delta t) = o(\Delta t) \tag{8-2}$$

由条件(1),我们总可以取时间由0算起,即

$$P_n = (t,t+\Delta t) = P_n(0,\Delta t)$$

并简记为

$$P_n = (0,\Delta t) = P_n(\Delta t)$$

由条件(1)、条件(3)容易推得在 $(t,t+\Delta t)$ 区间内没有顾客到达的概率为

$$P_0(t,t+\Delta t) = 1-\lambda\Delta t + o(\Delta t) \tag{8-3}$$

或

$$P_0(\Delta t) = 1-\lambda\Delta t + o(\Delta t)$$

下面来研究最简单流的概率分布,即在长为 Δt 的时间区间内,到达 n 个顾客的概率 $P_n(\Delta t)$。

设把长为 Δt 的时间区间分成 m 等份,每段长度为 $\mathrm{d}t=\Delta t/m$。若在 $\mathrm{d}t$ 内,有一个顾客到达,则称 $\mathrm{d}t$ 被"占着";如果在 $\mathrm{d}t$ 内,没有顾客到达,则称 $\mathrm{d}t$"空着"。$\mathrm{d}t$ 被"占着"的概率近似为 $\lambda\mathrm{d}t=\lambda\Delta t/m$,见式(8-1);$\mathrm{d}t$"空着"的概率近似为 $1-\lambda\mathrm{d}t=1-\lambda\Delta t/m$,见式(8-3)。由于流的无后效性,在 m 个 $\mathrm{d}t$ 中,有顾客到达与没有顾客到达可以看成 m 次独立的试验。现在的问题是求在 m 个 $\mathrm{d}t$ 中,有 n 个 $\mathrm{d}t$ 被"占着"的概率,即在长为 $m\mathrm{d}t=\Delta t$ 的时间区间内,有 n 个顾客到达的概率。根据二项定律得

$$P_n(\Delta t) = P_m(n) = \mathrm{C}_m^n\left(\frac{\lambda\Delta t}{m}\right)^n \times \left(1-\frac{\lambda\Delta t}{m}\right)^{m-n}$$

$\mathrm{d}t\to 0$ 时,$m\to\infty$,则

$$\begin{aligned}
P_n(\Delta t) &= \lim_{m\to\infty}\mathrm{C}_m^n\left(\frac{\lambda\Delta t}{m}\right)^n \times \left(1-\frac{\lambda\Delta t}{m}\right)^{m-n}\\
&= \lim_{m\to\infty}\frac{m(m-1)(m-2)\cdots(m-n+1)}{n!} \times \left(\frac{\lambda\Delta t}{m}\right)^n\left(1-\frac{\lambda\Delta t}{m}\right)^{m-n}\\
&= \frac{(\lambda\Delta t)^n}{n!}\lim_{m\to\infty}\left(\frac{m}{m}\times\frac{m-1}{m}\times\cdots\times\frac{m-n+1}{m}\right)\times\left(1-\frac{\lambda\Delta t}{m}\right)^{m-n}\\
&= \frac{(\lambda\Delta t)^n}{n!}\lim_{m\to\infty}\left(1-\frac{\lambda\Delta t}{m}\right)^m = \frac{(\lambda\Delta t)^n}{n!}\mathrm{e}^{-\lambda\Delta t}
\end{aligned}$$

即

$$P_n(\Delta t) = \frac{(\lambda \Delta t)^n}{n!} e^{-\lambda \Delta t} \quad (n = 0,1,2,\cdots) \tag{8-4}$$

由此可知，对于最简单流，在长度为 Δt 的时间区间内，顾客到达数 $N(\Delta t)$ 服从参数为 $\lambda \Delta t$ 的泊松分布。它的数学期望和方差分别为

$$\begin{aligned} E[N(\Delta t)] &= \lambda \Delta t \\ \mathrm{Var}[N(\Delta t)] &= \lambda \Delta t \end{aligned} \tag{8-5}$$

【例 8-1】 在某铁路与公路相交的平面交叉口，当火车通过交叉口时，用横木护栏阻断汽车通行。每次火车通过时，平均封锁公路 3min，公路上平均每分钟有 4 辆汽车到达交叉口。求火车通过交叉口时，汽车排队长度超过 12 辆的概率。

解：

$$P_n(\Delta t) = \frac{(\lambda \Delta t)^n}{n!} e^{-\lambda \Delta t}$$

由题意可知 $\Delta t = 3\text{min}, \lambda = 4$ 辆/min。排队汽车不超过 12 辆的概率为

$$\begin{aligned} P_{\leqslant 12(\Delta t)} &= P_0(\Delta t) + P_1(\Delta t) + \cdots + P_{12}(\Delta t) \\ &= \sum_{n=0}^{12} P_n(\Delta t) = \sum_{n=0}^{12} \frac{(\lambda \Delta t)^n}{n!} e^{-\lambda \Delta t} \\ &= \sum_{n=0}^{12} \frac{(3 \times 4)^n}{n!} \times e^{-3\times 4} = 0.576 \end{aligned}$$

排队汽车超过 12 辆的概率为

$$\begin{aligned} P_{>12(\Delta t)} &= 1 - P_{\leqslant 12(\Delta t)} \\ &= 1 - 0.576 \\ &= 0.424 \end{aligned}$$

即汽车排队长度超过 12 辆的概率为 42.4%。

二、负指数分布

与最简单流的原理一样，如果顾客接受完服务，从服务机构离去的流也是完全随机的，并服从最简单流的三个条件，那么在时段 Δt 内，有 n 个顾客从服务机构离去的概率可由式(8-4)计算，即

$$P_n(\Delta t) = \frac{(u \Delta t)^n}{n!} e^{-u \Delta t} \quad (n = 0,1,2,\cdots)$$

式中：$P_n(\Delta t)$——服从参数为 $u\Delta t$ 的泊松分布；

u——单位时间内顾客接受完服务而离去的平均数，即平均服务率；

$1/u$——每个顾客的平均服务时间。

当 $n=0$ 时，$P_0(\Delta t) = e^{-u\Delta t}$，即表示在长度为 Δt 的时段内没有顾客离去的概率为 $e^{-u\Delta t}$。

$$\begin{aligned} e^{-u\Delta t} &= P(\text{在时段 } \Delta t \text{ 内没有顾客离去}) \\ &= P(\text{每一顾客的服务时间} > \Delta t) \\ &= 1 - P(\text{每一顾客的服务时间} \leqslant \Delta t) \\ &= 1 - F_T(\Delta t) \end{aligned}$$

故

$$P_0(\Delta t) = 1 - F_T(\Delta t)$$

$$F_T(\Delta t) = 1 - P_0(\Delta t) = 1 - e^{-u\Delta t}$$

$F_T(\Delta t)$即为服务时间的分布函数,服务时间的概率密度为

$$f_T(\Delta t) = [F_T(\Delta t)]' = ue^{-u\Delta t} \qquad (\Delta t > 0) \tag{8-6}$$

一般地,称这种情况为服务时间服从参数 u 的负指数分布。服务时间 T 的数学期望及方差分别为

$$E(T) = \frac{1}{u}$$

$$Var(T) = \frac{1}{u^2}$$

从上面的讨论可以看出,若顾客的到达过程服从最简单流,则顾客的到达时间间隔 T'服从参数为 λ 的负指数分布。若顾客的服务过程(离开服务台的过程)服从最简单流,则顾客的服务时间 T 服从参数为 u 的负指数分布。

第三节 生 灭 过 程

一、生灭过程的定义

在分析随机服务系统时,经常遇到下面这类随机过程:

有一堆细菌,其中每一个细菌在时间 Δt 内分裂成两个的概率为 $\lambda\Delta t + o(\Delta t)$,而在 Δt 内死亡的概率为 $u\Delta t + o(\Delta t)$,各个细菌在任何时段内的分裂和死亡都是相互独立的。如果把细菌的分裂和死亡各看成发生一个事件,那么不难看出,在 Δt 内发生两个或两个以上事件的概率为 $o(\Delta t)$。假定已知初始时刻的细菌个数,经过时间 t 后,细菌变成了多少个?

这就是生灭过程的实例,经过抽象化,生灭过程可以定义如下:

定义 设有某个系统,具有0,1,2,…状态,令 $N(t)$ 表示系统在时刻 t 所处的状态(顾客个数)。在任一时刻 t,若系统处于状态 i,则在 $(t, t+\Delta t)$ 内系统由状态 i 转移到状态 $i+1$ $(i \geqslant 0)$的概率为$\lambda_i\Delta t + o(\Delta t)$,而由状态 i 转移到状态 $i-1(i \geqslant 1)$的概率为 $u_i\Delta t + o(\Delta t)$,其中 $\lambda_i(>0)$、$u_i(>0)$为固定常数,并且在$(t, t+\Delta t)$ 内发生两次以上转移的概率为 $o(\Delta t)$,这样的一个系统状态随时间变化的过程 $N(t)$ 就称为一个生灭过程。

从生灭过程的定义可知,对于一个排队系统,只要输入过程和服务过程符合最简单流,即 $M/M/C$ 类排队系统,那么排队过程肯定符合生灭过程。

二、生灭过程的哥尔莫可尔夫方程

在本节中,以系统容量为 K 的排队系统为例,来说明哥尔莫可尔夫方程的建立过程。当系统容量无限时,令 $K = +\infty$。

在容量为 K 的排队系统中,在时刻 t 不外乎出现这样几种状态:在排队系统中没有顾客排队,有一个顾客排队,有两个顾客排队……有 K 个顾客排队,分别以 $S_0, S_1, S_2, \cdots, S_K$表示上述状态,以 $P_0(t), P_1(t), P_2(t), \cdots, P_K(t)$表示出现上述状态的概率。

系统在时刻 $t+\Delta t$ 处于状态 i(排队系统在时刻 $t+\Delta t$ 有 i 个顾客)这一事件可以在下列几

种情况之一中发生(这几种情况都是互斥的):

(1)系统在时刻 t 处于状态 $i-1$,而在时间间隔 $(t,t+\Delta t)$ 内由状态 $i-1$ 转移到状态 i。系统在时刻 t 处于状态 $i-1$ 的概率为 $P_{i-1}(t)$,由生灭过程的定义可知,在 Δt 时间内由状态 $i-1$ 转移到状态 i 的概率为 $\lambda_{i-1}\Delta t+o(\Delta t)$。根据条件概率定理,出现这种情况的概率为

$$P_{i-1}(t)\cdot\lambda_{i-1}\Delta t+o(\Delta t)$$

(2)系统在时刻 t 处在状态 $i+1$,而在时间间隔 $(t,t+\Delta t)$ 内由状态 $i+1$ 转移到状态 i。出现这种情况的概率为

$$P_{i+1}(t)\cdot u_{i+1}\Delta t+o(\Delta t)$$

(3)系统在时刻 t 处在状态 i,而在 $(t,t+\Delta t)$ 内没有发生转变。出现这种情况的概率为

$$P_i(t)(1-\lambda_i\Delta t-u_i\Delta t)+o(\Delta t)$$

(4)系统在 $(t,t+\Delta t)$ 内发生两次或两次以上的转变。出现这种情况的概率为

$$o(\Delta t)$$

由全概率定理可得,系统在时刻 $(t,t+\Delta t)$ 处于状态 i 的概率为

$$P_i(t+\Delta t)=P_i(t)(1-\lambda_i\Delta t-u_i\Delta t)+P_{i-1}(t)\lambda_{i-1}\Delta t+P_{i+1}(t)u_{i+1}\Delta t+o(\Delta t)\quad(0<i<K)$$

移项后两端同除以 Δt,得

$$\frac{P_i(t+\Delta t)-P_i(t)}{\Delta t}=\lambda_{i-1}P_{i-1}(t)-(\lambda_i+u_i)P_i(t)+u_{i+1}P_{i+1}(t)+\frac{o(\Delta t)}{\Delta t}\qquad(0<i<K)$$

令 $\Delta t\to 0$,即得

$$\frac{\mathrm{d}P_i(t)}{\mathrm{d}t}=\lambda_{i-1}P_{i-1}(t)-(\lambda_i+u_i)P_i(t)+u_{i+1}P_{i+1}(t)\qquad(0<i<K)\tag{8-7}$$

同理,对 $i=0$,可推得

$$\frac{\mathrm{d}P_0(t)}{\mathrm{d}t}=-\lambda_0P_0(t)+u_1P_1(t)\tag{8-8}$$

对 $i=K$,可推得

$$\frac{\mathrm{d}P_K(t)}{\mathrm{d}t}=\lambda_{K-1}P_{K-1}(t)-u_KP_K(t)\tag{8-9}$$

若排队系统的容量为无限,则在式(8-7)中,令 $K=\infty$ 并去掉式(8-9)即可。

式(8-7)~式(8-9)称为生灭过程的哥尔莫可尔夫方程,也称生灭过程的微分方程组。

三、在统计平衡条件下哥尔莫可尔夫方程的解

通过上面的讨论,得到了系统处于各种状态的哥尔莫可尔夫方程,这组方程的解与系统所处的时刻有关。一般来说,当系统处于运行的最初阶段的,它与系统的初始条件有关,但我们感兴趣的是系统处于长期工作的情况。可以证明,当 $t\to\infty$ 时,$P_i(t)$ 趋于一个常数 $P_i(i=0,1,2,\cdots,K)$,即系统达到了统计平衡状态,或者说系统达到了稳定状态。

在这种情况下,

$$\lim_{t\to\infty}P_i(t)=P_i\qquad(i=0,1,2,\cdots,K)$$

$$\lim_{t\to\infty}\frac{\mathrm{d}P_i(t)}{\mathrm{d}t}=0$$

这时,式(8-7)~式(8-9)变成

$$\lambda_{i-1}P_{i-1}-(\lambda_i+u_i)P_i+u_{i+1}P_{i+1}=0\qquad(1\leqslant i<K)\tag{8-10}$$

$$-\lambda_0 P_0 + u_1 P_1 = 0 \tag{8-11}$$

$$\lambda_{K-1} P_{K-1} - u_K P_K = 0 \tag{8-12}$$

式(8-10)~式(8-12)称为生灭过程的代数方程组,其中 $P_j(j=0,1,2,\cdots,K)$ 称为排队系统的状态概率。

在实际工作中,不必列出哥尔莫可尔夫方程,而可以根据状态转移图直接写出代数方程组。

生灭过程的状态转移情况如图 8-7 所示。图 8-7 中方框表示系统的状态,如 S_0 表示系统中无顾客(系统空闲)的状态,S_i 表示系统中有 i 个顾客的状态。箭头表示从一个状态向另一状态的转移,箭头上的标记表示状态平均转移率,也称转移流的强度。例如,在排队系统中,由状态 $i-1$ 转移到状态 i 的平均转移率应该是顾客的到达率 λ_{i-1},因为在状态 $i-1$ 中,到达一个顾客,系统便转移到状态 i。而由状态 $i+1$ 转移到状态 i 的转移率应该是顾客的服务率 u_{i+1},因为在状态$i+1$中,有一个顾客接受服务后离去,系统便转移到状态 i。在系统的稳态条件下,对每个状态来说,转入率期望值应该等于转出率期望值,以达到状态平衡。

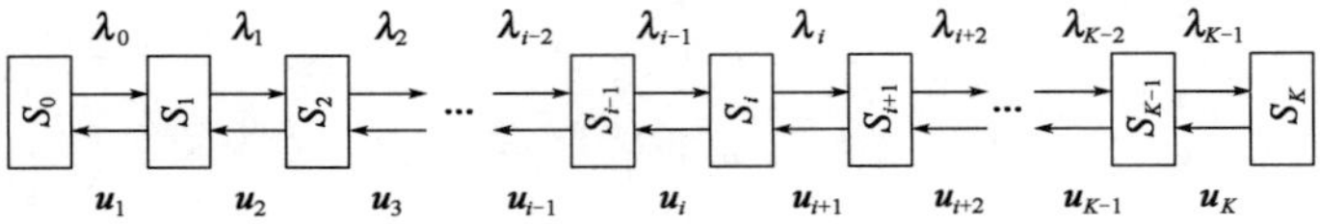

图 8-7 生灭过程的状态转移图

对于状态 i 来说,转出率期望值为

$$u_i P_i + \lambda_i P_i = (\lambda_i + u_i) P_i$$

转入率期望值为

$$\lambda_{i-1} P_{i-1} + u_{i+1} P_{i+1}$$

因此必须有平衡

$$\lambda_{i-1} P_{i-1} + u_{i+1} P_{i+1} = (\lambda_i + u_i) P_i \quad (1 \leqslant i < K) \tag{8-13}$$

对于状态 S_0来说,

$$u_1 P_1 = \lambda_0 P_0 \tag{8-14}$$

对于状态 S_K来说,

$$\lambda_{K-1} P_{K-1} = u_K P_K \tag{8-15}$$

可以看出,式(8-13)~式(8-15)与式(8-10)~式(8-12)是一致的。因此,生灭过程的代数方程也称为平衡方程。

由平衡方程还可以得出各状态概率之间的关系式。由式(8-14)可得

$$P_1 = \frac{\lambda_0}{u_1} P_0 \tag{8-16}$$

在式(8-13)中,令 $i=1$,可得

$$\lambda_0 P_0 + u_2 P_2 = (\lambda_1 + u_1) P_1$$

$$\begin{aligned} u_2 P_2 &= (\lambda_1 + u_1) P_1 - \lambda_0 P_0 \\ &= (\lambda_1 + u_1) P_1 - u_1 P_1 \\ &= \lambda_1 P_1 \end{aligned}$$

$$P_2 = \frac{\lambda_1}{u_2} P_1$$

或

$$P_2 = \frac{\lambda_1 \lambda_0}{u_1 u_2} P_0$$

同理,依次类推,可得

$$P_i = \frac{\lambda_{i-1}}{u_i} P_{i-1} \tag{8-17}$$

或

$$P_i = \frac{\lambda_{i-1}\lambda_{i-2}\lambda_{i-3}\cdots\lambda_0}{u_i u_{i-1} u_{i-2}\cdots u_1} P_0 \qquad (1 \leqslant i \leqslant K) \tag{8-18}$$

P_0 可以根据正则条件得到

$$1 - \sum_{i=1}^{K} P_i = P_0$$

以上获得的状态概率 P_i是当 $t \to \infty$,系统达到稳定状态时的结果。在实际应用中,不可能等到 $t \to \infty$,但对于绝大多数实际问题,系统会很快趋于统计平衡状态。

【例 8-2】 某排队模型为 $M/M/1/3/\infty$/FCFS,$\lambda = 2$,$u = 3$, 试求该系统的状态概率 P_i。

解:该系统的到达过程、服务过程均为泊松流,故其内部状态符合生灭过程。系统具有 4 个状态—— S_0、S_1、S_2、S_3 ,其状态转移图如图 8-8 所示。

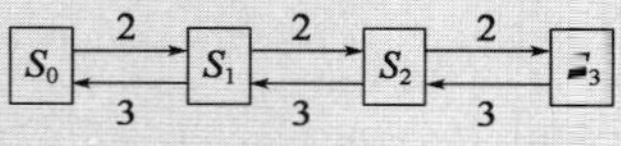

图 8-8 状态转移图

根据每个状态的平衡条件建立状态方程组。

由 S_0状态得

$$2P_0 = 3P_1,\text{即 } P_1 = \frac{2}{3}P_0$$

由 S_1状态得

$$2P_0 + 3P_2 = 2P_1 + 3P_1,\text{即 } P_2 = \frac{2}{3}P_1 = \frac{4}{9}P_0$$

由 S_2状态得

$$2P_1 + 3P_3 = 2P_2 + 3P_2,\text{即 } P_3 = \frac{2}{3}P_2 = \frac{8}{27}P_0$$

由正则条件 $\sum_{t=0}^{3} P_i = 1$ 可得

$$P_0 + \frac{2}{3}P_0 + \frac{4}{9}P_0 + \frac{8}{27}P_0 = 1$$

因此, $P_0 = 0.415$, $P_1 = 0.277$, $P_2 = 0.185$, $P_3 = 0.123$。

第四节 $M/M/1$ 排队系统分析

所谓 $M/M/1$ 排队系统是指这样的随机服务系统:

(1)输入过程服从参数为 λ(单位时间内到达顾客数为 λ)的泊松分布。

(2)顾客的服务时间服从参数 u(顾客的平均服务率 u)的负指数分布。

(3)单个服务台(单通道),顾客按到达的先后次序接受服务。

对于 $M/M/1$ 排队系统,根据顾客源及系统容量的情况,又可分为:①$M/M/1/\infty/\infty$ 排队系统;②$M/M/1/m/\infty$ 排队系统;③$M/M/1/\infty/K$ 排队系统;④$M/M/1/m/K$ 排队系统。本节只讨论在道路交通工程中常遇到的①②两类系统,③④两类系统的分析方法与①②类似。

一、$M/M/1/\infty/\infty$ 排队系统

1. $M/M/1/\infty/\infty$ 排队系统的概念

$M/M/1/\infty/\infty$ 排队系统是指系统容量和顾客源均为无限的 $M/M/1$ 排队系统,在排队论中,它有着特殊的地位,通常称为标准的 $M/M/1$ 排队系统。

设 $N(t)$ 表示该系统在时刻 t 的顾客数(正在服务的与排队等候的顾客数之和),它的取值为 $0,1,2,\cdots$ 又设顾客的服务时间为 T,它服从负指数分布,因此,一个顾客在时刻 t 还未结束服务的条件下,而在 $[t,t+\Delta t]$ 内结束服务的概率为

$$P\{T \leqslant t+\Delta t \mid T>t\} = \frac{P\{T \leqslant t+\Delta t, T>t\}}{P\{T>t\}} = \frac{P\{t<T \leqslant t+\Delta t\}}{P\{T>t\}}$$
$$= \frac{P(t+\Delta t)-P(t)}{P\{T>t\}} = \frac{[1-\mathrm{e}^{-u(t+\Delta t)}]-(1-\mathrm{e}^{-ut})}{\mathrm{e}^{-ut}}$$
$$= \frac{\mathrm{e}^{-ut}-\mathrm{e}^{-u(t+\Delta t)}}{\mathrm{e}^{-ut}} = 1-\mathrm{e}^{-u\Delta t} = u\Delta t + o(\Delta t)$$

又根据泊松流的平稳性,对任何 $t(\geqslant 0)$,在 $[t,t+\Delta t]$ 内到达一个顾客的概率为 $\lambda\Delta t + o(\Delta t)$,离开一个顾客的概率为 $u\Delta t + o(\Delta t)$,即系统由状态 i 转移到状态 $i-1$ 的概率为 $u\Delta t + o(\Delta t)$,由状态 i 转移到状态 $i+1$ 的转移率为 $\lambda\Delta t + o(\Delta t)$。

因此,由生灭过程的定义可知,该系统的排队过程 $\{N(t), t>0\}$ 为一生灭过程,且

$$K = \infty$$

$$\lambda_n = \lambda, u_n = u \qquad (n = 0,1,2,\cdots) \tag{8-19}$$

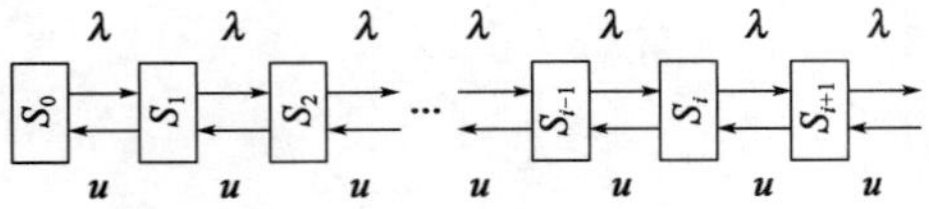

图 8-9 $M/M/1/\infty/\infty$ 排队系统的状态转移图

该系统的状态转移图如图 8-9 所示。

由式(8-16)、式(8-19)可得

$$P_1 = \frac{\lambda_0}{u_1}P_0 = \frac{\lambda}{u}P_0 = \rho P_0$$

由式(8-17)、式(8-18)可得

$$P_n = \frac{\lambda_{n-1}}{u_n}P_{n-1} = \frac{\lambda}{u}P_{n-1} = \rho P_{n-1} \tag{8-20}$$

$$P_n = \frac{\lambda_{n-1}\lambda_{n-2}\cdots\lambda_0}{u_n u_{n-1}\cdots u_1}P_0 = \frac{\lambda^n}{u^n}P_0 = \rho^n P_0 \qquad (n = 0,1,2,\cdots) \tag{8-21}$$

在排队论分析中,ρ 有着重要的意义,通常称为服务强度。它是相同时间间隔内顾客的平均到达数与能被服务的平均数之比;或是对于相同的顾客数,服务时间之和的期望值与到达间隔时间之和的期望值之比。ρ 是反映服务效率和服务机构利用程度的重要指标。

在 $M/M/1/\infty/\infty$ 排队系统中,必须有 $\rho<1$,即服务率大于到达率。如果 $\rho>1$,即单位时间内到达服务系统的顾客数大于离开服务系统的顾客数,那么当 $t\to\infty$ 时,排队长度将无限增加,使系统达不到稳定状态。当 $\rho=1$ 时,系统的负荷水平达到 100%,即单位时间内到达的顾

客数等于离开的顾客数,但这时也无法达到稳定状态。虽然此时平均到达率等于平均服务率,但由于到达是随机的,可能有些时候服务台是空闲的,因而失去了一些可用于服务的时间。这种时间损失越多,排队积累越快,渐渐地队越排越长,而达不到统计平衡。

2. $M/M/1/\infty/\infty$ 排队系统的运行指标

由正则条件可得

$$\sum_{i=0}^{\infty} P = P_0 + P_1 + P_2 + \cdots = 1$$

则

$$P_0 + \rho P_0 + \rho^2 P_0 + \cdots + \rho^n P_0 + \cdots = P_0(1 + \rho + \rho^2 + \cdots + \rho^n + \cdots)$$
$$= P_0 \times \frac{1}{1-\rho} = 1$$

所以

$$\begin{cases} P_0 = 1 - \rho & (\rho < 1) \\ P_n = (1-\rho)\rho^n & (1 \leqslant n < \infty) \end{cases} \tag{8-22}$$

其中,P_0、P_n称为系统的状态概率,P_0表示系统中没有顾客(即服务台空闲)的概率,P_n表示系统中有 n 个顾客(其中有 $n-1$ 个顾客排队)的概率。以 P_0、P_n为基础,可以导出系统的一系列运行指标。

(1)系统中的平均顾客数(队长期望值)L_s

设系统中的顾客数(包括排队的和正在被服务的)为 N,则 N 是个随机变量。令 L_s为 N 的期望值,则

$$L_s = E(N) = \sum_{n=0}^{\infty} nP_n$$
$$= \sum_{n=0}^{\infty} n(1-\rho)\rho^n = \sum_{n=1}^{\infty} n\rho^n - \sum_{n=1}^{\infty} n\rho^{n+1}$$
$$= (\rho + 2\rho^2 + 3\rho^3 + \cdots) - (\rho^2 + 2\rho^3 + 3\rho^4 + \cdots)$$
$$= \rho + \rho^2 + \rho^3 + \cdots$$
$$= \frac{\rho}{1-\rho} \quad (0 < \rho < 1)$$

或

$$L_s = \frac{\lambda}{u - \lambda}$$

(2)系统中排队等候的平均顾客数(排队长期望值)L_q

设系统处于统计平衡状态时排队等候的顾客数为 N_q,$N_q = N - 1$,它的期望值为 L_q,则

$$L_q = E(N_q) = E(N-1)$$
$$= \sum_{n=1}^{\infty} (n-1)P_n = \sum_{n=1}^{\infty} nP_n - \sum_{n=1}^{\infty} P_n$$
$$= L_s - (1 - P_0) = \frac{\rho}{1-\rho} - \rho$$
$$= \frac{\rho^2}{1-\rho} = \frac{\rho\lambda}{u-\lambda}$$

(3)顾客在系统中的平均逗留时间 W_s

顾客在服务系统中的平均逗留时间与系统中的顾客数有关,这在直观上是容易理解的。设顾客消耗在系统中的时间期望值为 W_s,即顾客从步入系统到离开系统的平均时间为 W_s。由于系统中只有一个服务台,当某顾客到达系统后,在 W_s时间内,在该顾客后面到达的顾客必须排队。而顾客的平均到达率为 λ,即每隔 $1/\lambda$ 时间到达一个顾客,在 W_s时间内到达的顾客数(即排队的顾客个数)为

$$L_s = \frac{W_s}{\frac{1}{\lambda}} = \lambda W_s$$

那么,顾客在系统中的平均逗留时间的期望值为

$$W_s = \frac{L_s}{\lambda} \tag{8-23}$$

这就是著名的李太勒(Little)公式:对于任何排队系统,在任何顾客到达流和任何服务时间的情况下,顾客在系统内的平均逗留时间等于系统内顾客的平均数除以顾客的平均到达率。因此,式(8-23)具有通用性,它适用于任何排队系统。

所以,顾客在系统中的平均逗留时间为

$$W_s = \frac{L_s}{\lambda} = \frac{1}{u - \lambda}$$

(4)顾客在系统中的平均排队时间 W_q

用相同的方法可以导出李太勒第二个公式,即顾客平均排队时间与排队顾客数之间的关系为

$$W_q = \frac{L_q}{\lambda} = \frac{\rho}{u - \lambda}$$

现将系统运行指标的计算公式归纳如下:

$$\begin{cases} L_s = \dfrac{\lambda}{u - \lambda} \\ L_q = \dfrac{\rho\lambda}{u - \lambda} \\ W_s = \dfrac{1}{u - \lambda} \\ W_q = \dfrac{\rho}{u - \lambda} \end{cases} \tag{8-24}$$

它们之间的相互关系为

$$\begin{cases} L_s = \lambda W_s \\ L_q = \lambda W_q \\ W_s = W_q + \dfrac{1}{u} \\ L_s = L_q + \dfrac{\lambda}{u} \end{cases} \tag{8-25}$$

【例8-3】 某收费公路入口处设有一收费亭,汽车进入公路必须向收费亭交费。收费亭的收费时间服从负指数分布,平均每辆汽车的交费时间为7.2s,汽车的到达率为400辆/h,

并服从泊松分布。试求：

(1)收费亭空闲的概率。

(2)收费亭前没有车辆排队的概率。

(3)收费亭前排队长度超过100m(排队车辆超过12辆)的概率。

(4)平均排队长度。

(5)车辆通过收费亭所花费时间的平均值。

(6)车辆的平均排队时间。

解:这是一个 $M/M/1/\infty/\infty$ 排队系统,收费亭是服务台,汽车是顾客,汽车向收费亭交费便是接受服务。

由题意可知：

$$\lambda = 400$$

$$u = \frac{3600}{7.2} = 500$$

$$\rho = \frac{\lambda}{u} = \frac{400}{500} = 0.8$$

(1)收费亭空闲的概率

收费亭空闲的概率即为系统中没有车辆到达的概率 P_0 为

$$P_0 = 1 - \rho = (1 - 0.8) \times 100\% = 20\%$$

(2)没有车辆排队的概率

当系统中没有车辆或只有一辆车(这辆车正在被服务)时,便没有车辆排队。所以,没有车辆排队的概率为

$$P(\leqslant 1) = P_0 + P_1 = P_0 + \rho P_0 = (1 + \rho)P_0$$
$$= (1 + 0.8) \times 0.2 \times 100\% = 36\%$$

(3)排队长度超过100m的概率

排队长度超过100m的概率即为排队车辆超过12辆的概率,也就是系统中排队车辆数大于等于13的概率。

$$P(\geqslant 13) = 1 - \sum_{n=0}^{13} P_n = 1 - \sum_{n=0}^{13}(1 - \rho)\rho^n = 1 - (1 - \rho)\sum_{n=0}^{13}\rho^n$$
$$= 1 - (1 - \rho)\frac{1 - \rho^{13+1}}{1 - \rho} = 1 - (1 - \rho^{14}) = \rho^{14} = 0.8^{14} = 4.4\%$$

(4)平均排队长度

$$L_q = \frac{\rho\lambda}{u - \lambda}$$
$$= 0.8 \times \frac{400}{500 - 400} = 3.2(\text{辆})$$

(5)车辆通过收费亭所花的平均时间

$$W_s = \frac{1}{u - \lambda} = \frac{1}{500 - 400} = 0.01(\text{h}) = 36(\text{s})$$

(6)车辆的平均排队时间

$$W_q = \frac{\rho}{u - \lambda} = \frac{0.8}{500 - 400} = 0.008(\text{h}) = 28.8(\text{s})$$

二、$M/M/1/m/\infty$ 排队系统

1. $M/M/1/m/\infty$ 排队系统的概念

所谓 $M/M/1/m/\infty$ 排队系统,是指系统容量受限制、顾客源为无限、先到先服务的 $M/M/1$ 排队系统。设系统容量为 m,即排队容量为 $m-1$。当顾客到达时,若服务台不空,则顾客排队等候服务。因为系统内只有 $m-1$ 个排队位置,当客满时,后来的顾客立即离去,另求服务。因此,该系统只可能具有 $m+1$ 个状态——$S_0,S_1,S_2,\cdots,S_m$,其状态转移图如图 8-10 所示。

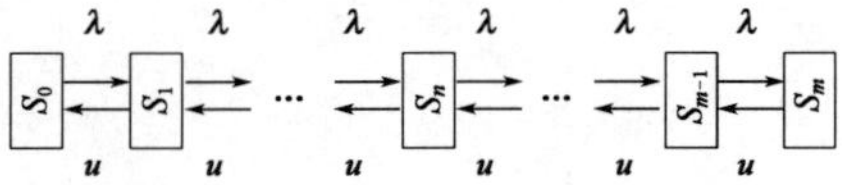

图 8-10　$M/M/1/m/\infty$ 排队系统状态转移图

由式(8-17)、式(8-18)可得

$$P_n = \frac{\lambda_{n-1}}{u_n}P_{n-1} = \frac{\lambda}{u}P_{n-1} = \rho P_{n-1} \quad (1 \leqslant n \leqslant m) \tag{8-26}$$

$$P_n = \frac{\lambda_{n-1}\lambda_{n-2}\cdots\lambda_0}{u_n u_{n-1}\cdots u_1}P_0 = \frac{\lambda^n}{u^n}P_0 = \rho^n P_0 \quad (1 \leqslant n \leqslant m) \tag{8-27}$$

由正则条件可得

$$P_0 + P_1 + P_2 + \cdots + P_m = 1$$

则

$$P_0 + \rho P_0 + \rho^2 P_0 + \cdots + \rho^m P_0 = P_0(1 + \rho + \rho^2 + \cdots + \rho^m) = 1$$

即

$$P_0 = (1 + \rho + \rho^2 + \cdots + \rho^m)^{-1} = \left(\sum_{i=0}^{m}\rho^i\right)^{-1}$$

所以

$$\begin{cases} P_0 = \dfrac{1-\rho}{1-\rho^{m+1}} & (\rho \neq 1) \\ P_n = \dfrac{1-\rho}{1-\rho^{m+1}}\rho^n & (1 \leqslant n \leqslant m) \end{cases} \tag{8-28}$$

当 $\rho = 1$ 时,由正则条件得

$$\begin{aligned} P_0 + \rho P_0 + \rho^2 P_0 + \cdots + \rho^m P_0 &= P_0(1 + \rho + \rho^2 + \cdots + \rho^m) \\ &= P_0 \times (1 + 1 + \cdots + 1) \\ &= (m+1)P_0 = 1 \end{aligned}$$

因此

$$\begin{cases} P_0 = \dfrac{1}{m+1} & (\rho = 1) \\ P_n = \dfrac{1}{m+1} & (0 \leqslant n \leqslant m) \end{cases} \tag{8-29}$$

在容量无限制的 $M/M/1$ 排队系统中,$\rho < 1$ 是系统能达到稳态的必要条件。在容量有限的情况下,这个条件就没有必要了。但当 $\rho > 1$ 时,表示损失率的 P_m(或表示被拒绝排队的顾客平均数 λP_m)将是很大的。

2. $M/M/1/m/\infty$ 排队系统的运行指标

根据式(8-28),可以导出系统的各种运行指标。

(1)系统中的平均顾客数(队长期望值)L_s

当 $\rho \neq 1$ 时,

$$L_s = E(N) = \sum_{n=0}^{m} nP_n = \sum_{n=0}^{m} nP_0\rho^n = P_0\rho \sum_{n=1}^{m} n\rho^{n-1}$$
$$= \rho P_0 \sum_{n=1}^{m} \frac{\mathrm{d}}{\mathrm{d}\rho}(\rho^n) = \rho P_0 \frac{\mathrm{d}}{\mathrm{d}\rho}\left(\sum_{n=1}^{m} \rho^n\right) = \rho P_0 \frac{\mathrm{d}}{\mathrm{d}\rho}\left(\frac{\rho - \rho^{m+1}}{1-\rho}\right)$$
$$= \rho P_0 \frac{1-(m+1)\rho^m + m\rho^{m+1}}{(1-\rho)^2}$$

代入式(8-28)得

$$L_s = \frac{\rho[1-(m+1)\rho^m + m\rho^{m+1}]}{(1-\rho^{m+1})(1-\rho)} \quad (\rho \neq 1) \tag{8-30}$$

或

$$L_s = \frac{\rho}{1-\rho} - \frac{(m+1)\rho^{m+1}}{1-\rho^{m+1}} \tag{8-31}$$

当 $\rho = 1$ 时,

$$L_s = E(N) = \sum_{n=0}^{m} nP_n = \frac{1}{m+1}\sum_{n=0}^{m} n = \frac{m}{2} \tag{8-32}$$

(2)系统中排队等候的平均顾客数(排队长期望值)L_q

$$L_q = \sum_{n=1}^{m}(n-1)P_n = \sum_{n=1}^{m} nP_n - \sum_{n=1}^{m} P_n = L_s - (1-P_0) \tag{8-33}$$

(3)顾客在系统中的平均逗留时间 W_s

在系统中,当排队长度未达到排队容量时,平均到达率为 λ,而一旦排满,到达率为 0,即

$$\lambda_i = \begin{cases} \lambda & (i = 0,1,2,\cdots,m-1) \\ 0 & (i \geqslant m) \end{cases}$$

因此,有必要寻求整个过程的有效到达率 λ_e,取有效到达率为到达率的期望值。

$$\lambda_e = \sum_{i=0}^{\infty} \lambda_i P_i = \lambda \sum_{i=0}^{m-1} P_i = \lambda(1-P_m) = \lambda\left[1 - \frac{(1-\rho)\rho^m}{1-\rho^{m+1}}\right]$$
$$= \lambda \frac{1-\rho^m}{1-\rho^{m+1}} = u\frac{\rho - \rho^{m+1}}{1-\rho^{m+1}} = u\left(1 - \frac{1-\rho}{1-\rho^{m+1}}\right)$$

即

$$\lambda_e = u(1-P_0) \tag{8-34}$$

所以,由李太勒公式得

$$W_s = \frac{L_s}{\lambda_e} = \frac{L_q + (1-P_0)}{u(1-P_0)} = \frac{L_q}{u(1-P_0)} + \frac{1}{u} \tag{8-35}$$

(4)顾客在系统中的平均排队时间 W_q

$$W_q = \frac{L_q}{\lambda_e} = \frac{L_q}{u(1-P_0)} = W_s - \frac{1}{u} \tag{8-36}$$

【例 8-4】 某市区有一加油站为汽车加油,服务台平均 36s 处理一辆汽车,加油时间服从负指数分布,汽车到加油站加油的到达率为 80 辆/h,并服从泊松分布。当等候加油的汽车超过 10 辆(排队长度超过 80m,不包括正在加油的汽车)时,将影响加油站附近街道的正常交通,因而规定排队汽车不得超过 10 辆。试求:

(1)加油站空闲的概率。

(2)汽车来加油但因排队已满而被拒绝的概率。

(3)在系统中的平均顾客数。

(4)平均排队长度。

(5)汽车在整个加油过程中所花的时间。

(6)汽车排队等候时间。

解:该系统为 $M/M/1/m/\infty$ 排队系统,并且

$$m=11$$
$$\lambda=80$$
$$u=\frac{3600}{36}=100$$
$$\rho=\frac{\lambda}{u}=0.8$$

(1)加油站空闲的概率

$$P_0=\frac{1-\rho}{1-\rho^{m+1}}=\frac{1-0.8}{1-0.8^{12}}\times 100\%=21.5\%$$

(2)汽车被拒绝加油的概率

汽车被拒绝的概率就是系统饱和时的状态概率,其值为

$$P_m=\frac{1-\rho}{1-\rho^{m+1}}\rho^m=\frac{1-0.8}{1-0.8^{12}}\times 0.8^{11}\times 100\%=1.8\%$$

即有约2%的汽车因队满而被拒绝加油。

(3)系统中的平均汽车数

$$L_s=\frac{\rho}{1-\rho}-\frac{(m+1)\rho^{m+1}}{1-\rho^{m+1}}=\frac{0.8}{1-0.8}-\frac{12\times 0.8^{12}}{1-0.8^{12}}=3.11(辆)$$

(4)平均排长度

$$L_q=L_s-(1-P_0)=3.11-(1-0.215)=2.33(辆)$$

(5)汽车在整个加油过程中花费的时间

$$\lambda_e=u(1-P_0)=78.5(辆/h)$$
$$W_s=\frac{L_s}{\lambda_e}=\frac{3.11}{78.5}=0.04h=144(s)$$

(6)汽车排队等候时间

$$W_q=\frac{L_q}{\lambda_e}=\frac{2.33}{78.5}=0.03(h)=108(s)$$

【例8-5】 求 $M/M/1/4/\infty$ 排队系统的状态指标及运行指标($\lambda=2,u=3$,单位:辆/h)。

解:对于系统状态数较少的排队系统,直接从定义出发求状态指标及运行指标是相当方便的,如本例中有5个状态,其状态转移图如图8-11所示。

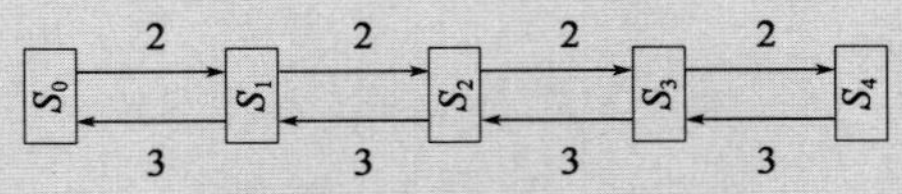

图8-11 状态转移图

平衡条件状态方程组为

$$\begin{cases}2P_0=3P_1\\2P_0+3P_2=2P_1+3P_1\\2P_1+3P_3=2P_2+3P_2\\2P_3=3P_4\end{cases}$$

由正则条件$\sum_{i=0}^{4} P_i = 1$可得

$$P_0 = 0.384, P_1 = 0.256, P_2 = 0.171, P_3 = 0.114, P_4 = 0.076$$

诸运行指标为

$$L_s = \sum_{i=0}^{4} iP_i = 0P_0 + 1P_1 + 2P_2 + 3P_3 + 4P_4 = 1.244(\text{辆})$$

$$L_q = \sum_{i=1}^{4} (i-1)P_i = P_2 + 2P_3 + 3P_4 = 0.627(\text{辆})$$

$$\lambda_e = u(1 - P_0) = 3 \times (1 - 0.384) = 1.848(\text{辆}/\text{h})$$

$$W_s = \frac{L_s}{\lambda_e} = 0.673(\text{h})$$

$$W_q = \frac{L_q}{\lambda_e} = 0.339(\text{h})$$

第五节 M/M/S 排队系统分析

本章第四节讨论的是单个服务台(单通道)的情况,对于到达强度较低而服务效率较高的服务系统来说,一般是能满足顾客要求的,但对到达强度较高而单个服务台的效率一时难以满足顾客要求的服务系统来说(如$\rho > 1, \lambda > u$的情况),就需要通过增加服务台的办法来减少顾客的排队等候时间。因此,有必要讨论多个服务台(多通道)的随机服务系统。

所谓 $M/M/S$ 排队系统是指这样的一种服务系统:

(1)顾客的到达服从参数为 λ 的泊松分布。

(2)顾客的服务时间服从参数为 u 的负指数分布。

(3)有 S 个服务台,顾客按到达的先后次序接受服务。

当顾客到达时,若有空闲的服务台就立即接受服务;若所有的服务台都无空闲,则顾客排成一个队列等待服务。多服务台系统如图 8-12 所示。

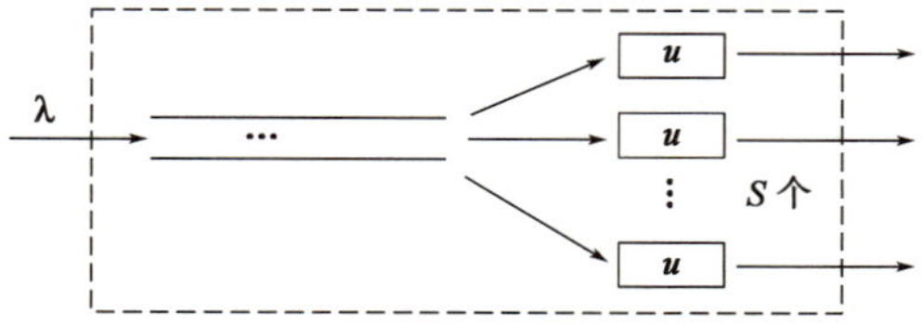

图 8-12 多服务台系统

与 $M/M/1$ 排队系统类似,根据顾客源及系统容量的情况,$M/M/S$ 系统又可分为:① $M/M/S/\infty/\infty$ 排队系统;② $M/M/S/m/\infty$ 排队系统;③ $M/M/S/\infty/K$ 排队系统;④ $M/M/S/m/K$ 排队系统。本节只讨论常用的①②两类系统。

一、M/M/S/∞/∞ 排队系统

$M/M/S/\infty/\infty$ 排队系统是指顾客源和系统容量均为无限的 $M/M/S$ 排队系统,通常称为标准的 $M/M/S$ 排队系统。

由于系统中 S 个服务台的服务率均为 u,于是整个服务机构的最大服务率为 Su。与 $M/M/1/\infty/\infty$ 排队系统类似,只有当 $\lambda/Su < 1$ 时,才能使服务系统达到稳态而不排成无限的队列。

令

$$\rho = \frac{\lambda}{Su} \tag{8-37}$$

称它为这个系统的服务强度。

当系统中只有一个顾客时,则有 $S-1$ 个服务台空闲,仅一个服务台在服务,这时的服务率为 u;当系统有 2 个顾客时,就有 2 个服务台工作,其服务率为 $2u$;……;当系统中有 S 个顾客时,则服务率达到最大值 Su。当系统中的顾客数超过 S 时,由于 S 个服务台都无空闲,其余顾客必须排队,这时的服务率仍为 Su,即

$$\begin{cases} \lambda_n = \lambda & (n = 0,1,2,\cdots) \\ u_n = \begin{cases} nu & (n = 1,2,\cdots,S) \\ Su & (n = S+1, S+2,\cdots) \end{cases} \end{cases} \tag{8-38}$$

$M/M/S/\infty/\infty$ 排队系统的状态转移图如图 8-13 所示。

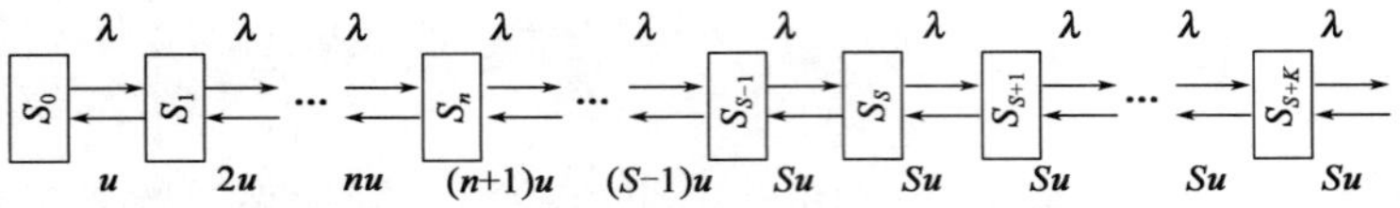

图 8-13 $M/M/S/\infty/\infty$ 排队系统的状态转移图

由式(8-18)可得

当 $n \leqslant S$ 时,

$$P_n = \frac{\lambda_{n-1}\lambda_{n-2}\cdots\lambda_0}{u_n u_{n-1}\cdots u_1}P_0 = \frac{\lambda^n}{nu\cdot(n-1)u\cdot\cdots\cdot u}P_0$$

$$= \frac{\lambda^n}{n!u^n}P_0 = \frac{1}{n!}\left(\frac{\lambda}{u}\right)^n P_0 \tag{8-39}$$

当 $n > S$ 时,

$$P_n = \frac{\lambda^n}{Su\cdot Su\cdot\cdots\cdot Su\cdot(S-1)u\cdot(S-2)u\cdot\cdots\cdot u}P_0 = \frac{\lambda^n}{S^{n-S}S!u^n}P_0$$

$$= \frac{1}{S^{n-S}S!}\left(\frac{\lambda}{u}\right)^n P_0 \tag{8-40}$$

又 $\sum\limits_{n=0}^{\infty}P_n = 1$,所以

$$\sum_{n=0}^{S-1}P_n + \sum_{n=S}^{\infty}P_n = 1$$

然而

$$\sum_{n=S}^{\infty}P_n = \sum_{n=S}^{\infty}\frac{1}{S^{n-S}S!}\left(\frac{\lambda}{u}\right)^n P_0 = \frac{P_0}{S!}\sum_{n=S}^{\infty}\frac{1}{S^{n-S}}\left(\frac{\lambda}{u}\right)^n$$

$$= \frac{P_0}{S!}\left(\frac{\lambda}{u}\right)^S\sum_{n=S}^{\infty}\frac{1}{S^{n-S}}\left(\frac{\lambda}{u}\right)^{n-S} = \frac{P_0}{S!}\left(\frac{\lambda}{u}\right)^S\sum_{n=S}^{\infty}\left(\frac{\lambda}{Su}\right)^{n-S}$$

$$= \frac{P_0}{S!}\left(\frac{\lambda}{u}\right)^S\sum_{n=0}^{\infty}\rho^n = \frac{P_0}{S!}\left(\frac{\lambda}{u}\right)^S \times \frac{1}{1-\rho}$$

所以

$$\sum_{n=0}^{S-1}P_n+\sum_{n=S}^{\infty}P_n=P_0\sum_{n=0}^{S-1}\frac{1}{n!}\left(\frac{\lambda}{u}\right)^n+\frac{P_0}{S!}\left(\frac{\lambda}{u}\right)^S\times\frac{1}{1-\rho}=1$$

即

$$P_0=\left[\sum_{n=0}^{S-1}\frac{1}{n!}\left(\frac{\lambda}{u}\right)^n+\frac{1}{S!\ (1-\rho)}\left(\frac{\lambda}{u}\right)^S\right]^{-1} \tag{8-41}$$

下面根据上述状态概率公式来导出系统的各项运行指标。

(1)系统中等候的平均顾客数 L_q

$$\begin{aligned}L_q&=\sum_{n=S}^{\infty}(n-S)P_n=\sum_{n=S}^{\infty}\frac{n-S}{S^{n-S}S!}\left(\frac{\lambda}{u}\right)^nP_0\\&=\frac{P_0}{S!}\sum_{n=S}^{\infty}(n-S)\left(\frac{\lambda}{Su}\right)^{n-S}\left(\frac{\lambda}{u}\right)^S=\frac{P_0}{S!}\left(\frac{\lambda}{u}\right)^S\sum_{n=0}^{\infty}n\left(\frac{\lambda}{Su}\right)^n\\&=\frac{P_0}{S!}\left(\frac{\lambda}{u}\right)^S\left(\frac{\lambda}{Su}\right)\sum_{n=1}^{\infty}n\left(\frac{\lambda}{Su}\right)^{n-1}=\frac{P_0}{S!}\left(\frac{\lambda}{u}\right)^S\rho\sum_{n=1}^{\infty}n\rho^{n-1}\\&=\frac{P_0}{S!}\left(\frac{\lambda}{u}\right)^S\rho\sum_{n=1}^{\infty}\frac{\mathrm{d}\rho^n}{\mathrm{d}\rho}=\frac{\rho P_0}{S!}\left(\frac{\lambda}{u}\right)^S\times\left(\frac{1}{1-\rho}\right)'\\&=\frac{\rho P_0S^S\rho^S}{S!}\frac{1}{(1-\rho)^2}=\frac{(S\rho)^S\rho P_0}{S!(1-\rho)^2}\end{aligned} \tag{8-42}$$

(2)顾客在系统中的平均排队时间 W_q

由李太勒公式得

$$W_q=\frac{L_q}{\lambda}=\frac{(S\rho)^S\rho P_0}{S!(1-\rho)^2\lambda} \tag{8-43}$$

(3)顾客在系统中的平均逗留时间 W_s

$$W_s=W_q+\frac{1}{u}=\frac{1}{u}+\frac{(S\rho)^S\rho P_0}{S!(1-\rho)^2\lambda} \tag{8-44}$$

(4)系统中的平均顾客数 L_s

由李太勒公式得

$$L_s=W_s\lambda=\frac{\lambda}{u}+\frac{(S\rho)^S\rho P_0}{S!(1-\rho)^2} \tag{8-45}$$

【例 8-6】 某汽车修理服务站,前来修理的车辆是随机到达的,到达率为 4 辆/h,每辆汽车在站上修理的持续时间平均为 0.5h,并服从负指数分布。该站有 5 个修理服务台可供修理,试求该服务站的运行指标。

解:该服务站的服务系统为 $M/M/S/\infty/\infty$ 排队系统,并且

$$S=5$$

$$\lambda=4$$

$$u=\frac{1}{0.5}=2$$

$$\frac{\lambda}{u}=2$$

$$\rho=\frac{\lambda}{Su}=\frac{4}{5\times2}=0.4$$

(1)无来车修理的概率(所有服务台均空闲的概率)

$$P_0=\left[\sum_{n=0}^{S-1}\frac{1}{n!}\left(\frac{\lambda}{u}\right)^n+\frac{1}{S!\ (1-\rho)}\left(\frac{\lambda}{u}\right)^S\right]^{-1}$$

$$=\left[1+\frac{2^1}{1!}+\frac{2^2}{2!}+\frac{2^3}{3!}+\frac{2^4}{4!}+\frac{2^5}{5!(1-0.4)}\right]^{-1}\times 100\%$$

$$=13.4\%$$

(2)修理站前不出现汽车排队的概率

当在修理站修理的汽车不超过5辆时,就不会出现排队现象。

因为

$$P_n=n!\left(\frac{\lambda}{u}\right)^n P_0(n\leqslant 5)$$

$$=\frac{1}{n}\times\frac{\lambda}{u}\times\frac{1}{(n-1)!}\left(\frac{\lambda}{u}\right)^{n-1}P_0$$

$$=\frac{\lambda}{nu}P_{n-1}=\frac{2}{n}P_{n-1}$$

$$P_1=\frac{2}{1}P_0=2\times 0.134=0.268$$

$$P_2=\frac{2}{2}P_1=1\times 0.268=0.268$$

$$P_3=\frac{2}{3}P_2=\frac{2}{3}\times 0.268=0.179$$

$$P_4=\frac{2}{4}P_3=\frac{1}{2}\times 0.179=0.089$$

$$P_5=\frac{2}{5}P_4=\frac{2}{5}\times 0.089=0.036$$

所以,不出现排队现象的概率为

$$P(n\leqslant 5)=\sum_{n=0}^{5}P_i=97.3\%$$

(3)出现排队的概率

$$P(n>5)=1-P(n\leqslant 5)=(1-0.973)\times 100\%=2.7\%$$

(4)修理站前的平均排队长度

$$L_q=\frac{(S\rho)^S\rho P_0}{S!(1-\rho)^2}=\frac{(5\times 0.4)^5\times 0.4\times 0.134}{5!\times(1-0.4)^2}=0.04(\text{辆})$$

(5)整个系统中的车辆平均数

$$L_s=L_q+\frac{\lambda}{u}=0.04+2=2.04(\text{辆})$$

(6)汽车排队等候修理所花费的时间

$$W_q=\frac{L_q}{\lambda}=\frac{0.04}{4}=0.01\text{h}=36(\text{s})$$

(7)汽车在整个修理过程中所花的时间

$$W_s=\frac{L_s}{\lambda}=\frac{2.04}{4}=0.51(\text{h})$$

二、M/M/S/m/∞ 排队系统

所谓 $M/M/S/m/\infty$ 排队系统，是指系统容量受限制、顾客源无限、先到先服务的 $M/M/S$ 排队系统。该系统共有 $m-S$ 个位置可供顾客排队。当顾客到达时，若系统饱和，即服务台都无空闲，排队位置已排满，则后到的顾客立即离去，另求服务。因此，该系统中只可能有 $m+1$ 个状态，其状态转移图如图 8-14 所示。

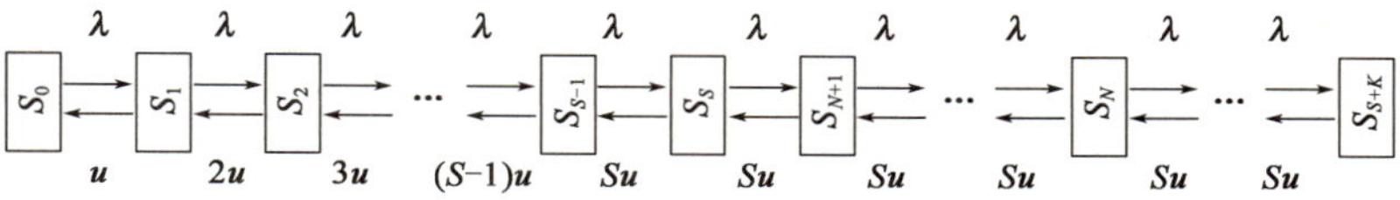

图 8-14 $M/M/S/m/\infty$ 排队系统的状态转移图

与 $M/M/S/\infty/\infty$ 排队系统的推导类似，可得 $M/M/S/m/\infty$ 排队系统的状态指标及运行指标如下：

$$\begin{cases} P_0 = \left[\sum_{K=0}^{S}\dfrac{(S\rho)^K}{K!} + \dfrac{S^S}{S!}\times\dfrac{\rho(\rho^S-\rho^m)}{1-\rho}\right]^{-1} \\ P_n = \begin{cases} \dfrac{(S\rho)^n}{n!}P_0 & (0\leqslant n\leqslant S) \\ \dfrac{S^S}{S!}\rho^n P_0 & (S\leqslant n\leqslant m) \end{cases} \end{cases} \tag{8-46}$$

其中，$\rho=\dfrac{\lambda}{Su}$，并且 $\rho\neq1$。

$$\begin{cases} L_q = \dfrac{(S\rho)^S\rho P_0}{S!(1-\rho)^2}[1-\rho^{m-S}-(m-S)\rho^{m-S}(1-\rho)] \\ L_s = L_q + S\rho(1-P_m) \\ W_q = \dfrac{L_q}{\lambda(1-P_m)} \\ W_s = W_q + \dfrac{1}{u} \end{cases} \tag{8-47}$$

特别地，当 $m=S$ 时，称这种情况为多通道损失制排队系统，即当 S 个服务台均不空时，顾客来到服务系统不予服务，顾客立即离去，另求服务，这种情况也是常见的。例如，在闹市的停车场，就不允许汽车排队等待空位。这时

$$\begin{cases} P_0 = \left[\sum_{K=0}^{S}\dfrac{(S\rho)^K}{K!}\right]^{-1} \\ P_n = \dfrac{(S\rho)^n}{n!}P_0 \quad (0\leqslant n\leqslant S) \end{cases} \tag{8-48}$$

$$\begin{cases} L_q = 0 \\ L_s = S\rho(1-P_S) \\ W_q = 0 \\ W_s = \dfrac{1}{u} \end{cases} \tag{8-49}$$

【例 8-7】 汽车自动加油站上设有两根加油管,汽车按最简单流到达,每 2min 到达 2 辆,汽车加油时间服从负指数分布,平均加油时间为 2min/辆。自动加油站上最多只能停 3 辆汽车等候加油。如果汽车到来,系统已饱和,则汽车另求服务。试求该系统的运行指标。

解:该加油站服务系统符合 $M/M/S/m/\infty$ 排队系统,并且

$$S=2$$

$$m=2+3=5$$

$$\lambda=2$$

$$u=0.5$$

$$\rho=\frac{2}{2\times 0.5}=2$$

(1)加油站空闲的概率

$$P_0=\left[1+2\times 2+\frac{1}{2}\times(2\times 2)^2+\frac{2^2}{2}\times\frac{2\times(2^2-2^5)}{1-2}\right]^{-1}\times 100\%=0.8\%$$

(2)系统损失率

系统损失率即汽车因系统饱和而被拒绝的概率,其值为

$$P_m=\frac{2^2}{2}\times 2^5\times 0.008\times 100\%=51.2\%$$

(3)排队汽车的平均数

$$L_q=\frac{0.008\times 2\times(2\times 2)^2}{2!(1-2)^2}\times\left[1-2^{5-2}-(5-2)\times 2^{5-2}\times(1-2)\right]=2.176(\text{辆})$$

(4)整个加油站的平均车辆数

$$L_s=2.176+2\times 2\times(1-0.512)=4.128(\text{辆})$$

(5)汽车平均排队时间

$$W_q=\frac{L_q}{\lambda(1-P_m)}=\frac{2.176}{2\times(1-0.512)}=2.23(\text{min})$$

(6)汽车在整个加油过程中花费的时间

$$W_s=W_q+\frac{1}{u}=2.23+\frac{1}{0.5}=4.23(\text{min})$$

第六节 其他类型的排队系统

在前面分析的排队系统中,我们都假设顾客到达流为最简单流,服务时间符合负指数分布。但在实际情况中,顾客到达分布和服务时间分布是多种多样的,有随机型的,也有确定型的。顾客到达形式、服务时间分布形式、服务台数、顾客源有限无限、排队容量有限无限等的不同组合,形成了不同的排队模型,因而排队模型不尽相同,有的排队系统的运行指标可用数学解析式表达,有的不存在解析式,只能用图来表达,有的模型根本无法求解。所以,对所有模型求解是困难的,也没有必要。本节将常见的一些排队模型的状态指标和运行指标整理成表(表 8-1),以供查用。

常见的一些排队模型的状态指标和运行指标

表 8-1

序号	排队模型	服务强度 ρ	系统空闲概率 P_0	系统状态概率 P_n	平均排队顾客数 L_q	系统中的平均顾客数 L_s	平均排队时间 W_q	系统中的平均逗留时间 W_s
1	$M/M/1/\infty/\infty$	$\frac{\lambda}{u}$	$1-\rho$	$(1-\rho)\rho^n$	$\frac{\rho\lambda}{u-\lambda}$	$\frac{\lambda}{u-\lambda}$	$\frac{\rho}{u-\lambda}$	$\frac{1}{u-\lambda}$
2	$M/M/1/m/\infty$	$\frac{\lambda}{u}$	$\frac{1-\rho}{1-\rho^{m+1}}$	$\frac{1-\rho}{1-\rho^{m+1}}\rho^n$	$L_s-(1-P_0)$	$\frac{\rho}{1-\rho}-\frac{(m+1)\rho^{m+1}}{1-\rho^{m+1}}$	$W_s-\frac{1}{u}$	$\frac{L_q}{u(1-P_0)}+\frac{1}{u}$
3	$M/M/1/\infty/K$	$\frac{\lambda}{u}$	$\left[\sum_{i=0}^{K}\frac{K!}{(K-i)!}\left(\frac{\lambda}{u}\right)^i\right]^{-1}$	$\frac{K!}{(K-n)!}\left(\frac{\lambda}{u}\right)^n P_0$	$L_s-(1-P_0)$	$K-\frac{u}{\lambda}(1-P_0)$	$W_s-\frac{1}{u}$	$\frac{L_q}{u(1-P_0)}-\frac{1}{\lambda}$
4	$M/M/S/\infty/\infty$	$\frac{\lambda}{Su}$	$\left[\sum_{n=0}^{S-1}\frac{1}{n!}\left(\frac{\lambda}{u}\right)^n+\frac{1}{S!\ (1-\rho)}\left(\frac{\lambda}{u}\right)^S\right]^{-1}$	$n!\left(\frac{\lambda}{u}\right)^n P_0(n\leqslant S)$ $\frac{1}{S^{n-S}S!}\left(\frac{\lambda}{u}\right)^n P_0(n>S)$	$\frac{(S\rho)^S\rho P_0}{S!(1-\rho)^2}$	$\frac{\lambda}{u}+\frac{(S\rho)^S\rho P_0}{S!(1-\rho)^2}$	$\frac{(S\rho)^S\rho P_0}{S!(1-\rho)^2\lambda}$	$W_q+\frac{1}{u}$
5	$M/M/S/m/\infty$	$\frac{\lambda}{Su}$	$\left[\sum_{K=0}^{S}\frac{(S\rho)^K}{K!}+\frac{S^S}{S!}\times\frac{\rho(\rho^S-\rho^m)}{1-\rho}\right]^{-1}$	$\frac{(S\rho)^n}{n!}P_0(0\leqslant n\leqslant S)$ $\frac{S^S}{S!}\rho^n P_0(S\leqslant n\leqslant m)$	$\frac{(S\rho)^S\rho P_0}{S!(1-\rho)^2}[1-\rho^{m-S}-(m-S)\rho^{m-S}(1-\rho)]$	$L_q+S\rho(1-P_m)$	$\frac{L_q}{\lambda(1-P_m)}$	$W_q+\frac{1}{u}$
6	$M/M/S/\infty/K$	$\frac{\lambda}{Su}$	$\frac{1}{m!}\left[\sum_{i=0}^{S}\frac{1}{i!\ (K-i)!}S^i+\frac{S^S}{S!}\sum_{i=S+1}^{K}\frac{1}{(K-i)!}\rho^i\right]^{-1}$	$\frac{K!}{(K-n)!n!}\left(\frac{\lambda}{u}\right)^n P_0$ $(n\leqslant S)$ $\frac{K!}{(K-n)!S!S^{n-S}}\left(\frac{\lambda}{u}\right)^n P_0$ $(S\leqslant n<K)$	$\sum_{n=S+1}^{k}(n-S)P_n$	$\sum_{n=1}^{K}nP_n$	$\frac{L_q}{\lambda(K-L_s)}$	$\frac{L_s}{\lambda(K-L_s)}$
7	$M/G/1/\infty/\infty$	$\frac{\lambda}{u}$	$1-\rho$	—	$\frac{\rho^2+\lambda^2\mathrm{Var}[T]}{2(1-\rho)}$	$L_q+\rho$	$\frac{L_q}{\lambda}$	$\frac{L_s}{\lambda}$
8	$M/D/1/\infty/\infty$	$\frac{\lambda}{u}$	$1-\rho$	—	$\frac{\rho^2}{2(1-\rho)}$	$L_q+\rho$	$\frac{L_q}{\lambda}$	$\frac{L_s}{\lambda}$
9	$M/E_k/1/\infty/\infty$	$\frac{\lambda}{u}$	$1-\rho$	—	$\frac{(K+1)\rho^2}{2K(1-\rho)}$	$L_q+\rho$	$\frac{L_q}{\lambda}$	$\frac{L_s}{\lambda}$

第七节　排队服务系统的最优化问题

排队系统的最优化问题分为两类:系统设计的最优化问题和系统控制的最优化问题,这里只讨论前者。系统设计最优化的目标在于使系统设施达到最大使用效率,或者说,在一定的质量指标下要求服务机构最为经济。

排队系统包括顾客和服务机构两个方面,因而存在着两方面的利益。从顾客角度来说,其总是要求提高服务水平(如增设服务台数、加快服务时间)以减少等候费用。若要完全满足顾客的要求,则会导致服务机构过大,使用效率降低,造成浪费。从服务机构角度来说,其总是希望达到最高的使用效率,每个服务台都不出现空闲状态,这必然导致顾客等候费用的增加,影响顾客的利益。排队系统最优化的目的就是要综合考虑两者的利益,使两者费用之和最小,确定达到这个目标的最优服务水平(图 8-15)。另一常用的目标函数是使系统的纯收入(服务收入与服务成本之差)最大。

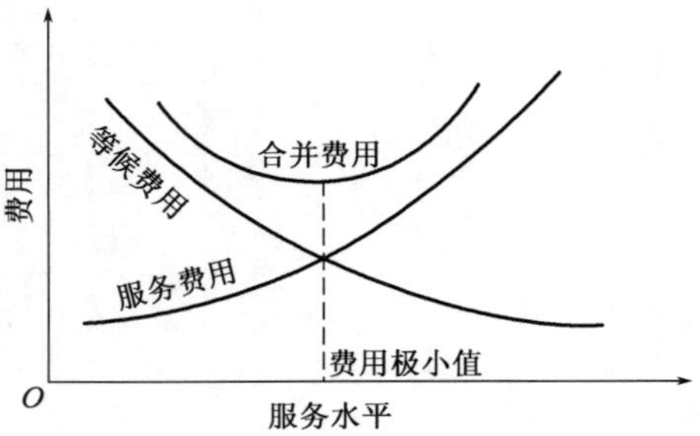

图 8-15　费用与服务水平

在服务系统中,服务费用(成本)是可以确切计算或估算的。至于顾客的等候费用,有一些是可以计算的,而有一些是不能确切计算的,只能凭经验估计。例如排队容量有限的加油站,系统饱和而拒绝汽车加油所造成的营业损失只能靠经验估计。

排队系统的服务水平主要由平均服务率 u 表示,u 代表服务机构(服务员)的服务能力和服务经验等;其次是由服务设备表示,如服务台的个数及服务系统的容量。服务水平还可以用服务强度来描述。

一、M/M/1 排队系统中的最优服务率

本节讨论 $M/M/1$ 排队系统的最优服务率 u^* 的确定方法。

1. $M/M/1/\infty/\infty$ 排队系统

取单位时间内顾客的等候费用与服务成本之和最小作为目标函数,即

$$\min S = C_W L_s + C_S u \tag{8-50}$$

式中:C_W——每个顾客在系统中等候一个单位时间所造成的损失费用;

C_S——每个顾客的服务成本。

将 $L_s = \dfrac{\lambda}{u-\lambda}$ 代入式(8-50)得

$$\min S = C_W \frac{\lambda}{u-\lambda} + C_S u$$

这是一个普通的求极值问题。令 $\dfrac{dS}{du} = 0$,则

$$C_S - \frac{C_W \lambda}{(u-\lambda)^2} = 0$$

解得最优服务率为

$$u^{*} = \lambda + \sqrt{\frac{C_W}{C_S}\lambda} \tag{8-51}$$

2. $M/M/1/m/\infty$ 排队系统

在系统容量有限制的情况下，当系统中已有 m 个顾客时，则后来的顾客被拒绝。被拒绝的概率为 P_m，那么能接受服务的概率为 $1-P_m$，而单位时间内实际上能进入服务机构的顾客平均数为 $\lambda(1-P_m)$，在系统稳定的情况下，它等于单位时间内实际完成服务的顾客平均数，即

$$\lambda(1-P_m) = u(1-P_0)$$

设每服务一位顾客收入 G 元，那么单位时间的平均收入为 $\lambda(1-P_m)G$ 元，纯利润为

$$Z = \lambda(1-P_m)G - C_S u$$

将式(8-28)代入得

$$\begin{aligned} Z &= \lambda\left(1 - \frac{1-\rho}{1-\rho^{m+1}}\rho^{m}\right)G - C_S u \\ &= \frac{\lambda(1-\rho^{m})}{1-\rho^{m+1}}G - C_S u \\ &= \lambda u G\frac{u^{m}-\lambda^{m}}{u^{m+1}-\lambda^{m+1}} - C_S u \end{aligned}$$

现在的目标是使上式达到最大值。令 $\mathrm{d}Z/\mathrm{d}u = 0$，得

$$\rho^{m+1}\frac{m-(m+1)\rho+\rho^{m+1}}{(1-\rho^{m+1})^{2}} = \frac{C_S}{G} \tag{8-52}$$

式中：ρ——$\rho = \frac{\lambda}{u}$。

最优服务率 u^{*} 由式(8-52)给出，其中 C_S、G、λ、m 都是给定的，只有 u 未知，但该式的解析式求解比较困难，一般需要用迭代法或图解法求解最优服务率 u^{*}。

二、$M/M/S$ 排队系统中的最优服务台数

这里仅讨论标准的 $M/M/S$ 排队系统，在稳定情况下，单位时间全部费用（服务费用与等候费用之和）的期望值为

$$Z = C'_S S + C_W L \tag{8-53}$$

式中：S——服务台数；

C'_S——每个服务台单位时间的费用；

C_W——每个顾客在系统中停留单位时间所造成的损失费用；

L——系统中的顾客平均数 L_s，或排队的顾客数 L_q，它们仅与 S 有关。

在式(8-53)中，唯一可以变动的是服务台数 S，所以，Z 只是 S 的函数 $Z(S)$，现在的目标是求最优解 S^{*}，使 $Z(S^{*})$ 最小。

因为 S 只能取整数值，$Z(S)$ 不是连续函数，所以不能用微分法，采用边际分析法来求解 S^{*}。

根据 $Z(S^{*})$ 的最小值的特点，有

$$\begin{cases} Z(S^{*}) \leqslant Z(S^{*}+1) \\ Z(S^{*}) \leqslant Z(S^{*}-1) \end{cases}$$

将式(8-53)代入得

$$\begin{cases} C'_S S^{*} + C_W L(S^{*}) \leqslant C'_S(S^{*}-1) + C_W L(S^{*}-1) \\ C'_S S^{*} + C_W L(S^{*}) \leqslant C'_S(S^{*}+1) + C_W L(S^{*}+1) \end{cases}$$

上式化简后得

$$L(S^*)-L(S^*+1)\leqslant \frac{C'_S}{C_W}\leqslant L(S^*-1)-L(S^*) \tag{8-54}$$

令

$$L(+1)=L(S^*)-L(S^*+1)$$
$$L(-1)=L(S^*-1)-L(S^*)$$

则有

$$L(+1)\leqslant \frac{C'_S}{C_W}\leqslant L(-1) \tag{8-55}$$

对于每一个 S 值,都可得到一个不等式区间 $[L(+1),L(-1)]$,因 C'_S/C_W 是一个已知数,只要依次求出 $S=1,2,3,\cdots$ 的不等式区间,根据 C'_S/C_W 所在的区间,就可以定出 S^*。

【例 8-8】 某汽车自助加油站设有多台加油机,汽车平均到达率为 48 辆/h,每台加油机的服务率为 25 辆/h,其他条件符合 $M/M/S/\infty/\infty$ 排队系统。设每辆汽车由于排队而造成的经济损失为 10 元/h,每台加油机的服务成本(设备损耗)为 6 元/h,应设几台加油机才能使总的费用最少?

解:由题意得

$$C'_S=6$$
$$C_W=10$$
$$\frac{C'_S}{C_W}=0.6$$
$$\lambda=48$$
$$u=25$$
$$\rho=1.92$$

设加油机的台数为 S,则

$$P_0=\left[\sum_{n=0}^{S-1}\frac{1.92^n}{n!}+\frac{1}{(S-1)!}\frac{1}{S-1.92}\times 1.92^S\right]^{-1}$$

$$L_q=\frac{1.92^{S+1}}{(S-1)!(S-1.92)^2}P_0$$

$$Z(S)=6S+10L_q$$

令 $S=1,2,3,4,5$,依次代入上面各式,得表 8-2。

计算表 表 8-2

S	$L_q(S)$	$[L(+1),L(1)]$	$Z(S)$
1	∞	—	∞
2	22.570	[21.845,∞)	237.7
3	0.725	[0.582,21.845]	25.25
4	0.143	[0.111,0.582]	25.43
5	0.032	—	30.32

因为 $C'_S/C_W=0.6$,落在区间[0.582,21.845]内,所以 $C^*=3$。这时总费用为 25.25 元/h。从表 8-2 可以看到,它是所有费用中的最小值。

第八节　排队论在道路交通工程中的应用

实例 8-1　交叉口规划问题

在某主要道路与次要道路相交的无控制交叉口,主要道路有优先通行权,即主路上的汽车通行不受次路上的汽车影响,次路上的汽车只能利用主路车流中较大的车头时距横穿通过。两条道路上的车流到达过程符合泊松分布。把车辆通过交叉口看成车辆接受了服务,那么次要道路上排队车流中的第一辆汽车为正在接受服务的顾客,第一辆汽车从到达停车线到通过交叉口的时间就是服务时间,它与主路车流的车头间距分布有关,当主路车流符合泊松流时,次路车辆的服务时间总是服从负指数分布。在次路车流中,从第二辆起的汽车即为排队等候服务的顾客。因此,该交叉口系统就是一个标准的 *M/M/*1 排队系统。设次路车流的交通量为 350 辆/h,次路车辆从到达停车线到通过交叉口的平均服务时间为 10s,试求该系统的运行指标(图 8-16)。

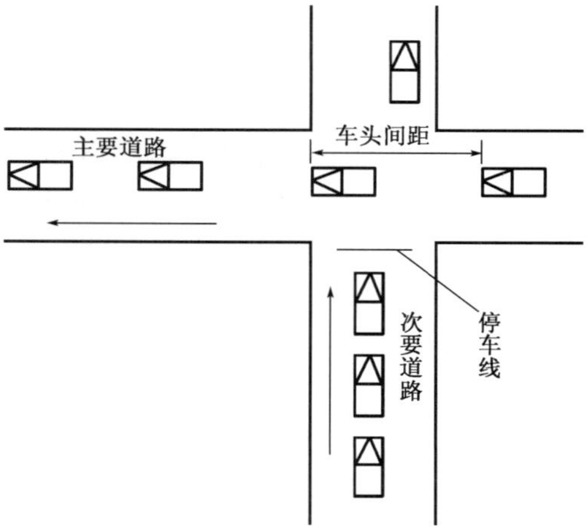

图 8-16　某道路交叉口

解:该系统中,

$$\lambda = 350$$

$$u = \frac{3600}{10} = 360$$

$$\rho = \frac{\lambda}{u} = \frac{350}{360} = 0.972$$

(1)交叉口没有车辆的概率

$$P_0 = 1 - \rho = 2.8\%$$

(2)交叉口前排队车辆(包括正待通过的第一辆车)超过 50 辆的概率

$$P(>50) = 1 - \sum_{n=0}^{50} P_n = 1 - (1-\rho)\sum_{n=0}^{50}\rho^n$$

$$= 1 - \frac{(1-\rho)\rho^{50+1}}{1-\rho} = \rho^{51} = 23.8\%$$

(3)交叉口前的平均排队车辆数(包括第一辆)

$$L_s = \frac{\lambda}{u-\lambda} = \frac{350}{360-350} = 35(\text{辆})$$

(4)车辆从到达停车线到通过交叉口所需的平均时间

$$W_s = \frac{1}{u-\lambda} = \frac{1}{360-350} = 0.1(\text{h}) = 6(\text{min})$$

从上面的这些指标可以看出,该交叉口是相当拥挤的。交叉口前约有97%的时间出现排队现象,平均排队长度达35辆,约有24%的时间排队长度超过50辆,车辆在交叉口前平均需要排队6min,阻塞相当严重,应采取措施予以改善,如拓宽进口、设置两条平行的进口车道,或设置交通信号灯等。

实例8-2 停车场规划问题

某闹市区拟新建一小型停车场,根据预测,前来停放的车辆到达服从泊松流,到达率为10辆/h,停放时间服从负指数分布,平均为2h,停车场的收费标准为每小时0.5元/辆,建造养护费为每个空位0.1元/h。试规划最合理的停车场容量。

解:在停车场系统中,把车辆停放在停车场看作车辆在接受服务,每个停车位置就是一个服务台。设停车场的容量为S,当停车场上停满汽车时,后来的车辆就另求停车场,不允许排队等候空位。那么该系统就是多服务通道损失制排队系统,即$M/M/S/m/\infty$排队系统中$m=S$的情况,因而可用式(8-48)、式(8-49)求解该系统的运行指标。

在该系统中,

$$\lambda = 10$$

$$u = \frac{1}{2} = 0.5$$

$$\rho = 20$$

在停车场规划时,其容量一般取5的整倍数,故设$S=5,10,15,\cdots,40$,不同容量下的系统运行指标P_0、P_s、L_s的计算见表8-3。

计算表 表8-3

S	P_0	P_s	λ_s(辆)	λP_s(辆)	$S-L_s$	Z
5	2.86×10^{-5}	0.76300	4.74	7.6300	0.26	3.841
10	1.91×10^{-7}	0.53900	9.22	5.3900	0.78	2.773
15	1.32×10^{-8}	0.33100	13.38	3.3100	1.62	1.817
20	3.69×10^{-9}	0.15900	16.82	1.5900	3.18	1.113
25	2.32×10^{-9}	0.05000	19.00	0.5000	6.00	0.850
30	2.09×10^{-9}	0.00800	19.84	0.0800	10.16	1.056
35	2.06×10^{-9}	0.00070	19.99	0.0070	15.01	1.505
40	2.06×10^{-9}	0.00003	20.00	0.0003	20.00	2.000

在该停车场系统中,若停车场容量过小,则被拒绝的车辆就多,每拒绝一辆汽车,就造成0.5元/h的营业损失。相反,若停车场的容量规划得过大,则停车场内出现空位的概率就大,每出现一个空位就浪费0.1元/h的建造养护费。所谓最合理的停车场容量是指使得营业损失费及空位损失费之和最少的容量。

单位时间内被拒绝的车辆数为λP_s,单位时间内出现的空位数为$S-L_s$,则总的损失费用为

$$Z = 0.5\lambda P_s + 0.1(S - L_s)$$

现在的目标是使$Z\rightarrow \min Z$。不同停车场容量的费用Z计算值见表8-3。

由表8-3可知,在该停车场系统中,最合理的停车容量为25辆,这时汽车被拒绝停放的概率仅为5%,停车场平均有19辆汽车停放。

实例 8-3 收费亭问题

在某收费公路入口处并排设有 3 个收费亭，车辆进入收费公路需在收费亭缴费，因而在收费亭前常出现排队现象。收费亭前的排队引道可考虑采用图 8-17 所示的两种方案。

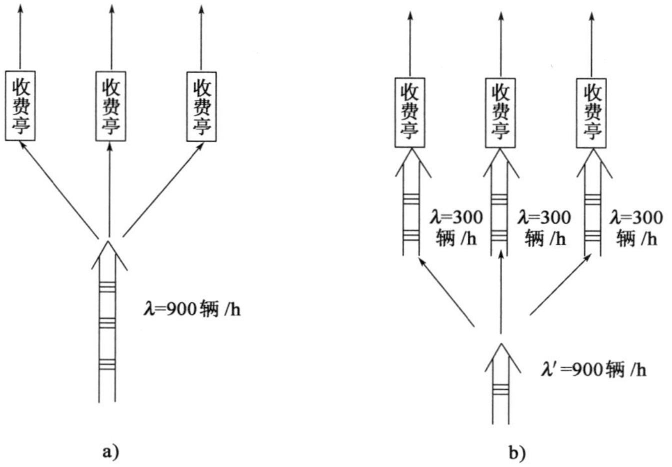

图 8-17 收费亭问题示例

方案 a) 为车辆到达后排成一队，依次向任一空闲的收费亭缴费进入公路；方案 b) 为车辆到达后在 3 个收费亭前排成三队，三队中间设有分隔带，每队中的车辆只能从相应的收费亭进入公路。设 3 个收费亭的服务率是相同的，平均 10s 处理一辆汽车，车辆的到达率为 900 辆/h。试比较两种排队方案的运行指标。

解：(1) 方案 a) 排队系统分析

该系统为标准的 $M/M/S$ 排队系统，并且

$$S=3$$

$$\lambda=900$$

$$u=\frac{3600}{10}=360$$

$$\rho=\frac{\lambda}{Su}=\frac{900}{360\times 3}=0.833$$

①收费亭空闲的概率：

$$P_0=\left[1+\frac{\lambda}{u}+\frac{1}{2}\left(\frac{\lambda}{u}\right)^2+\frac{1}{3!(1-\rho)}\left(\frac{\lambda}{u}\right)^3\right]^{-1}=4.5\%$$

②车辆必须排队的概率，即 $P(>3)$：

$$P_1=\frac{\lambda}{u}P_0=0.112$$

$$P_2=\frac{1}{2}\left(\frac{\lambda}{u}\right)^2P_0=0.140$$

$$P_3=\frac{1}{3!}\left(\frac{\lambda}{u}\right)^3P_0=0.117$$

$$P(>3)=1-P_0-P_1-P_2-P_3=58.6\%$$

③排队的平均车辆数:

$$L_q = \frac{(S\rho)^S \rho P_0}{S!(1-\rho)^2} = 3.512(\text{辆})$$

④整个系统中的平均车辆数:

$$L_s = L_q + \frac{\lambda}{u} = 3.512 + 2.5 = 6.012(\text{辆})$$

⑤汽车的平均排队时间:

$$W_q = \frac{L_q}{\lambda} = \frac{3.512}{900} = 0.0039(\text{h}) = 14.05(\text{s})$$

⑥汽车通过收费亭所用的总时间:

$$W_s = \frac{L_s}{\lambda} = 24.05(\text{s})$$

(2)方案 b)排队系统分析

该系统实际上就是三个并列的标准 $M/M/1$ 排队系统。每个子系统中,

$$u = 360$$

$$\lambda = 300$$

$$\rho = \frac{300}{360} = 0.833$$

①收费亭空闲的概率:

$$P_0 = 1 - \rho = 16.7\%$$

②车辆必须排队的概率:

$$P_1 = \rho P_0 = 0.139$$

$$P(>1) = 1 - P_0 - P_1 = 69.4\%$$

③排队的平均车辆数:

$$L_q = \frac{\rho^2}{1-\rho} = 4.167(\text{辆})$$

④整个系统中的平均车辆数:

$$L_s = \frac{\rho}{1-\rho} = 5.00(\text{辆})$$

⑤汽车的平均排队时间:

$$W_q = \frac{\rho}{u-\lambda} = 0.139(\text{h}) = 50(\text{s})$$

⑥汽车通过收费亭所用的总时间:

$$W_s = \frac{1}{u-\lambda} = 0.017(\text{h}) = 60(\text{s})$$

(3)两种方案的主要运行指标比较

将上面计算的两个系统的主要运行指标列于表8-4。由表8-4可知,在相同的到达率及相同的服务率下,$M/M/S$ 排队系统明显优于多个 $M/M/1$ 并联的排队系统。这个结论乍看起来似乎出人意料,但仔细分析后也不难理解,原因在于在多个 $M/M/1$ 并联排队系统中,表面上看起来车流被分散到3个服务台,但实际上却受排队车道与服务台一一对应的束缚。当某一服务台空闲时,其他服务台前的排队车辆不能改道来利用这个服务台,造成有些服务台空闲而

有些服务台前还有车辆排队的现象。在 $M/M/S$ 排队系统中，排在第一位的车辆可以到任一空闲的服务台接受服务，比较机动。因此，就整个系统而言，$M/M/S$ 排队系统疏散排队车流的速度反而比多个 $M/M/1$ 并联排队系统的疏散速度要快得多。

两方案主要运行指标　　表 8-4

指标	模型	
	$M/M/S$ 排队系统	$M/M/1$ 排队系统
服务台空闲的概率 P_0	4.5%	16.7%（每个子系统）
汽车必须排队的概率	58.6%	69.4%
排队车辆的平均数 L_q	3.512 辆	4.167 辆（每个子系统）
系统中的平均车辆数 L_s	6.012 辆	5.000 辆（每个子系统）
汽车的平均排队时间 W_q	14.05s	50s
汽车在系统中花费的总时间 W_s	24.05s	60s

实例 8-4　车站售票口设置问题

某城市车站并排设有 6 个售票口，各个售票口之间有护栏相隔，旅客到达后在 6 个售票口前排成 6 队，每队中的旅客只能从相应的售票口买票。这 6 个售票口的服务率相同，平均 15s 可以为一名旅客提供服务。人流的到达率一般时期是 504 人/h，节假日是 1320 人/h。试分别评价该系统在一般时期和节假日的运行指标。

解：该系统实际上是 6 个并列的 $M/M/1$ 排队系统。

（1）一般时期

$$S=6$$

$$\lambda=\frac{504}{6}=84(\text{人/h})$$

$$u=\frac{3600}{15}=240(\text{人/h})$$

$$\rho=\frac{\lambda}{u}=\frac{84}{240}=0.35$$

①没有旅客排队的概率：

$$P_0=1-\rho=65\%$$

②旅客必须排队的概率：

$$P_1=\rho P_0=0.35\times0.65=0.2275$$

$$P(>1)=1-P_0-P_1=12.25\%$$

③排队的平均旅客数：

$$L_q=\frac{\rho^2}{1-\rho}=0.188(\text{人})$$

④整个系统中的平均旅客数：

$$L_s=\frac{\rho}{1-\rho}=0.538(\text{人})$$

⑤旅客的平均排队时间：

$$W_q=\frac{\rho}{u-\lambda}=\frac{0.35}{240-84}=0.0022(\text{h})=8(\text{s})$$

⑥旅客买票所用的总时间：

$$W_s = \frac{1}{u - \lambda} = \frac{1}{240 - 84} = 0.0064(\text{h}) = 23(\text{s})$$

(2)节假日

$$S = 6$$

$$\lambda = \frac{1320}{6} = 220(\text{人/h})$$

$$u = \frac{3600}{15} = 240(\text{人/h})$$

$$\rho = \frac{\lambda}{u} = \frac{220}{240} = 0.917$$

①没有旅客排队的概率：

$$P_0 = 1 - \rho = 8.3\%$$

②旅客必须排队的概率：

$$P_1 = \rho P_0 = 0.917 \times 0.083 = 0.076$$

$$P(>1) = 1 - P_0 - P_1 = 84.1\%$$

③排队的平均旅客数：

$$L_q = \frac{\rho^2}{1 - \rho} = 10.131(\text{人})$$

④整个系统中的平均旅客数：

$$L_s = \frac{\rho}{1 - \rho} = 11.048(\text{人})$$

⑤旅客的平均排队时间：

$$W_q = \frac{\rho}{u - \lambda} = \frac{0.917}{240 - 220} = 0.0459(\text{h}) = 165(\text{s})$$

⑥旅客买票所用的总时间：

$$W_s = \frac{1}{u - \lambda} = \frac{1}{240 - 220} = 0.05(\text{h}) = 180(\text{s})$$

实例 8-5　公路收费站通行能力问题

目前,公路收费站的排队研究多沿用美国运输科学研究所的《交通流理论》和日本道路公团的《日本高速公路设计要领》所推导的两套公式。这两套公式采用的都是 $M/M/K$ 模型,其中假设车辆到达时间和服务时间服从负指数分布。但为了适应更一般的情况(如排队在统计上不符合任何给定的模型),在公路收费站通行能力研究中,采用 $M/G/K$ 模型。车辆进入排队系统后,不能转换车道,故又可将 $M/G/K$ 模型简化为 $M/G/1$ 模型考虑。此时,

平均队长为

$$L_s = \rho + \frac{\rho^2 + \lambda^2 D[V]}{2(1 - \rho)} = \lambda E[V] + \frac{\lambda^2[(E[V])^2 + D[V]]}{2(1 - \lambda E[V])}$$

平均逗留时间为

$$W = E[V] + \frac{\lambda^2[(E[V])^2 + D[V]]}{2(1 - \lambda E[V])}$$

平均排队长为

$$L_q = \frac{\lambda^2[(E[V])^2 + D[V]]}{2(1-\lambda E[V])}$$

平均等候时间为

$$W_q = \frac{\lambda^2[(E[V])^2 + D[V]]}{2(1-\lambda E[V])}$$

式中：ρ——收费道利用率，$\rho = \lambda E[V]$；

λ——车辆平均到达率，辆/s；

$E[V]$——服务时间的数学期望值，s；

$D[V]$——服务时间的方差，s^2。

收费车道的基本通行能力是指道路与交通在理想情况下，每一条收费车道在单位时间内能够通过的最大交通量，按下式计算：

$$C_b = \frac{3600}{W}$$

式中：C_b——收费车道的基本通行能力；

W——标准车平均逗留时间。

根据 $M/G/1$ 排队论模型，利用收费站服务时间和离开时间的期望和方差，可以计算出各种收费站单一收费车道的通行能力。

例如，以小型车为标准车，利用小型车的平均到达率、收费车道利用率、服务时间平均值和方差可以计算出车辆在不同类型收费站的平均逗留时间，进而计算出收费车道的基本通行能力。例如，根据某收费站的具体数据计算出收费车辆在收费站的平均逗留时间为 7.55s、9.47s、16.22s，则其对应收费站收费车道的通行能力见表 8-5。

收费站收费车道的通行能力 表 8-5

W(s)	C_b(辆小汽车)	W(s)	C_b(辆小汽车)
7.55	477	16.22	222
9.47	380		

实例 8-6 加油站出入道数量设置问题

某一加油站，到达车辆为 60 辆/h，服从泊松分布。加油站的服务能力为 100 辆/h，服从负指数分布，其单一的出入道可存 6 辆车。出入道的存车数量是否合适？

解：已知 $\lambda = 60$ 辆/h，$\mu = 100$h。因为 $\rho = \lambda/\mu = 60/100 = 0.6$，所以系统稳定。

因出入道可存车辆为 6 辆，如果超过 6 辆的概率很小（通常取小于 5%），则认为合适，反之则不合适。

$$P(0) = 1 - \rho = 1 - 0.6 = 0.4$$

$$P(1) = \rho(1-\rho) = 0.6 \times 0.4 = 0.24$$

$$\vdots$$

$$P(6) = 0.6^6 \times 0.4 = 0.03$$

$$P(>6) = 1 - \sum_{n=0}^{6} P(n) = 3\%$$

计算结果表明，排队长度超过 6 辆的可能性很小，故可认为该出入道的存车数量是合适的。

习　　题

8-1　列举两个日常生活中能遇到的排队实例,并建立排队模型。

8-2　某信号交叉口的车辆到达符合泊松分布,平均到达率为300辆/h,信号交叉口的红灯时间为30s,车辆遇到红灯时必须排队。试计算每个周期红灯期末车辆排队长度超过10辆的概率及没有车辆排队的概率。

参考答案:排队长度超过10辆的概率约为6.16×10^{-5},没有车辆排队的概率为8.2%

8-3　在某公路收费亭处,车辆以泊松分布到达,平均到达率为30辆/h,收费亭的收费时间服从负指数分布,平均服务时间为1.5min,试求:

(1)在收费亭前没有车辆等待的概率。

(2)排队车辆的期望值。

(3)收费亭排队系统中的车辆数。

(4)车辆在系统中花费的平均时间。

(5)系统中车辆超过3辆的概率。

(6)当车辆在系统中花费的平均时间超过7.5min时,需再增设一个收费亭,车辆平均到达率增大到多少时才需增设第二个收费亭?

参考答案:(1)43.75%;(2)2.25辆;(3)3.25辆;(4)0.1h;(5)31.64%;(6)32辆/h

8-4　在某货场,运输车辆的到达服从泊松流,平均到达率为30辆/d。车辆的装卸服务时间服从负指数分布,平均装卸一辆车需36min。试计算:

(1)货场内等候装卸的平均车辆数。

(2)等候装卸的车辆超过10辆的概率。

参考答案:(1)2.25辆;(2)4.22%

8-5　某汽车修理站只有一名修理工,修理站内最多只能停3辆汽车,若需要修理的汽车已有3辆,则后来的汽车应另找修理站修理。设汽车的到达率$\lambda=1$辆/h,并服从泊松流,修理时间服从负指数分布,平均修理时间为1.25h。试求系统的运行指标。

参考答案:$L_s=1.775$辆,$L_q=0.949$辆,$\lambda_e=0.661$辆/h,$W_s=2.684$h,$W_q=1.434$h

8-6　某修理店,每小时有12个顾客到达,到达符合泊松流,每次服务时间6min,并服从负指数分布,店内有两个修理工。试求:

(1)店内无顾客的概率。

(2)店内有两个以上顾客的概率。

(3)平均排队长度。

(4)平均等待时间。

(5)平均停留时间。

(6)店内平均顾客数。

参考答案:(1)25%;(2)27%;(3)0.675人;(4)0.056h;(5)0.156h;(6)1.875人

8-7　某汽车加油站有两根加油管,汽车到达加油站的平均到达率为0.8辆/min,服从泊松分布;平均每次加油时间为2min,服从负指数分布。在本地区没有其他加油站,试求加油站的状态指标、运行指标。

参考答案：$P_0=11.1\%$，不出现汽车排队的概率为 $P(n\leqslant 2)=43.1\%$，出现排队的概率 $P(n>2)=56.9\%$，$L_q=2.844$ 辆，$L_s=4.444$ 辆，$W_q=3.555\text{min}$，$W_s=5.555\text{min}$

8-8　某自动加油站设有两根加油管，汽车到达加油站的平均到达率 $\lambda=2$ 辆/min，服从泊松分布；每次加油的平均时间为 2min，服从负指数分布。加油站最多只能停 3 辆汽车，超过 3 辆不予加油，试求系统的运行指标。

参考答案：$P_0=3.4\%$，$P_m=54.4\%$，$L_q=0.552$ 辆，$L_s=2.345$ 辆，$W_q=0.615\text{min}$，$W_s=2.615\text{min}$

8-9　某服务机构只有一个服务员，平均每小时有 3 个顾客到来，接待一个顾客可得 16 元，服务机构单位时间的成本为 $4u$ 元。若顾客到达间隔时间和服务时间都服从负指数分布，服务能力 u 多大时，收入最多？（服务机构内不能排队）

参考答案：$u=3$ 人/h

8-10　一年有 302 只货船到达某港，平均卸船时间为 58.3h，到达时间间隔和卸船时间都服从负指数分布。卸货用的码头数量不足造成货轮停港待卸，货轮停港一天的费用为 $C_1=1000$ 元；但有时没有船到造成码头闲置，码头闲置一天的费用为 $C_2=863$ 元。试求码头的合理数目。

参考答案：5 个

8-11　在某仓库，运输汽车到达符合泊松流，平均到达率为 10 辆/h，仓库用桥式吊车卸货，卸货时间服从负指数分布。已知汽车的等待费用为 $C_{卸}=0.75$ 元/h，桥吊的闲置费用为 $C_{吊}=2$ 元/h。求合理的桥吊能力 u^*。

参考答案：$u^*=16.6$ 辆/h

第九章 预测方法

预测是通过对客观事实的历史和现状进行科学的调查和分析，由过去和现在去推测未来，由已知去推测未知，从而揭示客观事实未来发展的趋势和规律。预测在工农业生产及交通运输等方面都有着重要的应用。目前，它是现代管理科学的重要基础和手段之一。本章主要介绍预测的基本概念、常用的预测方法及其求解方法。

第一节 概 述

一、预测的概念和作用

1. 预测的概念

预测是对未来所发生的事情进行的合理估计。它根据历史和现状资料，推测在一定条件下将会出现何种现象或产生何种结果，即在研究事物发生、发展所呈现的规律以及分析现状条件、环境因素制约和影响的基础上，推测事物未来演变的状态和发展的趋势。

【例 9-1】就是交通工程中典型的交通事故预测问题。

【例 9-1】 表 9-1 是某市历年道路交通事故四项指标统计表。根据过去 7 年的统计资料，试运用预测方法对特征年(2025 年、2030 年)的交通事故次数及伤亡人数进行预测。

某市历年道路交通事故四项指标统计表 表 9-1

年份	事故严重程度			总事故次数
	死亡人数	受伤人数	直接经济损失(万元)	
2016	173	730	201.842	1466
2017	193	780	206.008	1104
2018	170	597	207.990	841
2019	114	367	124.039	466
2020	94	414	105.465	464
2021	101	427	82.278	475
2022	98	395	49.352	431

由于道路交通事故是一个很难控制的随机过程，它不可能绝对不发生，预测数据也只能说明一个大致趋势，精确的计算方法也无法保证其预测结果的准确性。但是预测结果能提高相关部门以及每个交通参与者对于交通安全的重视程度，从而运用相应的政策、法规，采取相应的措施，达到减少交通事故量、降低事故伤害程度、减少经济损失、保障人民生命和国家财产安全的目的。

2. 预测的基本原理

预测是根据历史规律判断未来，科学预测的认识基础可以表述为以下几条原理。

（1）可知性原理

人们不但可以认识预测对象的过去和现在，而且认为事物都有一个延续发展的原则，可以通过其历史和现状以及这种延续性推测其未来。关键是要掌握事物发展的客观规律，注意事物发展全过程的统一，即过去、现在和将来的有机的统一。

（2）可能性原理

预测对象的发展有各种各样的可能，而不是只存在单一的可能性。对预测对象所作的预测，实际上是对它的发展的各种可能性进行预测。

（3）相似性原理

将预测对象与类似的已知事物的发展状况相类比，从而推测预测对象的未来。

（4）关联性原理

事物之间都有其相互依存的关系，同一事物在不同的发展阶段也有一定的因果关系，称为事物的关联性。在预测过程中，常常通过对这些关系的研究，对预测对象作出某种判断。

（5）系统性原理

预测要强调预测对象内在与外在的系统性，要突出系统的功能和系统的完整性。缺乏系统观点的预测，将导致决策顾此失彼。

3. 预测的特性

预测的途径主要有因果分析、类比分析以及统计分析等，其中所采用的手段和技术通常是较先进的，因此预测结果具有一定的科学性和先进性。

无论采用何种预测方法，预测过程都不同程度地依赖于信息，而所采用的信息主要从历史资料中获取，历史资料的准确性与完整性都将影响预测的准确程度。同时，预测时需要对实际问题进行抽象、简化，其中包含了一定程度的近似，因而使预测结果具有近似性。

预测结果所面临的对象往往受外部因素的影响，而外部因素的发展常常受到人为因素的干扰，使预测对象的发展变化具有多样性和不确定性，因而预测结果具有不确定性。

预测结果具有近似性和不确定性，从而使预测结果具有局限性，决策者不能完全按照预测结果去决策。同时，预测要求预测者从决策者的角度出发，尽量考虑全面，尽可能得到实用可行的预测结果。预测者不仅要依靠历史数据和公式计算完成预测，还需要拥有深刻敏锐的洞察力和富有远见的判断力。

合理的预测结果往往给出了事物未来的发展方向和如何改进现有系统的有用信息，具有良好的导向性。它们有助于提出未来的努力目标，从而促使人力、物力和财力都向这种目标调整。

4. 预测的意义

预测本身和预测结果并不是目的，它的作用体现为它被决策者直接或间接地运用于决策。预测的结果及预测分析过程中得到的各种有关未来的信息可作为决策时的输入数据。

预测的作用不完全在于得到精确的结果。未来变化的不确定性使得预测结果不易准确，但这并不能把预测视为浪费时间的无用工作。在预测分析过程中，随着预测者和决策者交流的深入，两者对预测对象有了更深刻、更全面的了解和认识，可得到许多对未来可能发生事情的有价值的看法以及有预见性地解决问题的启示和方法。对大众而言，预测过程本身具有宣传和鼓动作用，往往能帮助决策者调动群众的积极性。预测结果即使不精确，也因其具有良好的导向性而能够帮助决策者实现其战略目标。

具体在交通系统中,预测是系统投资、规划的需要,也是系统评价的需要。一个国家、一个地区或部门,对运输系统进行投资,主要是由于现有运输能力并不能满足交通量,尤其是未来交通量的需求。从宏观的角度看,要对交通系统的投资作出合理的规划,就必须对全局范围内的交通需求状况和总体趋势作出科学的预测;从微观角度来看,一个具体的项目是否值得投资、什么时候投资、投资规模如何,也需要对未来交通量的发展变化情况进行预测。预测也是交通系统评价的基础。交通系统的评价包括技术评价、经济评价、社会评价和环境评价等。如果没有科学合理的交通量预测结果,就无法正确衡量决策结果,导致决策的失误。

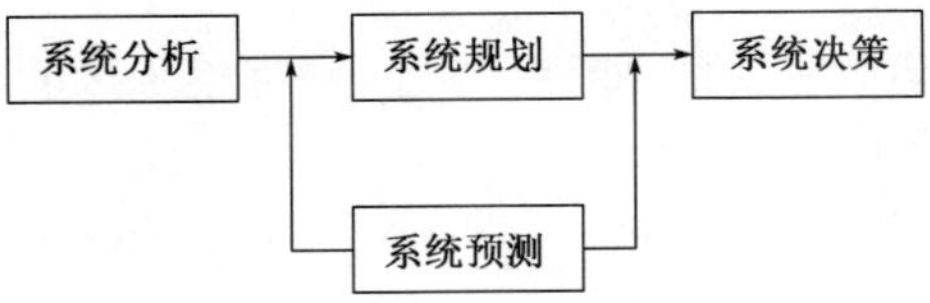

图9-1　交通系统预测与规划、决策之间的关系

图9-1所示为交通系统预测与系统规划、决策之间的关系。

二、预测的基本要素和程序

1. 预测的基本要素

预测过程包括以下基本要素。

(1)时间:不同的预测方法适用于不同的预测期限。一般来说,定性预测较多地用于长期预测,而定量预测适用于各个预测期。

(2)数据:不同的预测方法适用于不同的数据类型。有的数据按一定周期变化,有的是随机波动的,因此,在选择预测方法时,应注意提供数据类型。

(3)模型:大多数预测方法都要求运用某种模型,每种模型的应用前提是不同的,在不同的问题中应用这些模型,其功效也是不同的。

(4)费用:预测是一个研究过程,预测费用的多少将影响对预测方法的选择。

(5)精度:定量预测的精度或准确度对决策者是重要的。不同情况下对预测结果的精度要求可能是不同的。

(6)实用性:预测是为决策服务的,只有理解容易、使用方便、结果可信的预测方法才能被广泛使用。

2. 预测的程序

一般而言,预测过程可按如下程序进行:

(1)确定所要研究的系统范围,明确预测的目的,根据需要和可能,说明通过预测解决的问题。

(2)鉴别、选择和确定预测元素,从大量影响因素中挑选出与预测目的有关的主要影响因素。

(3)确定逻辑关系,选择预测方法。

(4)建立模型。以较低的费用建立效益较高的模型,以达到较好反映客观实际的目的。但是模型越细,所要求的信息越多,计算工作量越大,因此对模型的要求应适度。

(5)检验模型。通常采用历史数据检验模型的合理性和客观性,将预测结果和实际情况相比较,找出模型的不足,并加以修正。

(6)假定因素和条件。通过模型对某些假设进行运算,确定某些情况发生变化时预测结果的变化情况。

三、预测方法的选择

在选择预测方法时,应以预测对象和预测技术本身的特点作为出发点,并权衡预测对象及预测结果的应用价值。在面临具体预测对象时,还要考虑以下几个方面的问题:

(1)预测对象是处于历史的延续处,还是处于基本情况发生变化的转折点。

(2)预测精度与所需费用直接相关,在达到精度要求的前提下,尽可能选择简单方便、费用较少的预测方法。

(3)要考虑所需资料的多少以及收集资料所花费的时间和费用,通常从所需资料不多的方法入手。

通常情况下,用不同预测方法计算得到的预测结果是不同的。因此,实际工作中应在条件允许的情况下,采用多种方法进行预测,并对不同预测方法得到的结果进行分析,从中确定采用的结果。

预测过程中常涉及大量的数据和计算,一般宜使用计算机以及专用的软件完成。

第二节 时间序列法

将预测对象按照时间顺序排列起来,构成一个所谓的时间序列,从所构成的这一组时间序列过去的变化规律,推断今后变化的可能性及其变化趋势,就是时间序列法。时间序列法具体可以细分为趋势外推法、移动平均法、加权移动平均法、指数平滑法等多种模型。

时间序列法基于这样的原理:一方面承认事物发展的延续性,因为任何事物的发展总是同它的过去有着密切的联系,所以,运用过去时间序列的数据进行统计分析就能够推测事物的发展趋势;另一方面,充分考虑由偶然因素影响而产生的随机性,为了消除随机波动的影响,利用历史数据进行统计分析,并对数据进行适当的处理,进行趋势预测。

时间序列法一般可以反映以下三种实际变化规律:①趋势变化,如客运量、货运量的增长趋势;②周期性变化,如客运量的季节性变化;③随机性变化,如各种偶然性因素引起的变化。

时间序列法简单易行、便于掌握,但不能反映事物的内在关系,也不能分析两个以上因素的相关关系,只适用于短期预测。

一、趋势外推法

趋势外推法认为,事物发展有跳跃过程,但主要还是渐进发展的。如果掌握了事物过去的发展规律,就可以根据这种规律预测未来。这种方法基于两条基本假设:①决定事物过去发展的因素也将决定事物未来的发展,影响发展趋势的条件在预测期内是不变的或变化不大;②事物发展过程是渐进变化的,而不是跳跃式变化。

趋势外推法预测一般包括六个阶段:选择预测趋势线的函数类型、收集数据、拟合曲线、趋势外推、预测结果分析和说明、研究预测结果在决策和规划中的应用。

趋势外推的实质是利用某种函数分析描述预测对象某参数的发展趋势。常用的函数形式有直线、多项式、指数曲线、生长曲线等。这里介绍生长曲线模型。

生长曲线模型起初用于长期的技术发展预测。预测学家发现技术的发展过程同生物生长过程一样,经历发生、发展、成熟三个阶段,而每个阶段的发展速度是不同的,开始较慢,中间较快,后期越来越慢,具有这种变化特征的曲线叫作生长曲线。因整个曲线呈 S 形,故也称 S 曲线。

令 dy_t/dt 为 y_t 的增长速度,则 y_t 的时均增长率可用如下微分方程描述:

$$\frac{dy_t}{dt}\frac{1}{y_t} = k(L - y_t) \tag{9-1}$$

当 y_t 很小时,可视 $L - y_t \approx L$,则增长速度 $dy_t/dt \approx kLy_t$,k、L 均为正常数,增长速度随 y_t 的增大而增大。但 y_t 逐渐增大时,$L - y_t$ 逐渐变小,故 y_t 的增长速度又由大逐渐变小。当 $y_t \to L$ 时,$dy_t/dt \to 0$,即 L 为 y_t 的饱和值。

符合式(9-1)特征的函数形式有很多种,常用的函数有皮尔(Pearl)曲线、龚珀兹(Gompertz)曲线。

1. 皮尔曲线

$$y_t = \frac{L}{1 + ae^{-bt}} \tag{9-2}$$

式中:a、b——常数;

t——时间变量;

L——预测变量 y_t 的极限值,$y_t \leqslant L(L>0)$。

式(9-2)是式(9-1)的变形。式(9-1)中,当 $t=0$ 时,$y_t = y_0$。解式(9-1),并令 $a=(k-y_0)/y_0$,$b=kL$,即可得到式(9-2)的函数形式。

皮尔曲线具有以下特点:

(1)当 $t \to -\infty$ 时,$y_t \to 0$。

(2)当 $t \to \infty$ 时,$y_t \to L$。

(3)曲线拐点在 $t = \ln a/b$ 处,这时 $y_t = 0.5L$。

(4)曲线相对于拐点对称,上半部分是下半部分的反映,如图 9-2 所示($L=a=b=1.0$)。曲线对称意味着参数 a 在时间轴(横轴)上决定曲线的位置,参数 b 决定曲线的斜率。

2. 龚珀兹曲线

龚珀兹曲线是双层指数,又称双指数曲线。

$$y_t = Le^{-be^{-kt}} \tag{9-3}$$

龚珀兹曲线具有以下特点:

(1)当 $t \to -\infty$ 时,$y_t \to 0$。

(2)当 $t \to \infty$ 时,$y_t \to L$。

(3)曲线拐点在 $t = \ln b/k$ 处,这时 $y_t = L/e$。

(4)曲线相对于拐点不对称,如图 9-3 所示。

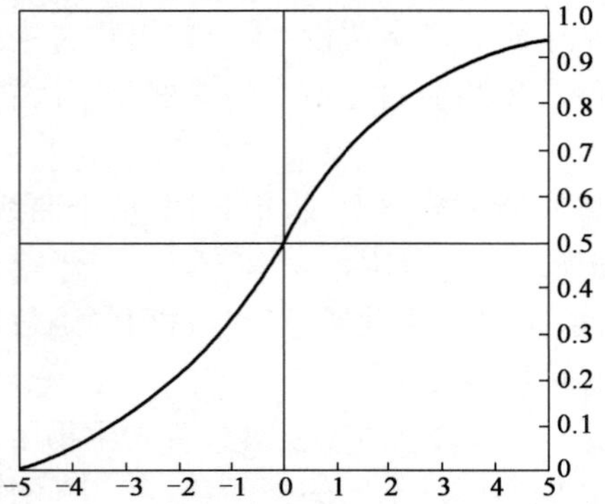

图 9-2 皮尔曲线

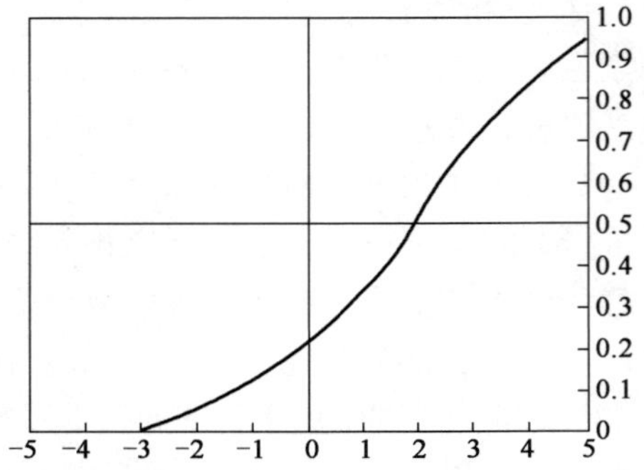

图 9-3 龚珀兹曲线

二、移动平均法

移动平均法是将原来时间序列的时间跨度扩大,采用逐项推移的方法计算时间序列平均数,形成一个新的时间序列,以消除短期的、偶然的因素引起的变动(不规则变动),从而使事物的发展趋势更加明显地表现出来。这里介绍一次 N 元移动平均法。

一次 N 元移动平均法的数学模型为

$$S_{t+1} = \frac{X_t + X_{t-1} + \cdots + X_{t-N+1}}{N} \tag{9-4}$$

式中:S_t——t 时间上的预测值;

X_t——t 时间上的实际观测值;

N——取平均的数据个数(即观测点数)。

从式(9-4)中可以看出,移动平均法对序列中最近 N 项观测值的每一项给予相等的权重(重要性),而对 $t-N$ 时期以前的观测值则完全不给予权重。

t 时间的移动平均数还可以用式(9-5)表示:

$$S_{t+1} = \frac{X_t}{N} - \frac{X_{t-N}}{N} + S_t \tag{9-5}$$

由式(9-5)可以看出,根据移动平均数计算的每个新的预测值,是对以前的移动平均预测值的调整。随着 N 的增大,预测值的调整越小,平滑的效果越明显。

移动平均法对模型变化的反应取决于观测点数 N。一方面,随着 N 的减小,预测系统对模型变化的反应速度加快,但是抗干扰能力下降,预测值的预测精度降低。预测精度和预测系统对预测模型变化的反应速度是相互矛盾的,两者不能兼得。对于 N 值一般应根据具体情况,采用折中的办法确定。根据预测对象的实际发展趋势,N 值大体有以下四种选择方法。

(1)水平式:趋势保持不变,移动平均值是无偏差的,S 值与 N 值无关。

(2)脉冲式:趋势仅在一段时间内突然增强或减弱,随后又保持不变,N 值取得越大,S 的误差就越小,因此 N 值应取大些。

(3)阶梯式:趋势仅在开始一段时间保持不变,然后增强或减弱到一个水平后又保持不变,N 值越小,S 值的预测误差就越小,因此 N 值应取小些。

(4)斜坡式:趋势周期递增或递减,S 总是比实际趋向落后,因此 N 的取值越小越好。

移动平均法的优点主要表现为:

(1)较适用于接近平稳的时间序列预测。所谓平稳的时间序列,是指时间参数 t 是均匀的,或其均值函数是一常数,与时间无关。

(2)计算简单,较适用于短期预测。

移动平均法的缺点主要表现为:

(1)为了计算移动平均数,需要储存最近 N 项观测值,因此要求保存大量的历史资料。

(2)只能预测最近一期的数值,逐期移动、逐期预测;观测值少时,得到的预测值往往不准确。

【例 9-2】 某运输公司过去 10 年货运量统计资料见表 9-2,试用移动平均法预测该公司今年的货运量。

历史货运量数据 表 9-2

周期(年)	1	2	3	4	5	6	7	8	9	10
货运量(万 t)	245	250	256	280	274	255	262	270	273	284

解：根据式(9-4)，分别取 $N=3$ 和 $N=4$ 计算。移动平均法预测货运量见表 9-3。

移动平均法预测货运量 表 9-3

实际值 X_t(万 t)	预测值 S_t		绝对误差值 $\|X_t - S_t\|$	
	$N=3$	$N=4$	$N=3$	$N=4$
245	—	—	—	—
250	—	—	—	—
256	—	—	—	—
280	250.33	—	29.67	—
274	262.00	257.75	12.00	16.25
255	270.00	265.00	15.00	10.00
262	269.67	266.25	7.67	4.25
270	263.67	267.75	6.33	2.25
273	262.33	265.25	10.67	7.75
284	268.33	265.00	15.67	19.00
—	275.67	272.25	—	—
平均绝对误差			13.86	9.92

从表 9-2 可以看出，$N=4$ 时的平均绝对误差比 $N=3$ 时的平均绝对误差小，因此取 $N=4$ 时的预测模型计算结果较好。预测今年的货运量为 272.25 万 t。

三、加权移动平均法

移动平均法认为各个时期的历史数据对将要发生的数据的影响是相同的，而实际上，这种影响往往是不同的。为了改进移动平均法存在的缺点，提出了加权移动平均法。加权移动平均法通过对各个时期的历史数据赋予不同的权值，来反映不同时期数据对预测对象的影响。一般来说，距预测期较近的数据，对预测值的影响较大，因此其权值较大；距预测期较远的数据，对预测值的影响较小，因此其权值也较小。

加权移动平均法的数学模型为

$$S_i = \frac{\sum_{i=t-1}^{t-n} W_i X_i}{\sum_{i=1}^{n} W_i} \tag{9-6}$$

式中：W_i——与 X_i 相对应的权值。

【例 9-3】 用加权移动平均法求解【例 9-3】。取 $n=3, W_t=3, W_{t-1}=2, W_{t-2}=1$。

解：加权移动平均法预测货运量见表 9-4。

加权移动平均法预测货运量 表 9-4

实际值 X_t(万 t)	预测值 S_t(万 t) $\left[n=3, S_{t+1}=\frac{1}{6}(3X_t+2X_{t-1}+X_{t-2})\right]$	绝对误差值 $\|X_t - S_t\|$
245	—	—
250	—	—
256	—	—

续上表

实际值 X_t(万 t)	预测值 S_t(万 t) $\left[n=3, S_{t+1}=\frac{1}{6}(3X_t+2X_{t-1}+X_{t-2})\right]$	绝对误差值 $\lvert X_t - S_t \rvert$
280	252.17	27.83
274	267.00	7.00
255	273.00	18.00
262	265.50	3.50
270	261.67	8.33
273	264.83	8.17
284	270.17	13.83
—	278.00	—
平均绝对误差		12.38

从表 9-4 的计算可知,当 $n=3$,权重系数分别为 3、2、1 时,预测今年的货运量为 278 万 t。加权移动平均法与移动平均法一样,只能预测最近一期的数据。

四、指数平滑法

指数平滑法与移动平均法和加权移动平均法的基本原理相同,都是通过对历史数据进行平滑来消除随机因素的影响的。指数平滑法更加灵活,这种方法只需要本期的实际值和本期的预测值便可预测下一期的数据,因此,不需要保存大量的历史数据。

一次指数平滑法的数学模型为

$$S_{t+1} = \alpha X_t + (1-\alpha)S_t = S_t + \alpha(X_t - S_t) \tag{9-7}$$

式中:α——系数($0<\alpha<1$);

$X_t - S_t$——前期预测值的误差。

α 的大小对预测值的影响与移动平均法中计算平均数的观测值个数 N 对预测效果的影响相同。当 α 值趋近于 1 时,新预测值中将包含一个相当大的调整,即用前次预测中所产生的误差进行调整。当 α 值趋近于 0 时,新预测值就没有用前次预测的误差作较大的调整。

式(9-7)可以写成

$$S_{t+1} = \frac{1}{N}X_t + \left(1-\frac{1}{N}\right)S_t \tag{9-8}$$

从形式上看,式(9-7)只是将式(9-8)中的 $1/N$ 换成了 α,但它解决了移动平均法中的一些问题。它在计算新的预测值时,不需要存储所有的历史数据,只需要 α 值及最近的观测值和预测值即可。式(9-7)还可以扩展为

$$\begin{aligned} S_{t+1} &= \alpha X_t + (1-\alpha)[\alpha X_{t-1} + (1-\alpha)S_{t-1}] \\ &= \alpha X_t + (1-\alpha)X_{t-1} + \alpha(1-\alpha)^2 X_{t-2} + \alpha(1-\alpha)^3 X_{t-3} + \cdots \end{aligned} \tag{9-9}$$

由式(9-9)可以看出,指数平滑法还突破了移动平均法的另一个局限性,即对距离较远的观测值减少了它的权数。这样的权数在实际中更合理。

当时间序列的数据呈水平式时,简单的平滑法能得到有效的结果,而且费用低廉。但这种方法也存在缺点,主要表现在以下两个方面:

(1)当预测变量的数据模式有较大变化时,指数平滑法的预测效果不能令人满意,在处理长期趋势或非水平模式时没有效果。

(2)没有一个好办法来确定适当的权数 α 值。

【例 9-4】 对【例 9-3】中的数据运用一次指数平滑法进行预测。

解:分别取 $\alpha=0.1$ 和 $\alpha=0.9$ 进行预测。指数平滑法预测货运量见表 9-5。

指数平滑法预测货运量 表 9-5

实际值(万 t)	预测值 S_t		绝对误差值 $\lvert X_t-S_t \rvert$	
	$\alpha=0.1$	$\alpha=0.9$	$\alpha=0.1$	$\alpha=0.9$
245	—	—	—	—
250	245.00	245.00	5.00	5.00
256	245.50	249.50	10.50	6.50
280	246.55	255.35	33.45	24.65
274	249.90	277.54	24.10	3.54
255	252.31	274.35	2.69	19.35
262	252.58	256.94	9.42	5.06
270	253.52	261.49	16.48	8.51
273	255.17	269.15	17.83	3.85
284	256.95	272.62	27.05	11.38
—	259.66	282.86	—	—
平均绝对误差			16.28	9.76

$\alpha=0.9$ 时的平均绝对误差小于 $\alpha=0.1$ 时的绝对误差,因此取 $\alpha=0.9$ 时的预测结果较好。

五、使用要点

1. 模型中参数的选择

时间序列预测模型涉及三个参数(N、W_i 和 α),在具体使用时,要经过几个不同参数值的试算才能确定,以便尽可能地使预测值接近实际值。通常将预测值与实际值进行比较,或者计算预测值与实际值的绝对误差,以选择接近实际值的预测模型。

例如,对移动平均法,可选 $N=3$、5、6;对加权移动平均法,可选 $W_i=3$、2、1 或 5、3、1;对指数平滑法,可选 $\alpha=0.1$、0.3、0.5、0.9。具体哪个参数对应的预测值更接近实际值,就选择哪个参数对应的预测模型。

对于时间序列法,N 值的选择很重要。如果时间序列有周期性的变化,且为分月资料,应取 12 项移动平均;对分季度资料,应取 4 项移动平均。这样,才能消除时间变化因素的影响,显示出长期趋势。

对于指数平滑法,若时间序列比较稳定,则 α 的取值比较小;若时间序列波动较大,则 α 的取值也较大,使预测值能敏感地跟踪实际值的变化。

2. 预测模型初值的确定

应用指数模型预测时,有一个确定初值的问题:

当 $t=1$ 时，

$$S_2 = \alpha X_1 + (1-\alpha)S_1$$

只有确定了 S_1，才能求出 S_2。而

$$S_1 = \alpha X_0 + (1-\alpha)X_0$$

若无 S_0，则无法求出 S_1。故一般令 $X_0 = S_0 = S_1$。

3. 预测模型的检验

时间序列预测模型简单易行，但预测精度较差。为保证一定的预测精度，使用前应对其预测精度进行检验。最常用的预测精度检验方法是后验拟合法，即比较预测对象的历史数据与预测模型的计算值，两者之间的差值应小于事先确定的预测精度，即

$$|\bar{x}_i - x_i| \leqslant \alpha \tag{9-10}$$

式中：$\bar{x}_i$——i 时期的实际值；

x_i——模型预测值；

α——事先确定的预测精度。

第三节 回归分析法

回归分析法是指从被预测变量和与它有关的解释变量之间的因果关系出发，通过建立回归分析模型，预测对象未来发展的一种定量方法。通常，处在一个系统中的各种变量可以有两类关系：一类称为函数关系，一类称为相关关系。当事物之间具有确定关系时，则变量之间表现为某种函数关系。而有些事物，虽然它们之间有着密切的联系，但并不能准确地用某一函数式确定它们之间的关系，我们称这类事物间具有相关关系。具有相关关系的变量虽然不能用准确的函数式表达其联系，却可以通过大量试验数据（或调查数据）的统计分析，找出各相关因素的内在规律，从而近似地确定出变量间的函数关系。这便是回归分析的基本思想与方法。

与时间序列法相比，回归分析法的优点在于，可以根据相应于一系列不同变量的数值进行一系列预测；其缺点是，除了被预测的单个变量以外，还需要几个相关变量的数据，并需要确定因变量与自变量之间的函数形式。

按照回归模型中自变量多少，回归分析方法可划分为一元回归与多元回归。

反映相关关系的函数式，称为回归方程。在回归方程中，因变量与自变量间若为线性关系，称为线性回归，其他关系则称为非线性回归。具体选用什么形式的回归方程，需要根据事物内部的特性具体分析。有时也可以根据散点图观察曲线变化的大致形式和趋势。

回归分析法包括三个步骤：建立回归方程，进行相关性检验，利用回归方程进行预测。

一、一元线性回归

1. 建立回归方程

一元线性回归自变量可以是时间，也可以是其他变量，通常用 X 表示，用 Y 表示待预测的因变量。一元线性回归方程如下：

$$Y_t = a + bX_t \tag{9-11}$$

式中：Y_t——因变量；

X_t——自变量；

a、b——参数。

建立回归方程就是根据变量的历史数据$\{X_t, Y_t \mid t=1,2,\cdots,N\}$确定方程中的参数 a 和 b。

根据式(9-11),对于每一个 x_i,都有一个对应的估计值,估计值与实际值 $y_i(i=1,2,3,\cdots,n)$ 之间存在着离差。设两者之间的离差为 e_i,则有

$$e_i = y_i - a - bx_i \tag{9-12}$$

那么,离差的平方和为

$$\sum_{i=1}^{n} e_i^2 = \sum_{i=1}^{n} (y_i - a - bx_i)^2 \tag{9-13}$$

离差的平方和反映了 n 个统计数据 $y_i(i=1,2,3,\cdots,n)$ 与回归方程的总偏差程度。根据最小二乘法原理,离差平方和最小的回归方程为最优方程,即满足

$$\min \sum_{i=1}^{n} e_i^2 = \min \sum_{i=1}^{n} (y_i - a - bx_i)^2 \tag{9-14}$$

的 a 和 b,就是要求的式(9-11)中的参数 a 和 b。

参数 a 和 b 可用式(9-15)、式(9-16)计算:

$$b = \frac{L_{XY}}{L_{XX}} \tag{9-15}$$

$$a = \bar{y} - b\bar{x} \tag{9-16}$$

式中:

$$\begin{cases} \bar{x} = \dfrac{1}{n}\sum_{i=1}^{n} x_i \\ \bar{y} = \dfrac{1}{n}\sum_{i=1}^{n} y_i \\ L_{XX} = \sum_{i=1}^{n} (x_i - \bar{x})^2 = \sum_{i=1}^{n} x_i^2 - \dfrac{1}{n}\left(\sum_{i=1}^{n} x_i\right)^2 \\ L_{XY} = \sum_{i=1}^{n} (x_i - \bar{x})(y_i - \bar{y}) = \sum_{i=1}^{n} x_i y_i - \dfrac{1}{n}\left(\sum_{i=1}^{n} x_i\right)\left(\sum_{i=1}^{n} y_i\right) \end{cases} \tag{9-17}$$

另外,引入

$$L_{YY} = \sum_{i=1}^{n} (y_i - \bar{y})^2 = \sum_{i=1}^{n} y_i^2 - \frac{1}{n}\left(\sum_{i=1}^{n} y_i\right)^2 \tag{9-18}$$

2. 相关性检验

一般可采用相关系数进行相关性检验。相关系数是反映两变量间是否存在相关关系,以及这种相关关系密切程度的统计量。相关系数用 r 表示,计算公式为

$$r = \frac{L_{XY}}{\sqrt{L_{XX}L_{YY}}} \tag{9-19}$$

相关系数的符号很重要,正号代表 X_t 与 Y_t 正相关,X_t 增加,Y_t 也增加,r 值为 0 ~ 1;负号代表 X_t 与 Y_t 负相关,r 值为 -1 ~ 0。

(1)当 $|r| = 1$ 时,表示变量 X_t 与 Y_t 完全线性相关。

(2)当 $|r| = 0$ 时,表示变量 X_t 与 Y_t 之间不存在线性相关关系。

(3)当 $0 < |r| < 1$ 时,表示变量 X_t 与 Y_t 之间存在不同程度的线性相关关系,通常认为:

①当 $0 < |r| \leq 0.3$ 时,为微弱相关。

②当 $0.3 < |r| \leq 0.5$ 时,为低度相关。

③当 $0.5 < |r| \leq 0.8$ 时,为显著相关。

④当 $0.8 < |r| \leq 1$ 时,为高度相关。

相关系数反映了变量 X_t 与 Y_t 之间线性相关的密切程度,$|r|$ 越接近于 1,就说明 X_t 与 Y_t 之

间的线性相关程度越密切。r 值大,直观地表现为预测点紧密地散布在回归曲线周围,即对回归线的离差小。

3. 利用回归方程进行预测

有了回归方程,就可以根据自变量的值 X_0 确定因变量的值 $\hat{Y}_0$,即确定预测值。然而,过去的观测值没有完全落在回归线上,因此很难期望未来的数值点全部落在回归线的延长线上。一般是在某种置信度水平 $100(1-\alpha)\%$ 上,如 $95\%(\alpha=0.05)$、$97.5\%(\alpha=0.025)$,求预测值所在的区间。

在置信度水平 $100(1-\alpha)\%$ 上, $\hat{Y}_0$ 的置信区间为

$$Y_p = \hat{Y}_0 \pm t_{\alpha/2}S \tag{9-20}$$

式中:Y_p——$\hat{Y}_0$的置信区间;

$t_{\alpha/2}$——统计量。

$$S = \sqrt{\frac{L_{XX}L_{YY} - L_{XY}^2}{(n-2)L_{XX}}} \tag{9-21}$$

【例 9-5】 某市社会总产值与货运量之间有线性相关关系,见表 9-6。试建立数学模型,并预测当该市社会总产值达 60 百亿元时,该市的货运量。

某市社会总产值与货运量之间的关系 表 9-6

社会总产值(百亿元)	38.4	42.9	41.0	43.1	49.2	55.1
货运量(亿 t)	15.0	25.8	30.0	36.6	44.4	50.4

解:(1)建立一元线性回归方程,其数学模型为

$$Y = a + bX$$

回归方程中的待定系数 a 和 b 由下式计算:

$$a = \overline{Y} - b\overline{X}$$

$$b = \frac{L_{XY}}{L_{XX}}$$

计算回归模型中的系数,见表 9-7。

回归模型中的系数 表 9-7

序号	总产值 X_i	货运量 Y_i	X_iY_i	X_i^2	Y_i^2
1	38.4	15.0	576.00	1474.56	225.00
2	42.9	25.8	1106.82	1840.41	665.64
3	41.0	30.0	1230.00	1681.00	900.00
4	43.1	36.6	1577.46	1857.61	1339.56
5	49.2	44.4	2184.48	2420.64	1971.36
6	55.1	50.4	2777.04	3036.01	2540.16
合计	269.7	202.2	9451.8	12310.23	7641.72

$$\overline{X} = \frac{269.7}{6} = 44.95$$

$$\overline{Y}=\frac{202.2}{6}=33.7$$

$$L_{XX}=\sum_{i=1}^{6}X_i^2-\frac{1}{6}(\sum_{i=1}^{6}X_i)^2=12310.23-12123.015=187.215$$

$$L_{YY}=\sum_{i=1}^{6}Y_i^2-\frac{1}{6}(\sum_{i=1}^{6}Y_i)^2=7641.72-6814.14=827.58$$

$$L_{XY}=\sum_{i=1}^{6}X_iY_i-\frac{1}{6}(\sum_{i=1}^{6}X_i)(\sum_{i=1}^{6}Y_i)=9451.8-9088.89=362.91$$

$$a=\overline{Y}-b\overline{X}=33.7-1.938\times 44.95=-53.413$$

$$b=\frac{L_{XY}}{L_{XX}}=\frac{362.91}{187.215}=1.938$$

则所求的回归方程为

$$Y=-53.413+1.938X$$

(2)检验相关性。

$$r=\frac{L_{XY}}{\sqrt{L_{XX}L_{YY}}}=\frac{362.91}{\sqrt{187.215\times 827.58}}=0.92$$

$r=0.92$,属于高度相关,说明社会总产值与货运量之间的相关程度很高。

(3)计算预测结果及置信区间。

当社会总产值 X_0为 60 百亿元时,预测货运量 $\hat{Y}_0$ 为 62.87 亿 t。

当 $\alpha=0.05$ 时,查正态分布的双侧分位数表得:$t_{\alpha/2}=1.96$。

$$S=\sqrt{\frac{L_{XX}L_{YY}-L_{XY}^2}{(n-2)L_{XX}}}=\sqrt{\frac{187.215\times 827.58-362.91^2}{(6-2)\times 187.215}}=5.57$$

则 95% 置信度的 $\hat{Y}_0$ 的置信区间为

$$62.87\pm 1.96\times 5.57=62.87\pm 10.92$$

即货运量在[51.95,73.79]的范围内。

二、多元线性回归

1. 多元线性回归模型

当预测对象 Y 受多个因素 $X_1,X_2,\cdots,X_m$影响时,如果 $X_j(j=1,2,\cdots,m)$与 Y 之间具有线性相关关系,则可以建立多元线性回归模型进行分析和预测。多元线性回归分析的方法与一元线性回归分析基本相同,只是变量增多,计算更为复杂。和一元线性回归预测模型一样,多元线性回归模型建立时也采用最小二乘法估计模型参数。当自变量数量大于 3 时,手工计算已很困难,一般使用计算机及专用的软件计算。

如果在对变量 Y 与 X_j的 n 次观测中,获得了如下数据:

$$\boldsymbol{X}=\begin{bmatrix}x_{11} & x_{12} & \cdots & x_{1n}\\ x_{21} & x_{22} & \cdots & x_{2n}\\ \vdots & \vdots & & \vdots\\ x_{m1} & x_{m2} & \cdots & x_{mn}\end{bmatrix},\quad \boldsymbol{Y}=\begin{bmatrix}y_1\\ y_2\\ \vdots\\ y_n\end{bmatrix}$$

则多元线性回归模型的一般形式为

$$Y = a + b_1X_1 + b_2X_2 + \cdots + b_mX_m \tag{9-22}$$

式中：Y——多元线性回归因变量；

a——参数；

b_i——Y 对 X_i 的回归系数。

多元线性回归方程中，因变量 Y 对某一自变量的回归系数 $b_i(i=1,2,\cdots,m)$ 表示当其他自变量都固定时，该自变量变化对因变量 Y 影响的大小，又称为偏回归系数。参数 a、$b_i(i=1,2,\cdots,m)$ 的确定与一元线性回归方程参数的确定方法相同，仍采用最小二乘法。根据最小二乘法，应使

$$\sum_{j=1}^{n}(Y_j - a - b_1X_{1j} - b_2X_{2j} - b_3X_{3j} - \cdots - b_mX_{mj})^2$$

最小。对上式中的 a、$b_i(i=1,2,\cdots,m)$ 分别求偏导，并令其等于 0，得到

$$\begin{cases} L_{11}b_1 + L_{21}b_2 + \cdots + L_{m1}b_m = L_{Y1} \\ L_{12}b_1 + L_{22}b_2 + \cdots + L_{m2}b_m = L_{Y2} \\ \vdots \\ L_{1m}b_1 + L_{2m}b_2 + \cdots + L_{mm}b_m = L_{Ym} \end{cases} \tag{9-23}$$

$$a = \overline{Y} - \sum_{i=1}^{m} b_i\overline{X_i} \tag{9-24}$$

上两式中：

$$\overline{Y} = \frac{1}{n}\sum_{k=1}^{n} Y_k$$

$$\overline{X}_i = \frac{1}{n}\sum_{k=1}^{n} X_{ik} \qquad (i=1,2,3,\cdots,m)$$

$$\begin{aligned} L_{ij} &= \sum_{k=1}^{n}(X_{ik} - \overline{X}_i)(X_{jk} - \overline{X}_j) \\ &= \sum_{k=1}^{n} X_{ik}X_{jk} - \frac{1}{n}(\sum_{k=1}^{n} X_{ik})(\sum_{k=1}^{n} X_{jk}) \qquad (i,j=1,2,3,\cdots,m) \end{aligned}$$

$$\begin{aligned} L_{Yj} &= \sum_{k=1}^{n}(Y_k - \overline{Y})(X_{jk} - \overline{X}_j) \\ &= \sum_{k=1}^{n} X_{jk}Y_k - \frac{1}{n}(\sum_{k=1}^{n} X_{jk})(\sum_{k=1}^{n} Y_k) \qquad (j=1,2,3,\cdots,m) \end{aligned}$$

$$L_{YY} = \sum_{k=1}^{n}(Y_k - \overline{Y})^2$$

式(9-23)称为多元线性回归方程的正则方程，利用它及式(9-24)可确定 a、$b_i(i=1,2,\cdots,m)$，从而得到多元线性回归方程。

2. 相关性检验与预测值置信度检验

同一元线性回归分析一样，对于已经确定的多元线性回归分析模型能否较好地反映事物之间的内在规律，要进行线性相关的检验。

全相关系数是反映因变量受许多自变量共同影响而变化的相关程度的指标，计算公式为

$$R = \sqrt{\frac{\sum b_iL_{Yi}}{L_{YY}}} \tag{9-25}$$

【例 9-6】 某地区客运周转量的增长与该地区总人口的增长及人均月收入有关。已知近 10 年的有关资料，见表 9-8。如果预测 5 年后该地区的总人口为 430 万人，人均月收入为 725 美元，试预测该地区 5 年后的客运周转量。

相关数据及计算 表9-8

序号	客运周转量 Y（千万人公里）	总人口 X_1（万人）	人均月收入 X_2（10美元）	$X_{1i}Y$	$X_{2i}Y$	$X_{1i}X_{2i}$	X_{1i}^2	X_{2i}^2	Y^2
1	70	200	45.0	14000	3150	9000	40000	2025	4900
2	74	215	42.5	15910	3145	9137.5	46225	1806.25	5476
3	80	235	47.5	18800	3800	11162.5	55225	2256.25	6400
4	84	250	52.5	21000	4410	13125	62500	2756.25	7056
5	88	275	55.0	24200	4840	15125	75625	3025	7744
6	92	285	57.5	26220	5290	16387.5	81225	3306.25	8464
7	100	300	60.0	30000	6000	18000	90000	3600	10000
8	110	330	57.5	36300	6325	18975	108900	3306.25	12100
9	112	350	62.5	39200	7000	21875	122500	3906.25	12544
10	116	360	65.0	41760	7540	23400	129600	4225	13456
合计	926	2800	545	267390	51500	156187.5	811800	30212.5	88140

解：(1)建立二元线性回归方程。设 X_1 为总人口，X_2 为人均收入，则有

$$Y = a + b_1X_1 + b_2X_2$$

由式(9-23)有

$$\begin{cases} L_{11}b_1 + L_{21}b_2 = L_{Y1} \\ L_{12}b_1 + L_{22}b_2 = L_{Y2} \end{cases}$$

为计算回归方程中的系数，列表求相关数据，见表9-8。

由

$$\overline{Y} = \frac{1}{10}\sum_{i=1}^{10} Y_i = 92.6$$

$$\overline{X}_1 = \frac{1}{10}\sum_{i=1}^{10} X_{1i} = 280$$

$$\overline{X}_2 = \frac{1}{10}\sum_{i=1}^{10} X_{2i} = 54.5$$

$$L_{11} = \sum_{i=1}^{10}(X_{1i} - \overline{X}_1)^2 = \sum_{i=1}^{10}X_{1i}^2 - \frac{1}{10}(\sum_{i=1}^{10}X_{1i})^2 = 27800$$

$$L_{22} = \sum_{i=1}^{10}(X_{2i} - \overline{X}_2)^2 = \sum_{i=1}^{10}X_{2i}^2 - \frac{1}{10}(\sum_{i=1}^{10}X_{2i})^2 = 510$$

$$L_{12} = L_{21} = \sum_{i=1}^{10}(X_{1i} - \overline{X}_1)(X_{2i} - \overline{X}_2) = \sum_{i=1}^{10}X_{1i}X_{2i} - \frac{1}{10}(\sum_{i=1}^{10}X_{1i})(\sum_{i=1}^{10}X_{2i}) = 3587.5$$

$$L_{Y1} = \sum_{i=1}^{10}(X_{1i} - \overline{X}_1)(Y_i - \overline{Y}) = \sum_{i=1}^{10}X_{1i}Y_i - \frac{1}{10}(\sum_{i=1}^{10}X_{1i})(\sum_{i=1}^{10}Y_i) = 8110$$

$$L_{Y2} = \sum_{i=1}^{10}(X_{2i} - \overline{X}_2)(Y_i - \overline{Y}) = \sum_{i=1}^{10}X_{2i}Y_i - \frac{1}{10}(\sum_{i=1}^{10}X_{2i})(\sum_{i=1}^{10}Y_i) = 1033$$

$$L_{YY} = \sum_{i=1}^{10}(Y_i - \overline{Y})^2 = \sum_{i=1}^{10}Y_i^2 - \frac{1}{10}(\sum_{i=1}^{10}Y_i)^2 = 2386.4$$

得到方程组

$$\begin{cases} 27800b_1 + 3587.5b_2 = 8110 \\ 3587.5b_1 + 510b_2 = 1033 \end{cases}$$

求解该方程组得

$$b_1 = 0.3289, b_2 = -0.2884$$

则

$$a = \overline{Y} - b_1\overline{X}_1 - b_2\overline{X}_2 = 16.2258$$

因此,所求的回归方程为

$$Y = 16.2258 + 0.3289X_1 - 0.2884X_2$$

(2)对得到的回归方程进行相关性检验。

$$R = \sqrt{\frac{b_1L_{Y1} + b_2L_{Y2}}{L_{YY}}} = \sqrt{\frac{0.3289 \times 8110 - 0.2884 \times 1033}{2386.4}} = 0.9964$$

可见,变量 X_i 与 Y 之间的线性相关关系高度显著,得到的回归方程能够很好地反映客运量 Y 与总人口 X_1 和人均收入 X_2 之间的关系。

将预测年份的总人口 $X_1 = 430$,人均收入 $X_2 = 72.5$ 代入回归方程,得到预测年份的客运周转量

$$Y = 16.2258 + 0.3289 \times 430 - 0.2884 \times 72.5 = 136.74(\text{千万人公里})$$

三、非线性回归

实际问题中,有时因变量和自变量之间的依存关系并非都是线性的,也存在非线性关系。通常的做法是:采用变量代换法将非线性回归问题转化成线性回归问题,利用线性回归方法进行求解。常见的非线性回归模型的处理方法见表 9-9。

常见非线性回归模型的处理方法 表 9-9

非线性回归类型	数学模型	变换手段	变量代换	线性回归模型
指数回归	$y = ab^x$	等式两边取对数 $\ln y = \ln a + x\ln b$	$Y = \ln y$ $A = \ln a$ $B = \ln b$	$Y = A + Bx$
幂回归	$y = ax^b$	等式两边取对数 $\ln y = \ln a + b\ln x$	$Y = \ln y$ $X = \ln x$ $A = \ln a$	$Y = A - bX$
对数回归	$y = a + b\ln x$		$X = \ln x$	$y = a + bX$
逆元回归	$\frac{1}{y} = a + b\frac{1}{x}$		$Y = \frac{1}{y}, X = \frac{1}{x}$	$Y = a + bX$
抛物线回归	$y = a_0 + a_1x + a_2x^2$		$x_1 = x, x_2 = x^2$	$y = a_0 + a_1x_1 + a_2x_2$

现在的回归分析预测往往需要借助计算机及专用的计算软件来提高速度和准确性。

第四节 灰色模型法

一、灰色预测的概念

在控制理论中常用黑色(黑盒)表示仅已知系统的输入、输出信息,而系统的内部结构、特征、参数全部未知。黑色的对立面白色则表示与其相反的系统。自然界和实际的社会生活中大量存在的是部分信息已知、部分信息未知的介于“白色”和“黑色”之间的系统。例如道路交

通系统中的车流和客流信息,由于影响它们的随机因素很多,很难全部判断该系统的信息。20世纪80年代,我国学者邓聚龙教授将这类部分信息已知、部分信息未知的系统称为灰色系统,建立了灰色系统理论,并将灰色系统理论应用于预测分析,取得了很好的效果。灰色预测方法在交通运输中已经有了广泛的应用。

灰色预测的基本思路是:将已知的数据序列按照某种规则构成动态或非动态的白色模块,再按照某种变化、解法来求解未知的灰色模型。

灰色系统理论中常用的是由微分方程所描述的动态方程,最简单的是基于灰色系统理论的模型GM(1,1)及GM(1,N)的预测。GM(1,1)表示一阶的、单个变量的微分方程,GM(1,N)表示一阶的、N个变量的微分方程。在实际应用中,这类微分方程并不是连续的微分方程,而是数据序列处理过的离散微分方程。离散微分方程便于应用矩阵方法进行计算和处理。

GM(1,N)模型有许多用途,但变量x_1的值除了依赖自身各时刻的值之外,还依赖其余$N-1$个变量在各个时期的值。因此,在预测过程中为了预测x_1的值,首先必须预测其余$N-1$个变量的值,这在预测中是不可取的。作为灰色系统理论在预测中的应用,GM(1,N)模型并不适合。而GM(1,1)模型的计算过程只涉及变量x_1各时刻的值,因而适合预测工作。本节将主要介绍GM(1,1)模型的预测方法与过程。

灰色预测的另一个重要特点是:模型使用的不是原始数据序列,而是生成的数据序列。也就是说,灰色预测的数据,不是直接从生成的模型中得到的,而是经过还原后的数据,或者说通过生成数据的GM模型得到的预测值,必须进行逆生成处理。

二、GM(1,1)模型

GM(1,1)模型的具体形式如式(9-26)所示。

$$\frac{dx}{dt} + ax = u \tag{9-26}$$

设数列$x^{(0)}$共有n个观测值$x^{(0)}(1),x^{(0)}(2),\cdots,x^{(0)}(n)$,对$x^{(0)}$作一阶累加,生成新的数列$x^{(1)}$,其元素的表达式为

$$x^{(1)}(i) = \sum_{m=1}^{i} x^{(0)}(m) \qquad (i=1,2,\cdots,n) \tag{9-27}$$

即

$$\begin{gathered} x^{(1)}(1) = x^{(0)}(1) \\ x^{(1)}(2) = x^{(0)}(1) + x^{(0)}(2) = x^{(1)}(1) + x^{(0)}(2) \\ x^{(1)}(3) = x^{(0)}(1) + x^{(0)}(2) + x^{(0)}(3) = x^{(1)}(2) + x^{(0)}(3) \\ \vdots \\ x^{(1)}(n) = x^{(1)}(n-1) + x^{(0)}(n) \end{gathered}$$

对一阶生成数列$x^{(1)}$,建立预测模型的GM(1,1)形式方程如下:

$$\frac{dx^{(1)}}{dt} + ax^{(1)} = u \tag{9-28}$$

式中:a、u——待估参数。

将式(9-28)中的导数以离散形式展开,得到

$$x^{(0)}(t+1) = -\frac{1}{2}[x^{(1)}(t) + x^{(1)}(t+1)]a + u \tag{9-29}$$

分别令$t=1,2,\cdots,n-1$,得到

$$x^{(0)}(2)=a\{-\frac{1}{2}[x^{(1)}(1)+x^{(1)}(2)]\}+u$$

$$x^{(0)}(3)=a\{-\frac{1}{2}[x^{(1)}(2)+x^{(1)}(3)]\}+u$$

$$\vdots$$

$$x^{(0)}(n)=a\{-\frac{1}{2}[x^{(1)}(n-1)+x^{(1)}(n)]\}+u$$

对上述展开的离散方程组,用最小二乘法求解,可得

$$\hat{\boldsymbol{a}}=(\boldsymbol{B}^{\mathrm{T}}\boldsymbol{B})^{-1}\boldsymbol{B}^{\mathrm{T}}y_n \tag{9-30}$$

式中:

$$\hat{\boldsymbol{a}}=\begin{bmatrix}a\\u\end{bmatrix}$$

$$\boldsymbol{y}_n=[x^{(0)}(2),x^{(0)}(3),\cdots,x^{(0)}(n)]^{\mathrm{T}}$$

$$\boldsymbol{B}=\begin{bmatrix}-\frac{1}{2}[x^{(1)}(1)+x^{(1)}(2)] & 1\\ -\frac{1}{2}[x^{(1)}(2)+x^{(1)}(3)] & 1\\ \vdots & \vdots\\ -\frac{1}{2}[x^{(1)}(n-1)+x^{(1)}(n)] & 1\end{bmatrix}$$

将式(9-30)求得的 $\hat{\boldsymbol{a}}$ 代入式(9-28),并解微分方程,得到 GM(1,1)模型为

$$\hat{x}^{(1)}(i+1)=\left[x^{(0)}(1)-\frac{u}{a}\right]\mathrm{e}^{-at}+\frac{u}{a} \tag{9-31}$$

【例 9-7】 现已知某城市 2015—2022 年的历年人口数(表 9-10),采用 GM(1,1)模型预测该市 2023 年人口数量。

解:作 $x^{(0)}$ 的一阶累加,得新数列 $x^{(1)}$(表 9-10)。

某城市 2015—2022 年的历年人口数 表 9-10

年份 t	2015	2016	2017	2018	2019	2020	2021	2022
年份序号 k	1	2	3	4	5	6	7	8
人口(千)$x^{(0)}$	929.8	951.1	977.5	998.7	1023.9	1047.4	1063.5	1089.7
$x^{(1)}$	929.8	1880.9	2858.4	3857.1	4881.0	5928.4	6991.9	8081.9

确定向量 $\boldsymbol{y}_n$ 和矩阵 $\boldsymbol{B}$:

$$\boldsymbol{y}_n=[x^{(0)}(2),x^{(0)}(3),\cdots,x^{(0)}(8)]^{\mathrm{T}}=[951.1,977.5,998.7,1023.9,1047.4,1063.5,1089.7]^{\mathrm{T}}$$

$$\boldsymbol{B}=\begin{bmatrix}-\frac{1}{2}[x^{(1)}(1)+x^{(1)}(2)] & 1\\ -\frac{1}{2}[x^{(1)}(2)+x^{(1)}(3)] & 1\\ \cdots & \cdots\\ -\frac{1}{2}[x^{(1)}(7)+x^{(1)}(8)] & 1\end{bmatrix}=\begin{bmatrix}-1405.35 & 1\\ -2369.65 & 1\\ -3357.75 & 1\\ -4369.05 & 1\\ -5404.70 & 1\\ -6460.15 & 1\\ -7536.90 & 1\end{bmatrix}$$

所以

$$\hat{a} = (\boldsymbol{B}^{\mathrm{T}}\boldsymbol{B})^{-1}\boldsymbol{B}^{\mathrm{T}}y_n = (-0.0222 \quad 923.4997)^{\mathrm{T}}$$

即

$$a = -0.0222, u = 923.4997$$

根据式(9-30),该城市人口预测的GM(1,1)模型为

$$\hat{x}^{(1)}(i+1) = \left[x^{(0)}(1) - \frac{u}{a}\right]\mathrm{e}^{-at} + \frac{u}{a} = 42528.886\mathrm{e}^{0.0222t} - 41599.086$$

根据得到的模型对该城市2023年的人口总量进行预测。由式(9-27)可知

$$\hat{x}^{(1)}(i+1) = \hat{x}^{(1)}(i) + \hat{x}^{(0)}(i+1)$$

所以

$$\hat{x}^{(0)}(i+1) = \hat{x}^{(1)}(i+1) - \hat{x}^{(1)}(i)$$

即

$$\begin{aligned}\hat{x}^{(0)}(9) &= \hat{x}^{(1)}(9) - \hat{x}^{(1)}(8)\\ &= 42528.886(\mathrm{e}^{0.0222\times 8} - \mathrm{e}^{0.0222\times 7})\\ &= 42528.886 \times 0.026\\ &= 1115.1\end{aligned}$$

因此,预测该城市2023年人口总量为1115.1千。

第五节　马尔可夫链法

马尔可夫过程是研究事物状态及其转移的理论。它通过对不同状态的初始概率以及状态间转移概率的研究,来确定状态的变化趋势,从而达到预测未来的目的。

马尔可夫过程的特点是每次状态的转移都只与互相连接的前一个状态有关,与过去的状态无关,即当过程在时刻t_0所处的状态为已知的情况下,过程在时刻$t(t>t_0)$所处的状态与过程在时刻t_0之前的状态无关,这种特性称为无后效性。

如果随机变量X_t在$t=k+1$时取值的规律只与X_t在$t=k$时的取值有关,而与$t=k$以前的取值无关,则这时的X_t称为一次马尔可夫链。同样,如果随机变量X_t在$t=k+1$时取值的规律只与X_t在$t=k$及$t=k-1$时的取值有关,而与$t=k-1$以前的取值无关,则这时的X_t称为二次马尔可夫链。以此类推,可得到三次、四次马尔可夫链。本节主要讨论一次马尔可夫链预测。

一、基本概念

1. 状态转移概率矩阵

假设预测对象可能处于$S_1, S_2, \cdots, S_n$这n个状态,而且每次只能处于一个状态。若目前它处于状态S_i,则下一时刻可能由S_i转向$S_1, S_2, \cdots, S_n$共n种状态之一。可能的转移方式有n种(其中$S_i \rightarrow S_i$表示停留在状态S_i),相应的转移概率为P_{ij}。若将P_{ij}作为矩阵中的第i行、第j列,则n个状态共有n行,即

$$\boldsymbol{R} = \begin{bmatrix} P_{11} & P_{12} & P_{13} & \cdots & P_{1j} & \cdots & P_{1n} \\ P_{21} & P_{22} & P_{23} & \cdots & P_{2j} & \cdots & P_{2n} \\ \vdots & \vdots & \vdots & & \vdots & & \vdots \\ P_{n1} & P_{n2} & P_{n3} & \cdots & P_{nj} & \cdots & P_{nn} \end{bmatrix}$$

将矩阵 $\boldsymbol{R}$ 称为状态转移概率矩阵，其中 P_{ij} 表示从状态 i 转向状态 j 的概率，矩阵满足 $P_{ij} \geqslant 0$ 且 $\sum_{j=1}^{n} P_{ij} = 1$。

2. 状态概率和稳定状态概率

状态概率是指系统在某一时期处于某一状态的概率。一般系统总是有多种状态，在某一时期只处于其中的一种状态。系统在某一时期各种状态发生的概率可用一向量表示，称为状态概率向量。

系统在一定的一次转移概率条件下，经过多次转移，处于某种状态的概率趋于一个常数，这种逐渐稳定下来的概率，称为稳定状态概率。系统存在稳定状态概率的条件是一次转移概率不变，即系统在多次转移过程中，任何相邻两个时期的转移概率不变。

二、一次马尔可夫链预测

1. 预测对象所处的状态划分

对于状态划分问题，不同的事物、不同的预测目的，有着不同的状态划分。有的是预测对象本身已具有明显的状态界限，如气象预报中的晴、阴、风、雨；有的则需要根据实际情况人为地作出划分，如可以把道路路面状况的好坏按综合指标划分成若干个状态。

2. 计算初始概率

所谓初始概率 P_i，在实际问题中就是指通过分析历史资料得到的某一状态出现的频率。假设某事件有 $S_i(i=1,2,\cdots,n)$ 个状态，在已知历史资料中，状态 S_i 出现的次数 M_i 等于资料的总个数 N，即 $N=\sum_{i=1}^{n} M_i$，这时 S_i 出现的概率为 $F_i = M_i/N$。当样本足够大时，用频率 F_i 代替概率 P_i 的误差就会足够小。

3. 计算状态的一次转移概率

同状态的初始概率一样，转移概率的理论分布是未知的，当掌握的数据资料足够多时，可以用状态转移的频率描述状态转移概率。

由转移概率的定义可知

$$P_{ij} = P(S_i \to S_j) = P(S_j \mid S_i) \approx F(S_j \mid S_i) \qquad (i=1,2,\cdots,n; j=1,2,\cdots,n)$$

式中：$F(S_j \mid S_i)$——样本中由 S_i 状态转向 S_j 状态的概率。

处于 S_i 状态的样本个数为 M_i，假设由 S_i 转向 S_j 状态的个数为 M_{ij}，则

$$F(S_j \mid S_i) = \frac{M_{ij}}{M_i}$$

假设目前事件处于 S_i 状态，那么它的转移概率分布为

$$P_{i1} \approx F(S_1 \mid S_i) = \frac{M_{i1}}{M_i}$$

$$P_{i2} \approx F(S_2 \mid S_i) = \frac{M_{i2}}{M_i}$$

$$\vdots$$

$$P_{in} \approx F(S_n \mid S_i) = \frac{M_{in}}{M_i}$$

根据条件概率性质，对任意 $i(i=1,2,\cdots,n)$ 均有

$$\sum_{j=1}^{n} P_{ij} = \frac{M_{i1}}{M_i} + \frac{M_{i2}}{M_i} + \cdots + \frac{M_{in}}{M_i} = \frac{M_{i1} + M_{i2} + \cdots + M_{in}}{M_i} = \frac{\sum_{j=1}^{n} M_{ij}}{M_i}$$

因为$\sum_{j=1}^{n} M_{ij} = M_i$,所以$\sum_{j=1}^{n} P_{ij} = 1$,写成矩阵形式,即

$$\boldsymbol{R} = \begin{bmatrix} P_{11} & P_{12} & P_{13} & \cdots & P_{1j} & \cdots & P_{1n} \\ P_{21} & P_{22} & P_{23} & \cdots & P_{2j} & \cdots & P_{2n} \\ \vdots & \vdots & \vdots & & \vdots & & \vdots \\ P_{n1} & P_{n2} & P_{n3} & \cdots & P_{nj} & \cdots & P_{nn} \end{bmatrix}$$

矩阵 $\boldsymbol{R}$ 称为一步转移概率矩阵,它完整地描述了 n 个状态相互转移的概率分布。矩阵主对角线上的元素 $P_{11}, P_{22}, \cdots, P_{nn}$表示状态经过 Δt 时间后,仍然处于原状态的概率。

在实际工作中,往往需要预测今后第 k 个时刻系统的状态,这时需要先求出系统的 k 步状态转移概率矩阵。根据无后效性和条件概率,数学上已经给出了严格的证明。这里仅介绍有关的计算公式。

$$\boldsymbol{R}^{[k]} = \boldsymbol{R}^{[k-1]}\boldsymbol{R} \tag{9-32}$$

式中:$\boldsymbol{R}$——一步转移概率矩阵;

$\boldsymbol{R}^{[k]}$——k 步转移概率矩阵。

式(9-32)说明,系统的 k 步转移概率矩阵可以由 $k-1$ 步转移概率矩阵乘以一步转移概率矩阵得到。

4. 根据转移概率矩阵进行预测

转移概率矩阵全面地描述了各状态之间相互转移的概率分布,可以根据它对未来所处的状态进行预测。

【例 9-8】 公路养护部门为了合理安排公路维修资金,需要预测路面状况的变化情况。路面一般分为 S_1、S_2、S_3、S_4 四种状态,分别代表优、良、中、差。第一年处于优、良、中、差的道路长度分别为 200km、400km、300km、100km。根据以往经验,得到日常养护情况下的路面状态转移概率(表 9-11)。试预测日常养护下第二年、第三年的路面状况。

路面状态转移概率 表 9-11

路面状态	S_1	S_2	S_3	S_4
S_1	0.65	0.20	0.10	0.05
S_2	0.00	0.70	0.20	0.10
S_3	0.00	0.00	0.80	0.20
S_4	0.00	0.00	0.00	1.00

解:在路面管理系统中常利用马尔可夫链预测路面使用性质。马尔可夫链用于描述路面状态时假定:路面的当前状态仅依赖于路面的先期状态,而路面的未来状态只依赖于目前的状态。第一年处于 S_1、S_2、S_3、S_4状态的道路里程向量为(200,400,300,100),则在日常养护条件下,第二年的路面状态为

$$(S_1, S_2, S_3, S_4) = (200, 400, 300, 100)\begin{bmatrix} 0.65 & 0.20 & 0.10 & 0.05 \\ 0.00 & 0.70 & 0.20 & 0.10 \\ 0.00 & 0.00 & 0.8 & 0.20 \\ 0.00 & 0.00 & 0.00 & 1.00 \end{bmatrix} = (130, 320, 340, 210)$$

即第二年处于优、良、中、差状态的道路长度分别为 130km、320km、340km、210km。

如果第三年仍然采用日常养护，则第三年的路面状态为

$$(S_1,S_2,S_3,S_4) = (130,320,340,210)\begin{bmatrix}0.65 & 0.20 & 0.10 & 0.05\\0.00 & 0.70 & 0.20 & 0.10\\0.00 & 0.00 & 0.80 & 0.20\\0.00 & 0.00 & 0.00 & 1.00\end{bmatrix} = (84.5,250,349,316.5)$$

即第三年处于优、良、中、差状态的道路长度分别为 84.5km、250km、349km、316.5km。

第六节　蒙特卡罗法

蒙特卡罗法也称统计模拟方法或随机抽样方法，它是由美国数学家冯·诺伊曼和乌拉姆在 20 世纪 40 年代为研制核武器而首先提出的。

蒙特卡罗法早期用于计算问题。例如，有些数学家用其计算 π 的值，准确度很高。计算过程是：对图 9-4 中的正方形及所含的 1/4 圆投掷一个质点，设总投掷次数为 N，质点落入圆内的次数为 n。投掷次数是均匀随机的，因此有扇形面积与正方形面积之比 $=\dfrac{n}{N}$，即

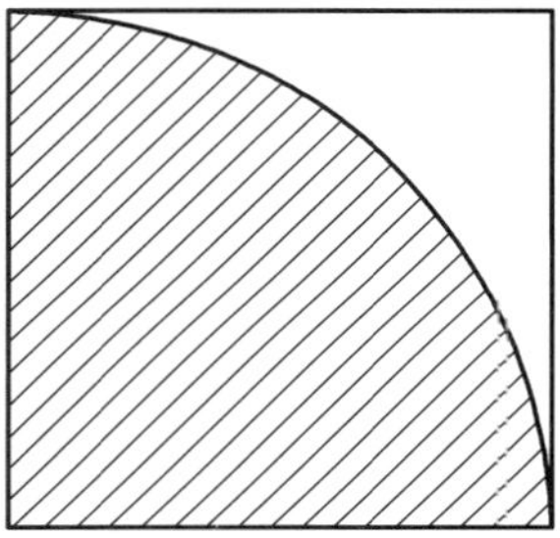

图 9-4　蒙特卡罗法计算 π 值

$$\frac{\frac{\pi}{4}}{1^2} = \frac{n}{N} \Rightarrow \pi = 4\frac{n}{N}$$

试验结果表明，N 越大，π 值越接近准确值。

目前，蒙特卡罗法已经渗透到多个领域，在预测过程中也有其应用。

用蒙特卡罗法预测需首先建立一个与预测对象相关的随机模型。该模型可以是离散型随机变量分布或连续型随机变量分布。然后根据概率分布进行大量独立随机试验，取得随机变量的模拟值，即样本值的集合。用数理统计方法求出样本的数量特征值，即各种统计量的估计量，该估计量的值就是预测对象的近似解。

蒙特卡罗法既可以用于近期预测，也可以用于中远期预测。在预测过程中，一般要假设某一频率分布为概率分布，而这与现实有一定差距，因此常在预测对象内部关系难以把握时应用蒙特卡罗法。蒙特卡罗法预测过程中的模拟次数视问题性质而定。

【例 9-9】　根据某运输公司过去 15 年的统计，其中有 3 年的业务量为 45 万 t，有 9 年的业务量为 50 万 t，有 3 年的业务量为 55 万 t。试预测下一年的业务量。

解：根据已有资料，整理得表 9-12。

已有资料　　表 9-12

业务量（万 t）	45	50	55
频率（%）	20	60	20

表 9-12 中的频率表示将 15 年的业务量视为 15 次随机试验，试验结果为 45 万 t 的次数占全部试验次数的比重即频率为 20%，试验结果为 50 万 t 的频率为 60%，试验结果为 55 万 t 的频率为 20%。

将频率看作概率,并用随机变量 ξ 表示业务量,则有如下的概率分布,见表 9-13。

概率分布　　表 9-13

$\xi(\xi=x_i)$	45	50	55
$P(\xi=x_k)(\%)$	20	60	20

假设用 A_i 表示事件 $\{\xi=x_i\}$,则有 $A_i \cap A_j=\varnothing(j\neq i)$ 以及 $P(\bigcup_{i=1}^{3} A_i)=1$,即 A_i 满足事件完备性假定。因此,表 9-12 所述的分布是合理的。

至此,已经建立了预测对象的概率分布模型,并且预测对象即随机变量本身,随机变量的取值就是预测对象的量值。通过随机试验,得到随机变量的试验值,将试验平均值作为预测对象值。

从均匀随机数表中抽取数值进行抽样模拟。在本例中,经过 1000 次模拟,得到各次模拟值总和为 50105,即平均值为 50.105。因此,预测该公司下一年的业务量为 50.105 万 t。

第七节　常用的预测分析软件

一、常用预测软件简介

1. Excel

Excel 是办公软件 Microsoft Office 的组件之一,可以进行各种数据的处理、统计分析和辅助决策操作,广泛地应用于管理、统计财经、金融等众多领域。

在 Excel 中,可以综合运用各种 Excel 公式、函数解决复杂的管理问题,还可以处理和预测分析不同来源、不同类型的各种数据。

Excel 具有自动计算、自动重算、制图便捷等特点。

2. MATLAB

MATLAB 是矩阵实验室(Matrix Laboratory)的简称,是一款商业数学软件,用于算法开发、数据可视化、数据分析以及数值计算的高级技术计算语言和交互式环境。

MATLAB 的主要功能包括一般数值分析、矩阵运算、数字信号处理、建模、系统控制及优化等,并将应用程序和图形集成在一个便于使用的环境中。在此环境下解问题的 MATLAB 语言表述形式与数学、工程中常用的形式十分相似,故用 MATLAB 来解算问题要比用 C、FORTRAN 等语言简洁得多。

MATLAB 具有友好的工作平台和编程环境、简单易用的程序语言、强大的科学计算机数据处理能力、出色的图形处理功能、应用广泛的模块集合工具箱、实用的程序接口和发布平台。

3. SPSS

SPSS,全称 Statistical Product and Service Solutions,意思是“统计产品与服务解决方案”。SPSS 通过简单的菜单式操作,就可以方便地规范和融合搜集到的原始数据,并能实施从简单的描述性统计分析到复杂的时序分析等多种方法,对数据进行建模,返回有意义的分析结果。其基本统计分析功能有频数分析、描述统计量分析、相关分析、回归分析、因子分析、聚类分析、判别分析、生成统计图形等。

SPSS 具有操作简单、无须编程、数据接口便利、功能模块组合灵活等特点。

二、常用预测方法的计算实现

1. 相关分析

相关分析(Correlation Analysis)研究现象之间是否存在某种依存关系,并对具体有依存关系的现象探讨其相关方向及相关程度,是研究随机变量之间相关关系的一种统计方法。

例如,社会经济发展指标与交通运输的相关分析,就是求解社会经济发展指标与交通运输指标间的相关系数,探讨两者之间的相关方向和相关程度。

以 SPSS17.0 求解变量的相关系数为例,具体步骤如下:

(1)建立数据文件。

(2)依次选择 Analyze→Correlate→Bivariate→选择变量,确认,输出相关系数矩阵。相关系数下面的 Sig. 是显著性检验结果的 P 值,P 越接近 0 则表示相关性越显著。同时,表格下会显示显著性检验的判断结果。

2. 灰色关联分析

灰色关联分析是指对原始数据进行处理,然后计算关联系数,由此计算出关联度,排出关联顺序,并建立关联树,分析相关因素的关联性。

使用 MATLAB 实现灰色关联度计算的过程如下:

(1)确定影响因素,并将非量化因素进行量化。

(2)列出参考数列与比较数列。

(3)对数列作初值化处理,即用每一个数列的第一个数除以本身及其他数,使数列无量纲。

(4)求关联系数中的两级差。

(5)计算两极最小差与最大差。

(6)计算关联系数及关联度(关联度是指参考数列对被比较数列关联系数的均值)。

3. 回归分析

回归分析法是基于事物之间的相关关系的一种数理统计方法,是预测中常用的方法。回归预测技术的种类有很多,按不同的方法分类,有一元回归、多元回归、线性回归、非线性回归等。模型的可靠性采用相关系数 R 检验。

以 SPSS17.0 进行一元线性回归分析为例,具体过程如下:

(1)建立数据文件。

(2)作散点图(选择 Graphs→Scatter→Simple),以便进行简单观测。

(3)若散点图的趋势大致成线性关系,可以建立线性方程,否则可建立其他方程模型,并比较 R^2(→1)来确定最佳方程式(曲线估计)。

(4)建立线性回归模型,选择 Analyze→Regression→Linear。

(5)进行拟合程度检验,R^2 越接近 1 则表示拟合程度越好,然后进行回归方程的显著性检验。

4. 弹性系数分析

弹性系数一般用受影响对象和影响因素的发展速度比值来计算。弹性系数分析主要研究受影响对象与影响因素的历史弹性系数,总结发展规律。弹性系数计算模型如下:

$$e = \frac{\Delta Y}{\Delta X}$$

式中:e——弹性系数;

ΔY——因变量的变化率;

ΔX——自变量的变化率。

以 Excel 计算弹性系数为例,具体步骤如下:

(1)用 Excel 求出因变量和自变量的变化率。

(2)得出弹性系数。

(3)预测规划年自变量的增长率。

(4)求出规划年因变量的增长率。

上述计算过程可以在 Excel 中直接输入公式得到。

5. 灰色模型预测

GM(1,1)模型是用微分方程描述的动态模型。其基本形式为 GM(m,n),表示 n 个变量的 m 阶微分方程。预测中常采用以时间为变量的一阶微分方程 GM(1,1)模型。

GM(1,1)模型采用后验差比值 C 及小误差概率 p 检验。若 C 越小 p 越大,则模型的精度越高。一般当 $C<0.35$,$p>0.95$ 时,认为预测精度为好。

以 MATLAB 实现 GM(1,1)模型为例,具体过程如下:

(1)一次 AGO(1-AGO)生成序列,以弱化原始序列的随机性和波动性。

(2)构造矩阵 $\boldsymbol{B}$ 和数据向量 $\boldsymbol{Y}_n$。

$x^{(0)}$ 与 $x^{(1)}$ 满足关系

$$\boldsymbol{Y}_n=\boldsymbol{B}\hat{\boldsymbol{a}}$$

其中,

$$\boldsymbol{Y}_n=\begin{bmatrix} x^{(0)}(2) \\ x^{(0)}(3) \\ \vdots \\ x^{(0)}(n) \end{bmatrix}$$

$$\boldsymbol{B}=\begin{bmatrix} -\frac{1}{2}[x^{(1)}(1)+x^{(1)}(2)] & 1 \\ -\frac{1}{2}[x^{(1)}(2)+x^{(1)}(3)] & 1 \\ \vdots & \vdots \\ -\frac{1}{2}[x^{(1)}(n-1)+x^{(1)}(n)] & 1 \end{bmatrix}$$

$$\hat{\boldsymbol{a}}=\begin{bmatrix} a \\ \mu \end{bmatrix}=(\boldsymbol{B}^{\mathrm{T}}\boldsymbol{B})^{-1}\boldsymbol{B}^{\mathrm{T}}\boldsymbol{Y}_n$$

(3)计算系数 a 和 u。

(4)累加模型预测结果。

(5)计算还原后的预测结果(作 IAGO)。

(6)检验和判断 GM(1,1)模型的精度。灰色理论一般采用残差大小检验、关联度检验和后验差检验三种方法检验和判断 GM(1,1)模型的精度。

6. 时间序列法

时间序列法是根据某指标的历史统计资料,以时间为自变量建立模型,对指标的未来变化进行预测。其预测技术的基本出发点是利用预测对象过去发展变化的特征来描述和预测未来的变化特征。

以 Excel 进行时间序列分析为例,具体步骤如下:

(1)绘制指标的时间序列图,描述其形态。

(2)添加趋势线,利用移动平均法、指数平滑法、线性回归分析等方法得到指标随时间变化的关系式。

7. 增长率法

增长率法是根据预测对象的预计增长速度进行预测的方法。首先,分析历史年度预测对象增长率的变化规律,然后,根据对相关因素发展变化的分析,确定预测期增长率,最后进行未来值的预测。其一般式为

$$Q_t = Q_0(1+\alpha)^t$$

式中:Q_t——预测值;

Q_0——基年值;

α——确定的增长率;

t——预测年限。

以 Excel 实现增长率法为例,具体过程如下:

(1)得出历史年度预测对象的增长率。

(2)求出历史年度预测对象的平均增长率。

(3)进行规划年的预测。

上述的计算过程可以在 Excel 中直接输入公式得到。

8. 组合预测

回归分析、弹性系数、灰色模型等预测方法各有其优点和不足,所预测的结果也存在差异,为了将每种预测方法所包含的有用信息都反映在预测结果中,可采用组合预测方法。组合预测模型如下:

$$\hat{y}_t = \omega_1 f_{1t} + \omega_2 f_{2t} + \omega_3 f_{3t} \tag{9-33}$$

式中:f_{1t}——回归分析法 t 时刻的预测值;

f_{2t}——弹性系数法 t 时刻的预测值;

f_{3t}——灰色模型 t 时刻的预测值;

ω_i——组合预测模型非负权重系数,$i=1,2,3$。

要使组合模型的预测结果尽可能地符合实际的发展趋势,则该组合预测模型非负权重向量 $\boldsymbol{W}^* = (\alpha_1,\alpha_2,\alpha_3)^{\mathrm{T}}$应满足以下模型:

$$\min S = \sum_{t=1}^{n} a_t \left| \omega_1 e_{1t} + \omega_2 e_{2t} + \omega_3 e_{3t} \right|$$

$$\text{s. t.} \begin{cases} \omega_1 + \omega_2 + \omega_3 = 1 \\ \omega_i \geqslant 0 \qquad (i=1,2,3) \end{cases}$$

式中:e_{1t}——回归分析法 t 时刻预测值的误差;

e_{2t}——弹性系数法 t 时刻预测值的误差;

e_{3t}——灰色模型 t 时刻预测值的误差;

a_t——$a_t = a^{3-t}$,a 为最优准则折扣系数,一般取 0.8。

以 MATLAB 实现组合预测为例,具体过程如下:

(1)计算出回归分析法预测结果。

(2)计算出弹性系数法预测结果。

(3)计算出灰色模型法预测结果。

(4)求出三种方法的权重系数。

(5)得出组合预测方法的预测值。

第八节 预测方法在道路交通工程中的应用

实例 9-1 运输量预测分析

某地区公路网规划中需预测 2030 年的综合客运量,现调查收集到该地区 2001—2020 年综合客运量数据,见表 9-14。根据上述条件预测该地区 2030 年综合客运量。

某地区 2001—2020 年综合客运量数据(单位:万人次/年) 表 9-14

年份	综合客运量	年份	综合客运量	年份	综合客运量	年份	综合客运量
2001	6140	2006	6851	2011	8082	2016	12104
2002	6663	2007	9287	2012	13927	2017	16473
2003	7101	2008	8807	2013	11810	2018	14291
2004	7517	2009	8125	2014	10586	2019	16845
2005	7324	2010	7519	2015	19863	2020	18559

解:根据已知数据的特点,分别采用时间序列法、回归分析法和弹性系数法进行预测。

(1)时间序列预测

通过对该地区 2001—2020 年综合客运量的分析发现,综合客运量的发展随时间的推移呈现总体增加的趋势。因此,根据区域的历史统计资料,以时间为自变量建立时间序列模型,对未来年综合客运量进行预测。

对历年综合客运量进行分析,采用综合客运量随时间变化的指数时间序列模型。

$$y = 5545.2e^{0.0576x}$$

式中:y——综合客运量;

x——时间序列(以 2001 年作为时间序列起点)。

该模型相应的综合客运量与时间序列的相关系数 $R = 0.90$,说明该地区的综合客运量与时间序列有密切的关系,所得到的模型可以反映地区综合客运量的发展变化趋势。

将 2030 年所对应的时间序列(30)代入该预测模型,计算得到 2030 年该地区的全社会综合客运量为

$$y = 5545.2e^{0.0576 \times 30} = 31216(\text{万人次})$$

(2)回归分析预测

一般认为,地区综合客运量的变化与该地区的人口总量、经济水平、人均乘车次数等因素相关。现选取人均生产总值、年人均乘车次数两个指标作为相关因素分别进行人均生产总值-综合客运量一元回归分析和人均生产总值-年人均乘车次数-综合客运量二元回归分析。

为实现回归分析预测,除了收集该地区历年的综合客运量之外,还需了解该地区相应的历年人均生产总值和年人均乘车次数数据,见表 9-15。

地区人均 GDP 和年人均乘车次数 表 9-15

年份	人均 GDP(元)	年人均乘车次数	年份	人均 GDP(元)	年人均乘车次数
2001	834	11.7	2011	4166	14.3
2002	898	12.6	2012	6345	24.6
2003	988	13.4	2013	9239	20.7
2004	1279	14.1	2014	12616	18.5
2005	1718	13.7	2015	15764	34.7
2006	1926	12.7	2016	17456	21.1
2007	2326	17.0	2017	19697	28.6
2008	2995	16.0	2018	21726	24.8
2009	3167	14.6	2019	23574	28.9
2010	3603	13.4	2020	26648	32.1

①对历年人均生产总值与综合客运量之间的关系进行分析,得到一元回归模型

$$y = 875.66x^{0.2886}$$

式中:y——综合客运量,万人次;

x——人均生产总值,元。

相应地,人均生产总值与综合客运量的相关系数 $R=0.92$,说明该地区的综合客运量与人均生产总值有密切的关系。

根据该地区的经济预测,2030 年人均生产总值将达到 7 万元,由此计算得到 2023 年该地区的综合客运量为

$$y = 875.66 \times 70000^{0.2886} = 21909(\text{万人次})$$

②对历年人均生产总值、年人均乘车次数与综合客运量之间关系进行分析,得到二元线性回归模型

$$y = 574.2548 \times A + 0.02758 \times B - 476.542$$

式中:y——综合客运量,万人;

A——年人均乘车次数;

B——人均生产总值,元。

对历史数据的分析表明,人均生产总值、年人均乘车次数与综合客运量有着很高的相关性,相应的相关系数为 $R=0.99$,可以利用该模型对未来的综合客运量进行预测。

根据该地区的经济预测,2030 年人均生产总值将达到 7 万元,年人均乘车次数达到 48 次。因此,综合考虑该地区人均生产总值和年人均乘车次数对综合客运量的影响,该地区 2030 年的综合客运量将达到

$$y = 574.2548 \times 48 + 0.02758 \times 70000 - 476.542 = 29018(\text{万人次})$$

(3)弹性系数预测

将综合客运量变化率和人均生产总值变化率之比作为综合客运量对经济指标的弹性系数。

$$e = \frac{I_R}{I_E}$$

式中:e——弹性系数;

I_R——综合客运量增长率;

I_E——人均生产总值增长率。

现根据该地区的经济发展计划,未来10年内人均生产总值的平均增长率为12%;根据该地区经济和交通运输发展阶段分析,认为未来10年内平均弹性系数为0.35。因此,该地区未来10年间综合客运量的平均增长率为0.35×12%=4.2%。

预测基年2020年该地区的综合客运量为18559万人次,因此采用弹性系数法预测2030年综合客运量为

$$18559 \times (1 + 4.2\%)^{10} = 28005(\text{万人次})$$

从这个典型问题可以看出,工程中针对同一个预测对象,采用不同的预测方法将得到不同的结果。由于不同的预测方法有着不同的特点,在预测过程中为了提高预测结果的可靠性,一般应采用多种预测方法,并对预测结果进行分析,从多个预测结果中选择并最终确定采用的预测结果。例如,在本例中,分别采用时间序列预测、人均生产总值-综合客运量一元回归分析、人均生产总值-人均乘车次数-综合客运量二元回归分析以及弹性预测法预测2030年的综合客运量,预测结果分别为31216万人次、21909万人次、29018万人次、28005万人次。根据该地区社会经济发展特点,最终认为2030年该地区综合客运量将达到29000万人次。

实例9-2 城市道路交叉口高峰小时流量预测

某城市道路交叉口2019—2023年观测的高峰小时交通量见表9-16。根据已观测到的高峰小时交通量,预测2024年的交叉口高峰小时交通量。

某城市道路交叉口2019—2023年高峰小时交通量(单位:辆/h)　　表9-16

年份	2019	2020	2021	2022	2023
高峰小时交通量	714	719	726	731	735

解:交叉口高峰小时交通量的大小,受到多种因素的影响。各种因素之间的关系无法确切描述,但高峰小时交通量是这些因素相互作用的结果。因此,高峰小时交通量可以视为灰色量,采用灰色模型法对交叉口高峰小时交通量进行预测。

已知原始交通量数列

$$x^{(0)} = \{714, 719, 726, 731, 735\}$$

则一阶累加新数列为

$$x^{(1)} = \{714, 1433, 2159, 2890, 3625\}$$

对一阶生成数列 $x^{(1)}$,建立预测模型GM的方程

$$\frac{\mathrm{d}x^{(1)}}{\mathrm{d}t} + ax^{(1)} = u$$

式中:a、u——待估参数。

由式(9-29)得

$$\boldsymbol{y}_n = (x^{(0)}(2), x^{(0)}(3), x^{(0)}(4), x^{(0)}(5))^{\mathrm{T}} = (719, 726, 731, 735)^{\mathrm{T}}$$

$$\boldsymbol{B} = \begin{bmatrix} -\frac{1}{2}[x^{(1)}(1) + x^{(1)}(2)] & 1 \\ -\frac{1}{2}[x^{(1)}(2) + x^{(1)}(3)] & 1 \\ -\frac{1}{2}[x^{(1)}(3) + x^{(1)}(4)] & 1 \\ -\frac{1}{2}[x^{(1)}(4) + x^{(1)}(5)] & 1 \end{bmatrix} = \begin{bmatrix} -1073.5 & 1 \\ -1796.0 & 1 \\ -2524.5 & 1 \\ -3257.5 & 1 \end{bmatrix}$$

由式(9-30),解得

$$a = -0.0053, u = 712.0132$$

根据式(9-31),相应的预测模型为

$$\hat{x}^{(1)}(i+1) = 135056.1132e^{0.0053t} - 134342.1132$$

应用得到的预测模型对2024年交叉口高峰小时交通量进行预测。2024年的交叉口预测高峰小时交通量为

$$N_{2024} = \hat{x}^{(1)}(6) - \hat{x}^{(1)}(5) = 135056.1132(e^{0.0053\times5} - e^{0.0053\times4}) = 733(\text{辆}/\text{h})$$

利用交叉口高峰小时交通量观测数据,应用灰色理论进行预测,避免了确定高峰小时交通量增长率的困难,是一种简单可行的方法。

实例9-3　运输市场占有率预测

某地区有3家规模与服务质量相近的货运公司A、B、C。目前A公司的货运市场占有率为40%,B、C公司分别为30%、30%。市场调研后发现:去年选择A公司的客户,今年有40%仍然选择A公司,而各有30%转而选择B、C公司;去年选择B公司的客户,今年有30%仍然选择B公司,而有60%转向A公司、10%转向C公司;去年选择C公司的客户,今年有30%仍然选择C公司,而有60%转向A公司、10%转向B公司。根据以上资料,预测近几年的货运市场占有率。

解:马尔可夫过程是研究对象状态及其转移的理论,现实生活中常用其预测未来市场占有率。

根据目前的运输市场占有率可知,运输市场占有率的初始状态向量 $\boldsymbol{S}_0$ 为

$$\boldsymbol{S}_0 = (S_1, S_2, S_3) = (0.4, 0.3, 0.3)$$

市场调研得到的客户流动状况就是状态的转移。根据客户流动情况调查结果,得到一步状态转移概率矩阵 $\boldsymbol{P}$ 为

$$\boldsymbol{P} = \begin{bmatrix} P_{11} & P_{12} & P_{13} \\ P_{21} & P_{22} & P_{23} \\ P_{31} & P_{32} & P_{33} \end{bmatrix} = \begin{bmatrix} 0.4 & 0.3 & 0.3 \\ 0.6 & 0.3 & 0.1 \\ 0.6 & 0.1 & 0.3 \end{bmatrix}$$

一步状态转移概率矩阵中的元素 P_{ij} 表示系统从状态 i 经过一步转移到状态 j 的概率。在当前的市场调研结果下,预测明年运输市场占有率状态向量 $\boldsymbol{S}_1$ 为

$$\boldsymbol{S}_1 = \boldsymbol{S}_0\boldsymbol{P} = (0.4 \quad 0.3 \quad 0.3)\begin{bmatrix} P_{11} & P_{12} & P_{13} \\ P_{21} & P_{22} & P_{23} \\ P_{31} & P_{32} & P_{33} \end{bmatrix} = (0.52 \quad 0.24 \quad 0.24)$$

即预测得到明年A、B、C三家公司的市场占有率分别为52%、24%、24%。

预测后年运输市场占有率状态向量 $\boldsymbol{S}_2$ 为

$$\boldsymbol{S}_2 = \boldsymbol{S}_0\boldsymbol{P}^2 = (0.4 \quad 0.3 \quad 0.3)\begin{bmatrix} P_{11} & P_{12} & P_{13} \\ P_{21} & P_{22} & P_{23} \\ P_{31} & P_{32} & P_{33} \end{bmatrix}^2 = (0.496 \quad 0.252 \quad 0.252)$$

即预测得到后年A、B、C三家公司的市场占有率分别为49.6%、25.2%、25.2%。

习　题

9-1　某地区历年综合货运量的调查结果见表 9-17,试采用时间序列法预测该地区 2023 年综合货运量。

题 9-1 表　　表 9-17

年份	综合货运量(万 t/年)	年份	综合货运量(万 t/年)	年份	综合货运量(万 t/年)
2011	3988	2015	6352	2019	9395
2012	4327	2016	7023	2020	10201
2013	4822	2017	7745	2021	10870
2014	5818	2018	8455	2022	11816

参考答案:移动平均法,$N=3$,2023 年综合货运量 10962 万 t/年

9-2　某城市道路交通调查结果见表 9-18,其中 x 代表机动车车头间距,y 为平均车速。请根据该调查资料建立平均车速与车头间距的一元线性回归方程,并预测当机动车车头间距为 50m 时的平均车速。

题 9-2 表　　表 9-18

编号	1	2	3	4	5
x(m)	30.60	34.31	38.00	42.72	44.90
y(km/h)	33.40	37.85	42.17	47.83	51.50

参考答案:58.25km/h

9-3　对某机非混行的城市道路调查后得到一组机动车平均车速 y 与机动车交通量 x_1、非机动车交通量 x_2 数据,见表 9-19。试建立机动车平均车速与机动车交通量、非机动车交通量的二元线性回归方程,并预测机动车交通量、非机动车交通量分别达到 100 辆/h、3000 辆/h 时的机动车平均车速。

题 9-3 表　　表 9-19

编号	1	2	3	4	5	6	7	8	9	10
y(km/h)	17.30	16.60	15.40	12.60	18.27	17.44	16.06	17.60	16.60	15.02
x_1(辆/h)	80	77	101	115	77	79	91	66	99	123
x_2(辆/h)	3445	3250	3116	3685	2899	3372	3498	3336	3151	3324

参考答案:$y=31.821-0.064x_1-0.003x_2$,预测机动车平均车速 16.42km/h

9-4　某城市 2017—2022 年历年交通事故起数见表 9-20。试采用 GM(1,1)模型预测该市 2023 年的交通事故起数。

题 9-4 表　　表 9-20

年份	2017	2018	2019	2020	2021	2022
事故起数	2874	3278	3337	3390	3679	3850

参考答案:3980 起

9-5 公交车辆的车况随使用时间而变化。现将公交车辆的车况分为四个等级：S_1——车况良好、S_2——需要小修、S_3——需要大修、S_4——需要报废。根据经验，得到正常使用下车况转移概率表（表 9-21）。某公交公司第一年处于 S_1、S_2、S_3、S_4 四种状态的公交车辆数分别为 100 辆、150 辆、50 辆、20 辆，试分别预测正常使用情况下第二年、第三年年末该公司需要报废的公交车辆数。

题 9-5 表 表 9-21

车况等级	S_1	S_2	S_3	S_4
S_1	0.85	0.13	0.02	0.00
S_2	0.00	0.75	0.20	0.05
S_3	0.00	0.00	0.80	0.20
S_4	0.00	0.00	0.00	1.00

参考答案：38 辆、59 辆

第十章　决 策 方 法

在道路与交通工程的规划、设计、施工中，普遍存在选择方案的问题，即决策问题。决策问题就是为了实现系统的预期目标，从多个备选方案中选择一个最优的或最满意的方案付诸实施。决策是系统工程的一个逻辑步骤，对决策技术的研究是系统分析中的一项重要课题。

第一节　概　　述

一、决策的定义

决策就是作出决定，即为了达到一定的目标，按照一定的价值准则，对应该采取的行动方案作出最好的选择。为说明问题，先举一个实例。

【例 10-1】　某工程队承接了一项道路工程，施工管理人员要根据天气情况决定是否开工。已知下列条件：

(1) 如果开工后天气好，能按期完工，可以获得 10 万元的利润。

(2) 如果开工后天气坏，将造成 4 万元的损失。

(3) 如果不开工，无论天气好坏，都要付出窝工损失 1 万元。

将已知条件列成表 10-1。

已知条件　　表 10-1

方案	益损值(万元)	
	天气好	天气坏
开工	10	-4
不开工	-1	-1

在上述条件下，决定是否开工就是一个决策问题。

决策实际上包含了这样一个过程：从明确要解决的问题出发，经过积极的思考、认真的调查研究，分析客观情况和主观目标要求，制订多个可行方案，选定最佳或最满意的行动方案，并加以贯彻实施。决策的本质是一个优化过程，是一个反复分析、比较并作出选择的过程，不是一次认识、一次分析、一次判断就可以完成的，实际中的决策往往是一个多次循环的过程。

实际生活和生产中，凡是对于同一问题面临几种情况，而又有多种方案可供选择时，就形成了一个决策。面临的情况称为自然状态或状态，如【例 10-1】中，天气好和天气坏是两个自然状态。这些自然状态是不以人们的意志为转移的，但是这些自然状态中必然出现一种状态，而且只能出现一种。例如，在【例 10-1】中，或天气好，或天气坏，两者必有其一，两种状态不会同时发生。

在决策中，参加比较的方案称为策略，也称为行动方案。例如，在【例 10-1】中，一个行动方案是开工,另一个行动方案是不开工。

表 10-1 中的数据称为益损值。通常,益损值为收益时取正值,益损值为损失时取负值。

二、决策问题的构成与分类

1. 决策问题的构成

决策问题一般由以下因素构成。

(1)决策主体或决策者

决策主体或决策者可以是个人,也可以是一个集体,如董事会、委员会等。决策的正确与否受决策主体或决策者所处的社会、政治、经济环境及决策者个人素质的影响。

(2)决策目标

决策目标是决策者希望达到的成果。

(3)方案

方案即决策者根据决策要求可能采取的一系列活动或措施。一个决策问题中方案数应多于一个。

(4)结果

结果是方案实施后产生的效果。在确定的情况下,一个方案只有一个结果;在不确定的情况下,一个方案有多个可能的结果。

(5)决策准则

决策准则是评价与选择方案的价值依据。决策准则不仅由决策目标决定,而且受决策者的价值观影响。

2. 决策问题的分类

决策问题可以从不同的角度、按照不同的标准进行分类。

(1)按照决策的重要性分类

按照决策重要性的不同,决策可分为战略决策、策略决策和执行决策。

①战略决策是涉及系统全局和长远问题的决策。例如,某大城市是否采用地铁系统作为其客运交通的骨架,就是该城市交通发展的战略决策。

②策略决策是为了完成战略决策所规定的目标而进行的决策。例如,某大城市决定采用地铁系统后,各线路、车站的选择确定即为策略决策。

③执行决策是根据策略决策的要求,对行动方案选择的决策。例如,对地铁系统各线路、车站设计方案的确定属于执行决策。

(2)按照决策的结构分类

按照决策的结构,决策可分为程序化决策和非程序化决策。

①程序化决策是指目标明确,具备可供选择的方案,用一般程序化的方法就可以找到最优方案的决策。这类决策可以建立固定的模式,有一套通用的决策方法,一般是可重复的,是有章可循的决策,如材料的订购、常规生产作业计划的制订等方面的决策。

②非程序化决策是指复杂的、用一般程序化方法无法解决的决策。这种决策是一种非例行决策,受许多因素的影响,没有规律可循,不可能建立一套通用的决策模式。这类决策一般是一次性的,只能依靠决策者的知识、经验和判断力,如新技术开发等方面的决策。

(3)按照决策的可靠度分类

按照决策的可靠度,决策可分为确定型决策、风险型决策和不确定型决策三种。

①确定型决策具备以下条件:

a. 存在决策者希望达到的一个明确目标。

b. 存在一种确定的自然状态。

c. 存在供决策者选择的两个以上的方案。

d. 不同方案在确定状态下的益损值可以计算。

②风险型决策具备以下条件:

a. 存在决策者希望达到的一个明确的目标。

b. 存在两种或两种以上的自然状态。

c. 存在供决策者选择的两个以上的方案。

d. 不同方案在确定状态下的益损值可以计算。

e. 在 n 种($n=1,2,3,\cdots$)自然状态中,究竟出现哪一种状态,决策者无法确定,但是各种自然状态出现的概率(可能性)事先可以估计或者计算出来。

③不确定型决策不同于以上两种决策。确定型决策实际上是知道有某种自然状态,而且这种自然状态一定会发生,即该自然状态出现的概率为 1。风险型决策是知道有 n 种可能的自然状态,虽然不知道哪一种自然状态将会出现,但是知道每种自然状态发生的概率。而不确定型决策所面临的情况是:知道有 n 种可能的自然状态,但既不知道 n 种状态中会发生哪一种情况,也不知道每种状态发生的概率有多大。不确定型决策问题满足风险型决策的前 4 个条件。

(4)按照决策目标的数量分类

按照决策目标的数量,决策可以分为单目标决策和多目标决策。

①单目标决策仅有一个决策目标,如决策目标是提高经济效益。

②多目标决策存在多个决策目标,如决策目标是既提高经济效益,又降低成本。

本章主要讨论确定型决策问题、不确定型决策问题和风险型决策问题。

三、决策过程

决策过程一般包括准备、计划、选择和实施控制四个阶段,如图 10-1 所示。

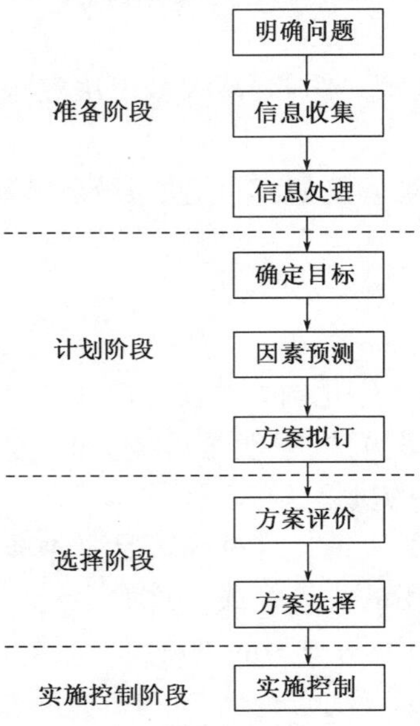

图 10-1　决策过程

准备阶段主要包括明确决策问题、收集和处理相关信息,即明确决策问题的性质、背景、特征、条件,收集与决策问题相关的政治、经济、社会、技术等方面的信息资料,并按照一定的要求将收集到的信息进行分析、加工和处理。

计划阶段在对所掌握的信息进行分析研究的基础上,确定预测目标,并对影响预测结果的重要因素进行预测。在此基础上提出可行方案,并对方案进行研究和论证。

选择阶段计算出不同方案在不同自然状态下的益损值,即对各种可行方案进行分析评价。在此基础上,按照一定的价值准则选择满意的方案。

当前的决策是基于对事物过去、现在的认识和对将来的预测的,但在决策方案实施过程中,常会出现偏差或出现未预料的新情况。因此,决策方案不是一成不变的,需要在实施过程中根据实际情况对其不断进行调整和补充。

上述决策过程是一个有机的整体,既相对独立,又互相联系、互相交叉、互相渗透。例如，在拟订可行方案时，可能发现原定目标不恰当而要加以修改；在选择阶段，可能发现某些方案需要进行一些改动，甚至可能发现新方案；而在方案的实施过程中，更要求将实施结果与预测结果加以对比，观察实施结果与预测结果是否有差异以及差异的程度，从而对决策方案进行修正。决策方法研究的重点在选择阶段，即对已经拟订的可行方案进行分析、比较、评价和选择。

第二节 确定型决策问题的决策分析

在确定型决策问题中，有两个以上供决策者选择的可行方案，同时自然状态是确定的，不含有随机的因素。由于每一个方案都有一个确定的结果，只要直接比较各方案的益损值就可以判别方案的优劣，从而完成决策。

【例 10-2】 在【例 10-1】中，如果自然状态是确定的，在计划开工时期内天气坏。这时可选择的方案有两个：开工与不开工。在“天气坏”这个确定的自然状态下，选择“开工”方案的益损值为损失 4 万元，选择“不开工”方案的益损值为损失 1 万元。因此，选择“不开工”方案优于“开工”方案。

【例 10-3】 某施工单位有过剩的生产工具需要处理，现有两种处理方案：方案 A，卖掉过剩的生产工具，得现金 1 万元；方案 B，把过剩的工具租给其他工程单位，租金每年 1500 元，工具使用期为 10 年，10 年后报废，不考虑残值。假定年利率为 10%，哪个方案比较合理。

解：本例中不涉及具体的自然状态，但每个行动方案的结果都是确定的。所以，本例属于确定型决策问题。用现值法比较方案。

方案 A 的现值为 $P_A = 10000$ 元。

方案 B 的现值为

$$P_B = A\frac{(1+i)^n - 1}{i(1+i)^n} = 1500 \times \frac{(1+0.10)^{10} - 1}{0.10 \times (1+0.10)^{10}} = 9217(\text{元})$$

$P_A > P_B$，所以方案 A 优于方案 B。

第三节 不确定型决策问题的决策分析

在不确定型决策问题中，有两个或两个以上供决策者选择的行动方案，并且存在两个或两个以上的自然状态。所谓不确定，是指决策者不知道未来究竟出现何种自然状态，也不知道各状态发生的概率。这时决策者主要根据自己的主观倾向进行决策，常用的决策方法有悲观准则、乐观准则、折中准则、等可能性准则和遗憾准则。

一、悲观准则

悲观准则也称最大最小准则。这种方法的思想是：对客观情况总是持悲观态度，总是把事情的结果估计得很不利，因而也叫保守方法。悲观准则的求解方法是先找出每种方案在最不利情况下的最小收益，即找出

$$\min_j\{C_{ij}\} \qquad (i = 1,2,\cdots)$$

式中：C_{ij}——方案 i 在 j 自然状态下的益损值。当益损值为收益时，C_{ij} 为正值；益损值为损失时，C_{ij} 为负值。

然后在各方案的最小收益中找出相应的最大值,即

$$\max\{\min_j\{C_{ij}\}\}$$

则该值所对应的方案就是用该方法确定的最优方案。

【例 10-4】 某工程队正在施工,可供选择的施工方案有四种:P_1、P_2、P_3、P_4。不同的施工方案在不同天气状况下的收益是不同的。施工期间可能遇到的天气状态有四种:W_1(施工期间下雨天数 $D<10$)、W_2($10\leqslant D<20$)、W_3($20\leqslant D<30$)、W_4($D\geqslant 30$)。不同施工方案在不同天气状况下的收益见表 10-2。试选择一个合适的施工方案,使工程队的收益最大。

用悲观准则决策(单位:千元) 表 10-2

施工方案	天气状况				$\min\{C_{ij}\}$
	W_1	W_2	W_3	W_4	
P_1	40	70	30	35	30
P_2	95	75	65	40	40
P_3	80	45	90	35	35
P_4	60	50	65	45	45
$\max\{\min\{C_{ij}\}\}=45$					

解:先计算每个方案在各种天气状况下的最小收益 $\min\{C_{ij}\}$,见表 10-2 的最后一列。再计算各方案最小收益中的最大值 $\max\{\min\{C_{ij}\}\}$,见表 10-2 中最后一行。$\max\{\min\{C_{ij}\}\}=45$,相应的施工方案为 P_4,即方案 P_4为采用悲观准则得到的最优施工方案。

二、乐观准则

乐观准则也称最大最大准则,与悲观准则相反,该方法的思想是:对客观情况总是持乐观态度,考虑的是最有利的情况。

乐观准则的求解方法是先找出每种方案在最有利情况下的最大收益,即找出

$$\max_j\{C_{ij}\} \qquad (i=1,2,\cdots)$$

然后在各方案的最大收益中找出相应的最大值,即

$$\max\{\max_j\{C_{ij}\}\}$$

则该值所对应的方案就是用该方法确定的最优方案。

对于【例 10-4】,先计算每个方案在各种天气状况下的最大收益 $\max\{C_{ij}\}$,见表 10-3 的最后一列。然后计算各方案最大收益中的最大值 $\max\{\max\{C_{ij}\}\}$,见表 10-3 的最后一行。$\max\{\max\{C_{ij}\}\}=95$,相应的施工方案为 P_2,即方案 P_2为采用乐观准则得到的最优施工方案。

用乐观准则决策(单位:千元) 表 10-3

施工方案	天气状况				$\max\{C_{ij}\}$
	W_1	W_2	W_3	W_4	
P_1	40	70	30	35	70
P_2	95	75	65	40	95
P_3	80	45	90	35	90
P_4	60	50	65	45	65
$\max\{\max\{C_{ij}\}\}=95$					

三、折中准则

悲观准则和乐观准则的倾向性较大，而往往决策者对客观条件的估计既不那么悲观，也不那么乐观，主张折中平衡，用一个系数表示乐观程度，称为乐观系数，记为 α。因此，折中准则又称乐观系数准则。

这种方法首先选定 $\alpha(0 \leqslant \alpha \leqslant 1)$，然后根据每一方案的最大收益 A_i 和最小收益 B_i 计算相应的折中值

$$H_i = \alpha A_i + (1 - \alpha) B_i \qquad (i = 1, 2, \cdots)$$

比较各方案的折中值，折中值最大的方案就是最优方案。

在【例 10-4】中，

$$A_1 = 70, B_1 = 30$$

$$A_2 = 95, B_2 = 40$$

$$A_3 = 90, B_3 = 35$$

$$A_4 = 65, B_4 = 45$$

取 $\alpha = 0.5$，则 $H_1 = 50, H_2 = 67.5, H_3 = 62.5, H_4 = 55$。因此，方案 P_2 为最优施工方案。

乐观系数 α 的取值根据问题的性质而定，α 越大越乐观，α 越小越悲观。α 取 1 时为乐观准则，α 取 0 时为悲观准则。

四、等可能准则

等可能准则也称平均值准则，指当决策者在决策过程中不能肯定哪种状态容易出现、哪种状态不容易出现时，即认为这些状态出现的可能性(概率)是相同的。将每个方案在各种可能情况下的收益加以平均，收益值最大的方案就是最优方案。

在【例 10-4】中，各方案的收益平均值为

$$M_1 = \frac{1}{4} \times (40 + 70 + 30 + 35) = 43.75$$

$$M_2 = \frac{1}{4} \times (95 + 75 + 65 + 40) = 68.75$$

$$M_3 = \frac{1}{4} \times (80 + 45 + 90 + 35) = 62.5$$

$$M_4 = \frac{1}{4} \times (60 + 50 + 65 + 45) = 55$$

由于 M_2 最大，相应的 P_2 为最优方案。

五、遗憾准则

遗憾准则也称后悔值准则，指决策者制定决策后，若情况未能符合理想，必将后悔或者引以为憾。该方法的思路是：每一种自然状况下总有一个方案可以达到最好的情况或取得最优值，如果选择其他方案其结果将达不到最优值，相应的差值称为后悔值。一般将一个方案中各自然状态下的最大后悔值作为该方案的后悔值，然后从各方案中将具有最小后悔值的方案选作最优方案。

遗憾准则的求解方法是首先确定各自然状态发生时的最优方案,即找出

$$\max_i\{C_{ij}\} \qquad (j=1,2,\cdots)$$

这时每个方案的后悔值为

$$R(P_i)=\max_j\{\max_i\{C_{ij}\}-C_{ij}\}$$

比较各方案的后悔值,最小后悔值所对应的方案即是最优方案。

对于【例 10-4】,先计算每个方案在各状态下的后悔值,见表 10-4。再计算各方案的后悔值,见表 10-4 中的最后一列。最后计算各方案后悔值中的最小值,见表 10-4 中最后一行。$\min\{R(P_i)\}=25$,相应的施工方案为 P_2,即方案 P_2为采用遗憾准则得到的最优施工方案。

用遗憾准则决策(单位:千元) 表 10-4

施工方案	天气状况				$R(P_i)$
	W_1	W_2	W_3	W_4	
P_1	55	5	60	10	60
P_2	0	0	25	5	25
P_3	15	30	0	10	30
P_4	35	25	25	0	35
$\min\{R(P_i)\}=25$					

采用不同的决策方法,对【例 10-4】进行决策,结果汇总如下(表 10-5)。

用各种准则决策方案对比 表 10-5

决策方法	最优方案	期望取得的收益(千元)
悲观准则	P_4	45
乐观准则	P_2	95
折中准则	P_2	67.5
等可能性准则	P_2	68.75
遗憾准则	P_2	—

对于不确定型决策问题,采用不同决策准则得到的结果可能是不一样的。不同决策准则之间没有一个统一的评判标准,同时各种决策准则都缺乏作为依据的客观标准,而仅是依靠决策者的主观态度来决定采用与否,因此很难评判哪种方法比较合理,在实际情况中决策者只能根据具体情况选用。例如,在应对灾害性(如地震、洪水)事件时,应估计到最不利的情况,采用悲观准则或遗憾准则使损失最小。一般的决策问题可多采用几种方法进行决策,然后比较决策结果,在诸方法的决策结果中,相同最多的便可以选为最优决策。例如【例 10-4】,先后采用 5 种决策准则进行分析,5 种决策准则的分析结果相同,都是方案 P_2为最优方案,因此选择施工方案 P_2是合适的。

第四节 风险型决策问题的决策分析

风险型决策问题也称随机决策问题,或统计型决策问题,是介于确定型决策问题与不确定型决策问题之间的一种决策问题。在确定型决策问题中,自然状态是确定的,每个可行方案所得到的结果也是确定的。在不确定决策问题中,自然状态是不确定的,每个可行方案所得到的

结果也是不确定的。在风险型决策问题中,决策者不能确切知道未来将出现何种自然状态,不知道每一可行方案将得到的结果,但决策者通过调查、经验或主观估计等途径可以知道未来各种自然状态出现的概率,也就可以知道每一可行方案得到某一结果的概率。

风险型决策问题常用的决策方法有最大可能准则、期望值准则和决策树法。

一、最大可能准则

最大可能准则的基本思想是将风险型决策问题转化为确定型决策问题。在风险型决策问题中,每种自然状态的发生都有一个概率值,某种状态的发生概率越大,说明该状态发生的可能性越大。基于这种思想,在风险型决策中,若某种状态出现的概率远比其他状态大得多,就可以忽略其他状态,而只考虑概率特别大的这一种状态。这样,风险型决策问题就转变成了确定型决策问题。

【例 10-5】 在【例 10-4】中,假设根据以往气象统计数据,在施工期间出现四种天气状况的概率分别为:出现 W_1 的概率 $P(1)=20\%$,出现 W_2 的概率 $P(2)=50\%$,出现 W_3 的概率 $P(3)=20\%$,出现 W_4 的概率 $P(4)=10\%$。用最大可能准则决策,见表 10-6。

用最大可能准则决策(单位:千元) 表 10-6

施工方案	W_1	W_2	W_3	W_4
	$P(1)=20\%$	$P(2)=50\%$	$P(3)=20\%$	$P(4)=10\%$
P_1	40	70	30	35
P_2	95	75	65	40
P_3	80	45	90	35
P_4	60	50	65	45

出现第二种天气状况 W_2 的概率最大,认为在施工期间肯定出现天气状态 W_2,其他天气状态不会出现。原来的风险型决策问题转化为确定型决策问题。在确定的天气状态 W_2 下,在四个方案中进行决策,方案 P_2 的收益最大,故方案 P_2 为最优方案。

用最大可能准则对风险型问题进行决策比较方便,但该方法的使用范围是有限制的。一般来说,在一组自然状态中,当其中某一个自然状态出现的概率比其他状态出现的概率大得多,而它们相应的益损值相差不是很大时,用这种方法进行决策能得到较好的效果。相反,如果一组自然状态出现的概率都很小,并且互相接近,采用这种方法进行决策效果不会好,有时甚至会引起严重错误。

二、期望值准则

在风险型决策问题中,未来出现哪种状态是不确定的,是一个随机事件,每个可行方案能获得的收益也是一个随机事件,但获得某个收益的概率是知道的。因此,每个可行方案所能获得收益的数学期望值为

$$E(A_i)=\sum_{j=1}^{n}P(j)C_{ij} \qquad (10\text{-}1)$$

式中:$E(A_i)$——第 i 个可行方案的收益期望值;

A_i——第 i 个可行方案;

$P(j)$——出现自然状态 j 的概率;

C_{ij}——可行方案 i 在自然状态 j 下的益损值。

在所有方案中,收益期望值最大的就是最优方案。

在【例 10-5】中,各方案的收益期望值为

$$E(P_1) = \sum_{j=1}^{4} P(j) \times C_{1j} = 0.2 \times 40 + 0.5 \times 70 + 0.2 \times 30 + 0.1 \times 35 = 52.5$$

$$E(P_2) = \sum_{j=1}^{4} P(j) \times C_{2j} = 0.2 \times 95 + 0.5 \times 75 + 0.2 \times 65 + 0.1 \times 40 = 73.5$$

$$E(P_3) = \sum_{j=1}^{4} P(j) \times C_{3j} = 0.2 \times 80 + 0.5 \times 45 + 0.2 \times 90 + 0.1 \times 35 = 60$$

$$E(P_4) = \sum_{j=1}^{4} P(j) \times C_{4j} = 0.2 \times 60 + 0.5 \times 50 + 0.2 \times 65 + 0.1 \times 45 = 54.5$$

由以上计算可知,方案 P_2 的收益期望值最大,故方案 P_2 为最优方案。

最大的收益期望值是平均意义下的最大收益,因此期望值准则适用于一次决策多次重复进行的情况。

将期望值准则与不确定型决策问题中的等可能准则进行比较。在等可能原则中,假设各种自然状态出现的概率相同,即

$$P_1 = P_2 = \cdots = P_n$$

因为

$$P_1 + P_2 + P_3 + \cdots + P_n = 1$$

所以

$$P_1 = P_2 = P_3 = \cdots = P_n = \frac{1}{n}$$

则每个可行方案益损值的期望值为

$$\begin{aligned} E(i) &= P_1 C_{i1} + P_2 C_{i2} + \cdots + P_n C_{in} \\ &= \frac{1}{n}(C_{i1} + C_{i2} + \cdots + C_{in}) \\ &= M(i) \end{aligned}$$

可见,期望值 $E(i)$ 就是平均值 $M(i)$。也就是说,等可能准则是期望值准则的特例,它假设各个自然状态出现的概率相等。

决策者制定决策后,若情况不理想,将有后悔的感觉。每一种自然状况下总有一个方案可以达到最好的情况或取得最优值,如果选择其他方案其结果将达不到最优值,每种状态下的最大收益值与该状态下各方案收益值之差称为该状态下各方案的悔值。在应用期望值准则时,除计算可行方案的收益期望值外,也可以根据各方案的悔值计算悔值期望值。从悔值期望值中选取最小值,相应的方案即为最优方案。

对于【例 10-5】,先计算各方案在不同状态下的悔值,见表 10-7,再计算各方案悔值的期望值。

不同状态下的悔值 表 10-7

施工方案	W_1	W_2	W_3	W_4
	$P(1)=20\%$	$P(2)=50\%$	$P(3)=20\%$	$P(4)=10\%$
P_1	55	5	60	10
P_2	0	0	25	5
P_3	15	30	0	10
P_4	35	25	25	0

各方案的悔值期望值为

$$E(P_1) = 0.2 \times 55 + 0.5 \times 5 + 0.2 \times 60 + 0.1 \times 10 = 26.5$$

$$E(P_2) = 0.2 \times 0 + 0.5 \times 0 + 0.2 \times 25 + 0.1 \times 5 = 5.5$$

$$E(P_3) = 0.2 \times 15 + 0.5 \times 30 + 0.2 \times 0 + 0.1 \times 10 = 19$$

$$E(P_4) = 0.2 \times 35 + 0.5 \times 25 + 0.2 \times 25 + 0.1 \times 0 = 24.5$$

由以上计算可知,方案 P_2的悔值期望值最小,故方案 P_2为最优方案。

对于同一个决策问题,采用期望值准则分析收益期望值和悔值期望值得到的结果是相同的。

三、决策树法

决策树法实际上仍是期望值准则,只不过在该方法中将期望值准则的决策过程用树状图加以表示,便于决策者在决策过程中瞻前顾后。

1. 决策树的结构

决策树法是利用树形结构图辅助进行决策的一种方法。这种方法把各种备选方案、可能出现的状态以及决策产生的结果,按照逻辑关系画成一个树形图,在树形图上完成对各种方案的计算、分析和选择。决策树由四个部分组成,结构如图 10-2 所示。

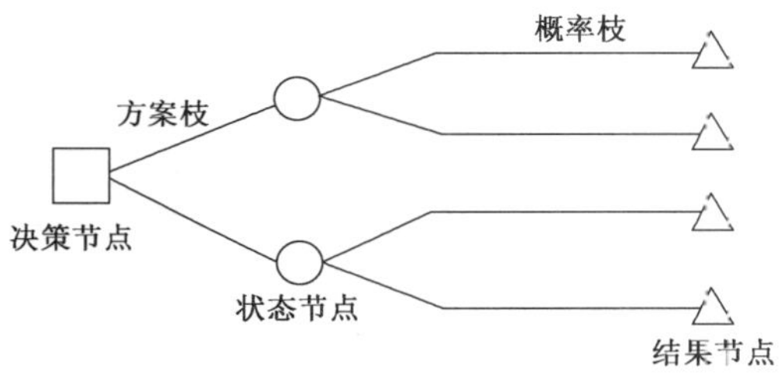

图 10-2 决策树结构

(1)决策节点

在决策树中用“□”代表决策节点,表示决策者要在此处进行决策。从它引出的每一个分枝都代表决策者可能选取的一个方案。

(2)状态节点

在决策树中用“○”代表状态节点。从它引出的分枝代表其后续状态,分枝上的数字表示该状态发生的概率。

(3)结果节点

在决策树中用“△”代表结果节点,表示决策问题在某种可能情况下的结果,旁边的数字是这种情况下的益损值。

(4)分枝

在决策树中用连接两个节点的线段表示分枝。根据所处的位置不同,分枝又可以分成方案枝和概率枝。连接决策节点和状态节点的分枝称为方案枝,连接状态节点和结果节点的分枝称为概率枝。

2. 决策树法的过程

(1)画决策树

画决策树的过程就是建立决策问题模型的过程。这种模型不是用数学公式来描述的,而是用一个树形图来反映的。

首先,提出各种可行方案,画出方案枝。其次,预测可能发生的自然状态及其发生的概率,画出相应的概率枝,并把状态概率标在概率枝上。最后,计算各种方案在各自然状态下的益损值,并标在相应的结果节点上。

(2)计算期望益损值

在决策树中,从结果节点开始,按照自右向左的方向,逐列计算每个状态节点和决策节点的期望益损值,并标在相应的节点上。

(3)比较、剪枝、决策

在决策树中,比较状态节点的期望益损值,进行方案的选择。若决策问题的目标是效益、利润、产值等,应取最大期望收益值对应的方案作为最优方案。若决策问题的目标是费用、成本、损失等,应取最小期望损失值对应的方案作为最优方案。将收益最大(或损失最小)的期望值标在相应的决策节点上,表示该方案即为决策选择的方案。其他的方案删除,称为剪枝。

【例 10-6】 将【例 10-5】中的问题用决策树方法进行决策。

解:决策树如图 10-3 所示。

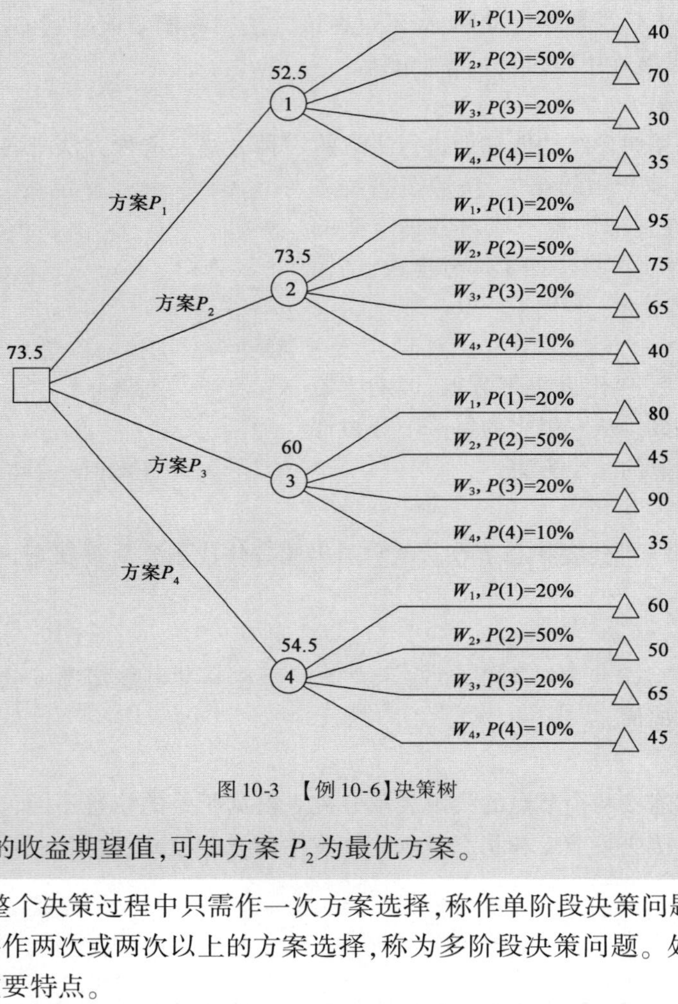

图 10-3 【例 10-6】决策树

比较各方案的收益期望值,可知方案 P_2 为最优方案。

【例 10-6】在整个决策过程中只需作一次方案选择,称作单阶段决策问题。有些决策问题在决策过程中需要作两次或两次以上的方案选择,称为多阶段决策问题。处理多阶段决策问题是决策树法的重要特点。

【例 10-7】 某工程队承包施工项目,计划从 8 月 1 日开始施工,8 月底完成。由天气预报得知在 8 月 15 日以后将出现中雨或暴雨。8 月 15 日以后天气变化的概率及对施工任务的影响如下:

无雨 W_1 的概率为 $P(W_1)=30\%$,施工任务按计划完成;中雨 W_2 的概率为 $P(W_2)=50\%$,

施工任务延期 5 天；暴雨 W_3 的概率为 $P(W_3) = 20\%$，施工任务延期 10 天。如果在 15 日以前加班突击完成任务，则每天需增加 1000 元加班费；如果延期 5 天，每天的经济损失为 5000 元；如果延期 10 天，前 5 天中每天的经济损失为 5000 元，后 5 天中每天的经济损失为 7000 元。在延期期间加班，每天需增加 2500 元加班费。

在延期期间，通过加班直至完成施工任务所能节省的天数、相应的可能性以及总的经济损失（总经济损失 = 延期经济损失 + 加班费）见表 10-8。

已知条件 表 10-8

天气	紧急加班	概率（%）	总经济损失（元）
中雨	节省 1 天	50	4 × 5000 + 4 × 2500 = 30000
	节省 2 天	30	3 × 5000 + 3 × 2500 = 22500
	节省 3 天	20	2 × 5000 + 2 × 2500 = 15000
暴雨	节省 2 天	70	(5 × 5000 + 3 × 7000) + 8 × 2500 = 66000
	节省 3 天	20	(5 × 5000 + 2 × 7000) + 7 × 2500 = 56500
	节省 4 天	10	(5 × 5000 + 1 × 7000) + 6 × 2500 = 47000

解：用决策树方法求解此风险型决策问题。决策树如图 10-4 所示。

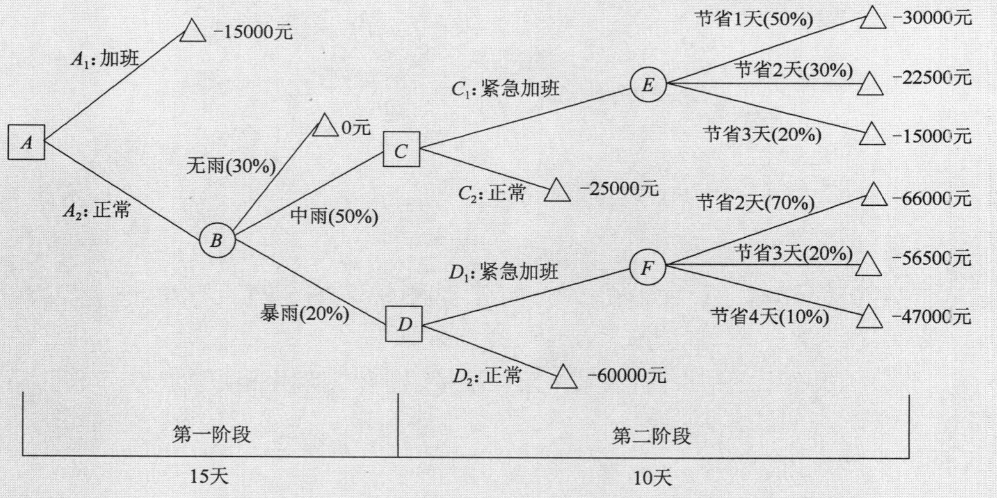

图 10-4 【例 10-7】决策树

这是一个两阶段决策问题，前 15 天为一个阶段，下雨延误期为一个阶段。

在第一阶段有两个方案：A_1 为前 15 天加班，突击完成任务，相应的经济损失为增加的加班费 −15000 元；A_2 为正常施工。在状态 B 点可能出现三种天气情况，如果天气好则施工任务按时完成，无经济损失；如果出现中雨，则延误 5 天；如果出现暴雨，则延误 10 天。

第二阶段有两个决策节点：C 和 D。C 点的决策问题是：遇中雨后延误 5 天，此时是否采取紧急加班措施。相应有两个方案：C_2 为正常施工，造成的经济损失为 5 × 5000 = 25000（元）；C_1 为紧急加班，得到的结果有三种情况——节省 1 天、节省 2 天、节省 3 天，相应的经济损失分别为 30000 元、22500 元、15000 元。D 点的决策问题是：遇暴雨后延误 10 天，此时是否采取紧急加班措施。相应有两个方案：D_2 为正常施工，造成的经济损失为 5 × 5000 + 5 ×

7000 = 60000(元);D_1 为紧急加班,得到的结果有三种情况——节省 2 天、节省 3 天、节省 4 天,相应的经济损失分别为 66000 元、56500 元、47000 元。

对本问题进行决策时,先对第二阶段的问题(决策点 C、D)进行决策,然后对第一阶段的问题进行决策。对于 C、D 两决策点,可以视为单阶段决策问题。

C 点决策如图 10-5 所示。

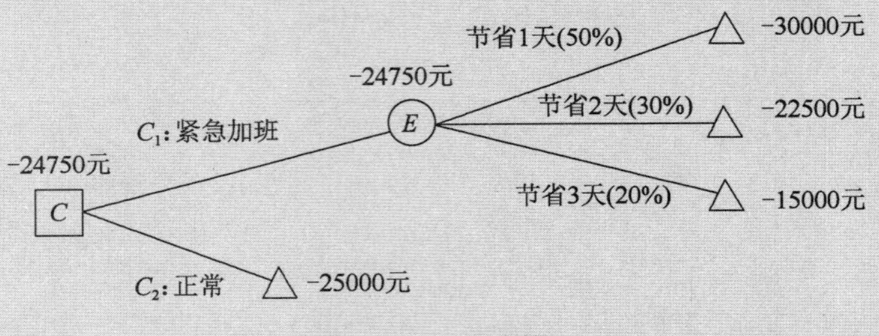

图 10-5 C 点决策

E 点的期望值 $= 50\% \times (-30000) + 30\% \times (-22500) + 20\% \times (-15000) = -24750$(元)。可见,方案 C_1 优于方案 C_2,在决策点 C 应选择方案 C_1。

D 点决策如图 10-6 所示。

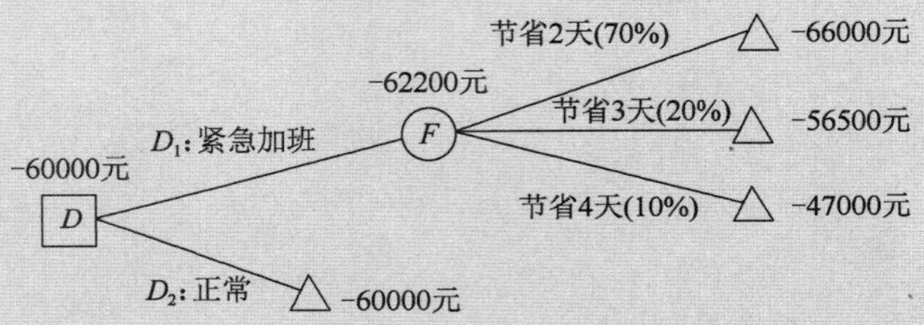

图 10-6 D 点决策

F 点的期望值 $= 70\% \times (-66000) + 20\% \times (-56500) + 10\% \times (-47000) = -62200$(元)。可见,方案 D_2 优于方案 D_1,在决策点 D 应选择方案 D_2。

第二阶段的决策已经结束,转入第一阶段决策,将第二阶段的决策点 C、D 作为第一阶段决策的结果节点。

A 点决策如图 10-7 所示。

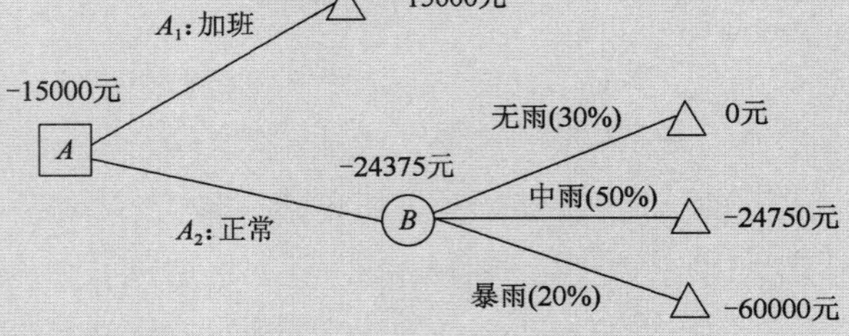

图 10-7 A 点决策

B 点的期望值 $= 30\% \times 0 + 50\% \times (-24750) + 20\% \times (-60000) = -24375$(元)。可见,方案 A_1 优于方案 A_2,在决策点 A 应选择方案 A_1,即在 15 日以前加班突击完成任务。

此决策问题的决策全过程也可以一次完成,如图 10-8 所示。

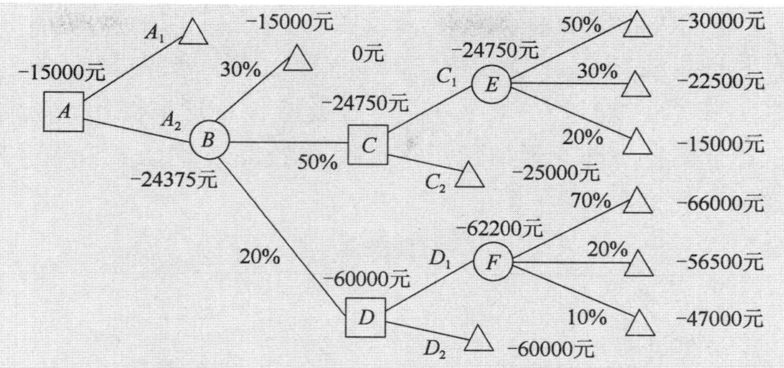

图 10-8　全过程一次完成的决策树

四、风险型决策问题的讨论

在不确定型决策问题中,决策者对未来的自然状态一无所知,决策结果受决策者的主观意识影响很大,带有一定的盲目性。而在风险型决策问题中,决策者虽然不确切知道未来的自然状态,但知道未来状态的规律,利用自然状态出现的概率分布,以期望收益值最大作为决策的目标,所得到的决策结果是比较符合客观情况的。

在风险型决策问题中,确定未来自然状态的概率分布十分重要。各种情况出现的概率可以用统计资料、试验结果得出,但大多数情况下要凭经验、知识甚至是预感对未来的情况进行估计,这样得到的概率值称为主观概率。对同一事件,不同人作出的主观概率的估计值是不同的,因此,所得到的决策结果也是不同的,但这也不完全是主观臆断,还是有一定的客观依据的。

对于不确定型决策问题,只要决策者对未来的可能性不是全然不知,总可以作出一些估计,因而可以把不确定型决策问题转化为风险型决策问题。

在风险型决策问题中,所有的决策结果都是建立在概率基础上的。概率只能说明未来出现某种自然状态的可能性的大小,而不能说明一定出现某状态或一定不出现某状态。例如 A、B 两事件,出现事件 A 的概率为 70%,出现事件 B 的概率为 30%。实际情况中,要么出现事件 A,要么不出现事件 A,不存在折中的情况。因此,风险型决策方法带有一定的风险。

例如,采用期望值准则进行风险型决策时,期望值是多次重复事件收益的可能平均值,如果在一段时间内多次重复这种决策,那么相应决策的收益平均值是接近期望值的,决策结果是合理的。但在实际当中,常常是在只发生一次可能事件的情况下进行决策,这时决策后得到的收益不会刚好等于期望值。例如,在【例 10-6】中,按照期望值准则得到的最优决策方案为 P_2,期望收益为 73.5 千元,而实际上的收益不会是 73.5 千元,在不同的天气条件下,收益值分别为 95 千元、75 千元、65 千元、40 千元。当出现的天气条件是 W_1、W_2时,P_2是最优方案,但当出现的天气条件是 W_3、W_4时,P_2不是最优方案。对于一次性的决策问题,以期望收益值最大作为最优决策是存在一定风险的。但是,实际发生什么状态是随机的,因此从统计的观点来看,以期望收益最大作为最优决策是合理的。

第五节　决策分析在道路交通工程中的应用

实例 10-1　交叉口改造设计决策分析

某道路交叉口需要改造,可以采用的方案有三个:方案 A_1 为修建互通式立交桥;方案 A_2 为修建普通立交桥;方案 A_3为改建原有交叉口交通设施,调整车流运行方式。预测未来该交叉口交通量的增长有四种可能:W_1(年增长率 >20%)、W_2(年增长率为 15% ~20%)、W_3(年增长率为 10% ~15%)、W_4(年增长率 <10%)。交通量增长各种情况出现的概率分别为 10%、20%、50%、20%。各方案在不同交通量情况下获得的经济效益见表 10-9。根据上述条件,采用决策分析方法确定最优方案。

已知条件　　表 10-9

方案	W_1	W_2	W_3	W_4
	$P(1)=10\%$	$P(2)=20\%$	$P(3)=50\%$	$P(4)=20\%$
A_1	150	130	90	60
A_2	130	110	100	80
A_3	70	75	80	90

解:本问题属于风险型决策问题。

(1)根据最大可能准则决策,第三种交通量增长情况 W_3的出现概率最大,远大于其他情况的出现概率。因此,认为未来年份交通量的增长情况为 W_3。在 W_3状态下,方案 A_2的经济效益最大。选择方案 A_2作为该交叉口的改造方案,即修建普通立交桥。

(2)根据期望值准则决策,本方案的经济效益期望值为

$$E(A_1) = 150 \times 10\% + 130 \times 20\% + 90 \times 50\% + 60 \times 20\% = 98$$

$$E(A_2) = 130 \times 10\% + 110 \times 20\% + 100 \times 50\% + 80 \times 20\% = 101$$

$$E(A_3) = 70 \times 10\% + 750 \times 20\% + 80 \times 50\% + 90 \times 20\% = 80$$

方案 A_2的经济效益期望值最大,故方案 A_2为最优方案。

分别采用最大可能准则和期望值准则对本问题进行决策分析,所得到的结果都是方案 A_2为最优方案,因此采用方案 A_2作为交叉口改造方案是合适的。

实例 10-2　客运线路班次计划决策分析

某汽车客运公司经营一条旅游线路,每开行一班车平均运营成本为 80 元,平均可获利润 80 元,若安排班次后停开一班车则损失 30 元。现要求根据市场状况作出客运班车计划,使其获利润最多。

解:根据上一年度同期客运班车计划统计,确定不同日发车数量概率,见表 10-10。

日发车数量概率　　表 10-10

日发车班次数	完成日发车班次数的天数(W_i)	概率值(P_i)
100	21	21%
110	38	38%
120	20	29%
130	12	12%
合计	100	100%

采用期望值准则进行决策。

(1)通过计算收益期望值进行决策

根据每天的发车班次和每班次的平均利润,构造收益值表,见表 10-11。

收益值(单位:元) 表 10-11

发车班次方案	W_1	W_2	W_3	W_4
	$P_1=21\%$	$P_2=38\%$	$P_3=29\%$	$P_4=12\%$
100	8000	8000	8000	8000
110	7700	8800	8800	8800
120	7400	8500	9600	9600
130	7100	8200	9300	10400

其中,各发车班次方案所对应的收益值计算如下:

计划发车 100 班,按当日运输市场需求实开 100 班,则当日获利

$$v_{11} = 100 \times 80 = 8000(元)$$

计划发车 110 班,按当日运输市场需求实开 100 班,安排计划后停开 10 班,每班损失 30 元,则当日获利

$$v_{21} = 100 \times 80 - 10 \times 30 = 7700(元)$$

以此类推,计算出表 10-10 中各发车班次对应的收益值。

各发车班次所对应的期望收益值计算如下:

$$E(100) = 8000 \times 21\% + 8000 \times 38\% + 8000 \times 29\% + 8000 \times 12\% = 8000(元)$$

$$E(110) = 7700 \times 21\% + 8800 \times 38\% + 8800 \times 29\% + 8800 \times 12\% = 8569(元)$$

$$E(120) = 7400 \times 21\% + 8500 \times 38\% + 9600 \times 29\% + 9600 \times 12\% = 8720(元)$$

$$E(130) = 7100 \times 21\% + 8200 \times 38\% + 9300 \times 29\% + 10400 \times 12\% = 8552(元)$$

根据上述计算可得出结论:日发车 120 班时期望收益值最大,为最优方案。

(2)通过计算悔值期望值进行决策

除计算方案的收益期望值外,也可以根据各方案的悔值计算悔值期望值。从悔值期望值中选取最小值,相应的方案即为最优方案。

先计算每种状态下各方案的悔值,见表 10-12。再计算各方案的悔值期望值。

悔值(单位:元) 表 10-12

发车班次方案	W_1	W_2	W_3	W_4
	$P_1=21\%$	$P_2=38\%$	$P_3=29\%$	$P_4=12\%$
100	0	800	1600	2400
110	300	0	800	1600
120	600	300	0	800
130	900	600	300	0

其中,各发车班次方案所对应的悔值收益值计算如下:

计划发车 100 班,当日运输市场需求为 100 班时,当日的悔值为

$$v_{11} = 8000 - 8000 = 0(元)$$

计划发车 110 班,当日运输市场需求为 100 班时,当日的悔值为

$$v_{21} = 8000 - 7700 = 300(元)$$

计划发车 120 班,当日运输市场需求为 100 班时,当日的悔值为

$$v_{31} = 8000 - 7400 = 600(元)$$

计划发车 130 班,当日运输市场需求为 100 班时,当日的悔值为

$$v_{41} = 8000 - 7100 = 900(元)$$

以此类推,计算出表 10-11 中各发车班次对应的悔值。

各发车班次所对应的悔值期望值计算如下:

$$R(100) = 0 \times 21\% + 800 \times 38\% + 1600 \times 29\% + 2400 \times 12\% = 1056(元)$$

$$R(110) = 300 \times 21\% + 0 \times 38\% + 800 \times 29\% + 1600 \times 12\% = 487(元)$$

$$R(120) = 600 \times 21\% + 300 \times 38\% + 0 \times 29\% + 800 \times 12\% = 336(元)$$

$$R(130) = 900 \times 21\% + 600 \times 38\% + 300 \times 29\% + 0 \times 12\% = 504(元)$$

根据上述计算可得出结论:日发车 120 班时悔值期望值最小,为最优方案。

用收益期望值和悔值期望值进行决策所得到的结论是一致的,日发车 120 班为最优方案。

实例 10-3　洪水防护系统决策分析

某沿河地区,经常因洪水而产生财产损失,估计洪水造成的损失高达每年 26.2 万元。为了治理河水,该地区拟在河边建一公路,一方面可作为河堤,防止洪水侵袭;另一方面方便交通运输。对于修建公路,有两种方案:方案 A 投资 150 万元,能挡住水位高度达 1.5m 的洪水;方案 B 投资 200 万元,能挡住水位高度达 2m 的洪水。修建公路后,每年由洪水引起的损失按照下式计算:

$$方案\ A\begin{cases} C = 0 & (x \leqslant 1.5\text{m}) \\ C = 6(x - 1.5) & (x > 1.5\text{m}) \end{cases}$$

$$方案\ B\begin{cases} C = 0 & (x \leqslant 2.0\text{m}) \\ C = 5(x - 2) & (x > 2.0\text{m}) \end{cases}$$

式中:C——每年损失费,万元;

x——洪水位高度,m。

A、B 两方案的设计年限都为 40 年,社会投资年利率为 10%,用决策分析方法确定最最优方案。

由统计资料得到的洪水高度分布概率,见表 10-13。

洪水高度分布概率　　表 10-13

序号	洪水高度 x(m)	分布概率(%)	累计概率(%)
1	0.00 ~ 0.25	3	3
2	0.26 ~ 0.50	10	13
3	0.51 ~ 0.75	16	29
4	0.76 ~ 1.00	25	54
5	1.01 ~ 1.25	21	75
6	1.26 ~ 1.50	5	80
7	1.51 ~ 1.75	0	80
8	1.76 ~ 2.00	10	90
9	2.01 ~ 2.25	3	93
10	2.26 ~ 2.50	5	98
11	2.51 ~ 2.75	2	100
12	2.76 ~ 3.00	0	100

解:设S_1为洪水低于路堤的状态,S_j为洪水高于路堤高度的各种状态($j=2,3,\cdots$)。

方案 A 可能出现的自然状态有 7 种:

$$S_1: x \leqslant 1.50$$

$$S_2: 1.51 < x \leqslant 1.75$$

$$S_3: 1.76 < x \leqslant 2.00$$

$$\vdots$$

$$S_7: 2.76 < x \leqslant 3.00$$

方案 B 可能出现的自然状态有 5 种:

$$S_1: x \leqslant 2.00$$

$$S_2: 2.01 < x \leqslant 2.25$$

$$\vdots$$

$$S_5: 2.76 < x \leqslant 3.00$$

两方案各状态出现的概率见表 10-14。

计算表 表 10-14

方案	状态 S_j	水位中值 x_j(m)	状态出现概率 $P(S)$(%)	每年损失费 $C(S_j)$(万元)	每年减少损失费 $D(S_j)$(万元)	减少损失费总净现值(万元)
方案 A	S_1	—	80	0.00	26.20	106.21
	S_2	1.625	0	0.75	25.45	98.83
	S_3	1.875	10	2.25	23.95	84.21
	S_4	2.125	3	3.75	22.45	69.54
	S_5	2.375	5	5.25	20.95	54.87
	S_6	2.675	2	6.75	19.45	40.20
	S_7	2.875	0	8.25	17.95	25.53
方案 B	S_1	—	90	0.00	26.20	56.2[illegible]
	S_2	2.125	3	0.63	25.57	50.05
	S_3	2.375	5	1.88	24.32	37.83
	S_4	2.625	2	3.13	23.07	25.60
	S_5	2.875	0	4.38	21.82	13.38

本问题为单阶段决策问题,取两方案在各状态下所减少的损失费用作为益损值。

两方案在各状态下所减少的损失值净现值为

NPW = [原每年损失值(即 26.2) − 建公路后每年的损失费 $C(S_j)$]的现值 − 投资现值

在计算各状态下所减少的损失费时,用各状态水位区间的中值代入公式计算。各状态水位区间的中值和每年的损失值 $C(S_j)$列于表 10-14 中。以方案 A 的 S_3状态为例,S_3状态的水位区间为 1.76~2.00m,中值为 1.875m,则每年的损失费为

$$C(S_3) = 6(x - 1.5) = 6 \times (1.875 - 1.5) = 2.25(\text{万元})$$

未建公路时,每年的损失为 26.2 万元。修建公路后每年减少的损失费为

$$D(S_j) = 26.2 - C(S_j) = 26.2 - 2.26 = 23.95(\text{万元})$$

两方案在各自状态下每年减少的损失费见表10-14。其40年的总现值按下式计算：

$$
\begin{aligned}
NPW(D_j) &= D(S_j) \times \frac{(1+i)^n - 1}{i \times (1+i)^n} \\
&= D(S_j) \times \frac{(1+0.1)^{40} - 1}{0.1 \times (1+0.1)^{40}} \\
&= 9.779D(S_j)
\end{aligned}
$$

两方案在各状态下40年所减少的损失值的总净值为

$$NPW(S_j) = NPW(D_j) - C_0 = 9.779D(S_j) - C_0$$

其中，C_0为初始投资，对于方案A为150万元，对于方案B为200万元。

例如，方案A的S_3状态：

$$NPW(D_3) = 9.779D(S_3) = 9.779 \times 23.95 = 234.21(\text{万元})$$

$$NPW(S_3) = 234.21 - 150 = 84.21(\text{万元})$$

两方案在不同状态下40年所减少的损失值总净现值(益损值)列于表10-14中。

相应的决策树如图10-9所示。

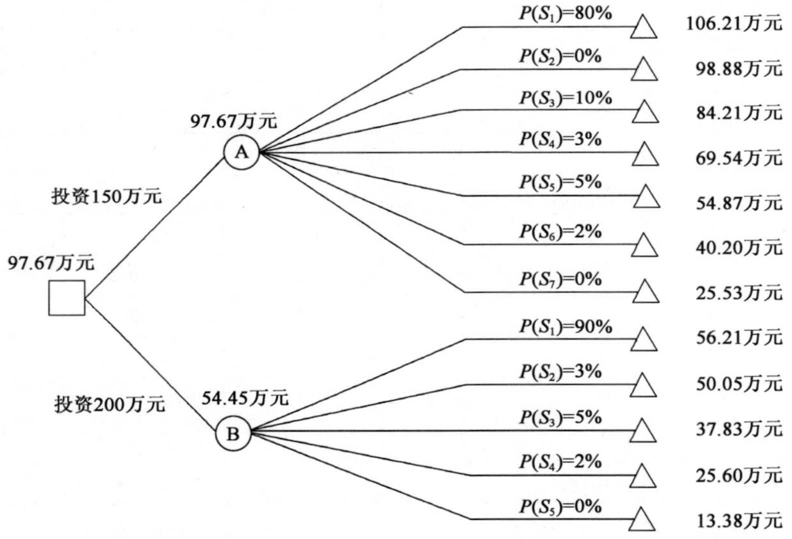

图10-9　实例10-3决策树

方案A所减少的损失费净现值为

$$
\begin{aligned}
EMV_A &= 80\% \times 106.21 + 0\% \times 98.88 + 10\% \times 84.21 + 3\% \times 69.54 + \\
&\quad 5\% \times 54.67 + 2\% \times 40.20 + 0\% \times 25.53 \\
&= 97.67(\text{万元})
\end{aligned}
$$

方案B所减少的损失费净现值为

$$
\begin{aligned}
EMV_B &= 90\% \times 56.21 + 3\% \times 50.05 + 5\% \times 37.83 + 2\% \times 25.60 + 0\% \times 13.38 \\
&= 54.45(\text{万元})
\end{aligned}
$$

由于方案A的净收益大于方案B的净收益，采用方案A合适。

实例 10-4 公路建设方案决策分析

现有两个公路建设方案需进行决策分析。

甲方案：建设高速公路，使用年限为 30 年，总投资为 50000 万元。若交通量(在规定时间内，下同)达到设计标准，则平均年收益为 8000 万元；若交通量达不到设计标准，则平均年收益为 6000万元。根据预测，交通量达到设计标准的概率为 70%，达不到设计标准的概率为 30%。

乙方案：先建设二级公路，总投资为 30000 万元，若 15 年交通量达到设计标准，则 15 年平均年收益为 5000 万元。15 年后进行改建，改建方案有两个：一是改建成高速公路，改建投资为 25000 万元。改建后，若交通量达到设计标准，平均年收益为 9000 万元；若交通量达不到标准，则平均年收益 7000 万元。二是改建成一级公路，改建投资为 15000 万元。改建后，交通量达到设计标准，平均年收益为 6000 万元；交通量达不到设计标准，则平均年收益为 4500 万元。根据预测，建成二级公路后，交通量达到设计标准的概率为 100%；改建成高速公路后，交通量达到设计标准的概率为 80%，达不到设计标准的概率为 20%；改建成一级公路后，交通量达到设计标准的概率为 90%，达不到设计标准的概率为 10%。

社会折现率为 12%，甲、乙两方案的分析期都定为 30 年。

解：本问题为两阶段风险型决策问题，采用决策树法进行分析。

(1)计算各方案在不同状态下的净现值。

$$NPV_1 = 8000 \times \frac{1-1.12^{-30}}{0.12} - 50000 = 8000 \times 8.055 - 50000 = 14440.00(\text{万元})$$

$$NPV_2 = 6000 \times \frac{1-1.12^{-30}}{0.12} - 50000 = 6000 \times 8.055 - 50000 = -1670.00(\text{万元})$$

$$\begin{aligned} NPV_3 &= 5000 \times \frac{1-1.12^{-15}}{0.12} + 9000 \times \frac{1-1.12^{-15}}{0.12} \times 1.12^{-15} - 25000 \times 1.12^{-15} - 30000 \\ &= 5000 \times 6.811 + 9000 \times 6.811 \times 0.183 - 25000 \times 0.183 - 30000 \\ &= 10697.72(\text{万元}) \end{aligned}$$

$$\begin{aligned} NPV_4 &= 5000 \times \frac{1-1.12^{-15}}{0.12} + 7000 \times \frac{1-1.12^{-15}}{0.12} \times 1.12^{-15} - 25000 \times 1.12^{-15} - 30000 \\ &= 5000 \times 6.811 + 7000 \times 6.811 \times 0.183 - 25000 \times 0.183 - 30000 \\ &= 8204.89(\text{万元}) \end{aligned}$$

$$\begin{aligned} NPV_5 &= 5000 \times \frac{1-1.12^{-15}}{0.12} + 6000 \times \frac{1-1.12^{-15}}{0.12} \times 1.12^{-15} - 15000 \times 1.12^{-15} - 30000 \\ &= 5000 \times 6.811 + 6000 \times 6.811 \times 0.183 - 15000 \times 0.183 - 30000 \\ &= 8788.48(\text{万元}) \end{aligned}$$

$$\begin{aligned} NPV_6 &= 5000 \times \frac{1-1.12^{-15}}{0.12} + 4500 \times \frac{1-1.12^{-15}}{0.12} \times 1.12^{-15} - 15000 \times 1.12^{-15} - 30000 \\ &= 5000 \times 6.811 + 4500 \times 6.811 \times 0.183 - 15000 \times 0.183 - 30000 \\ &= 6918.86(\text{万元}) \end{aligned}$$

(2)画决策树，如图 10-10 所示。

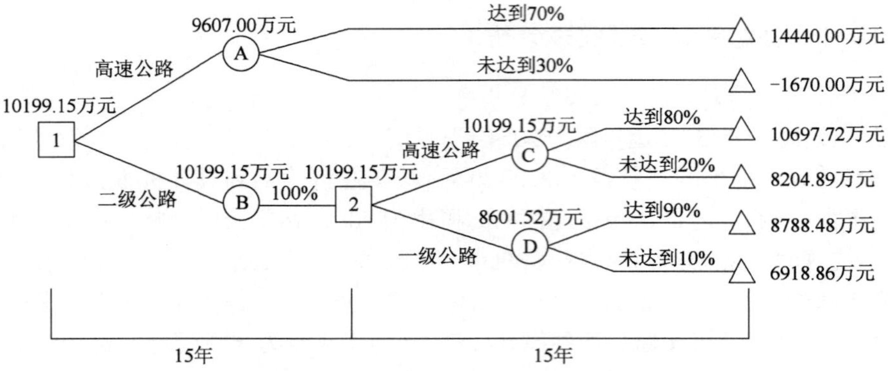

图 10-10　实例 10-4 决策树

由于 B 点的期望值大于 A 点的期望值,选择先修建二级公路,15 年后再改建成高速公路的方案。

实例 10-5　路面设计方案决策分析

某公路路面设计时有以下两个方案需进行决策。

方案 A_1 为铺设水泥混凝土路面,设计年限为 20 年,初始建设费用为 20 万元,每年的养护费为 5000 元。如果在使用年限内交通量较大,则路面将在 20 年末发生损坏,残值为 0。若交通量较小,则 20 年末路面仍能使用,残值为 5 万元。路面在 20 年末损坏的可能性为 70%,未损坏的可能性为 30%。

方案 A_2 为铺设沥青混凝土路面,设计年限为 10 年,初始建设费为 15 万元。每年的养护费用为 1 万元,路面在 10 年末可能完全损坏,也可能部分损坏。完全损坏的概率为 60%,部分损坏的概率为 40%。若路面完全损坏则需重铺沥青混凝土路面,建设费用及养护费用仍为 15 万元与 1 万元,第二个 10 年末路面完全损坏与部分损坏的概率仍为 60% 与 40%。若完全损坏,残值为 0;若部分损坏,残值为 4 万元。若第一个 10 年末路面部分损坏,则可以考虑两种方案:一是重铺沥青混凝土路面;二是补强路面,建设费用 8 万元,每年养护费用为 1 万元,残值为 0。

解:本问题为两阶段决策问题,采用决策树法求解。决策树如图 10-11 所示。

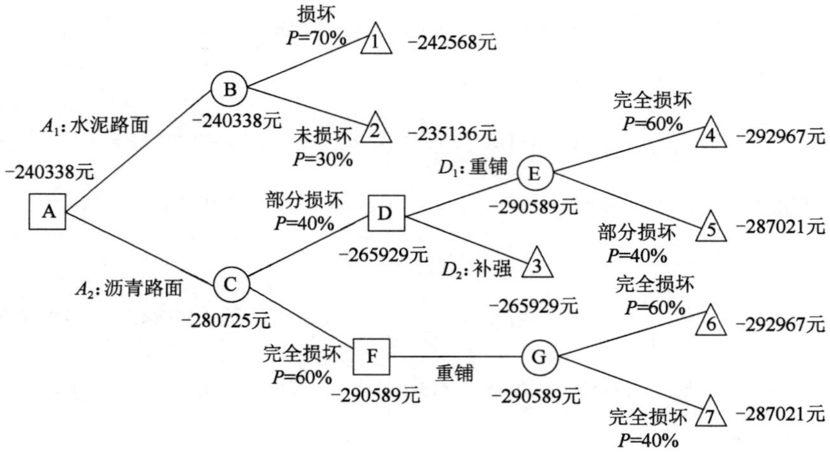

图 10-11　实例 10-5 决策树

各结果节点的计算结果如下：

1 点的费用现值 = 投资现值 + 养护费现值

$$= 20000 + 5000 \times \frac{(1+0.10)^{20}-1}{0.10 \times (1+0.10)^{20}}$$

$= 242568$（元）

2 点的费用现值 = 投资现值 + 养护费现值 − 残值现值

$= 242568 - 50000 \times (1+0.10)^{-20}$

$= 235136$（元）

3 点的费用现值 = 两次投资现值 + 养护费现值

$$= 150000 + 80000 \times (1+0.10)^{-10} + 10000 \times \frac{(1+0.10)^{20}-1}{0.10 \times (1+0.10)^{20}}$$

$= 265979$（元）

4 点的费用现值 = 两次投资现值 + 养护费现值

$$= 150000 + 150000 \times (1+0.10)^{-10} + 10000 \times \frac{(1+0.10)^{20}-1}{0.10 \times (1+0.10)^{20}}$$

$= 292967$（元）

5 点的费用现值 = 两次投资现值 + 养护费现值 − 残值现值

$= 292967 - 40000 \times (1+0.10)^{-20}$

$= 287021$（元）

6 点的费用现值 = 两次投资现值 + 养护费现值

= 3 点的费用现值

$= 292967$（元）

7 点的费用现值 = 4 点的费用现值

$= 287021$（元）

各状态点费用期望值计算如下：

B 点的期望值 $= 70\% \times (-242568) + 30\% \times (-235136)$

$= -240338$（元）

E 点的期望值 $= 60\% \times (-292967) + 40\% \times (-287021)$

$= -290589$（元）

G 点的期望值 $= 60\% \times (-292967) + 40\% \times (-287021)$

$= -290589$（元）

决策过程中先对 D、F 两决策点决策。在 F 点，只有一个方案，无须决策。在 D 点，方案 D_2（路面补强）的费用（265975 元）低于方案 D_1（重铺沥青混凝土路面）的费用（290589 元），选择方案 D_2。然后将 D、F 作为结果节点，计算 C 点的期望值，并对决策点 A 进行决策。A 点的两个方案中，方案 A_1（水泥路面）的费用（240336 元）低于方案 A_2（沥青路面）的费用（280725 元），所以方案 A_1 即铺设水泥混凝土路面为最优方案。

实例 10-6　桥梁桩基方案决策分析

某桥梁墩台支承在由 10 根桩组成的桩基上，如图 10-12 所示。

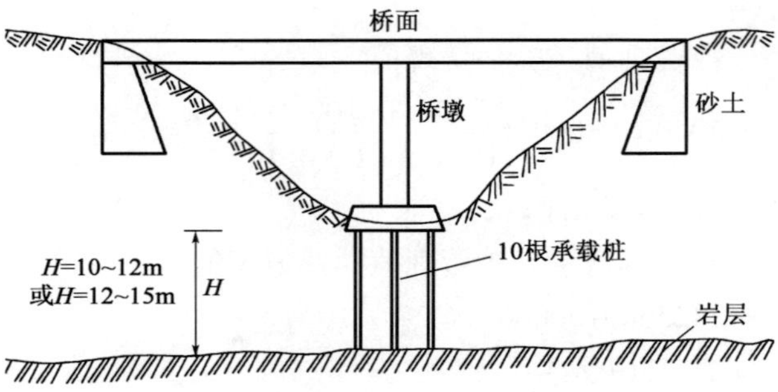

图 10-12　某桥梁墩台

根据地质资料推断,可能在地层深度 10 ~ 12m 的范围内出现坚硬岩层,也可能在 12 ~ 15m 的范围内出现岩层,并且只有这两种可能,可能性各为 50%。为弄清岩层深度,可考虑采用以下三种方案:方案 E_1 为不进行测试;方案 E_2 为用地震探测法探测深度,花费 500 元;方案 E_3 为用钻孔测试深度,花费 4000 元。

若采用钻孔测试,能知道岩层的确切深度,而用地震探测法,得到的结果不是 100% 准确,其准确度见表 10-15。

地震探测法的准确度　　表 10-15

探测深度	确切深度	
	S_1	S_2
Z_1	85%	20%
Z_2	15%	80%

表 10-15 中 S_1 表示岩层的确切深度为 10 ~ 12m,S_2 表示岩层的确切深度为 12 ~ 15m,Z_1 表示岩层的测试深度为 10 ~ 12m,Z_2 表示岩层的探测深度为 12 ~ 15m。若岩层的确切深度为 10 ~ 12m,而用地震探测法测出的深度值,有 15% 的可能为 12 ~ 15m,有 85% 的可能为 10 ~ 12m。

可考虑采用的桩型有如下三种:桩型 A 为 12m 长的钢筋混凝土桩(10 根的结构费用为 3200 元),桩型 B 为 15m 长的钢筋混凝土桩(10 根的结构费用为 4000 元),桩型 C 为 15m 长的钢桩(10 根的结构费用为 5000 元)。

若岩层深度为 10 ~ 12m,则采用 12m 桩;若岩层深度为 12 ~ 15m,则采用 15m 桩。

若采用的桩不够长,如岩层实际深度为 12 ~ 15m,采用 12m 的桩,则需采用加长措施,附加损失为 7000 元。若采用的桩太长,则需割掉,附加的损失为钢桩 1000 元,钢筋混凝土桩 2000 元。

试用决策方法,选出费用最少的桩基方案。

解:本决策问题的决策树如图 10-13 所示。

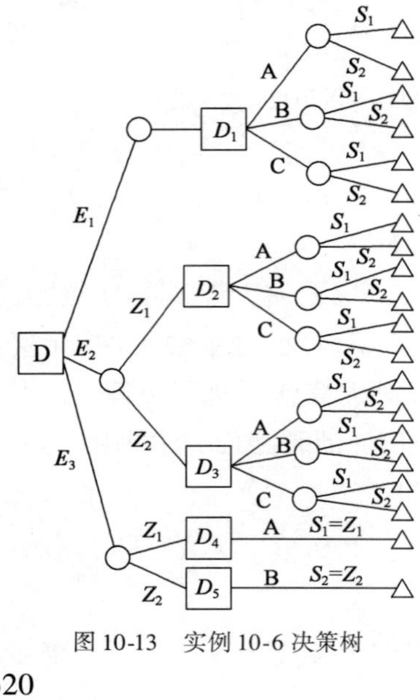

图 10-13　实例 10-6 决策树

可见,本问题为两阶段决策问题:第一阶段是测试方案的决策。若采用测试方案 E_1,则需对三个桩型方案进行决策。若采用测试方案 E_2,则要进行两个决策:①当测试结果是 Z_1 时,采用哪种桩型;②当测试结果是 Z_2 时,采用哪种桩型。

因钻孔测试能知道确切的岩层深度,所以若采用的测试方案是 E_3,则进行两个确定型决策:①当测试结果是 Z_1时,采用 A 桩型;②当测试结果是 Z_2时,采用 B 桩型。

决策时,取各方案的总费用为益损值,总费用期望值最小的方案为最优方案。

表 10-16 为各结果节点的益损值。

各结果节点的益损值(单位:元) 表 10-16

序号	结果点	桩的长度	附加费用	结构费用	试验费用	总费用
1	$V(E_1,A,S_1)$	适中	—	3200	—	3200
2	$V(E_1,A,S_2)$	太短	7000	3200	—	10200
3	$V(E_1,B,S_1)$	太长	2000	4000	—	6000
4	$V(E_1,B,S_2)$	适中	—	4000	—	4000
5	$V(E_1,C,S_1)$	太长	1000	5000	—	6000
6	$V(E_1,C,S_2)$	适中	—	5000	—	5000
7	$V(E_2,Z_1,A,S_1)$	适中	—	3200	500	3700
8	$V(E_2,Z_1,A,S_2)$	太短	7000	3200	500	10700
9	$V(E_2,Z_1,B,S_1)$	太长	2000	4000	500	6500
10	$V(E_2,Z_1,B,S_2)$	适中	—	4000	500	4500
11	$V(E_2,Z_1,C,S_1)$	太长	1000	5000	500	6500
12	$V(E_2,Z_1,C,S_2)$	适中	—	5000	500	5500
13	$V(E_2,Z_2,A,S_1)$	适中	—	3200	500	3700
14	$V(E_2,Z_2,A,S_2)$	太短	7000	3200	500	10700
15	$V(E_2,Z_2,B,S_1)$	太长	2000	4000	500	6500
16	$V(E_2,Z_2,B,S_2)$	适中	—	4000	500	4500
17	$V(E_2,Z_2,C,S_1)$	太长	1000	5000	500	6500
18	$V(E_2,Z_2,C,S_2)$	适中	—	5000	500	5500
19	$V(E_3,Z_1,A,S_1)$	适中	—	3200	4000	7200
20	$V(E_3,Z_2,B,S_2)$	适中	—	4000	4000	8000

下面从第二阶段开始,对每个决策点逐个进行决策。

(1)D_1点。由题意可知,岩层位于 10~12m 与岩层位于 12~15m 的可能性是一样的,即

$$P(S_1)=50\%, P(S_2)=50\%$$

由图 10-14 可知,桩型 B 的费用期望值为最小,为 5000 元,故应采用桩型 B。

(2)D_2点及 D_3点。用地震探测法测试时,由概率公式可得测试结果出现 Z_1及 Z_2的概率分别为

$$P(Z_1)=P\left(\frac{Z_1}{S_1}\right)P(S_1)+P\left(\frac{Z_1}{S_2}\right)P(S_2)$$

$$=(0.85\times0.5+0.20\times0.5)\times100\%=52.5\%$$

$$P(Z_2)=P\left(\frac{Z_2}{S_1}\right)P(S_1)+P\left(\frac{Z_2}{S_2}\right)P(S_2)$$

$$=(0.85\times0.5+0.15\times0.5)\times100\%=47.5\%$$

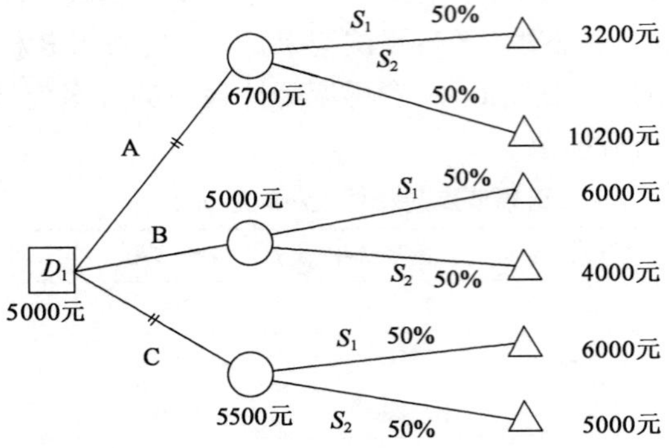

图 10-14 D_1 点决策树

根据贝叶斯定理可得各条件概率为

$$P\left(\frac{S_1}{Z_1}\right)=\frac{P\left(\frac{Z_1}{S_1}\right)P(S_1)}{P(Z_1)}=\frac{0.85\times0.5}{0.525}\times100\%=81\%$$

$$P\left(\frac{S_2}{Z_1}\right)=\frac{P\left(\frac{Z_1}{S_2}\right)P(S_2)}{P(Z_1)}=\frac{0.20\times0.5}{0.525}\times100\%=19\%$$

$$P\left(\frac{S_1}{Z_2}\right)=\frac{P\left(\frac{Z_2}{S_1}\right)P(S_1)}{P(Z_2)}=\frac{0.15\times0.5}{0.475}\times100\%=15.8\%$$

$$P\left(\frac{S_2}{Z_2}\right)=\frac{P\left(\frac{Z_2}{S_2}\right)P(S_2)}{P(Z_2)}=\frac{0.80\times0.5}{0.475}\times100\%=84.2\%$$

D_2、D_3两决策点的决策树如图 10-15 所示。从中可以看出,在 D_2点,桩型 A 的费用期望值最小,为 5000 元,故应采用桩型 A;在 D_3点,桩型 B 的费用期望值最小,为 4816 元,故应采用桩型 B。

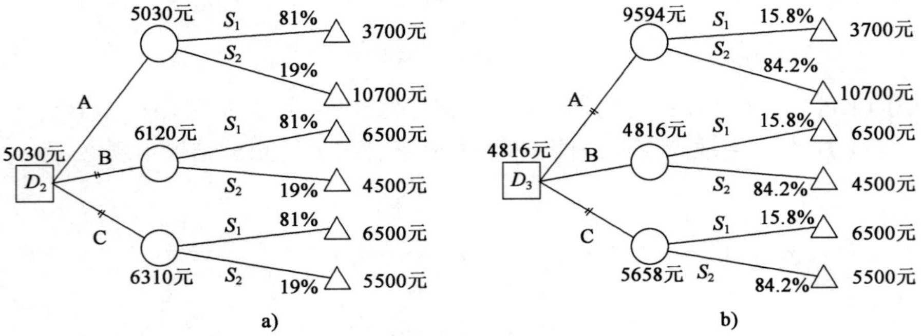

图 10-15 D_2、D_3 两点决策树

(3)D_4点及 D_5点。D_4、D_5点为确定型决策,D_4点取桩型 A,费用为 7200 元;D_5点取桩型 B,费用为 8000 元。

(4)D点。第二阶段决策结束后,回过来进行第一阶段的决策。D点的决策树如图10-16所示。

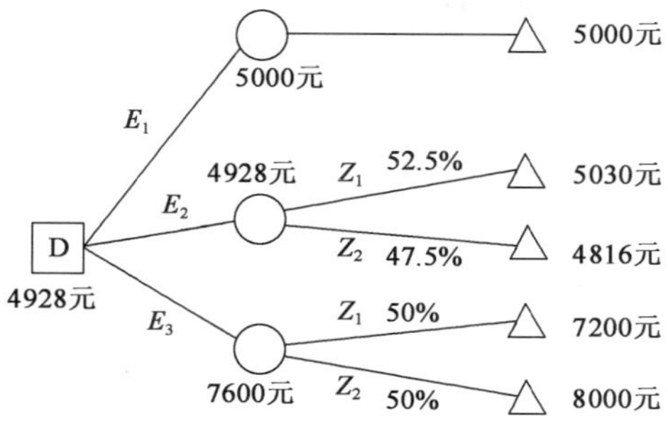

图10-16　D点决策树

由图10-16可知,方案E_2的费用期望值最小,为4928元,应取方案E_2。

由前面的决策分析可知,本问题的最优方案为:先采用地震探测法测试岩层的深度,若测试结果为岩层位于10~12m的位置,则采用12m长的钢筋混凝土桩;若测试结果为岩层位于12~15m的位置,则采用15m的钢筋混凝土桩。这样,期望的费用值最小,分别为5030元及4816元。

习　　题

10-1　为改善某交叉口的交通状况,提出了三个方案:方案A为建设高标准立交桥,投资最多,收益也最多;方案B为建设简易立交桥,投资较少,收益也较少;方案C为改建原有设施,调整车流运行方式,加强交通管理,投资最少,收益也最少。预测未来该交叉口交通量有三种增长情况:迅速增长、一般增长和缓慢增长。各方案相对于不同交通量增长情况的效益净现值见表10-17。

题10-1表　　表10-17

方案	状态		
	迅速增长	一般增长	缓慢增长
A	150	80	-70
B	100	60	-30
C	-50	20	40

试分别采用悲观准则、乐观准则、折中准则、等可能性准则进行决策。

参考答案:悲观准则决策选择方案C,乐观准则决策选择方案A,折中准则决策选择方案A,等可能性准则决策选择方案A

10-2　在习题10-1中,经过分析,认为未来该交叉口交通量三种增长情况出现的概率分别为:迅速增长的概率为35%,一般增长的概率为45%,缓慢增长的概率为20%。试分别采用最大可能准则和期望值准则选择合适的建设方案。

参考答案:最大可能准则决策选择方案A,期望值准则决策选择方案A

10-3　某物流中心拟建设一个货物中转仓库,有两个方案可以选择:一是投资10000万元,一次建成大仓库,货源好时年收益3000万元,货源差时年亏损600万元。二是先建小仓库,投资5000万元,货源好时年收益1200万元,货源差时每年仍能收益400万元;5年后若货源好则扩建成大型仓库,追加投资5000万元,年收益3000万元。两个方案的经营期均为15年。预测前5年货源好的概率是65%,若前5年货源好,则后10年货源好的概率是80%;若前5年货源差,则后10年的货源肯定差。试用决策树法进行决策。

参 考 文 献

[1]《运筹学》教材编写组. 运筹学[M]. 5 版. 北京:清华大学出版社,2021.
[2] 冯树民. 交通系统工程[M]. 北京:知识产权出版社,2009.
[3] 王炜,陆建. 道路交通工程系统分析方法[M]. 2 版. 北京:人民交通出版社,2011.
[4] 刘舒燕. 交通运输系统工程[M]. 3 版. 北京:人民交通出版社,2012.
[5] 李学伟,关忠良,陈景艳. 经济数据分析预测学[M]. 北京:中国铁道出版社,1998.
[6] 马鹤龄. 道路交通系统工程基础[M]. 北京:人民交通出版社,1995.
[7] 易德生,郭萍. 灰色理论与方法——提要·解题·程序·应用[M]. 北京:石油工业出版社,1992.
[8] 胡运权. 运筹学教程[M]. 5 版. 北京:清华大学出版社,2018.
[9] 胡运权. 运筹学习题集[M]. 5 版. 北京:清华大学出版社,2019.
[10] 洪军. 工程经济学[M]. 2 版. 北京:高等教育出版社,2015.
[11] 刘新梅. 工程经济学[M]. 2 版. 北京:北京大学出版社,2017.
[12] 何亚伯,张海涛,杨海红. 工程经济学[M]. 北京:机械工业出版社,2008.